諸暨年鉴 2020

诸暨市地方志编纂委员会　编

方志出版社

图书在版编目（CIP）数据

诸暨年鉴. 2020 / 诸暨市地方志编纂委员会编. -- 北京：方志出版社，2020.12
ISBN 978-7-5144-4608-1

Ⅰ. ①诸… Ⅱ. ①诸… Ⅲ. ①诸暨—2020—年鉴 Ⅳ. ① Z525.54

中国版本图书馆 CIP 数据核字 (2020) 第 248509 号

诸暨年鉴（2020）

编　　者：诸暨市地方志编纂委员会
责任编辑：刘方圆

出 版 者：方志出版社
地　址　北京市朝阳区潘家园东里 9 号（国家方志馆4层）
邮　编　100021
网　址　http://www.zgfzcb.cn
发　　行：方志出版社图书经销中心
电　话（010）67110500
经　　销：各地新华书店
印　　刷：绍兴市越生彩印有限公司

开　　本：889mm × 1194mm　　1/16
印　　张：26.1
字　　数：693 千字
版　　次：2020 年 12 月第 1 版　　2020 年 12 月第 1 次印刷
印　　数：001 ~ 500 册

ISBN　978-7-5144-4608-1　　定价：290.00 元

编辑说明

一、《诸暨年鉴》记载诸暨市年度自然、经济、政治、文化、社会等方面的基本情况，为各界人士了解和研究诸暨提供基本资料。

二、本年鉴以马克思列宁主义、毛泽东思想、邓小平理论、“三个代表”重要思想、科学发展观、习近平新时代中国特色社会主义思想为指导，坚持辩证唯物主义和历史唯物主义的立场、观点和方法，实事求是地记述人物、事件和现象。

三、本年鉴按分类法编辑，百科部分设类目、分目、条目三个层次。在保持上年度框架结构基本稳定的基础上结合诸暨实际对部分内容作适当调整。卷首彩图根据年度热点和地方特色分类设置。

四、本年鉴所用文字、称谓、纪年、计量单位等，按国家有关规定执行，保留“亩”作为农田土地面积计量单位。

五、本年鉴所采用的稿件由各单位提供，并经各单位审核。文中所列数据，有的因统计口径不同，前后记述不尽一致，以统计部门公布的数据为准。

六、本年鉴设置目录和索引双重检索系统。目录详至条目，索引分为主题索引和图表索引。

诸暨市风景名胜区分布图

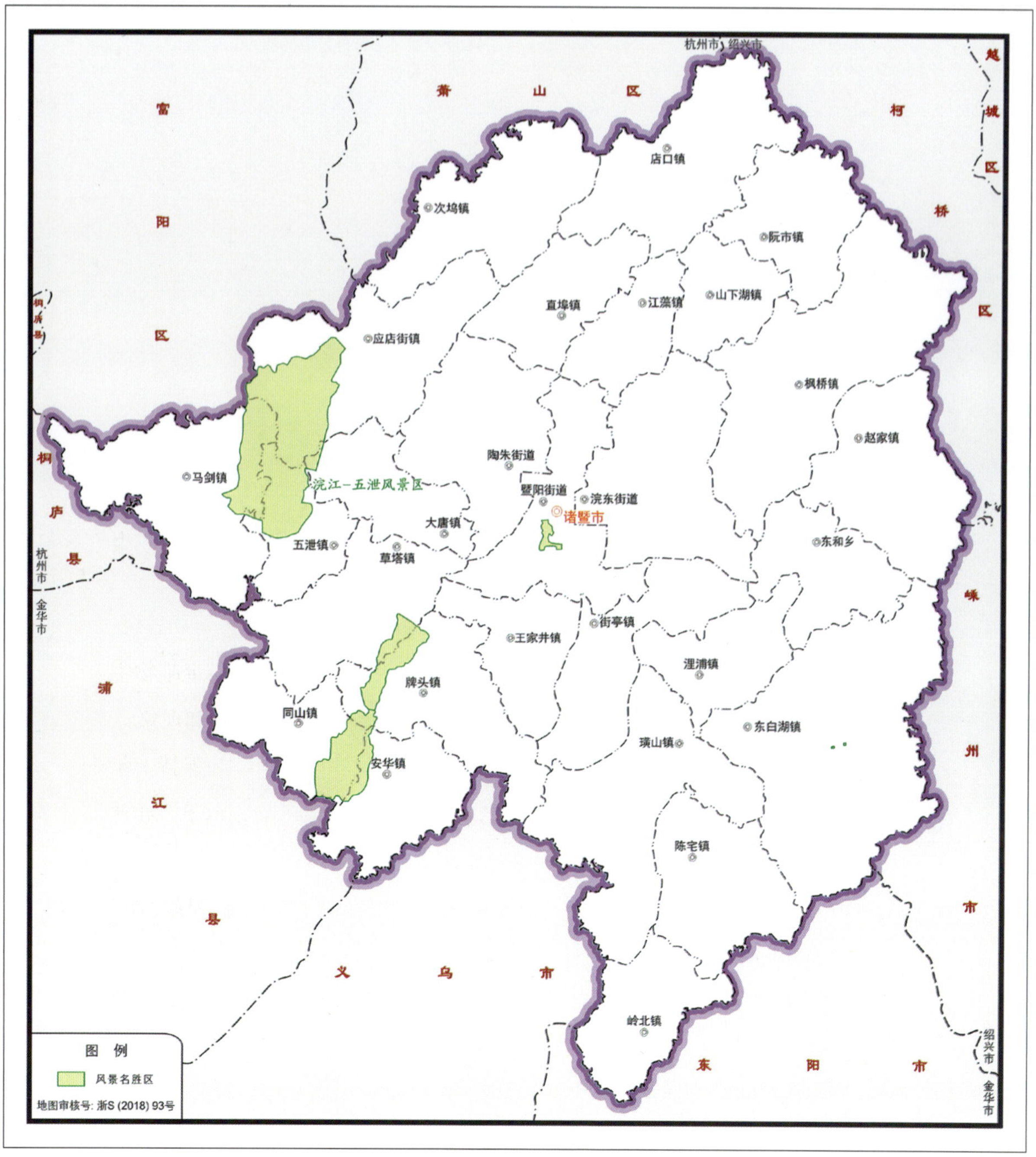

比例尺 1:350000

白塔湖一角（市水利局提供）

西施滩俯瞰（自然资源和规划局提供）

2019 年省级美丽河湖——浦阳江城区段（水利局提供）

五泄风景区俯瞰（郦以念　摄）

2019 年 11 月 18 日，第十四届中国·大唐国际袜业博览会开幕（大唐街道提供）

2019 年 4 月 30 日，“杭州·绍兴周”诸暨专场，诸暨“与杭同城”圆桌对话现场（周升蓉提供）

2019 年 4 月 30 日，“杭州·绍兴周”诸暨专场，诸暨“与杭同城”三年行动计划正式启动（周升蓉提供）

2019 年 6 月 28 日，2019 年中国铜加工产业年度大会暨中国（绍兴）铜产业发展高峰论坛开幕式（周升蓉提供）

2019 年 7 月 10 日，全国公安机关创建“枫桥式公安派出所”活动推进会（周升蓉提供）

2019 年 7 月 18 日，诸暨市人民政府与华为技术有限公司、海康威视股份有限公司、中国移动绍兴分公司分别签订战略合作协议。图为市政府与华为签约现场（周升蓉提供）

2019 年 12 月 3 日，诸暨市全域旅游发展大会召开（周升蓉提供）

2019 年 1 月 14 日，诸暨市书法家在陈宅镇为村民书写春联，“百人千村万幅春联送万家”活动是诸暨市文化部门每年春节期间的传统文化惠民活动（徐可良　摄）

2019 年 11 月 13 日，西施动漫形象设计大赛颁奖。图为金奖作品（徐可良　摄）

2019 年 5 月 26 日，2019 亚洲环法挑战赛 · 西施故里诸暨站开赛。西施故里诸暨站不仅是 2019 年亚洲首站环法挑战赛，也是环法挑战赛在长三角地区初次亮相（市教体局提供）

2019 年 8 月 9 日，“我们的文化”系列活动，第十届舞动诸暨舞蹈大赛决赛现场（徐可良　摄）

2019 年 11 月 13 日，杭州西湖—诸暨西施友好合作签约仪式（徐可良　摄）

2019 年 11 月 17 日，“西施故里·好美诸暨”2019 西施马拉松赛开跑（郦以念　摄）

2019 年 4 月 11 日，“西子倾城・好美诸暨”2019 春季旅游节暨文旅新品（杭州）发布会在杭州启幕。拉开“西湖与西施相约”的序幕。图为发布会期间的西湖西施快闪活动（徐可良　摄）

2019 年 12 月 16 日，首趟“义新欧”诸暨号中欧班列从义乌西站驶出，前往莫斯科。班列常态化运行后，有望打造成诸暨对外贸易的又一国际物流大通道（毕竹韵提供）

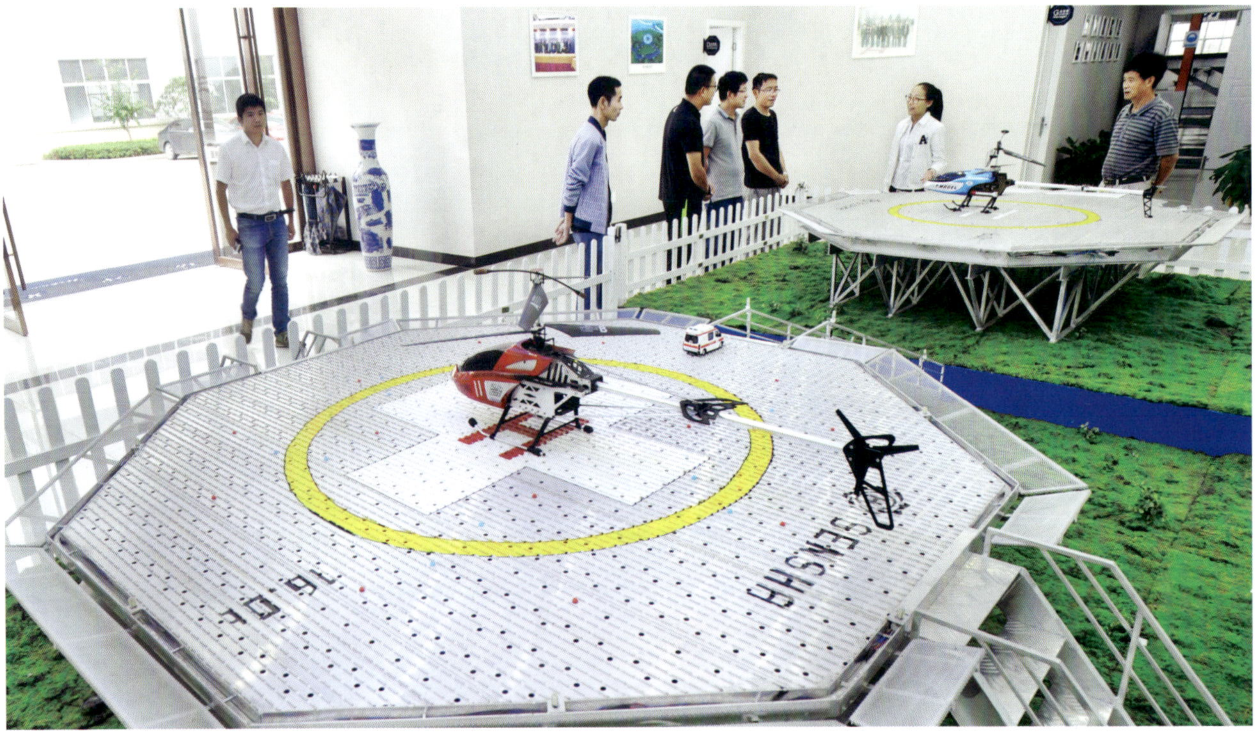

圣翔航空科技有限公司直升机停机坪研发中心（市史志研究室提供）

诸暨天新针纺有限公司智能生产车间，一个人管理 60 台袜机（市史志研究室提供）

目　录

农业·农村

工 业

对外经贸

城乡建设

信息产业

金融业

财政·税务

中共诸暨市委员会

诸暨市人民代表大会

诸暨市人民政府

政协诸暨市委员会

民主党派

群众团体

法 治

科学技术

教　育

文 化

医疗卫生

体 育

人力资源·社会保障

人　物

附　录

索　引

专 辑

从落后贫穷迈向现代富足

——中华人民共和国成立 70 周年诸暨农业发展历程回顾

中华民族共和国的成立，使暨阳大地得以挣脱封建枷锁的束缚，历史由此掀开崭新的一页；改革开放的实行，使继承“耕读传家”遗风的诸暨人民，在历届党委政府引领下，走上了改革振兴之路。七十年间，诸暨农业从一穷二白的落后局面起步，生产关系得到了根本性的改变；七十年间，现代农业历经从无到有的蜕变，农业农村面貌发生着日新月异的变化。

一、诸暨农业 70 年发展历程

（一）恢复起步阶段(1949—1957 年)。解放前，由于湖田易涝、畈田易旱和当局忽视民瘼，诸暨农业生产发展相当缓慢。据《诸暨县志》记载，1949 年，全县早稻亩产 115 公斤，晚稻 83 公斤，人均饲养生猪 0.31 头，农民生活困苦。解放后，农村生产关系的重大变革，水利设施的普遍兴修，有效地促进了农村生产力，改善了农业生产条件，土地改革和互助合作化后，农业生产迅速恢复和发展。到 1957 年，全市实现农林牧渔业总产值 0.69 亿元，是 1949 年的 1.8 倍，年均增长 7.5%，诸暨农业在打破封建土地桎梏后实现了恢复发展。

（二）曲折徘徊阶段(1958—1977 年)。1958 年的“大跃进”以及之后的国家三年困难时期，严重影响了农业发展，据史料记载，1961 年诸暨的粮食、生猪、茶叶、蚕茧的产量均低于解放初期的水平。1961 年 10 月，县委决定把人民公社基本核算单位由生产大队改为生产队，确立“三级所有，队为基础”的体制，克服了生产队之间的平均主义，调动了生产积极性，农业生产逐步回升。1964 年，响应“农业学大寨”号召，各地普遍平整土地，兴修水利，推动了农田基本建设，但由于片面强调“以粮为纲”，导致农业生产趋向单一，影响了多种经营的发展。“文化大革命”开始以后，农村经济和农业生产秩序遭到严重破坏，农业产量长期停滞不前，到 1977 年年末，全县农林牧渔业总产值为 1.34 亿元，仅相当于 1969 年的产值水平。

（三）变革发展阶段（1978—1991年）。1978年开始，随着包产到户在全国的推行，使得束缚生产力发展的生产关系发生彻底变革，农民的生产积极性和创造性亦随之被激发。据记载，到1979年2月底，全县有1401个生产队实行联产计酬；1980年，栎江公社桥亭大队率先把晚稻包产到劳，获得增产。1981年，在全面实行家庭联产承包责任制的基础上，改革了农副产品统购派购制度，逐步放开农副产品价格，调整产业结构，发展乡镇企业，积极开展多种经营，涌现了大批专业户、联合体，使农村经济迅速向较大规模的商品经济推进。这一时期，全县农林牧渔业总产值从1978年的1.66亿元增加到1991年的6.80亿元，年均增速达11.5%。

（四）全面增长阶段（1992—1997年）。1992年年初，邓小平南巡交谈以及同年10月召开的中共十四大，推动了新一轮经济高速增长，确立了社会主义市场经济体制的改革目标，使农业和农村经济的发展建立在一个新的起点之上。1993年，浙江在全国率先放开粮食购销和价格，农业生产进入一个以稳定调整产品结构，着重提高质量和效益为特征的新阶段。随着市场经济体制的创建，在农业"星火计划"、"一优两高"农业技术工程等的带动下，全市农业生产条件改善明显，农业发展速度加快。到1997年年末，全市实现农林牧渔业总产值24.21亿元，五年来年均增长25.6%。

（五）调整转变阶段（1998—2003年）。1998年，面对亚洲金融危机和经济全球化的挑战，党的十五届五中全会通过了《中共中央关于农业和农村工作若干重大问题的决定》，总结了农村改革20年来的基本经验，提出了跨世纪农业发展的目标和方针。与此同时，浙江省委于1998年适时出台了《浙江省农业和农村现代化建设纲要》，明确提出"调整优化农业结构，大力发展效益农业"。2001年，中国正式加入世贸组织，按照加入世贸组织协议的要求，国家对有关农产品贸易的国内市场准入、国内支持和出口补贴等进行了大幅度改革，农业发展也随之进入全新的时期。在此背景下，诸暨市农业发展战略亦随之调整，着力优化农业结构和区域布局，提高农业产业化和现代化水平，由此推动农业调整转变。这一时期，全市农业生产总体趋于平稳，五年间农林牧渔业总产值年均增速回落至3.5%。

（六）优化提升阶段（2004—2014年）。2004年，《关于促进农民增加收入若干政策的意见》出台，时隔18年之后，中央就"三农"问题再次下发一号文件，提出了"多予、少取、放活"的发展方针。2005年12月，十届全国人大常委会第十九次会议通过决议，新中国实施了近50年的《农业税条例》于2006年起依法废止，由此我国正式进入"以工补农，以城带乡"的历史性发展阶段。这一阶段，我市坚持农业的基础地位不动摇，用足用好各项支农惠农政策，在农业基础设施建设、社会主义新农村建设、现代农业建设、加大"三农"投入、促进农业稳定发展农民持续增收、加大强农惠农力度、加快水利改革发展、推进农业科技创新、增强农村发展活力、全面深化农村改革等方面进行优化提升，现代农业发展成效显现。到2014年年末，全市实现农林牧渔业总产值76.33亿元，十年间保持了8.7%的年均增长速度。

（七）提质增效阶段（2015年至今）。2015年，中央一号文件《关于加大改革创新力度加快农业现代化建设的若干意见》指出，当前我国经济发展进入新常态，正从高速增长转向中高速增长，提出了"稳粮增收、提质增效、创新驱动"的总要求，农业发展由此进入提质增效的新阶段。近年来，我市积极贯彻落实中央、省委精神，在大力推进农业现代化、深入推进农业供给侧结构改革、部署落实乡村振兴战略上做文章，以"五星达标、三A争创"工作为抓手，切实推动消除集体经济薄弱村走在全省前列，全市农业发展呈现稳中向好的局面。2018年，诸暨被农业农村部授予全国农业农村创新典型县称号，入围省部合作乡村振兴试点县。

二、诸暨农业发展成就

（一）农产品供给由短缺变为充裕。中华人民共和国成立70年来，诸暨农产品供给取得巨大进步，不仅解决了暨阳儿女的吃饭问题，还为加快推进工业化、城镇化进程提供了重要支撑。中华人民共和国成立之初，诸暨农产品供给尤其是粮食短缺现象严重，1949 年全县粮食总产量为 10.30 万吨，人均粮食产量仅有 197 公斤。据《诸暨县志》记载，旧时诸暨“正常年景尚不足衣食之资，一遇灾害，即成饥荒”；遇到粮食歉收，农民则“普遍以瓜、菜代粮”。2018 年，全市粮食产量已达 23.51 万吨，是 1949 年的 2.28 倍，2011 年至今，粮食产量连续 8 年实现增长。2018 年，全市油菜和茶叶产量分别达 2269 吨和 8043 吨，是 1949 年的 3.22 倍和 15.96 倍；猪肉、禽蛋和淡水产品的产量分别达 9220 吨、9776 吨和 24710 吨，是 1949 年的 2.13 倍、15.59 倍和 87.01 倍。

（二）农业生产由粗放转向集约。中华人民共和国成立以来，诸暨历届党委政府大力发展农业机械和兴建农田水利基础设施，科技对农业的贡献率逐步提升，农业生产条件明显改善，生产方式由粗放转向集约，对现代农业发展的支撑力显著增强。解放初，诸暨农业耕作、播种、排灌、收获、加工、运输等多以人力、畜力为主，机械化水平低下。此后，拖拉机从 1956 年始用于耕作，电力排灌机械于 1962 年起迅速发展，1957 年始用柴油机带动揉捻机制茶，1974 年始有农用运输汽车。至 2018 年，全市农业机械总动力达 69.96 万千瓦时，每公顷耕地拥有农机动力 16.33 千瓦时，每个农业从业劳动力拥有农机动力 5.53 千瓦时。随着绿色生态农业的发展，全市农用化肥施用量自 2013 年以来连续 6 年保持负增长。

（三）农业经营由单一趋于多元。中华人民共和国成立以来，诸暨农业经营主体经历了由改革开放前的农民集体占主导的格局到改革开放初期相对同质性的农民家庭占主导的格局的演变，再到现阶段的多元化经营主体并存、分工协作的格局的转变。改革开放以前，诸暨主要采取合作化（拌工组、农业生产互助组、农业生产合作社）和人民公社化的农业组织形式；改革开放后，确立了家庭承包经营为基础，统分结合的双层经营体制，部分劳动力由此开始离开耕地，转向多种经营，成为既种田又经营其他行业的兼业农民；随着农产品市场和价格的全面放开，农业税的彻底取消以及农业补贴制度的逐步建立，专业大户、家庭农场、农民合作社、龙头企业、农业经营性服务组织等新型农业经营主体和服务主体不断涌现，并逐步发展壮大，各种新的农业经营形式不断成长。截至 2018 年，全市共有农业龙头企业 171 家，农民专业合作社 1335 家。

（四）农村经济由种植业为主向新业态发展。中华人民共和国成立以来，经过 70 年的逐步发展和深刻调整，诸暨农业内部实现了由以种植业为主的高度单一结构向农林牧渔业全面发展的立体式复合型结构转变，农村经济由传统的一产为主导向三次产业协调发展转变，新产业新业态蓬勃涌现。在改革开放以前的很长一段时间，诸暨农业生产主要以种植业为主，片面强调“以粮为纲”，这一时期粮食作物播种面积占农作物播种总面积的比重高达 75% 以上。改革开放后，由于家庭承包经营制度的确立和完善发展，农产品购销体制改革和农村中小企业的快速发展，诸暨的农业产业结构随之发生变化，原先的粮田开始改种经济作物，大批农村劳动者转向非耕地经营，专业户、经济联合体开始涌现，出现农、林、牧、副、渔全面发展的新局面。从 1994 年起，诸暨开展现代农业示范园区建设，山下湖珍珠、枫桥香榧等在全省乃至全国具有了较高知名度。进入 21 世纪后，诸暨依托特色农业的发展，农产品加工业、休闲农业和乡村旅游业等新业态蓬勃发展，农村电子商务也方兴未艾。

（五）农民生活由温饱不足向高水平小康迈进。中华人民共和国成立 70 年来，诸暨农村居民收入持续较快增长，消费水平持续提高，消费结构不断优化升级，农村居民生活实现了从贫穷到温饱再到小康的历史性跨越，正向高水平全面小康坚实迈进。解放初期，诸暨占总人口 61.1% 的贫雇农仅有 20.7% 的耕地，“葛粉芋菜拌盐卤，三尺布襕夜夜补”为当时生活的真实写照。经过土地改革，实现了耕者有其田，农民收入逐年增加，生活相应得到改善。改革开放以来，随着生产的全面发展，农民收入快速增长，消费水平也有很大提高。进入新世纪，诸暨农民收入来源日趋多元，财产性收入从无到有，为农民增收注入新动力，生活条件持续改善，消费结构不断优化升级。抽样调查资料显示，2017 年，全市农村居民人均可支配收入达 33073 元，提前 3 年实现中共十八大提出的“居民收入翻番”目标。抽样调查资料显示，2018 年，全市农村居民每百户拥有家用汽车 58 辆，空调 198 台，移动电话 250 部；农村居民人均住房面积 70.9 平方米；农村居民恩格尔系数为 26.6%，已跨入“富足”阶段。

（六）城乡结构由二元向一体化过渡。中华人民共和国成立 70 年来，诸暨在城乡产业发展、基础设施建设、公共服务和社会事业、劳动就业和社会保障等方面统筹推进，城乡一体化的体制机制逐步建立，城乡居民收入差距逐年缩小。20 世纪 50 年代后期起，由于计划经济体制的确立，户籍被分为城市和农村，城乡二元体制由此形成，城市和农村形成封闭性的单位，生产要素的流动受到十分严格的限制。改革开放以后，家庭联产承包责任制的实行和统购统销制度的取消，激活了农村经济，为城镇化奠定了基础。随着城镇化进程的深入，农村户籍制度改革和土地征用占用制度改革相继推行，全国统一的城乡居民基本养老保险制度建立实施，公共财政和公共服务的阳光服务开始更多的照耀农村。2005 年，全市实现村村通公路；2014 年全市实现村村通自来水。抽样调查资料显示，2018 年城乡居民收入差距比为 1.7370，自 2006 年以来连续 13 年实现收入差距缩小。

（诸暨调查队提供）

注：文中引用数据摘自《诸暨统计年鉴》及《诸暨调查资料》《今日诸暨市》《诸暨县志》。农业统计相关数据凡涉及口径变动和历史调整的，均以诸暨市统计局最新编印的《诸暨统计年鉴》公布数为准。

探索中前行　历练中蜕变

——中华人民共和国成立 70 周年诸暨居民消费价格变动分析

长期以来，作为重要的宏观经济变量，居民消费价格指数是政府和百姓关注的热点，它反映着人民的基本生活水平和经济社会的发展，是宏观货币政策调控的依据和靶子，在整个国民经济价格体系中也具有重要的地位。中华人民共和国成立以来，诸暨经历了解放初期的固权兴业、迎难渡困，改革开放后的转移重心、调整改革及进入 21 世纪后的披荆斩棘、开拓进取，正以政通人和、经济称强、城市兴旺、民生和谐的姿态呈现在人们前面。人民生活从温饱不足到实现总体小康，正在迈向全面小康，消费作为经济发展的核心变量，在社会经济发展的过程中起着十分重要的作用，是市场变化和经济发展的晴雨表、指示器。

一、居民消费价格总体运行情况

70 年来，从价格总体变化过程看，经历了计划经济的价格相对僵化期，改革过程中的通货膨胀期和价格波动期，再到市场经济体制日渐完善过程中的逐步平稳期，诸暨市的价格变动在不同的社会发展时期表现出了不同的特点，对促进诸暨市经济建设和人民生活水平提高起到了积极作用。

（一）计划经济时期(1949—1977 年)。

中华人民共和国成立初期，结束了国民党统治下延续十多年、中外历史上罕见的恶性通货膨胀和物价暴涨的混乱局面，建立起了物价稳定的新民主主义经济新秩序，为迅速恢复国民经济和开展有计划的社会主义建设与改造创立了良好的开端。

诸暨宣告解放后，虽然经历了国内“左”倾错误的严重干扰、国家三年困难时期和十年“文化大革命”的影响，人民生活一度处于温饱不足的境地，“葛粉芋菜拌盐卤，三尺布襕夜夜补”是当时生活的真实写照。但是通过减租减息、剿匪反霸、土地改革等一系列政治运动实现了政权巩固和社会变革，并通过落实“三定到户”政策、贯彻“四季治水”方针、加快工商业的合作化改造等措施，实现了生产发展、经济复苏，提高了居民消费品的供应能力，社会商品零售总额得到巨大提升。1963 年后，人民生活逐渐好转，物价总水平开始回落。到

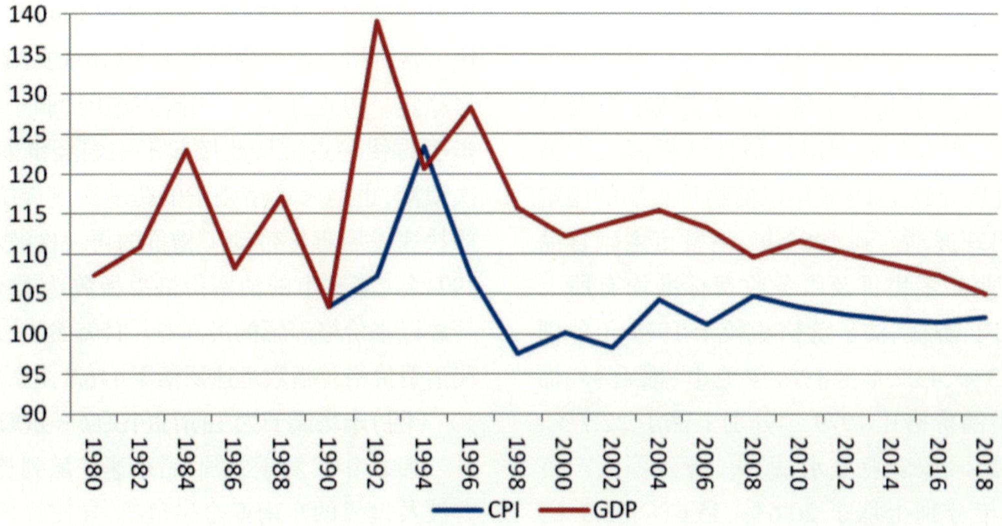

图 1　1980—2018 年诸暨 CPI 与 GDP 比较(图上年为 100)

1966 年,农民人均口粮达 226 公斤,人均收入 82.3 元。这一时期,基本的生活消费品占社会商品零售总额比重较大。

这一时期的消费水平还处在较低的层次,消费结构变化不大,家庭收入主要用来购买生活必需品,很少有享受或娱乐型的消费,消费结构比较单一,许多生活必需品还处于定量供应阶段,商品总体来说还是相对匮乏。

从 1950 年到 1977 年诸暨市的主副食品零售价、工业品零售价、生产资料供应价格和非商品收费标准来看,这一时期市场呈现指令性强、统一分配等计划性特点,价格比较稳定,涨跌幅度较小,变动不大。主要原因是当时中国实行计划经济体制,消费品和服务价格均由政府定价,没有反映市场的供需情况。但是对于处在特殊时期的中国社会,稳定的物价对促进当时社会生产的发展、巩固社会生产关系、提高人民生活水平都起了重要作用。

1949—1977 年诸暨社会商品零售总额一览表

表 1

年份	社会商品零售总额(万元)	其中 :生活消费品零售总额(万元)	占比(%)
1949	1000		
1950	1054	948	89.9
1956	3173	2678	84.3
1963	4096	3226	78.7
1970	6708	5143	76.6
1977	9354	6648	71.0

(二)改革开放初期(1978—1983 年)。

1978 年,是改革开放的决策年,诸暨将工作重心转移到经济建设上来,同时逐步改革价格管理体制。1979 年,国家通过大幅提高 8 种农副产品的收购价格,推动价格总水平的快速上升。我市响应国家政策，大幅提高了粮食、油脂棉料、棉花、生猪、蚕茧、茶叶等57种农产品收购价格，平均提价达24.8%。农产品价格上涨，带动了城市消费品价格的上涨，所以此次利用价格杠杆提高农产品收购价格直接导致了1978年以前物价长期的稳定状态开始出现波动。到1983年，诸暨市主副食品零售价、工业品零售价及服务收费标准均有所上涨，比如牛肉、香榧、橘子价格相较于1979年分别上涨了33.3%、43.7%、8.8%，像毛巾、棉毛衫、棉毯等棉布类的价格比1979年分别上涨了22.7%、26.5%、19.1%，像农业氨水、锄头、镰刀等生产资料比1979年分别上涨了20.6%、35.6%、33.3%，服务收费标准相比1979年也有所上涨，如学费、戏剧、理发分别上涨了25%、20%、9.1%，主要工业品价格也涨势明显。当时各地物价的上涨带来了全国范围内第一次的通货膨胀，1981年国家两次发文要求各地调控物价，通过采取这种行政命令式的调控手段有效抑制了物价上涨。因此在这期间，我市的物价整体处于长期稳定后的全面萌发阶段。

（三）价格大幅波动阶段(1984年—1996年)。

改革开放后，随着中国经济再次驶入快车道，人民的生活水平得到明显改善。1984年开始，诸暨市全面推进改革，加快速度提高效益。1985年诸暨市农民人均纯收入627.71元，比1984年上涨了41.1%，收入快速增长的同时，社会商品购买力大幅提高，比1984年上涨了36.5%。随着收入水平和购买力的提升，物价指数被相应抬高。1985年，社会商品零售总额为3.22亿元，较上年提高了26.7%，迎来了首个价格波动期。到1988年，诸暨市的社会经济发展快速提升，地区生产总值达11.58亿元，比1978年增长了3.66倍，城镇居民人均可支配收入达1432元，生活水平进一步提高，主副食品的消费结构从计划经济时期的解决温饱变为肉类、鲜蛋、鱼虾、水果比重迅速上升。1989年，诸暨市消费价格总指数达118.8，迎来了第二个价格波动高峰期。1990年开始，国家为稳定物价，遏制通货膨胀，实施了“管、调、放”相结合的价格政策，对农副产品定价进行严格管理，价格涨幅明显回稳，从1990年到1992年，诸暨市居民消费价格总指数分别为103.3、105.2、107.2，物价相对稳定。1992年邓小平南巡交谈，“胆子再大一点，步子再快一点”，从此掀起了中国经济发展的第二次浪潮，也迎来了诸暨市的跨越式发展阶段。经济的快速发展直接带动了物价的再一次波动，尤其在1994年，诸暨市的消费价格总指数达123.4，是改革开放以来价格涨幅的最高点。1995年到1996年，居民消费价格总指数迅速回落至116.8、107.4。

（四）市场调节为主阶段(1997—2009年)。

1997年爆发于泰国、后迅速扩散到整个东南亚并波及世界的东南亚金融危机，导使许多东南亚国家和地区的金融系统乃至整个社会经济受到严重创伤，中国对外贸易大幅下降，粮食价格持续下滑，1997年诸暨市的居民消费价格总指数降至99.8。2001年开始，诸暨市价格管理工作以整顿规范市场经济秩序为重点，把准工作的力点，认真抓好价格、收费管理和监督检查等一系列基础性、日常性的工作，通过理顺价格关系和规范收费行为，使全年物价继续在低水平状态下运行。2001年和2002年，诸暨市居民消费价格总指数分别为97.6、98.3，同比下降2.4%和1.7%。金融危机后的五年我市价格呈低位徘徊。

2003年起，诸暨市进一步优化经济环境和规范市场价格秩序，充分发挥价格职能作用，市场价格总水平稳中有升。到2004年年末，居民消费价格总指数达104.3，是1997年受金融危机影响以后涨幅最大的一年。其间，诸暨市积极发挥政府调控监管职能，出台了《应对市场价格异常上涨工作预案》《诸暨市价格审议委员会工作规则》《价格违法案件审理委员会工作规则》，制定了全市粮食零售价格“警戒线”标准，农资价格干预政策也得到迅速有效的贯彻落实，对保持市场物价的基本稳定起到了积极的作用，一直到2007年物价涨势趋缓。受2008年全球金融危机的影响，2009年诸暨市居民消费价格总指数降至99.1。

（五）温和平稳上升阶段(2010年以来)。

2010年开始，诸暨市积极推进节能减排，实施清费减负和价格改革工作，有效促进了经济发展和居民生活质量提高。2010—2012年，诸暨市居民消费价格指数分别为103.4、105.2、102.5。2013年11月中共十八届三中全会《关于全面深化改革若干重大问题的决定》明确了价格改革的总体思路，强调要完善主要由市场决定价格的机制，凡是能由市场形成价格的都交给市场，政府不进行不当干预。从2013年开始，诸暨市通过加强价格监测预警，实施价格、收费改革，着力抓好稳价安民机制，稳定推进价格改革等一系列措施，加快了价格放管服改革步伐，不断完善价格形成机制，强化价格调控和监督，价格运行更加健康有序，促进经济持续快速发展。2010—2018年，诸暨市居民消费价格总指数实现温和上涨。

二、70年来诸暨市物价改革取得的主要成就

中共十二届三中全会指出“价格体系的改革是整个经济体制改革成败的关键”，中共十四大则提出“价格改革是市场发育和经济体制改革的关键”。中国经济体制改革经历了从农村到城市，从农村集体经济组织到国有企业的历程。在整个改革中，价格改革发挥了排头兵和先行者的作用，对于推动我市计划经济向市场经济的转型，发挥了关键作用。中共十八大以后，价格改革紧紧围绕使市场在资源配置中发挥决定性作用和更好发挥政府作用，基本实现了价格管理从直接制定价格向建章立制、强监控的转变，在推进供给侧结构性改革中的成效不断凸显。

（一）市场决定价格机制建立，市场和社会创造活力增强。

经过40年的价格改革，诸暨市价格从改革前的全面实行统一定价，大幅缩减为目前的主要限定于企业生产和群众生活密切相关的重要公用事业、公益性服务和自然垄断等环节。从市场化程度来看，2018年与1978年相比，市场价格机制在经济生活中的调节作用越来越大，竞争性领域和环节的价格基本放开，市场决定价格机制基本建立，优化了资源配置效率。与此同时，调动了社会资本投资的积极性，激发了市场活力和全社会创造力，使企业获得了自主定价权，市场交换得以顺利开展，为多元主体的快速发展创造了重要条件，各种商品和服务从无到有、从有到优，持续升级，极大丰富了市场供给。价格结构趋向合理，突出表现在工农产品之间的比价关系明显改善，基础产品相对加工产品价格偏低的矛盾得到缓解，对促进诸暨市工农业优势、资源优势向商品优势、经济优势的转化起到了推动作用。

（二）价格调控体系总体形成，价格法律法规制度逐步完善。

改革开放以后，经过几次物价较明显上涨过程，积累了很多价格调控方面经验，从解放后逐步建立集中统一的物价管理体制到改革开放后逐步改革价格管理体制，经过几十年的改革和发展，目前物价调控体系总体形成，法律法规体系逐步完善。近年来，诸暨市以优化经济环境和规范市场价格秩序为立足点，认真开展粮食、“菜篮子”、生活用品等与群众生活密切相关的商品价格的监测，持续实施民生商品应急监测报告制度，适时扩大监测品种，增加监测频率，及时反映价格苗头性、倾向性和趋势性问题。建立了市场价格调控联席会议制度，建成全市价格监测预警系统，加强群众生活必需品和工业品价格监测预警和信息发布；严格成本监审、健全定价机制、规范定价程序、推进价格鉴证、实施信息公开；落实粮食最低收购价、“菜篮子”市长负责制、清费减负等政策，深入推进市场价格网格化管理。构筑了以《中华人民共和国价格法》为核心的价格法律法规体系，不断完善价格管理的法律手段，运用舆论手段实行舆论监督，使市场物价管理进一步制度化、规范化、法制化。进一步提高政府价格政策的透明度，充分发挥价格信息在引导生产和流通、促进合理消费、稳定市场预期等方面的重要作用，使价格体制和价格管理方式更加符合市场经济的要求，对经济与市场进一步融合发挥了积极作用。

（三）促进经济社会健康平稳运行，助力诸暨经济持续发展。

在价格市场化程度不断提升的同时，各项价格制度不断建立完善，各类价格调控手段统筹运用，精准施策，有效应对了价格异常波动，保持价格总水平

基本稳定，为我市经济社会平稳运行作出了重要贡献，为其他领域的改革创造了良好的外部环境，为宏观经济健康可持续发展提供了有力保障。中共十八大以后，灵活运用价格杠杆服务供给侧结构性改革，推动降低企业用能成本和收费负担，取得了一定的成效。改革前，诸暨是一个典型的农业县，基础商品严重缺乏的"瓶颈"约束，阻碍了地区经济发展。40多年价格改革通过大幅度提高和逐步放开农产品、原材料、燃料的价格，有重点的向基础产业实行利益倾斜，基础产业得以迅速发展，从根本上保证了国民经济快速发展。1978年诸暨市地区生产总值为2.48亿元，2018年达1225.25亿元，年均增长16.77%。

（四）人民生活水平不断提升，生活质量实现跨越式转变。

价格改革着眼于提升公共服务供给质量和效率，满足人民日益增长的美好生活需要，大力推进重要公用事业、公益性服务价格改革，让经营者自主决定商品和服务价格，不断释放市场活力、促进市场竞争，调动经营者扩大供给、提升服务质量的积极性，也大大增加了消费者的自主选择权。医疗、教育、养老等领域非基本服务价格放开后，不同市场主体进入并形成充分竞争，供给质量和效率明显提升，较好地满足了日益多元化的服务需求。加快完善资源环境价格机制，将生态环境成本纳入经济运行成本，撬动更多社会资本进入生态环境保护领域，促进资源节约、生态环境保护和污染防治，不断满足人民群众日益增长的优美生态环境需要。70年来，尤其是改革开放以后，我市人民生活水平显著提高，实现了由贫穷到温饱、再到整体小康，正向更加美好的生活迈进，群众获得感、幸福感显著增强。抽样调查显示，我市城镇居民人均可支配收入由1988年的1432元增加到2018年的62623元，农村居民人均可支配收入由1988年的890元增加到2018年的36053元(1984—2013年，农村居民收入统计口径为人均纯收入)，分别增长42.7倍和39.5倍。

三、70年来诸暨市物价调控的几点启示

近年来，诸暨市居民消费价格总指数(CPI)运行相对平稳，没有出现大起大落现象，跟物价调控机制逐渐成熟、市场调节和宏观调控手段有效配合密不可分。随着市场经济进一步深化和全球经济反一体化趋势，特别在传统制造业转型升级、中美贸易争端持续发酵背景下，如何处理好改革、发展和稳定的关系，保持价格总水平的稳定将成为诸暨今后经济工作中的重要任务。

（一）保持经济增长和物价水平间的最佳匹配度。

价格水平低增长甚至负增长，意味着经济缺乏活力；价格水平快速上涨，意味着经济中的泡沫增多；价格的适度增长对促进经济发展具有积极的作用，因此要平衡好经济的高增长和价格水平低通胀之间关系，保持经济的中高速增长和物价水平的温和上涨。

（二）加大力度解决服务业招工难、涨价多难题。

数据分析来看，2013年以来我市有4年服务价格指数高于居民消费价格总指数，尤其在近两年趋势更加明显，成为了影响CPI上涨的重要因素。近年来服务业普遍存在招工难、人工成本涨价快的问题，增加供给是解决问题的有效途径。一是逐步提高农民工市民化程度，加快对农民工群体公共服务的均等化，完善社会保障、子女教育等方面的公共服务，让农民工能实现安居乐业，为服务业的劳动力供给提供保障；二是深入发挥"互联网+"作用，降低服务业供需信息沟通成本，对分散的服务供给进行整合，从而增加有效供给；三是完善补贴机制，建立事后补贴和奖惩并举机制，平抑服务项目价格。

（三）高度重视农产品供给的稳定。

农产品价格问题直接影响物价稳定，增加农产品有效供给是稳定农产品价格的首要前提。要组织和协调好粮、油、肉、禽、蛋、菜的市场供应，确保市场不断档、不脱销，同时要完善重要生活必需品的储备机制，加强重要物资的运输组织，把握好储备吞吐调控时机，保障市场供应。吸取以往农副产品价格大幅波动的经验教训，继续改善农业生产条件，增强防御自然灾害能力；加强农副产品生产规划和信息监测发布，防止盲目种养，保持农产品供需平衡，保证

粮食、蔬菜、肉禽等农产品生产健康稳步发展；完善应急机制，在台风等异常天气以及春节、国庆等重大节日时，提前加大对农产品的调运力度，保证农产品供给的稳定；加强旺储淡供，防止价格的大起大落。

（四）继续构建市场物价调控机制。

一是进一步完善价格监测预警和应对市场价格异常波动的应急机制，充实价格监测品种，拓宽监测范围，完善民生价格政策，规范市场价格秩序，建立价格违法行为的预防预警制度；二是建立价格信息引导机制，通过建立民生商品价格信息公开、新闻舆论宣传制度等，引导企业合理定价，规范企业价格行为，同时创新公开形式，深化公开内容，逐步完善价格信息公开制度，更好地服务社会；三是建立社会监督与诚信机制，建立健全经营者价格信用信息收集、价格信用信息发布等制度，形成守信者获益、失信者受损的社会氛围。依法打击投机炒作、哄抬物价的违法行为，充分利用好社会会监督的作用，营造良好的市场环境。

（由市调查队提供）

从维持生计向高水平小康奋进

——中华人民共和国成立70周年诸暨城乡居民生活变迁

遥忆中华人民共和国成立初期，诸暨经济基础薄弱，县内水灾、旱灾频发，人民生活只能勉强维持生计。“文化大革命”更使尚处于恢复阶段的国民经济遭到了严重破坏，城乡居民收入长期在低水平上徘徊，1955年我市农村居民人均纯收入①为57元。改革开放后，特别是撤县设市以来，诸暨市工业化、城镇化进程加快，城乡居民收入水平实现较快增长。在经历了“九五”时期的蓄势调整，城乡居民收入在“十五”“十一五”期间再跃新阶，并在“十三五”中期，提前完成我市城乡居民收入翻番目标。据抽样调查资料，农村居民人均纯收入从1984年的339元到2018年的36053元，增加了105.4倍，年均增长14.7%；城镇居民人均可支配收入从1988年的1432元到2018年的62623元，增加了42.7倍，年均增长13.4%。

一、居民收入从曲折徘徊到持续跃升

（一）解放初到“文化大革命”末曲折徘徊。解放之初的诸暨，百废待举，百业待兴。1949年，全县仅有私营小厂和作坊百来家，当年工业总产值为407万元，仅占工农业总产值的9.6%，工业基础相当薄弱；同一时期，县内水灾、旱灾频发，农田受灾严重，农作物生产歉收，农业生产完全处于“靠天吃饭”的状况。此时的人民生活贫苦，多数家庭只能勉强维持生计。“文化大革命”开始后，“以阶级斗争为纲”的“左”的思想逐渐占据支配地位，工作重心开始向政治领域倾斜，经济发展停滞不前。“文化大革命”期间，尚处于恢复阶段的国民经济遭到严重破坏，城乡居民收入水平长期在低水平上徘徊。统计资料显示，从1956年到1977年这21年间，农村居民人均纯收入年均增幅仅为1.8%，其中有11年出现了负增长；1977年全民单位职工平均工资为560元，仅较1956年增加了59元，年均增幅仅为0.5%，并有5年出现了负增长。

（二）改革开放初到“八五”时期末提升发展。改革开放以来，随着家庭联产承包责任制的全面实行，农民摆脱了旧体制的束缚，在获得了生产经营自主权后，长期积累的生产力得到充分释放。与此同时，诸

① 本文中农村居民收入数据，均来自历年《诸暨市统计年鉴》及《城乡住户调查年报》。其中，1984—2013年，农村居民收入统计口径为人均纯收入，城镇居民收入统计口径为人均可支配收入；2014—2017年为人均可支配收入，年均增速均已按同口径换算。

暨市于70年代起陆续开始兴建扩建绢纺厂、针织厂、丝织印染总厂、电除尘器总厂、机床厂、毛纺厂等国营骨干企业,为市属工业发展奠定了基础;二轻工业在传统手工业基础上向现代化工业迈进,成为工业发展的有生力量;乡镇企业也随之异军突起,方兴未艾。这一时期城乡居民收入得到快速提升,人民生活水平得到明显改善。抽样资料显示,到“八五”时期末的1995年,农村居民人均纯收入达3176元,是1978年改革开放初的31倍多,年均增长22.5%。同一时期城镇居民人均可支配收入达6978元,是1988年的近5倍,年均增长25.4%。到1995年年末,城乡居民恩格尔系数为43.2%和52.6%,居民生活稳步向小康迈进。

(三)“九五”时期蓄势调整。进入“九五”以后,宏观外部环境开始发生变化。一方面,为抑制经济过热的势头,国家开始采取宏观紧缩政策;另一方面,农产品供给由结构性过剩转向全面过剩,农产品价格持续走低,农业增产不增收的现象开始凸现。受此影响,“九五”期间城乡居民收入增幅出现较为明显的回落,进入一个调整阶段。抽样资料显示,2000年,城镇居民人均可支配收入为9446元,年均增幅跌至6.2%;农村居民人均纯收入为5193元,年均增幅回落至10.3%。其中,1999年当年城乡居民收入增幅分别仅有1.7%和2.4%,为“六五”以来的最低水平。但调整之中也孕育着新的变化,“九五”时期,诸暨市城乡居民收入结构开始调整优化,城镇居民工资性收入占可支配收入比重不断增加,农村居民非农经营收入比重逐年上升,城乡居民收入来源日趋多样,这些积极的变化为日后城乡居民的全面稳定增收奠定了基础。

(四)“十五”、“十一五”时期再跃新阶。21世纪头十年,全市上下紧紧围绕“工业立市、开放兴市”“创业创新、富民惠民”的工作主题,经济社会实现又好又快发展,城乡居民收入水平一路过关跃上新台阶。抽样资料显示,2001年诸暨市城镇居民人均可支配收入突破万元大关,达10452元,2006年突破2万元大关,达20056元,2010年突破3万元大关,达31413元,十年间年均增幅12.8%;农村居民人均可支配收入也于2007年突破万元大关,达10289元,也在这年,收入增速开始超过城镇居民,当年的城乡居民收入比为2.21,2010年诸暨市农村居民人均纯收入为14549元,十年间年均增幅10.9%。十年间,城乡居民收入持续保持两位数增长,城乡居民恩格尔系数分别降至27.9%和34.2%,城乡居民生活已整体进入小康阶段,部分已跨入富裕行列。

(五)“十三五”期间实现率先翻番。“十二五”以后,诸暨市经济发展进入转型期,城镇化加速提升,公共需求快速扩张,城乡居民收入差距持续缩小。抽样调查资料显示,2018年我市城乡居民收入比为1.74,实现连续十二年缩小,远低于全国、全省平均水平。“十三五”时期头两年,稳增长、促改革、调结构、惠民生、防风险成为全市工作主基调,旨在为高水平全面建成小康社会,为率先基本实现现代化奠定坚实基础。2018年以来,面对复杂严峻的外部条件和艰难繁重的改革发展任务,全市上下紧扣“‘八八战略’再深化、改革开放再出发”主线,坚持新发展理念,主动适应经济发展新常态,着力推动高质量发展。抽样调查资料显示,2018年城镇居民人均可支配收入达到62623元,增速为8.3%,预计2019年提前实现翻番目标;2018年农村居民人均可支配收入达到36053元,增速为9.0%,并于2017年提前3年实现收入翻番目标。

二、居民消费从满足温饱到提档升级

(一)衣着档次不断提升。翻开记录诸暨人民生活的旧照片,首先映入眼帘的是人们身上朴素单调的灰黑色着装。在二十世纪五六十年代,人们穿衣讲究的是经久耐磨、御寒保暖,那时候的服装款式朴素,色彩单调。直到改革开放前,人们的衣着消费还停留在“新三年旧三年,缝缝补补又三年”的阶段。改革开放以后,随着经济的发展和人们思想观念的改变,城乡居民的衣着消费观念发生了重大变化,逐渐由“一衣多季”“一衣多人”向“一季多衣”“一人多衣”转变,人们开始更加注重服装的款式、档次与个性,衣着消费不断趋于品牌化、多元化和个性化。尤其是进入新世纪以来,纳米、莱卡、木代尔等材料相继成为流行服饰的新元素,城乡居民衣着的选择空间亦不断丰富。抽样调查资料显示，2018 年城镇居民人均衣着支出 2015 元，比 1988 年的 155 元增加 12.0 倍；农村居民人均衣着支出 986 元，比 1988 年的 55 元增加 16.9 倍。

（二）食品结构明显优化。“王者以民为天，而民者以食为天”，饮食与人民的生活休戚相关，也最为直观地反映了人民群众的生活水平的变迁。随着市场经济体制的确立和改革的不断深入，居民的饮食结构也开始由单纯的“谷物粗粮”向“精细化”“均衡化”转变。现如今，城乡居民对饮食的追求早已不仅仅满足于“吃得好”，更开始讲究“吃得健康”，一些绿色、健康、无污染的食物正日益成为居民餐桌上的新宠。抽样调查资料显示，2018 年诸暨市农村居民人均肉类、蛋类、水产类消费分别为 33.5 公斤、7.6 公斤和 19.5 公斤，是 1987 年的 1.8 倍、2.8 倍和 5.4 倍。

（三）居住条件不断改善。“耕者有其田，居者有其屋”历来是农民对生存的最基本诉求。解放初期的诸暨农村，农户住房主要以二层砖木或土木结构的瓦房、平房和草房为主。部分贫苦农民所居住的草屋，以砖石土块或泥壁为墙，竹木作梁柱，小平瓦或稻草盖顶，居住条件极为简陋。改革开放以来，随着农村经济发展，农村住房条件不断改善，所用建筑材料及住宅样式得到较大改观。其时所建房屋多为楼房，开始讲究采光和装饰，以砂墙混凝土、砖墙混凝土取代砂墙木结构，楼层多建前后阳台，外墙以水泥细砂粉饰，瓷砖马赛克贴沿，地坪多用水泥，并以涂料漆墙。到了 80 年代后期，我市农村地区已鲜见草房，平屋也多翻建为楼房，同时出现不少采用砖混结构、造型较为新颖、带卫生设施的二、三层新楼，部分经济发展较快的乡村已出现四、五层的住宅楼。近年来，随着新农村建设的深入，一幢幢齐整的小洋房、小别墅在乡村田野间拔地而起，钱袋子鼓起来的农民也纷纷开始对房子进行翻新或二次装修，农村居住条件得到进一步改善。调查资料显示，2018 年农村居民人均住房面积为 70.9 平方米，已实现农民居住质量的全面小康。

城镇居民的住房，同样也经历了从“忧”到“优”的变迁。20 世纪 50 年代初，城关镇住宅多为砖木结构二层楼房或砖瓦平房，披屋陋棚也不在少数，城镇居民居住条件堪忧。据史料记载，直到 1980 年年底，城关镇仍有无房户、住房困难户 560 多户。进入 80 年代，为进一步改善城关镇居民住房条件，政府在改造旧城区的同时，于城区南、北建成蠡湖、北庄等 6 个住宅小区，并配备有幼儿园、学校、商店等服务设施。九十年代以来，政府花大力气对城市规划进行整体改造升级，从“越江东进”到“城西开发”再到“旧城改造”，从新世纪花园、阳光花园到滨江华都、上海城再到建造中的绿城百合公寓，一座座高品质的楼盘不仅改变着暨阳大地的面貌，也提升着民众的居住环境、品质和价值。抽样资料显示，2018 年城镇居民人均居住建筑面积达 65.5 平方米，是建设部制定的全面小康居住建筑面积标准的 2 倍多。

（四）出行方式日益便捷。从最初的双脚步行到现在的以车代步，诸暨人出行方式的变化不仅印证了时代的进步，更反映了人们生活方式的改变、生活质量的提高。20 世纪 70 年代，自行车作为“老百姓的代步工具”而广受欢迎，其踪迹遍及诸暨城乡。80 年代以来，随着城乡道路交通的发展和人民生活水平的改善，自行车进一步得到普及，已然成为人们通勤的主要交通工具；私人摩托车、汽车也于这一时期在诸暨出现，皇冠、公爵、桑塔纳等汽车作为身份和财富的象征，开始为改革开放的“弄潮儿”们所拥有。据记载，1987 年全县已有自行车 28.77 万辆，私人摩托车 1230 辆。到了 90 年代末，诸暨已实现乡乡通等级公路、硬化公路的目标，城市交通、城乡交通网络不断发展完善，城乡居民出行变得更为便捷。近几年来，随着我市综合经济实力的不断增强，越来越多的汽车销售服务店落户诸暨，其中不乏奥迪、奔驰等豪华品牌，城乡居民的汽车消费能力也越来越强，私人汽车拥有量逐年上升。现如今的诸暨街头，自行车、摩托车等交通工具逐渐淡出人们的视线，乘公交、打滴滴出行已成家常便饭，家庭私人汽车数量更是逐年增加，以车代步成为人们主要的出行方式。抽样调查显示，2018 年每百户农村拥有家用汽车 58 辆，是 2003 年的 58 倍；2018 年每百户城镇拥有家用汽车 75 辆，是 2003 年的 37.5 倍。

（五）消费层次不断升级。家庭耐用消费品不断升级换代，从改革开放以后的电视机、电冰箱、电风扇、洗衣机新“四大件”，到新世纪以来以手机、电脑、汽车、住房为代表的新世纪“四大件”；消费的“量级”也由“百元级”向“千元级”再向“万元、十万元级”发展。抽样资料显示，2018 年每百户农村居民拥有手机 250 台，是 2003 年的 4.0 倍；空调 198 台，是 2003 年的 16.5 倍；家用电脑 54 台，是 2003 年的 18 倍；2018 年每百户城镇居民拥有手机 240 台，是 2003 年的 2.1 倍；空调 223 台，是 2003 年的 2.2 倍；家用电脑 75 台，是 2003 年的 3.4 倍。家庭耐用品从早期量的升级全面实现质的提升。

文化娱乐旅游等成为新的消费增长点。解放初期，物质条件相对匮乏，居民精神文化生活贫乏，文化娱乐支出几乎为零。随着居民物质水平不断提高，各类文化产品与服务供给日益丰富，传统的消费观模式正在被新观念所代替，诸暨人民告别了物质匮乏，也挥别了贫乏的精神文化生活，服务性、享受型消费逐渐受到大家的青睐。抽样调查资料显示，1992 年诸暨农村居民人均文教娱乐支出为 61 元，2018 年达到了 2346 元，26 年间增长了 38.5 倍；1992 年诸暨城镇居民人均文教娱乐支出为 149 元，2018 年增长到了 3095 元，26 年间增长 20.8 倍。

（由市调查队提供）

诸暨市
“不忘初心、牢记使命”
主题教育纪实

诸暨市“不忘初心、牢记使命”主题教育自 2019 年 9 月开始，到 2020 年 1 月中旬基本结束，参加对象为镇乡（街道）、市级机关部门、市属企事业单位、村、社区、非公有制经济组织、社会组织和其他基层组织 4458 个党组织，8.8 万余名党员，其中县处级领导干部 33 名。诸暨市委始终围绕中央和省委、绍兴市委的部署安排，全面把握“守初心、担使命，找差距、抓落实”总要求，坚持“学习教育、调查研究、检视问题、整改落实”四项重点措施贯穿始终，确保高起点谋划、高标准要求、高质量推进。

组织领导有序有力。牢牢把握第二批主题教育参加对象特点，坚持分层推进、分类指导，对标对表部署落实。7 月 31 日，中共诸暨市委“不忘初心、牢记使命”主题教育领导小组成立，领导小组办公室设有综合组、宣传组、联络组和整改落实组，主要承担统筹谋划、组织协调和指导督促等职责，同步组建调研组，赴基层党组织调研督导工作推进。建立健全“审查退回、跟踪整改、动态反馈、排位评价”四项机制，市委 12 个巡回指导组严格落实“每日一碰头”“双周一交流”和“五必”机制等基本制度，对各参加单位进行全过程指导，对排位靠后的及时约谈提醒。在市级媒体平台开设“初心”系列专栏，宣传“担当作为好干部”“两优一先”等先进典型事迹，举办“重走初心路”大型融媒体新闻宣传行动、“身边的榜样”先进事迹宣讲会等活动，刊发市级以上专题报道 180 余篇，其中《人民日报》《光明日报》等主流媒体报道 20 余篇，省委、绍兴市委主题教育简报专报刊登诸暨市相关做法 17 次。

学习教育入脑入心。紧紧围绕学习贯彻习近平新时代中国特色社会主义思想的根本任务，推动各级党员干部在思想上聚焦、在学习上聚力，切实增强“两个维护”的坚定性和自觉性。市委理论学习中心组第一时间学习传达习近平总书记重要讲话精神和来诸考察重要指示精神，深入学习贯彻中共的十九届四中全会精神，认真研读“两书一章”，分 5 期开展为期 10 天的集中学习，市四套班子赴俞秀松故居开展“初心之行”。市管领导干部同步开展集中自学，分 2 期参加专题培训班，开展学习研讨 1200 余次。基层党组织依托“三会一课”、主题党日等载体，组织集中学习研讨 1.5 万余场次，轮训支部书记 28 期 4200 余人次，对流动党员、老年党员等特殊群体采用“就便过一次”、送学上门等方式，确保学习教育全覆盖。串联 14 个红色教育基地，打造“东西南北中”5 条“初心之路”，全市共 3.5 万余人次实地开展“初心

之行”，5万余人次参与“初心网上行”。9月17日，绍兴市委理论学习中心组“初心之行”首站到俞秀松烈士故乡次坞镇溪埭村。

调查研究走深走实。着眼查找自身问题和解决实际问题，推动领导干部沉下去了解民情、掌握实情，拿出破解难题的实招硬招，提升主题教育实效性。各级领导干部下沉一线开展“微调研”，精准掌握企业、群众和基层的实际需求，开展调研1900余次，走访村（社区）3900余个次，企业7530余家，群众3.78万户。33名市领导深入开展包乡走村“四走”基层深化“三服务”活动，走遍包干的476个村（社区），按照“发现问题、责任认领、协调跟进、解决到位”的闭环原则，对个性问题个别交办，共性问题集中会商，召开座谈会150余次，办结问题400余个，市管领导干部协同开展走访服务，领衔办好民生实事2100余项。扎实开展“千场党课下基层”活动，市委主要领导带头为全市市管领导干部上专题党课，各级领导干部结合调研情况和学习感悟，到所在单位和联系镇乡（街道）、到所分管领域和基层单位上党课，基层党支部书记向支部党员上党课、报告学习体会。

检视问题从准从严。严格按照“四个对照”“四个找一找”要求，聚焦思想、整治、作风、能力、廉政等方面，查实问题、剖深根源、定准措施。坚持检视问题与调查研究、重点工作、上级反馈“三结合”，深入查找本部门本单位在深化“最多跑一次”改革、“三服务”活动等中心工作存在的突出问题，原汁原味梳理上级党组织巡视巡察反馈意见。市委常委会广泛征求意见建议128条，率先召开对照党章党规找差距专题会议，重点对照“18个是否”，检视班子成员问题256条，各参加单位按期召开专题会议，检视问题1.2万余条。各级领导干部带头开展谈心谈话，深入检视剖析问题，明确努力方向和整改措施。专题民主生活会坚持“团结—批评—团结”原则，批评和自我批评敢于揭短亮丑，整改举措务实可行。市委常委会召开专题会议听取检视整改情况，市领导带头制订整改方案和责任清单，各级党委（党组、工委）班子明确整改举措和时限，逐条逐项认领责任，并指导基层党组织高质量开好组织生活会。

整改落实动真碰硬。坚持实践实干实效导向，抓重点破难点疏堵点，层层压实整改责任，把整改落实贯穿主题教育始终。市委办、市纪委市监委、市委组织部、市委政法委（扫黑办）等4家牵头单位统筹推进专项整治，制定《专项整治责任分解与工作进度清单》和全流程“三张清单”，逐条逐项销号整改。开展专项整治正风肃纪，组建市直机关、宣传系统、政法系统、教体系统、国资系统、卫健系统6个正风肃纪工作小组，会同市纪委市监委12个派驻纪检监察组和23个镇乡（街道）纪（工）委，构建“1+6+35”正风肃纪监督网络，实时实地持续推进专项整治，共检查1250家单位，整改问题398个，问责追究58人。建立健全长效巩固机制和群众参与机制，扎实推动解决面上问题向解决深层次问题延伸、由集中治理向常态化治理转变，全市各基层党组织组织党员开展志愿服务10.5万人次，为民办实事10.1万件次。

（周佳楠）

大事记

1月

1 日上午 8 时 16 分，县龙山隧道正式通车。县龙山隧道位于耀江隧道北侧，长 835 米，宽 12 米，高 4.5 米，单向两车道通行，设计时速为 40 千米，工程总投资 1.165 亿元。

2 日，市委召开十六届五次全体（扩大）会议，回顾总结上一年工作，研究部署 2019 年任务。绍兴市委常委、诸暨市委书记徐良平代表市委常委会作工作报告，市委副书记、市长王芬祥部署工作。

同日，在微店平台上开网店的池女士从店口镇行政服务中心综合受理窗口领取诸暨市首张电商营业执照，成为 2019 年 1 月 1 日《中华人民共和国电子商务法》实施后，全市首位以网络地址登记为经营场所的个体工商户。

2 日—3 日，省政协副主席、党组副书记孙景淼到诸暨走访调研，绍兴市政协主席魏伟、副主席陈国阳及诸暨市委副书记、市长王芬祥，市政协主席郭浩良等分别参加。

4 日，市政府召开国家生态园林城市创建动员会，市委副书记、市长王芬祥作动员讲话。

5 日上午 8 时 28 分，诸暨至北京首班高铁 G36 从诸暨站始发，前往首都北京。首趟列车共 112 名乘客，14 时 53 分抵达终点站北京南站，用时 6 小时 25 分钟。

同日，绍兴市委书记马卫光、市长盛阅春、市人大常委会主任谭志桂、市政协主席魏伟等绍兴市四套班子领导集中调研诸暨市重大产业项目建设情况，诸暨市领导王芬祥、姚汉松、郭浩良等参加调研。

10 日—12 日，中国人民政治协商会议诸暨市第十四届委员会第三次会议在西施大剧院召开。

11 日—13 日，诸暨市第十七届人民代表大会第三次会议在西施大剧院召开。

14 日，市委召开十六届六次全体会议，传达省委、省政府批复同意的《诸暨市机构改革方案》，研究部署机构改革组织实施工作。绍兴市委常委、诸暨市委书记徐良平讲话，市委副书记王芬祥等出席。

18 日，浣江水务股份有限公司供水收费权资产支持证券（ABS）发行挂牌仪式在诸暨举行，这是全国首单新三板挂牌企业供水收费权资产证券化项目，也是全省首单 AAA 级供水收费权类资产证券化项目。

20 日，南华大学长三角研究院（诸暨）揭牌成立，绍兴市委常委、诸暨市委书记徐良平和南华大学党委书记王汉清共同为研究院揭牌。

同日,《诸暨日报》报道,诸暨全面建立街道议政会制度。街道议政会一般每年举行2次,成员由街道所属单位的各级人大代表和居(村)民代表、企事业单位职工代表及街道机关有关人员组成,一般为40—60人。

22日,2018全国乡村振兴示范推介活动颁奖典礼在北京举行,华西村等全国30个典型入选“2018全国乡村振兴示范村”,草塔镇上下文村位列其中。

26日,《诸暨日报》报道,根据省委、省政府批准的《诸暨市机构改革方案》和诸暨市委统一安排部署,市自然资源和规划局(市林业局)、市农业农村局、市文化广电旅游局、市卫生健康局、市退役军人事务局、市应急管理局、市司法局(市行政复议局)、市市场监督管理局、市医疗保障局、市教育体育局、市政府金融工作办公室、绍兴市生态环境局诸暨分局、市大数据发展管理中心等新组建机构完成挂牌。

28日,《诸暨日报》报道,石壁水库正式开始向城北水厂供水,主要满足江藻镇、直埠镇、店口镇、阮市镇、枫桥镇、浣东街道等区域供水需求,总供水规模每天20万吨。

2月

1日,《诸暨日报》报道,浙江省小城镇环境综合整治工作考核验收结果及小城镇环境综合整治省级样板名单出炉,全省共43个县(市、区)获2018年度省级考核优秀,诸暨市榜上有名。

2日,绍兴市委副书记、市长盛阅春,副市长陈德洪等督查诸暨市安全生产工作,诸暨市领导徐良平、宣方乐参加督查。

11日,市委、市政府召开全市经济工作会议,绍兴市委常委、诸暨市委书记徐良平讲话,市委副书记、市长王芬祥布置工作。

15日,绍兴市政协主席魏伟到诸暨开展“三服务”(服务企业、服务群众、服务基层)活动,绍兴市政协秘书长钟海及诸暨市领导郭浩良等参加。

18日,《诸暨日报》报道,全省首个公租房动态人脸自动识别系统—“诸暨市公租房动态人脸抓拍自动识别系统”在新兴茗苑公租房上线运行。

21日,《诸暨日报》报道,大唐袜艺小镇至义乌国际商贸城城际客运班线正式开通,每日往返12个班次。

27日,《诸暨日报》报道,全市首家乡镇卫生院门诊综合服务中心在王家井镇卫生院正式成立启用。

3月

8日,《诸暨日报》报道,市公款管理办出台全省首个公款存放规则—《诸暨市规范公款存放管理领导小组议事规则》,对机构设置、主要职责和分工、议事程序等均作出具体规定。

11日,在厦门召开的2018中国田径协会马拉松新闻发布会公布2018年中国田径协会等级特色赛事评选结果,“2018诸暨西施马拉松”首届赛事获评年度中国田协铜牌赛事,并被授予特色赛事“最美赛道”荣誉称号。

16日,《诸暨日报》报道,枫桥镇试点群众信访代办制,村村设信访代办服务站,一把手任站长,以解决群众在信访过程中多头投诉、无序投诉的问题,让老百姓在家门口就能解决问题、化解纠纷。

同日《诸暨日报》报道,科技日报社中国科技网、全国科技振兴城市经济研究会联合发布中国区县专利与创新指数,该指数包括中国创新百强区、中国创新百强县两大排行榜,诸暨市在中国创新百强县榜单中位列第七名。

18日,中共中央总书记、国家主席、中央军委主席习近平主持召开学校思想政治理论课教师座谈会,全国170多名教师参加,东和乡中教师竺建江参加座谈会并与习近平总书记面对面交流。

21日,绍兴市委书记马卫光来诸暨开展“三服务”(服务企业、服务群众、服务基层)活动,绍兴市委常委、诸暨市委书记徐良平,副市长朱红伟参加。

22日,《诸暨日报》报道,直埠镇姚公埠村村民住进全省首批装配式保障房。姚公埠村的装配式农村保障房一期2017年2月开工,2019年3月交付,每套新房建筑面积120平方米,配套一间地上车库,总售价25万元。

同日,农工党中央党史教育基地揭牌仪式在位于枫桥镇的农工党浙江革命活动史料陈列馆前举行,全国政协副主席、农工党中央常务副主席何维,农工党浙江省委会主委、浙江大学副校长罗建红共同为教育基地揭牌。1月,该陈列馆正式被列为全国第19个农工党中央党史教育基地,是浙江省第一家省级农工党党史教育基地。

4月

1日,副省长彭佳学来绍兴调研时,考察了诸暨市直埠镇装配式保障房建造现场,市领导徐良平、王芬祥等陪同。

2日,《诸暨日报》报道,诸暨市在全省率先试点制造企业上云销售,"政采云"上可买诸暨本地名优创新产品。"政采云"是由浙江省财政厅和阿里巴巴合作成立的政府物资采购交易平台,云平台上共有办公用品、日用百货、数码设备等14种商品类别,大到空调、办公家具,小到收纳盒、便利贴,都能一站式购买到,且任何人都能通过外网查询成交记录,方便公众监督。

3日,司法部党组书记、副部长袁曙宏一行到诸暨调研"枫桥经验"和矛盾调解、社区矫正、公共法律服务、社会心理服务等工作开展情况,省司法厅厅长马柏伟,绍兴市委书记马卫光,绍兴市委常委、秘书长陆维,绍兴市副市长、公安局长俞流江及诸暨市领导徐良平等参加。

9日—11日,省委党校进修一班2组到诸暨调研基层社会治理等情况,省司法厅党委委员、派驻纪检监察组组长钱国伟,绍兴市政协主席魏伟等进修班成员参加,诸暨市领导徐良平、王芬祥、郭浩良、潘超英等分别陪同。

17日,市公安局办案民警从成都将58名电信诈骗涉案嫌疑人押回诸暨。警方运用多种技术手段侦查2个月,最后确定该犯罪团伙窝点位于成都高新区一栋字楼内,遂抽调30多名警力飞抵成都,联合当地警方将该犯罪团伙一网打尽。

19日,《诸暨日报》报道,在广州举行的2019中国医院竞争力大会发布2018中国医院竞争力排名系列榜单,诸暨市人民医院在全国6000多家县级医院中以793.09的总分,在县级医院百强榜单中位列第四。这是该院连续第五年蝉联第四名,系绍兴地区唯一进入榜单前10强的县级医院。

22日,省民政厅副厅长计时华一行到诸暨调研乡镇行政区划调整情况,市领导徐良平、王芬祥等参加。

同日,市知识产权司法保护工作室在市人民法院成立。工作室每周五开门,31名法官、律师、专家轮流坐诊,为企业提供知识产权方面的风险排查、诉前调解、宣传引导、法律指导、法律咨询和维权等服务。

27日—30日,大唐40余家袜业企业参加2019年环球资源香港时尚展,这是诸暨袜企第一次抱团赴港参展。

30日,"杭州·绍兴周"诸暨专场活动在杭州国际博览中心举行,诸暨"与杭同城"三年行动计划正式发布。全国政协文史和学习委员会原副主任委员、浙江省政协原主席周国富,浙江外国语学院党委书记宣勇,浙江传媒学院党委副书记宣裕方,拱墅区委副书记、区长章燕,诸暨市领导徐良平、王芬祥等参加。

5月

5日,《诸暨日报》报道,"枫桥式"信访代办制在绍兴地区全面推广。枫桥镇自3月起在镇、村、社会组织分别建立镇级信访代办中心、村级信访代办站和群众服务代写点,并设置专职代办员,群众有诉求可委托代办员全程办理,同时在镇一级组建信访办理服务团、专业人士评判团和社会组织帮帮团,群众满意率达到100%。

9日,副省长王文序一行到诸暨调研基层社会治理工作,绍兴市副市长陈德洪,诸暨市领导徐良平、王芬祥、何鸿成分别参加。

20日,省政协副主席、民建浙江省委会主委陈小平带领民建浙江省委会专项民主监督组一行,到诸暨开展“民营经济高质量发展”专项民主监督活动，绍兴市委常委、统战部部长叶卫红及诸暨市领导王芬祥、孟国锋、朱红伟等参加。

26日，2019环法挑战赛亚洲首站—西施故里·诸暨站在浣纱大桥鸣枪开赛，这是环法挑战赛首次登陆长三角地区。环法挑战赛发源地在法国，拥有116年历史，是全球最高级别的自行车赛事。

29日，由吉林省辽源市委书记柴伟率领的辽源市党政考察团到诸暨考察，绍兴市人大常委会主任谭志桂，绍兴市委常委、副市长栾国栋及诸暨市领导王芬祥、田国栋等陪同。

30日，《诸暨日报》报道，市精神文明建设委员会启动首届“最美诸暨人”评选活动。“最美诸暨人”分最美改革创新人物、最美平安守护者、最美教师（学生）、最美工匠、最美城市建设者、最美乡村振兴带头人、最美文化传承人、最美医护人员、最美退役军人、最美文明实践者，每个类别最终产生1名最美人物和1名提名人物。8月中下旬，组委会根据公示结果和专家评审意见，确定首届“最美诸暨人”和“最美诸暨人”提名人物。

6月

1日起，全市实行农药实名制购销。

10日，《诸暨日报》报道，绍兴地区首个国家级土壤质量监测点在枫桥镇杜黄新村启动建设。监测点包括自动监测功能区、常规监测功能区和培肥改良试验检测功能区，分别监测农田水分情况、农田地力情况、肥料施用情况、种植环境情况等四方面内容。

13日，绍兴市委常委、诸暨市委书记徐良平，市委副书记、市长王芬祥率领党政代表团赴遂昌考察，并召开诸暨—遂昌山海协作工程联席会议，遂昌县委书记张壮雄，县委副书记、县长胡刚及诸暨市领导姚汉松、郭浩良、宣方乐、林成高参加。

14日，绍兴市委书记马卫光赴同山镇开展“三服务”活动，实地调研基层党建、乡村振兴和企业发展情况，绍兴市委常委、组织部长徐晓光，绍兴市委常委、秘书长陆维及诸暨市领导徐良平、王琤参加。

18日，省政协副主席陈铁雄率督查组到诸暨，专项督查调研贯彻落实中央和省委有关政协工作文件精神情况，绍兴市政协副主席黄文泽，诸暨市领导徐良平、郭浩良、陈军卫、王培光、徐可以及市政协秘书长钟力群等参加座谈。

21日，全省早稻绿色高产高效暨机械侧深施肥技术现场观摩会在诸暨举行，来自中国水稻研究所、省科技厅、省农技推广中心、省农业科学院环土所、全省各地农技部门以及水稻侧深施肥项目单位等代表100余人参加。

24日，市委、市政府召开部分行政区划调整工作会议，绍兴市委常委、诸暨市委书记徐良平，市委副书记、市长王芬祥，市人大常委会主任姚汉松，市政协主席郭浩良等参加。根据《浙江省人民政府关于诸暨市部分行政区划调整的批复》（浙政函〔2019〕64号），诸暨市部分行政区划调整情况如下：一、撤销王家井镇和街亭镇建制，同时整合暨阳街道开化江以南部分区域（三江新村、城新村、新光村、暨南村），组建暨南街道。新组建的暨南街道辖42个行政村、1个社区、1个居民区，街道办事处驻地设在暨南路7号。暨阳街道辖21个社区、22个居民区、21个行政村，办事处驻地不变。二、撤销大唐镇和草塔镇建制，组建大唐街道。新组建的大唐街道辖28个行政村、7个社区、1个居民区，街道办事处驻地设在原大唐镇开元东路75号。三、撤销店口镇和阮市镇建制，组建店口镇。新组建的店口镇辖34个行政村、9个社区，镇人民政府驻地设在店口镇中央路388号。四、撤销江藻镇和直埠镇建制，组建姚江镇。新组建的姚江镇辖24个行政村、1个社区，镇人民政府驻地设在学院路200号。

25日，第九届全国“人民满意的公务员”和“人民满意的公务员集体”表彰大会在北京举行，枫桥派出所获得全国“人民满意的公务员集体”荣誉，中共中央总书记、国家主席、中央军委主席习近平在人民大会堂会见受表彰代表。枫桥派出所所长杨叶峰代表枫桥派出所接受表彰。

27日，《诸暨日报》报道，在教育部职业技术教育中心研究所发布的首批“1+X”证书制度试点院校名单中，诸暨市职教中心、绍兴护士学校名列其中。

28 日，2019 年中国铜加工产业年度大会暨中国（绍兴）铜产业发展高峰论坛在诸暨举行，中国有色金属工业协会会长陈全训，绍兴市委副书记、市长盛阅春，诸暨市领导王芬祥、朱红伟等出席开幕式。

同日，市公共服务中心联合卫健、公安、人社、医保等部门，在市中心医院产科设立“出生一件事”多证联办办理点，小孩出生后，产妇在病区内就可办理出生医学证明、预防接种证、户口申报、城乡居民参保缴费、生育保险待遇核准、医疗费用零星报销等 6 件事项，实现“出生一件事”一次都不用跑。

29 日，2019 年数字经济赋能产业高质量发展高峰论坛在诸暨举行，数字经济产业界、学术界专家及智能制造、互联网等行业的企业家围绕大数据、云计算、工业互联网、人工智能、智能制造等纵论数字经济赋能产业高质量发展，市领导徐良平、王琤、朱红伟参加。

7月

1 日，人民网、新华网、中新网、浙江在线等 30 余家网络媒体负责人及记者到到山下湖镇走访企业，记录企业发展历程。

3 日，《诸暨日报》报道，同山镇唐仁村香榧种植户沈利才签下全国首张香榧高温干旱气象指数保险保单。该气象指数理赔模型由省人保财险公司农险部、省气候中心专家赴诸暨调研考察，采集历年产量数据和高温及干旱受损情况后制作，属于全国首个“定制版”香榧保险。

同日，省长袁家军到诸暨开展“不忘初心、牢记使命”主题教育专题调研，中央第二指导组组长陈际瓦，副组长龙新南，绍兴市委书记马卫光，绍兴市委副书记、市长盛阅春以及诸暨市领导徐良平、宣方乐参加。

5 日，珍珠小镇推介及《珍珠粉》和《珍珠粉 X 射线衍射分析法》国家标准正式实施新闻发布会在华东国际珠宝城举行，新华社、中国日报、浙江日报及凤凰网等 30 余家媒体参加。

同日，农民日报、中新社、法制日报、中国青年报、人民公安报、浙江日报等 20 余家媒体到市公安局枫桥派出所采风，并前往“枫桥经验”发源地枫源村了解村级自治与警务工作方面的创新做法和工作成效。

8 日，《诸暨日报》报道，大唐街道组建起一支由 18 人组成的防化应急救援队，这是全市首支民间防化救援专业队伍。

17 日，绍兴市委常委、诸暨市委书记徐良平，市委副书记、市长王芬祥带领相关部门负责人赴杭州市拱墅区考察，拱墅区委书记朱建明，区委副书记、区长章燕，副区长王书评参加。两地共同签订《拱墅区—诸暨市友好区市 2019 年度合作协议》。

18 日，市政府与绍兴移动公司、华为技术有限公司、海康威视数字技术股份有限公司分别签订战略合作协议，浙江移动公司副总经理楼向平、华为公司中国区数字政府业务部总裁刘正宝、海康威视数字技术股份有限公司高级副总裁傅柏军及诸暨市领导徐良平、王芬祥、宣方乐等参加签约仪式。

同日，市融媒体中心正式揭牌成立。

22 日，美国《财富》杂志发布 2019 年度世界 500 强排行榜单，海亮集团有限公司首次跻身世界500强，排名第 473 位，在上榜的中国企业中排名第 115 位。

26 日起，以“与杭同城和美之旅”为主题的西施文化旅游月活动在西施故里拉开序幕，来自上海、江苏等长三角地区的 30 多家旅行社总经理以及该区域内的 20 多家新闻媒体记者参加启动仪式。该活动历时 2 个月。

8月

1 日，“长三角新全媒联合体”到诸暨集中采访推进长三角高质量一体化发展的做法，《解放日报》（上观新闻）、澎湃新闻、东方卫视、交汇点新闻客户端、新华日报财经客户端、扬子晚报扬眼、安徽日报客户端、浙江日报（浙江新闻）、钱江晚报（浙江 24 小时）、世界浙商网等 10 余家媒体参加。

1 日—2 日，国务院发展研究中心党组成员、副主任张军扩带领调研督导组到诸暨调研督导，省委政研室副主任、财办专职副主任朱卫江及诸暨市领导徐良平、王芬祥、梁中分别陪同。

5日，市委召开十六届八次全体（扩大）会议，总结上半年工作，部署下阶段任务。绍兴市委常委、诸暨市委书记徐良平代表市委常委会作工作报告，市委副书记、市长王芬祥部署工作。

同日，《诸暨日报》报道，全市首个社区矫正服务基地—暨阳街道祥安社区矫正服务基地正式成立。该矫正服务基地主要是协助暨阳司法所开展对矫正对象的监督、管理、教育和帮扶，并配合暨阳司法所考核奖惩矫正对象。

15日，省对口办到诸暨督察东西部扶贫协作工作情况。

16日，绍兴市委书记马卫光一行到华东国际珠宝城调研，听取山下湖珍珠小镇建设规划和项目推进情况，并现场察看山下湖美人谷康养综合体项目和山下湖珍珠小镇酒店项目，绍兴市委常委、秘书长陆维，诸暨市领导王芬祥、俞越参加。

20日，市政府召开行政村规模调整工作动员部署会，新一轮行政村规模调整工作正式启动。本次行政村规模调整涉及五类对象：一是山区户籍人口500人以下、平原地区户籍人口1000人以下的行政村；二是城市建成区内整村拆迁安置且完成经济合作社股份制改革的村（居）；三是城镇规划区内具备条件的行政村（居）；四是就近就便整合有利于发展的行政村（居）；五是地质灾害隐患村、高山移民村、人口外迁空心村等。规模调整的形式包括村村合并、集镇中心村改社区、城区改居村撤并建社区等。

21日，由徐州市委书记、市人大常委会主任周铁根率领的江苏徐州市党政代表团来诸暨考察新时代“枫桥经验”创新发展及社会治理工作，绍兴市委副书记、市长盛阅春，绍兴市人大常委会副主任孙云耀，绍兴市副市长、公安局局长俞流江及诸暨市领导徐良平、宣方乐等陪同。

28日，西施马拉松组委会在北京国家体育总局北京馆召开“祥生·2019诸暨西施马拉松”新闻发布会，发布本届西马的比赛时间、比赛路线、完赛奖牌、参赛服、完赛服等信息，国家体育总局田径运动管理中心社会活动部主任、中国田径协会副秘书长水涛，省体育竞赛中心副主任潘华群以及冠名赞助商、运营单位负责人出席。祥生·2019诸暨西施马拉松定于11月17日鸣枪起跑。

同日，《诸暨日报》报道，全市实现出生“一件事”一窗办、全城办，新生儿父母可通过在助产机构和便民服务中心设立的新生儿出生“一件事”综合窗口，办理新生儿出生医学证明、预防接种证、户口申报、城乡居民基本医疗保险参保登记、生育保险待遇核准支付等事项。

同日：中国铁路上海局集团公司28日宣布，下半年将在17个车站增设104台“刷脸进站”设备（自助实名制核验闸机），其中，诸暨站将安装4台“刷脸进站”设备。该设备集验票、验证、验人、检票四大功能于一身，旅客无需使用车票，只需刷身份证并刷脸就可进站乘车。

28日—29日，绍兴市委常委、诸暨市委书记徐良平率党政代表团赴四川省金川县开展东西部扶贫协作工作，金川县委书记卞思发，县委副书记、县长朱锐等陪同。

9月

5日，《诸暨日报》报道，全市新一轮行政村规模调整工作基本结束，通过村村合并、集镇撤村建社区和城市建成区内改居村撤建社区等三种形式，共撤减73个村（居）。全市行政村由调整前的503个减少到476个（不包括50个城镇型社区）。

同日，《诸暨日报》报道，在中国企业联合会、中国企业家协会发布的2019年中国企业500强、中国制造业企业500强、中国服务业企业500强和中国100大跨国公司名单中，诸暨4家企业上榜。在2019年中国企业500强榜单中，海亮集团排名第115位；在中国跨国公司100强榜单中，海亮集团排名第87位。在中国制造业企业500强榜单中，海亮集团排名第41位；天洁集团排名342位。在中国服务业企业500强榜单中，海越公司排名第227位；雄风集团排名第466位。

同日，2019年浙江农业之最猕猴桃擂台赛暨诸暨市猕猴桃文化节5日开幕，省咨询委主任、省政府原副省长、省政协原副主席黄旭明出席，省农业农村厅厅长林健东讲话，市领导徐良平、梁中参加。

9日，市城乡公交公司城乡公交车智能调度系统启用，凡在运行中的城乡公交车，都可以在手机中实时查询运行线路到达站点。

11日，全国残疾人社区康复工作现场会在枫桥镇残疾人康复中心召开，来自全国各地残联的康复工作负责人听取诸暨市残疾人康复工作经验介绍，并现场参观枫源村残疾人康复服务站。

12日，市委召开全市“不忘初心、牢记使命”主题教育部署会，绍兴市委常委、诸暨市委书记、市委“不忘初心、牢记使命”主题教育领导小组组长徐良平主持会议并讲话，绍兴市委巡回指导组第三组组长马永定讲话，市领导王芬祥、姚汉松、郭浩良、潘超英，绍兴市委巡回指导组第三组副组长何建凤和指导组全体成员，市四套班子领导，市委委员、候补委员，人武部长、法检两长，正处级老干部和有关副处级老干部，市级有关部门党委(党组、工委)主要负责人，部分省第十四次党代会代表、绍兴市第八次党代会代表，无党派代表人士等参加。

17日，绍兴市委理论学习中心组成员到俞秀松烈士的故乡次坞镇溪埭村，开展“不忘初心、牢记使命”主题教育第一次集体活动，绍兴市委书记马卫光讲话，省委第六巡回指导组组长夏海伟，绍兴市领导盛阅春、谭志桂、魏伟、陈澄，省委第六巡回指导组副组长马世宙和指导组有关成员，不是市委理论学习中心组成员的其他市四套班子领导参加。

20日，《诸暨日报》报道，全国唯一的环香榧林美丽公路—全长64.9千米的环会稽山国家森林公园美丽公路建成。这条公路总投资6.7亿元，由柯桥、诸暨和嵊州的三处香榧森林公园三段公路组成，诸暨段全长28.5千米，双向单车道，设计时速60千米。

25日，《诸暨日报》报道，全球清洁炉灶观摩会在诸暨举行，来自印度、尼泊尔等国的十余位专家与会并参观了暨阳街道安家湖村沼气站。

同日，2019中国国际针织(秋冬)博览会在上海国家会展中心开幕，代表大唐袜业产业集群的大唐袜艺馆同步开馆。

29日，《诸暨日报》报道，省委第八巡回指导组组长夏海伟一行来诸暨指导“不忘初心、牢记使命”主题教育工作，省委第八巡回指导组副组长马世宙和指导组相关成员，绍兴市委组织部副部长、两新工委书记高建国以及诸暨市领导徐良平、王琤参加。

10月

12日，由辽宁省锦州市委书记王德佳率领的锦州市党政代表团到诸暨考察“枫桥经验”创新发展及基层社会治理工作，绍兴市领导马卫光、陈澄、陆维及诸暨市领导徐良平、王芬祥等陪同。

17日，诸暨西施动漫形象设计方案全球征集活动专家评审会在杭州举行，5位专家应邀对全球征集的501个西施动漫形象开展评审。

西施动漫形象设计方案征集始于8月，面向向全球动漫设计爱好者，最高奖励10万元。

19日，浙江省农业科学院粮油新品种综合性示范基地现场会在枫桥镇杜黄新村召开，来自省农业农村厅、省农科院以及各地市农科院的200多名农技专家，农业企业、种粮大户代表参加。

23日，市政府与杭钢集团签订战略合作协议，省国资委党委书记、主任冯波声，杭钢集团党委书记、董事长张利明，市领导徐良平、王芬祥、钱勇军、朱红伟等参加签约仪式。

同日，省委常委、省纪委书记许罗德到诸暨调研，先后走访了万安集团、珍珠小镇、“枫桥经验”陈列馆、枫桥镇枫源村等，了解企业、街道(社区)党风廉政建设情况。绍兴市委书记马卫光，绍兴市委常委、市纪委书记、市监委主任陈灿，绍兴市委常委、秘书长陆维及诸暨市领导徐良平、叶伟明等分别参加。

25日，《诸暨日报》报道，全市市镇两级打造“一窗受理、集成服务”模式，实现“无差别受理”全覆盖，438项事项“全城通办”，187项事项“全县通办”；在全省首创“一证通办一生事”改革，实现72个电子证明信息共享，324项民生事项“一证通办”。

26 日，由西藏自治区那曲市委常委、比如县委书记陈刚率领的比如县党政代表团来诸暨考察，绍兴市委常委、诸暨市委书记徐良平，市委常委、常务副市长钱勇军陪同。

11月

5 日，新华社全文播发 10 月 31 日中国共产党第十九届中央委员会第四次全体会议通过的《中共中央关于坚持和完善中国特色社会主义制度、推进国家治理体系和治理能力现代化若干重大问题的决定》，“枫桥经验” 首次写入全会通过的《决定》中。

8 日，“诸暨次坞打面” 品牌启动仪式在西施故里景区乡村道地举行，活动现场发布了品牌 logo 和行业标准。当天，首家 “诸暨次坞打面” 旗舰店在西施故里景区开业。

10 日，浙江农信丰收驿站省级旗舰店 “绍兴月” 诸暨专场活动启动，省人大常委会原代主任俞国行，省人大常委会委员、省人大常委会民族宗教侨务外事委员会主任郭剑彪，省农信联社党委书记、理事长王小龙，省农信联社党委副书记、主任金丽丽，拱墅区副区长惠海涛，诸暨市领导徐良平、朱红伟以及部分在杭州乡贤出席。

13 日，由中国信息通信研究院主办的第二届 “中国县域工业经济发展论坛(2019)” 在京召开，在论坛发布的《中国工业百强县(市)、百强区发展报告》中，诸暨排名全国工业百强县第 19 位。

15 日—18 日，市文旅集团以 “老味道、老手艺、老土话、老曲调” 为展示核心，在西施故里风景区开办文化旅游美食节。“老味道” 展示的是次坞打面、马剑馒头等地道诸暨美食；“老手艺” 展示的是棕编、刀画等各类诸暨非遗文化；“老土话” 展示的是石板道地掼乌龟、小布衫里脱出等体现诸暨人文风貌的土话；“老曲调” 即诸暨地方戏剧表演。

17 日，“祥生 ·2019 诸暨西施马拉松” 在城市广场鸣枪开跑，来自 12 个国家和地区的 14378 名选手参加比赛，其中参加全程马拉松的 2378 人，半程马拉松的 6000 人，微型马拉松的 6000 人。省体育局副局长李华，绍兴市副市长顾涛，诸暨市领导徐良平、王芬祥、姚汉松、郭浩良等出席开幕式并为比赛鸣枪。

同日，首届 “大唐杯” 国际袜业机械装备大赛在大唐袜业城广场举行，7 家袜业机械装备企业带着自主研发的织缝翻一体袜机参赛。

18 日，第十四届中国 · 大唐国际袜业博览会在大唐袜业城开幕，中国工业经济联合会执行副会长兼秘书长、党委书记，国家制造强国建设战略咨询委员会委员熊梦，中国工程院院士蒋士成，中国纺织工业联合会副会长、中国针织工业协会会长杨纪朝，中国纺织服装教育学会会长倪阳生，中国纺织工程学会副理事长龚进礼，浙江省贸促会、浙江省国际商会副会长张善坤，西安工程大学党委书记刘江南，浙江省工业经济联合会、浙江省企业联合会、浙江省企业家协会常务副会长兼秘书长、浙江省原经信委巡视员郑一方及诸暨市领导徐良平、王芬祥、姚汉松、郭浩良、朱红伟、田国栋等出席。开幕式上还举行了世界级袜业产业集群先行区揭牌仪式；阿里巴巴 · 诸暨袜业产业带数字战略合作启动仪式；中国设计红星奖(诸暨)产品设计大赛—2020 袜业大赛启动仪式；2019 胡润百富 · 大唐袜业区域品牌价值暨胡润全球袜业企业创新榜发布仪式。

同日，胡润百富董事长胡润在大唐发布 2019 胡润全球袜业企业创新百强榜和 2019 诸暨袜业区域品牌价值，诸暨 26 家企业上榜，这是胡润研究院第一次发布该榜单。全球袜业企业创新百强榜上榜企业来自 17 个国家，中国以 36 家遥遥领先，美国和英国分别以 18 家和 14 家居第二、三位，德国、意大利、日本、澳大利亚、瑞士、法国、加拿大、土耳其各上榜 2—5 家。

20 日，2019 第三届中国(诸暨)科技金融暨 “与杭同城” 产融驱动高峰论坛开幕，省科技厅党组副书记、副厅长宋志恒，省科技厅原党组副书记、副厅长、省创投协会常务副会长邱飞章，中国投资协会副会长、股权和创业投资专业委员会会长沈志群，中关村股权投资协会会长王少杰，省金控投资管理有限公司董事长兼总经理杜金良及诸暨市领导徐良平等出席开幕式。开幕式上，诸暨市分别与中国投资协会、中关村股权投资协会、上海市创业投资行业协会、深圳市创业投资同业公会、浙江省创业投资协会和上海证券交易所签署战略合作协议。

21日,退役军人事务部党组书记、部长孙绍骋一行来诸暨考察,副省长王文序,省退役军人事务厅党组书记、厅长林云举,绍兴市委常委、军分区政委柴祥群,绍兴市委常委、副市长栾国栋及诸暨市领导徐良平、何鸿成等陪同。

23日,首届同山烧封坛节在同山镇布谷湖畔举行,市领导徐良平、何鸿成及周国富、俞国行、杨建新、边国富、邱飞章、寿勤泽等诸暨乡贤参加。

28日,首批"枫桥式公安派出所"命名揭晓仪式在北京公安部报告厅举行。以诸暨市公安局枫桥派出所为标杆,全国各地的100个派出所被命名为"枫桥式公安派出所"。

12月

2日,市社会矛盾纠纷调处化解中心揭牌成立。中心有来自市公安、司法、卫生健康、建设、民政、法院、工商联等部门的派驻人员132名,一个窗口无差别受理各类矛盾纠纷、信访诉求和投诉事项。

3日,市委、市政府召开全域旅游发展大会暨创建省全域旅游示范市动员大会,省文化和旅游厅党组书记、厅长褚子育,绍兴市委宣传部副部长、文广旅游局局长何俊杰出席,市领导徐良平、王芬祥、姚汉松、郭浩良、潘超英等市四套班子领导参加。

5日,市委召开市级领导干部会议,宣布省委、绍兴市委关于诸暨市政府主要领导调整的决定。省委决定:提名胡华良任诸暨市人民政府市长候选人,提议王芬祥不再担任诸暨市人民政府市长职务。绍兴市委决定:王芬祥任中共绍兴市人民政府党组成员、中共绍兴市人民政府办公室党组书记,提名王芬祥同志任绍兴市人民政府秘书长。

7日,遂昌县委书记张壮雄率领党政代表团到诸暨考察,并召开诸暨市—遂昌县山海协作高层联席会议,市领导徐良平、胡华良、姚汉松、郭浩良、钱勇军参加。

9日,市委召开十六届九次全体(扩大)会议,绍兴市委常委、诸暨市委书记徐良平代表市委常委会作工作报告,市委副书记、代市长胡华良部署工作。全会审议通过《中共诸暨市委关于学习贯彻党的十九届四中全会精神高水平推进县域治理现代化的决定》。

11日,《诸暨日报》报道,市红十字会完成58台公共场所AED(自动体外除颤仪)的安装投放,安装数量居绍兴市首位。全市23个镇乡(街道)全部完成AED配置及其相关救护员培训,镇村两级共培训救护员916名,其中村级救护员209名。AED是一种便携式医疗设备,在心脏骤停的1分钟内,使用AED对患者电击除颤,救活概率为90%。

12日,由衢州市委书记徐文光率领的衢州市党政代表团来诸暨考察基层治理工作,绍兴市委书记马卫光,绍兴市委常委、秘书长陆维,诸暨市领导姚汉松、郭浩良、孟国锋、陈仁坚等陪同。

16日15时,"义新欧"诸暨号中欧班列(义乌—莫斯科)首趟列车从义乌西站驶出,装载着2家诸暨企业生产的产品前往莫斯科。"义新欧"诸暨号首发后,将逐步实现常态化运行。

同日,省政协副主席周国辉一行到诸暨调研,绍兴市政协主席魏伟、副主席徐青松及诸暨市领导胡华良、郭浩良、王培光、王祖勇等参加。

21日,市委、市政府召开2019诸暨发展大会,周国富、葛焕标、黄旭明、何占豪、金一斌等海内外300多名诸暨乡贤出席,绍兴市委常委、诸暨市委书记徐良平致辞,胡华良、姚汉松、郭浩良等市四套班子成员,人武部长、法检两长参加。

22日—24日,由中国建筑金属结构协会舒适家居分会主办的首届2019中国(店口)水暖博览会在店口镇举行,200余家全国各地的行业内知名厂商参展。

25日,全省高校统一战线助力校地合作"同心·三服务"活动启动仪式在诸暨举行,省委统战部副部长、一级巡视员张润生,省教育厅党委副书记干武东和诸暨市领导胡华良、孟国锋、陈仁坚等出席。

市情概要

历史

【市名由来】诸暨为中国古越民族聚居地之一。先秦无诸暨之名，自秦王政二十五年(一前 222 年)设会稽郡置诸暨县，除新莽时期(8—23 年)、唐光启年间(885—888 年)、元至正十九年(1359 年)曾一度改为疏虏、暨阳、诸全州以外，均以诸暨之名见于典籍，直至今日，为浙江望县。

关于诸暨县名的来历，历来众说纷纭，向无定说。清乾隆《绍兴府志》及光绪《诸暨县志》对前人陈说作了概括，但未能统一说法。《绍兴府志·地理志》载：

“(诸暨)周为越允常之都。《路史》：夏后氏后。诸暨有诸山暨浦，允常之都。春秋时句无地，或曰夫概王之故邑，先名上诸暨，亦曰句吴。《国语》：句践之地，南至句无，韦昭解：今诸暨有句无亭是也。《水经注》：诸暨县，古越地也，夫概王之故邑，先名上诸暨，亦曰句吴矣。寇仲温《诸暨县记》：诸暨，槠概也，吴王阖闾弟夫概所封之地。”

光绪《诸暨县志·沿革表》基本沿袭《绍兴府志》说法。

有一种说法是：县西有山，山上多槠木，所以称为槠山，省而为诸山，又有概浦，省而为既浦，转音为暨浦，诸暨因此而得名。另有一种说法是，境有五泄山、七十二峰、峰峦林立，认为诸山即诸多山峰，又有概浦，因称诸暨。明隆庆《诸暨县志》则曰：“诸者，众义；暨者，及也。或曰禹会计而诸侯毕及也。”意即因禹及众诸侯到达停留于此，故称“诸暨”。此外还有因诸国、暨国得名，因诸物萃聚得名等说法。

【建置沿革】秦王政二十五年(前 222 年)设县，属会稽郡。西汉属扬州刺史部会稽郡。新始建国年间(9—13 年)更名疏虏，东汉建武元年(25 年)复原名。西晋属会稽郡，东晋属会稽国，南朝复属会稽郡。隋文帝开皇中属吴州，大业中仍属会稽郡。唐属会稽郡及越州，唐光启三年(887 年)改称暨阳。五代属吴越国越州东府。吴越王天宝三年(910 年)复名诸暨。宋初属两浙东路越州，绍兴元年(1131 年)属绍兴府。孝宗乾道八年(1172 年)，分东北 10 乡置义安县，治枫桥。淳熙元年(1174 年)废义安，其地复入诸暨。元属江浙等处行中书省绍兴路。成宗元贞元年(1295 年)升为诸暨州，至正十九年(1359 年)改名诸全州。明洪武二年(1369 年)改诸全州为诸暨县。明、清属绍兴府。

民国元年(1912 年)废府,直属浙江省。民国 3 年省下设道,诸暨属会稽道。民国 16 年废道,直属浙江省。民国 24 年 9 月至 37 年 4 月属浙江省第三行政督察区,民国 1949 年 5 月 5 日年 4 月至 38 年属浙江省第二行政督察区。

1949 年 5 月 6 日诸暨解放,诸暨属中共萧绍诸杭临时委员会领导。6 月 23 日至 11 月 26 日归浙江省第十专署管辖,其后属绍兴专区。1952 年 1 月绍兴专区撤销,直属省。1953 年 2 月划归金华专区。1957 年 9 月划归宁波专区。1964 年 9 月,复属绍兴专区。1968 年 5 月属绍兴地区。1983 年 7 月起属绍兴市。1989 年 9 月,经国务院批准,撤销诸暨县,设立诸暨市,由绍兴市代管。

【越国古都】诸暨春秋时属越国,越王允常曾先后在境内埤中(今次坞镇、店口镇、阮市镇一带)、大部(今枫桥镇一带)、勾乘(今牌头镇一带)建都,子勾践迁都会稽(今绍兴)。诸暨为越国古都早于绍兴,诸暨为都时,绍兴为诸暨属地。

【西施故里】西施,本名施夷光,越国美女,天生丽质,是美的化身和代名词。"闭月羞花之貌,沉鱼落雁之容"中的"沉鱼",说的就是西施之美。西施与王昭君、貂蝉、杨玉环并称为"中国古代四大美女",其中西施居首。

西施春秋末期出生于诸暨苎萝村。苎萝有东西二村,夷光居西村,故名西施。其父卖柴,母浣纱,西施亦常浣纱于溪,故溪又称浣纱溪。南北朝刘宋孔灵符《会稽记》云:"诸暨苎萝山,有西施浣纱石。"

《舆地志》《十道志》《嘉泰会稽志》载:"勾践索美女以献吴王,得诸暨苎萝山卖薪女,曰西施。山下有西施浣纱石。"

在当年西施浣纱之处,有一大方石,古朴苍褐,上镌"浣纱"二字,为东晋大书法家王羲之手笔。

西施故里现已辟为旅游区,主要由西施殿、范蠡祠、中国历代名媛馆、鸬鹚湾古渔村、郑氏宗祠、民俗馆等景点组成,是国家级风景名胜区—浣江 · 五泄景区的重要组成部分。

【诸暨三贤】王冕、杨维桢、陈洪绶被称为"诸暨三贤"。因三人均系枫桥人,故又称"枫桥三贤"。

王冕(1287—1359),元代诗人、文学家、书法家、画家,字元章,号煮石山农,诸暨枫桥栎桥村人,以画梅著称,尤以墨梅见长,亦擅竹石,兼能治印,著有《竹斋集》《墨梅图题诗》等。

杨维桢(1296—1370),元末明初著名文学家、书法家,字廉夫,号东维子、铁厓,诸暨枫桥全堂人,为元末诗坛领袖,"诗名擅一时,号铁厓体",在元文坛独领风骚 40 余年。书法以行草最工,有真迹传世。

陈洪绶(1296—1370),明末清初书画家、诗人,字章侯,号老莲,诸暨枫桥陈家村人。一生以画见长,尤工人物画,人谓"明三百年无此笔墨",有《九歌》《西厢记》插图、《水浒叶子》《博古叶子》等版刻传世。兼擅诗书,有《宝纶堂集》。

地理

【地理位置】诸暨市位于长江三角洲南翼、浙江省中北部、钱塘江流域中段,地处东经 119° 53'3"—120° 32'10",北纬 29° 21'26"—29° 59'5"之间,东接绍兴、嵊州,南界东阳、义乌,西毗浦江、桐庐、富阳,北邻杭州、萧山。浙赣铁路、杭金衢高速、诸永高速、绍诸高速、金杭公路贯穿全境,距上海 200 千米、杭州 90 千米,距萧山国际机场 60 千米。

【地形地貌】诸暨地处浙东与浙西丘陵山区两大地貌类型的交接地带,有山地、丘陵、河谷盆地 3 种类型,分别占境内地域总面积的 28.96%、43.12%、27.92%。境内最高峰为东南部的东白山(太白尖),海拔 1194.6 米,最低平原为东北部的白塔湖,平均高度为海拔 4.3 米,最低高度为 3.1 米。

山地和丘陵紧密相连,犬牙交错,集中分布在市境东南部(会稽山地)和西部(龙门山地)。

中部为河谷盆地,多沃土良田;北部为河网平原,水资源充沛。浦阳江纵贯南北,境内干流长 67.6 千米,东西 8 条支流呈叶脉形展开。

中部浦阳江河谷盆地位于市域中南部,浦阳江中游,南与浦江—苏溪盆地接壤,北至大侣湖,与"诸暨湖田熟"的河网平原接壤,东起高湖,西至筱畈。

南北长 36 千米，东西宽 19 千米，呈北东狭长槽形。面积 83 万亩，占市域面积的 23.96%。区内地势平缓，海拔 8—50 米，两侧向中部倾斜，西南向东北倾斜。浦阳江河道弯曲，多河漫滩地，构成冲积平原阶地。盆地两侧为第四纪红土砾石层、白垩纪砂岩地层的基托阶地，和东部、西部丘陵阶地相接。

北部湖畈河网平原位于浦阳江中下游，南起连七湖，北与萧绍平原接壤；东起东泌湖，西至朱公湖。南北长 16 千米，东西宽 14 千米，面积 33 万亩，占市域面积的 9.47%。浦阳江自西南向东北、枫桥江由东南向西北穿流全区。河网如织，湖荡密布，田畈多为围湖而成，海拔多为 5.5—6.5 米，故称“诸暨湖田”。

【山脉水系】诸暨境内主要有两大山脉、两大水系。两大山脉即会稽山脉和龙门山脉；两大水系即浦阳江水系和壶源江水系。

会稽山脉在诸暨境内以会稽山地为主，位于市境东部，呈西南—东北走向，与义乌、东阳、嵊州、绍兴、萧山接壤，属浙东南丘陵山区地貌单元，面积 148 万亩，占市域总面积的 42.47%，其中海拔 500 米以上低山 15.2 万亩，占 10.27%。全区受开化江、枫桥江等大小溪流切割，重峦叠嶂，幽谷深涧，形成众多的河谷盆地和冲积扇。主峰东白山，为诸暨、嵊州、东阳三市交界处。山巅缓坡宽谷，西侧山坡变陡，属于浦阳江河谷盆地东缘，主脉南、北山势渐低。干脉以东白山为起点，分北干脉、南干脉两路。北干脉（东白山—大山坞）由东白山向东北达于诸暨、嵊州市界，主要高峰有螺蛳屁股(900 米)、白玉尖(990 米)、湖塘冈(861 米)、雾露尖(849.5 米)、走马岗(835 米)、龙头顶(737 米)，龙头顶为诸暨、嵊州、绍兴三市（县）界山。并有越大山(679 米)、刻石山(763.8 米)、古博岭。西至大北坞山，为诸暨、绍兴、萧山三市（县）界山，自此入萧山、绍兴界。南干脉（东白山—道人山）由东白山向西南达于诸暨、东阳界，主要高峰有南园尖(1090 米)、菜塔尖(758.5 米)、灵岩山(906.6 米)，灵岩山为诸暨、东阳、义乌三市界山。沿诸暨、义乌界有大坞尖(825 米)、龙花冈(789 米)、青山尖(803 米)、风车 4 口(621 米)，风车口为诸暨、义乌、东阳三市交道口。经道人山，入义乌境。支脉大体分为 19 路，其中最长的为走马岗—小孤山支脉，长 50 余千米。

龙门山脉位于市境西部，呈西南—东北走向，与浦江、桐庐、富阳、萧山接壤，属浙西北丘陵山区地貌单元，面积 84 万亩，占市域面积的 24.1%，其中海拔 500 米以上低山 6.44 万亩，占 7.6%。全区为龙门山脉所构成。因受壶源江、五泄江、凰桐江等溪流切割，形成众多丘间谷地和冲积扇。龙门山脉属仙霞岭山系，主峰三界尖（海拔 1015.2 米），跨诸暨、桐庐、富阳三市界，为市境西部第一高峰。干脉以三界尖为起点，分东北、东南两路。东北干脉（三界尖—大龙冈）由三界尖向东北达于诸暨、富阳两市界，为浦阳江与富阳江分水岭。主要高峰有龙门冈(700 米)、船坞头(518 米)、双珠形(781 米)、天塘冈(943.6 米)、全泄(826 米)、高泄(882.8 米)、大岭尖(938.9 米)、龙皇山(831 米)、鸭坞大山(839.3 米)、五云岭(714 米)、茶叶岭(749 米)、风桐岭(740 米)、大龙冈(788.4 米)、自大龙冈西入富阳境。东南干脉（三界尖—日入柱山）由三界尖向东南达于桐庐、浦江界。主要高峰有南部岭(840 米)、仰天湾(857.3 米)、龙门大山(824 米)、鸳头山(694 米)，鸳头山为诸暨与桐庐、浦江界山。沿诸暨、浦江有大来山(507 米)、日入柱山(631 米)。支脉，大体分为 5 路，其中最长的支脉为天塘冈—杭坞山支脉，全长 40 余千米。

浦阳江发源于浦江县花桥乡高塘村天灵岩南麓，干流总长 151 千米，流域面积 3431 平方千米。诸暨境内干流流长 67.6 千米，流域面积 2194.8 平方千米，常年流量每秒 36.8 立方米。干流呈南北走向，于同山镇界牌宣入境，至安华纳大陈江；向东北至丫江杨，纳开化江；流经苎萝山下至茅渚埠，分东、西两江。西江为浦阳江主流，向北至祝桥，纳五泄江，北流至店口镇，与东江相汇。东江自茅渚埠分流，往东折北经五浦头，至草江村，纳枫桥江；经白塔湖斗门，北流至店口镇，与西江合流。其下，至免石头出境，入萧山区。境内西北部次坞溪、凰桐江亦属浦阳江支流。次坞溪经次坞镇出境，入萧山区；凰桐江经陶湖出境入萧山区。浦阳江上流坡陡流急，中游河道弯曲。古江道原东流绍兴钱清，出三江入海，水势顺畅；自明代麻溪筑坝后，渲泄不畅。境内浦阳江主要支流有5条,东部集会稽山脉西麓诸水相汇的有大陈江、开化江、枫桥江;西部集龙门山脉东麓诸水相汇的有五泄江、凰桐江。

壶源江源出浦江县与建德交界处天灵岩西麓,经桐庐县入境,向东北流经市境西部马剑镇境内,至富阳市场口注入富春江。全长83千米,境内流程7千米,流域总面积848平方千米,境内面积105平方千米。支流马剑江经马剑小溪口入壶源江。壶源江在境内河段弯曲,坡降大,水流急,水位暴涨暴落,西岸冲刷严重。

资源

【矿产资源】诸暨境内矿藏资源丰富,主要矿种30余个,有金、银、铅、锌、铜、铀、钼、萤石、大理石等,多分布于南部;石煤、石灰石、锰、磷、钾等多分布于西北部;高岭土、石墨、地开石、白云石、黄沙等分布境内各处。有石煤、石灰石矿带6条,黄金矿带3条,为浙江省有色金属及建材矿产主要产地。

【野生动植物资源】植物资源主要有香果树、浙江七子花、杜仲、天目木姜子、天目木兰、凹叶厚朴、天目紫茎、花榈木等。

常见的主要野生动物有80多科300多种,主要有环节动物门7种,软体动物门14种、节肢动物门4纲88种、脊椎动物亚门5纲139种。

【水资源】境内水资源总量27.75亿立方米,其中自产水资源多年平均为17.2亿立方米,入境水资源量9.8亿立方米,引潮提灌水量0.75亿立方米。境内水能资源因有山高与湖低的有利因素,水力发电蕴藏量4.63万千瓦,已开发2.18万千瓦,占可开发量的58.97%。

【特产】诸暨土特产有枫桥香榧、淡水珍珠、茶叶、板栗、银杏、短柄樱桃等。

诸暨是我国香榧主要产地,产量占全国一半以上,质量居全国之首,尤其是枫桥香榧,壳薄仁满,风味独特,品质优良,驰名中外。"枫桥香榧"获得国家农产品地理标志。枫桥香榧主产于会稽山脉中段的赵家镇相泉、钟家岭、西坑、黄坑、里宣、外宣、杜家坑一带,建成以香榧为主的省级农业综合区1个、省级香榧产业主导示范区2个,省级香榧特色精品园6个。在离枫桥镇东南10千米的会稽山脉深处,建有国家级香榧森林公园。

诸暨有"中国珍珠之都"美誉,山下湖淡水珍珠年产量占世界总产量的73%、全国总产量的80%,山下湖镇是世界上最大的淡水珍珠产、加、销中心,华东国际珠宝城、浙江诸暨珍珠产业园区均设在该镇。在国家质检总局组织的区域品牌价值评定中,"山下湖珍珠"品牌价值评估达234.89亿元。

短柄樱桃是诸暨传统名果之一,因其果柄较短,故称短柄樱桃。与长柄樱桃相比,短柄樱桃具有果形大、色美味甜和成熟期早2—3天、可溶性固形物比长柄樱桃多2%左右等优点。诸暨为浙江省短柄樱桃主要产区,近年以同山、赵家等镇为主要产地,年产量超过4000吨。诸暨市2016年开始申请登记"诸暨短柄樱桃"为国家农产品地理标志,拟保护地域范围为全市27个镇乡(街道)所有行政村,申请保护面积26万亩。2017年12月22日,中华人民共和国农业部正式批准对"诸暨短柄樱桃"实施农产品地理标志登记保护。

【旅游资源】诸暨旅游资源丰富,风景名胜众多,以西施故里旅游区、五泄风景区、斗岩·汤江岩风景区等组成的浣江·五泄景区为国家级风景名胜区。

坐落于五泄风景区核心地带的五泄禅寺,是越中有名的古刹,由唐五台山高僧灵默禅师初建。17岁的诸暨人良价拜灵默为师,随师研修13年,后云游四方,最终与其弟子曹山本寂同创曹洞宗,成为禅宗五家的重要一派,其影响远及日本,今日本曹洞宗,以永平寺、总持寺为两大本山,为日本最大的佛教宗派。

位于枫桥镇紫薇山西麓的小天竺,始建于1534年,原为处士骆骖别墅,其子骆问礼(湖广按察使副使)重修。整座建筑凿磐石为基,依山势而建,极林泉之胜。中以"见大亭"为最,亭前有碑廊,壁嵌有陈洪绶、祝枝山、文徵明、董其昌、王守仁等撰写的贴面,水池岩壁上,镌有"海眼""忱流漱石",为海瑞亲笔。

气候

【概况】2019年，年平均气温18.0℃，比常年同期偏高1.1℃，除7月份外其余各月平均气温均比常年同期偏高；年极端最高气温38.7℃(7月30日和8月1日)；年极端最低气温—1.7℃（1月27日）。全年共有日极端最高气温≥35℃的高温天数32天，较常年(26.6天)偏多5.4天，日最低气温低于0℃的冰冻天数为4天。上年度终霜日1月27日，本年度初霜日12月3日，无霜期309天。年降水量1577.6毫米，比常年(1380.3毫米)偏多197.2毫米。年内降水分布很不均衡，其中3月、5月、6月接近常年同期；1月、7月、8月雨量明显偏多；2月、12月雨量异常偏多，其他月份偏少。年雨日169天，比常年(156天)偏多13天。年日照时数1518.1小时，比常年(1764.4小时)偏少245.3小时。全年共有降雪4天，年雾日15天，霾10天，霜12天，大风1天。

【异常气候现象】冬春季出现连阴雨。2019年1月至3月，诸暨国家气象站累计降水量487.2毫米，雨日59天。特别是2019年1月1日至2月26日，累计降水量313毫米，是常年同期(150毫米)的2.1倍，突破了1971年以来历史同期降水极值。长时间的阴雨寡照天气，对交通出行、农事生产等方面产生了诸多不利影响。

强对流天气影响严重。受冷暖气流共同影响，3月20日夜里自西向东出现强雷电、局地雷雨大风和短时强降水等强对流天气，全市面雨量53.8毫米，大部分地区累计降水超50毫米，其中应店街镇超70毫米。4月9日受暖湿气流和冷空气的先后影响，马剑、应店街、五泄、大唐、陶朱街道、暨阳街道、直埠、枫桥、牌头等镇乡街道出现短时冰雹，次坞、东和、安华、陈宅、东白湖等乡镇出现8级大风。4月29日下午起受冷暖气流影响，全市普遍出现中到大雨，局部暴雨，璜山、陈宅、东白湖、岭北等镇乡出现暴雨。5月15日受低涡切变和暖湿气流共同影响，全市自西向东普遍出现大到暴雨，并伴有雷电活动，全市面雨量62.2毫米，其中同山、牌头等镇乡累计雨量超过90毫米。5月17日早晨受强对流云团影响，全市北部地区出现短时强降水，并伴有雷电活动，次坞、店口、枫桥等镇乡累计雨量超过50毫米，最大小时雨强枫桥征天水库48毫米。8月18日受强对流云团影响，全市出现强对流天气，最大小时雨强出现在暨南街道22.1毫米，暨南街道、次坞、店口、山下湖、应店街等镇乡街道出现8级大风，枫桥、东和、安华等镇乡出现9级大风。

高温时间长。2019年全市共出现32天高温(日最高气温≥35℃)，集中出现在6—9月，其中38℃以上的高温日数6天。7月21日至8月1日出现连续13天35℃以上的连续高温天气。

秋季干旱。10月15日汛期结束后至11月14日全市降水异常偏少，降水量仅24.4毫米，只有常年同期的三分之一，部分山区出现较严重的气象干旱，森林火险等级达到最高等级五级。长时间的干旱给城乡居民用水和农业生产带来影响，气象部门为此开展人工增雨作业。

冬季冷空气活动频繁。2019年1月1日至2日受较强冷空气影响，出现一次明显降温和大风天气过程，出现雨夹雪，部分山区有雪。1月25日至27日，受冷空气影响，气温明显下降，27日早晨气温普遍降至零度以下。2月7日后期到8日出现一次强冷空气影响，48小时日平均气温过程降温幅度达11.1℃。3月20日至21日受西南暖湿气流和强冷空气先后影响，全市出现大风、强对流和明显降温降水天气，48小时日平均气温过程降温幅度达13.3℃。4月10日至11日受强冷空气影响，日平均气温过程降温幅度达14.3℃。11月18日至19日受强冷空气影响，出现明显大风、降温天气，48小时过程降温幅度10.5℃，普遍出现6—7级大风。24日傍晚至26日受强冷空气影响，全市出现明显大风、降温天气，48小时过程降温幅度9.2℃，普遍出现5—7级大风。12月17日下午至19日受强冷空气影响，降温明显，48小时日平均气温过程降温幅度达9.5℃。

【重要性灾害性天气】暴雨(日雨量≥50毫米)共7次，分别出现在5月15日、6月19日、6月21日、7月13日、8月9日至10日、9月2日，最大降水量为107.1毫米，出现在7月13日。

梅雨。2019年入梅、出梅均偏迟,6月17日入梅,常年(6月10日)偏迟7天,7月17日出梅,比常年(7月10日)偏迟7天,梅雨期共30天。暴雨过程频繁,短时雨强强,"冷黄梅"特征明显,气温为2000年来最低。全市平均雨量390.6毫米,比常年梅雨量(227.2毫米)偏多约七成,其中城区365.4毫米。入梅后强降雨过程频繁,共出现五次暴雨过程(其中四次较大范围影响),分别出现在6月17日至19日、6月20日至22日、7月3日至5日、7月8日至9日、7月12日至14日。

台风。2019年影响诸暨的台风有4个,分别为1909"利奇马"、1913"玲玲"、1917"塔巴"、1918"米娜"等台风影响。其中,第9号台风"利奇马",为中华人民共和国成立以来第三大台风,且直面浙江而来,集中表现为风力超强、雨量超大、范围超广、持续时间超长、破坏力超大。受台风"利奇马"影响,8日20时至11日07时,全市面雨量138.5毫米,其中应店街、赵家、东白湖、五泄、大唐等镇乡街道雨量超过200毫米,最大应店街安基坪264毫米;全市普遍出现7—8级阵风,8个站点出现9级大风,最大安华五指山24.2米/秒。(许金凤)

行政区划

【边界线】诸暨行政区域面积2311.26平方千米。诸暨市边界线总长411.72千米。境内有市际线2条(杭绍线诸暨萧山段长63.1千米、诸暨富阳段长40.3千米、诸暨桐庐段长28.56千米,绍金线诸暨浦江段长55.5千米、诸暨东阳段长41.56千米、诸暨义乌段长61千米),共290.02千米;县际线2条(诸绍线长73.9千米、诸嵊线长47.8千米),共121.7千米;市际三交点1个,县际三交点7个,边界线界桩20个。

【行政区划调整】2019年6月,根据《浙江省人民政府关于诸暨市部分行政区划调整的批复》,撤销王家井镇和街亭镇建制,在其行政区划和暨阳街道划出的部分区域(三江新村、城新村、新光村、暨南村)内设立暨南街道;撤销大唐镇和草塔镇建制,在其行政区划内设立大唐街道;撤销店口镇、阮市镇建制,合并设立新的店口镇;撤销江藻镇和直埠镇建制,合并设立姚江镇。行政区划调整有利于打造"一主、一副、多点、五片区"的城市发展新格局。

【行政区划现状】至2019年年底,全市共设有5个街道、17个镇、1个乡。分别为暨阳街道、陶朱街道、浣东街道、暨南街道、大唐街道,店口镇、枫桥镇、牌头镇、次坞镇、山下湖镇、璜山镇、应店街镇、安华镇、姚江镇、浬浦镇、东白湖镇、五泄镇、岭北镇、陈宅镇、同山镇、赵家镇、马剑镇,东和乡。有398个村民委员会,128居民(社区)委员会,共526个群众自治组织。

(徐建锋)

人口·民族

【人口】2019年底全市有户籍人口1084321人。出生8589人,出生率为7.92‰。死亡7617人,死亡率为7.02‰。人口自然增长率为0.9‰。

【民族】2019年,常住人口中除汉族外,有少数民族41个,少数民族总人口4331人。

诸暨市主要组织机构及负责人名录

中共诸暨市第十六届委员会

书　记　徐良平(绍兴市委常委)
副书记　胡华良　潘超英(女)
常　委　徐良平　胡华良　潘超英(女)　叶伟明　孟国锋　潘海波　金立耿　钱勇军　王　琤　王孔羽(女)　陈仁坚(挂职)

诸暨市第十七届人民代表大会常务委员会

主　任、党组书记　姚汉松
副主任、党组副书记　张振华
副主任　杨元清　陈　焕(女)　何鸿成　钱建荣　洪中行

诸暨市第十七届人民政府

市　长、党组书记　胡华良
常务副市长、党组副书记　宣方乐(9月起任党组副书记)　钱勇军
副市长　陈仁坚(挂职)　俞　越(女)　朱红伟　董光辉　陈军卫　郦小飞　田国栋(挂职)

楼　闯

政协诸暨市第十四届委员会

主　席、党组书记　郭浩良
副主席、党组副书记　王培光
副主席　袁岳军　沈吉明　王祖勇　何平光
徐可以(女)

市委部门

市纪律检查委员会(市监察委员会)

书　记　叶伟明
副书记　杨建波　赵　刚
常　委　叶伟明　杨建波　赵　刚　徐剑森
赵亦良　宣　龙　寿玉萍(女)
市监察委员会主任　叶伟明
副主任　杨建波　赵　刚
委　员　赵亦良　宣　龙　许　斌　徐军能
市委巡察办主任　徐剑森
副主任　傅鲁刚
案件监督管理室主任　陈仙萍(女)
案件审理室主任　周春松
干部室主任　赵　娅(女)
信访室主任　陈　侃
党风政风监督室主任　俞　科
第一纪检监察室主任　傅泽军
第二纪检监察室主任　陈　厦
第三纪检监察室主任　张　金
第四纪检监察室主任　黄　斌
第五纪检监察室主任　徐叶龙
派驻第一纪检监察组组长　戚新华
副组长　王顺铨
派驻第二纪检监察组组长　陶志勇
副组长　钱志伟　俞　琴(女)
派驻第三纪检监察组组长　应鲁潮
副组长　俞国桥　章杭芳(女)
派驻第四纪检监察组组长　楼　芳(女)
副组长　俞新初　宣晓临(女)
派驻第五纪检监察组组长　陈国超
副组长　黄桂明　邵小刚
派驻第六纪检监察组组长　余光明
副组长　方　瑜　俞栋泉
派驻第七纪检监察组组长　王建钢
派驻第八纪检监察组组长　陈鉴霖
派驻市教育体育局纪检监察组组长　朱建锋
派驻市公安局纪检监察组组长　柴海平
派驻市人民法院纪检监察组组长　郑江宏
派驻市人民检察院纪检监察组组长　毛洪斌

市委办

主　任　陈迪锋
副主任　许晓峰　蒋宏伟　冯桢栋　杨高峰
蒋　帅　张晓优(兼)　王　跃(兼)
市最多跑一次改革办公室主任　许晓峰
市委全面深化改革委员会办公室专职副任　徐　毅
市委机要局(市密码管理局)局长　杨建江
市委市政府接待服务中心主任　毛晓华(女)

市委组织部

部　长　王　琤
常务副部长　骆　强
副部长　何浩明　陈初明　杨永水(兼)
杨纪誉(兼)　孟东灼(兼)
市委新经济与新社会组织工作委员会书记　陈初明
市公务员局副局长　翁叶江
市委直属机关工作委员会副书记　赵升平
部务会议成员　章妙锋(女)　孟浙金

市委宣传部

部　长　王孔羽(女)
常务副部长　郭剑扬
副部长　俞　燕(女)
市社会科学界联合会副主席　章飞燕(女)
市人民政府新闻办公室副主任　徐学峰
市新闻出版局副局长　王明丽(女)

市委统战部

部　长　孟国锋
常务副部长　蒋志军
副部长　周炜平　周高仁　杨学丽(女,兼)
姚江海(兼)
市人民政府侨务办公室主任　周炜平
市民族宗教事务局副局长　吴伟东　寿杨勇
市人民政府侨务办公室副主任　梁国其　赵　炜

市委政法委

书　记　潘超英(女,兼)
副书记　潘海波(兼)　钱勇军(兼)
吴建人(主持工作)　朱　蕾(女)　柴小江
王国龙(挂职)
市法学会副会长　孟建江
政治处主任　汤国建

市委编办

主　任　杨纪誉
副主任　袁建红(女)　章建革

市委台办
主　任　杨学丽(女)
副主任　余燕明　蒋柔刚　周宏伟　邵海潮
市委、市人民政府信访局
局　长　王　跃
副局长　王宏伟　方建峰　何曙升(驻京)
信访督查专员　李国女(女)
市委老干部局
局　长　孟东灼
副局长　龚建豪　陈伟龙　寿武峰
市关工委
主　任　周雪芬(女)
副主任　杨　锋
市委党校(行政学校、绍兴枫桥学院)
校长　王　琤(兼)
常务副校长(副校长、副院长)　屠永生
副校长(副校长、副院长)　丁光飞　何勇武　张　力
市党史和地方志研究室
副主任　卢文荣　占志锋
市档案馆
局　长　杨国忠
副局长　寿永江　王　莉(女)　管伟敏　宣迪梁

市人大办及工作委员会

人大办公室
主　任　寿海平
副主任　周　威　孙水平(女)
监察和司法工作委员会
主　任　金利顺
副主任　周解荣　张怀斌
财经工作委员会
主　任　蒋　婷(女)
副主任　陈伯永　王玉英(女)
教科文卫工作委员会
主　任　叶乃坤
副主任　吴江辉　俞淑珍(女)
代表工作委员会
主　任　章新康
副主任　沈立新　陈正羽　孟优娣(女)
农经工作委员会
主　任　何君君
副主任　蒋国辉
城建环保工作委员会
主　任　张小明
副主任　王学平　倪敏利(女)
社会建设工作委员会
主　任　戚志军
副主任　张尧国　杨可锋

市政协办及专门委员会

政协办公室
主　任　钟力群
副主任　何焕军　金六光
研究室
主　任　陈星明
副主任　傅建如(女)
委员工作委员会
主　任　方国恩
社会和法制委员会主任
主　任　赵国成
副主任　吴勇浩
提案委员会
主　任　赵　强
副主任　王迪永
经济委员会
主　任　何立炯
港澳台侨委员会
主　任　雷剑锋
教育科技卫生体育委员会
主　任　阮　锋
人口资源环境委员会
主　任　黄文彩(女)
副主任　徐珏燕(女)
农业和农村委员会
主　任　倪永建
文化文史和学习委员会主任
主　任　周秀云(女)

市政府工作部门

市人民政府办公室
主　任　方　铭
副主任　叶淑秀(女)　杨　超　周普伟　汪均德　蔡天军　寿晓东　戴　学　徐林焕(兼)
市委外事工作委员会办公室专职副主任　吴　伟(女)
市发展和改革局
党组书记、局长　陈文进
党组副书记、副局长　周文彬
副局长　吕寒平(女)　傅春江　陆琪军　何建平

市经济和信息化局
党组书记、局长 寿浩波
副局长 何祖利 邹利吉（女） 冯晓勇 王仕委
总工程师 蔡暄盛
市教育体育局
党委书记、局长 孙一江
党委副书记、副局长 陈九平（女）
副局长 周建新 戚梦蛟 杨均力 胡伟霞（女）
市科学技术局
党组书记、局长 阮晓辉
党组副书记、副局长 赵旦丹（女）
副局长 阮志浩 张 跃 詹晓春（女）
市公安局
党委书记、局长、督察长 潘海波
党委副书记、政委 冯建飞
副局长 石国红（女） 詹坚均
杨叶峰（兼枫桥派出所所长） 徐岳新
陈军涛
政治处主任 徐岳新
市民政局
党组书记、局长 朱玉荣
副局长 陈 伟 周伟群（女） 汤敏明（女）
钟利伟
市司法局
党组书记、局长 张建平
副局长 倪宗禄 杨建清 袁吉苗 赵志万
市委全面依法治市委员会办公室专职副主任
周鹏飞
市财政局
党组书记、局长 郭伟锋
副局长 戚俏新 杨胜新 杨列伟 朱向前
总会计师 斯 巍
市人力资源和社会保障局
党组书记、局长 杨永水
副局长 楼立新 宣森森 马丽学（女）
市社会保险事业管理服务中心主任 周国苗
市自然资源和规划局
党委书记、局长 钱光辉
党委副书记 陈 勇
副局长 朱国浩 胡建良 寿张松 赵 辉
专职市自然资源和规划副督察 戚张力
总规划师 梁 新
市不动产登记服务中心主任 赵 洴
市住房和城乡建设局
党委书记、局长 朱坚阳
党委副书记、副局长 戴立功
副局长 周大成 蔡国烽 周志其
总工程师 郦 挺
市人民防空办公室副主任 章林科 吕成君
市交通运输局
党委书记、局长 陈国锋
副局长 孙国建 戚永欢
总工程师 彭家春
市交通运输综合行政执法队队长 陈叶飞
市交通运输管理中心主任 赵海明
市水利局
党组书记、副局长 杨华凤（女）
局 长 吴国强
副局长 柴铁飞 蔡建根 傅海康
总工程师 章汉军
市农业农村局
党组书记、局长 张国锄
副局长 赵 坚 徐 挺 寿 霁（女） 斯伟峰
市委市政府农业和农村工作领导小组办公室专职副主任 吴 挺
市农业综合行政执法队队长 孟秀飞（女）
市商务局
党组书记、局长 周建江
副局长 姚勇琪 刘建军 张丽敏（女） 周益锋
市文化广电旅游局
党组书记、局长 何永钢
副局长 郑轩扬 毛桂舟 汪良峰（女）
袁 金 骆仁东
总规划师 郑文明
市文化市场综合行政执法队队长 郭 裕
市卫生健康局
党委书记、局长 楼云成
党委副书记 郑 伟
副局长 蔡榆军 何翼浩 俞 明
市计划生育协会副会长 章燕丽（女）
市退役军人事务局
党组书记、局长 陈 勇
党组副书记、副局长 邱国炯
副局长 陈铁焘 王铁路
市应急管理局
党组书记、局长 余海生
副局长 张建烽 王钱江 孙朝江 许栋海
总工程师 杨国贤
市审计局
党组书记、局长 边平浪

副局长 戚圣云
总审计师 赵 薇(女)
市市场监督管理局
党组书记、局长 斯朝阳
党组副书记、副局长 周建伟
副局长 傅 斌 许国锋 蒋国勇 陈晓明 郭舜尧 朱利强
总工程师 詹 飞(女)
市市场监管综合行政执法队队长 童文正
市人民政府金融工作办公室
党组书记、主任 边云峰
副主任 冯 国 卢益刚 斯 晔
市统计局
党组书记、局长 楼征三
副局长 罗伟国 黄美丽(女)
总统计师 刘 凯
市医疗保障局
党组书记、局长 俞海英(女)
副局长 许伟君 钱伟江 侯科红(女)
市综合行政执法局
党组书记、局长 赵益军
党组副书记、副局长 赵申易
副局长 何斌峰 陈 伟 何耿泽 张利虎
绍兴市生态环境局诸暨分局
党组书记、局长 俞 军
副局长 黄拥冈 俞坚松 陈建锋 周新建

市政府其他部门
市广播电视台
党委书记、台长 陈仲明
副台长 陈伟均 毛红卫 周海荣
市机关事务服务中心
党组书记、主任 屠鉴栋
副主任 叶若帆 王 棘
市供销合作总社(市农民合作经济组织联合会执行委员会)
主 任 张凯歌(女)
副主任 李国标
市大数据发展管理中心
党组书记、主任 徐林焕
副主任 阮伯虎 俞 宙
诸暨经济开发区管理委员会(城西工业新城建设管理委员会办公室)
党工委书记 金立耿(兼)
党工委副书记、主任 傅海林
党工委副书记、副主任 赵玉丽(女)
副主任 何勇毅 慎 杰
党工委委员 俞建东
诸暨现代环保装备高新技术产业园区管理委员会(诸暨临杭产业园管理委员会)
党工委书记 孟国锋(兼)
党工委副书记、主任 吕朝阳
党工委副书记、副主任 郦少刚
副主任 楼 斌 何科家 方向前 张 营(兼)
诸暨商贸城建设管理委员会
党工委书记、主任 郦华辉
副主任 周玉华(女) 应仲九 詹 飞
诸暨城东新城建设管理委员会
党工委书记、主任 张全民
副主任 叶武斌 楼欢燕(女) 骆 超
诸暨高湖建设管理办公室
党工委书记 郦小飞(兼)
党工委副书记、主任 朱坚阳
副主任 寿建江 蒋建新 徐建军
市政务服务办公室
主 任 钱勇军(兼)
党工委书记、常务副主任 徐亚萍(女)
党工委副书记、副主任 黄雁飞
副主任 陆建勇 楼 吉(女)
市公共资源交易管理委员会办公室
党组书记、主任 黄章才
副主任 边黎明 章忠潮 褚丰华
市流动人口服务管理局
副局长 孙永祥 许旭明 陈杰锋
绍兴市住房公积金管理中心诸暨分中心
党组书记、主任 孟 龙
副主任 何齐永 楼白絮(女)
市国有资产经营有限公司
党委书记、董事长 楼文钢
党委副书记、总经理 斯利灿
党委副书记、纪委书记 刘建军(挂职)
副总经理 张钟亮
市城乡投资集团有限公司
党委书记、董事长 蔡利民
党委副书记、总经理 叶鹏飞
党委副书记、纪委书记 楼欢燕(女,挂职)
副总经理 王钢锋 宣建慧(女)
市交通投资集团有限公司
党委书记、董事长 郭剑波
党委副书记、总经理 冯正满

党委副书记、纪委书记　王　莉(女,挂职)
副总经理　黄天宇
市水务集团有限公司
党委书记、董事长　金伯渔
党委副书记、总经理　胡建法
党委副书记、纪委书记、监事会主席　杨利光
副总经理　王海江　金　益　骆　平
市文化旅游集团有限公司
党委书记、董事长　张晓满
党委副书记、总经理　姚东海
党委副书记、纪委书记　骆仁东(挂职)
副总经理　沈徐凯　赵　梅(女)
市浣江传媒集团有限公司
董事长　王建军
市金融控股有限公司
董事长　楼文钢(兼)
总经理　张　镛

法、检

市人民法院
党组书记、院长　施华南
党组副书记、副院长　王忠达
副院长　张学军　何炯珉　叶　剑　葛继光(挂职)
审判委员会专职委员　王彬礼　郦武亮
政治处主任　谢　剑(女)
执行局局长　赵敏凯
市人民检察院
党组书记、检察长　谢　剑
党组副书记、副检察长　叶建平
副检察长　王建华　黄华江　陈　勇
政治处主任　张林标

群众团体、民主党派

市总工会
党组书记、主席　周国忠
副主席　王大军　吴旭东　周卓平(女)　陈海裕
共青团诸暨市委员会
书　记　寿浙翔
副书记　周　天　何　威
市妇女联合会
党组书记、主席　杨军燕(女)
副主席　祝俞峰(女)　杜　洁(女)
市归国华侨联合会
主　席　王祖勇(兼)
副主席　陈建红(女)　林　捷(女)

市工商业联合会
党组书记、副主席　姚江海
主　席　赵林中
副主席　章国平　邵永建　丁守智　丁仁元
市科学技术协会
党组书记、主席　孟志康
副主席　余　群(女)　章柏江　周小龙　钱海锋
市残疾人联合会执行理事会
党组书记、理事长　冯伟明
副理事长　徐永达　孟仲贤　杨建梁　戚全均
市文学艺术界联合会
主　席　金海炯
副主席　蔡　英(女,市红十字会执行委员会)
党组书记、副主任　钟炜颖
主　任　俞碧超(女)
副主任　傅益江　陈伟东

街道、镇乡

暨阳街道办事处
党工委书记　楼　闯
副书记、办事处主任　骆　杰
人大工委主任　孟大善
监察办公室主任　郭雪锋
陶朱街道办事处
党工委书记　应国伟
副书记、办事处主任　叶纯青
人大工委主任　赵佳水
监察办公室主任　蒋鲁嘉
浣东街道办事处
党工委书记　杨　鲁
副书记、办事处主任　何宇彬
人大工委主任　孟一薇(女)
监察办公室主任　屠叶芳(女)
大唐街道办事处
党工委书记　田海斌
副书记、办事处主任　何　军
人大工委主任　蒋铁瑛
监察办公室主任　骆　鑫
暨南街道办事处
党工委书记　杨　炬
副书记、办事处主任　黄伟刚
人大工委主任　楼丽环(女)
监察办公室主任　王　明(女)
店口镇
党委书记　杨　雷

副书记、镇长 赵钦华
人大主席 陈 浩
监察办公室主任 侯海英(女)
枫桥镇
党委书记 黄 茹(女)
副书记、镇长 袁新江
人大主席 王 增
监察办公室主任 斯咏梅(女)
牌头镇
党委书记 戚中强
副书记、镇长 吴舒峰
人大主席 周学军
监察办公室主任 方飞霞(女)
次坞镇
党委书记 章 辉
副书记、镇长 周 勇
人大主席 骆赵军
监察办公室主任 杨 宇
山下湖镇
党委书记 钟亦飞
副书记、镇长 余灵君(女)
人大主席 何培忠
监察办公室主任 赵继君
璜山镇
党委书记 黄一海
副书记、镇长 吕靖江
人大主席 王少锋
监察办公室主任 傅晓瑛(女)
应店街镇
党委书记 郭 昌
副书记、镇长 寿培松
人大主席 周伟永
监察办公室主任 张 佳
姚江镇
党委书记 张 营
副书记、镇长 周少雄
人大主席 张 潮
监察办公室主任 陈 飞
安华镇
党委书记 郭剑东
人大主席 陈建平
监察办公室主任 朱 锋
浬浦镇
党委书记 孙陈超
副书记、镇长 何 慧
人大主席 马 沙
监察办公室主任 朱海浪
东白湖镇
党委书记 宋增民
副书记、镇长 杨泽南
人大主席 赵大勇
监察办公室主任 陈 霞(女)
五泄镇
党委书记 徐 庆
副书记、镇长 周 艳(女)
人大主席 戚伟平
监察办公室主任 周 龙
岭北镇
党委书记 石海斌
副书记、镇长 吴鹏锋
人大主席 周向忠
监察办公室主任 顾杰峰
陈宅镇
党委书记 王其军
副书记、镇长 杨 洋
人大主席 谢新军
监察办公室主任 兰传亮
同山镇
党委书记 周小峰
副书记、镇长 陈锡均
人大主席 边国建
监察办公室主任 周建儿(女)
赵家镇
党委书记 杨学锋
副书记、镇长 边立松
人大主席 王翠凤(女)
监察办公室主任 陈柳芳(女)
东和乡
党委书记 胡 冰
副书记、乡长 寿军岳
人大主席 王金飞
监察办公室主任 朱建刚
马剑镇
党委书记 徐航锋
副书记、镇长 钱占一(女)
人大主席 陈兴均
监察办公室主任 宣戈飞(女)

(由市委组织部提供)

农业 · 农村

综述

2019年，全市实现农林牧渔业总产值71.4亿元，农林牧渔业增加值48.29亿元，在浙江省农业现代化评价中位列第六位。农村常住居民人均可支配收入达39380元，增长9.2%，连续14年超过城镇居民收入增幅，城乡可支配收入比缩小至1.72 ∶ 1。全面小康指数位居全国县级市第12位，获评2019年度全省实施乡村振兴战略优秀单位。全市村集体经济总收入10.4亿元，增长11%，村均218.5万元，其中经营性收入3.99亿元，占总收入的38.4%。全市经营性收入30万元以上的村411个，占全市总村数的86.3%。

2019年5月，暨南街道新南村农民收割小麦（市农业农村局提供）

种植业

【粮食】2019年，全市粮食播种面积50.82万亩，早稻播种面积3.46万亩，晚稻播种面积31.87万亩，粮食总产量22.32万吨。全市共建立各级各类冬种示范方82个，总面积1.86万亩；落实早稻示范方176个、总面积2.3万亩，晚稻示范方201个、总面积4.8万亩；落实省级百亩方千公斤攻关田2个，千亩高产创建示范片2个，水稻绿色高产高效示范基地10个，建成省级旱粮示范基地1个，提升发展旱粮示范基地10个，创建枫桥脱毒种薯繁苗基地30亩。

【茶叶】2019年，全市茶园面积11.9万亩，茶叶总产量4125吨，同比减产8.9%，总产值4.31亿元，同比增16.5%。其中名优茶产量1902.5吨，产值4.1亿元，分别同比增长2.2%和10.7%。

【蔬菜】2019年，全市蔬菜播种面积10.9万亩，比上年略有增长，总产量16万吨，与上年基本持平；总产值 5.99 亿元，同比增长 13%。

【水果】2019 年，全市园林水果种植面积 3.58 万亩，总产量 2.7 万吨，同比减少 3.6%，总产值 3.4 亿元，同比增长 3%。 （邱珈铖）

林业

【概况】2019 年，诸暨市以国家森林城市创建为抓手，通过人工造林、彩色森林、兴林富民、生态公益林等重点工程的实施，强化森林资源培育保护，实现森林面积和林木蓄积量的“双增长”。森林蓄积量达到 729.47 万立方米，森林覆盖率达 60.29%。全市完成造林更新 15706 亩，其中平原绿化 5284 亩，完成珍贵彩色森林建设 1.2 万亩，种植珍贵树 40 万株，四旁植树 50 万株。全市林业行业总产值 213.8 亿元，其中第一产业 34.2 亿元，第二产业 85.3 亿元，第三产业 94.3 亿元。全市香榧总产量 2750 吨，产值达 10 亿元。2019 年，诸暨市被评为森林浙江建设目标责任制考核优秀单位。

【国家森林城市创建】2019 年，全市总投资 18.4 亿元用于国家森林城市创建工作，以创建森林城镇和森林村庄为抓手，开展城镇和村庄绿化建设，成功创建省级森林城镇 2 个、国家森林乡村 10 个、“一村万树”示范村 8 个、推进村 80 个。完成五泄滨江公园绿化提升、三界尖森林公园建设等工程，改善城镇绿化水平。

【珍贵彩色森林建设】投资 3.6 亿元，通过基地造林、补植培育和四旁植树，新植珍贵树 40 万株；通过间伐抚育、林相改造、补植彩色树和珍贵树，建设彩色健康森林 12933 亩、珍贵树种基地 300 亩；新建各类示范基地 9 个。

【兴林富民工程】2019 年，全市共发展“亩山万元”兴林富民示范推广基地 32180 亩，其中新建培育各类示范基地 3080 亩，辐射推广 9700 亩，巩固深化 19400 万亩，新增产值超过 9.18 亿元。

【公益林建设】2019 年，全市发放 1831.2 万元公益林补偿资金，公益林护林员职责正式并入全科网格员工作职能，由网格员根据划分的管护责任区继续履行巡山护林职责。为全市 68.8 万亩公益林统一参加政策性农业保险之林木火灾保险，提供保额为 3.09 亿的风险保障，近 31 万元的保费由各级财政按比例分担，受益人无须承担任何费用。开展公益林矢量数据调整及基础数据整理工作，确保全市公益林面积保有量持续稳定，已建成省级公益林 688219 亩，占林地总面积的 31.96%。

【香榧气象指数保险试点】2019 年，开展特色农业品种香榧高温干旱气象指数保险试点，增强抵御自然灾害防范能力，保障榧农基本收入，促进香榧产业的持续健康发展。全市确定三户香榧种植户实施“香榧气象指数保险”试点。

【新型林业经营主体培育】培育新型林业经营主体是林业改革的重点，2019 年，诸暨市竹石家庭林场和诸暨市利才家庭林场两家经营户被评为全省示范性家庭林场。

【有害生物防治】2019 年全市林业有害生物发生面积为 136352 亩，主要为松材线虫病的成灾危害，发生面积 5866 亩，成灾率为 2.72‰。林业有害生物防治工作坚持以营林措施为主，生物、化学防治为辅的方针，全市林业有害生物防治面积 123508 亩，无公害防治率为 90.58%。同时加强林业有害生物监测体系建设，全市设立林业疫情监测点 6 个。另外，全市全面开展种苗、花卉的产地检疫，检疫面积达 26250 亩，检疫率达 100%。

【香榧产业发展】以浙江诸暨香榧良种繁育基地为平台，继续开展香榧种质资源收集与良种选育工作，全年共新增香榧种质资源 15 份，选育优良品种 5 个，基地内种质资源增加至 255 份。2019 年 12 月，“上海 · 绍兴周”香榧节展区成功举办，精心设计的诸暨香榧馆作为名特产品代表在“上海 · 绍兴周”活动中亮相，香榧馆内包括历史文化、名品名企、生态旅游三大展区，展示诸暨枫桥香榧及赵家千年香榧林独特的历史文化魅力。

【东白山省级自然保护区管理】2019 年，协助做好机构改革后工作衔接；抓好省“绿盾 2019”专项行动任务，完成违规问题监督检查 11 次，整治违规搭建 2 处。完成保护区设施设备检查 13 次；完成东白山省级自然保护区生态红线评估调整；开展保护区动植物资源管护、消防等巡查120次；完成保护区外来物种繁殖核查16种；启动保护区总体规划修编；开展生态保护宣传教育2次，发放宣传手册300余册。

【森林消防建设】2019年，全市共投入森林消防资金50万元，新制作防火宣传牌200块，填设于重点防火区域；投入50万元，采购补充森林消防物资机械；完成陶朱街道、五泄林场、陈蔡水库林场等3支引水灭火森林消防队伍绍兴市级验收。在绍兴市自然资源和规划系统引水灭火森林消防队技能运动会中，2个个人项目、2个集体项目排名前三。2019年，全市未发生森林火灾，国有林场、自然保护区等森林经营主体单位实现“零火情、零火灾、零事故、零伤亡”的工作目标。

【林业执法】2019年，全市持续推进依法打击破坏野生动物资源违法犯罪专项行动、2019雷霆行动”“绿卫2019”森林草原执法专项行动、国庆安保和扫黑除恶专项斗争等执法工作，加大打击破坏森林资源和野生动植物资源违法犯罪活动的力度，维护林区社会治安稳定。全年共查处涉林行政案件56起，办结49起，处罚49人次，收缴行政罚没款40余万元；抓获“7·17”案件逃犯2名；与公安部门联侦联办野生动物刑事案件5起，抓获犯罪嫌疑人5名；协助云南、湖南等地森林公安完成案件线索核查工作；完成行政复议1起、行政诉讼1起、行政催告14起，申请人民法院强制执行10起；收缴野生动物60余只，粘网、铁夹、弹弓等非法狩猎工具100余件。

（马奇锋）

畜牧业·渔业

【畜牧业】2019年末生猪存栏11.25万头，增长2.5%；出栏20.41万头，减少17.9%；年末家禽存栏172.07万只，增长11.4%；出栏460.01万只，减少8.6%；全年肉类产量2.45万吨，减少14.7%。

【渔业】2019年，全市水产养殖面积3331公顷，实现水产品总产量25685吨，同比增长3.95%；渔业产出81250万元，同比增加3.11%。（邱珈铖）

水利

【概况】2019年，诸暨市水利局完成政府性项目投资4.6亿元，水利管理业投资13.2亿元，争取上级补助资金1.06亿元。

浦阳江治理二期工程、白塔湖电排站改造工程、浦阳江排涝站宣家湖分站改造工程和五泄江中小河流治理工程均完成年度投资任务。陈蔡水库加固改造工程可行性研究报告通过省水利厅技术审查和省发改委评估。全市完成137个自然村饮用水达标提标工程，提升9.4万人饮水安全水平。完成9座小型水库除险加固、16座山塘综合整治。

2019年，诸暨市获评2017年度中央财政水利发展资金绩效评价优秀县市，获2019年全省市县水利工作综合考核优秀。6月，诸暨市连续第五年获绍兴市最严格水资源管理工作考核优秀，获绍兴市水土保持目标责任制考核优秀。11月，诸暨市节水型社会创建终期评估通过省水利厅技术评审。陈蔡水库重要饮用水水源地安全保障达标建设顺利通过2019年度评估，并获得2019年度全省县级以上集中式饮用水源地安全保障达标评估优秀等次。

【汛期情况】2019年，汛期降雨量与常年平均基本持平。4月1日至10月15日，全市平均雨量972毫米。6月17日入梅，7月17日出梅，梅期30天，梅雨期强降雨过程频繁，全市平均雨量390.6毫米，比常年梅雨量(227.2毫米)偏多约七成。主要遭遇“6·22”“7·14”两场梅雨洪水和第9号超强台风“利

改造后的白塔湖电排站(市水利局提供)

奇马"带来的强降水。6月16日20时—22日20时，全市平均雨量144.3毫米，浦阳江干流诸暨站（均指太平桥站）于22日凌晨1时5分出现洪峰水位10.5米（低于警戒水位0.14米）。7月12日8时至13日22时，全市平均雨量96.7毫米，浦阳江干流诸暨站于14日5时30分出现洪峰水位10.78米（超警戒水位0.14米）。8月8日20时—11日7时，受9号台风"利奇马"影响，全市面雨量138.5毫米，诸暨站于10日19时出现最高水位9.42米（低于警戒水位1.22米）。2019年汛期梅雨期共预泄水量4997万立方米，拦蓄洪水1658万立方米。

【水生态治理】全年编制完成《诸暨市美丽河湖建设实施方案(2019—2022)》和《诸暨市县级河道及大陈江管理范围划定方案》。12月，诸暨市白塔湖湿地、浦阳江城区段、五泄江被评为省级和绍兴市级"美丽河湖"。全年完成河道清淤（污）泥31.3万立方米，完成率104%。完成河道管理规范划界40千米。推进"清四乱""无违建河道"创建、涉水建设项目专项执法行动，共查处违法行为26起，全部完成销号整改。完成水利部遥感监管458个图斑现场复核工作。编制完成小水电清理整改综合评估报告和"一站一策"工作方案，并获市政府批复，完成7座小水电清理整改任务。

【农业水价综合改革和水资源审批改革】2019年，落实农业水价综合改革相关制度办法，加强农田水利基础设施建设，全面完成33万亩改革任务，并获评全省农业水价综合改革示范县和年度绩效评价优秀。发布区域"三合一"（水资源评价、水土保持方案、防洪影响评价）水影响评价实施方案，全年共完成涉水审批95项。

【水利工程智慧巡检反馈系统】2019年，创新开发水利工程智慧巡检反馈系统，群众可通过系统二维码了解工程详情和上传反馈工程相关问题。在枫桥镇、店口镇的3座山塘2座小型水库及6个自然村单村水厂供水工程先行试点，通过"二维码"解决群众反馈问题20个。

（石飞飞）

农业监管与服务

【农业执法】2019年，开展"绿剑"春夏秋季系列集中执法专项行动，共立案查处农资违法行为18起，农产品违法行为3起。2019年9月，诸暨市被确定为全省农药实名制改革试点县市，实行农药实名制购销。2018年9月—2019年3月，开展"大棚房"问题清理整治活动，共排查出违法违规问题44宗，其中2019年排查清理违法违规问题23宗。

【农产品质量监管】2019年，完成市本级农产品抽检1230份，合格率为99.8%；配合上级部门完成农产品抽样检测436份，合格率为99.3%；开展农残快检样品2.4万份、完成牲畜尿样抽检1.07万份。新取得无公害农产品认证产品12个，其中草莓1个，蓝莓1个，结球甘蓝1个，鲜鸭蛋1个，葡萄1个，桃5个，猕猴桃1个，大米1个。新增绿色食品认证产品6个，其中绿茶1个，红茶1个，甘薯1个，刺葡萄酒1个，香榧1个，桃1个。新取得甘薯省级地方标准1只，取得修订珍珠养殖省级地方标准立项1只。

【农机监管与服务】2019年9月起，开展绍兴市变型拖拉机安全管理试点县创建工作，出台《2019年全市交通安全综合治理大会战拖拉机专项整治实施方案》和《上道路拖拉机安全管理办法》，与公安交警、交通等部门联合开展变型拖拉机路面联合执勤执法42次，出动警农执法人员850多人次，查扣变型拖拉机171台和外省籍驾驶证62本。新建农业物联网技术应用示范基地2个、农机农艺融合示范点2个，组织高素质农民培训农用无人机技术及农机维修技术培训班2期，培训技术人员100多人。开展新型农机社会化服务，全年完成飞防作业服务面积5万余亩。2019年11月，建成牌头镇省级平安农机示范镇。2019年12月，建成诸暨市何村埠农机植保专业合作社、诸暨市诸东农机专业合作社、诸暨市才良农机植保专业合作社等3家省级农机合作社示范社。

【农业推广相关节会】2019年4月29日，举办"油菜新品种'浙大630'现场观摩会"，中国工程院院士、国际油菜咨询委员会委员、油菜遗传育种和栽培专家官春云院士，以及江苏省农科院、上海市农科院、湖南农业大学、浙江省科技厅、浙江省农业农村厅、中国水稻研究所、浙江省农科院、浙江农林大学，浙江省各市种子站和农作站、市农科院与县（市、区）种子站（农作站）及种业企业等单位代表70余人参加观摩会。2019年5月15日至16日，举办2019中国第二届蓝莓产业化峰会暨产业扶贫模式研讨会，来自四川、贵州、江西、安徽、湖北、湖南、河南等7个省60多个市县政府及有关部门领导、企业代表参与本次峰会。2019年6月21日，举办全省早稻绿色高产高效暨机械侧深施肥技术现场观摩会，来自中国水稻研究所、省科技厅、省农技推广中心、省农业科学院环境资源与土壤肥料研究所、全省各地农技部门以及水稻侧深施肥项目单位的代表100余人参会。2019年9月5日，举办2019浙江农业之最猕猴桃擂台赛暨诸暨市猕猴桃文化节，省咨询委主任、省人民政府原副省长、省政协原副主席黄旭明，农业农村厅厅长林健东一行参加。2019年10月18日，举办浙江省农业科学院粮油新品种综合性示范基地现场会，来自省农业农村厅、省农科院、诸暨市政府的领导和200多名农技专家、农业企业、种植大户代表参加。（邱珈铖）

农业现代化和绿色生态农业建设

【农业现代化建设】全年完成省、绍兴市级粮食生产功能区提标改造1.3万亩。2019年8月，浙江省农业农村厅、浙江省财政厅发文公布2016年度省现代农业提升和生态循环发展等项目绩效评价结果，诸暨市综合评价位列全省第一。2019年8月，诸暨市农业技术推广中心推广研究员寿建尧、高级农艺师戚航英为主要完成人参与的“机插水稻叠盘暗出苗技术及出苗秧盘供应模式试验研究与示范推广”项目获“2018年度浙江省农业丰收奖”一等奖。2019年10月，东白湖茶叶香榧特色农业镇成为第二批通过省专家组验收的特色农业强镇，并继续推进赵家香榧特色农业强镇建设。2019年12月，诸神家庭农场的江王大米获“2019浙江好稻米”金奖，苍象湖粮油专业合作社的苍湖大米获优质奖。2019年12月，经农业农村部专家组的综合考评，诸暨市国家现代农业产业园被农业农村部、财政部成功认定为第二批国家现代农业产业园。

【绿色生态农业建设】2019年，开展“百场引领、千场提升”行动，提升改造18家养殖场，建成5家省级美丽生态牧场和5家绍兴市级美丽生态牧场。开展病死动物无害化处理监管，收集并处理病死动物69488头。新建绿色防控示范基地10个，创建省级农作物病虫害绿色防控示范区2个，应用绿色防控技术21.8万亩次、农药减量16.7万吨，累计处置农药废弃包装物117.22吨。推广测土配方施肥面积88.6万亩，商品有机肥推广应用面积6.93万亩，共减少化肥不合理施用310吨。推进2个绍兴市级土壤修复试点和1个省级中轻度污染耕地安全利用试点。开展诸暨市级农业龙头企业认定和农业产业化示范联合体创建，全年培育和认定8家省级、1家绍兴市级和15家诸暨市级示范性家庭农场。2019年9月，枫桥镇枫源田园、枫桥镇永宁弟兄牧场、山下湖镇米果果农业园、东和乡祥生春风十里茶园、暨南街道新南田园等5家入选2019年浙江省最美田园。2019年12月，立舟家庭农场、王家井徐黎萍家庭农场、剑江家庭农场、文英家庭农场、好再来家庭农场、赵家陈仲后家庭农场、秋田家庭农场、枫桥苗琴家庭农场入选2019年省级示范性家庭农场。

2019年4月，东和乡茶农在采茶（市农业农村局提供）

新农村建设

【乡村振兴战略规划及配套制度】2019年4月，出台《关于高水平促进低收入农户全面小康行动实施意见》；2019年6月，出台《关于2019年贯彻实施乡村振兴战略建设新时代美丽乡村的若干政策意见》；2019年6月，出台《关于抓好2019年粮食生产工作的意见》；2019年7月，出台《关于村级集体经济消薄攻坚补充意见》；2019年12月，出台《诸暨市乡村振兴战略规划(2018—2022年)》，综合考虑规划产业、生态、文化、制度、人才等多方面因素，持续推进城乡融合步伐，构建业美、形美、神美、和美、富美的“好美诸暨”，致力于打造发达地区乡村振兴新典范、浙江地区城乡融合新标杆、全国“枫桥经验”新样板。

【美丽乡村建设】2019年，建成3个绍兴市级美丽乡村示范乡镇和111个省级新时代美丽乡村达标村。完成第五批历史文化(传统)村落保护利用、7个美丽乡村特色精品村和5个高水平精品村建设，17个村列入省第一批传统村落建设名单，创成第二批五星达标村116个、3A示范村12个。2019年12月25日，牌头镇被评为2019年度浙江省美丽乡村示范乡镇，东和乡十里坪村、浬浦镇马郦村、璜山镇溪北村、同山镇布谷村、店口镇侠父村被评为2019年度浙江省美丽乡村特色精品村，暨阳街道安家湖村、枫桥镇三江村、浣东街道白鱼潭古村、马剑镇建辉村被评为2019年度浙江省高标准农村生活垃圾分类示范村，东白湖镇斯宅村被评为2019年度浙江省历史文化(传统)村落保护利用示范村。

【农村人居环境治理】2019年4月，推出农村生活垃圾分类(6个“+”工作模式)，首创“线上预约、线下回收”的农村可回收品回收体系；2019年6月13日，举办绍兴市农村人居环境整治暨高标准农田建设现场会，绍兴市人民政府副市长陈德洪，市县有关部门负责人，乡镇及涉农街道主要负责人等200余人参加了会议。完成集镇和城市规划区内生活污水就地生态化治理工程和全部行政村“三线”整治；2019年8月起，开展以“一分两清三化”(农村生活垃圾分类，清理乱堆乱放、清理空倒房，公厕洁化、“三线”序化、庭院美化)为重点的农村人居环境整治提升集中攻坚“百日行动”，共清理乱堆乱放2.2万余处，拆除空倒房2039幢，涉及面积13.2万平方米，创建美丽庭院11万余户。

经堤防加固和河道整治的草塔镇五泄江渎溪段(市水利局提供)

【农村产权制度改革】2019年，推进农村闲置农房激活工作，发展休闲旅游、健康养生、文化创意等乡村经济，引进乡贤回归项目23个，激活闲置农房949幢，吸引社会资本7亿元；完成国家农村集体产权改革试点，加快农村产权交易平台规范化建设，共实现产权交易1593笔，交易额1.72亿元；深化农村金融服务改革，加大金融支农力度，农村产权抵押贷款累计发放6661户，贷款余额8.26亿元，同比分别增长67.95%、70.16%；2019年4月起，实行村级发展基金股份动态调整，调整后总股数达到516股，实现经营性收入30万元以下村全覆盖。

【“三资”管理规范化】全年开展“三资”管理检查和村级财务审计，完成175个村的财务审计，涉及金额34.4亿元，审计整改问题860个，违纪金额50.18万元全部退赔；2019年4月起，开展侵占集体“三资”专项整治行动，重点整治承包款拖欠、资产资源被侵占、农用电费拖欠三类问题，共清收各类欠款1875.69万元。

(邱珈铖)

工　业

综述

2019年，全市实现地区生产总值(GDP) 1312.36亿元，按可比价格计算，比上年（下同）增长7.5%。按户籍人口计算，全市人均生产总值为120973元，增长7.6%，按2019年平均汇率1 ： 6.8985折算为17536美元。其中，第二产业增加值646.85亿元，增长7.4%；三次产业增加值的比重由上年的3.7 ： 49.5 ： 46.9调整为3.6 ： 49.3 ： 47.1。

至2019年末，全市销售2000万元以上规上工业企业单位数1078家。2019年，全市实现工业增加值增长9.1%，其中1078家规上工业企业实现工业增加值236.9亿元，增长9.5%；实现规上工业产值1155.1亿元，增长6.4%。产值超亿元企业198家，超10亿元企业15家。实现利税84亿元，增长4.8%；全市规上工业企业完成高新技术产业增加值101.6亿元，增长3.9%，占规上工业增加值比重42.9%；完成高新技术产业投资67.52亿元，增长42.8%，占固定资产投资比重18.4%。

从工业主导行业看，环保新能源、智能装备制造、铜加工及新型材料、纺织服装、袜业和珍珠业六大主导行业合计产值887.8亿元，同比增长1.9%，占全市规上工业企业总产值的76.9%，其中智能装备制造业产值增长16.6%，铜加工及新型材料业产值增长18.3%。六大主导行业合计利润36.8亿元，占全市规上工业利润的36.8%，增长15.4%。诸暨铜加工产业改造提升综合指数位居全省首批21个分行业试点首位。

政策创新推动。2019年，拟定全市工业经济相关政策。紧跟新常态下新动能的发展趋势，打造政策升级版。先后起草《关于推进三大传统产业数字化转型的若干政策（试行）》、《诸暨市振兴实体经济（传统产业改造）财政专项激励资金实施细则》修订版，加大对企业的扶持力度。争创制造业高质量发展试点县市，2019年是传统产业改造提升三年行动计划最后一年，积极向上争取资金，编写《诸暨市制造业高质量发展实施方案(2020—2022年)》，参加全省试点申报答辩，获得省级财政专项激励。

数字经济引领。一是建立健全数字经济工作机制。强化政策引领，在绍兴市率先制定出台《数字经济五年倍增计划》和《数字化车间 / 智能工厂评价办法》，配套实行袜业、珍珠、铜加工三大传统产业数

2019 年浙江省“四个百项”技术改造专项诸暨项目情况表

表 2

企业名称	项目简介
浙江华益精密机械股份有限公司	燃气壁挂炉水路部件和高性能液压螺纹插装阀技改项目
浙江万安科技股份有限公司	商用车智能底盘电控系统建设项目
浙江海亮股份有限公司	年产 7 万吨空调制冷用铜及铜合金精密无缝管智能化制造项目
浙江盾安热工科技有限公司效换热器建设项目	年产 10 万套成型扁管高效换热器建设项目
浙江承昊电缆有限公司	年产 50 万公里超微型通信电缆和 50 万芯公里特种光缆建设项目
浙江恒大数控装备有限公司	年产 1300 台数控机床项目
全兴精工集团有限公司	年产 30 万套新能源汽车双源电液泵转向应急系统技改项目
浙江灿根智能科技有限公司	年产 3000 套 QDC 自动换模装置
浙江盾安禾田金属有限公司	年产 500 万套多联机静音型电子膨胀阀产业化建设项目
申科滑动轴承股份有限公司	新建年产 1500 套应用激光熔覆技术的滑动轴承生产线项目
诸暨华都国际纺织产业城有限公司	诸暨华都国际纺织产业城一期(节能节水技术改造及年产纺织品原料 150000 万米以及后整理项目)
浙江科宇金属材料有限公司	铜及铜合金棒材多流水平连续铸造生产线项目
艾依诺科技有限公司	年产 1.08 亿支气雾剂成品及 3.3 亿支马口铁铝制空罐项目

字化转型扶持政策;相继召开三大传统产业数字化改造现场会,人民日报、新华社、央视等国内主流媒体集中宣传报道企业数字化改造优秀案例,合计刊播重量级稿件(新闻)20 余篇;成立诸暨市数字经济促进会和专家委员会,加大专业机构引进培育力度,全市 5 家企业列入省工业信息工程服务机构资源池首批名单,市级层面完成培育 9 家数字化工程服务公司。二是扎实推进产业数字化。狠抓传统产业数字化改造。重点围绕袜业、珍珠、铜加工行业,摸排 66 个数字化车间创建项目进入培育名单;提前完成企业上云年度目标任务;组织盾安禾田、盾安轨道交通、万安科技、创博龙智四家企业申报省级工业互联网平台;提升袜业大数据中心、工业设计中心应用水平,加快建设袜艺小镇大数据中心、设计中心、新零售服务中心。三是谋划推进数字产业化。加快 5G 建设应用,科学编制 5G 网络规划编制,加大移动数据基础设施建设力度。以开发区“数字产业园”、智慧安防产业园建设为契机,结合高新区核心产业项目招引,全力引进数字经济核心产业项目。

重大项目推进。以省、绍兴市重点项目建设为依托,推动重大项目落实。13 个项目入围浙江省“四个百项”(见下表)重点技术改造示范项目计划,项目数名列全省各县市区第二、绍兴市第一。完成工业民间投资超 110 亿元,同比增长 3%;以咨询诊断为突破口,深入实施智能化改造三年行动计划。通过引进、培育、优选 18 家智能化改造工程服务公司重点针对时尚袜业和铜材精密制造行业规上企业实施智能化改造开展咨询诊断活动,组织两次共 104 家时尚袜业及铜材精密制造企业与 17 只家智能化改造工程服务公司开展对接活动。计划三年内时尚袜业及铜材精密制造行业规上企业实现智能化改造全覆盖。以余缺对接为重点，推动要素资源集约利用。充分利用余缺对接平台和报刊媒体，及时发布余缺对接信息，完成余缺对接项目50余宗，按照1.2容积率计算，相当于增加工业用地面积500亩。

企业梯队打造。强化企业升规引导。通过筛选制定近两年供地5亩以上项目、余缺对接项目和用电容量315千伏安以上工业企业清单，抓紧推动项目开工、落地、投产进度，重点推动已投产未升规企业早日上规升级；以新入驻各类工业园区和小微园的小微企业、新购置厂房的小微企业、同一实际控制人名下的多家企业为目标，深入对接服务，完成绍兴下达的新增125家年度目标任务。深化实施亩均改革。发布2019年度全市规上企业及5亩以上规下企业的亩均效益排行榜单。提升小微企业发展平台。推进小微企业园区建设，编制完成诸暨市小微企业园高质量发展规划，到2019年年底，小微园区中有7家被认定为省级小微企业园。推动企业绿色发展。完成11家企业的自愿清洁生产验收，14家企业的水平衡测试验收均超额完成年度任务；加快“低散乱”企业(作坊)整治，共完成201家，完成率111.67%。完成淘汰落后产能企业项目35个，完成率90%。

营商环境优化。切实减轻企业负担。推动清理拖欠民营企业中小企业账款相关工作，推动清偿金额17142.67万元，偿还率95.1%；完成企业社保费用返还工作，4939家企业共返还资金2.1亿元；深入开展“三服务”活动，努力化解企业发展中的问题，营造良好营商环境。办好重大节会活动。举办第十四届中国国际袜博会，首次邀请胡润公司为全球袜业开出排行榜单，提升诸暨市时尚袜业在国际同行业中的影响力。

中小微企业科技创新。一批“专精特新”中小企业发展势头强劲。浙江润拓科技新研发的全自动无飞边红冲机，实现4秒一次成型2个安全阀，效率比原来提高1倍，5月当月产值突破2000万元；阮仕集团研发出贵金属3D打印机，可大幅缩短珠宝产品的开发周期；浙江锦上智控科技有限公司开发的“七轴模板机”可实现360度无死角多样化缝制，产品赢得美国利尔公司、法国弗吉亚等世界500强企业的青睐；诸暨普菲特刀具科技有限公司研发成功的金属陶瓷铣刀填补行业空白供不应求，捷速尔纺织发明的全自动穿综机、迈思特自动化研发的“六工位”弹簧疲劳测试机、东方缘新开发的薄荷爆冰袜，诸暨市鼎牛自动化科技有限公司研发生产的全自动开袋机，填补相关行业空白。

绿色制造推进。2019年年底，全市有国家级绿色制造系统集成项目1个(高性能机械转向系统制造与再制造绿色设计平台建设项目)、国家级绿色工厂1家(全兴精工集团有限公司)、省级绿色企业33家、省级节水型企业48家。全兴精工是国家第二批再制造试点单位，通过创新废旧转向系统的回收再制造工艺，形成产品全生命周期闭环制造和管理。

至2019年年底，全市拥有国家级企业技术中心5家，省级创新服务综合体2个，省级隐形冠军培育企业10家，绍兴隐形冠军68家(2019年绍兴没有新申报)。

(杨云贵)

2019年诸暨市省级隐形冠军名单一览表

表3

企业名称	隐形冠军等级
浙江信胜科技股份有限公司	2019年浙江省“隐形冠军”培育企业
浙江巨马游艺机有限公司	2019年浙江省“隐形冠军”培育企业
浙江金海环境科技股份有限公司	2019年浙江省“隐形冠军”培育企业
浙江越隆缝制设备有限公司	2019年浙江省“隐形冠军”培育企业

续表 3

企业名称	隐形冠军等级
埃里斯克矿山工程机械有限公司	2019 年浙江省“隐形冠军”培育企业
浙江元集新材料科技股份有限公司	2018 年浙江省“隐形冠军”培育企业
浙江盾运实业有限公司	2018 年浙江省“隐形冠军”培育企业
浙江恒森实业集团有限公司	2017 年评绍兴隐形冠军 /2018 年浙江省“隐形冠军”培育企业
申科滑动轴承股份有限公司	2017 年浙江省“隐形冠军”培育企业
浙江圣翔航空科技有限公司	2017 年浙江省“隐形冠军”培育企业

2019 年六大规上工业主导行业主要经济指标一览表

表 4

行业名称	企业家数(家)	产值(亿元)	同比 ±%	利润(亿元)	同比 ±%
环保新能源	51	86.5	−4.5	7.4	——
智能装备制造	265	25	−1.6	13.9	2.3
铜加工及新材料	100	242	18.3	4.6	−32.9
袜业	280	185.4	−7.2	4.8	31.7
纺织服装	202	115.3	3.4	5.5	57.4
珍珠	9	8.6	−18.1	0.6	−58.7
主导行业合计	907	887.8	1.9	36.8	15.4
主导行业占比 %	84.1	76.9	——	68.5	——
2000 万元以上企业合计	1078	1155.1	6.4	53.7	11.1

特色工业产业

【大唐袜业】袜业是全市区域最广、从业人数最多和提质升级力度最大的特色产业。近年来，得益于规范整治、内涵提升、数字转型，不仅“国际袜都”制造优势稳固，原料基地、装备平台和设计中心三块牌子也进一步打响，产业链补链强链、更新赋能光彩呈现。2019 年，市共有制袜企业上万家，规上企业 335 家，年产袜子超 200 多亿双，产业规模超 700 亿元，先后获评国家新型工业化产业示范基地、全国袜业知名品牌创建示范区和首批中国特色小镇。2019 年，袜业发展相对平稳，虽受订单影响产销有所下滑，但得益于原料价格下调、数字改造降本、政策扶持加大，企业生产效益有所回升。

一体机等装备制造。全市袜业装备的智能化改造起步较早。早在 2016 年大唐袜业就成为全市首个省“机器换人分行业”试点，成立由浙江理工大学牵头的“机器换人工程服务平台”，为全行业开展“机器换人”工作提供样板和高端设备保障。大唐袜业智能织缝翻一体袜机、全自动智能袜子包装机、缝头翻袜一体机均已批量生产，从最初的一两家到四五家，再到目前的十多家，全市推广应用的智能袜机装备已达3000多台。数字袜机装备渐成气候。远至俄罗斯、日本、韩国，近至义乌海宁等地客商纷至采购。全市袜机年产量约20万台。

新材料原料生产。大唐袜业同时拥有“中国针织原料市场”和“中国针织原料基地”两块国字号牌子，近年来随着高新材料、纳米领域的技术突破和上游原材料工业技术进步，加速了汉麻、聚乳酸、木浆纤维等植物天然纤维材料及抗菌防臭、防脱氨纶长丝等功能性纤维的产业化应用，推动了高端领域概念性、功能性新产品的涌现。浙江珍珠生活科技有限公司研发生产的珍珠纤维新材料在中国针织工业的推荐下，许多大型针纺织龙头企业正在广泛试用，为全国针纺织企业转型升级提供能量。浙江华油色纺科技有限公司创新的锦纶色丝纺丝工艺技术属世界首创，不仅生产成本降低，而且生产过程环保，品质大幅提升；中科金绮首条年产50吨PBO纤维生产试验线项目竣工投产，可应用于航空航天、军警装备及其他尖端科技领域。

生产流程管控。至2019年，袜业创建成功数字车间23个。许多袜企已不仅局限于某个信息化系统浅尝即止的应用，从ERP到MES，从OA到财务管理，从CRM到SCM，基本实现从设计打样到织造、缝头、定型、包装等全流程数字化改造。秀欣科技研发MES制造系统取得较大成功，从完成8条生产线改造的实效来看，员工减少67%、单机产量稳定提高14%、每台袜机效益增加1250元，现行改造费用当年可回收，制造执行系统数据可实时分析并快速反馈，初步实现互联网动态管理系统和自动化智能操作的实时动态协同管控，走出了普通袜、电商袜批量生产效能改造新路径。

设计平台建设。全市袜业已拥有省级两化融合示范企业2家，省级工业设计中心和省级制造业+互联网示范试点企业各1家。大唐袜业整合研究院、大数据和创意设计中心等9个平台，成功创建为省级袜业创新服务综合体，对全市袜业由传统制造向研发设计拓展产生了较大推动作用。创博龙智成为全省首批5家“N”工业互联网平台，至年底为全市3000家企业提供上云和数字化应用服务。大唐袜业不但能根据客户需求，设计生产各类款式袜子，且能经过深入细致的生活细节观察，创新设计生产出符合不同生活阶层、民族生活方式的系列产品，引领消费潮流。

商业模式创新。以“互联网+”“智能+”为特征的数字化浪潮快速渗透到市场领域，给全市袜业注入活力。全市专门从事袜业电商的企业总数超过50家，袜业电商占全市快递业务80%。卡拉美拉通过BI（商务智能系统）新型电商模式，从传统设计公司转型为轻资产互联网公司，2018年“双十一”销售额突破1500万元；斯蓓琳针织成功运用紧跟市场、紧随潮流、紧贴客户灵活的ODM商业模式，短短几年成为业内知名品牌运营商；泰荣珍珠生活集成馆、东方缘与中青旅合作的工业旅游体验项目令人耳目一新。

【美丽珍珠产业】美丽珍珠产业是诸暨市的经典产业，为六大特色主导产业之一。与海南等地的海珠不同，诸暨市的珍珠主要是淡水珠，其产量约占全国的80%，仅山下湖镇就有珍珠产业从业人员10600余人，被誉为“中国珍珠之乡”。全市珍珠业共有规上企业9家、上市公司1家，拥有阮仕、千足、天使之泪、长生鸟等一批行业骨干企业和“国内最大”的珍珠交易市场——华东国际珠宝城。形成从养殖加工、到产品设计、衍生品研发等较为完整的产业链。2019年，珍珠产业全行业产值约100亿元，其中规上工业产值、利润分别为12.5亿元和1.4亿元，分别同比增长13.4%和157.2%。全行业出口12.4亿元，税收2.53亿元。

养殖模式创新。传统珍珠养殖模式一度与富营养化污染画上等号，湖北、湖南等省份都曾大规模退养珍珠。诸暨市围绕全面剿灭劣V类水目标，以珍珠养殖业大整治、大提升行动为抓手，精准发力农业领域供给侧结构性改革，走出一条珍珠产业去产能、提品质、促生态的转型发展新路。2019年年底，山下湖镇已完成全部禁养区2800余亩以及4700余亩内循环生态养殖改造。与此同时，探索应用室内数字化养殖、清水养殖、大棚养殖、尾水净化处理等科学养殖新模式，促使养殖模式从传统粗放向科技化、环保化转变。浙江清湖农业科技公司发明的“精准喂养”自动化管网式养殖技术，获得农业和农村部与中科院等专家肯定。该技术既能消化养猪场一部分废弃物，降低养殖成本，且能净化养殖水质，被媒体称为新一代“水质净化器”。

设计理念更新。以提高终端产品附加值为目标的数据分析、创意设计、个性定制，引领诸暨珍珠产业发展。2019 年，涵盖珠宝创意设计中心、珍珠数字经济中心等七大中心的珍珠产业创新服务综合体被列入第二批省级产业创新服务综合体培育名单；浙江省首个国家级珠宝玉石专业质检机构国家珠宝玉石质量监督检验中心实验室正式落户诸暨市。阮仕、天使之泪等龙头企业在香港设有研发设计中心，龙头企业扩张上海、杭州专卖店影响力，接轨国际先进设计理念，打造本土高端品牌。同时利用中国（国际）珍珠节、中国（国际）珍珠首饰设计大赛暨珍珠文化创意设计论坛等活动提升珍珠文化影响力，通过拓展珍珠产业链，提高产品附加值，珍珠业加速从过去的“萝筐经济”蜕变为“中国制造精品珠宝”。2008 年的北京奥运会、2010 年上海世博会以及 G20 杭州峰会，山下湖珍珠都出现在赞助礼品名单中。2013 年习近平主席出访非洲，将珍珠作为国礼赠送给外国元首。

营销手段翻新。“互联网 +”的经营模式，拉近珠宝首饰企业与消费者之间的距离。从简单的收珠卖珠，到淘宝、天猫、诚信通等传统电商，再发展到如今的微商、网络直播、跨境电商等多种模式，线下与线上“双管齐下”，珍珠产业的营销渠道更加多样化，电商氛围日渐浓厚。全市珍珠业创建成功浙江省电子商务示范村 1 个，“中国淘宝村”3 个，被列为省跨境电商产业集群试点；诸暨拥有浙江省首个珠宝行业淘宝直播基地——淘宝珠宝山下湖直播基地，共入驻商户 98 家。全市共有珍珠直播账号 2000 多个，安妮珠宝、天使之泪、银生珠宝等一批电商达人企业成为行业直播标杆，日均成交额超 100 万元。

产业链深挖。从开拓珍珠保健功能，到运用纳米

淘宝珠宝山下湖直播基地（山下湖镇提供）

纤维技术，探索珍珠技术在骨科、在美容业的运用深化，珍珠产业与健康产业、纺织产业、旅游产业等多个产业深度融合。长生鸟兰蔻系列化妆品、胡庆余堂与山下湖合作中药饮片生产线等珍珠深加工产品供不应求。“珍珠生活”集成馆成为袜业与珍珠业融合发展的经典案例，“珍珠袜”得到国际高端市场认可，浙江世纪联华、大润发、物美等零售巨头将逐步在全国所有门店（包括绍兴门店）辟出集成馆专营店。

全景发展深化。围绕打造时尚、美丽、健康产业的目标，持续打好“转型、提升、保障”系列组合牌，逐步迈向国际化、高端化、生态化，创建世界级珍珠小镇。诸暨珍珠小镇是省级特色小镇，也是全国山下湖珍珠产业知名品牌创建示范区。珍珠小镇品味不断提升。山下湖的全市首个省级工业旅游示范基地，年均旅游人数增长 25%。

【铜材精密制造产业】诸暨市是国内重要铜加工研发生产制造基地，拥有规上企业 78 家，年销售超亿元企业 24 家，上市公司 3 家（海亮股份、盾安环境、露笑科技），世界 500 强企业 1 家（海亮集团）。

产业格局比较齐全。诸暨市铜及铜合金加工门类较为齐全，既包含按合金成分分类的紫铜、黄铜、青铜和白铜，也包含按产品形态分类除铜箔外的铜管、铜棒、铜线、铜板、铜带、铜条、铜锭及覆铜板、铜合金材料、复合管材、电线电缆等。是全国特色铜加工产业基地和全省最大的铜材加工生产基地。2019 年，全市铜加工产量 90 多万吨，约占全省铜加工总量的四分之一。

龙头企业实力强劲。诸暨市铜加工行业主要以店口镇为集聚地,企业家数超过200家,形成行业龙头骨干引领、上下游配套紧密的铜材精密制造产业集群。海亮集团是全球铜管铜棒加工行业的标杆和领袖级企业,综合实力位列世界企业500强第468位、中国企业500强第7位;露笑集团是国内知名的超细微电磁线生产企业,参与制(修)订电磁线行业国家标准48项;盾安集团是全球制冷配件龙头企业,是国内首家为核电站配套生产核级冷水机组且拥有自主知识产权的企业。灿根智能科技是国内最大的锻压行业配套生产铜轴承(铜套)的龙头企业,平均产量占国内市场份额的85%。

产品创新速度快。聚焦新产品、新智造和新市场,加快产品高端化升级。海亮、露笑、灿根等企业致力于开发更环保、更精密、更高效的新型铜材料产品。如海亮为科勒、九牧、ToTo等国际一线品牌提供制造高端水龙头用铜锭,永成集团为美国通用、东芝水电、山特维克等国际行业巨头提供大型铜套。铜材制造领域拥有单项冠军产品制造企业1家、国家级企业技术中心1家、省级6家、铜加工研究院不仅拥有教育部重点实验室和国家级博士后科研工作站,同时也是省级企业技术中心和绍兴市区域科技创新服务中心。

数字化改造显成效。海亮、盾安等企业积极推进数字化车间和智能工厂建设,海亮股份紫铜管件智能车间成为铜加工行业数字化转型示范典型,盾安环境是2017年浙江十大智能工厂之一。全市引进和培育一批工程服务公司,专门为铜材精密制造行业实施数字化、智能化改造提供服务。斯特隆公司整合台中精机、启帆科技等企业的加工中心、工业机器人和自动装配线,提供铜材精密制造全产业链智能化改造服务;飞腾智能公司全自动红冲专机在减少工序环节、大幅提升劳动效率的同时提高产品质量,减少油烟排放;浙江润拓机械自动化公司研发生产的红冲全自动生产流水线,实现下料、拌石墨、红冲等整条生产线的自动化、智能化管控,为诸暨铜材精密制造数字化、智能化改造提供服务。

【环保新能源产业】环保新能源产业是诸暨市六大主导产业之一,先后被命名为国家重大技术装备国产化基地、中国环保机械行业眼理事长单位,涵盖大气污染治理、水污染处理、固废处理等领域。新能源产业集中于新能源电池原材料、电控及新能源汽车电子集成线束等配套设备研发生产及分布式光伏电站建设。全市有规上企业51家,2019年实现规上产值86.5亿元、利润7.43亿元。牌头环保小镇和环保高新区是诸暨市(一核两极多点)产业布局中的"两极"。牌头环保小镇全面实施环保小镇整体规划,空间从3.5平方千米扩大到全镇范围,(三园三区)建设初步成型,入驻环保企业42家。高新区拥有上市企业(含新三板、境外上市)8家,10亿元以上企业11家。2019年10月,高新区组织21个项目集中开工,计划总投资109.3亿元。

大气治理国内领先。全市环保产业涉及大气污染治理、水处理和固废三大类,已形成覆盖电除尘、布袋除尘、电袋复合除尘、烟气脱硫、脱硝、气力输灰、空气净化、城镇生活污水处理等环保领域的产业集群,生产、开发、设计与咨询服务等产业体系日趋完备。以电除尘、布袋除尘为主的大气治理能力国内领先,电除尘器产品在全国市场占有率约35%。100万千瓦燃煤电站电除尘器市场占有率达到60%以上,60万千瓦燃煤电站电除尘器市场占有率达到50%以上。

龙头企业优势突出。拥有世界500强企业海亮集团下属子公司1家(海亮环境),中国500强企业1家(天洁集团),上市企业3家(天洁环境、菲达环保、金海环境)。菲达环保除尘、脱硫等环保岛系统大成套技术装配能力国内一流,PM2.5超低排放控制技术产品市场占有率全国首位,电除尘器出口量在国内行业位列首位。天洁环境是中国静电除尘器的第三大制造商和第四大出口商,具备环境污染治理工程总承包资质,被原国家电力公司列入50—600兆瓦机组配套电除尘器以及50—200兆瓦正压气力输灰系统的重点生产企业。二马科技空气净化器拥有一维纳米光催化技术,在常温下能高效长期分解甲醛、甲苯等有机气体,先后被列入G20杭州峰会、全国两会指定品牌。新能源产业中帕瓦新能源生产的三元正极材料前驱体是杉杉新能源、LG等国内外知名企业原材料供应商,露笑新能源主攻新能源汽车车用驱动电机和电机控制器。鑫升新能源在光伏发电运行、维护及太阳能光伏设备具有比较优势。

新兴领域拓展。在传统大气治理业务有所萎缩的情况下,诸暨市环保产业逐渐向工业及生活水污染处理、生活垃圾处理、资源综合利用等新兴环保领域开拓进军。东大环境的EDI(电去离子)超纯水设备,特种聚四氟乙烯(PTFE)中空纤维膜研发和应用打破美日垄断地位;荣怀环保与清华大学合作设计生产的可提升式污水处理装置和全封闭医院污水处理系统,填补国内污水处理领域可提升式曝气系统的空白;浙江昆仑环保设备股份有限公司致力于新一代厌氧生物菌研发,其建设的生活垃圾池不仅能处理居民生活中产生的有机垃圾,还能将其转换为沼气和液态有机肥。

科创平台实力强劲。拥有国家级企业技术中心1个、国家级工业设计中心1个、全国院士工作站3个、国家科技合作基地1个、国家高新技术企业24家、省级科技创新服务平台1个、全市省级重点实验室2个。菲达环保、金海环境等6家企业设有省级重点企业研究院,每年投入研发资金均超2亿元,聚焦PM2.5集成治理技术和除尘智能化控制技术等领域创新研究。菲达环保牵头建立的浙江省环保装备科技创新服务平台,承担实施国家“863计划”项目2项,国家重点研发计划项目3项。产品技术先后荣获国家科学技术二等奖1项、省部级科学技术一等奖11项。帕瓦新能源下属研究院与中南大学联合打造三元正极材料前驱体研发平台。

【浣东电脑刺绣机产业】“世界刺绣机看中国,中国刺绣机看诸暨”,诸暨刺绣机产业集群具有国内机型最全、产品应用最广的特点,是全球最大的刺绣机产业基地,2017年被评为“中国刺绣机产业基地”。作为诸暨市智能装备制造业的重要分支,截止2019年全市共有生产企业200余家,其中整机生产企业70余家,零部件生产企业130余家,规上企业24家,高新技术企业8家,绍兴隐形冠军6家,产品出口到124个国家和地区。国际市场中印度、巴基斯坦、美国位居刺绣机需求前三位,印度占出口的50%、巴基斯坦占30%。

产业链完整集群优势明显。诸暨电脑刺绣机产业经过四十余年的发展已建立集整机安装、数控研发、机架制造、零部件加工到售后服务等一体化的完整产业链。浣东街道刺绣机特色产业园具备从配件、电脑机箱到整机组装完整生产能力。由于配套完善,龙头企业集中,集群优势明显,吸引外地刺绣机企业向诸暨转移,诸暨绣机已经成为行业内区域性知名品牌。拥有越隆、信胜、玛雅、盛名、乐佳等一批行业龙头骨干企业。

市场占比高产品外向度高。诸暨刺绣机产量约占全国的80%、全球的70%,产销规模国内外第一。拥有自营进出口企业45家,与20多个国家和地区建立外贸合作关系。在发展外向型经济过程中,诸暨电脑刺绣机产业积极“走出去”,逐步向意大利、俄罗斯、韩国、日本、美国等市场进军,产品普遍受到认可,逐步取代日本百灵达、田岛等知名品牌。此外,诸暨还借助国内外各种缝制设备展览会平台,抱团参展,全面塑造行业整体形象,推动行业整体发展。

产品技术迭代创新水平提升。针对下游需求不断升级,近年来,诸暨刺绣机骨干企业加快科技创新投入,逐渐推动产品向高速、超多头、大幅面、多品种刺绣等方向进行结构调整和技术升级,进一步带动行业产品附加值和核心竞争力提升。刺绣机转速已由800转提升至1200转;机架激光切割、机器人焊接、自动换底线等自动化操作逐渐推广;晶片绣、珠子绣、帽绣等创新绣法不断呈现。越隆研发生产的多头电脑刺绣机是全国制造业单项冠军产品,“自由雕孔双针刺绣机”项目是省科技进步三等奖,信胜是省级工业企业技术中心。

【健康制造产业】健康制造产业是诸暨市近年来大力培育的新兴产业,涵盖医药制造、医疗器械制造、健康用品、中药材种植等行业,有规上企业10家。2019年,实现规上产值近8亿元,利润1亿元。

“大健康”产业初具雏形。拥有一家老牌药企齐齐制药(原亚东制药),有片剂、胶囊剂(含头孢菌素类)、颗粒剂、合剂、洗剂等6条生产线,共25个品种,形成以孕康口服液、柏洁洗剂等国家三类新药为主导的妇科中药系列。同时，近年重点依托袜业、珍珠等传统特色产业，衍生出一系列医疗及保健功能型产品，如长生鸟微米级活性珍珠粉，浙江森威特针织研发生产的足跟保湿防裂袜、抗血栓压力袜、医用静脉曲张袜、糖尿病专用袜等产品。医疗器械制造领域不断涌现新项目，涵盖检测仪、医疗胶片、诊断试剂、手术耗材等第一、二、三类医疗器械。

成长型企业不断涌现。胡庆余堂依托中药老字号影响力，联合浙江大学药学院，跨界珍珠领域发展中高端中药化妆品，新上药食同源食品项目，年销售过亿。鹏天医疗是国家高新技术企业，主导产品内消化道耗材产品市场占有率达 40%。天伟生物设立 400 玉米的生产实验室和 700 平方米的应用研发试验室，主导产品结冷胶技术是国家标准起草单位，结冷胶产品市场占有率达 45%。

产业领域投资持续增长。2017 年，投资 10 亿元新上集中药种植、饮片加工、颗粒饮片、中成药生产、药膳、观光于一体的回音必现代中药产业园。2018 年全市在建健康制造项目 9 个，其中上亿元项目 5 个，艾依诺气雾剂项目计划总投资 7 亿元。2019 年新增康洁丝新材料、埃布生物技术、鸿康生物科技、白泽科技等 4 个项目。

健康服务三产布局。诸暨市医疗卫生、养老及医养结合服务、运动休闲、养生旅游逐步铺开，在产业附加值提升和产业链延伸方面，为健康经济提供了新机遇和增长点。尤其是医养结合方面，鼓励名老中医开办诊所，支持中医在产后修复、育儿保健、康复理疗、亚健康调理等方面发挥作用。（杨云贵）

主要产业园区

【浙江诸暨珍珠产业园区】浙江诸暨珍珠产业园区是经国家发改委和国土资源部审核通过的省级开发区，园区于 2000 年 3 月成立，是浙江省 22 个循环经济试点园区之一，整个园区规划面积 88 公顷。2019 年，园区内有企业 139 家，其中规模以上企业 24 家，上市公司 1 家，国家和省级骨干农业龙头企业 4 家，地市级农业龙头企业 5 家，拥有自营进出口权的企业 35 家。在全球 50 多个国家和地区建有完善的营销网络。全年完成工业产值 189.34 亿元，同比增长 14.5%；其中珍珠产值 114.76 亿元，同比增长 12%；实现规模以上工业总产值 33.5 亿元，同比增长 18%。

2019 年引进 3 亿元以上项目 1 只，1 亿元以上项目 3 只，生产性服务业 5 家，完成税源引进 30460 万元。引进都市区项目 5 只，引进都市区实到资金 3.3 亿元，组织企业参加都市区内博览会、展览会 11 次。新增“小升规”5 家和“下升上”5 家。新增个转企 21 家，培育小微企业 226 家，完成“产转法”5 家，省股交中心挂牌 4 家。新增国家高新技术企业 1 家，科技型中小企业 5 家，实现科技成果转化 1 只，完成技术市场交易额 3800 万元。

园区实施《诸暨市珍珠产业数字化转型专项行动计划》，推进“互联网 +”“大数据 +”“机器人 +”“标准化 +”与珍珠产业深度融合，打造更有活力的珍珠产业创新生态系统，促进珍珠产业高质量发展。立足华东国际珠宝城，鼓励企业引进国内外珠宝品牌入驻，建立国际精品区，引进 10 家国际品牌、20 家国内品牌，独立设计师门店 23 家，珠宝城市场更加细化，市场转型实现新突破。以浙江省首个淘宝珠宝基地成功运行为基础，深化与阿里巴巴系数字产业合作，丰富网络销售模式，积极探索发展新零售、移动端模式，培育网红直播 1000 余家，2019 年网络销售额超 152 亿元。引进 10 名大师级工作室，引进 20 名新锐设计师，形成 100 人次以上的整体设计队伍，开展珠宝设计、珠宝鉴定、珠宝营销等特色培训，推行珠宝设计知识产权保护和交易，在产业档次上求突破。

2019 年，累计检查企业 150 余家，累计出动检查人员 300 余人次，清理低小散加工作坊 13 处，对企业提出的环保问题答复率达到 100%，满意率 90% 以上。全年处理环保投诉案件 20 件，同比下降 50%，处理率达到 100%。开展安全隐患大排查大整治工作百日攻坚，共发现园区企业安全生产隐患 533 条，整改隐患 533 条，整改率达 100%；检查 3 人以上出租房 268 户，发现隐患 636 条，整改隐患 636 条，整改率达 100%；全面开展安全生产委托执法工作，对园区内 4 家单位进行执法，共处罚金 4 万元。做好企业清欠工资、维护稳定工作和企退人员年终慰问工作。（赵叶叶）

【诸暨现代环保装备高新技术产业园区】2019 年，诸暨现代环保装备高新技术产业园区拥有规上工业企业 155 家，产值超亿元企业 56 家。上市公司 8 家，形成了铜加工、智能装备制造和环保新能源三大主导产业。全年实现规上工业总产值 427.73 亿元，完成全社会固定资产投资 48.85 亿元。全年引进 10 亿元以上项目 4 个、5 亿元以上项目 1 个、亿元以上项目 7 个(其中战略性新兴产业项目 3 个)、生产性服务业项目 5 个、工程服务公司 6 家。外资实际到位 6700 万美元。2018 年 12 月，诸暨现代环保装备高新技术产业园区管委会结束与店口镇政府合署办公，迁至解放湖片区(店口镇富强路 6 号)，独立办公运营。2019 年 1 月起，财务独立核算。

“一核三廊五区”发展规划。2019 年 9 月，中共诸暨市委办公室、诸暨市人民政府办公室印发了《〈关于进一步加快高新区建设的实施意见〉的通知》（市委办〔2019〕110 号）。将高新区 14.25 平方千米规划面积进行拓展，明确规划控制范围为东至浦阳东江，南至杭州第二绕城高速公路、诸永高速公路北段，西至十店线，北至店口建成区。涉及整个诸北区域(含十店线沿线店口、姚江、次坞和应店街等镇可开发区域)，面积约 35 平方千米。下一步按照点式发展，连点成线的空间拓展思路，以节能环保、金属智造加工、汽车关键零部件三大主导产业为重点，积极拓展新材料、通信电子、高端装备制造、生命健康等其他战略新兴产业，协同发展一批优质高效服务业，加快构建“3+N+1”现代产业体系，建设“一核三廊五区”（“一核”即“店口核心区”。“三廊”指 03 省道东复线经济长廊、G60 高速科创走廊、310 省道自然生态文旅长廊。03 省道东复线经济长廊：沿 03 省道东复线向南拓展，联动店口核心功能区、解放湖片区、下四湖片区、姚江片区等重要点位，做大做强新能源汽车关键零部件、新材料、通信科技、高端装备等产业。G60 高速科创走廊：利用 G60、十店线和将新建的 G235，在现有基础上继续向北拓展建设次坞片区，利用杭州第二绕城高速公路应店街互通，新建应店街片区，重点发展新材料、通信电子、生命健康、运动休闲等产业。310 省道自然生态文旅长廊：利用 310 省道建设，发挥白塔湖国家湿地公园和杭坞山省级森林公园的生态优势，打造山水旅游板块，同时，建设诸北第三产业核心，招引优质休闲、运动、旅游、总部经济与研发中心等项目。“五区”指五大特色产业片区）明确实行领导、管理、规划、建设和招商等“五大统一”保障措施，市政府将加大扶持力度，安排高新区专项资金，进行资产注入，做大临杭投资公司资本金规模。

重大项目推进。深入实施项目承诺制，开展“两联三服务”（“两联”即建立企业项目联系领导联系干部制度，“三服务”即服务基层服务企业服务群众）工作，2019 年，海亮有色智造工业园一期项目钢结构厂房与设备基础已基本完成，设备安装同步进行。友地金属智造产业园二期项目 6 幢厂房结顶，15 幢厂房一层在建，办公楼、宿舍楼基础完成。佳沃、睿星 2 个项目基础施工。2019 年 10 月，全市招商选资重大项目集中开工仪式在解放湖片区举行，21 个项目中 1 个项目投产，其余项目顺利推进。全年园区新投产项目达 9 个，在建项目 23 个，其中厂房主体完工项目 15 个，厂房施工项目 5 个，基础施工项目 3 个。

小微园区建设。2019 年，“三新”科创园整合提升工程清退“低、小、散”企业 15 家，腾出发展空间约 2.7 万平方米。浙江清湖环保科技有限公司的清湖生态链治水环保设备生产线项目、浙江清湖生物科技有限公司的清湖微生物菌种研发生产项目、浙江岷泰科技有限公司的自动化设备及零部件制造生产项目、美固控股有限公司的新增年产 150 万套净水设备、医疗级净水设备及其配套元器件等健康产业项目、浙江程才智能科技有限公司共 5 个新招引项目进场装修，浙江中科智谷生态环境研究中心有限公司、浙江哈工微生物研究中心有限公司注册。友地金属加工产业园引进铜加工企业 65 家，通过举办企业家沙龙、5S 学社等推动企业规范成长。

孵化平台建设。2019 年 12 月，在杭州设立“高新岛”，与杭州未来科技城专业园区运营机构——杭州商旗投资管理有限公司签订战略合作协议，加速引育优质项目。2019 年 11 月，与农商银行达成合作意向，为园区内企业制订“一企一策”金融支持方案，破解银企信息不对称和小微企业融资难题，促进企业加速发展。

园区基础设施建设。全年完成政府性计划投资 1000 万元，新开工诸暨市店口镇解放湖规划二路建设工程（工程起点为湖中路，终点为湖兴路，全长约 377.1 米，道路红线宽 18 米）、“标准地”（镇乡街道或平台会同有关部门制定具体准入标准，达到出让条件的，一周内由市国土资源局按“标准地”进行公开出让）出让配套基础设施建设工程、临时渠道开挖工程和纬一路建设工程等 4 个项目。高新区解放湖片区纵二路、纵四路等因政策原因搁置的道路，重新复工；诸暨港航码头店口港通过可研评审；高新区下四湖片区自来水、电力管网的整理铺设实现管网综合规划建设；已建成区企业周边环境配套建设，对已投产的企业周边道路铺设人行道，完善绿化等；可用土地征收工作持续推进，为招商选资备足空间。

（章赵丹）

浙江诸暨经济开发区

【概况】浙江省诸暨经济开发区成立于 1992 年，1994 年升级为省级经济开发区，规划管理面积达 122.48 平方千米，一级管理区面积 52.48 平方千米。开发区拥有规上工业企业 443 家（一级管理区 203 家），其中产值超亿元企业 98 家（一级管理区 68 家），高新技术企业 115 家（一级管理区 83 家），上市公司 6 家，产业涵盖机械制造、纺织服装等传统支柱产业以及智能制造、环保装备、生物医疗、电子信息、新型材料等新兴产业。

一级管理区全年实现规上工业企业总产值 300.1 亿元，同比增长 18.2%；完成 500 万元以上工业性投入 40.9 亿元（其中陶朱街道投入 25.2 亿元，暨阳街道投入 15.7 亿元），同比增长 28.45%；千万元以上服务业投入 4.3 亿元，同比增长 41.55%；政府性投入 6.1 亿元；自营出口 66.2 亿元，同比增长 17.28%。

诸暨经济开发区一角（市自然资源和规划局提供）

【管理体制改革】2019 年，开发区在理顺与属地街道、市级部门职能管理体制的基础上，重点改革内部管理体制。推进新城集团重组，解聘全部 64 名企业用工人员，通过公开招考的方式选优配强队伍。调整三定方案，以专业化产业发展服务为导向，优化内设机构设置，削减原 11 个内设机构为 5 个，2 个下属事业单位增加为 5 个，设立招商投资、新兴产业发展、智造产业发展、服务业发展、人才科技等 5 个服务中心。

【“诸暨岛”建设】2019 年，开发区共引入杭州优质高新项目 20 个，其中杭州企业总部 3 家，现代服务业 5 家，“诸暨岛”引入的 7 个项目均为高新技术项目，至年底入驻企业已达 27 家，其中国家高新技术企业 9 家，涉及智能制造、新材料、生物医药、“互联网+”等领域，拥有博士（含）以上人才 30 多名。在此基础上，谋划在北京、上海等地发展柔性“诸暨岛”，与北京交通大学、中国航天科技国际交流中心等联合成立融合创新中心，逐步推动“独岛”向“群岛”发展。

【双招双引】2019 年，开发区严格按照“4+2+1”产业导向开展精准招商，加快特色产业集聚，提高项目准入门槛，紧盯重大项目、人才科技项目。全年新增招商选资签约项目 50 余个，其中 50 亿元项目 1 个，10 亿元以上项目 8 个，亿元以上工业项目及 5000 万元以上的服务业项目 22 个，科技型项目 15 个，生产性服务业项目 10 个，总投资超 150 亿元。招才引智方面，温医大生物医药研究院和南华大学长三角研究院落地推进，人才引进培育效果明显。新引进江苏省双创人才1名，申报通过绍兴330人才9人、暨阳533人才7人，摸排申报第二批绍兴330专家10人次。

【产业集聚】2019年，在精准招商的基础上，聚力“一核一廊五园区”建设，加速推动项目建设。全年开发区共有在建项目118个，其中新建34个，续建84个，新开工亿元以上项目14个，10亿元以上项目3个。“城西智核”全面启动，集聚宝龙商贸体、体育中心、温医大生物医药研究院、南华大学长三角研究院等一批现代服务业和公共平台。“创新走廊”逐步布局，启动G60诸暨创新转化港平台建设，重点谋划建设数字安防产业园，一期签约10个项目，总投资达10亿元，推动新时代“枫桥经验”与数字安防产业融合发展。“五个特色园中园”齐头并进，5D智造谷、赫千电子、艾依诺气雾剂等一批标杆项目建成投产，帕瓦新能源、全兴精工、宏发五峰、承昊光纤等一大批重点项目建设中，引进落户江苏胶原蛋白、鼎持生物等一批重大项目，产业特色鲜明，集聚程度提高。

【园区循环化数字化升级改造】园区内总投资27.3亿元的18个重点项目，2019年通过省园区循环化改造示范试点验收(全省共7家)，被认定为省美丽园区示范园区(绍兴地区共3家)。加大新兴产业培育力度，全年区内高新技术产业实现利润总额10亿元，同比增长47.1%，培育省科技型中小企业35家，摸排高新技术苗子企业14家，新增绍兴市级众创空间2家。紧抓“数字经济”一号工程，加快传统产业的数字化改造，申科、秀欣、全兴、信胜等10家企业被认定为数字化车间，新增工业机器人150台，企业上云569家以上。做好要素保障，优化资源配置。完成融资任务60.7亿元，新出让土地1200亩，收取土地出让金19亿元，2019年先后拍卖收储永洁环保、祥生中翔置业等大宗不良资产近10亿元，累计盘活存量土地550多亩，余缺对接厂房、楼宇13余万平方米，引进落户5D智造谷、运动中心、社交新零售等优质项目。

【产城一体化发展】2019年从全面融杭的高度科学规划中心商务区，推进七个“城市客厅”建设，随着跨湖幼儿园、温德姆酒店、温医大生物医药研究院等项目的建成投运，宝龙商贸综合体、五泄江生态文化公园等标杆项目的稳步推进，城西交通、教育、医疗、科技、商业、文化、运动等环境不断改善，高铁小镇复合功能逐步增强。积极构建精准服务体系，启用开发区行政服务中心，建成企业集成服务平台，实现企业办事不出区；引进生产性服务业，逐步壮大2025创意产业园、新金融大厦等平台，降低企业运营成本；完善干部项目结对服务机制，先后走访企业300多家、村(社区)20多家、农户30多户，累计为企业、群众、基层解决问题困难50多件。(胡炜浪　章江平)

2019年世界500强企业和上市企业

【世界500强企业】2020年8月10日，美国《财富》杂志发布2019年度世界500强排行榜单，海亮集团有限公司在世界500强排名比上年上升5位，以2018年度营业收入272.09亿美元、利润1.749亿美元排名468位，是唯一上榜的绍兴企业。

世界500强企业海亮集团铜管生产基地

【上市企业】2019年，诸暨市A股上市公司名单与上年相比没有变化，至年底，全市A股上市公司为13家，香港H股上市1家，美国上市1家。除浙江富润外，其余公司均在2000年以后上市A股。(杨云贵)

建筑业·房地产业

建筑业

【概况】2019年，完成建筑业省内产值463亿元，同比增长0.8%，高于绍兴市平均增幅5个百分点；实际上缴税收12.72亿元，同比增长16.1%。

【市场拓展】全年新增一级资质企业2家，新增水利、桥梁、隧道等稀有施工资质35项。诸安集团完成安装行业全领域资质拓展，进入石化、电力、燃气等工业安装领域。全市20多家建筑业企业以联合体形式参与EPC项目施工，中普建工参与嘉兴地区EPC项目，累计施工合同总额约20亿元。杭州亚运工程项目实现新突破，浙江诸安建设集团有限公司承建杭州奥体中心PPP项目机电安装消防工程和杭州奥体博览城主体育场区体育场及附属设施辅助项目，浙江鼎峰建设有限公司承建杭州亚运村污水处理项目。

诸暨市中医医院浣东分院建设项目二期工程获2019年鲁班奖(市建设局提供)

【品牌建设】2019年，全市建筑行业共创省级及以上优质工程16项，其中鲁班奖1项，为市中医医院易地新建工程，为本域第三只鲁班奖项目，国家优质工程奖2项，中国风景园林学会园林工程奖2项，华东地区优质工程奖1项，钱江杯1项。耀华PC构件基地被评为绍兴建筑产业现代化发展联盟2019年度预制构件生产A级基地，为绍兴市仅有的两个A级基地之一。全市建筑业共获授权专利23项，省级工法4项，国家级QC成果1个，省级QC成果优秀奖14个，参编行业标准1个、省级标准4个。

【装配式建造和住宅全装修】推进装配式建造和住宅全装修。全市新开工装配式建筑面积211万平方米，新开工住宅全装修面积129.64万平方米，居绍兴市前列，荣获省建筑工业化工作考核优秀县(市、区)。其中政府投资或以政府投资为主的新建公建项目全部实施装配式建造，新开工装配式民用建筑占新开工民用建筑比例达到40.22%，新开工装配式工业建筑60.09万平方米；中心城区新出让或划拨土地上的新建住宅，全部实现住宅全装修和成品交付。耀华PC构件基地装配式部品部件成功进入2022年杭州亚运会建设项目，并进入PPP、EPC项目领域，二期建设项目将于2020年底竣工投产。展诚、万达、祥生、越烽等多家企业进军装配式建筑领域。农村装配式项目初现成效，全省首个装配式农村保障性住房—姚公埠村保障房建成交付，全市首批农村钢结构装配式住宅—姚江镇巨堂村农民保障房项目完成施工图审查。

【行业管理】全年开展建筑领域“扫黑除恶”、工程质量安全专项检查、“双随机”检查等行动，依法办理行政处罚案件40件，涉及31个项目、24家建设单位、12家施工单位及6名个人，处罚金额540余万元。开展建筑工程“无欠薪”行动，强化落实工程款、工资款两条线拨付制度和民工工资银行代发制度，在全省无欠薪考评中位居绍兴市前列，为创建浙江省“无欠薪”城市作出贡献。（黄海龙）

2019年诸暨市建筑业创优夺杯项目一览表

表5

工程项目	施工单位	获得奖项
诸暨市中医院浣东分院建设项目二期工程	浙江展诚建设集团股份有限公司	鲁班奖
诸暨市中医院浣东分院建设项目二期工程	浙江华汇机电设备安装有限公司	鲁班奖(参建)
温岭市玉龙山公园主入口建设工程	浙江建盛市政园林有限公司	中国风景园林学会园林工程银奖
台州高速天和壹号茗苑室外景观绿化工程	浙江建盛市政园林有限公司	中国风景园林学会园林工程金奖
普洛斯上海奉贤奉城物流园项目B-1、B-2周转仓库安装工程	浙江诸安建设集团有限公司	国家优质工程奖(参建)
西湖区科技研发中心A、B楼安装工程	浙江诸安建设集团有限公司	国家优质工程奖(参建)
剧院A、B区、地下室工程	浙江广川建设有限公司	华东地区优质工程奖
中国联通浙江德清数据中心项目	八方建设集团有限公司	钱江杯
上海市总工会沪东工人文化宫(分部)改扩建项目C楼	浙江东海建设有限公司	上海市白玉兰杯(参建)
上海电力学院临港新校区一期工程图文信息综合大楼	浙江诸安建设集团有限公司	上海市白玉兰杯(参建)
海宁开元名都大酒店安装工程	浙江诸安建设集团有限公司	浙江省优秀安装质量奖
衢州市古城墙(江滨路段)遗址公园改造项目—园林景观工程	浙江双林古建园林工程有限公司	浙江省优秀园林工程金奖
广东江门雅滨园项目园林景观工程	浙江双林古建园林工程有限公司	浙江省优秀园林工程金奖

续表 5

工程项目	施工单位	获得奖项
祥生 . 玖熙花苑项目消防工程	浙江华汇安装股份有限公司	浙江省优秀安装质量奖
绍兴饭店改扩建提升工程（一期机电安装）	浙江华汇安装股份有限公司	浙江省优秀安装质量奖
上虞区浙江绿科安化学有限公司 MAA 车间工程	浙江华汇安装股份有限公司	浙江省优秀安装质量奖
诸暨市第四人民医院门诊病房大楼	浙江宏坤建设有限公司	绍兴市兰花杯
诸暨市环城东路延伸段工程 PPP 项目	浙江宏达建设集团有限公司	绍兴市兰花杯
江苏泰兴祥泰未来城市花园 2# 地块（13# 楼、15# 楼）	浙江祥生建设工程有限公司	泰州市梅兰杯
祥生东福春晓苑室外环境景观配套工程	诸暨市祥生园林绿化工程有限公司	诸暨市珍珠杯
祥生祥园室外环境景观配套工程	诸暨市祥生园林绿化工程有限公司	诸暨市珍珠杯
诸暨市城东片区城中村改造（一期）工程	浙江建盛市政园林有限公司	诸暨市珍珠杯
枫江桥（新枫江桥—老枫江桥段）生态景观河道建设工程	浙江鼎峰建设有限公司	诸暨市珍珠杯
诸暨市环北居住区王家湖公园建设工程	浙江双林古建园林工程有限公司	诸暨市珍珠杯
诸暨市陶朱生态湿地公园建设工程苗木养护项目	浙江仁泽市政园林有限公司	诸暨市珍珠杯
诸暨商贸城 2017—2020 年绿化养护项目	浙江荣泽市政园林有限公司	诸暨市珍珠杯
诸暨市城市三环线主线道路绿化养护项目	浙江天泰园林建设有限公司	诸暨市珍珠杯
诸暨和庄 . 颐苑二期	浙江景厦建设有限公司	诸暨市珍珠杯
商业楼（唐韵广场）	浙江恒伟建设有限公司	诸暨市珍珠杯
诸暨铭君房产 1# 商业楼、2# 住宅楼	浙江宏坤建设集团有限公司	诸暨市珍珠杯

房地产业

【概况】2019 年，房地产市场运行总体保持平稳，投资额和销售面积稳步提升；房地产市场监管力度加强，行业规范性提升。

【房地产市场规模】2019 年，完成房地产投资 136.13

亿元,同比增长 6.6%;销售商品房面积 224.25 万平方米,同比增长 11.6%,两项增长率均居绍兴市第 2 位。其中销售商品住房 12897 宗,面积 163.90 万平方米,销售额 177.06 亿元,同比分别增长 26.84%、21.32%、40.67%。累计成交二手住房成交量 6911 宗,面积 79.75 万平方米,同比分别增长 22.73%、16.70%。实现房地产税收收入 22.75 亿元,同比增长 56.79%,占税收收入的 17.06%。至 2019 年 12 月底,可销售商品房面积为 178.79 万平方米,去化周期为 11.57 个月;可销售商品住房面积为 101.89 万平方米,去化周期为 7.46 个月。核发商品房预售许可证 148 本,商品房预售面积为 261.51 万平方米。房地产从业人员 5039 人,工资总额 27943.4 万元,同比增长 17.1%、28.7%,增长率分别居绍兴市第四位、第二位。

【房地产市场管理】2019 年,开展房地产市场调研,发布《关于进一步加强商品住房价格备案管理工作的通知》,实行商品住房价格备案以及价格调控,严格商品房预售许可证审核、发放,维护市场稳定。重点打击投机炒房行为和房地产"黑中介",对全市 282 家房产中介摸底走访,对未备案的 79 家中介下发整改通知书,调处房产销售不正当现象 12 起,关停商品房网签 4 家。加强中介市场管理,制定《关于进一步规范房地产经纪机构备案管理的通知》,累计对 203 家二手房中介及 25 家商品房代理机构进行备案;统一制作诸暨市二手房交易公开栏,明确服务内容及项目、收费标准、交易流程等,发放房地产经纪人员从业服务证 589 本。商品房预售合同备案和公租房承租资格确认等民生事项实现"一证通办",一证通办率为 100%。 （黄海龙）

公积金管理

【概况】2019 年,全市归集住房公积金 20.87 亿元,较上年同期增加 4.07 亿元,增长 24.23%,完成年度计划的 173.92%;归集余额达到 45.1 亿元,较上年同期增加 5.8 亿元;办理住房公积金支取 24123 人,较上年同期增加 1123 人,支取金额 15.07 亿元,较上年同期增加 3.03 亿元,增长 25.2%;向全市职工发放住房公积金贷款 2382 户,贷款额为 9.24 亿元,比去年同期增加 0.2 亿元,增长 2.2%,完成年度计划的 184.8%,贷款余额达到 44.31 亿元,存贷比为 113.97%;全年业务收入 1.45 亿元,业务支出 0.85 亿元,增值收益 6000 万元,同比上升 39.53%。

【住房公积金扩面】2019 年,住房公积金制度覆盖面持续扩大。通过宣传住房公积金缴存、支取和贷款相关的法规和政策,解答热点和难点问题,营造积极的住房公积金缴存氛围和正确的政策导向;完善银行扩面考核存款奖励办法,将住房公积金制度扩面列入对承办银行考核的重要内容,考核结果与年度资金竞争性存放挂钩,调动其参与扩面的积极性;扩大个人缴存托管业务渠道,2019 年 6 月起个人缴存托管业务办理银行由原先建行一家扩展至建行、工行两家银行,大力发展新市民群体的公积金制度扩面;加大住房公积金行政执法力度,抓实抓紧规模以上企业催建催缴工作,调查核实企业不为企业职工缴存住房公积金的申诉,以及企业不缴、停缴、断缴的情况;联合多部门开展治理违规提取住房公积金及住房公积金领域"扫黑除恶"专项斗争工作,重点针对非法中介机构伪造住房公积金提取资料问题严肃查处。到 12 月底,职工正常缴存人数 76515 人,新增职工 20007 人,净增职工 6585 人。

【办事服务流程简化】2019 年,调整政务服务网权力事项,简化业务手续,方便办事群众查询使用。在 7 月开通"浙里办"移动办事服务渠道,完成从"最多跑一次"向"跑零次"推进,30 个事项全部实现"网上办"和"掌上办"。在 2019 年 12 月完成"就近办"和"刷脸办"。推行住房公积金贷款"一件事"联办事项,通过再造审批流程、深化数据共享、增强部门协作,实现贷款"一件事"联办服务。 （朱颖杰）

商贸流通·现代服务业

现代服务业

【概况】2019 年，全市第三产业增加值 617 亿元，同比增长 8.2 个百分点，三产增加值占 GDP 比重为 47.1%。其中，批发零售、交通运输仓储邮政、住宿餐饮、金融、房地产业增加值分别增长 5.7%、8.3%、6.9%、10.1% 和 9%，信息传输软件和信息技术等其他营利性服务业增加值增长 12.4%。实现第三产业税收 79 亿元，占全市税收比重为 55.3%。全市 19 个绍兴市服务业重点项目预计完成投资 40 亿元，完成全年度计划的 102%；其他服务业民间投资 42.6 亿元，增长 22%。推进省级批发零售业改造提升试点工作，倒逼传统商贸业转型升级。至年底，农产品市场体系建设、社区商业提升发展等 6 个试点项目累计实现投资 3000 万元。推进“个转企”“产转法”“小升规”等服务业培育工作，其他营利性和非营利性服务业营业收入分别增长 31.8% 和 115%。

全年实现社会消费品零售总额 386 亿元，增长 10%。全年旅游总收入 284 亿元，增长 10%。跨境电商纵深拓展，农村淘宝优势扩大，网络直播形式多样，全市互联网消费形势良好，实现网络零售额 178 亿元，增长 20%。

【“亩产效益”领跑者和“亩产效益”综合评价】根据省、绍兴市工作要求，在服务业企业中开展遴选部分重点行业规上服务业企业“亩产效益”领跑者、服务业企业“亩产效益”综合评价二项目工作，对全市 34 家规上现代物流业企业及 25 家科技服务业企业采集领跑者遴选数据，同时走访调研全市 50 家规上其他营利性服务业企业和 31 家规上非营利性企业，在 11 月底前完成综合评价工作。（金　科）

供销合作

【概况】2019 年，诸暨市供销合作总社（以下简称“市供销社”）实现销售总额 11.3 亿元，同比增长 22.8%；全年实现农资销售金额 1.1 亿元，同比增长 24.8%。市供销社获 2019 年度诸暨市“乡村振兴”工作成绩突出集体。

2019 年 2 月，市供销社完成机构改革，从原来“三块牌子一套班子”（诸暨市服务业发展办公室、诸暨市供销合作总社、诸暨市农民合作经济组织联合会执行委员会）的机构设置中脱离出来，单独设立，承担生产合作、供销合作、信用合作等为农服务工作，下设办公室（挂党建室牌子）、农业服务科、业务发展科、合作指导科。完成诸暨市农业综合服务公司全民所有制企业公司制改制工作，并更名为诸暨市供销发展有限公司；配合做好诸暨市融资担保公司整合重组工作，公司名称由诸暨市农业融资担保有限公司变更为诸暨市融资担保有限公司，业务全部移交。

【农业农民资金扶持】安排190万元用于组织各类农产品营销节会；落实300万元用于农民素质提升工程，争取1000万元用于诸暨次坞打面产业发展和品牌推广。

【“诸暨次坞打面”产业发展和品牌推广】市供销社以“小打面，大产业，优品牌”为目标，推进“诸暨次坞打面”公共品牌建设，鼓励次坞打面产业提质增效。2019年8月，制定《关于大力推进“诸暨次坞打面”品牌建设和产业发展的实施意见》《“诸暨次坞打面”加工技术规范和行业标准》等文件，统一制作工艺，规范经营方式。11月8日在西施故里乡村道地召开“诸暨次坞打面”品牌启动仪式，对外发布次坞打面品牌logo。依托技师学院成立“诸暨次坞打面”实训基地，开展次坞打面制作工艺和规范经营方式的培训，全年共培育次坞打面从业人员104人。11月24日，诸暨次坞打面荣获浙江省农博会“2019浙江十大农家特色小吃”第一名。至2019年年末，建成诸暨次坞打面旗舰店1家，示范店18家。

次坞打面西施故里旗舰店（供销合作总社提供）

【农村特色类“诸暨工匠”评选】市供销合作总社会同市人力资源和社会保障局、市总工会等部门，面向农产品加工、种养殖产业、民间传统工艺三大类，评定杨思班、马亚平、谢小义、沈牡琴、陈国华、戴振宇、戴剑、吴其生、俞科弟、寿新灿为农村特色类“诸暨工匠”，并在2019年4月29日的诸暨市劳模工匠表彰颁奖典礼上表彰。该项工作被列入2019年全市23项重点突破改革项目内容。

【农产品供销服务】2019年2月16日至19日的第二届诸暨市农博会暨新农都2019年货节、4月17日的诸暨市茶席设计大赛、12月16日至19日的对口地区农特产品巡回展等重要节会，邀请市内外以及对口扶贫地区特色农业企业200余家参展。同时组织市内农业经营主体参加中国国际茶博会、绍兴市茶文化节、杭州·绍兴周活动、绍兴市黄酒节、宁波·绍兴周、深圳·绍兴周、上海·绍兴周、浙江省农博会、上海农博会、绍兴农博会等省内外知名展示展销活动20余场，参展企业超过300家次。

【合作社管理】2019年7月，按照《农业农村部关于开展2019年国家农民合作社示范社监测工作的通知》《浙江省农业农村厅关于做好2019年省级示范性农民专业合作社和省级示范性家庭农场申报与监测等工作的通知》的要求，组织1家国家级农民合作社示范社（诸暨市国伟禽业专业合作社）、8家省级示范性农民专业合作社开展年度监测工作。同时做好合作社规范提升工作，2019年全年提升合作社数目达40家。

【农民培训】结合各镇乡特色产业，因地制宜开展农民素质培训工程，全年累计实用人才培训56期，培训3046人；高素质农民培训312人，完成计划的104.4%；开展“新民讲堂”乡风文明巡讲教育59期，培训24130人次。开展职业技能鉴定工作，在赵家镇举办中级农技师（香榧）培训班，通过绍兴市供销合作总社职业技能鉴定站鉴定，60人获得中级技能资格证书。

（蔡文珑）

粮油购销

【概况】2019年，市粮食局系统以保障区域性粮食安全为主线，抓储备、筑基础，抓市场、稳粮价，抓生产、保供给，抓质量、保安全。在绍兴市粮食安全责任制专项考核中，连续11年被评为优胜单位。

【粮食安全责任制考核】严格执行粮食安全行政首长责任制，确保粮食播种面积、粮食总产量和粮食生产能力等考核指标全面落实。加强粮食市场的监测预警工作，合理布局粮情监测点，及时分析、掌握粮食市场的动态情况，每年2次检查全市10家粮情监测点。落实粮食应急保障体系，完善粮食应急加工、应急供应工作，每年2次检查全市3家粮食应急加工点、31家粮食应急供应点。

【粮食轮换和收购】2019年，完成市级下达的储备粮油轮换计划共计30145吨，其中小麦7000吨、早籼谷10020吨、晚粳谷13000吨、食用油125吨。国有粮食收储公司全年粮油销售收入1.09亿元，实现利润19.78万元，资金回笼率100%，年末库贷比例为100%。全年收购采购各类粮食43373吨，加工稻谷5636吨。

【惠农政策和服务】继续实行小麦、早晚稻最低收购价，小麦、早籼谷和晚粳谷的最低收购价格分别为每50千克112元(中等质量，下同)、123元和133元。继续实行订单粮食奖励政策，小麦、早籼谷的奖励标准为每50千克(下同)30元，晚粳谷为20元。完成市内粮农粮食种植意向和订单意向调查工作，共计调查种粮大户327户。继续开展“五送”（送订单、送定金、送政策、送科技、送信息）活动，发放早稻预购定金51户计款460万元；累计与741户种粮大户签订粮食订单25505吨，其中小麦订单114户计2485吨，早稻订单254户计13000吨，晚稻订单373户计13000吨。免费提供19台烘干机为农户烘干小麦、早籼谷和晚粳谷共计2950吨。开展粮食收购满意度调查，售粮农户收购满意率达100%。(骆坚钜)

专营专卖

【烟草专卖】2019年，诸暨市烟草专卖局(分公司)在绍兴全市行业工作业绩考核中连续第十三年获得第一。2019年实现卷烟销量4.9万箱，同比增长2.43%；单箱销售额4.85万元，同比增长3.31%；销售额23.8亿元，同比增长5.82%；税利7.04亿元，同比增长6.86%。卷烟动销基本平稳，三四类烟(三类烟：不含税调拨价为30—70元/条；四类烟：不含税调拨价为16.5—30元/条)库存下降，主销规格市场价均高于上年同期。

信息化管理平台和零售终端建设。全年累计引流“香溢家”(“香溢家”“香溢坊”“香溢通”“香溢购”为浙江烟草“互联网+烟草专卖商业”的四个信息化管理平台)活跃会员191561个，比值400.27%；建立“香溢坊”自律互助小组364个，党员零售客户担任自律小组小组长58位；切换“香溢通”比例100%；“香溢购”比例达到95.36%。建成香溢合作店46家，累计建成现代终端1436家，共建成4个吸烟亭，安装200个吸烟柱。

卷烟市场监管。2019年，共查获违法经营案件354起，同比增长59.33%；查获各类违法卷烟53214.6条，同比增长22.27%；查获卷烟案值928.45万元。其中假冒烟16329条，同比增长460.08%，走私烟321条，同比下降89.40%。查处案值5万元—10万元案件25起，10万元—50万元案件11起；移送市场监督管理局案件22起，移送公安机关追刑案件10起，刑事拘留5人，逮捕2人，判刑3人。外流省外卷烟284条，同比下降12.35%。2019年，成功破获诸暨市“2018·12·09”和“2018·7·30”两起互联网销售走私烟网络案，涉案金额分别达560余万元和550余万元；成功破获“2019·05·29”销售假烟网络案，涉案金额达340余万元。

卷烟配送新模式建设。全力推进“互联网+物流”建设，启用卷烟配送的电子签收，电子签收率接近100%；探索尝试以配送量为参数的柔性送货模式，全年单箱配送费用同比减少4.38%，人均配送效率同比提升11.18%。

企业管理。2019年11月25日，诸暨市烟草专卖局(分公司)接受中央“不忘初心、牢记使命”主题教育第十一巡回督导组副组长李五四一行调研督导，并获肯定。2019年，企业四项重点费用340.22万元，剔除福利费不可比因素同比下降1.24%，达到了降本增效的目标。由传统的数据对标向管理对标转变，全省分层分类对标实现了保C争B的年初既定目标。创新工作扎实开展，在全市系统的创新优秀成果评比中，1个QC项目获二等奖，小改小革项目2个获二等奖、4个获三等奖；业务科QC项目《提高支付宝签约客户活跃度》获2019年度绍兴市质协质量管理小组活动评奖三等奖，办公室创新项目《县公司靶向管理机制研究与探索》参加2019年度绍兴烟草创新奖评审获三等奖。（汤俊杰）

【食盐专营】2019年，诸暨市盐业有限公司做好混合所有制改革政策、方案的宣传工作，使之顺利推进。公司全年共购入盐产品7667吨，同比减少1109吨。其中小包装口食盐4148吨，同比增加655吨；食品加工用盐2214吨，同比减少463吨；工业盐1305吨，同比增加159吨。销售各类盐产品7988吨，同比减少292吨。其中小包装口食盐3878吨，同比增加41吨；食品加工用盐2509吨，同比减少354吨；工业盐1524吨，同比增加27吨；养殖用盐77吨，同比减少7吨。销售非盐商品192.48万元，大幅下降。实现销售收入2008万元，同比减少275万元。

食盐业务经营。2019年，新购一辆小型箱式配送车辆，以利扩大零售终端直送范围。向较大副食品商店、偏远地区等1000多家小店、农贸市场的经营户直送。对终端营销客户每个星期走访一次，了解市场信息。80多家经营户签订第二轮排他性配送协议，涵盖全市各乡镇街道，基本做到全覆盖。签约超市须陈列两只基础盐品和4只以上高端盐品，在保证精品盐出样率的前提下，提供给消费者更多选择面。通过每月支付陈列费，一年奖励返利的形式，打响"雪涛""蓝海星"浙盐品牌。扩大盐品直送范围，全年扩大直送店100多家，全年直送盐品1500多吨，约占全年小包装口食盐销量的三分之一。

食盐专营法规宣传。2019年，部分经营户和不法分子打着"分公司配送"的名义挨家挨户推销小包装食盐，以低廉的价格冲击终端市场。为此，一方面，公司积极联系有关部门，反映线索，开展盐业市场执法检查；另一方面，加大食盐专营法规、盐改政策的宣传力度，做到走到哪里，宣传工作做到那里。5月15日，配合市经信局、卫健局、公安局、市场监管局在城区大润发超市开展"诸暨市食盐专营暨全国第26个'防治碘缺乏病日'宣传活动"，活动围绕"科学补碘益智，健康扶贫利民"主题，通过分发宣传资料、购物袋、围裙等方法进行宣传。同时，翻印500张由绍兴市经信局、公安局、卫健局、市场监管局制作的《加强食盐管理，保障食盐供应安全》宣传资料，张贴于农贸市场、村委会宣传栏。

盐政联合执法。2019年，以规范盐业市场秩序为重点，配合市场监管局、经信局查处擅自非法经营未加碘食盐，打击食盐违法经营活动。两次参加市经信局、市场监管局、公安局组织的全市盐业市场联合检查，对用盐企业、超市、农贸市场、零售小店进行全面检查。协助市场监管局查处食盐违法案件。协助市经信局制发《诸暨市食盐应急预案》，明确公司负责执行市食盐储备暂行办法的相关规定。（周信忠）

电子商务·物流

【电子商务】全市网络零售额206.3亿元，同比增长16.9%，总量继续保持绍兴市第一。引进深圳通拓，对接执御平台，推进珍珠跨境电商产业集群建设，累计跨境网店186家。新增亚马逊、速卖通等袜业跨境网店82家，新拓展阿里国际站业务48家，新增海外商标6个。利用村村兔、笑眯眯、民升优鲜等电商平台，开展爱心助农活动。电商扶贫，与遂昌、东辽等地对接农产品电商销售。全市共36个村获"中国淘宝村"称号，占绍兴地区总量的80%。推进网络直播，山下湖珠宝行业淘宝直播基地共入驻商户账户110家。（张　薇）

【物流】2019年，全市公路客运量378.3万人次；全市公路货运量2375.8万吨，同比增长2%；水运货运量530.3万吨，同比增长7%。全市累计完成快递业务量27438.1万件，同比增长14.2%。全市工商登记在册的交通运输、仓储和邮政业企业共2171家。

（张　薇）

邮政

【概况】2019年诸暨寄递行业累计业务量超2.74亿

件,同比增长 14.2%,业务量位居绍兴地区第一。累计业务收入超 10.24 亿元,同比下降 0.2%。诸暨邮政分公司实现业务收入 3.94 亿元,同比增长 19.56%,完成省公司计划的 100.68%,列全省县市公司第六位;累计完成净利润 4576 万元,达成全年计划目标,列全省县市公司第二位。

全市共有村邮站 479 个,信息化村邮站运营率 80%。全市受理各类缴费业务 65.52 万笔,金额 0.85 亿元。邮政传统业务全年累计完成邮务类业务收入 1.76 亿元,其中集邮收入 365 万元,函件收入完成 282 万元,报刊收入完成 1007 万元。

2019 年,全市共有国有、民营快递品牌 13 个,法人企业或在诸暨的分公司 16 家,分拣中心 10 个,营业网点 178 个(标准化率达 100%),从业人员 3000 余人,人均快件使用量为 254 件(人均快件使用量 = 进出港件总量 / 区域常住人口)。配备自动、半自动化分拣设备 41 台,流水线 21 条,PDA 设备 1083 个,安检机 13 台,智能快件箱 327 个。

【行业安全生产监管】2 月 25 号召开全市邮政业安全生产工作会议,全市 16 家法人企业或在诸分公司的主要负责人及安全员参加,签订《安全生产责任书》,明确责任主体,落实工作措施。全国“两会”、祖国 70 周年华诞、互联网大会等重大活动期间,落实实名登记、开箱验视、过机安检制度,圆满完成寄递安保工作。

全年开展营业网点例行检查 80 次,出动检查人员 160 人次,检查营业网点 397 家,发现并整改安全隐患 70 处,约谈企业 72 家次,下发责令整改通知书 72 份;夜查分拣中心 11 次,检查 36 家次,发现并整改安全隐患 8 处;开展视频监控巡查 40 次,检查网点 232 家,发现并整改安全隐患 34 处;第三方社会服务陌生人包裹试寄 5 轮,检查网点 861 家,发现并整改安全隐患 20 处。

【行业专项整治活动】4 月份,开展寄递渠道危化品专项整治行动,严禁危险化学品等禁寄物品流入寄递渠道;7 月份起,在全市寄递行业开展安全隐患排查整治百日攻坚行动,督促寄递企业落实安全生产主体责任,保障国庆 70 周年庆祝活动寄递渠道安全稳定;9 月份,开展邮件快件实名收寄专项整治行动,规范寄递企业实名收寄行为,提升实名收寄制度执行实效。

【部门联合执法检查】2019 年,联合公安部门开展执法检查 10 次,检查网点 46 家,发现并整改各类安全隐患 14 处;联合烟草专卖局开展执法检查 18 次,查获各类假私卷烟 227 条;联合市公安局、市道路运输管理局组成执法检查组打击跨区域违法揽件,成功查处 1 起案件。

【绿色邮政建设】推进国家邮政总局“9571”工作(年底电子运单使用率 95%、50% 以上电商快件不再二次包装,循环中转袋使用率达到 70%、在 1 万个邮政快递营业网点设置包装废弃物回收装置,全面加强邮政行业绿色治理工作),推广使用电子面单,在全市快递网点设置绿色回收区,回收快递包装箱、包装袋,减少封装胶带使用量,促进行业绿色可持续发展。

【邮政农村电商】2019 年诸暨邮政分公司实现站点建设 950 个(其中商超型 675 个),农村电商实现批发销售额 4407.32 万元,同比增长 19.56%。其中,自营商品实现销售 1502 万。零售交易方面,实现交易 8.25 万笔,金额 188.56 万元。车险业务年度发展会员数量 6758 户,完成保费 2335.97 万元,同比增长 31.64%。思乡月、粽情端午、自营批销共实现分销收入 1666 万元。

【警医邮】全市有 32 个邮政网点开通公安交警、医疗机构、邮政寄递三方跨界融合服务,比 2018 年增加 8 个,业务累计完成 5.49 万笔,服务群众 4 万余人次。

【简易险】2019 年,诸暨邮政分公司完成简易险 4524 笔,保费规模 311.51 万元,同比增长 168%。依托散单业务、团险业务、定向活动开展等形式共同推进,并发展把邮掌柜(邮掌柜是邮政系统开发的以邮乐网为基础,搭载多项业务功能,以利于邮政切入农村电子商务市场的线上线下一体化综合服务平台)作为基层业务支撑点,收集市场信息。 (楼麒烽)

旅 游

综述

2019年，诸暨市文旅部门以省全域旅游示范市创建为契机，以“西施故里好美诸暨”品牌为着力点，拓展旅游市场。全市共接待游客2722.92万人次，同比增长10.01%；实现旅游总收入283.65亿元，同比增长10.02%。至2019年年底，全市共有A级旅游景区14家，其中AAAA级景区4家，AAA级景区9家；共有星级饭店8家，其中五星级2家，四星级4家；等级民宿6家，其中浙江省金宿级民宿1家、浙江省银宿级民宿4家；旅行社总计43家。

2019年诸暨市A级旅游景区一览表

表6

景区名称	等级	评定时间	主管部门
五泄风景区	AAAA	2002年7月	诸暨市文旅集团
西施故里旅游区	AAAA	2009年1月	诸暨市文旅集团
华东国际珠宝城	AAAA	2009年10月	山下湖镇人民政府
米果果小镇	AAAA	2017年6月	山下湖镇人民政府
汤江岩风景区	AAA	2010年11月	诸暨市文旅集团
千柱屋景区	AAA	2011年12月	东白湖镇人民政府
裕昌号民间艺术馆	AAA	2014年9月	东白湖镇人民政府
白塔湖国家湿地公园	AAA	2014年9月	诸暨市文旅集团

续表 6

景区名称	等级	评定时间	主管部门
诸暨市香榧森林公园	AAA	2015 年 1 月	赵家镇人民政府
诸暨国际商贸城	AAA	2015 年 12 月	诸暨商贸城建设管理委员会
斗岩风景区	AAA	2016 年 12 月	诸暨市文旅集团
大唐袜艺小镇	AAA	2017 年 12 月	大唐镇人民政府
浙江天使之泪珍珠文化体验园	AAA	2019 年 11 月	山下湖镇人民政府
乐聚星原力机器人主题馆	A	2019 年 2 月	城东建管委

旅游资源及建设

【旅游资源】诸暨是中国优秀旅游城市，截至 2019 年底，拥有 A 级旅游景区 14 处，A 级景区村庄 121 处（其中 AAA 级景区村庄 20 处），国家级风景名胜区 1 处（浣江—五泄风景名胜区），国家级湿地公园 1 处（白塔湖国家湿地公园），全国重点文物保护单位 2 家（斯氏古民居建筑群、东化成寺塔），省级生态旅游区 2 处（东白湖生态旅游区、白塔湖国家湿地公园），省级旅游风情小镇 1 家（山下湖镇）。

【全域旅游总体规划及省全域旅游示范区创建】2019 年 12 月，诸暨市政府批复同意《诸暨市全域旅游总体规划》，诸暨市文旅部门制定《诸暨市创建浙江省全域旅游示范区实施意见》和《关于加快推进全域旅游发展的若干政策意见》，成立诸暨市文化健康休闲发展委员会，建立联系会议机制，召开全域旅游发展大会，分解、布置诸暨市全域旅游创建工作任务，全面启动创建工作。

【市全域旅游发展大会暨创建省全域旅游示范市动员大会】2019 年 12 月 3 日上午，诸暨市全域旅游发展大会暨创建省全域旅游示范市动员大会召开。浙江省文化和旅游厅党组书记、厅长褚子育，绍兴市委宣传部副部长、文广旅游局局长何俊杰出席。诸暨市领导徐良平、王芬祥、姚汉松、郭浩良、潘超英等市四套班子领导参加。市级各部门主要负责人，各镇乡（街道）主要负责人，AAA 景区村、各 A 级景区、星级旅行社、星级饭店及相关行业协会负责人、文旅企业代表等 260 余人参加会议。会议介绍全域旅游总体规划，还举行总投资 38 亿元的 6 个重大旅游项目签约仪式。

【旅游项目建设】2019 年，以重点项目建设为载体，协调推动文旅融合发展，推进“云溪九里”浙江文旅康养小镇、春风十里、尧舜度假养生谷等旅游项目建设。督促指导省级旅游风情小镇及 A 级景区村争创工作。2 月，山下湖镇成功创建省级旅游风情小镇，乐聚·星原力机器人主题馆创建成 A 级景区。6 月，东白湖镇被列入第四批旅游风情小镇培育名单。11 月，天使之泪珍珠文化体验园创成 AAA 级景区，12 月，同山镇入选第五批浙江省非物质文化遗产旅游景区（非遗主题小镇）。至 2019 年年底，共创建成 54 个省 A 级、AA 级景区村庄和 6 个省 AAA 景区村。2019 年，投资 2000 万元实施第三期生态健身游步道建设工程，新增 12 条、总长度约 200 千米的生态游步道。

旅游业服务管理

【概况】2019 年，全市加强旅游行业市场监管。对重点景区、星级宾馆和旅行社进行安全生产检查，开展“防风险、保平安、迎大庆”消防安全执法行动、安全隐患大排查大整治百日攻坚行动、2019 年度文化和旅游市场整治工作等。

【饭店、民宿和旅行社评级】2019年，耀江开元名都大酒店获省银桂级品质饭店称号，诸暨大酒店、中财酒店通过星级复核和绿色饭店复核。诸暨市湖山雅苑民宿、塘里民宿、境见花里民宿被评为浙江省银宿级民宿，诸暨市巴巴坞民宿被评为绍兴市精品民宿。顺风旅行社、新天地旅行社、天马旅行社和春光旅行社被绍兴市旅行社品质评定委员会评定为三星级品质旅行社。

【安全宣传和培训】2019年，开展文化广电旅游行业业务培训，对全市旅行社、星级酒店、A级景区等旅游行业服务企业进行业务知识、规范经营、安全管理等培训。多次联合诸暨市消防救援大队开展旅游行业的消防安全培训和消防演练比武。6月，结合“防风险，除隐患，遏事故”的安全生产月宣传主题活动，开展旅游行业安全隐患大排查大整治百日攻坚行动、“防风险、保平安、迎大庆”消防安全执法检查专项行动，做好宣传工作。

【景区复核检查】2019年，全市4家AAAA级、9家AAA级、1家A级旅游景区完成复核检查工作，整改完善检查中存在的问题；全面更新A级景区系统入库数据。

旅游推广

【概况】2019年，针对长三角重点客源市场上海、南京，省内杭州、湖州、宁波、衢州、温州、金华等城市以及海外市场，展现西施文化旅游独特魅力。组织参加2019绍兴文化旅游（丽水）推介会、第11届中国国际旅游商品博览会、首届大运河文化旅游博览会、浙江（江苏）旅游交易会、2019宁波国际旅游展、2019杭州世界休闲博览会、澳大利亚和新西兰市场推介活动等。3月—11月，成功举办“杭州·绍兴周”“深圳·绍兴周”“北京·绍兴周”等诸暨专场活动。7月，组织参加2019中国特色旅游商品大赛，浙江赛乐袜业的路人行袜子和杭州海啦啦文化传媒的海半仙同山烧分别荣获银奖和铜奖。11月，举行杭州西湖—诸暨西施友好合作协议签约仪式，建立旅游合作机制。12月，组织参加2019绍兴市文化创意产品暨旅游商品大赛，浙江蒂娜尔时装公司的琴瑟手帕和浙江艺度文化传播公司的“正越里”香榧精油皂分别荣获银奖和铜奖，市文旅集团的“西施十美”之同山烧等5件作品荣获优秀奖。同时，挖掘西施文化，研发“跟着成语游诸暨”文旅新品；调研红色旅游，推出古韵红都地标之旅、敬缅忠魂感恩之旅、寻迹名人故居之旅、难忘金萧支队之旅等6条红色主题旅游线，枫桥经验陈列馆、俞秀松纪念馆成为绍兴市十大红色旅游景点。

【“诸暨 · 西施号”地铁之旅】根据“与杭同城”战略部署，11月，诸暨旅游地铁专列亮相杭州地铁1号线。共有6节车厢，分为文化之旅、山水之旅、研学之旅、氧气之旅、乡村之旅、美食之旅等6个板块，在车身两侧、车顶、车地、车门、车窗、看板等不同展位上通过实景照+手绘图的形式展示诸暨不同的文化旅游产品和线路。在定安路主题站厅以千年古越——跟着西施游诸暨为主要核心内容，重点展示西施故里夜景、白塔湖国家湿地公园、千年香榧林、东白山、米果果小镇、春风十里小镇等诸暨主要景区和景点。在站点大灯箱上主要发布诸暨“与杭同城”相关内容，在专列、车部、灯箱上增添诸暨旅游微信平台的二维码，方便了解更多诸暨旅游信息。

杭州地铁1号线诸暨旅游地铁专列中的文化旅游产品和线路（徐可良 摄于2019年11月）

【西施动漫形象设计大赛】2019年11月13日，由诸暨市人民政府主办的“西施动漫形象设计大赛颁奖仪式”在中国美术学院南山校区举行。经过方案征

以“千年古越——跟着西施游诸暨”为主要内容的杭州定安路主题站厅（徐可良 摄于2019年11月）

集、专家评审、网络投票等环节，诸暨西施动漫形象设计大赛最终评出金奖1名，银奖2名，铜奖4名。西施传说是国家级非物质文化遗产，近年来诸暨市深挖并发展西施文化内涵，借力杭州“动漫之都”带动西施文化输出，以文化影响力擦亮城市品牌。获得本次金奖的西施动漫作品以明艳娇俏的粉色呼应荷花，裙摆则设计为湖蓝布底鱼纹，体现“沉鱼元素”，而在耳饰与披帛纹样中展现了代表诸暨“珍珠之乡”美称的珍珠元素。

【杭州西湖—诸暨西施友好合作签约仪式】2019年11月13日，杭州西湖—诸暨西施友好合作签约仪式在中国美术学院南山校区举行。西湖—西施旅游长效合作机制的形成，将使两地进一步建立合作机制、开展交流活动、加强市场互动、实现信息共享。此外，通过两地文化旅游资源的进一步整合、两地客源市场资源的共享以及线上线下联动营销的实现，持续推动两地旅游客源市场份额的扩大。

乡村旅游

【概况】2019年，制定《关于加快推进全域旅游发展的若干政策意见》，鼓励旅游企业研发推广具有原创性、主题化、体验型的乡村旅游新产品(线路)；鼓励乡村依托资源禀赋、产业基础，利用自然村落、闲置农房，培育发展精品民宿、特色餐饮、文化创意、运动休闲、健康养老、观光农业等新兴乡村旅游业态。2019年，全市接待乡村旅游游客1353.32万人次，同比增长12.34%，实现乡村旅游经营性收入14.79亿元，同比增长15.16%。

【节假日乡村旅游产品】2019年，结合春节、清明、“五一”、端午、中秋、国庆等节假日，先后推出赏花游、水果采摘游、AAA景区村游、中小学生乡村研学游等旅游产品。

东白湖生态旅游区

【概况】2019年，东白湖生态旅游区坚持“保护优先”原则，把生态环境优势转化为旅游资源优势，推动“美丽资源”向“美丽经济”转化。全年接待游客70余万人次。

【生态环境保护】2019年，会同东白湖镇政府、自然资源和规划局、水利局，加大绿色生态屏障建设力度，运用视频监控系统对东白山自然保护区实行实时监控。发放消防安全宣传资料达2万余份，设置消防安全宣传标识牌20余块，新增消防巡查车2辆，全年无森林火灾。生态旅游区范围内景区实施全天候保洁、绿化养护。

【基础设施建设和维护】2019年，继续推进望回山景区建设工程及其周边环境综合整治，平整场地土方，新建两侧排水渠道，对建设区域两侧进行大面积塌方治理，入地改造广电、电信、移动、联通及低压民用线路。东白山、西岩龙潭、香榧公园(南园)等景点翻新管理用房、装修游客服务中心、修复损坏护栏与金属栏杆防锈养护等。（石 飞）

白塔湖国家湿地公园

【概况】2019年，白塔湖国家湿地公园以生态保护、研学旅行、生态旅游为工作重点，接待游客65304人次，实现旅游收入204.99万元，同比增长2.7%和2.2%。

【生态保护和修复】2019年11月，实施诸暨市白塔湖国家湿地公园河道整治工程(二期)项目，设置木桩护岸3万余根。岛岸绿化补种乌桕400棵，苦楝140棵，河柳70棵，香樟30棵等。投放鱼苗10万余尾。

重点开展渔业保护专项行动3次，全年收缴钓竿463根，瓶钓170副，渔丝网37张，各类鱼桶、鱼兜、鱼袋123件，电瓶一只，拆除鸟网87张，派出所留置7人，渔政处罚18人，查获污水源1处，查获非法填埋湿地17起，制止12起，报有关部门处理5起，阻止清理流转土地非法种植130多亩。

【旅游宣传推广活动】2月2日，举办湿地日书法活动。4月5日，组织开展白塔湖童声读书会。5月8日，举办白塔湖旗袍秀。11月2日，开展白塔湖金秋湿地节。

【旅游基础设施建设】4月初，埠中餐饮正式对外开放；5月初，完成樱花岛芦苇荡游步道平整，元宝爿5000平方米团建场活动场地对外开放；5月初，江荡滩休闲垂钓场所正式对外开放；9月，完成下金码头至香草岛木质游步道维修保养提升。

【"美丽湖泊"创建活动】2019年1月，联合水利水电局创建"美丽湖泊"，2019年10月31日被评为绍兴市"美丽湖泊"，2019年12月30日被评为浙江省"美丽湖泊"。

五泄风景区

【概况】2019年，五泄风景区以提升景区环境品质、完善基础设施设备为重点，推进休闲旅游产业发展。全年接待游客160.72万人次，其中境外游客2.21万人次，旅游收入5350.8万元。全年未发生旅游安全事故和重大旅游投诉。

【旅游基础设施建设及维护】2019年，投资45万元，用于完善西源步幽亭、红枫林铁索桥、景区入口广场厕等8个项目的维修保养。投资173万元，用于五泄游船码头Ⅰ、五泄游船码头Ⅱ、五泄游船码头Ⅲ、五泄游船码头Ⅴ（五泄风景区的4个码头，两个班船码头，两个快艇码头）的上排维修。投资70多万元，新购10人座游艇四艘。截至12月底，完成总投资10亿元的五泄景区提升改造项目前期招标工作。

【五泄北干渠维修】2019年，投资41.7万元，对北干渠水毁地段进行维修，对五泄北干渠（全长9公里）渠内垃圾、淤泥的清理，确保渠道安全运行。

【五泄水库维修加固工程】2019年10月8日，五泄水库维修加固工程项目正式开工，11月4日上午9时开启泄洪闸门放水，至7日凌晨2时水库放空。至12月底，完成五泄水库维修加固工程施工图审查、项目管理单位、工程监理单位、工程质量第三方检测、监理平行检验、施工全过程跟踪审计及土建施工标的招标工作；完成五泄水库维修加固工程危险源辩识与风险评价专家评审；完成五泄水库维修加固工程围堰方案专家评审；完成五泄水库管理范围和保护范围的划定工作；完成五泄水库维修加固工程社会稳定风险评估工作。

【森林资源保护】全年投资30万元，用于松材线虫病枯死木的清理工作；投资4.5万元，对防火道实行一年一度的清理，消除毗邻镇村引发的火灾隐患。

【中华水韭保护】2019年8月，投资6.5万元完成洋月岭中华水韭保护基地拯救保护实施方案的编制。同时投入5万余元，完成基地重点植物梳理与保护，以及中华水韭宣传牌、科普牌、地名牌的设计安装工作。

（孟永鑫）

国家香榧森林公园

【概况】诸暨香榧森林公园2004年由浙江省人民政府批准为省级香榧森林公园，2009年12月15日，国家林业局正式批准诸暨香榧森林公园为国家级森林公园。公园核心区位于赵家镇。赵家镇古树香榧年产量占全国香榧总产量的60%以上，是国内最大的香榧集聚地，也是我国唯一的原生态香榧自然保护区。园区总面积约3万亩，拥有香榧古树群126个，其中香榧古树树龄在百年以上的有3.7万株，500年以上的有2.5万株，1000年以上的有2700株，是世界上唯一的香榧自然保护区和国家香榧森林公园。

园内的"香榧王"距今有1360多年历史，被誉为"千年活文物"。树高18米，胸围9.26米，树冠覆盖0.85亩，年产鲜蒲600千克，曾在2007年以"个体最奇特"入选"浙江农业吉尼斯最古老的香榧树"，2018年获选"中国最美古树"。

【香榧产业相关探索】2019年3月，邀请浙江省农业

2019 年 4 月 11 日，在“西子倾城 · 好美诸暨”2019 春季旅游节上，首次亮相由市文化馆创排的首部完整西施木屐舞（徐可良　摄）

科学院质标所徐明飞教授及专家 3 人到赵家镇香榧主产区宣家山开展实地考察，探索“高山有机”番茄种植，补档香榧产业农闲时段。现场试点香榧树下套种浙东 203 号番茄实验种子。2019 年 10 月，赵家镇人民政府、绍兴混然科技文化有限公司联合开展诸暨香榧树生态护养对比实验，对部分农户香榧树实验 CKSB 靶向微生物调理技术，探索香榧树土壤改良。

【**农家乐特色村发展**】2019 年，赵家镇发挥地处国家香榧森林公园核心区的优势，打造农家乐特色村。至年底，全镇有省级农家乐特色村 3 个（东庄、东溪、宣家山），绍兴市农家乐特色村 2 个（榧王、泉畈）。全镇有农家乐经营户 35 户，床位 880 个，餐位 1650 个，年接待游客近 50 万人次，旅游产值 8000 多万元。（丁宇君）

旅游节会

【**概况**】1 月，市文旅部门举办“西施故里过大年，诸事好美”春节旅游宣传系列活动。4—6 月，举办“西子倾城 · 好美诸暨”2019 诸暨春季旅游节。5 月，举办“5·19”中国旅游日公益惠民活动，倡导文明旅游，非遗文化展销、千人免费游诸暨等。

【**春季旅游节**】4—6 月，举办“西子倾城 · 好美诸暨”2019 诸暨春季旅游节，启动仪式有文旅新品（杭州）发布会、西施西湖快闪、旅游网红采风、自驾游网络产品售卖四大主体活动，借助“西施”“西湖”两大强势主题，聚合浙江日报、钱江晚报、杭州日报、浙江经视等主流媒体和旅游门户网站，进行全网全媒体覆盖。其间，开展“万人观瀑”第二十一届五泄观瀑节、东白湖油菜花节、赵家樱桃节、醉美 · 同山生态游系列活动、白塔湖湿地桃花节暨第三季白塔湖童声读书会、草塔镇（青山）第五届蓝莓文化节、马剑“过小年”民俗体验节等活动。（石　飞）

对外经贸

综述

2019年，全市进出口总值488.08亿元，同比增长20.4%，出口416.86亿元，同比增长19.5%；进口71.22亿元，同比增长26.1%。全市合同外资5.92亿美元，同比增长53%，实到外资3.09亿美元，同比增长2.7%。全市境外投资3.06亿美元，同比增长30.8%。境外承包劳务营业额6100万美元，同比增长65.7%。服务贸易进出口总额23亿元，同比增长20.1%，其中出口18.46亿元，同比增长123.8%，进口4.53亿元，同比增长7.2%。

对外贸易

【主要出口商品和出口额】2019年，纺织服装及面料出口190.59亿元，同比增长10.52%，占比45.7%，其中，袜子出口89.27亿元，同比增长3.18%，占比21.4%；提花布出口30.47亿元，同比增长18.99%，占比7.3%；服装出口51.44亿元，同比增长21.49%，占比12.3%；五金机电产品出口141.12亿元，同比增长11.8%，占比33.9%，其中，机电产品出口118.83万元，同比增长13.47%，占比28.5%；五金产品出口22.29亿元，同比增长3.6%，占比5.3%；珍珠出口2.00亿元，同比下降36.95%，占比0.5%；化工塑料制品出口26.84万元，同比增长26.26%，占比6.4%，鞋帽箱包家具产品出口21.93万元，同比增长50.4%，占比5.3%。

【主要出口国家（地区）】2019年，进出口国家（地区）203个，同比增加1个。出口超1亿元的国家（地区）63个，比上年同期增加8个。出口前三位的国家分别是美国、韩国、印度，出口额分别为69.35亿元、20.73亿元、19.25亿元，增幅分别为2.6%、142.6%和27.9%；在15个主要出口国家和地区中，增幅排在前列的是韩国、越南和泰国，分别增长142.6%、53.9%和46.3%。

【对外服务贸易】2019年，服务贸易进出口总额23亿元，同比增长20.1%，其中出口18.46亿元，同比增长123.8%，进口4.53亿元，同比增长7.2%。

对外招商及外资引进

【对外招商】2019年，项目招商专项行动和“双招双引”竞赛活动，招引“大、新”项目、人才项目、税源项目。以“拉长产业链、补强创新链、提升价值链、优化生态链”的产业链发展思路编制《诸暨市铜材精密制造产业链精准招商工作实施方案》，落地高性能纳米合成铝箔新材料生产线项目，推进海亮有色智造工业园项目、友地金属加工生态园项目、沈阳机床诸暨5D智造谷项目建设。组织开展上海高校—诸暨科技产业合作对接会、2019绍兴智能制造产业推介会和国际智能制造投资合作大会、绍兴开放发展大会暨“绍兴·宁波周”开幕式、“与杭同城、融合之美”专项活动等，牵头举办第十四届中国·大唐国际袜业博览会项目签约仪式，共有20个项目上台签约，总投资额近110亿元；2019诸暨发展大会共有10个项目签约，总投资额近66亿元。发挥开发区、城东建管委、环保高新区、国际商贸城“四大平台”产业集聚优势，推进“四大平台”招商主力军作用，共引进50亿元以上项目1个（清华启迪）、10亿元以上项目10个（开发委的智慧安防产业园、起步成人品牌基地、胶原蛋白原料及产品开发项目、高性能纳米合成泡沫铝箔生产项目、龙芯技术路线产品的研发销售项目、和瑞温德姆酒店项目；高新区星空超轻型直升机研发、制作、组装项目、诸暨智能装备产业基地项目、浙江能际智能科技产业园项目、重庆环保产业基金项目）。

【外资引进】2019年，全市新批外资企业45家，比2018年同期减少17家。新批项目总投资平均规模达到1190万美元，比2018年同期减少662万美元。合同外资平均规模达到1135万美元，比2018年同期增加105万美元。全市累计总投资68859万美元，同比增长36.4%；合同外资5.92亿美元，同比增长53%；实到外资3.09亿美元，同比增长2.7%。

境外投资及境外劳务承包

【境外投资】2019年，全市新批境外投资项目16个，比2018年增加2个项目，投资总额34071.6万美元，其中中方投资额30557.5万美元，同比增长30.8%。

【境外劳务承包】2019年，全市完成境外承包劳务营业额6100万美元，同比增长65.7%。（张　薇）

2019年全市各类贸易方式进出口情况表

表7

贸易方式	进出口总额（万元）	同比增长（%）	占比（%）	出口总额（万元）	同比增长（%）	占比（%）	进口总额（万元）	同比增长（%）	占比（%）
合　计	4880819	20.38		4168592	19.46		712227	26.12	
1. 一般贸易	4447136	20.49	91.11	3951124	20.77	94.78	496012	18.28	69.64
2. 加工贸易	428267	18.23	8.77	214834	−1.18	5.15	213432	47.35	29.97
来料加工贸易	68034	−16.49	1.39	61188	−3.62	1.47	6846	−61.92	0.96
进料加工贸易	360233	28.3	7.38	153646	−0.17	3.69	206586	62.83	29.01
3. 其他贸易	5417	332.85	0.11	2634	263.04	0.06	2783	429.19	0.39

2019年全市主要出口地区情况表

表8

地　区	12月出口（万元）	上年同期数（万元）	同比增长（%）	全年出口额（万元）	上年同期数（万元）	同比增长（%）	占比（%）
合　计	325045	239348	35.8	4168592	3489658	19.5	

续表 8

地　区	12 月出口（万元）	上年同期数（万元）	同比增长（%）	全年出口额（万元）	上年同期数（万元）	同比增长（%）	占比（%）
亚洲	137180	75112	82.6	1760905	1266849	39.0	42.2
东盟	43465	23716	83.3	563515	383318	47.0	13.5
非洲	40131	26307	52.6	439396	369172	19.0	10.5
欧洲	60947	50628	20.4	749935	690926	8.5	18.0
欧盟	45230	39171	15.5	556049	526585	5.6	13.3
拉丁美洲	30799	24836	24.0	377287	347328	8.6	9.1
北美洲	50134	57925	−13.5	764495	743623	2.8	18.3
大洋洲	5854	4540	28.9	76575	71761	6.7	1.8

2019 年诸暨主要商品出口情况表

表 9

商品类别	12 月份出口额（万元）	上年同期数（万元）	当月增长（%）	累计出口额（万元）	上年同期数（万元）	累计增长（%）	占比（%）
全市总计	325045	239348	35.8	4168592	3489658	19.5	
一．纺织原料及纺织制品	159436	137588	15.88	1905918	1724576	10.52	45.7
袜子	70377	72528	−2.97	892682	865142	3.18	21.4
提花布	32371	23629	37	304666	256047	18.99	7.3
服装	41520	29731	39.65	514440	423437	21.49	12.3
二．五金机电产品	119694	79156	51.21	1411240	1262335	11.8	33.9
五金制品	19478	16286	19.6	222915	215111	3.6	5.3
机电产品	100216	62870	59.4	1188325	1047224	13.47	28.5
（绣花机）	13259	6053	119.07	124787	111883	11.53	3.0
（环保设备）	2327	3071	−24.24	45405	49731	−8.7	1.1
三．珍珠及制品	1069	2113	−49.42	20008	31734	−36.95	0.5
四．化工及塑料制品	16428	11677	40.68	268447	212609	26.26	6.4
化工及其制品	5422	4613	17.55	119836	93456	28.23	2.9
塑料及其制品	11005	7064	55.79	148611	119153	24.72	3.6
五．鞋帽箱包家具产品	15986	6670	139.68	219298	145814	50.4	5.3
六．其他	12432	2144	479.9	343681	112590	205.3	8.2
全市高新技术产品出口	5012	3684	36.05	81821	48333	69.29	2.0

城乡建设

城乡规划

【**概况**】2019年，围绕浙江省全面开展“大都市区、大湾区、大花园、大交通”的“四大”建设年活动，以“与杭同城”发展战略为指引，注重区域协同发展，接轨沪杭长三角等城市，突出规划工作在谋划区域发展、强化空间管控、统筹城乡一体化发展等方面的主导作用，加快城乡规划编制进度，提升规划的精细化管理水平，严控规划审批制度，创新理念、加强管理，切实维护规划权威性。

【**国土空间规划修编**】2019年1月，诸暨市被列为全省首批国土空间规划编制试点县市之一，在修编总规的基础上，推进“多规合一”，完成两轮国土空间规划实施评估指标体系的优化调整上报。按照省自然资源厅、省生态环境厅、省林业局关于开展生态保护红线评估调整工作的要求，由市自然资源和规划局会同生态环境诸暨分局等相关部门开展生态保护红线评估调整工作，科学评估市生态保护红线划定情况，合理有序进行调整，确保保护红线权威、科学、可执行。诸暨市根据新规要求优化完善生态红线划定方案，征求各镇乡（街道）、相关部门意见后，形成报批稿上报省自然资源厅。同时，提前谋划，重点区域先行，框定主城和副城的大格局，陆续开展了两项重大问题研究。2019年4月，启动《诸暨市诸北区域空间发展研究》，诸北区域涉及的店口镇、次坞镇、应店街镇、姚江镇、山下湖镇等镇乡，谋划该区域融杭发展的产业体系、战略空间、设施支撑体系和政策措施，经过多次修改完善，多次向市政府做专题汇报，完成研究方案；启动《诸暨市四镇街国土空间规划研究》，对行政区划调整后的大唐街道、暨南街道、姚江镇、店口镇等镇乡（街道）进行空间发展研究，向市政府做专题汇报并进一步修改方案。

【**专项规划和城市设计**】2019年12月，完成2018年启动的《诸暨市历史建筑保护名录规划》《诸暨市绿道网专项规划》《诸暨市中心城区道路网优化》等专项规划的后期审查报批工作，公开发布全市第一、二批历史建筑保护名录。2019年12月，完成《诸暨市中心城区出让地块用地分析及城市设计》专题研究，对11宗地块在土地出让前期进行用地分析和城市设计，以提高城市规划管理的科学性和可操作性。

【**规划项目管理**】2019年，共审批项目66个，审批建设规模地上建筑面积约127万平方米，地下建筑面积约

56 万平方米；规划验收核实项目 24 个，验收规模地上建筑面积约 86.4 万平方米，地下建筑面积约 43.6 万平方米；组织召开 6 次建设项目审查会议，审查项目 291 个；召开 4 次市城乡规划委员会办公室会议、3 次市城乡规划管理委员会会议，完成 277 个项目审查。

【测绘地理信息管理】2019 年，加强测绘信用体系建设与管理，开展测绘地理信息行业信用信息征集和发布。深入完善地图市场监管工作，7 月底，联合市住建局开展房地产企业"问题地图"专项整治工作，10 月联合有关部门开展了加强有关承印、进出口经营单位地图管理工作。8 月下旬，围绕"规范使用地图一点都不能错"主题开展"8·29"测绘法宣传日活动。10 月，配合绍兴市局对 3 家测绘单位进行测绘与地理信息"双随机"抽查。创新工作方法，延伸对测量标志保护和管理工作职能，9—12 月开展 2019 年度测量标志巡查工作。完成《绍兴市城市地图集》和《绍兴市公务地图集》中诸暨市域地理信息的核查与反馈。

【数字诸暨成果共建共享】2019 年，推广运维数字诸暨地理信息公共平台及"天地图 · 诸暨"，组织编制《绍兴市公务地图册》（诸暨市卷）《诸暨市标准样图》《诸暨市域地图》《诸暨市城区图》《诸暨市域影像图》《诸暨市城区影像图》等领导政务用图。推广高分辨率机载 LIDAR 点云数据、三维建模数据、1 ： 500 与 1:2000 数据、地理国情监测与分析数据等基础测绘成果的应用与共享。向各行政机关、镇乡（街道）和企事业单位提供形式多样的数据共计 40 余次，提供 1:2000 数据累计 10425 平方千米，比 2018 年增加近 5 倍，提供影像图数据累计 4780 平方千米。

（马奇锋）

市政建设

【美丽城镇建设】全年推进美丽城镇专项行动，牵头召开"美丽城镇专项行动工作会议"，制定《美丽城镇专项行动各镇乡（街道）工作任务书》；发布《诸暨市小城镇环境长效管理实施方案》，聘请第三方完成 5 次对各镇乡（街道）长效管理工作的督查及考核；修编完成《关于高水平推进美丽城镇建设的实施意见》和《诸暨市美丽城镇提升新三年行动计划（2020—2022 年）》，完成"一县一计划"摸排调研 21 个镇乡街道，发布"诸暨市美丽城镇建设导则与建设规划研究"文本，完成山下湖镇、同山镇"一镇一方案"编制工作；成立诸暨市美丽城镇建设领导小组，抽调人员组建工作专班开展实体化办公；组织第四期"城建讲坛"并邀请省城乡规划设计研究院余建忠副院长作美丽城镇建设专题讲座。

【"污水零直排区"创建】全年新建城镇污水管网 19.9 千米，完成城镇污水管网改造 10.83 千米；督促指导 11 个镇乡街道"零直排区"生活小区单位创建，完成城区 14 个生活小区"污水零直排区"创建工作。

【"三改"专项行动】全年累计完成"三改" 25021 户 668.47 万平方米，其中城中村改造 294 户 6.6 万平方米、旧住宅区改造 24695 户 588.5 万平方米、旧厂区改造 32 个 73.36 万平方米，完成量、完成率(557.06%)均居绍兴第一。至 12 月底，"三改"遗留问题攻坚中，726 套安置房差额未缴款 658 户完成清缴，清缴率 90.63% ；68 户房屋征收遗留问题中 63 户签约，完成率为 92.65%（其中按照会议精神暂停征收 12 户）；47 户危旧房遗留问题中 13 户签约，完成率 27.66%。

【城区老小区和路网综合改造】全年完成 34 个老旧小区改造。结合老小区改造和利用闲置土地新增公共停车位 355 个，新建智能便民电瓶车充电站 161 个、提供 1204 个充电位，完成小区公共停车位和电动自行车充电站配套工程建设任务。

【市政设施建设和维护】全年推进城区排涝体系建设，制定《城区排涝体系建设工作任务清单》，2019 年 11 月邀请省城乡规划设计研究院对全市中心城区排涝专项规划进行修编，并编制易涝点"一点一策"整治方案，累计完成 97 处积水点改造，完成五湖电排站改造工程量的 83% ；完成江东区域 5 条道路改造，长度约 5.28 千米；完成城区桥梁检测现场查看和数据采集工作；打通一条断头路（横一路）；完成城东区域停车场建设，新增停车位 2539 个；完成 1104 处窨井盖板维修及更换，6256 处人行道板维修（约 46351 平方米），46877 平方米路面破损维修；做好防汛物资

市民公园远景(市水利局提供)

采购和应急抢险队伍建设。

【城市环境提升】2019年,完成建成区既有绿地提升改造,增加垂直绿化、拆除公园违建、扩大绿地面积、添增草皮品种;做好环法自行车赛和西施马拉松赛事沿线景观提升工作,做好沿线绿地的管护及赛道线路两侧景观维护。做好环卫保洁与维护,共计清洗道路、人行道、隧道800余万平方米,清运生活垃圾近8万吨,清理建筑装潢垃圾约6万吨;做好全国健康城市创建、生态园林城市创建、全国文明城市复审等各项创建检查期间的环卫保洁工作。

【生活垃圾分类处置】2019年,推进生活垃圾处置能力项目建设,牵头成立"推进生活垃圾处置能力建设专项工作组",协调制定《生活垃圾处置能力建设项目推进专项工作建议方案》。白毛尖垃圾埋场(一期)封场项目完成竣工验收,城区餐厨废弃物综合处理和资源化利用项目开展试运行,浬浦垃圾无害化处理中心项目完成垃圾坑底部绑扎钢筋和宿舍楼砌砖基础施工,八方综合改造项目完成。切实开展生活垃圾分类工作,全市党政机关和企事业单位实施强制分类覆盖面达100%,城区生活垃圾综合覆盖率已达90%以上,生活垃圾无害化处理率100%、回收利用率38.5%、增长率-2.7%,成功创建12个省级高标准生活垃圾分类示范小区。落实厨余垃圾分类清运专项资金700万元,增配厨余垃圾专用清运车辆,有害垃圾、可回收物实施预约清运,其他垃圾实现日产日清。(黄海龙)

城东新城建设

【概况】2019年,城东新城继续围绕招商选资、基础设施建设等工作重点,聚焦产业发展,提升新城形象。全年引进生产性服务业项目20个;引进市外资金4亿元,实际利用外资500万美元;引导不夜城引进市外各类业态30家;发挥跨星中心、网易联合创新中心作用,引进数字企业10家,上云企业60家;楼宇新增入驻面积10.4万平方米;完成政府性投资额2.3亿元。

【招商引资】2019年,制作完成城东新城宣传手册、城东新城建设发展纪实;4月成功举办"诸暨城东新城楼宇经济上海推介会暨闭门交流会",通过委托中介公司及专业运营机构招商,推动楼宇经济发展;积极推进重点招商项目建设,颐和养老社区项目、慧佳养老项目投入运营,金博博物馆项目和云 FIT 项目进入装修阶段,文博园项目进入主体施工阶段。

【项目建设】2019 年 9 月,陈村片居住区公园南侧道路(新晖路—新曙路)建设工程、永乐路与二环线交叉口停车场建设工程完工;12 月,陈村片区公园及地下停车场建设工程完工;白马墩片区道路建设工程完成半刚性浇筑;2019 年度交通设施工程、曲陶阮片区径一路、径二路建设工程、朝五相片区道路绿化工程、东福路延伸段道路建设工程等项目建设顺利推进;永乐路北侧道路绿化工程、诸暨市消防大队城南消防站、诸暨市总工会职校工人文化宫及群团培训中心、朝五相片区道路建设工程等项目前期工作开展。

【新城管理服务】2019 年,利用城东区域万达广场南侧、新世界大酒店北侧地块(双语学校大门南侧)、朝阳幼儿园北侧、中医院东侧、王家湖村保留地块等 15 宗闲置地块进行综合改造,新增停车位 600 余个,新增绿化面积近 7 万平方米。5 月完成白马墩片区等地块土地出让,土地出让金收入 8.4 亿元。力促督查问题整改,共处理“96345”、“12345”等督查案件 1000 余起,整改率 100%。

(沈　方)

诸暨国际商贸城建设

【概况】诸暨国际商贸城位于诸暨市城南,总规划面积 13.8 平方千米(核心区 4.5 平方千米),规划控制区北起环城南路、南至南三环线、东临开化江、西接洪浦江,以现代商贸业和服务业为重点,专业市场集群为主体,依托“南接金义”的区位优势和“两江环绕”的自然优势,建设成为长三角区域商贸经济产业集聚区和国际商贸旅游区。

至 2019 年年底,诸暨国际商贸城总投资超过 130 亿元,总建筑面积近 231 万平方米。业态涵盖建材家居、文化旅游、工艺美术、餐饮娱乐、健康养生和休闲游乐等。已开业的市场有诸暨国际商贸城・一期市场、港龙国际装饰城、逸乐城文化广场、东门木制品市场、港龙国际食品城、乐家家居购物中心、梦想小城、越美建材家居城等 8 个市场,尚在建设的市场有:联想科技城、越宁机电城、欢乐世界、国际健康城、东门木制品市场二期等 5 个市场。

【招商引资】2019 年,内资到位 1.47 亿元;外资完成 500 万美元;完成税收指标的生产性服务业企业 16 家;引入二次招商项目(注册资金 1000 万元以上或租赁场地 1000 平方米以上)6 个,包括精品尾货交易中心、乐装惠整装精品馆项目、名匠国际家居项目、战狼枪击馆、天宇・美天健身馆、和缘教育科技。

【配套基础设施建设】2019 年商贸城配套道路工程完成投资 2020 万元,其中越宁路(欢乐世界路—环城东路延伸段)竣工通车;联想路(洪浦江路—越美路)、越美路(江新路—联想路)施工建设中。商贸城三江新村公园完工,完成投资 450 万元;商贸城景观渠道工程全年完成投资 304 万元。

【商贸城石佛园区住宅地块出让】2019 年,商贸城石佛园区一期住宅地块(114 亩)成功出让,由浙江诸暨东都房地产开发有限公司以 5.9767 亿元竞得,溢价率 71.9%,为商贸城集聚人气打下基础;石佛园区二期住宅项目已在进行出让前期准备工作。

【一期市场运行】强化业态补招力度,提高商位出租率。2019 年度,一期市场新招商户租赁商位 642 间 20677 平方米,实现出租商位 1951 间 57178 平方米,出租商位间数比 2018 年年底增长 49.04%,出租商位面积比 2018 年年底增长 56.64%。加快解决遗留问题,回收商位使用权。一期市场 1—3 楼 AB 区通过腾铺托管,总商位 1452 间,总回收商位使用权 1448 间,回收率 99.72%。稳步开展租金收缴,做好留商文章。截至 2019 年年底,一期市场实现 2020 年度租金收缴共 1554 间,同比 2019 年度租金收缴间数(1311 间)增长 18.53%。

【平台融资】2019 年,“城新村城中村改造”7 亿元政府购买服务项目,通过与财政局、公管办、农业银行多次对接,编报列入 2019 年度部门预算与中长期规划,并完成放款;通过“融资租赁”实施非银行金融贷款,2019 年度新增租赁贷款项目 3 个,共完成 6 亿元放款。

(陈　琳)

高湖蓄滞洪区改造工程

【主要工程】高湖蓄滞洪区改造工程主要包括隔堤工程、分洪节制工程、排水站工程、河道整治工程、生态绿化工程和水质处理六大工程，总投资 22.39 亿元。

【改造进展】2019 年 10 月底，高湖蓄滞洪区隔堤主体合拢，基本形成防洪封闭圈，剩余零星工程合计约 1.3 公里主要为穿堤结构物部位的填筑。新江段河道整治工程除露笑集团段外已开始验收，新江绿化工程于 2019 年 7 月底完成招投标，9 月底进场施工。至年底，湖周闸站工程约完成总工程量的 70%，骆家山电排站主体结构完成，老闸拆除部位堤防已恢复，场区土方回填基本完成，闸站水电管线安装中，起重设备开始安装。11 万伏以上高压线路改迁工程于 9 月底分 7 个标段进场施工。湖区政策处理遗留问题已于 8 月全部完工。配合市财政局发行土地储备专项债券 16 亿元。（何錡琪）

城市管理

【概况】2019 年，诸暨市综合行政执法局（简称执法局）全年办理简易案件 63201 起，同比增长 24.7%，办理一般程序案件 1982 起，同比增长 62.7%，共处罚金 1476 万余元，较上年度将近翻一番，案由数量增加到 46 种。受理各类来信来访 22963 起，处理率 100%，总体满意率 99.9%。

【城管体制机制构建】2019 年，根据市级部门机构改革情况，将 49 个部门单位纳入城管委成员单位。将城市管理工作纳入市政府年度目标责任制考核内容，分类分级考核 23 个镇乡（街道）、29 个市级部门，每季度通报考核排名，并在新闻媒体上公布。

【精品示范街区建设】2019 年 4 月始，在艮塔东路、暨东路、浣东中路、浣东北路、大桥路、西施大街 6 条重点路段打造市级精品示范街区。成立 3 支步行分队巡查劝纠，成立夜巡分队管控夜间市容问题，在城区主次干道设立 5 个市容管理现场教育点（市民公园、南门菜场、振越宾馆、人民医院江东分院、客运中心），通过设置宣传展板、发放宣传手册、讲解法律法规等形式进行文明宣传，共接受咨询千余人次，现场教育电瓶车违停 7500 余人次。

【街道市荣整治】4 月起，联合公安、街道等单位，对艮塔西路占道经营、车辆违停、露天烧烤、违规设置广告等市容问题进行为期一个月的集中整治，漆画增加机动车停车泊位 108 个。6 月 1 日始该路段实行智能停车收费工作，解决二手车商家长期占用公共泊位的问题。

【住宅小区车库车棚整治】5 月起，镇乡街道共成立 12 个由执法局、公安局、市场监管局等单位组成的联合执法组，开展为期 4 个月的住宅小区车库车棚整治，全面整治车库住人、存放危险物品、违规经营等问题。共发现问题 1237 处，涉及小区 403 个，逐一整改。

【犬类专项整治】6 月 1 日起，直埠临时犬只收容中心投入使用（原直埠屠宰场）。同时，开展为期一个月的违规养犬集中整治活动，共抓捕无证犬、流浪犬 632 只，办理犬证 1754 本。7 月下旬试行宠物诊疗机构代办犬证，8 月 1 日开始城区 10 家宠物诊疗机构设置一站式服务点，实行办证、免疫一条龙服务。在电视、报纸、微博、微信等媒体集中宣传养犬规范。

【马路市场整治】每周对下坊门大樟树下、新安佳园、南门一条街等马路市场开展集中专项整治。同时，按照“情法兼顾”（对“机动车人行道上立即驶离”等 7 种轻微违法行为和首次违法行为经教育劝导纠正的可不予行政处罚）的原则，设置 2 处农产品自产自销疏导点以及 6 处时令水果自产自销疏导点，疏堵结合加强管理。

【户外广告整治】全面摸排、重新规划城区范围内的公益广告设置和点位排布。2019 年，共整治违规招牌 716 处，清理违规公益广告 348 起，清理牛皮癣小广告 497 起。

【城区三项整治】9 月起，联合市场监管局、消防救援大队、街道等单位，对城区二环线、三环线建成区内所有铝合金加工店、废品收购点、车辆修理店开展集中整治。共计摸排走访店铺 734 家（其中城区铝合金加工店 221 家），关停城区废品回收点 23 处。重点针对无证经营、占道经营、环境污染、违规设置广告、私拉电线等现象进行执法。

【蓝天保卫战】2019年，加强道路扬尘管控，踏勘20处工地项目渣土处置，并核准渣土运输线路。立案扬尘污染企业及车辆34起，共计罚款20.95万元。12月，结合省环保督查组下沉督查，检查城区小餐饮油烟净化装置安装使用情况3000余家，整改小餐饮656家，查处违规排污25起。加强露天焚烧、秸秆焚烧管控，建立镇街、村居专项巡查机制，全年共立案处罚17起，处罚金额2670元。

【建立镇乡(街道)联合执法工作机制】9月份起，牵头起草《诸暨市镇乡(街道)联合执法工作实施方案》，设枫桥镇、次坞镇、浬浦镇为试点镇乡。建立联合执法指挥系统，建立联席会议、协同响应、监督考核等配套制度；建立联合执法工作机制，所有联合执法事项统一归口、统一派单，遇到执法力量不足、涉及多个部门或者职责边界不清等情况，由指挥中心统筹协调执法力量进行执法；建立“1+3+X”执法流程，“1”即1个工作日内完成现场踏勘，“3”即3个工作日内通过会商，确定执法主体和方案，“X”为不同职能部门执法处置工作的规定时间，由执法主体确认后处置回复销号。

【“无违建”创建专项行动】2019年，在全市范围内开展深化巩固“无违建”创建专项行动，开展工业园区、村级留置用地、临时用地、低效用地、两路两侧(铁路、公路两侧)、住宅小区违建，以及“大棚房”、违建别墅等8个专项整治行动。共整治违建别墅项目4宗，排摸疑似违建别墅项目29宗；整改违法占用耕地的“大棚房”问题44宗；3月份拆除暨阳街道城郊居(原九号厨房)、浣东街道东远装饰城二期等7处大体量村级留用地违建以及6处临时用地违建，共计5.6万平方米。 （孟杨杰　赵若含）

供电用电

【概况】国网浙江诸暨市供电有限公司下设暨阳、大唐、草塔、大西、姚江、店口、枫桥、璜山、浬浦、牌头等10个供电所，担负着全市67.08万客户的供用电任务。

2019年，全年完成供电量90.6768亿千瓦时，同比增长4.63%；售电量88.6051亿千瓦时，同比增长5.48%；最高用电负荷159.36万千瓦，同比上升4.74%，综合线损率3.01%，供电可靠性3.01%，电压合格率99.988%。2019年，诸暨市供电最高负荷147.332万千瓦，出现时间为7月29日22时08分。全社会用电量94.7343亿千瓦时，同比增长4.84%。其中第一产业用电量0.3307亿千瓦时，第二产业用电量72.0357亿千瓦时，第三产业用电量10.437亿千瓦时，同比增长分别为6.8%、4.09%和4.58%；城乡居民用电量11.9307亿千瓦时，同比增长9.84%。

2019年公司获评浙江省电力公司对标“示范单位”，浙江省企业社会责任标杆企业，2020年3月成为全国首家创成5A级标准化良好行为企业的县级供电企业。配电网一体式智能避雷绝缘子研发项目，获浙江省电力设备物联网创新大赛二等奖和国家电网公司青创赛铜奖，《分电压等级下“每一个用户”单位电量输配电成本测算》获浙江省数据价值挖掘大赛三等奖。枫桥镇十里坪卓溪桥头变工程获评省公司“二十佳优质工程”，牌头小城镇改造获评省公司电力线路治理优秀场景。璜山供电所获评省公司标杆供电所，枫桥供电所获评“全国模范职工小家”。何贝获评“浙江工匠”，黄新龙获评“浙江省劳动模范”，何贝劳模创新工作室被授予“中国长三角地区劳模工匠创新工作室”称号。推进农村电气化主题宣传写入《新华社内参》。

【电力设施】电网　2019年底，诸暨电网有500千伏变电所2座，变电容量450万千伏安；220千伏变电所8座，变电容量342万千伏安；110千伏变电所35座，变电容量338.6万千伏安；35千伏变电所12座(包含枫钢临时变、斯宅临时变、城东临时变、下塘临时变4座临时变)，变电容量39.9万千伏安。2019年年底，220千伏输电线路33条，总长559.79千米。110千伏变电所37座(含友谊用户变和锦江电厂变)，110千伏主变74台，容量347.8万千伏安，110千伏线路65条，总长度608.83千米。35千伏变电所45座(含用户)，主变压器103台(含用户)，容量72.1665万千伏安，35千伏线路64条(含用户)，总长度521.59千米。10千伏变压器15424台(含用户)，总容量 571.2203 万千伏安，10 千伏开关站 269 座、双电源高配客户 101 个。10 千伏线路 640 条，总长度 5358.638 千米。低压线路 8849.961 千米。

电厂　2019 年年底，诸暨市共有火力发电厂 1 座，装机容量 74 兆瓦，与上年持平，年发电量 4.3733 亿千瓦时，比上年增长 26.27%；水电站 45 座，与上年持平，装机总容量 22.995 兆瓦，比上年增长 3.93%，年发电量 0.4273 亿千瓦时，比上年增加 64.28%。

余热发电企业和垃圾焚烧电厂　2019 年，全市有 4 家余热发电厂（详见下表）和 1 家垃圾焚烧电厂。垃圾焚烧电厂为浙江诸暨八方热电有限责任公司，2019 年，装机容量 74 兆瓦，发电量 43733 万千瓦时，供热量 178.29 万吨，发电标煤耗 231.48 克 / 千瓦时，焚烧垃圾 33.80 万吨。至 2019 年年底，共有供热管道 80 千米，用热客户 145 家。

水力发电　2019 年，诸暨市共有 500 千瓦及以上电站 20 座，装机容量 22.48 兆瓦；500 千瓦以下电站 27 座，装机容量 7.42 兆瓦。年总发电量 4273.23 万千瓦时，比上年增加 1671.67 万千瓦时。

光伏发电　2019 年，新增光伏并网 210 户、发电容量 1.4788 万千瓦。至 2019 年年底，总计光伏发电并网 5225 户、发电容量 19.8808 万千瓦。2019 年，全年发电量 16456.3244 万千瓦时、上网电量 7802.4475 万千瓦时。

2019 年诸暨市余热发电企业发电情况一览表

表 10

企业名称	投产时间	装机容量（千瓦）	年发电量（万千瓦时）	最高发电负荷（千瓦）	出现时间	节能减排情况
浙江云石水泥有限公司	2009 年 1 月	4500	——	——	——	——
诸暨水泥有限公司	2008 年 8 月	4500	2576.93	4774	2019 年 1 月 8 日 10:30	节标煤 9019 吨，二氧化碳减排 20614 吨
浙江诸暨八方水泥有限责任公司	2009 年 8 月	4500	——	——	——	——
浙江上峰建材有限公司	2010 年 10 月	4500	2398.81	5203	2019 年 12 月 31 日 5:15	节标煤 8395 吨，二氧化碳减排 19188 吨
合计	——	18000	4975.74	——	——	节标煤 17414 吨，二氧化碳减排 39802 吨

【电网建设】诊断分析全市主网网架，2019 年 12 月滚动编制“十四五”电网发展规划，确定变电站建设时序。深入推进配网目标网架三年行动计划，完成次坞、应店街、安华等 4 个重点镇乡网架规划。储备三批次、91 个电网建设项目，总投资 2.1 亿元。2019 年，建立配网项目跟踪评价机制，相关做法入选国家电网公司《城市中低压配电网建设改造技术与案例》。

2019 年 4 月建成投运 110 千伏鸿远变，提前完成不动产权证办理。2019 年 11 月取得绍兴特高压调相站土地规划调整和农转用批复，2019 年 6 月完成西南部 220 千伏电网补强工程项目核准，2019 年 7 月完成 220 千伏白塔变 3 号主变扩建工程项目核准。全年完成配网投资 2.69 亿元，建成双环网 6 组，新投 10 千伏线路 28 条、32.3 千米。制定实施泛在电力物联网建设方案，2019 年 12 月完成青年开关站“网上智能运检”项目改造，同步推进枫桥、璜山“物联网 + 供电所”建设。

【安全生产】完善安全责任清单，修订安全生产奖惩办法，开展岗位责任亮牌活动，实现部门、供电所负责人安全述职全覆盖。建立历年安全问题库，销号整改省公司安全巡查、市公司安全性评价、春秋季安全大检查发现问题 270 项。配合完成省检修公司应急抢修点移址，建成 9 个微型消防站。修订突发事件总体预案及 22 个专项预案，组织防汛抗台无脚本应急演练，提升应急处置能力。

严格落实“两全”（作业计划全覆盖、作业现场全管控）管理，将临修、抢修作业补充纳入管控范围，安全管控平台应用合格率 98.34%。完善违章记分考核实施细则，开展“两杜绝、三下降”（杜绝安全工器具违章，杜绝劳保用品违章，有效降低工作票执行、现场安措布置、运行维护质量的违章发生率）违章专项整治，实行到岗到位人员同责考核、同责记分，累计稽查作业现场 1356 个，查处违章 384 起。2019 年 8 月份平稳实施新版配电工作票模式转换，构建“五全”“小、散”低压作业安全风险管控机制（以本质安全提升为核心，应用本质安全理论、网格化管理、精益管理等理论方法，构建“小、散”低压作业“计划全覆盖、组织全方位、现场全过程、稽查全管控、考核全量化”的“五全”安全管理机制），试行低压带电作业模式，进一步规范台区低压计量装置改造。

加强电网安全运行管控，发布七级及以上电网风险预警 103 起，合理调整高峰时段运行方式。抗击超强台风“利奇马”，组织 134 名抢险救灾队员驰援台州玉环。严格停电时户数预算式管控，开展故障时户数压降专项行动，2019 年 5 月首次使用 10 千伏发电车辅助作业，停电时户数同比下降 67.16%，供电可靠性达 99.9773%。实施输变配运维专项提升行动，技改大修变电站 12 座，改造单辐射线路 17 条，整治重过载、高故障线路 24 条、公变 191 台，配网故障同比下降 46.48%。2019 年 6 月全省范围率先部署县级网络安全管理平台，保持护网专项行动“零攻破”。开展迎大庆平安护航新中国成立 70 周年活动，完成西施马拉松、环法挑战赛等重要保供电任务 45 次。

【用电服务】实施业扩里程碑计划管控，高、低压接电时间减少至 24.72 个、1.64 个工作日。走访大客户及重要项目 143 个，办结“三服务”协调事项 34 项，配合完成漏电保护器更换和中小学加装空调增容改造工程。落实一般工商业电价降价政策，完成 1301 家企业大用户直接交易，开展四大行业市场化售电业务，降低企业用电成本 1.9 亿元。创新园区接电模式，城区、农村低压接电标准分别提高至 160 千伏安、100 千伏安。累计推广“掌上电力”11.57 万户，实现 99% 以上业务线上办理。

出台综合能源服务激励措施，开展客户侧用能结构信息普查，推广“智慧电务”17 户，2019 年 12 月建成综合供能服务站 1 座，完成综合能源服务项目 44 个，实现营收 4400 余万元。推进华东国际珠宝城、西施故里“全电景区”建设，节能改造 LED 路灯 7500 余盏，完成电能替代项目 19 个，累计替代电量 1.99 亿千瓦时。与农业农村局开展“乡村振兴”战略合作，建成侠父村精品台区带及 6 个精品台区，打造“乡村振兴 · 电力先行”示范区。

完成每月“一所一训”，实现移动作业“一人一终端”。完成璜山、店口营业厅“三型一化”（以智能型、市场型、体验型、线上线下一体化为特征的新型实体营业厅）改造，试点开展电能表停电告警、即装即采和失准监控，获国网计量中心肯定。完成省公司供电服务深化运营综合试点建设，从严考核责任性投诉，投诉工单同比下降 71.36%。新增智能缴费居民用户 13.72 万户，开展反窃查违专项行动，连续 21 年实现电费提前结零。（季亚飞）

燃气供气用气

【瓶装石油液化气】全市共有液化石油气储配企业 11

2019 年诸暨市液化石油气储配站分布和储罐规模一览表

表 11　　单位：立方米

站名(位置)	储罐规模
浙江海越股份有限公司(市区)	2200
诸暨市浙石液化气有限公司(草塔)	400
浙江省诸暨市湄池液化气有限公司(湄池)	200
诸暨市天兴液化气有限公司(浬浦)	200
诸暨市余达燃气有限公司(店口)	200
诸暨市南光燃气有限公司(牌头)	300
诸暨佳乐燃气有限公司(次坞)	100
诸暨市枫桥煤气有限公司(枫桥)	100
诸暨市应店街煤气站(应店街)	100
诸暨市赵家液化石油气储配站(赵家)	100
诸暨市直埠新桥液化石油气储配站(直埠)	100
合计	4200

家，总储罐规模为 4200 立方米，总用户数约 25 万户，实名登记率 100%，在用钢瓶数 40 万只，信息化监管比例 99.8%。

【管道天然气】诸暨市管输气气源为省级管网天然气，有两个管输气气源点："西二线"的诸暨分输站(接入草塔门站)和"杭甬支线"的临浦阀室(萧山区临浦镇)(接入店口门站)。全市共有管道天然气企业 2 家，分别为诸暨市天然气有限公司、诸暨余达燃气有限公司。其中，诸暨市天然气有限公司建有高压管线 6.5 千米，管径为 815；已建次高压管线 19 千米；已通气中压管线 901 千米；已通气低压管线 636 千米。现设有办公大楼 1 处，场站 7 处；已开发工业公建用户 2110 户，居民用户 15.5 万户，年供气量近 2 亿方。诸暨余达燃气有限公司共有次高压 17 千米，管径 219；中压管道 105 千米，管径 89—315；低压管线 30 千米，管径 25—200；店口门站 1 座，其中工业用户近 200 户，民用户约 7500 户，2019 年供气量约 6300 万立方米。

【天然气汽车加气站】市交通运输局下属交投公司有天然气汽车加气站 2 座，分别为天天 CNG 加气站(位于环城东路天天加油站)和城东公交加气站(位于安平东路与环城南路交叉口，交投集团停车场内)。全市有 270 辆天然气出租车和 137 辆天然气公交车，汽车天然气年用气量约为 500 万立方米。（黄海龙）

供油

【概况】2019 年，全市共有 63 个加油站(其中 3 家歇业)，正常营业为 60 家，分布在 23 个镇乡街道，全年汽油销售 27.57 万吨，柴油销售 7.46 万吨。

【新建加油站】2019 年，全市在建加油站 5 个，杭州绕城西复线次坞高速加油站东西侧两家在建，暨南街道千秋桥加油站、东和加油站在建，大学城加油站工程建设过半。

【加油站日常监管】2019 年，共检查加油站 238 座次，督查双层罐加油站改造现场 5 次。（张　薇）

供水

【概况】2019 年度，全市用水量 8193.73 万吨，同比增长 4.23%。其中，工业用水量 2024.67 万吨，同比下降 0.03%；居民用水量 4939.58 万吨，同比增长 8.27%，第三产业用水量 1229.47 万吨，同比增长 1.56%。全年供水量达 9729.7548 万吨，日均供水量达 26.66 万吨。新增用户 32849 个，同比增长 18.67%。其中，居民用户新增 31279 户，同比增长 9.33%，非居民用户新增 1570 户，同比增长 281.06%。供水区域覆盖 22 个镇乡（街道）、1052 个自然村，受益人口 102.33 万人（含外来人口），共有抄表用户 411559 户，供水面积 1690 多平方千米。全年完成水费收入 1.93 亿元。2019 年，完成污水输送 6726.47 万吨，同比增长 1.42%，完成自备水企业污水处理费收入 1469.7 万元，完成自备水水资源费收入 206.53 万元。

2019 年，水务集团修编《诸暨市水务集团有限公司 2020—2024 年战略发展规划》《诸暨市域供水专项规划(2018—2035)》《诸暨市水务集团有限公司智慧水务规划(2020—2024)》。6 月 26 日，以 12 亿元竞价取得浙江大东南股份有限公司 27.91% 股权，平稳推进控股接管。8 月，组建原水管理有限公司，公司下辖大砚石水电站获全国“绿色小水电站”荣誉称号。

【城北水厂并网运行】2019 年 2 月 1 日，城北水厂正式并网运行，日制水能力达 20 万吨 / 天，为城东部分片区、枫桥镇、姚江镇、店口镇等区域提供用水。

【水质检测】水质检测室通过省资质认定评审组 CMA 资质认定扩项评审，2019 年检测能力达 154 项。全年对 8 个水厂原水和出厂水检测 7152 项次，出厂水 9 项合格率为 100%。对全市 66 个管网样点总计检测 18324 余项次，管网水 7 项合格率为 99.9%。两项指标均符合城市供水水质标准。每月定时对水厂及供水管网抽样检测一次，出具检测报告 135 份，总计检测 9304 余项次，出具报告 120 余份，出厂水 37 项合格率为 100%，管网水 37 项合格率为 100%。原水所检结果除总氮指标超过Ⅱ类外，其他检测指标均符合《地表水环境质量标准》规定的Ⅱ类标准。

【污水处理设施运维】2019 年，制定《农村生活污水处理量设施运维标准化评价标准》组织评价方案，推行运维半小时服务圈，落实运维工作终端“站长制”，进一步推进农村污水处理设施运维精细化管理机制建设，完成 115 只农村污水处理终端标准化运维、5 只终端改造及 50 千米管网检测工作。根据市运维办要求完成城区 37 千米污水管道的清淤、疏通、检测工作。

【供水工程建设】农村饮用水达标提标工程：2019 年，完成 58 个自然村、1.47 万户、4.1 万人口的规模化供水，包括 18 只外线配套工程，延伸供水管网 50 多公里，新增提升泵站 37 处；完成城南水厂原水管线改造工程、浣东再生水厂配套管网建设工程、陈蔡水库加固及综合治理工程年度任务。

【供水综合服务】2019 年，大力推广微信缴费、银行代扣、支付宝平台缴费等非柜台缴费方式，全面推行电子水费账单，不断打造电子化服务体系。依托群团阵地，坚持开展供水服务进社区、进企业、进农村“三走进”活动，全年上门义务服务共计 4652 次，发放供水宣传册 6487 份。（蒲　狄）

新能源

【2019 年能源“双控”工作方案制订】制订全市 2019 年工作方案，将任务目标分解到各镇乡（街道），加强对各重点用能企业节能降耗实施情况监督和管理，约谈完不成任务的重点用能单位。入选浙江省循环经济“991”（发展循环经济九大领域、落实循环经济“九个一批”抓手、实施 100 个左右循环经济重点项目）行动计划重点项目 3 个（海亮年产 40 万吨铜及铜合金棒材节能减排清洁生产移地改建项目，蓝德餐厨废弃物综合处理和资源化利用 PPP 项目，浬浦垃圾无害化处理中心项目）。

【充电桩建设】2019 年，做好充电桩建设相关工作，完成公用充电桩 50 个，完成上级任务的 100%，自用充电桩 600 个，完成上级任务的 120%。

【光伏工程推进】2019 年，完成光伏安装 12 兆瓦，做好 177 家光伏企业的补贴兑现工作以及做好光伏发电量的补贴兑现工作。（侯基行）

生态环境

环境质量

【水环境状况】2019年，城市集中式饮用水源地水质达标率为100%，全市饮用水源地水质平均指标达标率为100%；诸暨市行政区域河流断面水质考核结果为优秀，其中开化江街亭断面、浦阳江浣纱桥断面、壶源江汤家村断面年均水质均为Ⅱ类，浦阳江安华断面、浦阳江湄池断面年均水质为Ⅲ类。

【大气环境状况】全年市区环境空气有效监测天数为365天，环境空气质量优良天数为324天(优118天、良206天)，优良天数占88.8%；轻度污染天数为39天，占10.7%；中度污染天数为2天，占0.5%；重度污染天数为0天。PM2.5年平均浓度为35微克/立方米，提前一年达到国家二级标准。城区降尘年平均值为2.61吨/平方千米·月，低于浙江省大气降尘控制标准(8吨/平方千米·月)。全年酸雨频率为0。

【声环境质量】全年城区居民文教区、混合区、工业区、交通干线两侧昼夜等效声级分别为56.5分贝、56.2分贝、57.3分贝和55.7分贝。交通噪声等效声级平均值为65.7分贝，道路交通噪声质量等级为好，主要超标道路为浣东北路、苎萝路、苎萝东路、东二环、人民路。城市区域环境噪声(白天)等效声级为53.3分贝，等级为较好。

【固体废物产生和处置情况】全市工业固体废物产生量28.91万吨，其中危险废物产生量为7.21万吨。工业固体废物综合利用量为20.84万吨，处置量为7.49万吨，处置利用率为97.9%。全市医疗废物产生量为1259吨，无害化处置率为100%。

【放射性污染管理】2019年，全市有放射性同位素与射线装置的单位共56家，有放射性同位素10枚，射线装置158台。对核技术利用单位实行辐射许可证管理，对辐射单位实施双随机(在监管过程中随机抽取检查对象，随机选派执法检查人员)监督管理，确保所有辐射工作单位安全、合法运营，2019年无污染事故发生。

(袁明辉)

环境监测

【概况】2019年，环境监测能力进一步提升，新增恒温恒湿自动称量系统、环境空气双通道多罐自动采样系统、高锰酸盐指数自动分析仪等环境监测设备。全年共获得水环境质量监测数据33.8万余个，大气环境质量监测数据45万余个，声环境质量监测数据6500余个；完成废水350家次、废气100家次的重点工业污染源监督性监测工作。继续加大环境空气质量、饮用水地表水源地水质、重点污染源数据信息公开力度，共发布空气质量日报365期，环境质量月报12期。

【**环境监测能力建设**】2019年，推进空气自动监测站网络建设，11月，投资435万元安装3D可视激光雷达监测系统；11月，在城西工业区和杨树畈空气自动站分别建成气溶胶（颗粒物）激光雷达和臭氧激光雷达，形成大气质量立体监测体系，为环境治理、污染排放控制、污染扩散分析和综合决策提供科学依据，为空气质量预测提供及时、有效、准确的数据支撑。

（袁明辉）

治理与保护

【**概况**】2019年，以改善环境质量为核心，坚决打好污染防治攻坚战，强化环境精细化治理，稳步推进生态文明体制改革，严厉打击环境违法行为。科学推进主要污染物总量减排，顺利完成年度减排任务；提升排污许可证管理，完成30家重点企业国家排污许可证发放和管理。全年未发生较大以上环境污染事件和因环境问题引发的群体性事件。（严嘉佳）

【**大气污染防治**】2019年4月，出台《诸暨市空气质量达标进位专项行动方案》，制定空气质量省控站点"一点一策"，以"八大专项行动"（重点区域管控专项行动、工业废气治理专项行动、扬尘污染治理专项行动、柴油货车治理专项行动、产业结构提升专项行动、能源结构优化专项行动、锅炉炉窑整治专项行动、面源污染治理专项行动）为抓手，推进达标进位专项行动。完成"低散乱"企业整治201家；完成大象新型材料脱硫脱硝脱白项目建设，推进八方热电垃圾库房大包臭气治理项目；加强机动车检验机构监管，加大机动车排气道路联合执法频次；启动国三以下柴油货车淘汰，完成150辆淘汰任务。做好应对气候变化工作，完成温室气体清单编制；加强重污染天气应急预警管理，修订重污染天气应急预案，编制出台重污染天气应急减排措施清单。

【**水污染防治**】2019年，实施工业园区"污水零直排区"建设提升行动，4个工业园区通过绍兴市级验收。开展乡镇饮用水水源地生态环境保护专项行动，围绕"划、立、治"（划定饮用水水源保护区；设立保护区边界标志；整治保护区内环境违法问题）三项重点任务，建立整治问题清单；启动陈蔡水库生态安全调查评估，确保饮用水安全。开展涉水行业整治提升，完成4家配套酸洗企业、12家加油站(46个油罐）的防渗改造。加强污染全过程控制，积极推行清洁生产审核，完成21家工业企业清洁生产审核。（杨雨晴）

【**土壤污染防治**】2019年4月，制定实施《诸暨市土壤污染防治2019年工作计划》。推进土壤污染状况详查，完成重点行业企业用地风险筛查并确定采样调查清单。全市31家土壤重点监管企业开展土壤及地下水自行监测，截至2019年年底23家企业完成自行监测。开展农用地土壤超标点位"对账销号"行动，调查核实点位（区域）14个，其中销号13个。强化污染地块部门联动监管，落实建设用地变更前土壤污染调查制度，2019年9月出台《诸暨市土地用途变更过程中土壤污染防治实施办法（试行）》，完成9个疑似污染地块调查，经调查4个地块移出疑似污染地块名录，其中1个场地完成风险评估。

【**固废污染防治**】2019年4月，制定实施《诸暨市清废行动2019年工作计划》。推进存量清零动态化，至2019年12月底，纳入土壤环境重点监管单位名单的企业实现危险废物规范清零，完成存量清零520吨。强化固体废物网上申报登记、转移计划审批、管理计划备案等制度落实，322家企业完成固废申报登记。开展危险废物经营单位整治提升，完成白毛尖卫生填埋场一期封场、诸暨天基环兴废弃物处置有限公司废气治理设施改造项目、浙江诸暨八方热电有限责任公司垃圾焚烧炉改造项目。定期开展危险废物经营单位企业监督性监测，引入第三方机构对生活垃圾焚烧厂进行24小时运行监管。配合完成12家危废产生和经营单位规范化管理考核。

【**"无废城市"建设**】2019年11月，成立了以市委书记、市长为组长的领导小组及办公室，组织编制《诸暨市"无废城市"建设工作实施方案》，结合本市实际，制定

《诸暨市“无废城市”建设任务与责任清单》和《诸暨市“无废城市”建设重点项目清单》，确定重点项目33个。截至2019年年底，浙江兆山环保科技有限公司3万吨/年的水泥窑协同处置危险废物项目、诸暨市餐厨垃圾废弃物综合处理和资源化利用项目、诸暨白毛尖填埋场（一期）标准化封场项目完成建设。（陈　瑾）

【环境信访受理调处】2019年，建立健全信访处理工作规程，明确职责划分、办理要求，加强信访后督查力度，推进环境信访会商和通报制度，提高信访办理质量，减少重复访和越级访。全年共受理各类环境信访619件，同比下降30.1%，调处率100%，未发生因环境信访问题而引发的群体性事件。

【环境监管执法】2019年，通过“双随机”（在监管过程中随机抽取检查对象，随机选派执法检查人员）抽查、交叉检查、突击检查等方式，先后组织开展店口冷温镦行业专项执法、安华包装园区专项执法、城西经济开发区专项执法等系列检查行动。做好中华人民共和国成立70周年、中高考日等、重要时期环境应急保障和环境安全工作。全年出动执法人员7252人次，检查企业3374家次，立案查处环境违法犯罪行为149起，处罚款1925余万元；移送公安机关6件12人，其中行政拘留移送2件2人，涉嫌环境犯罪刑事移送4件10人。（张菲柯）

【环境影响评价】全年审批备案建设项目1493个，其中报告表（书）项目533个，登记备案960个。否决不符合产业政策或选址不合理的污染项目3个，核发排污许可证126本，引进环评报告编制机构8家。深化镇乡街道工业园区“区域环评+环境标准”工作，在2018年完成环保高新区解放湖园区、次坞镇0571临杭智能制造产业园区等区域环评基础上，2019年完成江藻镇局部区块控制性详细规划、诸暨市枫桥镇工业园区控制性详细规划、诸暨现代环保装备高新技术产业园区下四湖区块控制性详细规划、诸暨市浣东街道工业园区控制性详细规划等17个集镇区域的规划环评审查工作。（赵　阳）

【生态环境损害赔偿】全年办理生态损害赔偿案件6件，涉及金额22.29万元。2019年7月，成立全市首个生态环境损害赔偿资金账户，制定出台《诸暨市生态环境损害赔偿资金管理办法》。生态损害替代性修复项目——店口生态警示公园入选中组部“贯彻落实习近平新时代中国特色社会主义思想、在改革发展稳定中攻坚克难的生动案例”。浙江上峰建材有限公司环境污染损害赔偿磋商案入选全国生态环境损害赔偿磋商十大典型案例。

生态损害替代性修复项目——店口的生态警示公园（店口镇提供）

【环境污染强制责任险试点】2019年，开展重点监管单位环境污染强制责任险试点工作，通过向企业推广环境污染纸质责任险，增强企业环境风险防控能力，减轻企业生产经营中环境风险负担和压力。2019年，签订保险合同企业20家，缴纳保费92.5万元，总保险金额1.53亿元；发生理赔案件1起，赔偿金额6.5万元。保险公司委托第三方环境治理专业机构每年对参保企业开展1次“环保体检”服务和2次培训服务，2019年度“环保体检”为21家企业排查环境隐患风险点150余个。（杨骆烽）

【环保数字化建设】2019年10月，按期完成环保专网整合等基础工作。2019年12月，完成全市污染源自动监控系统新建、扩建及运行管理工作，及时发布污染源自动监控预警信息。加快智慧环保建设，2019年12月，启动次坞电镀园区动态监管系统及原系统升级改造，充分运用大数据，提高对污染企业的实时全过程监管能力。（寿童华）

【第二次全国污染源普查】按时完成清查建库、入户普查、数据录入、汇总审核、普查质量核查和普查数据分析上报等工作。全市纳入第二次全国污染普查的入户调查对象共14165个,其中工业污染源12524个、农业源规模化畜禽养殖场51个、集中式污染治理设施1041个、生活源(行政村)467个、生活源锅炉11个、入河(海)排污口8个、移动源63家。掌握工业、生活、农业、集中式污染治理设施和移动源五大类污染源的数量、行业和地区分布,及主要污染物及其排放量、排放去向、污染治理设施运行状况等情况。

(杨雨晴)

生态建设

【国家生态文明建设示范市创建】2019年,积极创建国家生态文明建设示范市,按照《诸暨市国家生态文明建设示范市创建工作实施方案》,对照创建指标体系,收集整理创建支撑材料,编制创建技术报告,2019年10月,完成创建材料申报,接受生态环境部组织的专家现场核查。

【生态环境状况报告制度】2019年,全面实施市、镇乡街道两级生态环境状况报告制度。2019年4月4日,市十七届人大常委会第十九次会议听取和审议市人民政府《关于2018年全市生态环境状况和环境保护目标完成情况的报告》。各镇乡街道于4月底前完成向镇乡人大主席团(街道人大工委)报告上一年度生态环境状况和环境保护目标完成情况。

【绿色系列创建】2019年,推进绿色家庭、绿色学校、绿色矿山、美丽庭院等"绿色细胞"创建和生态文明教育示范基地建设,创建国家绿色矿山4座、省级绿色家庭1家、绍兴市级绿色学校3家、绍兴市级绿色家庭20家、诸暨市绿色学校11家、美丽庭院创建示范户300户。2019年10月,店口镇生态警示公园成功创成省级生态文明教育示范基地。

【两小镇入选"两美浙江特色体验地"】2019年7月,诸暨米果果小镇和祥生春风十里小镇成功入选"两美浙江特色体验地"。

(许　蓉)

春风十里小镇(东和乡提供)

交通运输

交通基础设施建设

【公路大中修】全年完成国省道大中修工程包括新海线、诸东线、绍大线3条线路，里程合计12千米，总投资2187.28万元。完成县道大中修工程包括37省道、李陶线、十店线等13条线路，里程合计52.791千米，总投资5955.61万元。2019年9月18日，完成环会稽山国家森林公园美丽公路（诸暨段）整治工程，重点实施四条主线和两条支线共28.5千米的公路修建整治工程，投资1.5亿元。

【路面修补和病害处治】全年共修补路面坑洞和路面病害处治98712.06平方米，共使用沥青砼24087.73吨，使用半刚性1430.92吨，完成路面清扫184629.7千米，疏通清理边沟415.06千米，整理路肩边坡243115平方米，清理堆积物1406.2立方米，路面灌缝共138110米。

【美丽经济交通走廊建设】2019年，完成杭金线、绍大线惠佳花木场到枫桥南高速出口段等5个诸暨市美丽经济交通走廊节点完善工程创建工作，同时接手东线、南线、西线和北线四条景观带日常绿化养护工作，并规划选择性重点路线节点进行提档升级，2019年总绿化养护面积超过200万平方米。环法自行车挑战赛诸暨站期间对所管辖85千米的路线进行绿化补植、杂草清理、行道树整枝工作，共计播种花草籽约45千米，种植时花约8.5万盆。

【“与杭同城”道路基础设施建设】2019年，杭州都市高速公路诸暨段完成总投资的85.2%，总体形象的88%。235国道杭州至诸暨公路萧山河上至诸暨安华段改建工程项目、萧山至磐安公路（金浦桥至三江口大桥段）快速化改建工程、绍诸高速诸暨浣东出口功能提升改建工程、绍兴—店口高速公路、诸暨至杭州市域（郊）客运列车等项目前期工作有序推进。

【重点政府性投资项目建设】2019年，计划完成诸暨市政府性投资项目23只，计划完成投资13.4221亿元，实际完成投资14.68亿元，完成年度计划的109.4%。03省道东复线江藻至王家井段建设工程于2019年8月13日建成通车。环会稽山国家森林公园美丽公路工程于2019年9月全面完工。官弦线、石东线、兰店线超额完成年度计划，高湖大桥建设工程进展顺利。

【“四好农村路”建设】2019年，围绕“全域美丽、乡村振兴”战略，推进“四好农村路”建设。2个“四好农

赵家镇山村公路(市农业农村局提供)

村路”示范乡镇山下湖镇和赵家镇通过考核验收。以全省考核第一名的成绩,成功创建第三批全省“四好农村路”示范县和省万里美丽经济交通走廊示范县。

（郦建利）

城市公共交通

【公交线网优化】2019年,城市公交累计投放新线路3条,定制线路1条,优化线路13条。新增优化线路延伸至城区各运营盲点及偏僻自然村,方便市民出行。

【基础站场建设】2019年,全市共有公交专用场站30个,城市公共交通出行体系更加完善。新建城东客运枢纽工程项目前期工作有序推进。城南客运枢纽于2019年9月11日完成并投入使用。

【“村村通公交”深化工程】2019年,推进“村村通公交”深化工程,完成73个较大自然村公交通达任务。加大完善公交基础设施力度,新建候车亭190只,5个运输服务站完成建设。

【新能源公交投放】全年共投入135辆纯电动公交车、160辆天然气公交车,用于新增线路、增密班次、更新老旧车辆。2019年年底,新能源公交车占比达到49.5%以上。

【智能调度系统升级】2019年,以GPS定位、实时多任务处理等技术为基础,结合公交车辆运营计划、GPS自动报站、人机交互等功能,实现公交车辆运营实时监控、调度,推动智慧交通建设,加强交通运输部门对营运动态的监管力度。

（郦建利）

公路客货运输

【旅客运输】全市公路旅客运输企业主要有6家,分别是诸暨市公共交通有限公司、诸暨市城乡公交有限公司、诸暨市长途汽车运输有限公司、诸暨市汽车运输有限公司、诸暨市联合旅游汽车出租有限公司、诸暨市长荣城际客运有限公司。现有营业性客车199辆,8009个客位(不包括出租车和公交车);全市营业性汽车客运量378.3万人。

【班线客运】全市旅客运输从业人员344人,拥有营运班线58条。其中:跨省13条,12辆,545个客位;跨市35条,54辆,2117个客位;跨县10条,15辆,452个客位。

【城乡、城市公交和出租车】全市有城乡公交车517辆,19534个客位;城乡客运线路236条。拥有市内公交车346辆，公交线路45条，年运输量近4289.7万人。拥有出租车533辆（车型为捷达油气两用车，其中30辆为纯电动力车）。

【货物运输】全市汽车货运从业人员6237人，拥有营运货车3042辆，39514吨位，其中个体1384辆，占总营运货车的45.5%。其中危险品货物运输企业13家。拥有危险品运输车辆75辆。

【道路运输相关行业】2019年，有大唐、店口两个货物联托运市场（场站），共有货运代办经营96家。有汽车维修企业813家（户），其中一类14家，二类83家，三类716家，摩托车修理51户；汽车综合性能检测站A级1个；全年维修车辆80余万辆，检测车辆1.5万辆次。全市有汽车驾驶员培训学校17所，拥有教练车1451辆，全年培训汽车驾驶员约36426余人。

（郦建利）

水路客货运输

【水路运输】2019年，共完成水路客运量37.53万人次，完成周转量317.47万人千米，同比分别上升9.1%和6.9%。完成水路货物运输量530.28万吨，周转量112761.45万吨千米，同比分别增长7.6%、8.5%。

【港口吞吐量】2019年，本港区实现货物进出口吞吐量545.5万吨，同比增长18.5%，其中出港吞吐量189.94万吨，进港吞吐量355.47万吨。新亭埠码头集装箱吞吐量首战告捷，达到9570标箱，超全年3000标箱运量计划指标的319%。

【水路运力发展】至2019年年底，辖区拥有货船181艘，同比下降1.6%；总载重98128吨（其中集散多用途船3艘、共计载重102标箱），同比上升5.9%；货船平均吨位542.1吨，同比上升7.6%，货船平均吨位居绍兴市航区首位。辖区水路货运企业2家，拥有船舶9艘，运力5907载重吨，其中集装箱船舶2艘，计66标箱。（郦建利）

铁路客货运输

【铁路客运】诸暨火车站位于诸暨市城西工业新城艮塔西路168号，为沪昆线上的二等站，隶属上海铁路局金华车务段管辖。车站站房占地面积10亩，建筑面积9485平方米。有10个股道6个基本站台，共办理旅客列车141列，其中普速列车55列（上行往北方向25列，下行往南方向26列），高铁列车91列（上行往北方向36列，下行往南方向55列），高铁往北开通至北京、天津、南京、合肥、上海，杭州等，往南温州、贵阳、南昌、厦门、福州、广州、长沙、南宁等国内主要省市的高铁。高铁到杭州东平均为25分钟，到上海虹桥平均为1小时20分。

2019年，诸暨火车站日均发送旅客9789人，其中高峰日发送旅客17054人。2019年，发送旅客357.3万人次（其中高铁旅客211.2万人次），收入31049万元。车站在票厅设立人工售票窗口8个，8台自动售取票机，其中13号人工窗口和8台自动售（取）票机24小时提供售取票服务，为方便旅客出行，大厅增设身份证临时打印机，车站加强了安检力量，进站口配备2台安检仪，4个安检门，2019年新安装自动检票设备。

（黄保明）

【铁路货运】诸暨东货运站是诸暨市唯一铁路货运业务办理站，位于诸暨市陶朱街道宋家村西二环路539号，货场站前大道与千禧路东端连接。本站位于沪昆线，上海方向以下行进站信号机及反向进站信号机为站界，相邻站为湄池站，与湄池站的距离为18.33千米，株洲方向以上行进站信号机及反向进站信号机为站界，相邻站为诸暨站，本站与诸暨站的距离约4.85千米。诸暨东货运站总占地面积322000平方米，配有6条正线和到发线，3条货物线，7条专用线，119个货位（标准仓库6座，面积5832平方米）。按技术性质属中间站，按业务性质属货运站，核定等级为二等站。货场内办理整车、集装箱货物到发业务，同时开办长大、笨重和国际联运货物运输。货场配置类型为尽头式货场，货场年设计能力为130万吨。按现有设备条件，货场一次可送作业车最多为203辆；按现有装卸能力，货场一次作业119车。配有大型门吊2座（最大起重能力为36/16吨），专用卸煤抓斗门吊1台，8吨走行电动吊1台，20吨门吊1台（5吨吸铁盘），3吨内燃叉车5台，1.8吨内燃叉车

1台,2吨内燃叉车1台,40E型货物装载机1台。货场内主要发送货物:钢结构、废钢铁、混装货物、集装箱等,主要到达货物有化工品、钢铁、化肥、盐、集装箱等。专用线主要到达货物汽油、柴油、煤炭等。

2019年,装车量近6300辆,年货物发送量21万吨。年到达车数1万辆,货物到达量53万吨。2019年运输收入5000万元,新增年发5万吨的石子发送业务。货运站封闭式安全管理,安全监控设备为金货中心最清晰的视频监控设备。 （韩永庭）

客货运行业管理

【路域环境整治】2019年,重点抓好公路建筑红线控制,整治不规范平交道口,清理非公路标志,治理公路两侧环境,及时发现并制止各类违章侵权情况。2019年共计清理非公路标牌(横幅)1908块,清理堆积物4681立方米,整治马路市场51个。

【打非治违】2019年11月在超限检测站增设交警处罚窗口,实现路警联动。切实落实治超联合机制,联合治超工作进入常态化,持续开展超限超载专项整治活动。2019年共计现场查处超限超载运输车辆2195辆次,罚款244.9016万元,扣分12006分,卸载货物6.179万吨,共计处理非现场违法车辆986辆次,罚款539.975万元。积极布局非现场执法,2019年全市15个点位已全部投用,其中二期7点位于10月16日零时起开始投用。实现公路治超非现场执法系统数据与公安、运管等部门系统平台数据共享,逐步实现“机器换人”管理模式的转变。加强货运行业管理,完成全市397辆“两客一危”车辆的整治工作。加强出租车、网约车市场监管,依法打击非法营运车辆。

【道路安全保障升级】2019年,通过路口改造渠化、完善标志标线、增设示警桩、反光道钉、中间隔离护栏、行道树整枝等措施,共完成省级、绍兴市级事故黑点路段整治4处。整改公路非法开口654处,安装临河护栏61.396千米,安装二级加宽公路中间隔离护栏30千米。

【港航管理】2019年,在诸暨港新亭埠集装箱码头试运营基础上,配合政府部门做好店口港码头建设工程前期工作,码头项目施工方案设计论证有序推进。加强航道航政管理,依法保护航产航权。严查各类航道违法案件,保障航道畅通。积极协助相关单位开展普陀至开化公路和03省道东复线店口段涉及的跨白塔湖航道、浦阳东江西江航道建设桥梁的通航评价及审核工作,要求建设单位按照航道法规定和内河通航标准、诸暨市水运发展规划要求做好航道航评工作,确保辖区航道通航技术尺度符合国家航道技术标准要求,航道资源不受侵占和损坏。

（郦建利）

新亭埠码头一角(市交通运输局提供)

信息产业

综述

2019 年，按照市委“一、四、十”总体部署，诸暨市深入实施数字经济“一号工程”，部署开展数字经济专项行动，全面推进产业数字化、数字产业化、政府服务在线化、社会治理智慧化，构建数字经济新动能与传统动能双向融合提升创新区，打造全省传统产业数字化转型县域样板。2019 年，全市两化融合发展指数达 91.62，继续保持在全省第一梯队，数字经济综合评价位次提升 21 位，新增工业机器人 420 台，企业上云 6678 家，网络零售额 183 亿元，互联网普及率达 95%，全市互联网出口带宽 1531Gbps；规上工业增加值增长 9.4%，规上电子信息制造业主营业务收入 34.71 亿元，软件和信息服务业收入 6.92 亿元，数字经济核心产业制造业增加值 6.97 亿元，高新技术产业投资额 58.4 亿元，高新技术产业产值 370.74 亿元。

以制度设计、氛围营造为先行，引领发展数字经济。强化顶层设计，在绍兴市率先制定发布《数字经济五年倍增计划》，配套实行时尚袜艺、美丽珍珠、铜材精密制造三大传统产业数字化转型扶持政策；建立完善“一套班子、一个实施意见、一张工作清单、一个考核办法”的“四个一”工作机制；组建数字经济促进会和数字化转型专家委员会，服务保障数字经济发展。优化发展氛围，相继高规格召开三大传统产业数字化改造现场会，数字化专项培训累计覆盖 4200 人次以上；人民日报、新华社、央视等国内主流媒体集中宣传报道市企业数字化改造优秀案例，合计刊播重量级稿件（新闻）20 余篇。

以产业数字化、数字产业化为重点，突破发展数字经济。深化传统产业数字化转型，建立数字化、智能化改造项目库及申报制度，组织备案专业工程服务公司 22 家，引进培育数字化工程服务公司 9 家、数字化服务商 10 家；列入智能化改造名单的 182 家企业改造率超过 30%；完成创建 1 个省级数字化车间、45 个市级数字化车间，培育 22 家数字化转型示范企业；1 家企业通过工信部两化融合贯标（或试点）认定，3 家企业列入省级制造业与互联网融合发展试点示范培育名单，累计 16 家企业被认定为省级两化融合示范试点企业。推进企业上云上平台，企业上云累计达到 6678 家；4 家企业工业互联网平台入选省级培育名单，总数居绍兴市首位，创博龙智工业互联网平台列入省首批推广名单；完成亩均效益评价工作。加快行业大数据中心建设，时尚袜艺大数据中心实现提升发展，累计上云企业达到2036家，建成美丽珍珠大数据中心，铜材精密制造大数据中心软件建设已经完成，硬件建设加快推进；陶朱街道、店口镇建成企业信息平台。加速科技创新成果转化，建成各类众创空间5个，对接引进数字经济双创团队2个；实施数字经济领域科技成果产业化项目12项，数字经济领域科技成果交易额达5300万元；企业主导和参与数字化标准制订15项。推进核心产业专业化集聚，以开发区、高新区为主平台，加快数字产业、智慧安防、智能制造"三园"建设，智慧安防产业园签约引进核心产业项目10个，高新区引进核心产业项目2个；推动园区平台数字化改造，友地金属加工园数字化承载水平提升；完成5G通信基站规划编制，加快建设移动数据基础设施。

以农业、服务业、建筑业数字化转型为抓手，融合发展数字经济。推动农业数字化转型，加快创建国家现代农业产业园，重点建设智慧农业项目，着力提升农业信息化应用水平，完成10个物联网基地创建工作，初步建成农业综合监管与服务平台、智慧农业生产管理平台、智慧农业经营管理平台和农业综合信息服务平台。推动服务业数字化转型，深入推进省级电商创新发展试点，大力发展跨境电商，探索推进数字贸易新模式和新零售试点，与深圳跨境大卖家通拓公司开展产销对接，新增跨境网店110家，完成网络零售额183亿元；大力发展生产性服务业，引进设立创投企业（基金）29家，注册资本金累计达47亿元；引进发展智慧物流产业，超驰物流、万科诸暨现代供应链物流项目建设加快推进，与韵达、京东等物流公司开展合作洽谈。推动建筑业数字化转型，推进"智慧建管"建设，推广应用建筑工业化，加快建筑信息模型（BIM）集成应用，打造"智慧工地"131个，完成建筑工业化126万平方米，培育BIM企业1家。

以平台数字化提升、政务管理智慧应用、智慧城市建设为保障，助力发展数字经济。推动平台数字化转型，城东建管委引进数字经济企业10家，扶持发展小微企业40家，企业上云60家；高湖建管办完成智能化信息化平台建设前期工作，年度投资达2560万元。强化政务管理智慧应用，建立政务大数

2019年5月26日，在环法挑战赛西施故里诸暨站发车现场，绍兴市委常委、诸暨市委书记徐良平打出全市首个5G电话（董金萍提供）

据平台，打通数据共享接口47个，接入43个部门数据，建成13个分类数据仓，归集数据40亿余条，基本涵盖所有涉民事项；全面运行新版协同办公系统，初步实现无纸化办公。加快建设智慧城市，筹划建设“城市大脑”，深化“雪亮工程”建设，完成总平台及两个分平台建设，新建一类监控点位2428路，合计点位总数达9190路，进一步织密前端视频监控点位网络，着力推动“互联网+”社会治理有效融合。

（杨云贵）

电信

【概况】2019年，中国电信诸暨分公司围绕推进“智能综合信息服务”的转型升级新战略，助推“智慧诸暨”和数字经济建设，做好网络保障重点工作，为用户提供综合智能信息服务。全年业务收入29747万元。

【全市第一个5G电话拨通】5月26日，为做好2019环法挑战赛西施故里诸暨站的通信和电视直播保障，诸暨电信在发车现场安装全市第一个5G基站。发车仪式结束后，绍兴市委常委、诸暨市委书记徐良平到诸暨电信设在西施故里赛事现场的展位，打出全市首个5G电话，同步进行5G高清视频通话测试。通过诸暨开通的第一个5G基站——西施故里基站，实现视频画质清晰、音频音质清澈的无卡顿视频通话，实测峰值下载速率可达960Mbps，是4G的数十倍至上百倍，4K视频任意快进，播放无卡顿。

【应急通信保障】全年保障全市大型活动通讯，完成环法挑战赛、西施国际马拉松赛、CBA联赛广厦主场的赛事等重大应急通信保障。8月10日，超强台风“利奇马”登陆诸暨。在防台指挥部，诸暨电信通过派驻技术人员支撑、及时修复全球眼监控故障，保障水利会商指挥系统稳定运营，同时准备卫星电话等应急通信工具，确保防台指挥工作顺利畅通。“利奇马”台风造成全市45个无线基站中断，18个室分，6个固网局站发生故障，多处电缆中断，诸暨电信第一时间修复全部故障。

【移动网络及光纤网络质量双提升】2019年，诸暨电信强化执行OLT双上联改造及老旧OLT设备退网工作。OLT退网方式为E改G和割接至同局C300两种方式同时进行，以E改G为基础，PON板盘活，制定翔实的工作计划，确保前后联动，合力攻坚，最终割至同局C300顺利完成C220退网工作。2019年，老城区改造，通过大量E改G，完成9台老旧设备的退网工作，完成率100%。同时，根据浙江电信的总体部署，诸暨分公司投资1亿多元开展5G网络线路、设备等相关配套设施建设。实现电信5G网络在市医共体建设（电信与卫健局合作完成首个基于电信5G网络的远程医疗系统建设，为浙江省内首家县域医共体5G远程智慧病房）、大型活动场所等投入应用，并逐步实现市区核心区域的5G网络覆盖。诸暨电信加大信息化基础设施建设，投资1000多万元，深化光网城市建设，完善“万兆到楼、千兆到户”工程，互联网出口带宽提升到1.2T。与此同时，通过实施光衰整治、网络优化升级等提升网络质量；通过建设政务云、企业云以及“互联网+行业应用”平台，在智慧政务、智慧交通、智慧消防、智慧环保、智慧城管、智慧教育、平安城市、智慧社区、城市物联网设施建设等方面提供智慧城市综合信息服务，为全市数字化推进提供网络基础。

【信息化项目多点推进】2019年，在建成全光城市的基础上，作为全省“互联网+”业务布局、资源投入的重点区域，推动“智慧诸暨”和数字经济发展，推进云计算、大数据、三网融合、物联网等互联网技术和资源在全市各行各业的应用，加强与乡镇街道的沟通合作，对五金、袜业、珍珠等产业园区进行重点传统产业提升试点，开展店口友地工业园区一期信息化建设，打造“互联网+智能园区”样板。

【智慧残联大数据管理平台建设】2019年2月1日，诸暨电信开始承建市智慧残联大数据管理平台，该平台可为弱势群体提供随时在线的医疗服务，由共有信息、信息采集、业务支撑三大系统构成，为有视力、听力、语言障碍的残疾人配备专项服务，并设有爱心结对、专项服务、法律援助、康复信息、托安养政等多项精准服务。同时诸暨电信抽调人员，将安装有软件的手机送到每一位残疾人手中，并耐心指导使用。该平台的建成，将为全市残疾人提供“数据保

姆”服务，未来将会作为残疾人工作的助手，为社会服务机构搭建信息桥梁。（董金萍）

移动

【概况】2019年，诸暨移动公司继续执行服务管理协同机制，围绕4G、家宽、集客、触点和无线网络五大服务项目，强化营业厅（三主动）服务落地。全面推进“4G+”一号工程、加快拓展智慧家庭业务和政企数字化服务，与诸暨市人民政府签订5G战略合作协议，与海亮、尤尼斯等多个企业开展5G应用试点。4G网络覆盖不断增强，4G扩容工程顺利实施，家庭宽带支撑能力、政企产品质量持续提升。公司荣获省级企业文化示范单位、浙江公司模范职工小小家、浙江公司班组建设示范单位等称号。

2019年，公司健全满意度联动机制，落实客户满意度全过程跟踪。对不规范业务进行全面稽核审查，打击不良信息和骚扰电话，严防客户敏感信息泄露，做好客户实名登记，规范业务营销服务行为。在投诉处理上落实首问责任制，执行侵害客户利益问题的处罚和追责，对于不知情定制等侵害客户利益的投诉追诉责任人，做到每起必究、每起必罚。做好服务宣传和客户沟通，开展“总经理接待日活动”“十分满意”“惠民服务进社区活动”，设立“退伍军人专席”，秉承“沟通从心开始”的服务宗旨。为落实国家关于“网络提速降费要迈出更大步伐”的新要求，公司持续优化流量资费和提醒服务，实现流量套餐扩容、丰富流量产品选择，提升用户的流量使用感知。

【信息化项目承建】2019年，诸暨移动紧随诸暨市政府信息化建设步伐，建设包括草塔智慧小镇、微法院项目、店口治安监控、智慧印染试点在内的多个重要信息化项目。其中诸暨移动承建的应急管理局智慧印染试点项目包含管理云平台和前端传感两部分，该项目可直观展示重点区域视频监控、有限空间气体监测等信息，增强印染企业内部活动的透明度，提高有限空间的安全性。全年，诸暨移动承建多个政府单位的管理平台建设工作，通过软件平台和前端终端的有机结合做到合理调度、科学执法、实时取证、闭环管理，提升各级单位日常办公的信息化水平。2019年作为5G元年，诸暨分公司率先与诸暨市政府、枫桥镇政府、海亮集团、优尼斯公司签订战略合作协议，完成海亮铜加工产线改造试点，小规模实施洁丽雅、优尼斯等一系列5G+工业创新项目，并保障诸暨市政府5G宣讲和中华人民共和国70周年5G展厅等一系列重大活动。在推进行业信息化项目建设的同时，诸暨移动推进综治办“平安通”项目、公安治安监控项目、公安“警务通”项目、视联网项目的全年支撑维护。

【4G网络建设】2019年，公司通过持续开展双层网建设和扩大新技术应用，保障网络容量和提升用户感知，落实FDD组网结构调整。全年新建扩容4G宏站899个，室内分布系统54个，小微站35个。诸暨所有行政村100%全覆盖，4G网络覆盖面和网络承载能力持续增强。

2019年7月18日，中国移动绍兴诸暨分公司与诸暨市人民政府签订战略合作协议（周升蓉提供）

【5G网络建设】2019年，公司推进5G传输节点机房建设。公司向市政府汇报，获批50个机房及10亩用地指标，2019年节点机房选址完成18个，投资约2500万。5G建设按照“以终为始、整体规划、分步实施”的思路，加快节点机房的购买、建设和启用，加快SPN汇聚、接入环光缆布放，为后续5G网络规模建设做好传输准备。同时，配合政府做好5G布点规划，开展原有4G基站的天面改造和电力改造，为5G发展准备无线侧资源。

【家庭宽带驻地网建设】2019年，推进有线宽带驻地网建设。家庭宽带支撑能力提升，新增驻地网覆盖数2万户，累计覆盖达75.4万户，覆盖规模列绍兴地区第二。完成老小区改造130个小区，平移用户11000户；完成新兴茗苑、轻工技校、里联村、中央美墅、商贸城、金村、木桥、袜业城、轻纺南路、望江三路等10个ODN区块接入网优化工作，家庭宽带万投比（广义）从2019年年初的283下降到213。聚焦用户感知，深化网格化管理+微格化服务，开展质差整治，清单式质差整治完成率93.5%。

【全业务支撑体系建设】2019年，进一步加强全业务项目经理的现场支撑能力，按乡镇做好服务对接；设置VIP施工维护队伍，实现重要集团固定队伍上门服务。优化网络承载质量，建立政企城域专网，提升裸纤接入能力及乡镇万兆接入能力，实现AB类集团100%深覆盖。建立端到端客户感知评价体系，继续开展啄木鸟行动，完善客户主动关怀机制。城域网出口带宽扩容至680G，可满足全量客户升级至100M，部分地区可升级至1000M。

【通信应急保障体系建设】2019年，公司继续以构建科学高效的应急保障体系为目标，完善应急预案体系，组织开展应急演练、技能培训，提升应急通信保障和全方位灾害救援能力。2019年主要完成诸暨西施马拉松赛、诸暨大唐袜博会、诸暨新农都年货节等通信保障工作。

（朱杭燕　俞祝君　胡成斌　吕肇炯　陈豪杰）

联通

【概况】2019年，中国联通诸暨分公司以“客户信赖的智慧生活创造者”为愿景，以“联通世界创享美好智慧生活”为使命，深化实施聚焦创新合作战略，推进以新治理、新基因、新运营、新动能、新生态为主要内涵的“五新”联通建设。落实集团公司全面推进场景划小改革工作的要求，设立7个划小承包网格，1个政企客户营销中心，1个综合营销支撑中心。通过打造以“效益提升”和“收入达标”为核心导向的增量收益分享机制，搭建员工与企业共创价值的平台，激发一线活动，提升企业资源配置效率和投入产出效益，促进公司业务全渠道产能提升及融合业务跨越发展。

【4G网络覆盖规模】2019年，诸暨城区、乡镇及主要乡村已实现4G全覆盖，至12月31日全市4G大网物理基站699个，室分物理点位156个。

【5G网络建设】实施5G网络共建共享，2019年，完成全市5G基站规划编制。完成2处5G数据中心新建及改造工程，实现基于5G（SA）网络的相关功能，完成全市基站动力和天面配套梳理，传输承载网络架构，年底实现诸暨市核心区域和行业应用客户端5G网络覆盖，面向工业互联网、智慧医疗、智慧教育、智慧旅游、城市管理、超高清赛事转播、智慧园区等多领域，合作开展5G成果应用示范，打造5G行业创新应用标杆。

【固定网FTTH建设】2019年，完成全市剩余46个点位光改，174个商务楼宇和国标小区接入，新增FTTH光端口18672个，新增FTTH覆盖用户6.82万户。FTTH端口数累计达到87376户，FTTH方式实占率18.70%。完成全市上联OLT设备升级，具备千兆带宽接入能力。

【信息化业务保障】2019年，聚焦党政军、金融、制造、交通物流等各行业信息化需求，坚持“以客户满意为标准，以客户感动为目标”的服务理念，推行差异化、个性化服务，为客户量身订制信息化解决方案，为集团客户提供专家式服务，满足各行业对通信系统稳定、快速、优质和多样化的要求。完成安保、教育网考试院、河长制等重点信息化项目保障。

【迁改整治项目支撑】2019年，主要完成老小区弱电线路改造，完成市政改造和道路建设引起的管线迁改和基站搬迁。

（潘玲娟）

金融业

综述

2019年，市金融办全力打好防范化解金融风险攻坚战，着力优化金融环境、夯实高质量发展基础支撑。2019年年末，全市共有银行业金融机构23家，其中：政策性银行1家（中国农业发展银行诸暨市支行）、地方性法人银行2家（浙江诸暨农村商业银行股份有限公司、浙江诸暨联合村镇银行股份有限公司）、小微企业专营支行3家（浙江民泰商业银行股份有限公司绍兴诸暨支行、浙江泰隆商业银行股份有限公司绍兴诸暨小微企业专营支行、台州银行股份有限公司绍兴诸暨小微企业专营支行）；地方金融机构（类金融机构），小额贷款公司8家、典当行11家、融资性担保公司2家、农民资金互助会11家、民间投融资中心1家。

12月末，全市各项存款余额1671.2亿元，较年初增长198.8亿元，同比增长13.5%；各项贷款余额1394.8亿元，较年初增长98.1亿元，同比增长7.57%。2019年12月，设立暨阳科技支行，重点支持科技型企业和人才创业企业发展。新设银行业金融机构1家（宁波银行股份有限公司绍兴诸暨支行）。2019年5月，组织并落实金融支持经济发展的考核政策，2019年7月，调整完善金融支持经济发展的考核政策。落实财政性资金存放考核四期，调动各家银行支持实体经济的积极性和主动性。

强化农村金融服务，拓展涉农业务，加大信贷支持力度，12月末，全市涉农贷款余额1069.75亿元，占总贷款余额的76.7%。完善农村信贷抵押担保，12月末，农村产权抵押贷款余额4686万元，其中：农房抵押贷款余额2686万元，林权抵押贷款余额1510万元，土地抵押贷款余额490万元。推广“产权+信用”贷款模式，12月末，全市银行“产权+信用”贷款余额8.26亿元，6661户，分别同比增长70.16%和67.95%。

全市全年全社会融资新增269亿元，其中直接融资161.86亿元，直接融资比例60.17%。

注重日常协调，强化政策执行，借力转贷基金作用、创新金融服务等手段，合力帮扶化解企业风险。2019年，共帮扶企业300多家次，召开协调会40多次，出具帮扶函件400多件。全市利用财政转贷基金累计转贷企业450家、539次，转贷金额125.4亿元。会同人民银行、银保监组、商务局等开展银企结对活动3次，签订意向合作协议15家次。

坚持系统处置、灵活处置和分类处置原则，1—12月，辖内银行业机构累计处置不良贷款37亿元，其中：现金清收11.34亿元，打包转让6.15亿元，核销11.19亿元。不良贷款余额18.56亿元，比率1.33%，5年内首次降到1.5%以内。（周　娣）

银行

【概况】2019年，全市存贷款及社会融资总量均创新高，实体经济贷款由负转正，营商环境优化，账面风险下降。至12月末，全市银行各项存款余额1671.2亿元，各项贷款余额1394.8亿元。

存款增量新高。2019年1—4季度各项存款增速分别为16.6%、15.9%、13.2%、13.5%，各季均保持两位数增长。至12月末，全市银行各项存款余额1671.2亿元，同比增长13.5%，增幅同比提高6个百分点，比年初增加198.8亿元，增量是上年同期的1.9倍，增量创历史新高。在绍兴6个县（市、区）中，增量增幅均居第三。

实体经济贷款由负转正。2019年1—4季度各项贷款增速分别为3.6%、4.1%、6.8%、7.6%，呈现逐季回升态势；贷款增量接近百亿元，其中11月末增量破百亿。12月末，全市银行各项贷款余额1394.8亿元，比年初增加98.1亿元，增量是上年同期的9.2倍；余额同比增长7.6%。在绍兴6个县（市、区）中，增速排名第五，与全绍兴市平均增速的差距已从2月末低于全市平均13个百分点缩小到12月末的6.4个百分点。

民营及小微企业贷款投放力度加大。12月末，全市民营及小微企业贷款额比年初增加14亿元，同比多增90.4亿元，扭转了自2018年以来长期负增长态势。新增占比14.2%，上年同期为–712.1%。其中小微企业（含小微企业主和个体工商户）贷款增加49.3亿元，上年同期为负增长5.0亿元。

直接融资渠道拓宽。直接融资受境内企业陆续发债影响，新增额显著，全年新增50.8亿元，同比多增30.8亿元。其中企业债券融资全年新增29.5亿元，全年全市4家企业相继境内发债，其中浙江海亮股份有限公司于2019年11月首次成功发行31.5亿元可转债，6年期，平均利率仅1.2%，融资成本低，发行结果大幅优于市场平均水平。

不良处置成效。截至12月末，全市不良贷款余额18.6亿元，比年初降低3.8亿元；不良率1.33%，比年初回降0.4个百分点，比全年最高点月份下降0.8个百分点。不良率绍兴6个县（市、区）中居第二位，扭转了连续10个月排名末位态势。全年处置不良贷款37亿元。人民银行诸暨市支行通过坚持发展“枫桥经验”调解金融纠纷，打造“基础金融不出村、综合金融不出镇、金融矛盾不上交”的“枫桥经验”金融版，全年开展4场调解会议，涉及贷款金额4.4亿元，成功化解银企矛盾，创新多元解纷途径。

助农服务点建设。针对农村地区存在市民卡发卡银行和金融服务银行错配问题，2019年10月19日人民银行诸暨市支行在枫桥镇试点基础金融服务站，打通金融服务“最后一公里”，满足村民日常取现需求。基础金融服务站还具备信用户初评、信贷需求对接、转账、公共缴费功能，以及反电信诈骗、反洗钱、反假货币等金融知识宣传功能。

企业账户开户行政许可取消。通过深化“放管服”改革，优化企业银行账户管理与服务，2019年2月25日在全市全面取消企业银行账户许可工作。取消许可后，企业开户环节进一步减少，开户时间压缩至2个工作日以内。（史小猛）

【中国工商银行股份有限公司诸暨支行】截至2019年末，中国工商银行股份有限公司诸暨支行（简称“工行诸暨支行”）本外币存款时点余额191.88亿元，余额在四大银行（工、农、中、建）占比29.78%，同业排名第2位；本外币贷款余额184.4亿元，比年初增加11.22亿元，余额在四大银行占比31.7%，同业排名第一；不良贷款余额2.36亿元，比年初减少3587万元；不良率1.28%，比年初下降0.29个百分点，保持“双降”。

不良贷款处置。清收处置工作提质升效，全年共清收处置不良贷款2.63亿元；全年累计劣变2.27亿元，同比下降0.4亿元；剪刀差余额（个贷余额）0.1

亿元,比年初下降0.1亿元。

外管考核A类。工行诸暨支行在2018年度"银行执行外汇管理规定情况"综合考评中,在全市14家外汇指定银行中荣获第一名,获评A类行。

"网点亮妆"工程。为有效解决网点内各类服务标牌标识破旧或标准不一的情况,提升工行的品牌形象,开展"网点亮妆"工程,确保网点标牌标示"亮化、美化、标准化",提升网点服务形象。

收单商户新增数破千。支行开展收单业务活动竞赛,至9月中旬,共发展新收单商户1029户,其中POS商户355户,二维码商户674户。

首台烟草双面屏机具投放。11月,工行诸暨支行与诸暨烟草专卖局合作开发的首台双面屏机具(收银机,在各烟草零售店安装)成功投放安装。

"枫桥式"金融消保服务站建设。"枫桥式"金融消保服务站是绍兴银行业保险业践行新时代"枫桥经验"的基础平台、金融消费者权益保护的网点阵地、公众服务和履行社会责任的便民窗口和行业形象展示的推广中心,主要配备业务政策公示咨询区、金融知识宣传教育区、消费投诉一线处理区、矛盾纠纷多元化解区、金融服务体验提升区、志愿公益形象展示区。工行诸暨支行重视"枫桥式"金融消保服务站建设工作,根据实情,制定"枫桥式"金融消保服务站管理细则;辖内两家网点营业部、枫桥支行在12月20日前完成"枫桥式"金融消保服务站建设工作,并做到"一站一亮点"、"一站一特色",把"枫桥式"金融消保服务站打造成金融消费者权益保护工作的窗口和旗帜。

跨境人民币十周年活动。为落实人民银行和上级行"服务实体经济、促进贸易投资便利化"为主题的跨境人民币业务专题宣传活动要求,更好地推动诸暨实体经济便利开展跨境人民币业务,工行诸暨支行于7月下旬开展跨境人民币十周年活动,提高跨境人民币业务的认知度,并推动跨境人民币业务稳步发展,至9月末,累计办理跨境人民币结算24380万元,同比增长12%。

首家"停管家"上线。2019年12月,首家停管家诸暨宏城物业管理有限公司智慧停车项目上线,停管家产品覆盖该公司大厦地上、地下两个停车场,共300余停车位,上线首日(12月5日),线上缴费就达到80%,每辆车的缴费时间比手工收费平均减少一分半。

对公结算账户拓户单月创新高。11月,对公拓户单月再创新高,新开对公结算账户269户,完成绍兴分行下达的月均新开户指导性目标的137.9%,比上年同期增加196户,单月超农行127户、超中行117户、超建行74户,其中新增有效基本户192户,新开对公结算账户、对公基本户净增数在诸暨四行中占比第一。

"幸福分期"推广。2019年下半年,幸福分期推出,其具有低费率、高额度、长期限的特点,至12月末,共计发放605笔,金额10464.04万元。(王琪琦)

【农业银行诸暨市支行】2019年年底,农业银行诸暨市支行(简称市农行)本外币各项存款余额212.42亿元,比年初增加11.59亿元;本外币各项贷款余额171.82亿元,比年初增23.64亿元;拨备前利润4.6亿元。

信贷投放增量新高。2019年,全行实际新投放贷款32.61亿元,创新高。实践国家普惠贷款政策和上级行对小微企业信贷的特殊政策,在信贷审批权因不良率超标仍被上收的情况下,年初成立领导小组,每周召开联席会议,协调解决营销审批中碰到的各种疑难杂症,评估信贷风险,前移信贷调查、审查,有效提高贷款审批效率。全年共新增项目贷款3户发放金额9.62亿元,新增授信客户11户发放贷款4.47亿元,新增小企业简式贷客户49户发放贷款3.32亿元,新增小微网贷客户58户发放贷款2786万元,新增微捷贷客户10户发放贷款326万元,新增抵押e贷客户13户发放贷款9408万元;9户存量授信客户新增贷款3.79亿元,10户存量小企业简式贷客户新增贷款4060万元。合计对163家各类企业新增贷款22.83亿元(不包括低风险贷款)。加大个人贷款投放,到2019年年底,全行个人贷款新增个贷9.74亿元,总量达到62.19亿元,增量、总量均居四行第一。

农行服务乡村振兴。坚持"基础金融不出村、综合金融不出镇、金融矛盾不上交"。想方设法促进基础金融不出村，将党建与服务“三农”深度融合，加强银村党支部结对，将党员先锋岗、示范岗从柜面、办公室延伸到村口、田头、街道和集贸市场等到公共场所，拓宽农行惠农、支农、富农的覆盖面。优化金融自治村、信用村和“三农金融工作室”建设，大力加强村级经济账户和农村优质客户群体的金融服务力度。至2019年年底，全行农户贷款余额10.38亿元，户数3414户，惠农卡有效客户9905户，村民建档10422户，专业大户（家庭农场）总量254户，金融自治村37个。加大渠道建设投入，提升“惠农通”服务点服务功能，让暂时没有覆盖农行金融服务地区的老百姓通过惠农通等机具办理相关业务，使之足不出户享受金融服务，至2019年年底全行已有惠农通服务点426家。扩大金融服务覆盖面，发挥派驻乡镇挂职干部作用，通过金融“才”“智”入乡镇，在政府、企业、农民展业创业之间架起一座“金桥”，促进“综合金融不出镇”。坚持“金融矛盾不上交”，在营业中心设立“枫桥式”金融消费者权益保护站，畅通消费者维护金融消费权益渠道。

企业金融服务。未发生不合理抽贷、压贷。支持部分贷款逾期企业风险化解方案的实施。帮助一些主体业务良好的企业通过关联企业担保、采用信用方式以及存量押品增值等方式，化解“两链”风险，提供信用支持。对行业龙头企业分别采用一般纯信用贷款去保证、类信用贷款去保证、提高抵押物折率保证等方式，共发放贷款5.7亿元，保证贷款金额5.24亿元，脱担保家数9家，帮扶企业斩断担保链，脱离担保圈风险。灵活应用上级行对接互联网+金融推出的贷款新产品，缓解小微企业融资难题，如推出手续简便、随用随贷、利率优惠等特点的小微网贷、抵押e贷、微捷贷等线上信贷产品，降低小微企业获得贷款的门槛；改变传统担保方式，灵活运用信用贷款、保证贷款、抵押贷款等；推行中期贷款、连贷通、小企业年审贷等贷款方式，使得中小企业至少可在贷款后3年内不用筹集资金转贷，降低企业转贷成本。2019年全行共新增实体经济法人客户131户，增量达53.69%，新增贷款9.25亿元。法人贷款余额109.62亿元，比年初增加14.57亿元。（方燕芬）

【中国银行诸暨支行】截至2019年年末，中国银行诸暨支行本外币各项存款余额111.66亿元，较年初增加4.26亿元，增幅3.97%；本外币贷款余额合计100.52亿元，较年初增加1.68亿元，增幅1.70%；不良贷款余额为1.16亿元，不良率为1.15%，分别比年初下降3.09亿元、3.15%，实现双降。4月13日，中行诸暨新城支行停止对外营业，进行撤并。11月18日，中行诸暨新世纪支行迁址浣浦路20—1号办公，通过机构调整，升级为社区型服务网点。

政府项目贷款投放。截至2019年年末，全行政府性投融资余额为11亿元。11月28日向广电公司新增投放5亿元。同时，加强表外项目营销，6月19日，作为诸暨市国有资产经营有限公司境外债项目联席全球协调人，协助企业在境外定价发行3年期高等级无抵押美元债券1.89亿美元；积极与租赁公司联动，为诸暨交投公司、开发委等申请大额融资租赁，支持地方经济发展。

不良贷款“双降”。年初，全行不良资产仍然处于高位，绝对额与不良率列四大行之首。2019年，全行继续将不良清收化解作为贯穿全年的重点工作，加强与政府和人民银行、银保监诸暨监管组的汇报与沟通，加强与上级行和法院的联系，加强与同业、企业的互动。在存量处置和增量阻击上下功夫，通过现金清收、批量处置、司法核销、资产平移等综合手段，完成不良清收化解5.56亿元，不良余额、不良率再次“双降”，不良贷款绝对额和不良率四大行最低。

普惠金融服务。继续以“税务通宝”“利业通宝”“中银循环贷”等授信创新产品为切入点进行上门推荐，为纳税申报良好的中小企业客户提供一定比例的信用额度授信，做好普惠金融服务。截至12月底，全行普惠贷款余额3.46亿元，新发展中小微企业客户数22户，税务通宝业务余额7432万元，受惠企业8家。至年底，工业企业项目储备有26个，储备授信总量2亿元。储备小微园区2个，储备金额1亿元。

客户拓展。明确客户管控与拓展五级联动机制，继续推进对公对私客户板块项目经理制度，截至12月末，全行全年对公客户新增1621户，合计7581户，对私客户新增 37144 户，合计 245748 户。

公益宣传。累计开展反欺诈、反假币、普及金融知识、消费者权益保护活动 30 余次，组织外拓 60 余次，覆盖 6000 余人次，组织微沙龙 300 余次，覆盖人群 7000 余人次。（楼文锦）

【建设银行诸暨支行】2019 年，建行诸暨支行聚焦总行“三大战略”，拓展城乡市场、支持地方经济、夯实存款基础、推进各项指标，努力做出“诸暨特色”。至 12 月 31 日，一般性存款时点余额 128.53 亿元，其中公司存款时点余额 54.47 亿元，当年新增 5.85 亿元；各项贷款余额 117.85 亿元，其中公司贷款余额 58.48 亿元，当年新增 10.62 亿元。

公共住房租赁深化。参与政府购买公租房运营管理服务的全国试点工作，全力打造“CCB 建融公租・安平小区”品牌社区。同时，诸暨建行合作开发的公共租赁住房网上审批系统实现公租房申请审批时效的大幅缩短（由原来 5 个多月减少至 16 个工作日），完成全城通办、系统融合、一键年审三大创新。目前，该公租房审批系统是全国数据信息最多、文件依据最多、系统功能最优的公租房系统。

小微企业扶持。通过走进农村、社区，推广“云税贷”“房抵贷”“结算贷”系列普惠产品，扶持小微企业。至 12 月 31 日，建行普惠金融“8+1”贷款余额 14.52 亿元，较年初新增 1.24 亿元，其中小微快贷授信金额 5.97 亿元，较年初新增 4.01 亿元，支用余额 4.08 亿元，较年初新增 2.86 亿元。

农户发展扶持。深耕农村金融市场，2019 年 5 月与诸暨市委宣传部联合举办“文明实践普惠助农”主题活动签约授牌仪式，为全市省级以上文明村代表、“好家庭信用贷”客户代表、裕农通服务点客户代表签约、授牌，探索将文明先进荣誉转化为金融荣誉的社会新风尚。以发展裕农通服务点为契机，在全市 457 个村庄设立“村口银行”，实现建行金融服务和非金融服务的“村村通”。

金融宣传活动。4 月，与福门社区合作开展“金融服务进社区，共建和谐好家园”主题活动，普及金融知识，营销拳头产品，累计为 70 余名群众提供了金融服务。5 月的“文明实践普惠助农”主题活动，通过服务“三农”，盘活农村资金、资产和资源，帮扶畅通农民增收渠道。（徐曼舒）

【交通银行股份有限公司绍兴诸暨支行】2019 年，交通银行股份有限公司绍兴诸暨支行继续坚定“两化一行”（走国际化、综合化道路，建设以财富管理为特色的一流公众持股银行集团）战略方向，成功跻身交通银行县域机构一类 A 等行序列。12 月末，人民币各项存款余额 57.13 亿元，比年初增加 16.74 亿元，市场占比 6.26%，比年初上升 46 个基点；人民币各项贷款余额 50.24 亿元，比年初增加 1.16 亿元；发债 1.12 亿元，信托投放 3 亿元，租赁投放 2 亿元、贴现 2.4 亿元；不良贷款余额 3750 万元，不良率 0.74%；实缴地方税收 2091 万元。在交通银行 2019 年“走进交行，感受温馨”消保服务劳动竞赛中，营业部被评为浙江省分行优秀网点，大唐支行被评为绍兴分行优秀网点，绍兴分行“严管理、强履职、抓合规、控风险”专项提升活动中诸暨支行排名第一。

信贷投放聚焦实体经济。聚焦实体经济，依托交行综合化经营的优势，发展全融资模式，解决企业融资困难。全年新发放贷款 12.14 亿元，全部投向实体经济，新增授信客户 12 户，新增授信提用 11.14 亿元；加大小微企业支持力度，破解小微企业融资难题，提升普惠金融服务质效。

交行线上新产品。2019 年，交通银行上线了线上抵押贷、线上税融通、优贷通等线上产品，具有申请便捷、期限长、额度高、利率低、随借随还的特点。年末，支行两增口径（单户授信总额 1000 万元以下含 1000 万元的小微企业贷款同比增速不低于各项贷款同比增速，贷款户数不低于上年同期水平）普惠贷款 2.75 亿元，新增 6614 万元；个人经营贷 9732 万元，新增 4277 万元；成功申请线上产品的客户 29 户，金额 2800 万元，其中线上抵押贷 26 户，金额 2700 万元，线上税融通新增 3 户，金额 100 万元。

各业务板块考核名列前茅。2019 年，支行各个板块齐头并进，均衡发展，公司、国际业务板块考核均列绍兴分行第一，零售板块考核列绍兴分行第二。12 月末，对公达标客户净增 266 户，完成率 115%；对公客户净增 243 户，完成率 118%；AUM 增量 5.24

亿元，完成率 308%；私人银行客户净增 18 户，完成率 200%；沃德客户净增 218 户，完成率 126%；代发有效户净增 1228 户，完成率 472.5%；有效活跃客户净增 6475 户，完成率 113%；成功营销分行首笔 1000 万家族信托；累计销售交银康联人寿保险期缴 267 万元，趸缴 2696 万元，超额完成分行下达的目标任务；累计销售贵金属 221 万元；实现国际业务中收 495 万元，完成率 149.68%，绍兴全辖排名第一；累计实现国际收支 15438 万美元；结售汇业务量 15142 万美元，绍兴全辖排名第一；在岸对公外币存款日均 718 万美元，完成率 151%，绍兴全辖排名第一。

（杨　琼）

【农业发展银行诸暨市支行】2019 年年末，农业发展银行诸暨市支行各项贷款余额 45.25 亿元，比年初减少 6.99 亿元，减幅为 13.38%；各项存款余额 12.17 亿元，比年初增加 1570.5 万元，增幅 0.96%；日均贷款余额 49.16 亿元，比上年减少 6.5 亿元，减幅 11.68%。日均存款余额 12.85 亿元，比年初减少 3.17 亿元，减幅 19.78%。其中地方储备粮油贷款 1.79 亿元、粮食收购贷款 3284.45 万元、仓储设施贷款 5454 万元、新增粮食财务挂账贷款 7487 万元、产业化龙头企业短期流动资金贷款 1995.27 万元、农村基础设施建设中长期贷款 10.5 亿元，农民集中住房建设中长期贷款 8.4 亿元，棚户区改造贷款 11.15 亿元，水利建设中长期贷款 6.73 亿元，改善农村人居环境建设中长期贷款 5 亿元。本年累计发放各类贷款 2.22 亿元，收回各类贷款 8.94 亿元，核销不良贷款 1645.21 万元。中间业务收入 180.95 万元。年末欠息 1568.52 万元。全年实现账面利润 8030.19 万元。

粮油轮换出库信贷安全保障。支行突出服务国家粮食安全战略，巩固粮棉收储信贷主办银行地位，统筹做好支持粮油收购、服务产销对接、储备轮换补库、资金保障供给等各项工作。依据轮换计划，2019 年轮换出库县级储备早籼谷 10020 吨，小麦 7000 吨，晚稻 13000 吨，菜籽油 125 吨。支行与收储企业及时沟通相互配合，通过网上公开拍卖，坚持钱到账后出库的原则，累计实现销售收入 9380 万元，收回贷款 1.37 亿元。同时，严格监管库存粮油，定期、不定期深入库点检查库存，做到账账、账表、账实相符，确保全市粮油及支行信贷安全。

新获批信贷业务项目。2019 年，支行突破三年以来未有新获批项目的瓶颈，本年新获批项目 1 个，为绍兴枫桥学院项目，获批贷款金额 5.4 亿元，本年完成投放贷款 5000 万元。在做好已批项目投放工作的同时，推动支行后续新项目的营销审批工作。

（李沁蓉）

【中国邮政储蓄银行诸暨市支行】2019 年年底，中国邮政储蓄银行诸暨市支行全年实现业务收入在全省一级支行排名第三，全年实现业务收入 2.15 亿元，同比增长 9.59%；实现利润 1.32 亿元在全省一级支行排名第五，同比增长 18.91%。规模效益指标在全省一级支行排名第三。93 名员工获内外部荣誉表彰，获得集体荣誉 26 项。

多项业务绍兴地区排名第一。2019 年，零售信贷全年净增 7.61 亿元，绍兴地区排名第一；小企业贷款结余 12.31 亿元，全省排名第一；全年日均余额 25.93 亿元，日均新增 1.9 亿元，日均净增绍兴地区排名第一；信用卡新增发卡 10303 张，完成率居绍兴地区第一位；新增 ETC 用户 4121 户，绍兴地区排名第一；全年承兑开立 5050 万元，绝对值在绍兴地区排名第一；累计办理贸易结算 1111 笔，贸易结算笔数绍兴地区排名第一；表内贸易融资（信用证议付）发生 3 笔，累计金额 3.77 亿元，绍兴地区排名第一。

邮银合作深化。5 月 24 日，开展小额贷款辅助贷款业务试点工作。截至 12 月末，小额贷款辅助贷款业务累计办理 40 户，贷款结余 1123 万元，位列全省第一。

首笔小企业法人房产按揭贷。5 月 22 日，成功落地绍兴地区首笔小企业法人房产按揭贷款业务，金额 400 万元。

社保服务事项承接。为方便公众社保业务“就近办”“多点办”，全年相继完成业务专网铺设、下沉事项梳理、网点受理号开通等工作，辖内 16 家自营及代理网点已承接线下包括出具社会保险参保信息证明、社会保险待遇领取认证、灵活就业人员基本养老保险缴费档次调整等 14 项社保服务事项。

不良处置。严格执行贷前调查、贷前会商、贷后检查、客户分层走访、客户分类管理等各项制度要求,加强客户准入、严控新增逾期。同时,通过上门清收、法院诉讼、协商还款、不良化解等手段,加快不良资产处置,全年累计清收已移交未核销贷款743万元,累计清收已核销贷款260万元。向法院提起诉讼不良贷款21笔,金额1101万元。不良率比年初降下0.21个百分点。

内控管理。12月,成功创建支行营业部和枫桥镇支行为"枫桥式"金融消保服务站。6月11日,辖内牌头镇支行通过省分行安保专家组对标准化达标网点回头看验收。6月12日,营业部通过省分行组织的中国邮政储蓄银行营业场所安全管理标准化达标验收。组织开展反洗钱知识集中培训、客户身份识别专项检查、高风险客户尽职调查、反洗钱宣传活动等,成功堵截3起电信诈骗。（袁凯宇）

【招商银行绍兴诸暨支行】2019年12月底,招商银行绍兴诸暨支行各项存款余额为29.24亿元,其中对公存款余额19.52亿元,储蓄存款余额9.72亿元;各项贷款余额22亿元,其中公司贷款8.85亿元,个人贷款13.15亿元。不良贷款余额1311万元,不良率为0.6%。

个人业务拓展。利用厅堂营销、上门服务发展提升大众客户、代发工资客户。至2019年年底,比年初新增私人银行客户2户(月日均资产达到人民币1000万元)、新增私钻客户7户(月日均资产达到人民币500万元)、新增金葵花客户52户(月日均资产达到人民币50万元);新增代发工资企业52家,新增代发客户6234户;新增有效大众客户群3679户。

公司业务拓展。持续加大小微企业信贷支持。支行在合规经营的基础上,以客户为中心,围绕客户需求提供全面综合服务。尤其注重提高小微企业信贷业务管理专业化水平,提升民营经济和小微企业的金融服务能力,针对小微企业的信贷业务特点,优化信贷审批流程,提高信贷业务审批效率。持续做好公私联动、全行联动,加强公司业务宣传和上门便民服务,提供上门开卡、上门工资卡激活、上门预开户、上门激活企业网银等便民服务。

五星网点创建。全面提升服务,创建五星网点。2019年,支行向中国银行业协会申报创建"五星级"服务网点的需求,同时制定服务提升方案,打造最佳客户体验银行,2019年7月通过中银协组织的星级网点验收,创建成五星网点。

公益活动。支行每年向云南省武定、永仁两县捐款捐物,至2019年已满10年;全体正式员工参与政府部门发起的"爱心早餐,情暖暨阳"活动;每年高温天气,为环卫工人开设"爱心避暑点";员工坚持每年参加无偿献血。（奚　萍）

【诸暨农商银行】2019年年末,诸暨农商银行各项存款余额416.19亿元,比年初增58.51亿元,增幅16.36%。各项贷款余额276.89亿元,比年初增34.72亿元,增幅14.34%。存贷款市场份额分别为24.9%和19.9%,比年初上升0.6和1.2个百分点,始终位居全市第一。年末,贷款户数为6.21万户,比年初增7332户,其中个人贷款户数为5.84万户,比年初增7423户。互联网个人客户数为37.13万户,比年初增8.94万户,互联网个人客户覆盖率为58.25%,比年初增10.37个百分点。核心商户为5500户,比年初增2511户。ETC累计发行量为13.74万台,新增90890台,占诸暨发行量的56.12%。全行五级不良贷款余额2.73亿元,比年初减少2105.44万元,五级不良率为0.99%,比年初下降0.22个百分点;实际拨备覆盖率为721.74%,流动性比率为66.08%,成本收入比为28.65%。2019年年末,实现各项收入22.78亿元,同比增1.04亿元,增速4.78%;实现利润总额4.05亿元,同比增0.53亿元,增幅15.17%;上缴税款1.81亿元。诸暨农商银行荣获浙江省"民企最满意银行"称号。

"乡村振兴"金融服务。2019年年末全行普惠签约客户14.1万户,普惠签约率34.52%。支持农业经济发展和农村产业升级,年末涉农贷款余额259.24亿元,比年初增32.18亿元。加快线上贷款推广,全年共发放"浙里贷"5661户金额6.82亿元。加大服务升级力度,6月3日,与市委组织部合作,共建乡村振兴金融服务党建联盟,年内先后与店口镇、枫桥镇、富润集团、杭州市诸暨商会等单位签订党建联盟合作协议,与东白湖镇、赵家镇共建文化金融生态示范镇，政银携手助力乡村振兴。深化金融“消薄”工作，累计发放“富村贷”8.22亿元，直接带动208个行政村增收创收。11月5日，推出“打面贷”专项产品，支持传统小吃产业转型升级。

中小企业信贷服务。优先保障民营、小微企业信贷规模。支持产业转型升级，紧跟全市数字经济重点工程实施进程，满足“专精特新”等中小企业信贷需求。强化“园区经济”支持，8月20日，出台金融支持小微企业园的专项政策，确定8个企业园区为试点合作对象，打造小微企业园的“伙伴银行”。小微企业无还本续贷业务，全年累计发放10余亿元。10月17日，创新推出商标权质押、专利权质押等业务，拓宽企业融资渠道。12月10日，顺利挂牌暨阳科技支行，为科技型企业及人才企业提供专业化、特色化服务。

产品和业务推广。进一步推广丰收智能付、丰收一码通等移动支付方式。将城乡居民基本养老保险费和基本医疗保险费缴纳、丰收ETC申领、公积金查询等功能引入丰收互联。全年新建丰收驿站20家，推动丰收驿站从业务办理型向服务营销型转化。深化银政合作，先后与农业农村局、市场监管局等18家部门单位签订战略合作协议，3月26日，创建全市首个社会化自助办税点，12月6日，推出全市首张“拥军优抚卡”，新增柜面代办医保、社保、工商登记等服务，累计实现六大类42项“最多跑一次”代办事项。全年中标12家行政事业单位的竞争性存款，金额16亿元。丰富理财产品种类，全年共发行理财107期，募集资金34.99亿元。代理业务销售，全年累计销售贵金属92.04万元，保险518.46万元，实现中间业务收入161.94万元。汽车分期业务实现年末在保余额15.05亿元，较年初新增6.63亿元。

风险管控。控好信用风险，加大信贷风险监测、预警和排查力度，及时摸排隐性不良贷款、大额贷款，真实掌握客户风险状况。加快不良贷款处置进度，开展不良清收“雷霆行动”、“金秋”劳动竞赛等活动，全年共清收不良贷款7644.52万元(含收回已核销置换贷款)。控好资金业务风险，按照监管部门意见和整改要求，压降风险资产整体规模，全年累计压降委外投资15.66亿元，同比减少65.39%，资金业务杠杆率降为129%。控好内控合规风险，开展员工行为、财务管理、可疑交易、反洗钱等专项检查，排查和化解案件风险隐患。（赵陈林）

【绍兴银行诸暨支行】2019年，绍兴银行诸暨支行在规范经营、防范风险的前提下，以发展为主线，扩展市场、创新产品、培育客户、化解不良贷款，实现多项业务全面增长。至12月底，各项存款33.38亿元，各项贷款40.42亿元，较年初增加2.86亿元。新增个人网银4786户，完成率176.6%，新增手机银行5388户，完成率158.5%；国际业务结算量1.13亿元，完成率105%；销售理财产品111亿元，全年实现账面利润8882万元，实缴税收2065.16万元。支行共有员工83人。在诸暨市人民银行举办的“浦发银行杯”诸暨市金融系统职工业务技能比武中，周盼盼获得个人手工点钞第一名。

业务拓展。至12月末，支行已开立破产管理账户26个，余额超7亿元，日均存款超7.5亿元;优质无贷大户日均存款近1.5亿元;充分发挥市民卡、集镇支行等特色吸引基础存款，2019年存蓄存款日均和时点增长均为支行成立以来最多的。利用本行抵押率相对较高、授信速度快而灵活的特点积极营销优质客户，针对大唐原料市场、袜业市场、山下湖珍珠市场、店口水暖城、城区家装市场等专业市场，发挥支行产品优势(如兴市贷等)发展包括个贷在内的综合配套服务，各项贷款实际新增贷款近6亿元，在总行公司部开展的“奋战攻坚进行时”竞赛中总成绩位列第一。全年不良现金清收约1.5亿元，利息清收超1000万元。

消保服务站建设。2019年，支行做好消保服务站建设工作，按照总行要求并借鉴多家同业经验，结合星级网点168条评分标准做好厅堂软硬件再提升，在建设消保服务站的同时，提升服务环境，合理布置功能区，添置便民设施，增强厅堂处理客户诉求的能力。支行服务好城乡居民两费征缴、深化“社银联通”工程、市民卡业务服务等工作，成功拦截一起金融诈骗案件，为客户挽回了8万元的损失。（张　华）

【杭州银行绍兴诸暨支行】2019年，杭州银行绍兴诸暨支行服务"与杭同城"战略，加大对诸暨当地各城建类国企和中小微企业等实体经济的投入，提升对企业和居民的服务质效，同时多法并施处置不良贷款，努力提高服务实体经济的能力，至2019年12月末，支行各项存款余额21.51亿元，日均23.25亿元，较年初增加3.97亿元；个人金融资产余额22亿元；表内外各项融资余额53.76亿元，较年初增加8.13亿元。不良贷款余额2576万元，比年初下降1550万元，各项贷款不良率0.73%，比年初下降0.32个百分点，实现双降。

政府平台项目融资。诸暨市城乡建设投资有限公司投放5亿元；北金所债权融资计划项目顺利投放；五泄旅游4000万元流贷发放；诸暨国资顺利完成2000万美元认购；新城投资6亿元、城东新城3亿元和越都投资1.5亿元授信审批通过；水务集团1亿元流贷审批通过并投放。

民营企业扶持。根据年初目标，支行出台公司基础客户专项营销活动方案，助力"产品有市场、发展有前景"的民营企业和科技型企业，其中恒久传动8000万元授信单笔落地，海亮2亿元票据池审批通过。

社区营销。先后举办老年大学书法协会书法家写春联、"庆元宵，猜灯谜，赢汤圆"、送金融知识下乡、与南门社区联合包粽子过端午等活动，组织开展社区营销，促零售存款增长。利用支行LED户外广告牌和网点电子跑马屏，宣传结构性存款、大客存单和理财新产品，在社区服务中心内宣讲理财产品、大额存单、防范非法集资等产品；利用"公鸡贷"（信用消费贷款）上门签约的机会，到医院、学校推介结构性存款、理财、基金、定投宝等产品。

风险防控。加大对存量风险资产，尤其是逾期欠息贷款、存量抵押风险贷款及已核销贷款的清收力度。走访和排查不良资产客户，面对面谈判核销贷款客户，专人按月催收谈妥的方案落实，确保方案落地，2019年度现金收回核销贷款1000万元；以转化方式处置风险贷款，支行在帮扶困难企业的前提下，制定一户一策的风险转化措施，盘活信贷资产，2019年度共以转化方式处置风险贷款21户、贷款金额9276万元，压降收回603万元；对进入司法流程的案件，主动与法院等有关部门协调，加快处置进度，全年累计诉讼8户、金额1685万元，申请执行7户、金额1375万元，资产拍卖6户、成交311万元。全年累计收回20户、金额1234万元，其中全额收回4户、金额480万元。（张海霞）

保险业

【中国人民财产保险股份有限公司诸暨支公司】2019年，中国人民财产保险股份有限公司诸暨支公司下属营业部4个、营销服务部13个，在编职工138人。全年实现全险种保费收入4.22余亿元，上缴税收3571.46万元。

政保合作新险种。2019年，公司继续开展政保合作推出新险种，传统的单一保险模式逐渐转变为保险+服务+金融+科技的发展新模式。2019年1月31日，在绍兴市范围内首次承保环境污染责任保险，实现保险+第三方服务防控模式，为全市电镀企业、印染企业、黄金加工企业、矿业企业、资源回收企业、环保科技公司等18家企业提供1.03亿元的风险保障；率先完成全市危化品行业名录企业的承保工作，并扩展到矿山、烟花爆竹、金属冶炼行业，为全市危化品行业工作人员提供8000万元的风险保障；与诸暨市住房和城乡建设局签订合作协议，2019年1月16日首次签发城镇住房保险，为暨阳街道的危房户提供1.75亿元的风险保障；在建筑行业开展工程履约保证保险、供货履约保证保险、农民工支付保证保险。2019年，为建筑企业释放资金2.2亿元，提供农民工工资支付风险保障4430万元；为全市钢瓶用户提供每人50万元的燃气责任风险保障。此外，公司采取预防为主的保险服务，严格控制企业风险，2019年共完成企财险新保和续保验险356起，完成工程险验险15家，企财险防汛防台企业38家、防火防爆企业25起。

涉农保险业务。农村保险业务涵盖全市27个镇乡街道、467个行政村、30.79万户农户。2019年，政策性农业保险可承保品种达到25个，居全市首位，提供风险金6.99亿元，其中，与诸暨市农业农村局、特产站对接，为茶叶种植保户提供风险保障808.8万元。2019年1月30日，成功出具绍兴市首单“绿荫”保障计划——现代农业经营主体保险，为农业经营保户提供风险保障810万元。2019年2月，新增商业性生猪强制扑杀保险，为养猪户提供风险保障5055.92万元；2019年6月，试点香榧高温干旱气象指数保险，为香榧种植保户提供风险保障19.5万元。同时公司积极推进五级机构建设工作和协保员之家工作（协保员主要是协助公司农险工作人员，为广大农户提供查勘理赔工作）。至年底，五级机构已建设10个，协保员之家4个，有协保队伍467人。

农险理赔科技化。借助无人机技术开展灾后地块查勘与定损，实现种植业的精确承保与精准理赔，养殖险实现百分之一百远程查勘定损，有效提高案件处理率和结案率。

警保合作服务。2019年，公司进一步推广“警保联勤”服务机制，推动“两站两员”建设（“两站”：交通管理站和重要路段、关口交通安全劝导站。“两员”：乡镇专职交通安全员和行政村聘用交通安全协管员），在浣东街道和枫桥镇建成两个“一级劝导站”，全面实施“人民保险＋人民警察”的轻微交通事故处理工作机制。在劳动节、国庆节、春节等节假日结合实际情况推出“警保联动快处快赔、线上线下心服务站、故障车免费救援，爱车智能体检，省心理赔旅途无忧”等服务，并在客流集中的高速口设立“心服务”站点，向所有客户包括非人保客户提供现场理赔、保险咨询、协助报案、线路导航等服务。积极开展“在线理赔”工作，全面搭建“警保＋在线”“协赔＋在线”小额快速处理模式；利用远程视频，实现在线人员、客户及第三方的视频沟通交流，减少沟通障碍，在精准送修、人伤调解、事故定责等应用场景进行推广。“在线理赔”一体化实现了理赔线上线下无缝对接，实现从“最多跑一次”到“一次也不跑”的全新效果。（俞莎莎）

【中国人寿保险股份有限公司诸暨市支公司】2019年是中国人寿保险股份有限公司诸暨市支公司的强化“基础建设年”。全年公司实现总保费收入6.49亿元，市场占比29.35%，居全市同行业第一。其中新单首年期保费1.09亿元，短期险3450万元。全年累计为7000余人提供医疗补助，支付赔款3663万元。

精准扶贫助力。2019年，公司共走访慰问困难家庭118户，送去爱心款3.5万余元。1月，响应诸暨市政府新春送福活动，走访慰问下江东社区部分困难家庭。2月，联合市计划生育协会看望慰问宣何村、江水沿村两位身患重疾的困难户。3月，协同市计划生育协会走访慰问三江新村、城新村、暨南村的失独家庭。公司作为低收入农户健康保险唯一承保单位，配合市政府对低收入农户进行动态管理，为各镇乡街道和村做好服务保障，2019年为1.32万名低收入农户提供近9.3亿元医疗与意外保障。同时，公司继续为失独家庭投保失独大病及住院补贴金保险，全年为996个失独家庭提供2700万元保障。

保险风险管控宣传进镇乡街道。公司派工作人员进镇乡街道宣传普及金融知识。5月，赴安华镇蔡家畈村开展“防范非法集资”“反洗钱”“扫黑除恶”公益宣传活动，向村民发放宣传手册200余份，接受现场咨询答疑100余人。10月，在市城市广场开展金融保险知识宣传活动，通过折页、海报、展板、易拉宝等形式宣传反洗钱、反诈骗、反非法集资，与群众面对面交流释疑，普及金融知识。（施　方）

【太平洋财产保险股份有限公司诸暨支公司】2019年，中国太平洋财产保险股份有限公司诸暨支公司实现保费收入2.07亿元，同比增长8.38%，市场占比16.5%。2019年的综合费用率、综合赔付率指标较上年同期有不同程度的下降。2019年，综合赔付率60.2%，同比下降4.44个百分点；综合费用率31.38%，同比下降4.27个百分点。

电网销和车商渠道建设。两大渠道（电网销、车商）KPI考核落实执行。电网销渠道作为个人客户主要渠道之一，把存量市场的个人业务作为重点突破方向，稳中求发展，全年续保率保持在75%以上。车商渠道整合资源，通过组建续保呼出团队，紧密联系优质综合修理厂、4S店和二级经销商，逐步改善二网渠道新车续保率低下的问题。

责任险意外险业务发展。公司发展业务多为纺织类企财险，2019年持续品质改革，7月开始放低企财险发展势头，鼓励责任险意外险发展。2019 年，企财险占比下降 5.5 个百分点，意外险及责任险占比提高 4.1 个百分点。独家承保诸暨政府疗养项目团体旅游意外险，全年共产生保费 65 万元；8 月，为海亮学前教育集团旗下全国范围的幼儿园和早教中心提供学平险、校方责任险、监护人责任险及教职工责任险等。

西施马拉松赛事医疗和意外保障。2019 年 11 月 17 日，公司为第二届西施马拉松赛事 14000 余名运动员和 3000 余名志愿者、工作人员提供超 8 亿元的医疗和意外保障。本次赛事共接到意外伤害报案 6 起，公司服务小组全程陪同就医。（俞晶晶）

【中国太平洋人寿保险股份有限公司诸暨支公司】 2019 年，中国太平洋人寿保险股份有限公司诸暨支公司完成标准保费 2.84 亿元；累计办结各类理赔案件 1389 件，支付理赔款共计 2016.7 万元。

保险知识进乡镇。2019 年，公司两次组织业务骨干到共建镇乡马剑镇，开展“保险知识宣传”。向镇村居民发放宣传资料 160 余份，讲解保险知识和公司的险种，解答村民疑问。（章连军）

证券（期货）

【证券期货营业部数量】 2019 年，新增证券营业部 1 家（华福证券有限责任公司诸暨高湖路证券营业部），至 2019 年年末，全市共有证券期货营业部 19 家，开户数 247459 户。

【交易规模】 全年累计交易金额 5620.31 亿元，较上年同期增长 55.31%；累计营业收入 1.17 亿元，较上年同期增长 20.28%；累计缴纳税费 2.636 亿元，较上年同期增长 11.7%。（王海江）

资本市场

【上市挂牌企业】 2019 年年末，全市共有上市公司 15 家（其中内地 A 股上市 13 家、香港联交所 H 股上市 1 家、美国纳斯达克上市 1 家），新三板挂牌企业 12 家，省股交中心挂牌 348 家，IPO 辅导备案企业 4 家。

【资本市场融资】 2019 年，非金融企业境内股票融资 1 项，募集资金总额 1.65 亿元；发行银行间债券市场非金融企业债务融资工具 2 项，募集资金金额 37 亿元；发行公司债 5 项，募集资金金额 89.42 亿元；发行境外美元债 1 项，募集资金金额 1.89 亿美元，折合人民币约 13.04 亿元。

【基金管理人及基金】 1—12 月，新成立并在中国证券基金业协会备案基金 16 家，至 2019 年年底，累计在我市设立的备案基金 116 家，在中国证券基金业协会登记的管理人 14 家。浙江诸暨转型升级产业基金有限公司参股子基金 17 只，总规模达 132 亿元，其中政府基金认缴出资 19.22 亿元，撬动社会资本 112.78 亿元。（王海江）

监督与管理

【企业金融风险监管】 2019 年，金融办健全企业风险预警预测制度，推进“天罗地网”系统落地，摸排各类金融风险，做好金融风险监管。落实企业风险防控制度，通过“四欠”（欠费、欠息、欠税、欠薪）信息汇总梳理，对全市“两链”（资金链、担保链）风险涉及的重点区域、行业、担保圈、企业等情况分析研判，针对性提出处置化解方案。

【失信打击】 2019 年，保持对恶意逃废债及其他非法金融行为的高压打击态势。至 12 月末，全市共立案查处逃废债案件 42 起，采取强制措施 59 人（其中抓获 54 人、上网追逃 5 人），挽回经济损失 17785 万元。

【金融信用环境清理整顿】 金融办制订投融资类企业专项清理整顿行动方案，并与公安、市场监管等部门联合做好平安建设行动中扰乱经济秩序打击治理工程相关工作，加大互联网金融风险整治力度，对发现的非吸非集线索进行会商研判并明确处置措施。参与扫黑除恶专项行动，深化逃废债黑名单公示和管理工作。开展发展“枫桥经验”调解金融矛盾增进银企互信试点工作，举办协调会 3 场，协调金额 4.4 亿元。

【各类地方金融组织监管服务】 2019 年 4 月，组织落实小贷公司年度审计和考核审计工作；组织典当公司年检和整改工作；组织开展融资租赁公司调查摸底和风险排查工作；7月，开展民间融资机构风险排查和专项整治工作；9月，开展融资担保行业规范检查暨集中换证工作。

（以上内容由金融办周娣提供）

【银行信用风险防控】银保监诸暨监管组落实绍兴银保监分局“风险防控攻坚年”活动方案工作要求，按照“充分暴露、真实反映、快速处置、源头防控”的工作目标，要求银行业机构全面摸清风险企业和贷款情况，重点掌握辖内银行信贷资产风险真实水平。制定和分解落实全年信用风险处置目标，落实每家银行年末控制数，辖内银行业机构全年累计处置不良贷款38.11亿元，其中现金清收11.37亿元，打包转让6.47亿元，分类上调3.59亿元，核销11.35亿元，贷款平移1.21亿元，其他4.12亿元。配合政府做好企业风险处置，会同市金融办、人行定期考核辖内银行业机构、小贷公司和投融资中心，确保不出现系统性和区域性风险，同时，按月报送辖内500万元以上贷款企业逾期或欠息情况和分乡镇不良贷款情况，为政府及时处置相关企业风险、加大对乡镇不良处置考核提供决策依据。

【银行保险业经营乱象整治】推进乱象整治，实现银行保险业回归本源，合规经营。加强窗口指导，压实银行保险业主体责任，加大风险提示。做好信访维稳工作，保护金融消费者权益，减轻银行声誉风险。2019年，全市银行业机构建立“枫桥式”金融消保服务站5家，对5起银行实名信访投诉、87起政务督查进行核查反馈。对信访投诉突出的2家银行机构进行了监管谈话，提出监管要求和整改措施。强化法人机构监管，提升法人治理水平。参与两家法人机构的董事会、监事会和股东代表大会，做好年度监管评级、监管报告、监管意见书、审慎监管会谈、外部审计、信息对外披露、监管三方会谈等监管工作。

【金融服务实体经济】2019年，银保监诸暨监管组按季走访企业听取意见建议，累计走访企业21家次。推进银企会商帮扶，2019年，对3家企业进行银企会商帮扶，涉及贷款4.9亿元，对5家企业进行协调帮扶，涉及贷款1.25亿元。2019年1月指导银行同业协会签订《诸暨银行业联合支持民营企业民营经济高质量发展公约》，引导银行业机构提升民营企业民营经济意识，做到畅通融资渠道、优化融资结构、推进分类帮扶，深化普惠金融服务和小微企业信贷服务。指导银行业机构加大欠息清收力度，降低贷款利率上浮幅度，严格执行信贷“七不准”（不准以贷转存、不准存贷挂钩、不准以贷收费、不准浮利分费、不准借贷搭售、不准一浮到顶、不准转嫁成本）规定，规范经营行为。

【银保监诸暨监管组日常监管】2019年，做好绍兴银保监分局诸暨监管组的组建和挂牌工作，将辖内保险机构和业务纳入监管范围。台州银行诸暨枫桥小微企业专营支行于2019年10月获批开业，宁波银行绍兴诸暨支行于2019年11月获批开业，诸暨联合村镇银行牌头支行于2019年12月获批开业，诸暨联合村镇银行应店街、赵家2家金融便民服务点开业。做好农商银行、诸暨联合村镇银行2家法人机构董事长以及银行、保险机构高管任职资格初审。2019年三季度派员参加对浙江诸暨农村商业银行股份有限公司、浙江温岭农村商业银行股份有限公司、浙江民泰商业银行股份有限公司绍兴分行、浙江新昌浦发村镇银行股份有限公司现场检查，2019年四季度派员参加对中国人民财产保险股份有限公司绍兴中心支公司、中国人寿保险股份有限公司绍兴中心支公司现场内控评估，2019年三季度组织开展对诸暨农村商业银行股份有限公司、中国人民人寿保险股份有限公司诸暨支公司、中国人寿保险股份有限公司诸暨市支公司、阳光财产保险股份有限公司诸暨支公司现场督导检查，2019年1月会同公安部门完成对全市229家银行营业网点和ATM机自助银行第六轮安全评估现场检查。

（以上内容由银保监诸暨监管组王豪盛提供）

财政·税务

财政

【概况】2019 年，全市财政总收入 142.03 亿元，同比增长 3.1%。一般公共财政预算收入 89.81 亿元，同比增长 2.8%，占 GDP 的 6.8%，占财政总收入比重为 63.2%。税收收入 74.68 亿元，占一般公共预算收入比重为 83.2%。全年收缴非税收入 96.65 亿元，增长 16.8%，其中纳入一般公共预算收入中的非税收入 15.13 亿元，增长 9.7%。全年一般公共财政预算支出 110.5 亿元，同比增长 19.8%。财政收支运行和预算执行情况基本良好。

【组织财政收入】2019 年，加强收入分析，关注宏观经济走势，摸排了解企业发展情况，加强与税务部门的沟通联系，及时掌握涉税动态信息及风险，做深做细预测分析和跟踪监测，分解压实任务，把控收入节奏，完成全年目标任务。在组织收入过程中坚持质量与效益并举，围绕“三个比重”（地方一般公共预算收入占财政总收入、税收占地方一般公共预算收入、地方一般公共预算收入占 GDP），突出可持续发展导向，挤出水分和泡沫，夯实财政收入基础。强化非税收入管理，政府非税收入全面接入统一公共支付平台，平台单位累计 110 家，全年发生资金业务 131.39 万笔，收缴资金达到 18.53 亿元。

【财政服务地方经济发展】2019 年，支持“数字经济”一号工程和科技人才新政，统筹打好惠企奖补、减税降费、产业基金等财政政策组合拳，助推传统企业提质升级，全年累计兑现各类财政奖补 7.18 亿元，人才专项资金 1.49 亿元，科技专项资金 5968 万元。全面落实减税降费政策，全年涉及停征和降标收费共计减税 19.24 亿元，提供政府应急转贷 539 次，金额达 125.41 亿元。进一步深化全国首个县级创投改革试验区（坐落于艮塔西路新金融大厦）建设，做大科技金融规模，打造集投融资服务、招商服务、中介配套服务于一体的高质量发展赋能平台。加快推动产业基金 2.0 版实质性运作，母基金已参股设立子基金 18 只，直投项目 4 个，子基金总规模累计达到 132 亿元，累计投资金额 30.3 亿元，带动社会投资 204.5 亿元。

【重点支出保障】全年实现民生支出 86.24 亿元，同比增长 19.2%，占一般公共预算支出比重达 78.0%。完善社会保障。完善基层医疗卫生机构补偿机制改革，全年拨付基层医疗卫生保障经费 2.39 亿元；推进镇街居家养老服务能力提升工程，建成镇街级居家养老服务中心25家，城乡社区示范型居家养老服务照料中心80家，累计补助2500万元。助跑文教发展。全年累计安排专项资金1.49亿元用于开展职业技能提升行动；安排各类体育事业经费860万元用于市民运动会、高水平教练员运动员引进、体育竞赛专项奖励和学校体育设施免费开放等；安排3000万元用于农村文化礼堂新建补助，安排130万元用于博物馆、文化馆、图书馆免费开放，建成文化礼堂230家，浣江书房、书吧21家。助推乡村振兴。按照“产业兴旺、生态宜居、乡风文明、治理有效、生活富裕”的总要求，加强财政支农惠农力度。全年共向上争取省级乡村振兴绩效提升奖补资金1500万元、“一事一议”财政奖补资金2000万元、省级农村综合改革集成示范项目资金2000万元；2019年7月，山下湖镇米果果田园综合体项目成功列入省级田园综合体项目，获得专项资金补助1800万元；农村饮用水达标人口覆盖率达到97%以上，基本实现城乡同质饮水。

【财政改革深化】全面实施预算绩效管理，2019年8月制定《诸暨市全面落实预算绩效管理三年行动计划(2019—2021年)》，探索建立预算安排与预算执行率、绩效评价结果挂钩的新机制，全年共组织评价项目145个，其中涉及民生实事、重点工程领域项目16个，金额累计1.76亿元。深化投融资体制改革。按照“规范科学、多元创新”的原则，组织协调各国有企业做好融资计划，逐步形成长短匹配、品种丰富的新型融资结构。综合融资成本为5.8%，直接融资和政策性银行贷款占比达37.9%；中长期贷款占比达94.8%。做大做强国有企业。在“1+7+2”（“1”指诸暨市国有资产经营有限公司；“7”指诸暨市城乡投资集团有限公司、诸暨市交通投资集团有限公司、诸暨市文化旅游集团有限公司、诸暨市水务集团有限公司、浙江浣江传媒集团有限公司、诸暨市临杭投资有限公司、诸暨市新城投资开发集团有限公司；“2”指诸暨市国有资本投资控股有限公司，诸暨市融资担保有限公司）的国有企业新格局基础上，根据各企业产业分布领域及功能，综合分类施策，继续做大资产规模。全年累计注入资产153.96亿元，其中通过政府债务、置换债调整资本公积共98.23亿元，资产再评估增值43.3亿元，行政事业单位经营及闲置资产注入12.43亿元。

【财政监管】防范化解债务风险。坚定不移实施防范化解地方政府性债务风险专项行动，稳妥有序化解存量债务，确保风险控制在合理区间，全年累计化解债务60.42亿元。规范政府采购。开展“互联网+政府采购”行动，有效利用政府数字化转型解决历史采购价格高、质量差、效率低等问题，全年依托政府采购云计算服务平台（简称政采云）平台累计节约资金0.80亿元，节约率达到1.85%，网上超市交易额达1.14亿元，位列绍兴市第一。严肃执行监督审查。开展本级财政资金和行政事业单位公款存放管理的自查及抽查，督促各单位加快落实竞争性存款存放。截至年底，累计21家单位开展竞争性存款存放，金额达到14.05亿，基本实现全覆盖。认真落实政府性投资项目概算审核、结算造价审核和标底审核工作，全年共审核项目概算336只，审减金额4.23亿元，审减率为6.9%；结算造价2695只，核减金额4.37亿元，综合核减率同比上年增长28.1%；标底送审项目139只，综合调整率达3.7%。

【第三届科技金融高峰论坛】2019年11月20日至21日，2019（第三届）中国（诸暨）科技金融暨与杭同城产融驱动高峰论坛于开元名都大酒店举办。浙江省科技厅党组副书记、副厅长宋志恒，浙江省科技厅原党组副书记、副厅长，浙江省创业投资协会常务副会长邱飞章，以及高特佳投资、安芙兰资本、毅达资本、深创投、上汽投资、达晨资本等百余家全球知名创投机构负责人和专家学者、企业负责人代表共500余人参加论坛，参会机构管理规模达到3万亿元。会上与上海证券交易所发行上市服务中心签订战略合作备忘录，与中国投资协会股权和创业投资专业委员会、中关村股权投资协会、上海市创业投资行业协会、深圳市创业投资同业公会、浙江省创业投资协会签订创投和股权战略合作框架协议。高峰论坛通过搭建产业和资本、学术和实务交流对接的平台，吸引更多金融资本、人才、信息、项目汇聚诸暨。（骆泠霏）

税务

【概况】2019年,全市累计组织税收收入133.39亿元,余粮(结转税款,下同)14.32亿元,合计147.71亿元,同比增长14.41%。全市累计组织一般公共预算收入89.81亿元,余粮9.65亿元,合计99.46亿元,同比增长13.84%,税务部门组织的一般公共预算收入占比为86.6%。2019年度,共完成社保费收入58.8亿元,超出目标任务8.8亿元。完成2020年度城乡居民医疗保险集中征缴67.53万人,入库金额3.17亿元,同比增收0.33亿元,征缴扣款进度100%,并列全省第一,缴费总进度100.8%,位列绍兴第一。

2019年,利用市民卡、医保账户等信息获取纳税人身份及账户资料并实现利用社保卡退税,累计办理追溯退税8208户,退税费额279万元。全年全市累计落实新增减税17.46亿元,占同期税收收入的13.96%。落实社保费减费降负合计5.61亿元。出口退税平均办理天数缩短至1.9天,退税提速50%以上,全年累计办理出口退(免)税31.1亿元,同比增长2.64%。制定26项企业税源回流责任落实清单,牵头完成税源引进25.6亿元,超出目标基数15.6亿元。

【税收执法规范】全年清理税收规范性文件5件。统筹制定38项法治税务工作清单,稳步推进行政执法"三项制度"(行政执法公示制度,重大行政执法决定法制审核制度,行政执法全过程记录制度)。强化内控监督平台应用,共自我纠错706个,过错责任追究8人次,全年开展自我防控14万次,按期防控比例98.58%。2019年深化税务司法协作,成功实践司法处置程序涉税处理机制,全年收到法院申请分配通知案件73件,获得分配案件25件,金额1624.9万元。

【税收征管工作】1月成立提质增效工作领导小组,统筹制定48项强化征管工作任务清单,加强外部数据交换共享和大数据分析。全年完成清缴以前年度欠税2.01亿元,清欠率19.98%。完成全市41个工业园区集中核查,征缴税款2000万元。完成国有平台公司、大型商贸体、总部大楼、各类市场房产税和土地使用税专项核查,补缴入库房产税和土地使用税3.93亿元。完成31户政策性拆迁企业专项核查,补缴入库税款7256.6万元。依托风险管理系统,构建事前防控、事中控制和事后应对的一体化、全流程税收风险管理模式,共完成642户企业风险应对,入库税款及滞纳金合计1816.64万元。持续落实深化增值税改革,切实加强改革效应分析。持续完善增值税发票风险快速反应机制。11月起推行增值税发票管理系统2.0版。持续加强六项专项附加扣除宣传和效应分析,持续开展异常扣缴申报数据集中清理,11月起有序做好个人所得税汇算清缴各项准备。7月起规范企业所得税后续审核。持续利用第三方信息有序加强环保税、资源税征管。持续提请地方政府及时调整城市维护建设税、城镇土地使用税征管。

【纳税服务】2019年,持续推行电子税务局,140项"最多跑一次"事项实现100%网上办理和零上门,网上受理占比达到92.91%;7月起落实"智能一网通"企业注销新模式,2019年共计注销公司535户,个体工商户1304户;7月起推行新办智能办理模块,实现企业开办全流程"一日办结";持续完善征纳沟通平台建设,切实解决纳税人热点和难点问题,累计辅导纳税人13.72万人次。3月起开展"便民办税春风"行动。通过"1963法润诸暨"和诸暨广电平台开展减税降费双线直播,讲授"深化增值税改革"新政,覆盖18万人次;4月联合顺丰快递公司开展"减税降费搭上'顺风车'"行动,在包裹投递中开展税收宣传;加强银税合作,4月在诸暨农商银行璜山支行设立首个社会化自助办税点,打造"半小时自助办税服务圈";4月联合绍兴市税务局国际科举办"'一带一路'走进东南亚沙龙";8月联合农业农村局、财政局,建立了一支"税小农"服务团队,开启乡村办税集约模式。优化社保缴费服务。5月31日,顺利完成全省城乡居民两费征缴软件上线试点工作,开出全省首张灵活就业人员养老保险费缴费凭证;同时依托两费征缴软件上线推出"出生一件事办理"特色服务,实现新生儿参保登记、缴费零上门。借助农商银行"丰收驿站"点多面多的优势,12月开通社保缴费功能,覆盖全市23个镇(街道)208个村(社区),实现"社保缴费不出村"。 (屠丹阳)

综合监督管理

宏观经济管理

【**概况**】2019年，市发改局做好“发展、改革、稳定、管理、服务”五篇文章，牵头编制与杭同城行动计划，开展“十四五”规划前期工作，制定《诸暨市营商环境评价办法》《诸暨市营商环境评价实施细则》等一系列制度办法，推进发展与改革各项工作，助力全市经济高质量发展。

【**项目落实**】2019年，全市完成固定资产投资额366.2亿元，同比增长7.3%，增速位居绍兴各县市区第四位（民间投资增长13.9%；交通投资增长4.1%；生态环保和公共设施投资增长-4.3%；高新技术产业投资增长42.8%）。5个市县长项目入库率达100%。认真组织重点项目筛选申报，加大审批指导力度，争取中央专项资金3060万元。全年共7个项目进入省重大产业项目计划，可申请土地指标奖励1260亩，其中海亮金属加工项目列入特别重大项目并奖励1000亩指标，为绍兴唯一，也是诸暨市历史之最。提前部署启动2020年政府性投资项目的摸排工作，对2020年拟安排新建项目严格筛选。摸排上报2020年绍兴市重点基础设施项目、服务业投资项目分别为26个、22个，计划投资分别为55.9亿元、44.2亿元。

【**接沪融杭工作**】2019年，围绕融入长三角一体化、省“四大建设”和杭绍甬一体化，贯彻“与杭同城”发展战略，牵头推动接沪融杭工作全面开展。牵头编制《诸暨市“与杭同城”三年行动计划》（该行动计划被纳入《浙江省推进长三角区域一体化发展行动方案》），重点谋划与杭同城“651”计划，即6大工程、50个重点项目、重点项目总投资1千亿元。9月20日发布《关于诸暨—杭州高速公路双向通行免费的实施办法（试行）》，对在诸暨连续缴纳基本养老保险费6个月及以上且当前为参保状态的杭州市户籍居民实行高速通行费用减免政策。

【**“十四五”规划前期工作**】2019年8月13日，印发《诸暨市“十四五”规划编制工作方案》，明确规划编制的内容、时间节点、责任单位等，摸排确定35个前期重点研究课题，涉及投资、战略性新兴产业、城市建设、生产力布局等方面。同时，摸排“四个重大”（重大平台、重大项目、重大政策、重大改革举措）项目83个。委托浙江省发展研究院编制《诸暨市“十四五”基本思路》及《经济和社会发展第十四个五年规划纲要》。

【"萧义线"建设】2019 年是萧义线实质启动第一年，根据省、市统一部署，市发改局作为指挥部办公室单位，通过调整充实萧义线建设指挥部组织架构，抽调工作人员参与日常工作，制定政策、组织测评、协调推进。全年协调完成诸暨段三线迁移；完成诸暨段全线放样、清点；坟墓迁移、管道施工借地土地交地推进；完成与建设单位、镇的包干协议签订；同时启动沿线房屋拆迁工作。

【体制改革】10 月 21 日，诸暨市优化营商环境领导小组及办公室成立，牵头协调全市优化营商环境工作。完成绍兴市 2019 年度营商环境评价调查等多次评价调查任务。制定《诸暨市营商环境评价办法》《诸暨市营商环境评价实施细则》等一系列制度办法，从政务服务环境、投资贸易环境、产业发展环境、创业创新环境和法治环境等五大方面对全市营商环境现状进行评价，并组织首次营商环境短板评价工作。落实《实体经济高质量发展三十条》等政策，推动减税降费工作，累计减税 20 亿元，其中小微企业普惠性减税 3.2 亿元，深化增值税改革减税 8.8 亿元；出口退税 38.5 亿元，增长 23%；非税收入减征 3.16 亿元。加快金融生态环境修复，通过组建政策性融资担保公司、企业健康发展基金，梳理融资帮扶"三张名单"，探索"政府 + 银行 + 保险"多方合作模式，推广"解保贷"，破解流动性风险，不良率持续下降。

深化"最多跑一次"改革。将企业投资项目审批分为项目立项、规划许可、施工许可、竣工验收四个阶段，实施统一收件、并联办理、限时办结、统一出件。"最多 90 天"实现率 100%。试点平台 3.0 版，多次组织各部门、镇乡、代办员参加集中演练和培训，13 个投资项目审批部门全面应用平台 3.0 版。牵头统筹区域评估工作，确定区域评估清单，明确 4 个省级以上园区、4 个省级以下园区实施范围、评估事项，并将任务分解落实到各园区。

【社会信用体制建设】2019 年 6 月 10 日，系统试运行汇集来自市场监管局、税务局等 33 个部门 3076891 个信用主体共 12375434 条信用信息，并接入接口 73 个，实现信息自动交换，组织召开全市信用工作培训会，开展"3·15"信用宣传活动及"政企互动"诚信专题座谈会。对接承诺制管理平台，制定《企业投资项目承诺制信用评价实施意见(试行)》。至年底，共有 75 个项目进入承诺制，均未出现重大失信和严重违反承诺的行为。牵头做好信用修复，完成绍兴首例信用修复，共完成办理信用修复 13 例。

【粮食管理】以 2019 年 3 月 31 日 24 时为检查时点，开展政策性粮食库存数量和质量大清查，根据《浙江省人民政府办公厅关于开展全省政策性粮食库存数量和质量大清查的通知》(浙政办发〔2018〕113 号)要求，对全市储备粮进行自查，清查包括：县级储备粮共 74430 吨，其中小麦 24000 吨，早籼谷 23430 吨，粳谷 26000 吨，成品粮 700 吨(折原粮 1000 吨)；商品粮早籼谷为 9.725 吨，晚粳谷为 7509.504 吨；省级储备早籼谷 9400 吨；代储小麦 22200 吨。开展粮库智能化改造，完成 11 个仓库的气密性改造、屋顶改造、制氮机房建设和通风口等设备安装。在赵家埠粮库分隔出物资仓库，完成救灾物资的交接，落实采购任务，确保台风等重大灾害期间保障充足。

(金　科)

国土监管

【概况】2019 年，全市国土资源管理工作以机构改革为契机，以"三服务"活动为抓手，深入开展"不忘初心、牢记使命"主题教育活动，切实加强国土空间统筹谋划、国土资源要素保障、生态保护和民生服务等工作，完成各项年度目标任务。诸暨市被省人民政府评为 2019 年度"节约集约利用土地、批而未供土地消化利用、闲置土地处置工作较好的市、县"，并获得省政府督查激励指标奖励；不动产登记服务窗口荣获"2019 年度浙江省不动产登记窗口便民利民成绩突出的集体"，推进"标准地"改革工作入选全省自然资源系统改革创新优秀案例，获得年度考核一等奖，被评为高质量发展突出贡献单位。

【要素保障】2019 年，筹措用地指标保障项目落地。及时向上对接，掌握政策动向，尽可能多争取计划指标；加强部门协作，与发改、交通、水利等部门紧密配合，加大省级重大产业项目和基础设施项目的申报力度，争取奖励指标；向内挖潜，筹措复垦指标和盘活指标。2019年，共筹措用地指标3018亩，完成用地报批5234亩。健全用地保障机制，严格项目准入，优先保障重大产业项目、政府性投资项目和民生基础设施项目的用地；加快推进建设项目规划选址和用地预审合并办理，率先发放绍兴市首本建设项目规划选址和用地预审意见书。

深入推进企业投资项目“承诺制+标准地”改革，“标准地”压覆矿和地质灾害区域评估工作加快推进，工业用地实现100%“标准地”出让。2019年，全市共完成“标准地”项目103宗、2024亩。《诸暨推进“标准地”改革实施有成效》入选“2019年度全省自然资源系统改革创新优秀案例”。

【耕地保护】2019年，层层落实耕地保护责任，市镇、镇村分别签订耕地保护目标责任书，分解任务、明确责任、落实措施。全面落实永久基本农田保护“田长制”工作，全市实行分级负责制，设立市级总田长、田长、网格长、网格员，由市长担任总田长，各镇乡（街道）行政主要负责人担任田长，村长或书记担任网格长，村（社区）根据本辖区内永久基本农田分布情况进行分片，分片确定网格员，签订永久基本农田保护“田长制”责任书，并设立“田长制”保护标志牌，实施“一村一牌”。全市共明确各级“田长”1359人，设立永久基本农田保护“田长制”标志牌453块，签订责任书1358份。

不断完善耕地“占补平衡”管理。按照国务院、省和绍兴的统一部署，结合我市国土资源实际，保质保量按时做好“三调”工作。用足用活政策，充分挖掘潜力，指导各镇街全力开展地块摸排，鼓励镇街实施“大地块”项目。加快推进全域整治与生态修复工程，次坞镇溪埭村、应店街镇巽坞村、江藻镇汪王村等3个项目入选2019年度浙江省全域土地综合整治与生态修复工程省级试点。全年垦造耕地1612.12亩（新增水田821.63亩），其中土地开发新增耕地10.15亩，农村土地综合整治新增耕地1601.97亩；全年完成耕作层剥离再利用762.75亩。完成2019年度绍兴市耕地保护责任目标考核任务。

严格执行耕地保护补偿制度。2019年度全市除违法违规占用耕地行为整改不到位的行政村不予补偿以外，共发放补偿金额3191.284万元。

【土地节约集约利用】2019年，进一步健全完善土地资源市场体系建设，精细谋划并不断完善年度土地出让计划，实现科学合理供地；加快推进基础设施配套和补偿安置、政策处理、三通一平等前期工作，确保“净地”出让。建立完善土地储备项目库，配合市财政局做好土地储备专项债券申报发行等工作。

加强土地招商推介，积极邀请房企实地考察，争取更多大型房企、国企前来投资落户。2019年，全市共出让国有建设用地153宗、面积3864.5亩、出让金81.98亿元。

通过全力推进拆迁遗留问题处置、规划调整、道路配套等前期工作，加快推进“四未一低”（批而未供、供而未动、拆而未用、用而未尽、低效用地）土地消化利用专项活动，完成批而未供消化任务2659亩，完成率261%；完成存量土地盘活2694亩，完成率138%；完成低效用地再开发1766.75亩，完成率102%，均超额完成省厅下达的目标任务。

【矿政管理】2019年，优化石料矿布局，完成诸暨市次坞镇新回头村香山矿区矿地综合利用项目公开出让。加强矿产资源开发利用监管和储量动态监测，完成季度检查测量工作4次，编发通报8期。加强对露天、地下矿山和探矿权的巡查，在省地矿信用信息系统完成本市采矿权、探矿权项目的巡查信息、监测信息、卫片执法信息、信访信息及荣誉信息的核实填报。

加强矿山生态环境保护，加快推进浙江省废弃矿山生态修复三年专项行动（共49个任务），2019年完成废弃矿山生态修复任务19个。积极推进绿色矿山建设第三方评估工作，完成绿色矿山建设入库4家。严格落实诸暨市打赢蓝天保卫战行动计划（2018—2020年），对全市在开露天矿山开展专项检查，要求矿山企业结合绿色矿山建设实施整改。做好“两路两侧”“四边三化”治理工程长效监管，5月对全市范围内“四边三化”“两路两侧”裸露山体治理工程开展“回头看”，督促责任单位做好治理工程的后期养护工作。

强化矿产资源监管源头防控、事后严处等工作，牵头做好全市制砂巡查监管工作，加强长效管理。

全年累计巡查矿山6000余次，对发现有非法开采迹象的隐患点，会同各镇乡（街道）及时封堵，设立禁示牌，立案查处14起涉矿违法案件。全年未发生涉矿安全事故。

加快推进地质文化村建设，应店街镇地质文化村建设项目进展迅速，完成游步道4.8千米，完成灵山坞村精品村建设，制作安装标识牌54块，新建游客服务中心60平方米，新建入口处公园200平米，升级银杏公园道路栏杆等，实现总投资约387万元。

【不动产登记】2019年，推进不动产登记“最多跑一次”改革，进一步优化营商环境。全力打造诸暨不动产登记规范办、网上办、就近办、放心办、随时办、联动办、上门办等“七办”特色服务模式；新设立开发区分中心；全面建立银行贷款与抵押登记协同办理窗口；设立不动产登记和公证协同办理点；建立不动产登记职业责任保险制度。2019年，累计发放不动产权属证书37847本，发放各类登记证明42608本，受理各类档案查询申请60861件，受理各类查封解封登记11584件，完成不动产权籍调查配号38242个，办理各类抵押登记14594件，涉及金额1257.079亿元。诸暨市不动产登记窗口被评为“2019年度浙江省不动产登记窗口便民利民成绩突出的集体”，绍兴共2家。

【地质灾害防治】2019年，圆满完成“除险安居”三年行动。全面开展“除险安居”三年行动中76个综合治理项目“回头看”行动，现场检查18组次43人次109点次，并顺利通过省级和绍兴的现场抽查。

进一步完善预防应急体系。年初印发地质灾害年度防治方案，完成全市地质灾害防治工作领导小组成员更新。市政府与27个镇乡（街道）签订责任书；落实村级监测员62名。切实加强防灾宣传，发放防灾工作明白卡21份，避险明白卡27份，宣传资料3500余份。抓好“4·22”地球日、“5·12”防灾减灾周等重要节点的宣传，完成防灾知识进农村文化礼堂117个，在东白湖镇雄踞村开展地质灾害防治专家进村驻点活动。编制印发《诸暨市地质灾害防治工作手册》；成立24支共119人的应急技术分队，落实应急专家6名，采购发放雨衣雨鞋、手电筒等应急物资276套。

密切关注降雨情况，加强与气象部门会商，累计发送预警短信65次16250余条，依托巡查管理平台，确保强降雨期间每天至少巡查2次。2019年共接报各类险情121起，影响97户338人240间房屋及行人车辆安全，全部第一时间协助责任乡镇应急调查，完成应急调查报告121份。完成12个即查即治项目，其中含8个政府性投资项目。实现全年“零伤亡”目标。

【土地执法监察】严格落实土地卫片执法监督检查工作。全市2018年度土地卫片执法工作的违法用地为48宗，总面积66.86亩，耕地37.29亩，基本农田5.22亩，初始比例为0.79%，违法用地全部处置完成，实现“个位数、零问责”目标。

深化自然资源领域扫黑除恶专项斗争，2019年向市扫黑办报送自然资源领域涉黑涉恶违法线索1宗，公安部门立案调查。完成市扫黑办移交涉及自然资源领域线索调查回复130宗。

推进违建别墅清查整治工作。成立由领导成员单位、市委督查室组成的联合督查小组，明确督导清单，加强精准督导，建立整改工作台账，实行销号管理。全市共摸排出各类别墅类项目用地32宗、面积2120.02亩。其中7宗用地纳入违建别墅清查整治范围进行处置，已全部处置到位。

巩固省“无违建县（市、区）”创建成果，加大对涉土违法案件的处理力度，定期对违法用地、非法开采案件进行督查通报。2019年，全市拆违1098起，共112万平方米，完成绍兴下达任务数的140%，完成年度目标任务数的112%；历年拆后土地利用率93.4%，两项指标均位列绍兴第一。

【农村宅基地管理】持续推进农村住房保障体系建设，2019年完成农村保障性住房出让3宗，出让面积63511.4平方米，可建建筑面积10.8万平方米；完成农村私人建房审批1941户，218220.3平方米，建筑面积65.5万平方米。

圆满完成农房发证目标任务。通过网格化管理、日常培训、巡回指导、督查调研等举措，提高农房发证完成率。至2019年年底，全市宅基地及房地一体登记发证农户数为177979户，完成绍兴市要求的年度目标任务。

切实加强“地票”后续管理，不断提升“地票”流通交易、抵扣商品房购房款项、置换年度建房指标等用途的高效便捷。2019 年，共计核发“地票”31 张，盘活存量建设用地面积 8296.64 平方米。（马奇锋）

国有资产监管

【国资管理体制完善】健全机构设置。2019 年 1 月市财政局加挂市政府国有资产监督管理办公室（以下简称市国资办）牌子。明确目标责任制考核。政府向国有企业下达年度目标责任清单，市国资办将清单内容列入对企业的年度业绩考核内容。

【监管制度建设】2019 年 9 月制定《诸暨市企业国有资产监督管理办法》，明确全市企业国有资产监管工作；2019 年 9 月制定《关于进一步加强和改进企业国有资产监督管理工作的若干意见》，明确以管资本为主，健全优化国资监管体系，加快现代企业制度建设。市国资办通过废止、修改、新立方式形成了 16 项规范性文件，推进国资监管工作制度化、规范化、体系化。提高监管效率。依法履行出资人职责，做好国有企业注资增资，章程修订，董监事、财务总监委派等工作。积极推进分级监管。自 2018 年起，落实企业国有资产交易监督制度，实行分级监管、进场交易，进一步规范全市国有企业产权交易、增资、资产交易、资产租赁等事项。

【分配管理优化】深化国有企业负责人薪酬制度改革。根据中央、省有关国有企业负责人薪改要求，2019 年 5 月制定《诸暨市市管企业负责人业绩考核与薪酬核定暂行办法》等薪酬管理制度，建立差异化薪酬考核激励约束机制，考核结果直接与企业负责人薪酬挂钩。探索国有企业工资总额预算管理。坚持按劳分配的原则，健全企业职工工资与经济效益同向联动、能增能减的分配机制。（骆泠霏）

市场监管

【工商行政管理】商事登记制度改革。2019 年，全流程“一件事”一日办结工作全面开展，在市公共服务中心大厅设立工作专窗，建立“一门进出，一窗受理、一套材料、一次采集、一网通办、一日办结”注册登记模式，实现申请企业设立、公章刻制、银行开户、发票领取四环节一站式办理，申报材料减至 6 份，办理环节减至 4 个，时间减至 8 个工作小时内；利用全省统一的“全程网上办平台”实施企业登记、公章刻制、银行预约开户、发票申领等一体化集成服务，实现证照 24 小时内寄递。优化企业名称自主申报，取消冠绍兴名申报条件和现场名称预核，名称新设或变更全面改为企业自主网上预登记后同时申报设立资料；完善网上申报途径，指导企业和群众通过网络办理登记手续，企业网报率达到 80% 以上。推行涉企事项市场监管通办，线下通过“内部流转、联合审批、数据共享、统一出件”完成办理，线上通过“浙江省商事登记证照联办平台”进行数据共享交换，实现企业设立、许可和备案事项同时申请，提高准入准营审批效率，实现省定 24 个高频联办行业上线。推进注销便利化改革，简化企业登记程序和材料，按照“简材料、简流程、减费用”的要求，取消清算组备案，提供多元化债权公告方式。提升审批服务质量，推行延时、错时、上门服务机制，开辟绿色通道，通过重点企业提前介入、“一对一”上门指导等制度，规范容错登记；推广政银合作，借助全市银行网点实现市场监管注册窗口前移，为新设企业提供免费注册登记、账户开立、网上银行、结算等“一站式”综合服务，全市共计建立 120 个标准化的“政银合作”银行网点。

“放心消费”建设。围绕“放心消费在诸暨”主题，积极推进示范建设工作，全年新培育放心商店 144 家，放心网店 18 家，放心工厂 117 家，放心餐饮 43 家，无理由退货承诺单位 165 家。发布《关于明确投诉举报处置职责分工和要求的通知》，对投诉举报实行“集中统一管理，分类分级处理”，进一步提升投诉举报处理的严谨性、时效性。全年共受理消费举报投诉咨询件共 9871 起，其中咨询 165 件，举报 1795 件，投诉 7911 件，为消费者挽回经济损失 215 万元。

“互联网 + 监管”试点工作。2019 年，诸暨市作为全省行政执法监管平台推广应用试点单位，市市场监管局负责具体牵头实施工作，第一时间制定平台应用试点实施方案，6 月 13 日，提前 7 天完成省级试点任务，6 月 20 日，提前 10 天向 24 个其他部门开展推广应用，全市高效、精准、规范的数字化监管格局初步形成。以该试点工作为主要内容的《浙江推进行政执法改革提升监管实效》（新华社，内参《国内动态情样》<第 3541 期>）获省委车俊书记批示肯定；局撰写上报的《诸暨市依托“掌上执法”构建“互联网 +”协同监管大格局》在省委其他刊物录用，《诸暨创新实施行政执法协同监管“首发响应”机制组团检查基层减负》的报道在浙江日报头版头条刊登。袁家军省长到诸暨调研“互联网 + 监管”工作时，对市场监管局做法予以肯定。

“首发响应”机制。依托省“互联网 + 监管”平台，筛选整合全市行政执法事项 850 余项，优化固定执法流程和检查细节 1205 项，制定年度“首发响应”工作计划，由首发部门制定具体行动计划，在平台 PC 端发起跨部门检查任务，并在线精准选择检查表单，任务参与部门在三个工作日内在线接收任务、启动检查响应、落实执法人员，联合对若干家市场主体进行多方位“联合会诊”，对不及时响应部门给予惩戒，对违规部门报请市领导并扣年度考核分数，实现“首发响应、一次检查、协同监管”。2019 年，全市依托“首发响应”机制共设置各类“首发”双随机检查、专项检查、协同检查等各类任务 407 条，检查 8137 户次，发现并解决问题 2104 个，跨部门联动管理工作认领率达 100%。

“互联网 + 监管 + 信用”建设。打破部门数据信息“孤岛”，将企业涉及的行政许可、行政处罚、消费投诉、年报状态、公用系统数据等五大类信息统一归集于诸暨市监管数据中心，形成六大领域的信用监管数据库，同步打通公共信用管理服务平台、“互联网 + 监管”平台数据，实现执法监管平台与信用记录实时对接共享。召开由 41 个部门参与的“互联网 + 监管 + 信用”工作会议，会同第三方公司完成信用分类监管模型建设，打造“信用 + 行业”“信用 + 重点对象”“信用 + 预警”“信用 + 涉众型”四大重点监管模型，初步建成具备诸暨信用监管特色的功能区。全年通过信用监管模块筛选重点检查对象 1417 家，重点开展专项检查 47 次，查改问题 339 个，检查结果同步在国家企业信用信息公示系统上公示并联合惩戒，推动实现“一处失信、处处受限”。

农贸市场创建改造提升。以文明创建、食安创建、平安创建为抓手，巩固市场环境长效管理机制，创成省级放心农贸市场 4 家，三星级农贸市场 2 家，二星级农贸市场 3 家；复评四星级农贸市场 1 家，三星级农贸市场 1 家，二星级农贸市场 6 家；改造提升农贸市场 3 家；全市乡村农贸市场星级覆盖率达到 79.2%。2019 年 12 月，诸暨市新农都农副产品批发市场通过浙江省“食用农产品批发市场食品安全规范化建设”验收。浙江大唐轻纺袜业城、诸暨华东国际珠宝城为“中国商品市场百强”。

执法办案。发挥综合执法优势，以“办铁案、强执法”为核心，拓展监管领域、提升执法能力。加强执法部门协同，优化行政执法与刑事司法衔接机制，成立诸暨市公安局驻市场监管局联络室，共同筑牢安全稳定防线。强化案件核审工作，诉讼率大幅下降，全年无一例败诉或复议被撤销案件。全年共办结各类案件 1103 件，较上年提升 73%，其中大要案 198 件，提升 49%；罚没款 1027 万元，提升 30%。处理涉嫌传销事件 2 起，移送公安追究刑事责任案件 18 件，采取刑事强制措施 39 人。

2019 年 9 月 12 日，市场监管局工作人员结合掌上执法平台开展节前食品安全检查 （周璟 摄）

【食品药品监管】“双安双创”工作。1 月，浙江日报刊发诸暨市省创专版；2 月，召开全市食品安全工作会议，落实《地方党政领导干部食品安全责任制规定》，在市政府常务会议作专题学习并向市委常委会议作专题汇报，“双安双创”工作持续纳入对市政府考核内容以及镇乡街道食品安全工作清单。5月，诸暨市在全省食品安全工作会议暨“双安双创”工作现场会上就校园食品安全监管工作做法作书面交流；8月，国务院发展研究中心到诸暨市调研有关民生短板问题，市场监管局就食品安全工作、深化食安城市创建情况作专题汇报；9月20日至21日，诸暨市通过浙江省食品安全市跟踪评价暗访检查。

食药安全检测。制定《2019年诸暨市食品安全监测检测工作计划》，市政府发布《诸暨市农产品市场快速检测体系建设实施方案》。全年共完成食品抽检5500余批次，风险监测1190批次，药品抽检197批次，发现不合格食品73批次、不合格药品8批次，全部完成公开闭环处置；完成快速检测22.68万批次，不合格328批次，销毁或下架不合格食品药品1.36万千克。2019年，全市未发生系统性、区域性食品药品安全事故。

食药安全监管。坚持问题导向、加强部门联合、严格风险管控，先后开展保健食品、非洲猪瘟、网络订餐、校园周边食品、养老机构食品等系列专项整治。9月起，在全市开展整治食品安全问题联合行动，围绕4项群众关切的工作重点（食品生产经营环节违法违规行为、保健食品虚假宣传、校园食品安全及农产品质量安全），检查各类经营主体3300家次，落实整改308家，培训指导968人。做好连锁药店换发证GSP复认证及新开药店等认证的现场检查工作，对特殊药品开展网上定期监控。建立食品安全、中药鉴定专家库，提高监管专业性。2019年，全市共办理各类食品药品行政案件875起，罚款金额300余万元，移送公安机关侦查起诉案件21起，采取刑事强制措施41人。

食药领域民生实事工程。完成省级农村家宴放心厨房改造提升15家。组织17名厨师参与绍兴组织的农村家宴厨师技能和食品安全知识培训。巩固提升2018年度省名特优食品作坊创建成果，20家通过名特优食品作坊和亮化达标小微食品生产企业现场验收。推行“6s现场管理法”，使同山烧小作坊告别“脏乱差”，获副省长王文序批示肯定。全面推进“送药上山进岛便民服务点”建设工作，建成东白湖镇斯宅村、马剑镇马剑村、应店街镇紫阆村、东和乡王家宅村、草塔镇青山村5个便民服务点，开展便民服务670余次，完成送药单数259单。深入实施百万学生饮食放心工程，全市289所学校全部建成阳光厨房。

食药安全社会共治。深化“四个你我”活动，整合组建24支403人的社会监督员队伍，组织行业协会、新闻媒体全程参与食品药品安全监督。完善举报奖励机制，鼓励社会公众积极举报制售假冒伪劣食品药品违法行为。织密食品药品安全宣传网，加大舆情分析和辟谣力度，建成科普宣传站23个，“诸暨市场监管”微信公众号和“食药聚焦”等栏目受到群众好评。

【市场主体培育】市场主体总量。2019年，全市共有市场主体184365家，同比增长6.9%，注册资本（金）4131.6亿元，同比增长10.3%。其中内资企业45355家，同比增长10.5%，注册资本（金）3901.6亿元，同比增长18.9%；个体工商户137395家，同比增长6%，注册资金163.8亿元，同比增长11.3%；农民专业合作社1063家，同比减少5.2%，出资总额64923万元，同比减少7.1%；外资市场主体552家，同比减少13.2%，注册资本（金）312945.3万美元，同比减少80.8%。

市场主体新增情况。2019年，新增各类市场主体25383家，同比减少0.9%（不含个转企），注册资本（金）489.5亿元，同比减少7.7%。其中新增内资企业8263家，同比增长12.6%，注册资本（金）451.4亿元，同比增加9.1%；新增个体工商户17062家，同比减少6.1%，注册资金28.4亿元，同比减少2.4%；新增农民专业合作社7家，同比减少36.4%，出资总额0.08亿元，同比增加14.3%；新增外资市场主体51家，同比增加6.3%，注册资本（金）9.6亿元，同比减少89.1%。

市场主体注销情况。2019年共注销各类市场主体15902家，同比增长24.8%。其中内资企业注销5703家，同比增长74.4%；个体工商户注销10123家，同比增长8.0%；农民专业合作社注销76家，同比增长20.6%；外资市场主体注销215家，同比增长437.5%。

内资企业发展情况。全市内资企业共45355家，同比增长 10.5%，注册资本(金)3901.6 亿元，同比增长 18.9%。其中非私营企业 2641 家，同比增加 2.1%，注册资本(金)1034.2 亿元，同比增长 85.8%；私营企业 42714 家，同比增长 11.1%，注册资本(金)2867.4 亿元，同比增长 5.3%。内资企业数在绍兴市各县、市(区)居第二位，注册资本(金)居第一位。从注册资本(金)看，全市企业仍以中小企业为主。内资企业平均规模为注册资本(金)860 万元，注册资本(金)在 100 万元以下的企业 30746 家，占 67.8%；100 万元—1000 万元(含)的企业 10617 家，占 23.4%；1000 万元—1 亿元的企业 3455 家，占 7.6%;注册资本(金)在 1 亿元以上的企业 537 家，占 1.2%。

2018—2019 年内资企业三次产业分布数及注册资本(金)对比一览表

表 12

产业类型	数量(家)			注册资本(金)		
	2019 年(亿元)	2018 年(亿元)	同比(%)	2019 年(亿元)	2018 年(亿元)	同比(%)
第一产业	923	930	−0.8	55.4	58.8	−5.8
第二产业	17946	16665	7.7	1007.7	870.8	15.7
第三产业	26486	23439	13.0	2838.5	2351.2	20.7
合计	45355	41034	10.5	3901.6	3280.8	18.9

内资企业产业分布：第一产业 923 家，同比增减少 0.8%，注册资本(金)55.4 亿元，同比减少 5.8%；第二产业 17946 家，同比增长 7.7%，注册资本(金)1007.7 亿元，同比增长 15.7%；第三产业 26486 家，同比增长 13%，注册资本(金)2838.5 亿元，同比增长 20.7%。三次产业结构比例与上年同期相比，分别增长 -0.3 个、-1.0 个、1.3 个百分点。

从行业上看，排在前三位的是制造业、批发和零售业、租赁和商务服务业，分别为 15281 家、12947 家、4384 家，分别占内资企业总数的 33.7%、28.5%、9.7%。

内资企业新设情况：2019 年，全市新设内资企业 8263 家，同比增长 12.9%（不含个转企），注册资本(金)451.4 亿元，同比增加 9.1%。其中私营企业 7858 家，同比增长 13.0%，注册资本(金)345.6 亿元，同比增加 1.9%；非私营企业 405 家，同比增长 4.1%，注册资本(金)105.8 亿元，同比增长 42.2%。新设内资企业普遍规模较小，平均规模为注册资本(金)546 万元，其中新增内资企业中注册资本(金)1000 万元(含)—5000 万元(含)的有 1015 家，同比减少 4.9%，注册资本(金)5000 万元 -1 亿的有 102 家，同比增加 200.0%,1 亿元及以上的有 55 家，与去年持平。

新设内资企业产业分布：2019 年，全市三次产业

2019 年全市新设内资企业情况表

表 13

内资企业	数量(家)	同比(%)	注册资本(金)(亿元)	同比(%)
私营企业	7858	13.0	345.6	1.9
非私营企业	405	4.1	105.8	42.2
合计	8263	12.9	451.4	9.1

新增内资企业数量分别为79家、2454家、5730家，所占比重分别为1.0%、29.7%、69.3%，产业结构持续优化，第三产业增长强劲；新增注册资本（金）分别为25637万元、901922万元、3586671万元，所占比重分别为0.6%、20.0%、79.4%。

随着商事登记制度改革的持续深入推进，全市

2019年全市新设内资企业三次产业分布情况表

表14

产业	新增家数（家）	所占比重（%）	新增注册资本（金）（万元）	所占比重（%）
第一产业	79	1.0	25637	0.6
第二产业	2454	29.7	901922	20.0
第三产业	5730	69.3	3586671	79.4

产业结构进一步优化，第三产业发展壮大，为全市加快转变经济发展方式、促进就业奠定基础。批发和零售业、制造业依然为投资热选。2019年全市新设批发和零售业内资企业2544家，制造业内资企业1796家，占新设内资企业的30.8、21.7%，位列第一、第二位，第三位的为科学研究和技术服务业，占比13.3%。

个体工商户发展情况。2019年，全市共有个体工商户137395家，同比增长6%，资金数额163.8亿元，同比增长11.3%，个体工商户总量和资金总额居绍兴市各县、市（区）“双第一”。新登记个体工商户17062家，同比减少6.1%；新增出资28.4亿元，同比增长2.4%。

个体工商户产业分布：第一产业2306家，第二产业44993家，第三产业90096家，分别占总数的1.7%、32.7%和65.6%，三次产业结构比例与上年同期相比，分别增长0、-1.9个、1.9个百分点。个体工商户新增数量居前的行业有：批发和零售业新增8519家，住宿和餐饮业新增2668家，制造业新增2631家。个体工商户总量列前三位的行业依次为批发和零售业60909家，制造业44788家，住宿和餐饮业12724家，以上3个行业占个体工商户登记总量的86.2%。

农民专业合作社发展情况。2019年，全市共有农民专业合作社1063家，同比减少5.2%；出资总额64923万元，同比减少7.1%。在绍兴市各县、市（区）中农民专业合作社总数居第二，出资总额居第三。

从合作社的出资规模来看，平均出资规模为61万元。其中出资总额100万元（含）—500万元（含）的有218家，500万元—1000万元的有24家，1000万元以上的有5家。农民专业合作社经过前几年的高位运行，增速有所趋缓。全年新增农民专业合作社7家，同比减少36.4%，出资总额774万元，同比减少14.3%。出资100万元（含）—500万元（含）的有3家。

外资市场主体发展情况。2019年，全市共有外资市场主体552家（其中分支机构96家，常驻代表机构8家），总注册资本（金）312945.3万美元。全年新增外资市场主体51家，同比增加6.3%，注册资本（金）49441.5万美元，同比减少89.1%，注销215家，同比增长437.5%。在绍兴市各县、市（区）中外资市场主体总数居第三位，注册资本（金）居第三位。从产业分布看，第一产业7家，占比1.3%；第二产业257家，占比46.6%；第三产业288家，占比52.1%。从外资企业行业分布看，列前三位的行业依次为制造业、批发和零售业、科学研究和技术服务业，分别为255家、115家、103家，占比46.2%、20.8%、18.7%。

小微企业培育发展。2019年，建立诸暨市“363”小微企业梯度培育库，完善入库企业筛选机制和升降级机制，实施动态管理，并根据培育对象的不同要

求，建立小微企业发展跟踪联络机制和个性化成长辅导机制，把小微企业培育库做大做深做强。全年入库初创型小微企业3002家、成长型小微企业612家，领军型小微企业301家。深化“银商合作”对接服务，依托小微企业云平台，运用“信用宝”对小微企业实施信用分析，突出做好块状经济、“个转企”、新设园区等小微企业的“银商对接”服务工作，共对150家小微企业进行政策宣讲、排忧解难，收集困难与问题133条，全部反馈解决。

“个转企”工作。2019年，全市共办理个转企872家，其中转为公司821家，占94.2%，转为个人独资企业51家，占5.8%。从产业看，第一产业个转企18家，占2.1%，注册资本（金）995万元。第二产业个转企402家，占46.1%，注册资本（金）22665万元。第三产业个转企452家，占51.8%，注册资本（金）25607万元。（常　昊　徐　琼）

质量技术监督

【质量提升行动】推进“双百示范”工作，引导洁丽雅和盾安智控两家企业争创“省先进质量管理示范单位”。推荐优秀QC成果参加各级优秀QC成果发表活动，共有8个成果获得绍兴市优秀QC成果。开展标准制定和指导工作，新增“品字标浙江制造”企业6家。重点围绕民生和安全及全市重点产业，开展各类产品质量监督抽查及风险监测活动，完成各级下达的监督检验和风险监测137批次、合格率评价类抽检121批次、县级定检127批次，开展成品汽柴油、车用尿素、消防产品、学生儿童服装等75批次，出具委托检验报告84份。对全市的燃油加油机、燃气表等15977台（件）计量器具开展强制检定，免征计量器具强制检定费89.38万元；为企业检定、校准各类非强检计量器具4317台（件）。完成全市给水用塑料管材管件质量安全监督工作，建立全市管材管件产业动态质量档案，对产品质量不合格企业开展质量专项监督抽查。

【特种设备安全监管】开展特种设备安全排查整治，对全市气体充装站和部分医院、企业在用低温储罐

2019年8月，市场监管人员高温下开展特种设备检查（周璟　摄）

安全情况实施抽查，开展大型空调机组中蒸发器冷凝器油分离器专项排查治理，排查有大型空调机组的特种设备使用单位50家。协调推进全市“智慧电梯”建设，完成“智慧电梯”设备安装入网300台。贯彻落实上级护航中华人民共和国成立70周年特种设备安全整治工作部署，摸排形成特种设备使用单位检查清册566家，发现并整改安全隐患69个，立案26件，行政处罚3家，下发《特种设备安全监察指令书》66份，重大安全隐患整改率达100%。推进特种设备使用安全管理分类评价，制订全市特种设备使用安全管理分类评价工作推进分案，部署全市分类评价系统应用、风险管理试点、分类评价录入工作，完成605家使用单位分类评价，风险管理日制排查90家。

【标准计量工作】组织开展“百城千业万企”对标达标提升工作，以店口铜加工和电脑刺绣机为试点产业，确定浙江盾安智控科技等20家对标达标企业。积极推进数字经济标准化工作，指导铜加工、袜业、珍珠行业龙头企业参与上级标准制（修）订工作，共发布3项国家标准，5项行业标准；完成《智能传感器数据采集模块》《智能数据采集模块》《智能设备远程控制模块》等15项标准制定工作。指导规上企业采用国际先进标准，经过下企帮扶指导，2019年全市规上企业采用国际先进标准的企业达790家，采标率为77.68%。指导行业龙头企业积极参与制（修）订国家标准、行业标准。全年制定国家标准，行业标

准累计38项，其中为主起草国标为2项；为主起草行标为9项；参与起草国标为5项；参与起草行标为22项，超额完成全年任务。指导企业参与“品字标浙江制造”标准制定工作，《珍珠美白面膜》等10项标准顺利发布。（常昊 徐琼）

安全生产监管

【概况】2019年，全市共发生各类生产安全事故25起，死亡20人，同比分别下降46%、35%。其中生产经营性道路交通事故23起、死亡17人，分别同比下降47%、39%；工矿商贸事故2起、死亡3人，事故数同比下降33%，死亡人数同比持平，未发生较大及以上生产安全事故。

【安全生产工作责任落实】根据“党政同责、一岗双责”要求，2月市政府分别与27个镇乡（街道）、29个部门（单位）签订2019年度安全生产目标责任书，与27个镇乡（街道）签订了2019年度消防工作目标责任书。重点行业部门与行业内企业签订安全生产责任书，各镇乡（街道）与辖区内生产经营单位签订9000多份安全生产责任书。全年市委常委会、市政府常务会议5次专题听取研究安全生产和消防工作情况。全市继续推行“1+6”安全生产监管责任体系，安委办发挥综合协调作用，走访调研全市重点行业领域主管部门安全生产情况。

【重点安全领域专项整治】4—11月开展涉可燃爆粉尘领域专项整治行动、4—6月开展有限空间攻坚行动、8—10月开展矿山“体检式”检查专项整治行动，共整改治理重点领域安全隐患115处。5月，推广涉可燃爆粉尘在线监测监控试点经验。建立诸暨市华能气体有限公司、浙江中泓新材料科技有限公司、诸暨市城山氯丁胶有限公司、海越能源股份有限公司4家危险化学品生产企业电子档案。11月起，开展涉危化品领域专项执法检查，排查涉及危化品单位（生产、经营、运输、使用）781家，发现整改隐患692处。2019年，挂牌督办省级隐患单位1家，绍兴市级21家，诸暨市级27家，省级、诸暨市级已全部完成整改验收，绍兴市级验收通过10家，剩余11家待验收。

【安全生产隐患大排查大整治行动】全年牵头开展全市各行业（建筑施工、城镇燃气、危险化学品、矿山、石油天然气、特种设备、有限空间、消防安全、道路交通等）安全生产隐患大排查大整治行动，共排查各类生产经营单位29101家，发现整改隐患52666处，整改率98.9%。责令整改293家，停产停业80家次，行政处罚212家，罚款534.0793万元。充分发挥安委办综合协调作用，全年对“两会”期间安全生产、岁末年初安全生产、挂牌督办隐患整改进度、安全隐患大排查大整治百日攻坚等工作开展督查8次，下发通报6个，涉及单位17家次。

【安全生产监管执法】2019年，诸暨市应急管理局共检查督查生产经营单位1657家次，下发责令限期整改指令书154份、现场处理措施决定书80份、行政处罚决定书210份。日常检查执法立案率为12%。全市本年度共立案210件，事故类案件7件，非事故类违法类案件203件。罚没款539.634万元（事故137.83万元，非事故401.80万元）。本年度共接到各类举报案件146件（其中安全生产类14件，消防132件），均在规定时间内办结，办结率100%，12月5日统计“12345”平台满意率为100%。

【安全生产惠民工程】主要以开展安全培训为内容，针对安全生产企业负责人、安管员、特种作业人员、危化品从业人员等，通过系统专家教授培训考试后，持证上岗。本年度共完成企业负责人、安管员培训人数4100余人，开班16期；特种作业人员培训完成人数约为3500人；危化品培训完成3期，参训350人，开展重点领域“送教上门”培训50场次。（郑菲芸）

公共资源交易管理

【概况】2019年，市公共资源交易平台共完成交易项目431项（笔、宗），累计完成各类交易607场次，成交金额97.04亿元，分别为建设项目17.27亿元，政府采购5.03亿元，土地（采矿权、采砂权）公开招标、拍卖、挂牌等74.75亿元，累计增效节资11.91亿元。

【建设项目交易】2019年，各类建设工程项目公开招标311项，成交311项。工程标底49.85亿元，中标价 38.5293 亿元，其中施工公开招标 115 项，工程标底 19.81 亿元，中标价 17.6 亿元。与 2018 年相比，工程进场交易数量减少 29.95%，交易额增加 83.48%。2019 年，度工程建设项目交易进场登记单位 1412 家，其中施工单位 1181 家，监理单位 184 家，招标代理 47 家。年度交易单位数量比上年增加 250 家，增长 21.51%。

【政府采购交易】2019 年，诸暨市完成政府采购预算 8.72 亿元，成交金额 7.85 亿元，节资率【（预算 – 成交 / 预算）】9.9%。完成采购交易 508 场，其中，代理完成采购预算 4.7 亿元，中标金额 4.14 亿元，节资率 11%；政采云网上超市订单数 23222 笔，成交金额 16968.34 万元，网超成交金额 18548 万元。

【要素资源交易】2019 年，土地交易共拍卖、挂牌交易 147 场次，起拍价 65.62 亿元，成交价 74.75 亿元，增幅 13.92%，比上年总成交额减少 48.8 亿元。

【交易市场规范化建设】根据《诸暨市公共资源交易黑名单管理暂行办法》，规范不良行为黑名单制度，处理各类投诉质疑，狠抓交易案件查处，特别是对监理项目质疑投诉重点查处。至 12 月底，共处理公共资源交易质疑、投诉、结果运用等事项 24 件，查处施工企业 11 家，监理单位 9 家，代理公司 2 家。查处投标人失信行为，对 62 家不符合投标条件参与投标报名的企业分别给予暂停全市投标资格 1—3 个月的处理。强化网超商品价格监管，引进第三方服务机构，对所有诸暨网上超市供应商进行价格巡检。至 12 月底，共发现 91 家供应商存在网超商品价格偏高，其中 32 家单位被暂停 1–6 个月的交易资格。按照《财政部关于在政府采购活动中查询及使用信用记录有关问题的通知》（财库【2016】125 号）文件规定，要求项目负责人在开标前，通过信用中国和中国政府采购网，查询供应商的信用记录，对有失信行为的供应商，取消其参加投标资格。根据《诸暨市工程建设项目招标代理机构星级评定暂行办法》，公管办组成专项检查组，不定期对全市 46 家工程项目招标代理机构资料档案、人员到岗、办公场地等情况进行专项检查，并公布 2018 年度星级评定结果，其中五星级 5 家、四星级 13 家、三星级 16 家、二星级 8 家、一星级 2 家，末位淘汰 2 家代理机构。强化代理日常业务考核，严格按照《诸暨市工程建设项目招标代理机构年度考核实施办法（试行）》对违规行为进行扣分，至年底，共对 8 家代理机构作出扣分处理。

【项目对接跟踪服务】2019 年，贯彻落实“三服务”机制，在主动对接、走访、调研政府性投资重点项目基础上，将 127 只 1000 万元以上需要招投标的重大政府性投资项目，明确联系领导和联系人，将责任落实到人。提前介入项目前期工作，实施动态化跟踪，及时掌握项目实施过程，确保项目招投标工作顺利推进。至年底，完成珍珠客厅（博物馆）及珍珠文化街区项目 EPC 总承包项目、五泄景区提升改造工程（一期）EPC 总承包项目、诸暨市农村保障房建设项目—牌头越兴家园、牌头越兴家园（二期）、东白湖东白嘉园工程、诸暨市总工会职校工人文化宫及群团培训中心重建工程、诸暨市枫桥镇初级中学易地新建工程、诸暨市陶朱街道明德小学新建工程等重点项目的招投标。

【工作制度创新】2019 年，针对村级工程项目决策程序过于复杂、转包违法分包现象较为普遍等问题，在学习调研和专题座谈的基础上，2019 年 5 月拟定并由两办发文《诸暨市村级工程项目实施管理规定》（市委办〔2019〕91 号），明确村级工程项目监管的主体责任，加大工程监管不力责任追究和转包、违法分包行为查处力度。对村级较小额度工程项目明确承发包模式，提供点工、包清工、工匠库等多种发包方式，同时明确决策程序和权限，减少转包和违法分包的风险，使资金真正用到民生实事工程上。在公管办指导下，2019 年 12 月在浬浦镇率先在试点村试点项目试行工匠库招标模式，节约村级资金，提升工程质量。

【网上招投标推广】2019 年，在市级工程项目全面推行全流程网上招投标的基础上，推进网上招投标市域全覆盖工作，3 月发布推行网上招投标系统的通知，明确网上招投标系统适用范围、设备建设、人员配备、时间节点等具体要求，做好镇乡（街道）准备及人员配备情况的摸排工作。4 月，组织召开全流程网上招标推进会，通过试点单位经验介绍、业务培训等环节，进一步明确工作要求。并组织骨干力量，分片区开展全流程网上招标业务指导。5月完成全市各镇乡（街道）全流程网上招标全覆盖，至12月底，各镇乡街道及部门完成全流程网上招投标项目489场次，成交金额5.83亿元。

【政府采购平台建设】2019年，上线政采云网上超市、协议供货、定点采购、在线询价、反向竞价和项目采购等六大版块，采购单位可按需选择合适的采购方式。通过网上询价，采购时间从7个工作日缩短到3个工作日。至12月底，共完成网超交易18548万元，协议供货5915万元，在线询价510万元，定点服务589万元，反向竞价130万元。全面实施政采云网上超市“一张网”。根据供应商的实施能力，采购单位的多样化选择，制定发布“一张网”征集公告，实行动态化管理，企业随时可以申请。针对制造中小企业难进入政府采购市场难题，制订制造企业上政采云试点工作方案，推出2019年度诸暨市制造供应商及商品承诺入围采购项目，明确入围条件、原则、上架审查等具体要求，面向社会征集优质产品在政采云平台上架，助力制造企业上云销售。2019年，共有洁丽雅、二马环境等23家制造企业，空气净化器、净水器等16大类323种商品进入政采云诸暨供应商平台。

【镇村工程督查指导】2019年，督查指导，走访调研，研究对策，多举措规范小额工程招标，加强村级工程实施管理的检查指导，规范村级工程实施管理工作。根据《2019年清廉建设专项行动实施意见》要求，重点做好“五清”村居建设村级工程实施督导考核工作，2019年5月、11月初、11月底3次对全市23个镇乡街道开展村级工程实施管理指导工作，并于12月对全市23个镇乡街道95个“五清”村居申报村村级工程实施情况进行考核，针对检查中发现的问题，共发通报4个，通报问题17项，发现典型案例5个，下发函告单5个，通过指导考核规范村级工程实施管理。

【小额工程设计费支付专项检查】2019年8月，市公管办联合建设局、财政局相关人员分三组通过查阅档案资料、询问相关人员等方式对500多个项目小额工程设计费支付进行检查，各镇乡街道基本按相关文件规定做好设计单位确定、设计费支付控制等工作，其中暨阳街道严格控制设计费，在按标准计取设计费基础上，分层级多轮次谈判压缩设计费。检查中也发现设计单位确定不规范、设计费计取不合理、合同管理不规范、档案资料存档不规范、工作人员相关专业知识欠缺，业务把关不力、设计单位服务不到位等6类问题，针对发现的问题制定7条整改措施（建议），规范小额工程设计费支付。（周　凌）

物价管理

【一般工商业电价】一般工商业电价在2018年累计下调0.084元/千万时的基础上，2019年4月1日和7月1日分别下调0.0219元/千瓦时和0.0529元/千瓦时，全年累计下调一般工商业用电价格0.0748元/千瓦时，减轻企业用电成本12580万元。同时继续落实清理规范转供电环节不合理加价行为，确保降价成果惠及终端用户。

【非居民管道燃气销售价格】2019年4月1日起，全市管道天然气门站价格实现“居民与非居民”并轨，市发改局制定《诸暨市发展和改革局关于降低非居民生活用天然气销售价格的通知》，4月1日至10月31日，非居民管道燃气最高销售价格由每立方米3.75元调整为3.48元（其中煤改气用户气价从每立方米3.45元调整为3.18元），减轻企业用气成本约3000万元。

【涉企清费减负】贯彻落实上级部门各项清费减负政策，减免、降低一批行政事业性和经营服务性收费项目及标准。2019年1月1日起，对从事内河集装箱运输的船舶免收船闸过闸费。2019年7月1日起，降低商标注册收费等部分行政事业性收费标准；减征、免征部分不动产登记收费，部分易地扶贫搬迁项目免征城市基础设施配套费、防空地下室易地建设费和不动产登记费等。

【涉企收费“三清理六公开”专项行动】清理行政审批中介服务、行业协会（商会）、保证金、电子政务平台、公共资源交易平台等六个重点领域的违规收费行为。同时按照"三公开"要求,公布《浙江省投资项目行政审批中介服务事项清单(2019年版)》《诸暨市实行政府定价的经营服务性收费目录清单》《诸暨市发改局下属单位涉企收费行业协会(商会)收费清单》,并建立常态化的调整和公示机制。

【城区小学(幼儿园)校内托管服务收费】2019年,坚持公益性和非营利性原则,在合理确定成本分担机制的基础上,市发改局会同教体局、财政局制定《关于城区公办小学(幼儿园)放学后校内托管服务收费有关事项的通知》,明确城区公办小学及幼儿园开展放学后校内托管服务相关收费标准、收取办法、收费公示等政策。

【民办学校学费和住宿费标准】2019年,市发改局会同教体局、卫健局等相继调整绍兴护士学校、海亮教育管理集团、诸暨荣怀学校和开放双语实验学校等非营利性民办学校的学费和住宿费标准。同时会同教体局、财政局重新修订印发《诸暨市普惠性民办幼儿园认定及管理办法(试行)》,扩大普惠性民办幼儿园覆盖面。

【教育收费审核备案】2019年秋季学期起,市发改局会同教体局完成绍兴护士学校、诸暨工业职业技术学校、诸暨湄池中学等学校的住宿和服务性收费以及公办幼儿园保教费标准的审核备案工作,规范学校教育收费行为。

【城区道路停车收费】在总结2018年道路停车收费试点工作经验基础上,根据城区道路机动车停车收费扩面工作实际,市发改局制定《诸暨市发展和改革局关于城区道路机动车停放服务收费有关事项的通知》,进一步明确城区道路停车服务收费时段、收费标准、计费办法,为城区道路机动车智能化停放提供价格政策支持,推进城区"治堵"工作。

【城镇燃气输配价格监管】2019年,按照"管住中间、放开两头"的价格管理模式,市发改局印发《诸暨市发展和改革局关于制定非居民天然气配气价格及建立上下游价格联动机制等有关事项的通知》,核定非居民天然气最高配气价格为每立方米0.77元,下调0.13元。同时建立非居民用气上下游价格联动机制,终端销售价格原则上与门站价格同步调整。2019年11月1日至2020年3月31日,非居民天然气最高销售价格从每立方米3.48元调整为3.53元(其中煤改气用户气价从每立方米3.18元调整为3.36元。)

【部分经营服务性收费放开】根据省发展改革委相关文件精神,放开部分经营服务性收费实行市场调节价。2019年8月1日起,放开司法鉴定人出庭作证费、高速公路清障救援抢修和车辆停放费、有线数字电视部分服务收费等经营服务性收费。

(以上由发改局朱建洪提供)

【价格监管】2019年,诸暨市对涉企、涉民的垄断行业价格收费实施重点专项检查,对滥用行政权力排除、限制市场准入、外卖平台不正当竞争、铁路货物运输违规收费等行为开展集中整治,对小区服务队及物业服务行为及天然气销售价格与管网配气价格的执行情况开展排查走访。完成全市涉企收费和公平竞争政策文件清理,完善公平竞争内部审查制度。及时跟踪社会热点及敏感问题,对汽车4S店价格政策执行情况开展调查,消除风险隐患。全年价格类信访投诉举报案件办结率及满意率均达100%。

(以上由市场监管局常昊提供)

审计

【概况】2019年3月,机构改革完成后,审计局内部机构共有办公室、法规和审理科、财政金融审计科、行政企事业审计科、社会保障审计科、资源环境和投资审计科、经济责任审计科和内部审计指导监督科8个职能科室,下属事业单位投资和大数据审计中心。

2019年,诸暨市审计局完成审计项目28个,查出主要问题金额98543万元,其中违规金额43万元、管理不规范金额98499万元。移送纪检监察机关处理事项1件(同时移交有关部门),移送处理人员1人,移送处理金额812万元。移送有关部门处理事项10件,移送处理人员1人,移送处理金额830万元。出具审计报告和专项审计调查报告48篇,被批示40次;审计提出建议117条,被采纳117条;推动被审计单位制定整改措施139项;促进被审计单位制定、完善规章制度26项;被录用审计信息42篇,被批示

30篇。向社会公告审计结果6篇。

【预算执行和财政决算审计】2019年，在市本级预算执行审计中，同步开展诸暨市检察院、教育局、和总工会等部门的预算执行审计，草塔镇、浣东街道办事处等单位的财政决算审计。审计中关注政府扶持资金的设立、拨付、分配等环节，分析各类财政资金的关联度、揭示公共财政体系中存在的问题。创新审计方式，运用大数据采集、分析相关财务模块。

【政策执行审计】2019年，聚焦数字经济财政扶持、养老服务体系建设、国有企业重组改革等民生热点，开展政策跟踪审计。审计中关注数字经济财政奖补政策的落实情况，以各类政策为依据，重点关注奖励资金兑现情况。聚焦养老服务体系建设，助力防范民生领域重大风险、审计中重点关注政策改革创新点和公共权力集中点等关键环节，关注社会力量投资兴建养老服务机构相关政策落实情况。

【专项审计】2019年，开展政府购买服务、社会资本办医及民营医院运行情况、土地整治及项目资金使用、本级国有资产管理等专项审计。在社会资本办医及民营医院运行情况审计中，强化大数据人员配置，引入卫健局专家参与审计，对医疗业务数据及财务数据进行关联分析，提高审计效率。诸暨市人民医院运营情况及住院部易地新建工程项目竣工决算审计中，组织全局审计力量，狠抓工程建设、内部管理等审计重点，注重审计成果提升，此项目共上报审计专报11篇，核减投资额1亿元，罚款40多万元，移关案件线索3条。

【经济责任审计】全年完成15个镇乡(街道)、部门31位领导干部经济责任审计项目。在经济责任审计中通过“三抓三提升”，以审计监督效能的提高倒逼领导干部聚焦高质量发展。一抓项目统筹，提升审计覆盖面。根据市级岗位目标责任制考核指标分解清单及各单位权力清单、决策清单，分类梳理掌握重要经济指标和发展事项的权重部门，相应安排领导干部经济责任审计项目。同时，按照经济资源和要素数量特点分类安排镇乡领导干部经济责任审计项目。二抓重点领域，提升审计导向性。推动经济高质量发展政策落实情况作为经济责任审计项目的必审内容，确保各审计组规范实施。重点审计招商引资、税源经济、扩大有效投资、淘汰落后产能等推动经济发展方面的各项任务措施完成情况的真实性、相关财政补助和奖励政策的科学性、项目投资的实际效益等方面。通过密切关注高质量发展中出现的新情况新问题，加大对各类风险隐患揭示力度，防止苗头性问题转化为趋势性问题。三抓成果运用，提升审计效用度。坚持需求导向，分析提炼高质量发展方面存在的普遍性、倾向性、深层次问题，上报关于注重考核指标科学性、提高镇乡领导干部经济风险防范能力等审计专报16篇，为市委市政府主要领导提供决策参考。

【内部审计】2019年4月，诸暨市政府制定《诸暨市人民政府办公室关于建立国家审计与内部审计协同机制的通知》，促进部门和镇乡街道加强内部审计工作体系建设，加快推进审计监督全覆盖。全年内审指导人员累计走访部门、镇乡街道等20余家，企业及金融机构等9家，派出专人协助参与公安局、交通局等内审项目，实施国家审计与内部审计协同项目1只，现场辅导20余次。其中海亮集团有限公司实施的明康汇生态农业集团下属基地专项审计获评浙江省内部审计协会“2018年度优秀内部审计项目”；《倒“二八”模式推进审计整改》获浙江省内部审计协会2019年度优秀内部审计论文二等奖。

【投资审计转型】2019年，审计局按业务职能、科室职能、人员职能分类有序推进投资审计转型，业务职能上将标底预算、造价结算审计业务划到诸暨市财政局投资预决算审核中心，局内设置资源环境和投资审计科，设置下属事业单位投资和大数据审计中心委托实施政府投资审计监督工作。对原投资审计分局21名事业在编人员进行了分流。

（俞海江　徐泽炜）

统计

【概况】2019年，诸暨市统计局稳步推进全国第四次经济普查、承办绍兴市第七次人口普查专项试点，抓好各项统计调查，提升统计监测预警服务水平，营造依法统计大环境，夯实统计基层基础，强化管理，抓牢统计队伍建设，重新设置五个内设机构和四个事业单位。诸暨市统计局被评为全国第四次经济普查国家级先进集体。

【专项统计和调查】2019年，市统计局按照上级统计部门各专业数据质量管控办法，制定各专业数据“三级预警”管理办法（初稿），联合市发改局发布《关于进一步做好投资数据质量的通知》，加强与各行业主管部门的协调配合，对上报数据进行管控，确保统计数据质量。全年顺利完成国民经济核算、农业、工业、建筑业、贸易、服务业、投资、房地产业等各项统计工作的同时，做好5‰人口变动抽样调查、群众安全感调查等专项调查工作。完成全市统计基本单位名录库的更新维护工作，全市名录库新增法人单位超过4000家。做好“一套表”单位审批工作，通过申报国家联网直报新开业单位数位居绍兴市前列。

【统计基层基础建设】2019年，制定《关于推进统计基层基础建设提高源头统计数据质量的若干意见》（市委办〔2019〕5号），发布13条政策措施着力解决基层统计工作中人员不专、队伍不稳、保障不实问题。印发《诸暨市企业统计人员岗位奖励评价办法（试行）》，制定《诸暨市企业统计人员岗位奖励评分表》，实现企业统计工作量化评价，推进“以奖代补”评价工作的落实。按要求建立诸暨市“四上”企业统计人员实名信息库，做好镇乡（街道）统计人员变更备案登记工作，实时备案，定期更新，确保对辖区内统计人员进行实时动态管理。严格按照《统计用区划和城乡划分工作手册》有关标准，结合镇乡（街道）行政区划调整，对全市23个镇乡（街道）村级属性代码全面核实，完成城乡划分。9月下旬，对全市2100家“四上”企业和520个500万元以上投资项目统计员进行了分专业统计业务培训，基本实现了专业全覆盖，培训超过2000名统计员。统计继续教育有序开展。2019年全市参加统计在线教育总数共计1679人，合格总数共计1395人，合格率超过80%。

【统计监测预警】2019年，及时开展对经济运行的跟踪监测，做好GDP等主要经济指标的预警研判，加大建言献策力度，努力增强统计分析的前瞻性、预警性、时效性。在每月报表上报期间，实行每日汇总上报制度，各专业人员密切关注企业上报情况，每日汇总数据及时反馈至各行业主管部门，实时掌握和解决数据上报期间出现的问题，形成合力强化监测预警。加强统计数据的深度挖掘，深化经济运行分析和重点课题研究，围绕经济社会发展中的重点、热点、难点问题，以数字经济、高质量发展、新中国成立70周年诸暨经济社会发展等为主题开展调研分析，撰写统计分析14篇，调研报告14篇，公报1篇。其中《农用机械无处容身使用寿命几近折半》调研被省委办《每日汇报》（第68期）、省府办《每日要情》（第72期）采用，并得到彭佳学副省长的批示肯定。

【第四次经济普查登记审核验收】继2018年完成清查工作后，2019年继续开展第四次经济普查登记审核验收工作。采用PDA进行现场登记，对28073家法人单位和107115家个体经营户做好现场登记和数据采集。综合采取网上填报与现场数据采集、市场监管、税务等渠道数据比对的多种方式，分片包干，下沉式指导，层层审核把关，严格检查验收。

【绍兴市第七次全国人口普查专项试点承办】承办绍兴市第七次全国人口普查专项试点，8月中旬在暨阳街道圆满完成试点工作，进一步了解当前人口状况，为第七次全国人口普查的方案设计和组织实施积累经验。

【统计造假专项整治】2019年9月19日，制定《统计造假问题专项整治行动工作实施方案》，成立整改落实组，明确分管领导和成员，从依法统计、基层统计员业务素质、统计数据质量管控等方面列出问题清单，明确工作目标、主要举措及完成时限，在全市开展统计造假专项整治工作。突出执法重点，根据各专业上级局提供的核查名单，进行针对性的统计专项检查；突出执法广度，从单行业执法转向全面执法，通过双随机，选择多个专业抽取检查，从而达到处罚一个点，规范一条线，扩大影响面的效果；增强执法透明度，推行“互联网+监管”执法平台应用。全年共检查企业（单位）69家，其中立案24家，警告并罚款23家，罚款12.79万元。按上级局要求，对

18家企业开展“双随机”检查，对数据质量有问题的企业，依法严肃查处。（顾锦绣）

海关

【概况】2019年，海关诸暨办事处共审核报关单1479份；征收税款1.5亿元，同比增长19.81%；备案加工贸易手册410份，备案金额2.19亿美元；签发原产地证书12076份；完成新备案企业424家、注销企业24家；进口、出口货物通关时间分别为12.99个小时和1个小时，比上年同期压缩85.1%和93.2%。在诸暨市2019年目标责任制考核中，诸暨办被评为一等奖。

【业务便利措施】2019年，推动“两步申报”通关改革。召开报关公司和进出口公司座谈会，面对面宣传海关“两步申报”改革的便利措施，2019年11月5日，万能包装有限公司成为诸暨市首家采用“两步申报”的方式申报的企业。该申报方式通过诸暨日报等媒体宣传报道。落实原产地证书自主打印，通过报纸、电视台等媒体宣传原产地证书自主打印的便利举措，惠及绣花机、袜子生产制造等多个领域。推广金关二期，通过召开加贸企业座谈会，开展系统操作培训，金关二期涉及诸暨各个加工贸易企业，为加贸手册无纸化申报打下基础。

【综合治税】走访重点税源企业。实地走访海亮、盾安等税源企业10家，电话咨询30余家，宣讲属地报关的政策优势，鼓励引导企业到属地开展报关纳税。2019年，新增纳税企业5家，原纳税企业纳税额同比增长12%。强化审价和归类工作力度，加强进口报关单审核力度，重点对电解铜、聚乙烯、机电产品等重点税源货物加强审价、归类、原产地认定工作。强化加贸备案监管。开展加工贸易企业风险排查，对一些运行情况不佳，租赁厂房的，加贸手册长期未出口的企业予以特别关注，必要时及时征收风险保证金。

【敏感商品检验监管】2019年，开展辖区重点敏感出口食品化妆品技贸措施调查和安全风险分析评估，做好进口废物原料新管理办法和新环控国家标准宣传贯彻，严防“洋垃圾”等走私行为转移到辖区。积极参与地方食品安全示范城市创建，及时通报进出口食品化妆品质量安全情况。2019年，共完成出口商品检验监管695批，货值金额5483.4万美元，完成危化品及包装检验监管144批次。

【虚假贸易管控】2019年，加强与地方党委政府、商务部门的联系沟通，以工作专报的方式，向地方主要领导报送诸暨办开展管控虚假贸易的有关工作，2019年11月，组织人员约谈涉嫌虚假贸易的企业，主要涉及8家代理公司，200余家注册企业。

【中美贸易摩擦应对】2019年，开展中美贸易摩擦企业服务月活动，走访康宇电缆、盾安环境、莎耐特袜业等15家企业，了解企业生产经营、出口订单、产能转移、应对措施、前景预期等情况；引导企业积极应对，开拓“一带一路”和自贸区市场。向受中美贸易摩擦影响，进口原材料价格上涨的企业宣传加工贸易的保税进口政策，引导企业规范开展加工贸易，帮助企业规避因关税税率调整而增加成本的情况。以工作专报的方式向地方政府提出海关的意见建议。

【服务地方经济发展】2019年，为企业解决水暖管件出口归类难题。海关诸暨办坚持问题导向，实地走访企业和所在乡镇，与企业及店口镇政府负责人就推动水暖管件产业健康发展交换意见，向上级部门积极反映企业困难和诉求，邀请杭州海关关税处和宁波海关关税处归类专家到诸暨开展水暖管件归类问题联合调研，详细了解产品生产工艺和企业生产经营情况。解决诸暨市店口镇水暖管件产业出口难题，为该产业增加出口退税近千万元。通过浙江日报、绍兴日报、绍兴电视台、绍兴广播电台等多家媒体宣传报道。帮助茶叶出口企业应对国外技术性贸易壁垒，严格落实检验监管要求，避免国外通报退运，尤其是针对出口摩洛哥茶叶，全年进行二次茶叶飞行检查，检查情况良好。配合地方政府完成营商环境调查，并参加与越城区营商环境互查工作；配合完成有关领导对诸暨辖区定点联系企业的调研走访，收集意见建议3条，并有效反馈。（赵列超）

中共诸暨市委员会

综述

2019年，面对外部环境的深刻变化，全市上下认真贯彻落实中央和上级党委决策部署，紧扣“一四十”（市委十六届五次全会提出的，紧扣高质量发展这一主线，突出接沪融杭同城化、产业转型数字化、美丽建设全域化、社会治理现代化“四个重点”，开展数字经济、改革创新、项目招商、重大设施、乡村振兴、美丽城镇、平安建设、清廉建设、基层基础“十大专项”行动），深化“三服务”，全力以赴稳企业、增动能、保平安，经济社会发展呈现稳中有进、稳中出新的良好态势。

坚持向稳进聚焦，发展动能有突破。瞄准数字经济突破口，全面实施数字经济五年倍增计划，分行业召开数字化改造现场会，成功举办中国铜加工产业年度大会、第十四届袜博会，与阿里巴巴开展袜业产业带数字战略合作，珍珠创新服务综合体成为省级培育对象，铜加工产业改造提升综合指数居全省试点首位。高质量推进特色小镇建设，袜艺小镇整体提升，珍珠小镇全面建设。引进培育数字化工程服务公司9家，与华为、海康威视等开展战略合作，新增工业机器人385台、数字车间30个，“企业上云”6678家，入围省制造业高质量发展示范县市创建名单，居全国科技创新百强县第16位。紧抓项目建设主攻点，一手抓招商选资，全力推动外贸回归、税源回流，新引进招商项目62个，总投资233.6亿元，其中10亿元以上项目11个，实到内资101.8亿元。一手抓招才引智，开展“诸暨工匠”评定工作，南华大学长三角研究院建成落地，新增绍兴“海内外英才计划”人才23名。扎实推进市县长项目工程，26个项目进入省级以上项目笼子，“四个百项”（智能化“机器换人”示范项目、新兴产业示范项目、产品升级和工业强基示范项目、绿色制造示范项目）技改项目数量位居全省第二。打好主体培育组合拳，扎实推进小微企业新三年成长计划，推动“小升规、下升上、产转法、创孵科、规上市”（小微企业升级为规上企业；规下企业升级为规上企业；产业单位转为法人单位；创业型企业孵化为科技型企业；规上企业培育为上市企业），制定出台激励政策，设立暨阳科技支行，建立市场规模主体培育库，到11月底完成“小升规”119家、“下升上”75家、“产转法”72家，新增高新技术企业80家、省科技型中小企业278家、IPO报会企业

1家，市场主体超18万家，海亮集团成为绍兴首家世界500强。新建小微企业园5个，新认定省级小微企业园7个。

坚持向融杭聚焦，全面开放有成效。加快推进一体化融入，坚持把交通作为“与杭同城”的“先手棋”，杭州都市高速公路诸暨段工程完成90%，启动建设03省道东复线店口至金浦桥快速化改造、绍诸高速浣东出口功能改建工程，创新实施诸暨至杭州高速双向通行免费政策，诸暨至北京始发高铁全面运营。“义新欧”班列诸暨专列成功加挂，诸暨港新亭埠码头—嘉兴乍浦港集装箱航线开航运行。加快推进多层次对接，实行“与杭同城”专班运作，加强与G60科创走廊（依托G60沪昆高速公路形成的科创高地）办公室、杭州拱墅区、宁波鄞州区战略合作，布局建设G60（诸暨）创新转化港，选址落地上海签证诸暨分中心，成功举办“杭州·绍兴周”诸暨专场活动、“与杭同城”产融驱动高峰论坛，“与杭同城”被纳入省长三角一体化发展行动方案。加快推进全方位合作，坚持向产业承接要红利，进一步完善开发区、高新区发展规划，拓展平台空间，提升建设“诸暨岛”“高新岛”，新增杭州籍企业410家，引进都市区各类项目96个、总投资达48.3亿元。制订出台《全域旅游总体规划》，建立西湖—西施旅游长效合作机制。推动文化、教育、医疗等公共服务共建共享，加快长三角地区政务服务“一网通办”，与拱墅区开展职工疗休养双向合作，开放融合步伐进一步加快。东西部扶贫和山海协作取得新成效。

坚持向服务聚焦，营商环境有提升。深化服务提质，扎实开展“包乡入村深化‘三服务’”活动，聚焦问题清单、落实清单、责任清单，推进调查研究、政策服务、解决问题、防范风险“四走”基层，用好“三服务”小管家，乘势而上解决了一批企业、群众、基层反映强烈的突出问题，累计走访企业20868家、群众17万户、行政村（社区、居委会）526个，收集问题2814个，解决问题2696个，办结率达95.8%。深化改革驱动，纵深推进个人和企业全生命周期“一件事”全流程“最多跑一次”，加快推行网上自助办、掌上移动办、无证刷脸办，镇乡（街道）“无差别全科受理”、网上全流程招投标均实现全覆盖。深化涉企事项便利化改革，新上工业项目承诺制实现率达100%。积极探索微改革微创新，深化部门间“最多跑一次”改革，创新实施综合执法“首发响应”机制。加快国资平台市场化转型，推进融媒体中心建设，圆满完成机构改革和部分行政区划、行政村规模调整工作。深化美丽建设，巩固文明城市创建成果，推进美丽城镇建设，加快实施高湖工程、浦阳江治理二期工程，城市功能品质不断提升。完成第二批116个“五星达标村”、12个“3A示范村”创建，80%行政村年经营性收入达30万元以上，成为省“四好农村路”示范县。完成“三改”715.4万平方米，通过省“无违建”县市复评。坚决打好污染防治攻坚战，实施“污水零直排区”和“无废城市”创建，基本完成中央、省生态环保督察整改，水质考核保持优秀，空气优良率达88.6%，成为国家生态园林城市。深化平安建设，持续推进平安诸暨、法治诸暨建设，扎实开展扫黑除恶专项斗争，五类恶性案件、刑事警情和命案发生数分别下降9.1%、11.7%、33.3%。统筹抓好经济金融、安全生产、消防安全，公共安全事故数和死亡数分别下降61.4%、41.4%。深入开展“枫桥式公安派出所”创建，全面推行信访代办制，建成市级社会矛盾纠纷调处化解中心，去京赴省上访分别下降54.8%、37.1%。深化民生保障，坚持从群众身边的“关键小事”抓起，全面小康指数居全国县级市第12位。农村危旧房改造、地质灾害“除险安居”、山塘水库整治持续推进，农村饮用水达标提标工程顺利完成，城乡居民基本养老保险、医保提标扩面。深化移风易俗，村级关爱基金实现全覆盖，成为省文化礼堂建设工作示范县市。持续推进公共服务均等化，扎实抓好学前教育资源补短工程，实施运行县域医共体，加快“书香暨阳”建设，成功举办环法挑战赛、西施马拉松和CBA篮球联赛。

坚持向党建聚焦，政治生态有优化。突出主题教育这一统领，全面把握“守初心、担使命、找差距、抓落实”总要求，深入学习贯彻习近平新时代中国特色社会主义思想，开展初心之行、重温入党誓词，组织集中学习、进行主题研讨，深入调查研究、讲好专题党课，规定动作做到位、自选动作有特色，有力推动“四个意识”“四个自信”“两个维护”往深里走、往心里走、往实里走。突出总揽全局这一总责，市委常委会将主要精力放在把方向、议大事、作决策、管全局上，以委员会第一次会议形式先后部署全面依法治市、全面深化改革等工作，组织召开人大、政协、公安、教育等工作会议，加强和改进统战、武装、老干部和群团等各项工作，精心组织中华人民共和国成立70周年与撤县设市30周年庆祝活动，把各方面力量凝聚到干事创业上来，切实形成了心齐、气顺、劲足的良好局面。突出实干担当这一导向，深化实施“干部专业化能力提升计划”，制定出台《诸暨市领导班子政治建设日常管理办法》，开展“实干担当好干部”评选活动，健全完善年轻干部选育管用链条，落实公务员职务与职级并行制度，干部队伍精气神进一步提升。突出基层基础这一根本，加快推进基层组织标准化规范化建设，统筹抓好两新组织等各领域“五星”系列创建，全面落实基层党建“四精工作法”（在基层党建工作中推行的精细管理、精品推进、精美打造、精准破题的工作方法）。扎实开展村级班子整固提升行动，严格规范村级管理“五件事”（村民建房、农村“三资”、农村土地开发复垦及承包经营、村级工程建设和村务公开），深化推广非公企业党员组织生活“就便过一次”（就近就便过组织生活），推动基层党组织全面进步、全面过硬。突出清廉建设这一重点，深化纪检监察体制改革，推进乡镇纪检监察工作规范化建设，实现基层公权力监督平台全覆盖。深入开展“警示教育月”活动，全力推进“五清”（党风清正、作风清新、权力清源、干部清廉、乡风清朗）村居建设，规范小微权力运行，打造“浣江清风”清廉文化品牌。力戒形式主义、官僚主义，持续抓好主题教育九大专项整治，强化“五张清单”管理，基层“八多”问题整治取得实效。坚定不移深化正风反腐，加强政治巡察，强化派驻监督，推进人防系统、扶贫领域腐败等专项治理，精准运用监督执纪“四种形态”，风清气正政治生态进一步巩固。（何泽龙）

重要会议

【市委全会】中共诸暨市委十六届五次全体（扩大）会议于1月2日上午召开。全会深入贯彻习近平新时代中国特色社会主义思想和中共十九大精神，全面落实中央庆祝改革开放40周年大会和中央、省委经济工作会议精神，回顾总结去年工作，研究部署今年任务，动员全市上下认清形势、坚定信心，鼓足干劲、实干担当，奋力推动诸暨经济社会高质量发展，向着（两个高水平）宏伟目标阔步迈进。市委常委会主持会议。绍兴市委常委、诸暨市委书记徐良平代表市委常委会向全会作了题为《强化行动担当加快攻坚突破奋力推动诸暨高质量发展走在前列》的工作报告。市委常委、委员、候补委员；市纪委委员；市级党员领导干部；暨阳学院主要负责人；担任过副市级以上领导职务的离退休老同志代表；市人大常委会专职委员，市政协专职常委、研究室主任；各镇乡（街道）党（工）委书记和镇乡长（办事处主任）；市级机关各部门（一级局）正职（主持日常工作的副职）；市纪委、市监委各派驻纪检监察组组长；党委建制的事业单位书记；市党代表代表；市委巡察员；2018年度“诸暨市经济发展功臣”和“诸暨市经济发展贡献奖”企业负责人；高新技术企业、科技型中小企业代表；海内外高层次人才代表；外来投资者代表；党外市级领导干部、民主党派主要负责人参加了会议。

中共诸暨市委十六届六次全体会议于1月14日召开。会议认真学习贯彻习近平总书记关于深化党和国家机构改革的重要论述，全面贯彻落实中央和省委深化地方机构改革的部署要求，传达学习省委、省政府批复同意的《诸暨市机构改革方案》，研究部署下一阶段机构改革组织实施工作。市委常委会主持会议，绍兴市委常委、诸暨市委书记徐良平讲话，市委副书记王芬祥等出席。市委委员、候补委员；市人大常委会、市政府、市政协党员领导，市人武部政委；市委办、人大办、市府办、政协办主要负责人；各乡镇（街道）党政主要负责人参加了会议。

中共诸暨市委十六届七次全体会议于3月1日召开。会议听取并审议《诸暨市乡镇行政区划调整方案》和《关于开展乡镇行政区划调整工作的实施意见（审议稿）》，提请通过《中共诸暨市委关于乡镇行政区划调整方案的决议（审议稿）》。市委常委会主持会议。

绍兴市委常委、诸暨市委书记徐良平讲话。

中共诸暨市委十六届八次全体(扩大)会议于8月5日上午召开。全会以习近平新时代中国特色社会主义思想为指导,全面贯彻落实省委十四届五次全会、绍兴市委八届六次全会精神,总结上半年工作,部署下阶段任务,进一步动员全市上下保持定力、稳扎稳打,集中精力抓落实,聚焦重点求突破,确保圆满完成全年各项目标任务,奋力增创诸暨高质量发展新优势,以优异成绩庆祝中华人民共和国成立70周年。市委常委会主持会议。绍兴市委常委、诸暨市委书记徐良平代表市委常委会向全会报告工作。市委副书记、市长王芬祥部署当前工作。市委委员、候补委员;市纪委(监委)委员;浙江农林大学暨阳学院主要负责人、南华大学长三角研究院主要负责人;担任过副市级以上领导职务的离退休老干部代表;市人大常委会专职委员,市政协专职常委、主任;各镇乡(街道)党(工)委书记和镇乡长(办事处主任);市级各部门正职(主持日常工作的副职);市纪委市监委各派驻纪检监察组组长;党委建制的事业单位书记;市党代表代表;市委巡察专员;2018年度"突出贡献奖(企业经营者)"负责人;高新技术企业、科技型中小企业代表;海内外高层次人才代表;外来投资者代表;市内各民主党派主要负责人参加了会议。

中共诸暨市委十六届九次全体(扩大)会议于12月9日上午召开。全会以习近平新时代中国特色社会主义思想为指导,深入贯彻中共十九大和十九届四中全会精神,全面落实省委十四届六次全会和绍兴市委决策部署,回顾总结2019工作,研究部署明年任务,审议通过《中共诸暨市委关于学习贯彻党的十九届四中全会精神高水平推进县域治理现代化的决定》,动员全市上下认清形势、坚定信心,开放融合、守正创新,争当全国县域治理现代化排头兵,打造全省"'八八战略'再深化、改革开放再出发"先行区,奋力开创诸暨"两个高水平"建设新局面。市委常委会主持会议。绍兴市委常委、诸暨市委书记徐良平代表市委常委会向全会报告工作。市委副书记、代市长胡华良部署当前工作。市委委员、候补委员;市纪委(监委)委员;浙江农林大学暨阳学院主要负责人、南华大学长三角研究院主要负责人;担任过副市级以上领导职务的离退休老干部代表;市人大常委会专职委员,市政协专职常委、主任;各镇乡(街道)党(工)委书记和镇乡长(办事处主任);市级各部门正职(主持日常工作的副职);市纪委市监委各派驻纪检监察组组长;党委建制的事业单位书记;市党代表代表;市委巡察专员;2018年度"突出贡献奖(企业经营者)"负责人;高新技术企业、科技型中小企业代表;海内外高层次人才代表;外来投资者代表;市内各民主党派主要负责人参加了会议。

【市委常委会】2019年,中共诸暨市委共召开市委常委会会议和市委常委会(扩大)会议20次,就有关重要工作进行研究和作出决定。

1月1日,会议传达学习了习近平总书记在庆祝改革开放40周年大会上的重要讲话精神;传达学习了中央经济工作会议、全省经济工作会议精神;传达学习了《中国共产党支部工作条例(试行)》精神;传达学习了车俊书记在年轻干部座谈会上的讲话摘要精神;传达学习了书记车俊在"最多跑一次"改革专题协商座谈会上的讲话摘要精神;传达学习贯彻了全省巡视巡察工作现场推进会精神;听取了市人大、市政协党组关于市十七届人大三次会议、市政协十四届三次会议总体安排、筹备工作情况和各项建议名单草案的汇报;听取了市人大常委会、市政府、市政协、法院、检察院党组关于2018年工作情况及提交市"两会"审议工作报告的汇报;听取了关于诸暨市2018年国民经济和社会发展计划执行情况与2019年国民经济和社会发展计划草案的汇报、2019年政府性投资项目计划的汇报;听取了关于全市2018年财政预算执行情况和2019年财政预算草案的汇报;听取了机关党建工作情况的汇报;听取了平安创建工作情况的汇报;会议听取了全市信访工作情况的汇报;讨论确定了《关于当前我市意识形态领域情况的通报(审议稿)》;讨论确定了《关于建立市人民政府向市人大常委会报告国有资产管理情况制度的实施意见(审议稿)》;会议还通报和通过了有关人事事项。

1月31日，会议传达学习习近平总书记在中央政治局民主生活会上的重要讲话精神；传达学习了习近平总书记在中央政治局第十次、十一次集体学习时的讲话精神；传达学习了中央政法工作会议、全省扫黑除恶专项斗争视频会议精神；传达学习了《中国共产党纪律检查机关监督执纪工作规则》精神；传达学习了车俊书记在丽水调研座谈会上的讲话摘要精神；传达学习了十九届中央纪委三次全会、省纪委十四届四次全会精神；传达学习了《中共浙江省委办公厅关于省教育厅、省教育考试院决策严重错误造成重大责任事故的通报》精神；传达学习了绍兴市委八届五次全体（扩大）会议精神；听取了广播电视台观众年货节有关情况的检讨；听取了公安工作情况汇报；讨论并原则同意2018年度诸暨市突出贡献奖等名单；讨论并原则同意《关于追授詹文锴同志为“诸暨市优秀共产党员”的决定》；讨论并原则同意《诸暨市数字经济五年倍增计划（审议稿）》；讨论并原则同意2018年镇乡（街道）、市级机关工作目标责任制考核结果；讨论并原则同意全市经济工作会议方案；讨论并原则同意《2019年市委市政府工作要点》；会议还通过了有关人事事项。

2月21日，会议传达学习了《中国共产党政法工作条例》精神；传达学习了《中共中央办公厅印发〈关于党的十九大以来中央政治局贯彻执行中央八项规定情况的报告〉的通知》精神和绍兴市纪委对诸暨市2018年度从严治党主体责任报告的反馈意见；传达学习了全国宣传部长会议和全省宣传思想工作会议精神并听取诸暨市贯彻落实意见；传达学习了全国安全生产电视电话会议、全省安全生产暨消防工作电视电话会议精神；传达学习了省十三届人大二次会议、省政协十二届二次会议精神；传达学习了省委政法工作会议精神；传达学习了车俊书记在全省信访工作座谈会上的讲话摘要精神；会议传达学习了省委、省政府主要领导关于食品安全工作的讲话精神；传达学习了全省县级融媒体中心建设推进会精神并听取诸暨市贯彻落实意见；传达学习了书记车俊在十四届省委第六次县（市、区）委书记工作交流会上的讲话摘要精神；传达学习了书记车俊在2018年度全省党委（党组）书记抓基层党建和人才工作述职评议会上的讲话摘要精神；会议讨论并原则同意市委常委分工。

3月1日，会议讨论并原则同意《诸暨市乡镇行政区划调整方案（审议稿）》《关于在乡镇行政区划调整过程中严明有关纪律的通知》《关于做好乡镇行政区划调整过程中财务和资产清查及划转工作的通知》《关于在乡镇行政区划调整过程中切实做好档案（印章）管理和移交工作的通知》。

3月5日，会议传达学习了习近平总书记在十九届中央政治局第十二次集体学习时的讲话精神；传达学习了习近平总书记在《告台湾同胞书》发表40周年纪念会上的讲话精神；会议传达学习了全国、全省统战部长会议精神并听取我市贯彻落实意见；传达学习了《中共中央关于加强党的政治建设的意见》精神；传达学习了全国、全省、绍兴市组织部长会议精神；传达学习了李克强总理在国家科技领导小组第一次全体会议上的讲话精神；传达学习了车俊书记在金融工作座谈会上的讲话摘要精神；传达学习了全省法院院长会议精神；传达学习了马卫光书记在绍兴市纪委八届四次全会上的讲话摘要精神；传达学习了马卫光书记在绍兴市扫黑除恶专项斗争视频会议上的讲话摘要精神；讨论并原则诸暨市2018年度机关优秀共产党员名单；听取了绍兴市委组织部选人用人专项检查反馈意见；讨论并原则同意2018年度领导干部“三考合一”综合考评结果和镇乡部门领导干部2018年度考核等次；会议还通报和通过了有关人事事项。

3月21日，会议传达学习了《中国共产党重大事项请示报告条例》精神；传达学习了胡春华副总理、彭佳学副省长在全国、全省推进“大棚房”问题专项清理整治行动电视电话会议上的讲话精神并听取我市专项清理整治情况；传达学习了车俊书记在省委网络安全和信息化委员会第一次全体会议上的讲话精神；传达学习了《中共浙江省委办公厅关于认真学习贯彻车俊同志批示精神更实更细更精准开展“三服务”活动的通知》精神；传达学习了绍兴市深化派驻机构改革工作会议精神；讨论并原则同意《关于深化市纪委市监委派驻机构改革的意见（审议稿）》、《市纪委市监委派驻机构改革方案（审议稿）》；听取了诸暨市对接“义新欧”相关情况的汇报；讨论并原则同意《2019年市委理论学习中心组学习计划（审议稿）》；会议还票决通过了有关人事事项。

4月3日，会议传达学习了《党政领导干部选拔任用工作条例》；传达学习了书记车俊在推进长三角一体化发展工作情况汇报会上的讲话精神；传达学习了书记车俊、省长袁家军对省委农村工作会议的批示和副书记郑栅洁、副省长彭佳学在省委农村工作会议上的讲话精神；传达学习了全省反恐怖工作会议暨铁路与地方公安警务融合现场会精神并听取本市贯彻意见；传达学习了全省老干部局长会议精神并听取本市贯彻意见；传达学习了马卫光在全市信访工作会议暨深化“三服务”开展“两减一创”行动部署会上的讲话摘要；会议听取了高新区工作专题汇报；听取了扫黑除恶专项斗争开展情况的汇报；听取了“三服务”工作开展情况的汇报；讨论并原则同意《2019年镇乡（街道）工作目标责任制考核办法（审议稿）》、《2019年市级机关工作目标责任制考核办法（审议稿）》；会议还票决通过了有关人事事项。

4月18日，会议传达学习了全省建设平安浙江工作会议精神并听取本市贯彻落实意见；传达学习了组长李智勇、副组长石生龙、书记车俊在中央扫黑除恶第11督导组督导浙江省工作动员会上的讲话精神和中央扫黑除恶督导组第一次工作对接会反馈的问题和提出的建议精神；传达学习了省委省政协“请你来协商”平台建设相关文件和会议精神并听取本市贯彻落实意见；传达学习了全省关于中央宗教工作督查整改工作专题会议精神并听取本市贯彻落实意见；传达学习了书记任振鹤在绍调研时的讲话精神；传达学习了《中共浙江省委办公厅浙江省人民政府办公厅关于整治形式主义突出问题切实减轻基层负担的若干意见》精神；讨论确定了《2019年诸暨市“双招双引”竞赛活动实施方案（审议稿）》；讨论并原则同意《关于坚持发展新时代“枫桥经验”全面推行信访代办制的通知（审议稿）》；讨论并原则同意2019年诸暨市节会活动总体安排；会议还通报和票决通过了有关人事事项。

5月10日，会议传达学习了《中国共产党党组工作条例》精神；传达学习了《党政领导干部考核工作条例》精神；会议传达学习了中央扫黑除恶第11督导组副组长石生龙来绍督导精神；传达学习了车俊书记在全省深化国资国企改革座谈会上的讲话精神；讨论并原则同意《关于促进实体经济高质量发展政策三十条（审议稿）》；讨论并原则同意《整治形式主义突出问题切实减轻基层负担八项措施（审议稿）》；讨论并原则同意《中共诸暨市委法律顾问工作规则（审议稿）》；讨论并原则同意镇乡（街道）责任领导、责任部门。

6月4日，会议传达学习了习近平总书记在解决“两不愁三保障”突出问题座谈会上的讲话，并进行了讨论；传达学习了中央扫黑除恶第11督导组第二次工作通报对接会精神，并进行了讨论；传达学习了车俊书记在省委全面深化改革委员会第三次会议上的讲话精神，并进行了讨论；传达学习了车俊书记在全省高质量建设美丽浙江暨高水平推进“五水共治”大会上的讲话精神，并进行了讨论；传达学习了车俊书记在全省产业创新服务综合体建设现场推进会上的讲话精神，听取了本市贯彻落实意见的汇报，并进行了讨论；传达学习了全省教育大会、绍兴市教育大会精神，听取了本市贯彻落实意见的汇报，并进行了讨论；传达学习了省公安厅枫桥式公安派出所创建工作领导小组第一次成员会议精神，讨论并原则同意《关于全面创建“枫桥式公安派出所”的实施意见（审议稿）》；传达学习了省推进长三角一体化发展工作领导小组第一次（扩大）会议精神，听取了本市贯彻落实意见的汇报，并进行了讨论；讨论并原则同意《诸暨市“与杭同城”三年行动计划(2019-2021年)(审议稿)》；会议讨论并原则同意《关于深化养老服务综合改革提升养老服务质量的实施意见（审议稿）》；讨论并原则同意《关于设立暨阳科技支行支持科技型企业和人才创业企业发展的若干意见（试行）（审议稿）》。

6月20日，会议讨论并原则同意《浙江大东南集团有限公司破产重整核心问题处置建议方案》。

6月24日，会议传达学习了习近平总书记在“不忘初心、牢记使命”主题教育工作会议上的重要讲话精神、全省“不忘初心、牢记使命”主题教育工作会议精神，听取了本市贯彻落实意见的汇报，并进行了讨论；传达学习了全省公务员工作暨《干部任用条例》、公务员职务与职级并行制度培训班精神，并进行了讨论；传达学习了《中国共产党党员教育管理工作条例》《干部选拔任用工作监督检查和责任追究办法》精神，并进行了讨论；传达学习了全国公安工作会议和中央、省相关文件精神，听取了本市贯彻落实意见的汇报，并进行了讨论；传达学习了省委常委会第90次会议精神；会议还通报和票决通过了有关人事事项。

7月26日，会议传达学习了习近平总书记在十九届中央政治局第十五次集体学习时的讲话精神，并进行了讨论；传达学习了全国地方政协工作经验交流会精神，并进行了讨论；会议传达学习了《关于民粹主义的有关问题》《正确认识中美贸易斗争集中精力办好自己的事》有关精神，并进行了讨论；传达学习了中央、省委关于违建别墅问题清查整治工作有关精神，听取本市贯彻落实意见，并进行了讨论；会议听取了关于落实绍兴市委检查组意识形态工作主体责任反馈意见整改情况的汇报，并进行了讨论；听取了何鸿成副市长率团出访巴基斯坦和芬兰的报告；讨论确定并原则同意《诸暨市荣誉市民称号授予办法（审议稿）》；讨论确定并原则同意《关于优化完善全市印染产业整合集聚提升行动的实施方案（审议稿）》；讨论确定并原则同意《诸暨市领导班子政治建设日常管理办法（试行）（审议稿）》、《诸暨市事业单位领导人员管理实施办法（试行）（审议稿）》；讨论确定并原则同意市委十六届八次全体（扩大）会议方案、报告提纲；讨论确定并原则通过政协诸暨市第十四届委员会委员调整建议名单；会议还通报和票决通过了有关人事事项。

8月20日，会议传达学习了习近平总书记在深化党和国家机构改革总结会议上的讲话精神和省机构改革总结会议精神，并进行了讨论；传达学习了习近平总书记、丁薛祥主任在中央和国家机关党的建设工作会议上的讲话精神，并进行了讨论；传达学习了《中国共产党宣传工作条例》精神，并进行了讨论；传达学习了全国公安机关创建“枫桥式公安派出所”活动推进会精神并听取全市公安工作情况汇报，并进行了讨论；传达学习了车俊书记在人民日报内参第753期《谨防“民心工程”变成“失心工程”》上的批示精神，并进行了讨论；传达学习了车俊书记在省委常委会上半年经济社会形势分析会上的讲话精神，并进行了讨论；传达学习了省委常委会关于第9号超强台风“利奇马”防御、抢险救灾和灾后重建工作有关精神以及全省抢险救灾和灾后重建工作视频会议精神，并进行了讨论；传达学习了《中共浙江省委办公厅关于2018年度全省各级党委（党组）落实意识形态工作责任制综合情况的通报》《中共浙江省委宣传部关于绍兴市委2018年度意识形态工作责任制落实情况重点检查的反馈意见》精神，并进行了讨论；听取了安全生产工作情况的汇报，并进行了讨论；讨论确定并原则同意《关于行政村规模调整工作的实施方案（审议稿）》；讨论确定并原则同意《形式主义突出问题整治清单（审议稿）》。

9月11日，会议传达学习了中央、省委“不忘初心、牢记使命”主题教育第一批总结暨第二批部署会议精神，听取了本市主题教育筹备工作情况汇报，并进行了讨论。讨论确定并原则同意《中共诸暨市委关于深入开展“不忘初心、牢记使命”主题教育的实施意见（审议稿）》、《市委常委会带头深入开展“不忘初心、牢记使命”主题教育的实施方案（审议稿）》、《市委“不忘初心、牢记使命”主题教育巡回指导组正、副组长名单（审议稿）》、《市委理论学习中心组主题教育第一次专题学习会方案（审议稿）》、《全市“不忘初心、牢记使命”主题教育工作部署方案（审议稿）》、《全市科级领导干部“不忘初心、牢记使命”主题教育专题读书班方案（审议稿）》；传达学习了省委人大工作会议和全省各级人大主任学习会精神，并进行了讨论；传达学习了全省政协主席暑期读书会暨市、县（市、区）政协工作交流会精神，并进行了讨论；听取了市委副书记、市长王芬祥率团出访新西兰和法属波利尼西亚报告，市委常委、统战部部长孟国锋率团出访以色列和德国报告，并进行了讨论；听取了市法院、检察院党组半年度工作汇报，并进行了讨论；听取了平安护航庆大庆活动准备情况汇报，并进行了讨论；讨论确定并原则同意《诸暨市贯彻落实省生态环境保护督察反馈意见整改方案（审议稿）》；会议还通报和票决通过了有关人事事项。

10月9日，会议传达学习了《中国共产党问责条例》，并进行了讨论；传达学习了书记车俊在省委党校建校70周年纪念活动暨2019年秋季开学典礼上的讲话精神，并进行了讨论；传达学习了绍兴市公安工作会议精神，讨论确定并原则同意《关于加强新时代诸暨公安工作的实施意见（审议稿）》；会议传达学习了2019年全省统一战线暑期读书会精神，听取了本市贯彻落实意见的汇报，并进行了讨论；讨论确定并原则同意《诸暨市营商环境评价办法（试行）（审议稿）》；听取了浙江大东南股份有限公司控股重整工作汇报，并进行了讨论；听取了乡镇行政区划调整、行政村规模调整工作情况的汇报，并进行了讨论；讨论确定并原则同意《中共诸暨市委关于推进新时代人大工作高水平发展的意见（审议稿）》；会议还通过了其他人事事项。

10月31日，会议传达学习了习近平总书记致第六届世界互联网大会贺信的重要精神及省委常委会会议有关精神，并进行了讨论；传达学习了习近平总书记在十九届中央政治局第十七次集体学习时的重要讲话精神，听取了本市贯彻落实意见的汇报，并进行了讨论；传达学习了《中国共产党农村工作条例》和习近平总书记关于（三农）工作重要论述，听取了我市贯彻落实意见的汇报，并进行了讨论；传达学习了省委办公厅《关于当前我省意识形态领域形势的通报》，并进行了讨论；传达学习了车俊书记、彭佳学副省长在全省美丽城镇建设工作会议上的讲话精神，听取了本市贯彻落实情况的汇报，并进行了讨论；听取了我市开展“不忘初心、牢记使命”主题教育情况的汇报，并进行了讨论；讨论确定并原则同意关于落实绍兴市委第四巡察组巡察反馈意见整改工作方案；听取了扫黑除恶专项斗争工作情况汇报，并进行了讨论；听取了市委常委、副市长陈仁坚率团出访乌克兰报告；还票决并通过了其他人事事项。

11月19日，会议传达学习了习近平总书记在十九届中央政治局第十八次集体学习时的讲话精神，听取本市贯彻落实情况的汇报，并进行了讨论；传达学习了全国民族团结进步表彰大会精神，听取本市贯彻落实情况的汇报，并进行了讨论；传达学习了中央、省委、绍兴市委政协工作会议精神，并进行了讨论；传达学习了中共中央关于印发《中华人民共和国成立70周年庆祝活动总结报告》的通知精神，听取本市新中国成立70周年庆祝活动情况的汇报，并进行了讨论；传达学习了《中国共产党浙江省委员会领导网络安全和信息化工作规定》精神，并进行了讨论；讨论并原则同意《关于进一步促进生猪产业高质量发展的意见（审议稿）》；讨论并原则同意《关于市场规模主体培育的考核补充办法（审议稿）》；讨论并原则同意《关于当前我市意识形态领域形势的通报（审议稿）》；讨论并原则同意《关于高水平推进美丽城镇建设的实施意见（审议稿）》；讨论并原则同意《关于促进全域旅游发展的实施意见（审议稿）》；讨论并原则同意《中共诸暨市委关于新时代加强和改进人民政协工作的实施意见（审议稿）》；讨论并原则同意市委十六届九次全体（扩大）会议方案、报告提纲。

11月28日，会议传达学习了《关于切实加强基层保密工作的通知》精神，听取了本市贯彻落实情况的汇报，并进行了讨论；传达学习了全省传统制造业改造提升现场推进会精神，听取了本市贯彻落实情况的汇报，并进行了讨论；传达学习了全省传统制造业改造提升现场推进会精神，听取了本市贯彻落实情况的汇报，并进行了讨论；传达学习了全省深化“千万工程”、建设新时代美丽乡村现场会精神，听取了本市贯彻落实情况的汇报，并进行了讨论；听取了本市宗教工作情况汇报，并进行了讨论；听取了全市禁毒工作情况汇报，并进行了讨论；听取了全市食品安全工作情况汇报，并进行了讨论；听取了东西部扶贫协作开展情况汇报，并进行了讨论；讨论并原则同意《中共诸暨市委关于认真做好重大事项请示报告工作的通知（审议稿）》；讨论并原则同意《中共诸暨市委关于认真学习贯彻党的十九届四中全会精神高水平推进县域治理现代化的决定(审议稿)》;会议还通报和票决通过了有关人事事项。

12月24日,会议传达学习了全省县级社会矛盾纠纷调处化解中心建设现场推进会议精神,听取本市贯彻落实情况的汇报,并进行了讨论;听取了市人大常委会、市政府、市政协、法院、检察院党组关于2019年工作情况及提交市"两会"审议工作报告的汇报,并进行了讨论;听取了关于市十七届人大四次会议、市政协十四届四次会议总体安排、筹备工作情况和各项建议名单草案的汇报,并进行了讨论;听取并原则同意关于市十七届人大四次会议和市政协十四届四次会议中共临时党委组成人员建议名单的汇报;听取并原则同意关于诸暨市2019年国民经济和社会发展计划执行情况与2020年国民经济和社会发展计划草案的汇报;听取并原则同意关于诸暨市2020年基础设施投资项目计划的汇报;听取并原则同意关于诸暨市2019年财政预算执行情况和2020年财政预算草案的汇报;讨论并原则同意《春节"送温暖"活动方案(审议稿)》;讨论并原则同意《关于高水平建设人才强市工作的政策意见(审议稿)》;讨论并原则同意《诸暨市公务员职务职级晋升实施工作方案(审议稿)》;讨论并原则同意《市委常委会"不忘初心、牢记使命"主题教育专题民主生活会整改落实方案(审议稿)》;会议还通报和票决通过了有关人事事项。 (何泽龙)

调研决策

【重点热点及关键问题调研】2019年,围绕领导关注的重点问题、社会关注的热点问题和制约发展的关键问题开展调研,主要对"最多跑一次"改革、与杭同城、营商环境提升、城乡统筹发展、市场规模主体培育等重点事项进行调研,并撰写相关调研文稿;牵头做好市委、市政府领导年度调研课题的汇总联络工作;完成绍兴市领导干部优秀调研成果申报;配合做好上级调研工作。

【年度重点改革任务落实】2019年,按照中央、省和绍兴深改办有关改革要求,牵头制定《诸暨市委全面深化改革委员会2019年工作要点》《各专项小组2019年工作计划》《改革创新专项行动实施方案》《2019年度全面深化改革("最多跑一次"改革)获得感迎评工作方案》《2019年度全面深化改革工作专项检查方案》等文件;明确年度重点改革事项,对重点改革任务根据年度目标、时间进度、责任单位等进行分解细化,确保每个改革事项落实到位。经济体制、民主法制、文化体制、社会体制、生态文明体制、纪检监察体制、党的建设制度等七大领域改革有序开展、顺利推进,如期完成各项改革年度目标,全面深化改革("最多跑一次"改革)工作获评省级考核优秀。其中,"一证通办一生事"打通公共服务"最多一公里"入选全国首批18个农村公共服务典型案例;枫桥警务模式在全国公安机关复制推广,交通事故处理"一件事"改革获批省级改革实验基地;村级关爱基金获评2019年浙江省宣传思想文化工作创新项目;移风易俗、跨部门联合"双随机"监管"首发响应"、"四个一点"模式推进风险化解处置、"群众在线"模式助力农村饮用水达标提标等工作获省委省政府主要领导批示或表扬肯定,企业投资项目承诺制改革、投资项目监管评价一体化管理、涉基层"八多"问题整治、"村村开公司"等近10项工作获省委省政府领导批示肯定。2019年8月,全省公安交警忠诚保大庆暨创建"枫桥式交警中队"工作推进会在诸暨召开。

(何泽龙)

纪检监察

【概况】2019年,市委坚决担起全面从严治党政治责任,扎实推进清廉诸暨建设,巩固发展反腐败斗争压倒性胜利,党内政治生态持续优化。全市纪检监察系统各项工作高质量发展,清廉满意度继续位居绍兴前列。

【政治监督】2019年,督促推动市委市政府重要决策部署和中心工作落地见效。严格政治纪律政治规矩执行情况监督检查,立案审查违反政治纪律党员干部3人。加强对全面从严治党主体责任落实情况的监督,强化平台督考、季度督查、报告评议、追责问责，查纠问题 95 个。深化政治生态分析评估，完善定期报告、逐级评价机制。严把干部选拔任用廉洁关，做好党风廉政意见回复工作。支持干部干事创业，为 10 名党员干部澄清正名，对 41 件不实举报面对面反馈说明。

【纪检监察体制改革】2019 年，致力纪律检查体制、国家监察体制、纪检监察机构“三项改革”，健全纪律监督、监察监督、派驻监督、巡察监督“四个全覆盖”格局。运用新时代“枫桥经验”，扎实推进乡镇纪检监察工作规范化建设，突出标准化、协同化、信息化、网格化，2019年10月全覆盖建成基层公权力监督平台，实现监督联动、问题联解、信访联办、案件联查，相关做法得到省纪委主要领导批示肯定。深化派驻机构改革，由 18 家整合为 12 家，强化“六个一体化”统一管理，规范办信办案、日常监督等工作规程，健全派驻机构与监督单位通报事项、配合工作双向清单，全年开展监督检查 172 次，办理信访 41 件，处置问题线索 192 件，立案 62 件。加强巡察监督，2019 年 8 月，根据全市机构改革和行政区划调整情况，重新修订完善市委巡察工作五年规划，并出台巡察工作约谈办法、巡视巡察整改责任追究办法等制度，推进常规、专项、村级巡察，巡察部门 11 个、乡镇 7 个、村居 153 个，对 42 个党组织开展整改工作“回头看”，查纠问题 1493 个，移交问题线索 26 件，问责 553 人次，党纪政务处分 19 人，推动完善制度 249 项，挽回经济损失 2621.09 万元。

【作风建设】2019 年，协助市委开展形式主义、官僚主义集中整治，聚焦基层（八多）问题，2019 年 5 月出台八项整治措施，推行五张清单量化管理，相关做法得到省委领导批示肯定。严格落实中央“八项规定”精神，常态化明察暗访，查处典型问题 27 个，党纪政务处分 28 人，组织处理 26 人。2019 年 8 月会同 17 个职能部门开展侵害群众利益问题专项整治，紧盯 25 个重点项目，查纠问题 136 个，通报典型问题 4 起。深化扶贫领域专项治理，处置问题线索 14 件，查处党员干部 12 人。认真受理群众来信来访，严把初信初访办理质量关，扎实开展重信重访专项治理，实现初信初访办结率、积案化解率、双满意率“四年四连升”，信访总量、上级转办量、去省赴京访量“四年四连降”，万人涉纪信访举报量明显低于绍兴平均水平。加强小微权力专项治理，紧盯村级“五件事”（“三资”管理、村级工程、农民建房、农村土地开发复垦及承包经营、村务公开），督促职能部门健全机制，形成《制度汇编》《流程指南》，为基层提供遵循。

【反腐败工作】完善执纪审查与依法调查贯通、监察调查与刑事司法衔接机制，2019 年 6 月底建立审查调查与信访举报、案件监督管理、案件审理多项联席会议制度，进一步提高治理腐败效能。2019 年 10 月前完成探索打造检举举报平台基层版，相关做法在中央纪委召开的全国视频会议上推介，被列为省级试点。精准实践“四种形态”（党内关系要正常化，批评和自我批评要经常开展，让咬耳扯袖、红脸出汗成为常态；党纪轻处分和组织处理要成为大多数；对严重违纪的重处分、作出重大职务调整应当是少数；严重违纪涉嫌违法立案审查的只能是极极少数），处置问题线索 1214 件，运用“四种形态”处理 1233 人次，第一、二、三、四种形态分别占比 61.9%、26.1%、4.9%、7.1%；立案 537 件，党纪政务处分 460 人，留置 13 人，移送司法机关 10 人。深化扫黑除恶“打伞破网”专项行动，健全重大黑恶犯罪案件对接介入机制，查处涉黑涉恶腐败和“保护伞”29 人，“一案三查”（既要查办黑恶势力，又要追查黑恶势力背后的“保护伞”和“关系网”，还要严查党委政府的主体责任和有关部门的监管责任）问责 12 人。2019 年 10 月开展人防系统腐败问题专项治理，组织专项巡察，推动自查整改。开展党纪政务处分决定执行情况检查，追回 34 名处分人员多发工资奖金 154.07 万元。紧紧把牢案件质量，全面落实办案安全责任。

【清廉诸暨建设】全面推进清廉建设专项行动，明确 15 项重点事项，压实 23 个牵头单位责任，推动形成“分级负责、属地负责、主管负责”的共建格局。统筹推进清廉机关、清廉企业、清廉学校、清廉医院、清廉家庭建设，分行业分领域制定建设标准，以点带面、示范引领。细化“五清”（党风清正、作风清新、权力清源、干部清廉、乡风清朗）村居评价指标，落实 6 项推进机制，构建乡村清廉体系。深化清廉文化“七进”,打造“浣江清风”品牌。2019年5月,深入开展警示教育月活动,召开全市警示教育大会,发挥市级清廉教育基地作用,编发《违纪违法党员干部忏悔录》,健全职务犯罪案件旁听庭审机制,推动以案说理、以案示警、以案促改。（柴光丰）

组织工作

【概况】2019年,全市组织工作以习近平新时代中国特色社会主义思想和中共十九大精神为指导,大力践行新时代党的组织路线,以党的政治建设为统领,以“不忘初心、牢记使命”主题教育为龙头,全面实施组织工作“质量提升年”活动,推进干部工作规范提升、基层党建全域提升、人才工作服务提升,为诸暨“两个高水平”建设提供坚强组织保障。

【领导班子政治建设】2019年,制定《诸暨市领导班子政治建设日常管理办法(试行)》,探索建立日常管理、定期分析、年度评估的执行落实机制,推动政治建设抓在日常、严在经常。梳理形成《领导干部政治素质考察工作规程》,常态化开展领导干部政治素质考察,在主题教育中对各镇乡(街道)、市级部门单位(国有企业)的领导班子和主要负责人开展政治建设和政治素质考察,进一步增强政治忠诚、思想认同和行动自觉。

【年轻干部培养锻炼】2019年,开展年轻干部“牢记初心使命、勇于担当作为”实践活动,举办“90后”成长班、“85后”中层干部能力提升班、党外年轻干部专题培训班等班次。选派年轻干部参与“墩苗工程”、重点工作历练,并赴杭州拱墅区开展跟岗学习。结合机构调整和行政区划调整,选任优秀年轻干部,开展竞争性选拔党(工)委组织员工作。

【干部履职担当激励】2019年,修订《诸暨市中层干部选拔任用工作实施办法》,做好中层干部选拔任用“三审一备”指导工作。开展干部因私出国(境)违规违纪问题专项整治。坚持约束与激励并重,健全完善“1+X”容错纠错制度体系,开展不实信访澄清保护工作。落实干部正向激励机制,评选产生市级“实干担当好干部”20人,获评“浙江省担当作为好干部”2人、“绍兴市担当作为好干部”3人。

【干部教育培训】2019年,深化“干部专业化能力提升计划”,开展“优化金融服务和防范金融风险”“新时代枫桥经验与基层社会治理现代化”等专题培训,会同市委党校、司法局举办公务员“学法用法”培训。举办乡镇、部门党政正职履职能力提升班,由市委主要领导上开班第一课,市党政领导班子成员、法检两长分别授课。

【公务员队伍管理】3月,在市委组织部成立公务员局,由组织部门统一管理公务员工作,完成公务员局人员转隶工作。贯彻落实《公务员职务与职级并行规定》,完成112名干部职级晋升,147名公务员(参公人员)的组织人事等关系调动转接,115家单位2400余名公务员(参公人员)职务职级套转。2019年招录公务员(参公人员)43名、“双一流”高校选调生12名。

【“五星”系列创建】2019年,坚持以“五星”系列创建为抓手,深入实施“组织力提升工程”,推动基层党建提档升级。全年创成农村“五星达标”村116个、“3A示范”村12个,城市“五星达标”社区15个、“和美家园”社区2个,绍兴市级“五星示范、双强争先”两新组织16个,机关“五星示范”党组织41个、“双优引领”党组织19个,完成学校“五星育人、三名争创”创建19所,20所医院“五星示范、三名强医”创建通过绍兴市复核验收。

【基层组织标准化规范化建设】2019年,深化“支部建设年”活动,集中开展后进村(居、社区)党组织整顿转化,评定2018年度五星级村(居)基层党组织270个。建立“支部规范性工作十条”,进一步细化“三会一课”、主题党日、党员发展、党务公开等十项基础工作。平稳有序完成行政村规模调整,全市由469个行政村调整为398个村,新调整村均组建村务工作领导小组,全部实现“一肩挑”。

【基层队伍建设】2019年,建强“指导+服务”型包村驻村队伍,下发《关于进一步完善包村领导、驻村干部工作责任清单的通知》,定订包村驻村责任清单20条。打造“规矩+发展”型村干部队伍,创新建立村主职干部信访工作“十条负面清单”,全面推行村党组织书记市级备案管理,开展优秀村主职、优秀村干部“双十佳”评选。培育“先锋 + 引领”型党员队伍，制定农村党员“五带头”评价办法，评选 2019 年度农村“五带头”党员 100 名。

【两新组织和国有企业党建】2019 年，创新实施组织关系在村(社)的企业党员组织生活“就便过一次”，获评诸暨市 2019 年度十佳“微改革”“微创新”项目。选聘退职干部担任驻企服务员，选派新生代企业家到市级部门开展挂职锻炼，举办“常青藤培育计划”第六期研修班。开展“克难攻坚抓覆盖”专项行动，大力推进(三整一全)建设，新单建两新党组织 60 个，完成国有平台转型后市属国有企业、非公企业党组织隶属关系调整。深化中组部社会组织党建工作综合监测区建设，社会组织党建云平台获 2019 年度全省组织系统“软件长廊”优秀成果展示三等奖。

【机关党建工作】2019 年，开展“先锋工程”创评，命名表彰“共产党员先锋岗”10 个、“先锋标兵”21 名，优秀党务工作者 6 名。创设党建示范点、党建服务品牌、“先锋工程”“三个最佳”等载体，打造“不忘初心红色教育点”精品线路，建立乡村振兴学习观摩点、和美社区结对共建点、双强企业服务联盟点。深化在职党员“返乡走亲”活动，完成第二批市直机关党建工作示范点建设单位验收工作。

【基层党建工作】2019 年，完善基层党建“三张清单”和基层党建述职评议考核制度，确定镇乡(街道)抓基层党建责任清单个性项目 71 条，市直属党(工)委书记抓基层党建责任清单个性项目 6 条，村党组织书记抓党建责任清单 20 条。制定《2019 年度镇乡(街道)基层党建工作质量考核评价办法(试行)》，推行基层党建“四精工作法”，推动基层党建高质量发展。出台坚持发展新时代“枫桥经验”加快推进基层社会治理现代化的实施意见，明确深化党建引领基层治理“五大工程”重点任务。

【人才工作机制】2019 年，制定《2019 年全市人才工作要点》《市级机关(部门)人才工作责任清单》《关于进一步健全完善市委人才工作领导小组办公室职责任务和运行机制的意见》，调整充实人才工作领导小组成员单位，定期召开市委人才办主任会议暨人才工作服务例会。制定人才新政 3.0 版，将奖励资助贯穿人才创业创新全过程。

【人才引育】2019 年，组织开展暨阳“533 英才计划”创新创业大赛、数字经济赋能产业高质量发展高峰论坛、中东欧高端外国专家诸暨行、上海高校—诸暨科技产业合作对接等活动。入选绍兴“海内外英才计划”23 人，引进落户暨阳“533 英才计划”人才 32 人。组织企业赴国内各地高校、人才市场开展招才引智活动，新增就业大学生 13000 余名。开展首届“诸暨工匠”评选活动，评选“暨阳工匠”25 名。

【人才发展平台建设】2019 年，依托温州医科大学药学院(诸暨)生物医药研究院，加快集聚生物医药类企业，打造诸暨生物医药板块集群。与韩中文化经济友好协会达成框架性基本协议，在杭州滨江“诸暨岛”设立中韩技术转移中心。运作中俄国际技术创新中心，推动外国专家技术人员与诸暨企业建立技术合作。南华大学长三角研究院签约落地。全年新建院士专家工作站 9 家，外国专家工作站 2 家，博士后工作站 2 家。

【人才服务】2019 年，实施人才积分制服务管理办法，提升人才评价服务精准度。开展“访百企、送政策、优服务、促引才”专项活动，帮助上市企业、隐形冠军企业、重点人才企业解决转型发展、创业创新问题。建立诸暨市高层次人才创业企业服务专员制度，选派人才服务专员为企业提供“一对一”专项服务。2019 年 12 月 10 日，成立暨阳科技(人才)银行，为高层次人才创业企业提供为期三年最高 500 万元的信用贷款。提高人才政策兑现效率，全年兑现人才工作资金 1.43 亿元。

【组工干部队伍建设】2019 年，深化组织系统“清优提转”，发布减轻基层负担组织工作实务操作十条。实施“笔杆子”2.0 工程，开展组织工作“微调研”“微改革”“微创新”活动。常态化开展组工干部专业培训，举办干部任用条例学习培训暨组工干部专业化能力提升班。创新“组工讲堂”形式，组织开展书记局长专题讲座，邀请部门一把手和知名企业出资人等专题授课，提升组工干部专业能力专业素养。(周佳楠)

宣传工作

【主题活动】2019年,组织开展4次暨阳论坛、"礼赞新中国,奋斗新时代"全市微宣讲大赛以及"辉煌70年奋进新时代""扫黑除恶""党的十九届四中全会精神"等主题宣讲,开展"我是理论辅导员·基层宣讲我先行"主题活动,继续办好诸暨发布"学习时间"、《诸暨日报》"理论学与思"等理论专栏。

【主题宣传】2019年,围绕市委市政府中心工作,统筹新中国成立70周年与诸暨撤县设市30周年,精心策划"壮丽70年·奋斗新时代""不忘初心、牢记使命""高水平推进县域治理现代化""用心用情三服务"等重大主题宣传,组织实施"推动高质量发展""寻找与杭同城的密码""重走初心路""长三角·特色小镇1+1"等多场大型融媒体新闻行动。创新推出《追梦七十年》《文明月历》等一批短视频、微动漫、H5、直播等新媒体精品力作,打造"10万+"爆款作品20余件。如《当环法遇见西施故里,133公里路过诸暨最美的样子》阅读量超30万人次,全方位展示诸暨精彩。扎实推进媒体融合改革,7月18日市融媒体中心揭牌成立,22名新闻阅评员受聘上岗,主流舆论阵地不断巩固壮大。

【媒体宣传】2019年,以庆祝中华人民共和国成立70周年、"枫桥式公安派出所"创建、环法挑战赛、西施马拉松比赛等重要活动、重大赛事为契机,加大对外宣传力度,组织媒体采风活动17场,召开袜博会、马拉松等新闻发布会25场,累计在绍兴市级以上媒体刊播稿件超3100篇,其中在《人民日报》、新华社等央媒190余篇,《浙江日报》头版20篇、头版头条3篇,浙江卫视新闻联播单条51条。8月,全球征集西施动漫形象;9月28日,全新形象片《西施故里好美诸暨》发布,36小时播放量超1000万;11月17日,"西施马拉松"浙江卫视205分钟直播,收视率、市占率超上海国际马拉松,全网3000多万人次观看;组织新中国成立70周年"辉煌诸暨"大型发展成就展,创作"西施主题歌",推出外宣小册子,"西施故里、好美诸暨"城市品牌进一步打响。

（宋胜江　吴文君）

【新时代文明实践中心建设】2019年,全市域推进新时代文明实践中心建设全国试点工作,建强三级实践阵地(文明实践中心—文明实践所—农村文化礼堂),做实五大实践内容(传播思想理论、共建"红色家园",传扬"枫桥经验"、共建"平安家园",传递文明风尚、共建"和美家园",传习善行义举、共建"爱心家园",传承优秀文化、共建"精神家园"),致力打造文明实践"浙江标杆全国示范"。移风易俗、村级关爱基金"一减一加"相关做法获省委书记车俊等领导批示,其中《乡村文明实践的暖心行动:村级关爱基金》获评2019年度"浙江省宣传思想文化工作创新项目"。文明实践做法经验连续五期在中宣部新任地市(县市)委宣传部长培训班上交流。移风易俗巩固深化。结合村规民约、党员先锋指数考评、清廉诸暨建设、文明创建、镇村干部岗位考核,运用网格管理、随机暗访等方式建立完善长效机制,建立完善婚车婚庆、乐队司仪等"一站式"公益服务模式,开展公职人员落实婚丧喜庆事宜报备制督查通报,盯紧抓实每一个村、每一场红白事,确保移风易俗不反弹、不回潮。关爱基金持续扩面。"建管用育"一体化推进村级关爱基金建设,实现476村(居、社区)全覆盖,资金规模达4600余万元,累计使用830余万元,惠及群众9100余人次。引导镇村结合自身地域文化,培育姚江镇"小布衫"基金、次坞镇"小棉袄"基金等多个关爱品牌。全城志愿纵深推进。优化升级志愿服务网络平台,丰富充实志愿服务"大菜单",引导组建7个区域性便民志愿者联盟,精选30个特色项目,实施月度跟踪、实地考察、中期评估、年终评选等全过程、闭环式培育,涌现出"小飞象"夏令营、三点半课堂、陶朱老同志、红色村嫂、小镇巧妇等精品项目、金牌团队。牵头组织"爱心早餐"公益活动,共募集善款290余万元,每周二、五为全市1900余名环卫工人免费提供早餐,弘扬向上向善正能量。(吴飞坚)

【网络信息管理】网络问政和民生服务。2019年10月,开通"政民e线"移动网络平台,进一步方便市民"指尖问政"。深化网络问政和民生服务"3小时网上回应,48小时限时办理"工作机制,将网络回复情况纳入各单位实绩考核标准,对关注度较高的网帖实行处置流程全程跟进，结合现场核实情况、采访询问举措、跟踪落实成效等多种方式，推动矛盾纠纷“一键解决”。全年共下发“政民 e 线”与“12345”信访协同通报 12 期，“政民 e 线直通车”追踪督查 112 期，推出报纸专版 5 个，处理民生事项 3500 余起，问题解决率达 98.7%。加强网信、公安、新闻出版、市场监管等部门间联动，集中查处网上政治类、淫秽色情、网络谣言、非法煽动聚集、侮辱诽谤等有害信息，形成各部门协同推进工作格局。全年监测和发现网络交易违法行为 80 件，处以罚没款 77 万元；查封网络平台 4 个；约谈网站、微信公众号 3 家；破获黑客案件 1 起刑拘 1 人。落实网络安全常态化巡查执法机制，联合政法委、公安局、大数据管理中心开展清理网络安全风险隐患专项行动，组织全市上市公司、重要信息系统网络安全负责人业务培训，做好“国家网络安全宣传周”宣传，引导全民共护网络安全。全年实地检查网站和信息系统安全 440 家次，远程扫描 6000 余家次，发放《隐患整改通知书》168 份。2019 年，首次将网信课程融入初任公务员培训，设置“政务抖音”“网络安全”“网上实战演练”等科目，培养年轻干部互联网思维。调整全市网络舆情研究员队伍，重新聘用 54 名网络舆情研究员。围绕新中国成立 70 周年、西施马拉松赛、环法自行车赛、袜博会开展专项网评 6 次。全年实行每周常态化网络导控演练，组织 1.1 万人次参与，网上评论 7.6 万余条。拓展“1963 法润”直播平台功能，组织直播进村社、进学校、进企业。全年播出 46 期，观看人次逾 550 万，评论 7 万余条。（金乔杰）

【**文明城市建设成果深化拓展**】2019 年，全市围绕“打造文明城市标杆县市”的目标任务，深化拓展全国文明城市建设成果，在中央文明办委托省文明办进行的全国文明城市年度考评中，全市以省内同类县市第一名的成绩蝉联三连冠，全国未成年人思想道德建设测评获全省同类城市第一。2019 年，对城区示范街区环境、商超母婴房建设、“无饮食车厢”等 19 个重点项目和 16 家建设重点单位进行项目化、清单化整治；开展十大专项行动、“4+1”重点领域综合治理等专项整治，形成城市管理盲点整治“零遗漏”；牵头组织公益广告专项整治，清理更新一批与环境不协调的公益广告 1500 余处；开展城区卫生死角清理行动，提高城区环境卫生整体水平。强化文明建设工作统筹安排，根据点位情况，落实各相关责任人，做好“定责式”常态化日常督查，“定期式”整改情况“回头看”，“定点式”重点点位的督促检查；邀请市领导和“两代表一委员”督查深化建设工作开展情况共 20 余次，开展第三方测评 2 次。设“文明点点名”“记者直击”“美在身边”等专题专栏，充分挖掘文明建设工作中的创新举措和鲜活经验，推动常态长效落地落实；创新制作一批具有诸暨市人文特色、顺应时代主题的公益广告；结合新时代文明实践全国试点工作，组织开展“洁净社区”“车窗不抛物垃圾不落地”等志愿活动，树立浓厚的社会氛围，助力文明城市建设；结合文明城市建设工作，深入推进文明系列评比、“最美诸暨人”评选和“五星 3A”“五星和美”等建设活动。（陈　龙）

【**农村文化礼堂建设**】深入实施《诸暨市农村文化礼堂建设“十三五”规划》，2019 年全社会投资 1.05 亿元，其中市财政投入 3000 万元，按期完成 70 家农村文化礼堂建设任务。2019 年 2 月出台农村文化礼堂星级评定办法，3 月出台精品农村文化礼堂扶持办

2019 年建成的精品农村文化礼堂一览表

表 15

文化礼堂名称	所属镇乡（街道）
杨家楼村文化礼堂	大唐街道
乐山村文化礼堂	枫桥镇

续表 15

文化礼堂名称	所属镇乡(街道)
陈家村文化礼堂	枫桥镇
新长乐村文化礼堂	山下湖镇
廊下村文化礼堂	浬浦镇
五泄村文化礼堂	五泄镇
相公殿村文化礼堂	马剑镇

法,依照有独特的地域特色、人文内涵丰富、建有特色展馆、周边有历史遗存等要求,打造10个精品农村文化礼堂。至2019年年底,7个精品农村文化礼堂建设完成。整合公安局、教体局、卫健委、科协等部门的资源,推行农村文化礼堂"大菜单式配送"服务制度,累计开展各类活动3600余场次,近18.2万人参与。

【社区文化家园和浣江书房建设】2019年,建成社区文化家园3个(祥安社区、望云社区、城西社区)。推进"书香暨阳"建设,新建成"浣江书房"5家(梦想小城馆、东旺大厦馆、浣纱小学馆、八一社区馆、广电大楼融媒体馆)。开展中宣部"新时代乡村阅读季"主题活动,举办全民读书节启动仪式暨"书香点亮生活"大型诗歌朗诵晚会、图书馆之夜、阅读马拉松等阅读推广活动116场,累计参与活动的群众达8万多人次,11家浣江书房累计接待读者56.8万余人次,图书借阅31.3万册次。

【文化产业发展专项资金使用】2019年,完成诸暨市"十四五"文化产业发展规划思路研究工作,发布《全市文化产业发展奖励办法》。发挥三年3000万元省文化产业发展专项资金撬动作用,10月底完成2019年度省文化产业1000万元资金切分工作,全面摸排全市重点在建、拟建文化产业项目情况,从完善文化产业服务体系角度出发,重点扶持山下湖珍珠小镇建设及珍珠产业创意创新服务综合体建设项目、枫桥古镇建设项目、大唐袜业创新服务综合体项目。

【文化企业扶持】2019年,完成2018年度文化产业奖励扶持政策的资金拨付工作,累计拨付249.74万元,涉及企业24家。组织文化企业参加绍兴市文化产业发展大会、长三角国际文化产业博览会。跟踪推进列入绍兴文创大走廊三年行动计划的10只重点建设项目,进度一月一报。浙江阮仕珍珠股份有限公司被评为绍兴市创新型文化企业,山下湖珍珠产业园区被评为绍兴市特色文化产业园区(街区),诸暨乃金文化传播有限公司、浙江一百广告传媒股份有限公司被评为浙江省成长型文化企业。

【文化精品扶持】2019年,修订完善《诸暨市文化精品工程实施办法》,着力打造一批文化精品力作,推动全市文化精品高产量产,完成2018年度诸暨市文化精品奖励及2019年度诸暨市文化精品创作扶持项目审核兑现工作,累计奖励优秀文化精品项目122个,金额66.51万元;将《抖狮情缘》(戏曲)、《木屐舞》(舞蹈)、《王冕史料辑录》(书籍)等10个项目列入年度重点扶持项目,金额117.5万元。

【群众性文化活动】2019年,丰富"我们的文化",围绕庆祝中华人民共和国成立70周年主题,精心组织开展第十一届群文作品创作大赛、第十届"舞动诸暨"舞蹈大赛、第七届"梦想诸暨"团队秀、诸暨市基层书画社团千人优秀作品系列展等群众文化活动,圆满完成"我和我的祖国"—诸暨市庆祝中华人民共和国成立70周年大型文艺晚会的策划和实施。开展"文明实践好美诸暨"文化下乡巡演100场次、县域间文化走亲7次。举办“潮涌浣江”系列展览17个，完成“书画专家门诊”进乡镇、进礼堂、进书画协会等活动33场，辅导书画爱好者1230人次、作品近2000件。组织“我们的课堂”免费培训250场次，培训学员1万多人次。

【**新闻出版监管**】履行企业年检，督查检查，日常审批，行政许可等职责，完成全市275家印刷企业、105家出版企业和20家电影院的年度核验工作和经营许可证换证工作。印发《诸暨市2019年“扫黄打非”工作实施方案》，拟定《全市“扫黄打非”考评办法》。开展“清源”“固边”“净网”“护苗”“秋风”五项专项行动，查处涉宗教类非法出版物案件1起，对学校内部和校园周边环境清理整顿4次，发放“绿书签”5000张，打击涉赌涉黄类案件43起，结合“双随机一公开”抽查企业110家，其中行政处罚17起，查处网络出版违法违规案件3起。 （陆 昶）

统战工作

【**统一战线中华人民共和国70周年庆祝活动**】诸暨市各民主党派在国庆前夕开展庆祝中华人民共和国成立70周年“不忘合作初心、继续携手前进”系列活动。市网联会、新联会（诸暨市网络界人士联谊会，诸暨市新的社会阶层人士联谊会）等统战团体组织开展“爱国你我他，网联在行动”爱国宣传物料发放和“不忘初心、牢记使命”主题团建等活动。市佛教协会和道教协会联合举办“庆祝新中国成立七十周年书画艺术作品展”。

【**2019诸暨发展大会**】12月21日，牵头举办以“游子归巢、圆梦暨阳”为主题的2019诸暨发展大会，300余名知名乡贤参会。大会首次评选表彰10位“最美乡贤”和7位荣誉市民，现场签约经济类项目和公益类项目各5个，总投资65.9亿元。

【**统战部助力“与杭同城”活动**】全年举办或协办项目推介、考察学习等交流活动5次，包括“杭州·绍兴周”开幕式及诸暨专场活动。协调杭州诸暨商会制定《关于成立服务诸暨市“与杭同城”工作领导小组的通知》。组织在杭诸暨籍医疗专家和商会医疗企业到诸暨市偏远镇村开展义诊活动3次，牵线在杭的省、市级医疗专家在诸暨开设专家工作室2个。

【**各类民主协商通报会议**】4月，协助市委出台《2019年政党协商计划》，提交民主党派、无党派人士“直通车”建议6个。按照2019年度诸暨市委、市政府及市有关单位与市各民主党派、工商联及无党派人士协商通报计划，组织开展党风廉政建设情况专题协商，2018年度经济社会发展运行情况专题协商，市委常委会民主生活会前征求市各民主党派、工商联负责人和无党派人士意见座谈会，机构改革专题协商，促进民营经济高质量发展专题协商，市委十六届八次全委会专题协商，2019年度市政府民生实事项目专题协商，法院、检察院工作情况党外人士通报会，全市经济形势和党风廉政建设专题党外人士通报会等共计10次。

【**乡贤服务工作**】9月，衢州市诸暨商会与东和乡乡贤联合会分别成立。5—12月，开展在外乡贤父母医疗服务活动，活动受到包括金华市委书记陈龙等30余位乡贤的赞扬，衢州市委书记徐文光作出学习取经重要批示。

【**各民主党派建设**】2月，位于枫桥镇的农工党浙江革命活动史料陈列馆被列为浙江省首个农工党中央党史教育基地。8月，民盟诸暨市基层委建成“盟员之家”。9月28日，民建诸暨市基层委员会成立。11月6日，民进诸暨市基层委员会成立。11月，民革诸暨市基层委建成“民革之家”，下属2个支部获绍兴市民革先进支部三等奖。

【**党外代表人士队伍建设**】6月4至8日，选调党外年轻干部49人，赴省社科院参加党外年轻干部培训班。7月10至14日，选调全市各民主党派、统战团体的骨干成员代表和全市副科（局）级以上党外领导干部33人赴延安市委党校参加专题研修班。

【**高校统一战线拓展校地合作形式**】12月25日，牵头举办全省高校统一战线助力校地合作“同心·三服务”活动。与浙江大学、中国美术学院、浙江工业大学、浙江师范大学等12家省内高校签约，结合深化“三服务”活动，拓展“地方点题、高校解题”的校地合作形式。

【新的社会阶层人士统战工作】2019年8月，店口镇被列为省级新的社会阶层人士实践创新基地。新的社会阶层人士店口模式在9月份乡镇街道统战工作规范化建设中被列为重点工作在全市面上推广。11月，大唐镇袜业智库和山下湖国际珠宝城2个新的社会阶层人士创业创新实践基地建成。

【平安宗教场所建设】9月28日，组织召开全市《平安宗教活动场所规范化建设》现场会。10月，开展"依法查处境外基督教渗透专项行动"，收缴邪教组织向基督教徒寄送的邪教"全能神"资料，联合国内安全保卫大队依法处理境外网络传教渗透的骨干5人。全面落实"1+9"创建指标，将宗教和民间信仰事务纳入全科网格管理。全年开展专项检查7次，双随机检查24次，发现整改8处场所存在问题。

【统一战线普法学习宣传】全年开展"十百千万"普法工程。5月23日，组织宗教团体学习《浙江省实施〈中华人民共和国反恐怖主义法〉办法》。9月20日，五泄禅寺召开专题会议学习新修订《浙江省宗教事务条例》。9月23日，视瞻禅寺进行国务院《宗教事务条例》和《浙江省宗教事务条例》解读活动。11月27日，诸暨市道教协会召开会议学习《浙江省宗教事务条例》。12月4日，开展国家宪法日法治宣传活动。12月6日，视瞻禅寺成功创建为普法基地并授牌。

【民间信仰活动场所编号登记管理】6月，将全市296处民间信仰活动场所纳入编号登记管理。

【"一庙一故事"民间信仰场所价值重塑工程】2019年，落实"一庙一故事"民间信仰场所价值重塑工程，选编16则经典故事在"诸暨人"微信号连载，其中10则被绍兴市委统战部录编。

【民族团结进步工作】1—2月，重点培育店口镇第一中心小学和慈善总会办公室创建民族团结进步示范单位，市慈善总会办公室被明确为第二批省级民族团结进步创建重点培育单位。

【少数民族联谊会换届】4月3日，诸暨市少数民族联谊会换届，蔡琦当选为第二届联谊会会长。

【镇乡(街道)统战工作规范化建设】4月，开展镇乡(街道)统战工作规范化建设调研。7月，启动镇乡(街道)统战工作规范化建设试点。9月，发布《关于加强镇乡(街道)统战工作规范化建设的实施意见》并组织召开全市镇乡(街道)统战工作规范化建设现场会。该项工作被评为2019年度全省统战工作实践创新优秀案例。

【联谊交流】2—3月，开展《浙江省华侨权益保护条例》宣讲活动。重点加强与新华侨华人、华裔新生代以及新兴侨团的联系，推动海外和谐侨团建设，扶持美国、加拿大、俄罗斯诸暨同乡会发展。8—9月，开展对市内重点涉侨企业和重点涉侨人士的摸排上报工作。10—11月，开展诸暨"荣誉市民"推荐工作。深入挖掘海外侨务资源，积极开展柔性引才活动，跟踪做好海外高层次人才回诸申报绍兴英才计划和暨阳"533英才计划"等服务。(俞钢阳)

政法工作

【概况】2019年，市委政法委按照市委、市政府和上级政法部门的决策部署，以"三服务"活动为契机，紧盯"平安县市十五连冠"目标，坚持发展新时代"枫桥经验"，打造基层社会治理现代化标杆城市，开展平安建设专项行动，推进扫黑除恶专项斗争，为诸暨高质量发展营造安全稳定的社会环境。

【全年各类维稳安保任务】2019年，先后开展全国两会、新中国成立70周年、第六届世界互联网大会、上海进博会等重大活动的维稳安保工作，共启动一级响应1次13天，启动二级响应5次64天。市重大活动维稳安保指挥部实体运作，每日开展两次以上情报会商，遇到重大紧急和重要情报信息，即时专题会商。一级响应期间，共组织日会商、重点会商、联合会商会议20余次，编发《维稳专报》33期，制定下发各类文件通知5则，核查上级指令20余件。国庆安保期间，全市34件绍兴市级挂牌督办件全部化解，打击违法信访人员11名。

【平安建设深化】2019年，以全市十大专项行动中的平安建设专项行动为抓手，落实"六大实名制"(寄递物流、瓶装燃气、散装汽油、客运购票、移动手机、出租房领域实名制管理)要求，实施社会治安专项整治、公共安全整治提升、扰乱经济秩序打击治理等六大工程建设。针对历年来平安创建工作的薄弱环节、重点失分领域以及当年发现的失分隐患问题，累计下发45期平安抄告单，全面落实每月“一检查、一通报、一抄告、一回访”制度，做到即查即改。加强“平安三率”（知晓率、参与率、安全感满意率）提升，开展平安建设“双月”宣传及网格员“进格入户”宣传活动、电话调查、拦截式调查测评，8月，联合市广播电视台开展“平安观察员”活动，1月在《交通之声》开设“平安创建大赢家”栏目，发动群众参与平安建设工作。2019年，刑事警情同比下降3.9%，命案下降33.3%，五类案件下降16.7%。全市共发生各类生产安全事故25起，死亡20人，同比分别下降46%、35%。发生火灾224起，同比下降20.3%。发生道路交通全口径亡人事故119起，死亡119人，死亡人数与前三年同期平均数下降25.3%。

【“枫桥经验”治理实践创新拓展】9月，正式制定《关于坚持发展新时代“枫桥经验”加快推进基层社会治理现代化的意见》和五年发展规划，明确未来五年坚持发展新时代的“枫桥经验”的工作任务，列出73项工作清单与89项子清单。与杭州师范大学沈钧儒法学院开展社区治理创新的相关课题研究，加强新时代“枫桥经验”理论研究。重点推广“枫源式”乡村，打造“三治＋互联网”基层社会治理新模式，探索实践城市社区治理创新，推动“枫桥经验”向城市社区治理延伸。围绕枫桥镇周边，加快考察示范点打造，在浣东街道、山下湖镇、赵家镇、店口镇等地形成一批“可看、可学、可复制”的“枫桥经验”考察示范点，推动“枫桥经验”向全市域拓展。2019年，接待考察团1353批次，49667人次。中央政治局委员、天津市委书记李鸿忠，全国政协副主席、农工党中央常务副主席何维，全国政协副主席汪永清等先后到陈列馆考察。

【服务经济社会发展新举措】2019年，持续推进金融风险监测预警、防范处置，加大对互联网金融整治、网贷风险应对工作，严厉打击各类非法集资、传销、合同诈骗等涉众型经济犯罪，累计处置不良贷款25.3亿元。积极鼓励第三方风险评估机构开展评估，4月邀请省项目组专家举办风险评估业务培训会，对23个镇乡（街道）风险评估工作进行现场督导，推动风险评估工作规范化。4月成立由市委政法委书记为组长的政法系统保障和服务民营企业健康发展工作协调小组，建立政法系统定期走访企业制度，开展为企业解困帮难协调工作，在依法的前提下协调政法部门慎用强制措施、妥善财保、妥善执行。

【扫黑除恶专项斗争】2019年，持续开展扫黑除恶专项斗争攻坚年活动，完善政法机关和纪检监察机关线索快速移送反馈、“保护伞”问题查处、重点案件提级、快侦快诉快审、挂牌督办重点案件等制度，推进严打深挖、“打伞破网”、源头治理、固本强基、全民参与五大行动。围绕“扫黑、打伞、缴财”三个重点，先后开展“钱潮”系列、百日攻坚等各类集中行动与打击整治“套路贷”等重点镇街整治等专项行动，形成扫黑除恶高压态势。全市共打掉黑社会性质组织4个、恶势力犯罪集团26个，摧毁一般恶势力犯罪团伙33个，抓获涉黑恶犯罪嫌疑人1402人，破获涉黑恶案件413起，查封扣押冻结涉案资产1.99亿元。

【基层社会治理建设】2019年，深入推进“一中心四平台”（一个综合指挥中心以及社会治安、市场监管、综合执法、便民服务四个平台）与“雪亮工程”建设。11月，挂牌成立诸暨市社会矛盾纠纷调处化解中心，整合人民来访接待中心、矛盾纠纷多元化解中心、诉讼服务中心、公共法律服务中心、社会治理综合指挥中心、“智慧城管”中心、“12345”统一政务咨询投诉举报平台、视频监控“一总两分”平台等线下线上工作平台，吸收法律咨询、心理服务、行业性专业调委会、公共管理等相关部门（组织）力量进驻市级社会治理综合服务中心，完成公共区域视频监控覆盖率、联网率100%，规范提升全科网格。加强省、绍兴两级挂牌重大矛盾纠纷排查化解，累计化解挂牌案件18只，化解率100%。深化诉源治理工作，开展物业纠纷及全市调解工作现状的调研，8月下发《关于持续深化诉源治理工作的实施意见》，召开全市诉源治理工作会议。持续推进“五星3A”“五清村居”等建设任务，试点开展铁路诸暨站区域“路地警务融合”工作。

【队伍监督机制建设】全年就违法信访人员打击，非法民间借贷案件协同打击机制、扫黑除恶过程中对寻衅滋事的认定、相关案件的强制措施等法律问题共协调28件次。抓好政法队伍建设，学习贯彻《中国共产党政法工作条例》，举办全市新时代“枫桥经验”与基层社会治理现代化专题研讨班，扎实开展“不忘初心、牢记使命”主题教育活动。开展涉政府产权纠纷专项治理工作、国庆“特赦”专项行动。积极探索司法救助制度改革，检察院、法院两家成立司法救助委员会。（骆作义）

编制工作

【概况】2019年，全市行政机构83个（其中党委工作部门11个、政府工作部门26个、绍兴市级部门派出机构1个、政府派出机构10个、群团机构7个、人大机关1个、政协机关1个、民主党派机关1个、政法机构2个、镇乡街道23个），总行政编制数3803名，实有3636名；事业单位307个，事业编制数17953名，实有16973名。

【机构改革】2019年1月17日，市委、市政府印发经省委、省政府批准的《诸暨市机构改革方案》，机构改革后，共设置党政机构37个。党委机构11个，其中，纪检监察机关1个，工作机关10个。政府机构26个。绍兴市级部门派出机构1个（绍兴市生态环境局诸暨分局不计机构限额）。印发41个部门（单位）和23个镇乡（街道）“三定”（定岗、定责、定员）规定。办结111名行政和340名事业转隶人员出入编，同步完成涉改部门72名编外人员转隶工作。

【人大政协机构改革】按照机构改革方案和绍兴市委编委批复文件，设立市人大常委会社会建设工作委员会（与市人大社会建设委员会合署办公），将市人大常委会法制和内务司法工作委员会更名为市人大常委会监察和司法工作委员会（与市人大监察和司法委员会合署办公）；优化政协专门委员会设置，将农业农村工作委员会、社会法制委员会、文史资料委员会、教育文化卫生体育委员会、经济科技委员会分别更名为农业农村委员会、社会和法制委员会、文化文史和学习委员会、教育科技卫生体育委员会、经济委员会。

【五大领域综合行政执法改革】2019年10月30日，市委全面深化改革委员会会议审议通过市场监管、生态环境保护、文化市场、交通运输、农业5个领域综合行政执法改革方案，并由市两办印发实施方案。完成五支执法队机构挂牌、印发机构编制框架函等工作，执法队组建、人员转隶及“三定”规定制定等工作同步推进。

【事业单位清理规范】2019年4月30日，制定《诸暨市本级事业单位清理规范实施办法》，下发54个部门（单位）的事业单位设置函，重点撤并设置过于分散、公益职能弱化、规模较小的事业单位，优化整合职能相近的事业单位，共减少事业单位38个，完成相关259名事业人员交流调整工作。11月，完成对市广播电视服务公司的改革，顺利完成生产经营类事业单位改革。实施编制备案制和周转制，全市实施备案制管理的事业单位共20家，备案制编制3203名，实有200人。

【明确部分机构规格】2019年6月4日，绍兴市委编办批复明确浙江省诸暨经济开发区管理委员会、市公共资源交易管理委员会办公室、市公共服务中心为市政府派出机构，机构规格为正科级（市公共服务中心更名为市政务服务办公室）。2019年6月26日，绍兴市委编办批复明确市文明办、市委市政府接待处、市社会保险事业管理局3个事业单位机构规格为副科级并更名。

【“三定一评”履职体系建设】2019年，在牌头镇试点基础上，全市23个镇乡（街道）于9月底全面完成“三定一评”（定岗、定责、定员和综合评估）履职体系建设，进一步推进机构高效运行，提升基层治理精细化水平。同时，统筹优化镇乡党政机构和事业单位设置，充实基层派驻力量并对基层力量进行整合，优化基层审批服务执法力量。

【机构改革后镇乡（街道）人员专题培训】33个市级部门共制定培训课目54个，培训人数约4100人，100%完成专题培训课目，培训人员覆盖率达100%。

【派驻力量下沉力度加大】2019年，明确改革后部门派驻员额总数不得少于改革前派驻员额总额，两个以上部门职责整合的，不得少于原多个部门员额总数。综合执法、自然资源和规划、司法、人力社保、生态环保、市场监管6个部门派驻镇乡（街道）的员额共增加32名，派驻员额由原502名增加到534名，增加比例达6%。

【编外用工管理】严格把好控制数内的编外用工使用审批，至年底，全市机关事业单位编外用工控制数10898名，实有9967人。完成市委巡察办移交的11个巡察事项办理工作，做好建设局有关国有平台改革编外用工处置和教体局各学校编外用工控制数调整工作。（寿张涛）

史志编研

【《诸暨市志》完成志稿初审和复审】2019年，史志研究室把《诸暨市志》编修工作排在业务工作第一位，按照工作计划继续抓好初稿内审修改等工作。4月，召开市志初审会，邀请省内9位地方志领导专家参与评审，并通过初审。11月，完成绍兴市地方志主管部门的复审，并向市委、市政府提交出版报告和出版经费预算方案。

【《诸暨年鉴(2019)》完成编纂】2019年，根据市级机关机构改革和职能调整等实际情况，重新落实150多家供稿单位的分管领导和联络人员（编写人员）。6月，完成编写人员业务培训。10月底，完成年鉴统稿。11月，完成年鉴出版项目公开招投标，首次进行彩色印刷，版面字数为115万字。

【试点村村志编修】至12月底，鸬鹚湾村、侠父村、马剑村、吴墅村、新桔城村、枫源村等6个村完成撰稿工作。

【西施文化保护传承工作】2019年，加强与国家和省方志部门的联系沟通，赴中指组和省方志办汇报对接西施故里在诸暨的情况，争取省政府领导和省方志办领导、《浙江通志》分管领导的支持，在《浙江通志・大事记》中明确记述西施故里在诸暨。同时，汇集整理有关西施的历史记载资料和艺术文化形象的书籍，启动“印象・西施”系列丛书编纂。

【党史宣传教育】2019年，做好中华人民共和国成立70周年及诸暨解放70周年纪念活动，于5月6日诸暨解放日刊出“铭记历史时刻”专题报道，联合《诸暨日报》推出“壮丽70年奋斗新时代”专栏，开展诸暨党史名人系列宣传。加强市内主要党史教育基地的分类管理，对市内主要党史教育基地进行实地调研，配合组织部门明确“不忘初心、牢记使命”主题教育现场教育点，首批有14个红色教育基地被命名。参与纪念俞秀松诞辰120周年活动，在俞秀松纪念馆布展设计、展板图文审核等方面发挥党史部门的职责和作用。2019年10月17日，协助省委党史和文献研究室、团省委、诸暨市委举办“纪念俞秀松诞辰120周年研讨会”；联合市文广旅游局，做好诸暨红色革命遗址调研和保护工作，并组织开展“诸暨革命文物”图片展览。

【史志资政服务】2019年，配合绍兴党史研究室，对全市70多处革命遗址逐一进行现场踏勘，摸清红色文化现状，了解掌握存在的问题和困难，征求修缮保护和开发利用建议，形成《关于诸暨革命遗址保护利用工作的几点思考》调研报告，为下一步推进浙江中国革命红船起航地建设，发挥资政服务助力军作用。结合“不忘初心，牢记使命”主题教育，发挥诸暨地方党史的资源优势，开展诸暨地方党史专题党课宣讲，为市级机关有关部门和基层镇村、社区、企业党组织专题党课宣讲10余次。配合牵头部门赴山下湖镇开展工作，多次到赐绯庙村、新桔城村、东江新村等地开展走访调研，详细了解村企的发展问题、平安问题等，帮助反映和解决实际困难。结合绍兴红色资源普查专题活动，积极发挥红色资源在助推乡村振兴、农村文化礼堂建设和“五星达标、三A争创”方面的作用，把红色资源转化为红色文化、红色旅游、红色经济。（谢卫星）

党校

【概况】2019年，中共诸暨市委党校完成15个主体班次28期次培训任务；开展社会宣讲63场次；获得2019年度绍兴社科规划课题立项3项和省委党校年度课题立项6项;7篇决策参阅件获得市领导的批示肯定,2篇决策咨询成果获全省党校(行政学院)系统三等奖。中共诸暨市委党校推进“绍兴枫桥学院”建设,探索完善师资库、课程库、教材库、基地库的“四库”建设,打响“枫桥经验”培训品牌。至2019年年底,全校共有在职教职工26人,其中行政编制19人,事业编制17人,离退休教职工21人。

【党校教育工作】2019年,完成镇乡(街道)、市级部门(单位)党政正职履职能力提升专题培训班,科(局)级领导干部周末学堂,市管干部“不忘初心、牢记使命”主题教育读书班,诸暨—遂昌年轻干部培训班,“90后”年轻干部成长班,公务员学法用法培训班,党外代表人士进修班,金川县政法系统“枫桥经验”学习培训班,维护区域金融稳定防范化解系统性金融风险专题培训班等15个主体班次28期次近4900人次的主体班次培训任务,完成党员发展对象培训班3期1000余人次。科学设置各类班次的培训方案,把习近平新时代中国特色社会主义思想贯穿全班次、体现全课程,聚焦“用学术讲政治”,进一步完善党的政治理论和党性教育教学,紧扣“不忘初心、牢记使命”主题教育、新时代“枫桥经验”与基层治理、中华人民共和国成立70周年等主题组织开展集体备课、新课试讲7次15课次,推出《党的十九届四中全会精神解读》《新时代“枫桥经验”与基层治理现代化》《中国共产党支部工作条例(试行)》《辉煌70年奋进新时代》等课程。推进“暨阳红色讲台”志愿服务队“红色宣讲”项目,发挥红色布道者作用,组织教师走进全市镇乡、部门、村居、企业面向党员干部群众开展新时代“枫桥经验”、《中国共产党支部工作条例(试行)》、新中国70周年等主题社会宣讲63场次近1.5万人次接受教育,并赴省团校、江苏仪征等地宣讲新时代“枫桥经验”,提升诸暨市委党校知名度和美誉度。

2019年5月6日,诸暨—遂昌年轻干部培训班开班(市委党校提供)

【党校科研工作】2019年度,获省委党校系统中国特色社会主义理论体系研究中心第二十一批规划课题6项和绍兴市哲学社会科学研究“十三五”规划课题3项。在绍兴市党校系统理论研讨会中获一等奖2名、二等奖1名、三等奖2名;在省委党校理论研讨会中获一等奖2名、二等奖4名,位列全省县级党校第二位。荣获全省党校(行政学院)系统科研工作优秀奖。向市委、市政府递交决策参阅11期,7期获得9位市领导批示。其中,《单位党组织履行“选育管用”年轻干部主体责任的调查与建议》《高标准建设珍珠小镇的建议》《乡村振兴视域下打造诸暨乡村旅游升级版的建议》得到市委书记徐良平、市长王芬祥的批示肯定。有2篇决策咨询成果获全省党校(行政学院)系统三等奖。开展科研蹲点活动,组织教研组成员走进基层,“零距离”学习、掌握诸暨市情。在“服务企业服务群众服务基层”活动中,由校委领衔带领的12人调研小组分成4组,走访大唐街道的村(社区)2个,企业25家,学校站办所7个,并形成调研报告。优化科研管理考核和激励机制,制定《中共诸暨市委党校、诸暨市行政学校、绍兴枫桥学院教研奖励基金使用管理办法(试行)》,建立15万元的奖励基金,为科研工作提供制度保障。

【省内外干部培训】2019年,重点建设“枫桥经验”与基层社会治理、俞秀松烈士陵园与纪念馆两个现场教学专题,8月顺利通过绍兴市干部教育培训现场教学示范基地验收。优化打造“枫桥经验”与基层社会治理专题的两条精品线路,一条为市区的2个中心1人社区;一条为枫桥镇的定制线路:陈列馆+村+N(根据班次学员对象分类安排)。发挥党校老师“用学术讲政治”的优势,推出现场教学点评课,采用“专题课+现场教学体验+课堂点评提升”的融合式培训模式,提升培训实效。先后承接来自上海、山东、福建、河南、安徽、浙江等22个省市区的社会培训班次共86期，参训学员达4500余人次。其中，5天及以上的培训班次数量较上年增长30%；与河南巩义市委组织部、市委党校联合组织举办巩义市“摘星夺旗创三宜”活动支部书记培训班共6期，为期两个月，对当地近500名村书记和第一书记进行了全面的轮训。

【**绍兴枫桥学院建设**】2019年，工程项目建设方面，牢牢把握“体现浙江特色的中国基层治理培训、研究、宣传中心”的目标定位，参观考察了宁波市委党校、南京市委党校、浙江省委党校、红旗渠干部学院、焦裕禄干部学院等，数次召开专题研讨会，优化完善学院整体布局，提出智慧校园需求方案，室内装修方案、景观建设方案在11月初提交市领导审阅。配合国资公司做好现场工程管理，抓好教学区块的工程进度和质量，除有地下室的建筑主体外，其余建筑主体在年底完成结顶。培训体系打造方面，把推进新时代“枫桥经验”、“四库”建设作为市委微创新微改革项目，加强与政法类高校和上级党校合作办学力度，统筹整合各方资源，打响“枫桥经验”培训品牌。壮大师资库，从全国范围选聘67名兼职教授，打造多元化师资队伍；完善课程库，推出“枫桥经验”与基层社会治理、党建引领乡村振兴、“最多跑一次”改革的诸暨实践等系列课程34门；提升教材库，形成《“枫桥经验”：基层社会治理的实践》《“枫桥经验”的理论构建》《人民调解的“枫桥经验”》《新时代“枫桥经验”与绍兴基层治理现代化研究》《“枫桥经验”人民调解案例故事》等一批培训教材；优化基地库，打造了枫桥镇、市区两条精品线路，做优做强了沿线22个教学基地，配套的现场教学基地达38个。与杭师大、绍兴市委党校合作编著“枫桥经验”校本教材，预期2020年下半年出版。

【**党校办学质量创优评估**】办学质量创优评估是2019年市委党校的重点工作之一，根据省委党校《关于做好2019年我省市县党校行政学院（校）办学质量创优评估工作的通知》（浙党校发〔2019〕1号）精神，按照“高度重视、高标推进、高效落实”的“三高”要求，5月初制订迎评工作方案，建立迎评领导小组，设立宣传材料组、台账资料组、后勤保障组和工作督查组，有序有力有效推进办学质量创优评估各项工作。9月底，顺利圆满通过省办学质量评估小组的检查验收。同时，市委党校认真对照评估组提出的意见建议，制定形成整改落实清单，全力补短板、强弱项、扬优势，努力推动党校高质量发展，达到了“以评促建、以评促改、以评促管”的预期目的。

【**党校教职工队伍建设**】2019年，落实市级机关（部门）公务员考核实施办法（试行）和教职工岗位目标责任制考核办法，强化日常考核和年度考核。继续抓好《关于实施加强教职工队伍建设“一号工程”的意见》和年轻教师“导师帮带制”工作，有序选派3名年轻干部驻村跟岗、上挂锻炼。实施名师、名课、名班“三名”工程，提升教师综合素质，推动党校成为出思想、出成果、出人才的重要阵地。（陈　晖）

信访工作

【**概况**】2019年，诸暨市信访局做好“了解民情、集中民智、维护民利、凝聚民心”的工作，全年信访形势平稳有序，未发生非访、重大集体越级访和影响诸暨形象的信访事件。全年全市共收到各类信访件53577件，其中进京上访登记21人次，同比下降63.2%；赴省上访登记548人次，同比下降38.2%；来市上访863批次；来信2178件；网上信访（含网上投诉、领导信箱及人民网留言）11697件；来电（“12345”）38091件。

【**初次信访事项工作责任落实**】11月8日，制定《关于严格落实初次信访事项工作责任的实施意见》，所有初次信访事项的接收登记、转送交办、受理办理、复查复核均在浙江省统一政务咨询投诉举报平台操作，一网办理，环环可查，1—12月，全市共收到各类初信初访37726件，按期受理99.71%，信访部门满意率98.12%，责任单位满意率97.29%，回访核实率99.98%，法定途径录入率100%。

【**信访积案化解**】2019年，贯彻落实绍兴市委部署要求，以“三服务”活动为抓手，深入开展“两减一创”（减信访存量、减信访增量、创建无信访积案市和镇乡街道）专项行动，做好信访积案化解攻坚，争创“无信访积案县(市、区)",至12月底,288件绍兴重点督查件化解250件,化解率86.8%;193件市本级重点督查件化解192件,化解率99.5%;国家、省重点交办件36件,全部办结。

【群众信访代办制】2019年,推行群众信访代办制,变"等群众上访"为"替群众跑腿",变"送上门的群众工作"为"送到门的服务工作",23个镇乡(街道)均建立镇级代办服务中心,累计受理信访代办971件,村级代办服务站实现行政村100%覆盖,办结案件信访人满意率达100%,推动问题就地解决。

【社会矛盾纠纷调处化解中心建设】2019年12月2日,按照"一窗式受理、一站式接待、一条龙服务、一揽子解决"的思路,在原有信访联合接待中心的基础上,建立社会矛盾纠纷调处化解中心,进一步敞开市级接待大门,推动群众信访"最多跑一次"改革,提升属地吸附效应,县级走访占比超过80%。

【信访联席会议】全年,市信访联席办共开展专题会商177次,出具会议纪要69件,解决一批民生信访问题。

【市领导接访】2019年,坚持每月做好市领导集中下访接访工作,坚持市四套班子领导每日值守接访,及时开展重点疑难信访问题的协调会商并做好后续办理工作的跟踪落实,2019年市领导累计接待来访群众267批772人,会商82次。

【违法信访打击】2019年,落实公安部及省公检法精神,会同政法委、检察院、法院、司法局、公安局等单位联合下发《关于依法打击非访缠访闹访以及反复越级上访行为的通知》,针对违法上访人员,坚决打击,累计刑事立案违法上访人员15人。 (郭轩宏)

2019年12月2日,市社会矛盾纠纷调处化解中心揭牌成立(市信访局提供)

诸暨市人民代表大会

综述

2019年，市人大学习贯彻习近平总书记关于坚持和完善人民代表大会制度的重要思想，聚焦中心工作，聚情民生关切，聚力依法履职，聚合代表力量，依法召开市十七届人大三次会议，召开人大常委会会议11次、主任会议20次，听取和审议“一府两院”工作报告11个，听取专题汇报3个，作出决议、决定16项，组织执法检查和视察活动5次，依法任免国家工作人员127人次、人民陪审员284人次，组织宪法宣誓36人次，补选出缺代表26人。

重要会议

【市十七届人大三次会议】诸暨市第十七届人民代表大会第三次会议于2019年1月11至13日在市区举行。会议共举行3次全体会议、3次主席团会议，听取和审议市人大常委会、市人民政府、市人民法院、市人民检察院的工作报告；审查诸暨市2018年国民经济和社会发展计划执行情况及2019年国民经济和社会发展计划草案的报告，批准诸暨市2018年国民经济和社会发展计划执行情况的报告及诸暨市2019年国民经济和社会发展计划；审查诸暨市2018年预算执行情况及2019年预算草案的报告；批准诸暨市2018年预算执行情况的报告及诸暨市2019年预算；通过关于设立和更名诸暨市第十七届人民代表大会有关专门委员会的决定；票决确定诸暨市人民政府2019年民生实事项目。会议共收到代表10人以上联名提出的议案3件，建议、意见249件，合计252件，其中涉及经济建设方面69件，占27.4%，主要建议有加快与杭同城发展，做好“北承融杭”文章；优化经济发展环境，鼓励企业创新发展；激活城乡要素，高标准推进乡村振兴；壮大村级集体经济，推进消薄攻坚等方面。涉及社会管理和民生保障方面128件，占50.8%，主要建议有深化“枫桥经验”，推动社会基层创新；“最多跑一次”长效化建设；推进农村宅基地和危旧房改革；加强道路治堵，完善便民交通体系建设等方面。涉及文化建设和生态文明方面55件，占21.8%，主要建议有加强长效常态管理，推进美丽乡村全域化；加快生活垃圾处置能力建设；优化教育资源配置，健全民办教育机构管理机制；保护传统历史文化，挖掘“古越文化”“西施文化”等方面。大会主席团决定将本次会议收到的代表议案作为代表建议处理，会后由市人大常委会交市人民政府和其他有关国家机关办理，办理结果由承办单位在7月底前负责答复代表，并报告市人大常委会。

【人大常委会会议】1月3日，召开市十七届人大常委会第十六次会议，听取和审议市政府关于科技创新工作情况的报告；听取和审议市政府关于城乡规划实施情况的报告；听取和审议市政府关于2018年民生实事项目完成情况及2019年民生实事候选项目形成情况报告，开展满意度测评；听取对政府工作报告、计划、预算及“两院”工作报告意见；听取诸暨市十七届人大常委会代表资格审查委员会关于个别代表的代表资格的报告；听取诸暨市第十七届人民代表大会第三次会议筹备工作情况的报告，审议有关建议名单和列席人员名单；讨论人大常委会工作报告，推选报告人；审议决定有关人事任免事项。

1月24日，召开市十七届人大常委会第十七次会议，审议决定有关人事任免事项。

3月4日，召开市十七届人大常委会第十八次会议，审议市政府《关于提请审议〈诸暨市乡镇行政区划调整方案〉的议案》。

3月29日，召开市十七届人大常委会第十九次会议，听取和审议全市扫黑除恶专项斗争工作情况的报告；听取和审议市政府关于2018年全市生态环境状况和环境保护目标完成的报告；审议决定有关人事任免事项。

5月28日，召开市十七届人大常委会第二十次会议，听取和审议市政府关于农业现代化发展情况的报告；听取和审议市政府关于促进我市民营经济高质量发展情况的报告。

6月28日，召开市十七届人大常委会第二十一次会议，审议店口镇、姚江镇人民代表大会选举工作有关事项；审议诸暨市第十七届人民代表大会部分代表辞职和选举（补选）有关事项；审议市人大常委会设立、更名有关工作委员会事项；审议决定有关人事任免事项。

7月29日，召开市十七届人大常委会第二十二次会议，听取和审议市政府关于2018年财政决算和2019年上半年财政预算执行情况的报告；听取和审议市政府关于2018年度市本级预算执行和其他财政收支的审计工作报告；审议《诸暨市人民代表大会代表建议、批评和意见工作办法（修订草案）》；审议有关市人大代表辞职事项。

8月29日，召开市十七届人大常委会第二十三次会议，听取和审议市政府关于2019年上半年经济社会发展情况和下半年政府重点工作的报告；审议市政府关于2019年上半年国民经济和社会发展计划执行情况的报告；听取市十七届人大常委会代表资格审查委员会关于部分代表的代表资格审查报告；传达学习省委人大工作会议和全省各级人大常委会主任学习会精神。

9月27日，召开市十七届人大常委会第二十四次会议，审议决定有关人事任免事项。

10月31日，召开市十七届人大常委会第二十五次会议，听取市监委关于清廉诸暨建设情况的专项报告；听取和审议市政府关于市十七届人大三次会议代表建议办理情况的报告；审议市政府《〈关于2019年财政预算调整方案（草案）〉的议案》；审议决定有关人事任免事项。

12月5日，召开市十七届人大常委会第二十六次会议，审议市人大常委会主任会议关于提请作出召开诸暨市第十七届人民代表大会第四次会议决定的议案；审议市政府关于提请授予张军等7人诸暨市荣誉市民称号的议案；审议诸暨市第十七届人民代表大会个别代表辞职和部分代表补选的有关事项；审议决定有关人事任免事项。

【人大常委会主任会议】2月21日，召开市十七届人大常委会主任会议第三十六次会议，讨论通过市人大常委会2019年工作要点（草案）和市人大常委会2019年监督工作计划（草案）。

3月21日，召开市十七届人大常委会主任会议第三十八次会议，讨论通过2019年镇乡（街道）人大工作考核办法（草案）。

4月28日，召开市十七届人大常委会主任会议第四十次会议，听取市政府关于义务教育优质均衡发展情况的汇报；讨论通过2019年市政府领导领办代表建议重点件和工委重点督办件。

7月1日，召开市十七届人大常委会主任会议第四十四次会议，听取市法院关于基本解决执行难工作情况的汇报。

11月29日，召开市十七届人大常委会主任会议第五十三次会议，听取市政府关于审计发现问题整改落实情况的汇报。 （郦建龙）

重要活动

【视察活动】9月29日，市人大常委会组织视察全域土地综合整治工作情况。市人大常委会驻会成员实地视察东和乡春风十里项目、浬浦镇马郦村整治情况，听取市政府关于全域土地综合整治工作情况的汇报，并提出意见和建议。

10月28日，市人大常委会组织视察“十大专项行动”推进情况。市人大常委会驻会成员实地视察五泄镇西皇村、城西宝龙商业广场、申科滑动轴承股份有限公司、浣东街道盛兆坞三村、枫桥镇魏廉村，听取有关部门“十大专项行动”推进情况的汇报，并提出意见和建议。

11月21日，市人大常委会组织视察城东新城建设情况。市人大常委会驻会成员实地视察颐和养老社区、开元二期（闲置地块改造）、富润屋（跨星中心、网易联合创新中心），听取市政府关于城东新城建设情况的汇报，并提出意见和建议。

12月19日，市人大常委会组织视察2019年民生实事项目完成情况。市人大常委会驻会成员实地视察城新小学、市民公园北侧地块、暨阳街道祥安社区居家养老服务照料中心、祥安路与东三环十字路口、暨南街道原王家井镇卫生院、牌头镇越峰村，并提出意见和建议。

【督查活动】3—10月，赴牌头镇开展“服务企业服务群众服务基层”，围绕影响企业经营发展壮大的关键因素、制约群众获得感幸福感安全感提升的症结所在、基层经济社会发展中存在的突出短板走访辖区内所有企业、在建项目、村（居），牵头制定发展问题清单、平安问题清单、发展项目清单的“三张清单”，协调解决具体问题，形成调研报告报送市委。

3—12月，市人大常委会领导带队分小组开展2019年民生实事项目专项监督，围绕项目进度和质量组织实地视察、明察暗访、听取汇报等活动，贯彻全年开展监督。每季度形成建议专报报送市委，12月份组织视察民生实事项目完成情况，年底开展满意度测评。2019年民生实事项目按要求全面完成。

3—12月，市人大常委会领导带队分小组开展“十大专项行动”专题监督，于7月、10月两次形成建议专报请市政府研究处理。10月下旬，市人大常委会专门组织视察有关“十大专项行动”推进情况。

3—11月，市人大常委会领导带队分小组赴重点部门、镇街和民营企业开展促进我市民营经济高质量发展情况专项监督，向省、绍兴市人大常委会提出调研意见建议。并对市人大常委会第二十次会议听取和审议市政府有关工作报告提出的审议意见整改落实情况开展跟踪监督。

【执法检查】5月，市人大常委会按照省人大统一部署，三级联动全面开展以加大幼儿园教师队伍建设力度、大力扶持普惠性民办幼儿园发展、着力提升幼儿园保育教育质量、切实保障弱势儿童公平接受学前教育为重点的《学前教育条例》执法检查。

【代表建议办理工作“回头看”活动】5月24日，市人大常委会会同市政府召开市人大代表建议办理工作“回头看”活动，实地视察2018年部分代表建议办理落实情况，听取2018年部分代表建议承办单位办理情况的汇报、领衔代表意见、市政府领导和市人大常委会领导对办理工作的点评。

【代表建议面商督办会】7月，市人大常委会会同市政府召开市人大代表重点建议办理面商督办活动，听取2019年重点建议承办单位办理情况的汇报、领衔代表意见、市政府领导和市人大常委会领导对办理工作的点评。

【代表活动指导和服务】7月起，市人大常委会参照第一批代表联络站建设经验，指导暨南街道、牌头镇等五个镇街联络站进行改造提升。全年累计开展联络站活动128次，参加代表750人次，接待群众1312人次，收集意见建议543条。浣东街道代表联络站工作得到《人民日报》宣传报道。

主动为代表履职设定主题、搭建平台，组织发动代表监督2019年民生实事项目，视察“十大专项行动”推进情况、“最多跑一次”改革和上半年经济运行情况等，定期向代表通报常委会和“一府两院”主要工作，组织代表列席市人大常委会会议、市政府常务会议64人次，组织部分代表赴全国人大北戴河培训中心学习轮训，为代表知情知政、依法履职创造条件，提供保障。

【镇乡（街道）人大工作指导】3月，制定《2019年镇乡（街道）人大工作考核办法》，采用平时记录、抽查、督查和年终考核相结合的方式对镇乡（街道）人大基层基础工作、代表联络站工作、民生实事票决制工作、本级人大建议意见办理工作、代表小组活动以及协助配合市人大常委会完成相关工作等进行考核。结合乡镇行政区划调整，及时跟进做好新建镇乡（街道）人大有关工作。指导召开乡镇人代会和街道议政会，上下半年各召开一次镇乡（街道）人大联席会议，总结推广基层创新做法和先进经验。邀请镇乡（街道）人大参与市人大常委会视察、调研和执法检查，列席市人大常委会会议，增强市镇两级人大之间的沟通和联系。（郦建龙）

议案办理

【代表建议督办】市人大代表在市十七届人大三次会议期间共提出建议255件。截至7月底，代表建议均已办理完结，其中满意253件，占总数的99.2%；表示理解2件，占总数的0.8%。从答复和落实情况看，建议办理的结果满意率持续维持高位，问题解决率逐步得到提升。（郦建龙）

【代表建议重点件】2019年，市人大代表建议中，由市人大常委会领导督办代表建议重点件6件，市人大常委会工委督办代表建议重点件18件。

2019年市人大常委会领导督办代表建议重点件一览表

表16

案号	建议内容	承办单位	领衔代表	领办领导	督办领导
2	关于重视我市中小企业生存发展积极应对中美贸易战的建议	商务局	赵林中	王芬祥	姚汉松
17	关于加强行人及电动车交通管理巩固全国文明城市创建的建议	公安局	马洪港	宣方乐	张振华
37	对我市发展养老服务业的建议	民政局	孟瑜清	何鸿成	徐仙苗
252	关于进一步提升欠发达山区乡镇卫生院服务功能和水平的建议	卫生健康局	陈兴均	俞 越	陈 焕
110	关于加大民营企业扶持力度的建议	经信局	陈国光	朱红伟	钱建荣
70	关于加快建设垃圾分类末端处理设施的建议	建设局	孟一微	郦小飞	洪中行

诸暨市人民政府

综述

2019年，诸暨市政府紧扣高质量发展主线，突出接沪融杭同城化、产业转型数字化、美丽建设全域化、社会治理现代化四个重点，推进十大专项行动（数字经济、改革创新、项目招商、重大设施、乡村振兴、美丽城镇、文明实践、平安建设、清廉建设、基层基础），全力稳企业、增动能、保平安，经济社会保持稳健发展态势。全面完成年初确定的农村公路大中修二期建设、生态健身游步道建设、公办学校教室空调安装等市政府十方面民生实事，全面小康指数排名全国县级市第12位。

经济发展稳中有进。2019年，实施数字经济五年倍增计划，分行业召开数字化改造现场会，新增工业机器人385台、数字化车间45个，企业上云数达6678家，“四个百项”（浙江省“四个百项”项目计划，由智能化改造百项示范项目、新兴产业百项示范项目、产品升级和工业强基百项示范项目、绿色制造百项示范项目组成）技改项目数居全省第二。铜加工产业改造提升综合指数居全省分行业试点首位，入选浙江省制造业高质量发展示范县市创建名单。推进“双招双引”，招引项目63只，总投资309.6亿元，5只项目列入省重大产业项目计划。引进绍兴“海内外英才计划”人才23名，建成院士专家工作站9家。新增国家高新技术企业81家、省科技型中小企业278家，科技创新水平居全国百强县第16位。新认定省级小微企业园8个，新增“小升规”260家、“下升上”（同“小升规”意）200家、“产转法”（产业单位转为法人单位）140家，IPO报会1家，海亮集团成为绍兴首家世界500强。组织企业参加“一带一路”市场展会90次，成功开通“义新欧”诸暨号中欧班列，新增珍珠、袜业跨境网店110家，外贸出口预计增长16.8%。新开工装配式建筑211万平方米，实现建筑业产值1050亿元。制订出台全域旅游总体规划，建立西湖—西施旅游长效合作机制，全年旅游人次和收入均增长10%以上。

接沪融杭深入推进。“与杭同城”纳入《浙江省推进长江三角洲区域一体化发展行动方案》，三年行动计划全面启动实施，加快打造省大湾区重要节点城市。举办“与杭同城”产融驱动高峰论坛、“杭州·绍兴周”诸暨专场等活动，与杭州拱墅区、宁波鄞州区签署友好区市合作协议，与上海松江区探索双向商事登记。引进杭州籍企业513家、都市区项目101个，总投资超过50亿元。布局建设G60诸暨创新转化港，“诸暨岛”“高新岛”（在市外设立的招商引才、科创孵化和智商集聚的创业园或平台）入驻企业27家。主动接轨上海港、洋山港、舟山港，推进店口综合港区建设，开通诸暨至乍浦集装箱航线。杭州都市高速诸暨段建设快速推进，完成铁路物流货运基地项目前期准备，启动03省道东复线店口至金浦桥快速化改造、绍诸高速浣东出口综合改造等工程。选址落地上海签证诸暨分中心，试行诸暨至杭州高速双向通行免费政策，实现长三角（上海）异地就医门诊费用直接结算，新增名医专家工作室25家，结成诸杭教育共同体12家。

城乡面貌不断刷新。顺利完成部分行政区划和新一轮行政村规模调整。建成“多规合一”业务协同平台，开展市域国土空间总体规划编制工作。实施美丽城市基础设施建设三年行动，加快城区排涝体系建设，改造提升建成区绿地，新增城东区域停车位2539个，创成“污水零直排区”14个。完成“三改”715.4万平方米，通过省“无违建”县市复评，获评省小城镇环境综合整治优秀县市。加强危旧房监管改造，拆除D级危房4212户，改造C级危房2700户。实施陈蔡水库综合治理改造工程征迁安置，加快推进浦阳江治理二期、游步道三期等重点工程，完成高湖主体隔堤工程建设。03省道东复线江藻至王家井段、环会稽山国家森林公园美丽公路建成通车，官弦线、石东线、兰店线建设有序推进，创成省“四好农村路”（建好、管好、护好、运营好农村公路）示范县市。完成白毛尖垃圾填埋场一期封场、八方热电垃圾焚烧综合改造，试运行餐厨废弃物综合处理和资源化利用项目。成功举办环法自行车、CBA联赛、西施马拉松等精品赛事，运动休闲城市品牌进一步打响。抓好城管“十件小事”（提升城市精细化管理水平的一项工作抓手，每年摸排确定十个方面，作为重点管理事项。2019年的十件小事为“最乱一条街”整治、住宅小区车库车棚整治、犬类整治、餐饮油烟整治、马路市场整治、户外广告店招整治、非机动车管理、“僵尸车”清理、寻找和整治卫生死角以及井盖、表箱、杆线整治等十件小事），打造6条精品美丽示范街，顺利通过全国文明城市年度复评验收。

发展环境持续优化。打好标准地、承诺制、流程优化等改革组合拳，优化市场主体住所（经营场所）登记管理办法，承诺制项目从土地摘牌至施工许可“最多30天”实现率达93%，实现企业开办全流程“一件事”一日办结，县域营商环境居全省第5位，市场主体突破18万家。深化“最多跑一次”改革，应用“浙政钉”系统，推进“互联网+政务服务”，一证办、网上办、掌上办实现率均达90%以上，“一证通办一生事”改革获评首批全国农村公共服务典型案例。全流程网上招投标实现镇街全覆盖。严格执行减税降费政策，全年共减免20亿元。试运行信用诸暨平台，完成绍兴市首例信用修复。开展“互联网+监管”省级试点，首创行政执法协同监管“首发响应”机制。出台支持鼓励大学生来诸就业见习实习政策，吸引大学生1.41万人。加大金融对实体经济的支持力度，设立农商银行暨阳科技支行，新增全社会融资200亿元。深化治气治水治土治废攻坚战，基本完成生态环境保护督察问题整改，通过国家节水型城市复评，创成国家生态园林城市。

乡村振兴展现成效。推进科技和资金进乡村、青年和乡贤回农村，引进乡贤回归项目23只，吸引农创客45名。发展休闲旅游、健康养生、文化创意等乡村经济，激活闲置农房949幢，吸引社会资本7亿元。用好增收“十法”（发展物业经济法、盘活资产资源法、土地综合整治法、乡村旅游带动法、产业带动发展法、村企合作发展法、政府主导发展法、提供劳务服务法、扶持光伏发电法、基金收益扶持法），推进村级集体经济消薄攻坚战，全市村级集体经济总收入增长11%。探索市场化运行管理机制，完成国家农村集体产权改革试点，产权交易额达1.36亿元。加快农民物权资产化进度，推进农村宅基地及房屋确权登记发证工作，纯土地及房地一体入库数达23.4万本。推动特色农产品产业化发展，“诸暨次坞打面”品牌推广、“同山烧”酒作坊规范化改造取得实效。推进省部共建乡村振兴示范县创建，培育11个省级“五园一场”（生态茶园、放心菜园、精品果园、特色菌园、道地药园和美丽牧场）示范基地，创成国家现代农业产业园。深化美丽乡村建设，17 个村列入省第一批传统村落建设名单，创成第二批五星达标村 116 个、3A 示范村 12 个。

社会大局和谐稳定。全年财政民生支出 86.2 亿元，占公共预算支出的 78%。新增城镇就业 2.48 万人，城镇登记失业率控制在 2.04% 以内。城乡居民基本养老保险、医疗保险提标扩面，健康诸暨工作获省考核优秀。建成镇级居家养老服务中心 25 家、示范型城乡社区照料中心 80 家，新建基层残疾人康复服务中心 18 家，实现村级关爱基金全覆盖。挂牌成立退役军人服务站 568 个。学前教育、义务教育补短工程深入推进，绍兴护士学校完成整体搬迁，南华大学长三角研究生分院正式开班。新建浣江书房 5 家，建成农村文化礼堂 77 家。推进住房保障体系建设，开展农村危旧房权益保全试点，实现农村保障房土地出让 6.35 万平方米，完成公租房政府购买服务国家级试点任务。开展风险隐患大排查大整治行动，生产安全亡人事故、火灾事故分别下降 40% 和 10%。省食品安全市创建持续深化，食品安全群众满意度连续三年居绍兴第一。扫黑除恶专项斗争深入推进，枫桥警务模式全国推广，新时代“枫桥经验”被写入党的十九届四中全会《中共中央关于坚持和完善中国特色社会主义制度推进国家治理体系和治理能力现代化若干重大问题的决定》，成为推进国家治理体系和治理能力现代化的有机组成部分。

民生实事全面完成。完成十方面民生实事工作，分别是农村公路大中修（二期）工程、农村文化礼堂新（改）建工程、小型水库除险加固和山塘综合整治工程、公办学校教室空调安装工程、“村村通公交”深化工程、事故多发路段隐患整治工程、生态健身游步道建设工程、镇街居家养老服务能力提升工程、小区公共停车位和电动自行车充电站配套工程、乡镇卫生院医疗服务水平提升工程。全年财政民生支出 86.2 亿元，占公共预算支出的 78%。

扎实推进“不忘初心、牢记使命”主题教育，深入开展“三服务”活动，认真抓好“基层减负年”任务落实，办结问题 2903 个，办结率达 97.3%，市政府发文数量下降 37.5%。稳步推进政府系统机构改革，完成新部门组建、机构挂牌、职责划转和人员转隶等工作。全面运行新版协同办公系统，推行无纸化办公，打通数据共享平台接口 47 个，归集部门分类数据 40 亿条。加强府院联动，积极化解行政争议，行政诉讼案件数量下降 30%。自觉接受各类监督，广泛听取各界意见建议，办理“两会”代表建议 255 件、委员提案 159 件。加强重点领域审计督察、财政预算绩效管理，“三公”经费支出预计下降 7.5%。国防动员、拥军优属、慈善助残、红十字，以及民宗、统计、侨务、对台、气象、广电等工作取得新成绩。（市府办）

重要会议

【经济工作会议】2 月 11 日上午，全市经济工作会议召开。绍兴市委常委、诸暨市委书记徐良平强调，营商环境就是生产力，要牢固树立“开放是环境、发展靠环境、服务优环境、人人为环境”的理念，以开展“服务企业、服务群众、服务基层”活动为抓手，下决心打一场营商环境建设的攻坚战、决胜战，全力营造国际化的营商环境，真正以环境新优势催生发展新优势。

会议指出，这些年来，诸暨在“八八战略”指引下，坚持一张蓝图绘到底、一以贯之抓落实，不断增强诸暨发展环境的吸引力和竞争力，有力推动了经济社会持续平稳健康发展。新一年任务已经明确，号角已经吹响，能否顺利推进，有效落实，离不开一流的发展环境作为支撑，需要充分发挥优势，着力补齐短板，再创发展新优势，奋力推动诸暨经济社会高质量发展。

会议强调，市场经济是开放经济，也是环境经济。开放的大门越是敞开、开放的程度和水平越高，对发展环境的要求也就越高。要牢固树立“开放是环境”的理念，始终坚持把发展环境建设作为必抓之事、重抓之事，更加积极主动、坚定不移地打造最优发展环境，努力在主动融入长三角、积极拥抱大湾区、全面推进“与杭同城”中，让所有投资者和创新人才看得见、感受得到诸暨发展环境的新变化，着力推动诸暨在改革开放再出发的新征程中破浪扬帆、行稳致远。要牢固树立“发展靠环境”的理念，进一步转变思维、强化共识，努力以环境新优势催生发展新优势。要转变“拼资源、拼政策”这一观念，坚持把优化发展环境作为工作的主要着力点和有力突破口，不断厚植诸暨经济可持续高质量发展的“土壤”。要突出“既要抓硬环境，更要优软环境”这一原则，加快形成“硬环境”与“软环境”相得益彰、高质量环境与高质量发展良性互动的崭新局面。要咬定“打造国际化的营商环境”这一目标，着力营造务实高效的政务环境、公平公正的法治环境、竞争有序的市场环境、大气包容的人文环境、优美和谐的宜居环境，全力涵养营商环境的“清新空气”。要牢固树立“服务优环境”的理念，进一步强化服务意识、提升服务能力、优化服务供给，站好“服务岗”、当好“店小二”，努力以服务提升推动环境提质。要坚持以优良的作风引领服务，做到强化担当抓服务、强化效率快服务、强化能力善服务。要扎实开展“三服务”活动，主动跟进服务、全面升级服务、真心实意服务，努力以干部服务指数换取发展信心指数。要坚持“三个导向”抓服务，进一步强化问题导向、效果导向和解决导向，以“最多跑一次”理念为引领，不在形式上翻花样、而在解决上想办法，努力以实际成效来检验工作成果。发展环境人人有责，人人都是环境，人人都是形象。要牢固树立“人人为环境”的理念，做到像爱护眼睛一样爱护环境，像经营家庭一样经营环境，像治理酒驾一样治理环境，真正以个人“小环境”的认识自觉，促进整个“大环境”的好转，以个人“小环境”的行动效率，促进整个“大环境”的优化，共同呵护好我们诸暨发展的良好环境。新的一年，全市上下要把优化发展环境作为最大的“同心圆”“公约数”，进一步聚力聚焦、合力合拍、同心同向，着力在这场“大合唱”中唱准、唱好自己的音符，切实把市委市政府的部署、要求落到实处，全力推动经济社会高质量发展。

会议指出，要紧扣市委十六届五次全会提出的“一、四、十”总体部署，牢牢把握稳中求进工作总基调，精准打好高质量发展组合拳。要稳增长，做好稳投资、稳企业、防风险，全力推动经济高质量发展行稳致远。要增动能，做到提质、增量、补短“三箭齐发”，加快构建诸暨特色现代经济体系，创成全省产业数字化样板区。要强开放，全力实施“与杭同城”三年行动计划，加快交通融杭、产业联杭、市场拓展，打造城市转型、产业转型“双驱动”格局。要强改革，持续深化市场化改革、推进政府数字化转型、顺畅经济运行体制机制，着力优化高质量发展环境，增创市场有效、政府有为、企业有利的体制机制新优势。要活要素，大力推进乡村振兴战略，切实以产业融合促农业发展、以三权改革促农村发展、以美丽建设促农民增收，真正实现富民、强村、兴镇。要保民生，树立过“紧日子”的理念，提高资金绩效，兜住社会保障底线，办好民生实事，努力提升人民群众获得感。王芬祥强调，开局事关全年，全市上下要收心凝神、迎难而上，全力以赴抓开局，重点抓好贯彻会议精神、打好开门首战、制定经济政策、开展“三服务”活动、实施“蓝皮书”计划、乡贤招商、农业生产、两会建议提案办理、全国“两会”期间平安、节后党风廉政建设等十方面工作，做到抓好开局、取得主动、走在前列。

【市政府全体会议】2月21日上午，市政府召开十七届四次全体会议，会议要求要进一步凝神聚力、狠抓落实，齐心协力过好“紧日子、好日子、顺日子”，扎实推动诸暨经济社会高质量发展。市领导宣方乐、陈仁坚、何鸿成、俞越、朱红伟、陈军卫、郦小飞、田国栋等参加。

会议指出，全市政府系统广大干部要进一步凝神聚力、狠抓落实，把新一年工作做得更实、更快、更好，确保实现“开门红”“半年红”“全年红”。

会议强调，一分部署、九分落实，新的一年政府工作必须认真贯彻市委十六届五次全会和全市经济工作会议精神，齐心协力过好“紧日子、好日子、顺日子”，切实推动诸暨经济社会高质量发展。要强化过“紧日子”的责任意识，努力提升干事创业绩效。要绷紧意识，尤其是绷紧忧患意识，深刻认识当前“稳中有变、变中有忧”的经济发展环境，确保经济社会稳健发展；绷紧市场意识，坚定不移实施“亩均论英雄”“标准地+承诺制”两大改革，以市场化手段实现要素资源精准配置；绷紧机遇意识，抢抓一带一路”、长三角一体化、四大建设等战略机遇，全市域推进“接沪融杭”。要扎紧袋子，既要强化预算管理，体现计划性、科学性，做到保重点、保续建、保民生；又要强化绩效管理，对部门、镇街进行严格评估，确保花钱更精准、更精细，花好纳税人的每一分钱。要抓紧工作，立足于早，打主动仗，坚持日常跟踪、定期汇总、办结销号的闭环管理，采取工作项目化、项目目标化、目标考核化、考核绩效化的“四化”办法，推进各项目标任务落实落细。要强化过“好日子”的使命担当，努力提升区域发展质量。要实现收成好，通过提升聚财理财能力、做大做强国有企业、提高农村群众经济收入等途径，想方设法把政府和群众的“钱袋子”鼓起来；要实现环境好，牢固树立“营商环境就是生产力”的理念，以时不我待的紧迫感、责任感，合力建设务实高效的政务环境、竞争有序的市场环境、大气包容的人文环境、优美和谐的宜居环境；要实现质量好，切实抓好动能积蓄、项目招引、亩均贡献、人才支撑等各项工作，实打实推进产业数字化改造，深入开展高质量招商，招引契合诸暨发展所需的各类人才，为过“好日子”提供坚实的保障。要强化过“顺日子”的底线坚守，努力提升治理能力水平。要重协同，抓紧完善新部门组建、人员转隶和“三定”规定制定等工作，做好与上级对应部门的对接，优化内设机构，理顺政府自身体制机制，杜绝职能交叉重叠、权责脱节现象，切实提升政府服务效能，形成合心合力合拍的工作氛围。要重防范，坚持抓早抓小抓主动，积极应对金融“两链”风险，有效应对贸易摩擦带来的出口压力，举一反三应对巡视巡查、审计、土地督察、大棚房、饮用水达标提质等各类隐患，切实提升区域风险防范处置能力。要重治理，以创新发展新时期“枫桥经验”为引领，完善基层治理机制，排查整治各类矛盾隐患，形成“平安靠平时，目标靠措施，共享靠共建”的良好氛围，为全市经济社会高质量发展保驾护航。

【一季度经济社会发展形势分析会】4 月 11 日下午，全市第一季度社会稳定形势分析暨“三服务”工作推进会召开。

会议指出，要清醒认识工作中存在的差距和不足，进一步提高思想认识，强化问题导向，以永远在路上的韧劲抓实抓好社会稳定各项工作。要坚持底线思维，紧紧围绕防范化解重大风险、扫黑除恶、交通安全、安全生产、互联网治理、社会治安防控、基层治理等七方面工作重点，压实工作责任，形成整体合力，全力确保社会大局和谐稳定。

会议强调，要坚持从大处着眼、从实处着手，聚焦稳企业、增动能、保平安重点，直面问题，综合施策，全面提升“三服务”活动开展质量。要坚持精准服务、靶向发力，在做好历史遗留问题化解、企业帮扶、项目建设、政策落地、信访矛盾化解、集体经济消薄、乡村振兴、“双招双引”等工作上下功夫，努力做到“一企一策”“一人一策”“一事一策”，不断提升服务的针对性和有效性。要进一步压实工作责任，建立健全半月通报机制、市领导协调机制、工作责任制、督办机制、定期分析机制“五大机制”，坚决防止“三服务”活动走过场、形式化。

会议指出，社会稳定是经济社会高质量发展的根本保障。要紧盯风险隐患，抓好经济安全底线，重点关注风险企业处置、互联网金融处置等工作。要突出问题导向，守住生产安全底线，紧盯事故多发易发的重点领域、环节，坚决防范和遏制重特大事故发生。要聚焦民生保障，抓实公共安全底线，高度关注群众衣食住行方面的安全，切实提高群众“三感”。要优化生态环境，维护绿色安全底线，全力以赴抓好环保专项督察、印染行业整治等工作，积极建设美丽诸暨。开展“三服务”活动，要更加注重服务的导向性，多一些真心、少一些形式，多一些担当、少一些推诿，多一些举措、少一些烦扰。要更加注重服务的精准性，真正解企业之难、解群众之困、减基层之负。要更加注重服务的实效性，紧扣经济高质量发展这个重点，紧守社会和谐稳定这个大局，以更实的举措严守各类安全底线。要紧盯改革创新这个撬动点，结合“最多跑一次”改革，加快疏通行政效能堵点，打通信息孤岛，提升服务效率。

【半年度经济社会发展形势分析会】7 月 26 日下午，全市半年度经济形势分析暨项目招商专项行动推进会召开。

会议指出，上半年经济形势发展总体平稳，但问题依然存在、短板尚未补齐，必须始终紧扣“稳企业、增动能、保平安”工作要求，以“三服务”活动为抓手，深入推进“十大专项”行动，聚焦聚力、落地落实、有力有效，确保圆满完成各项目标任务。

会议强调，要坚持把经济稳增长作为压倒一切的中心工作，紧盯产业体系转型更新、市场主体上规升级、发展平台提速提升、税源外贸有效回流、发展要素创新集聚五大重点，着力推动工作取得实效。要全面深化“与杭同城”，按照“整体性、一体化、高质量”要求，积极参与长三角一体化、全省四大建设和杭绍甬一体化发展，努力在交通先行、产业互补、要素对接、民生共享、机制畅通上下功夫、见行动、出成效，加快“临杭城市”向“融杭城市”转变。要坚持抓项目、扩投资，牢固树立“以项目论英雄”的理念，深入推进“双招双引”，加快引进一批“大、新、融”项目，切实为高质量发展蓄足动能。要突出有效投资、科技投资、市场投资三大投资，以市场的理念、招引的办法、高效的审批、打桩的速度，统筹抓好重大基础设施项目、科技项目、生态项目、民生项目，确保有效投资上速度、上强度、上效益。要全力优化营商环境，坚持以世界银行的标准为基础，补短板、强弱项、激活力，全力优化政务环境、投资贸易环境、产业发展环境、创业创新环境、法治环境五个环境，打造宽准入、优服务、重公平、强法治的国际化一流营商环境。

会议强调，要提高站位、拉高标杆，不断增强大局意识、长远意识、争优意识，切实提升抓落实的主动性和积极性，坚决杜绝“不查不抓、不打不禁、不问责不落实”的现象，努力以一流状态创造一流业绩。要紧在前头而不能急在后头，进一步增强时不我待的紧迫感、危机感和责任感，快马加鞭、马上就办，全力提升工作效率。要始终坚持问题导向，进一步增强解决问题的系统性、保持查找问题的敏感性，勇于破题、善于解题，确保小事不拖大、问题不掩盖、风险不外溢。要讲数量更讲质量，坚持“有为政府”和“有效市场”相结合，进一步强化结果导向、解决导向和满意导向，精打细算、保质保量，多办事、少花钱，多解决、少解释，切实提升工作的整体性和精细化水平，努力以工作高水平推动发展高质量。要讲规矩更讲创新，既要依法办事、依法行政，又要大胆试、大胆改、大胆破，切实以改革的思维、创新的办法、担当的行动推动各项工作落细落实。

会议指出，要坚定目标不动摇，着力在创先争优上下功夫见实效。要紧盯“全年红”目标，牢牢掌握经济工作主动权，确保年底全面完成年度各项任务。要加强目标管理，紧紧围绕市委“一、四、十”决策部署、年初人代会确定的工作重点，努力打好经济高质量发展组合拳。要坚持善作善成，突出示范带头作用，提高抓经济工作的本领和能力，确保市委、市政府各项决策部署一贯到底、一抓到底。要优化环境不动摇，着力在破难补短上出实招见实效。要坚持问题导向，突出底线思维，全力推动诸暨经济爬坡过坎、优化升级。要善于攻坚破难，补齐薄弱短板，在解决实际问题上出真招、出实招，全力打赢各大攻坚克难硬仗。要深入基层一线，深化“三服务”活动，统筹抓好各项刚性任务，为经济发展营造良好营商环境。要聚焦绩效不动摇，着力在提质增效上抓落实见实效。要以实干论英雄，多做打基础立长远的工作，自觉发扬“功成必定有我”的担当精神，真正以实绩来说话，以实绩来排位，以实绩来检验。要以绩效为标尺，严格工作目标责任制考核，细化量化下半年各项重点工作，力争快出成效、多出亮点、多出经验。要以创新为手段，坚持拓展思路、改革创新，形成“比学赶超”的良好氛围，切实填报好各张经济报表，向全市人民交出满意答卷。（市府办）

政务服务

【概述】2019年，市政务服务办突出重点领域和关键环节，更大范围、更深层次持续提升政务服务水平，加快推进“放管服”改革和政府职能深刻转变，被浙江省人民政府办公厅授予2018年度全省“最多跑一次”改革先进集体称号，“一证通办一生事”改革获评全国公共服务典型案例。

【“最多跑一次”事项调整】2019年，完成1618个“最多跑一次”事项梳理，明确事项名称、规范办理依据和申报材料等重点要素，实现“最多跑一次”事项100% 全覆盖。截至 5 月，围绕部门机构改革，完成涉及 18 个市级部门 102 个窗口审批事项调整、承接工作。8 月 16 日，完成事项颗粒度细化工作，梳理入库孙项 639 项，“最多跑一次”事项调整至 2265 项，并在浙江政务服务网公布。全年梳理涉及全市全流程“一件事”清单 41 项。

【新生儿出生“一件事”改革】7 月，聚焦出生“一件事”改革，探索新生儿出生一站式联办、一体化服务，将新生儿相关的出生医学证明、预防接种证、户口申报、参保登记、医疗费用零星报销以及产妇的生育保险待遇核准支付等六项业务综合集成在“一件事”专窗，通过构建“一窗受理、多证联办、网上流转、城乡通办”的审批模式，实现全市 8 家助产医疗机构及市镇两级服务大厅“一窗办、全城办”，提交材料由 46 份压缩至 5 份，办理时间从 40 个工作日提速至最快 1 小时，改革经验得到绍兴市市长盛阅春批示肯定并在绍兴全域推广。截至 12 月底，累计办理 1155 件，减少申请材料 89%，办事时间从至少 40 个工作日提速至最快 1 小时办结，群众满意率达 100%。

【“一证通办”扩面深化】3 月，提前完成省定 11 月底前 90% 的目标，实现 324 项民生事项“一证通办”，其中行政权力类 235 项，公共服务类 56 项，企业服务类 33 项，实现率 91%；除省级民生事项外，另有 143 项事项实现“一证通办”。绍兴市要求的 104 个“一证通办”事项，实现 102 项(2 项诸暨无权限)，实现率为 100%。至 12 月，通过推行电子证明、网络核验等方式，实现“无证明”革新，合计取消证明材料 132 项，占取消证明总数的 57.6%，共调用共享信息 153 万余次，减少证明材料 877 万余件，同比减少 71% 以上。

【“标准地 + 承诺制”改革推进】2019 年以来，继续推进企业投资项目“标准地 + 承诺制”改革(标准地：明确每一块建设用地的规划建设标准、能耗标准、污染排放标准、产业导向标准、单位产出标准等，带地一起出让)，完善“承诺制”管理平台系统功能，优化事中事后监管，改革相关做法分别获冯飞、高兴夫等省级领导批示肯定。除开发区外，全市新出让“标准地 + 承诺制”土地 34 宗，面积 50.26 万平方米，新上承诺制项目 33 个，总投资 36.18 亿元。承诺制项目从土地摘牌至施工许可最多 30 天实现率 99%，一般企业投资项目从赋码备案到竣工验收“最多 90 天”实现率 100%。

【企业开办全流程“一件事”一日办结】5 月 1 日起，全面实行企业开办全流程“一件事”一日办结，公布常态化企业开办服务单位名录 60 家，其中公章刻制单位 37 家，银行单位 21 家，税控安装机构 2 家。线下设立企业开办专区，6 月 26 日，杭州银行入驻政务服务大厅，开展对公开户业务。线上全面应用“企业开办全程网上办”平台，实现材料精简 50%，环节减少 1/3，时间缩至 1 个工作日，提速 200%。5—12 月，共受理办件 1717 件次(含两个环节以上)，全市各类市场主体总量突破 18.06 万家。此外，推行企业注销便利化，有 336 家企业通过浙江政务服务网企业注销“一网服务”平台完成注销。

【政府数字化转型推进】加快推行政务服务事项全流程网上办、移动办、自助办。9 月 30 日，完成“好差评”系统开发，10 月 8 日，完成“好差评”系统与“一窗受理”平台对接，上传评价信息 2470 条，上传量居绍兴市第一。10 月 18 日，开发完成“一证通办”系统“刷脸办”功能应用，并在涉企证照通办区域试运行。合力开展“杭绍甬”政务服务一体化改革。11 月 7 日，开设长三角地区政务服务“一网通办”专窗 2 个，个人 16 项、企业 30 项事项实现“一网通办”。开发完成综合性自助服务机，在所有镇乡(街道)便民服务中心实现配置全覆盖。

【基层服务体系建设】2019 年，配置完善“一窗受理”云平台，完成 438 项事项“全城通办”；梳理明确 9 个部门 187 项事项延伸下放至各镇乡(街道)便民服务中心，“全县通办”比率达 52.52%。2 月 25 日，全市创建完成 15 个绍兴市示范型镇乡(街道)便民服务中心，其中复核通过 9 个，创建通过 6 个，占绍兴市总数的 1/3。4 月，完成 2019 年第二批“一站式办理”村级便民服务示范平台创建规划，下发公布村名单 118 个。7 月底，经济开发区行政服务中心建成并正式启用。12 月 18 日，完成 115 个村“一站式办理”

村级便民服务示范平台创建，通过率为 97.5%。

【政务大厅数字化标准化建设】5 月 13 日，出台《关于推进政务服务标准化建设的实施方案》，并于 9 月完成试点区域建设。7 月 18 日，完成市政务服务大厅数字化管理平台立项上报，平台建设内容包括大厅服务系统、人员管理系统、业务决策系统等，硬件包括取叫号机、“好差评”评价设备、三楼监控室和南门展示大屏等。10 月 14 日，发文成立市政务服务大厅标准化现场管理建设工作组。19 日，召开政务服务大厅标准化现场管理动员暨培训会，由市政务大厅全体窗口人员、镇乡（街道）行政服务中心主任参加，全市政务服务标准化工作全面铺开。11 月，完成市服务内训师的培养和考核以及全体窗口人员服务礼仪培训，形成政务服务礼仪五部曲和导服礼仪四部曲的图文标准并编印成册下发。

【政务服务多样化】3 月 25 日，设置绍兴市高层次人才服务专窗，提供高层次人才专窗服务。8 月 7 日，下发《诸暨市政务服务办公室 2019 年行政审批服务窗口考评细则》。11 月 5 日，市政务服务大厅母婴室“妈咪暖心小屋”被评为第三批绍兴市级示范点；29 日被评为“绍兴典型样板母婴室”。11 月 6 日，制定市政务服务办部门领导窗口坐班制度。全年，按月开展对全市所有行政审批部门以及镇乡（街道）、村级便民服务中心的办件进行满意率、“最多跑一次”实现率的抽样回访，回访结果按季进行反馈通报。

（戚梦萍）

退役军人事务

【抚恤优待】2019 年，全市共向 9525 名优抚对象发放生活补助经费 7293 万元，其中新增残疾军人 9 人，带病回乡退伍军人 14 人。发放临时性困难救助 170 人，共 89.5 万元，解决全市优抚对象因患病、自然灾害、突发性事件等不可抗因素造成的生活困难；给予 1956 名享受定补的部分优抚对象医疗救助 297 万元，医院一站式结算 221 万元；发放丧葬补助费 139 万元。接续部分退役士兵保险，摸排符合条件 694 人，其中受理申请和录入系统 636 人，自愿放弃 58 人，完成率 100%。

【接收安置】2019 年 1 月 26 日，诸暨市退役军人事务局正式挂牌成立。4 月，中共诸暨市委退役军人事务领导小组成立。5 月，退役军人服务体系建设覆盖全市，全市共建成退役军人服务中心（站）568 个，其中市级 1 个，镇级 23 个，村（社区）544 个。

【服务优待】2019 年，相关单位对接，全面开展全市退役军人优先优惠服务活动，在全社会营造尊重退役军人，服务退役军人的氛围。落实军人和退役军人移动通信专项优惠套餐、中石化加油优惠卡、金融服务专属卡、为全市 20—65 周岁退役军人投保保额 7.2 亿元的团体小额人身意外险等优惠内容。同时，继续对接做好惠民医疗优待服务保障，以及参战退役人员参加城乡居民医疗保险时免除个人缴费，免交有线电视主终端基本收视维护费，免费乘坐城乡公交等便民服务。

（蒋　超）

应急管理

【概况】2019 年，全市有应急抢险队伍 503 支 6000 余人、社会救援队伍 5 支；公路抢险、水上救援等专业应急队伍 53 支 1930 人；交通、水利、电信、自然资源、建设局等专家队伍 7 支，市级应急管理专家 74 名，培育社会救援队伍 1 支，规范化避灾安置场所 80 个。全市无森林火灾、强降雨等自然灾害伤亡事故发生，成功防御超强台风“利奇马”，平安度汛。

【应急管理工作责任明确】2019 年，理顺应急管理局同自然资源与规划局、水利局、气象部门之间的职责分工，应急管理局承担森林防灭火指挥部、防汛防旱指挥部工作职能。将森林火情举报电话 12119 接入局应急值班系统，11 月完成 2019 年度全市森林防灭火队员人身意外保险工作。4 月，调整公布各级防汛责任人名单，在汛期、台风天不定期组织会商。11 月，重新制定《诸暨市社会应急联动工作的规定》，分级调整应急联动成员单位。落实镇街、重点部门应急管理责任领导，以过程性考核推动应急管理落到实处。

【基层应急管理机构建设】2019 年，围绕省委省政府构建“大安全、大应急、大减灾”应急工作体系的要求，学习考察周边县市区先进经验做法，走访调研23个镇乡（街道）应急管理工作状况，分析应急管理运行中存在的问题，从人员、设备、场地、待遇等多方面提出保障措施建议，制定基层应急管理机构设置方案，为市委市政府决策提供建议，计划于2020年6月底完成。

【应急管理工作制度建设】3月，建立应急信息报送管理和考核制度。7月，修编《诸暨市突发公共事件总体应急预案》，督促镇乡（街道）、行业主管部门修订专项应急预案。

【应急演练和比武竞赛】7月、10月，牵头组织防汛防台、高层建筑灭火救援应急演练，督促开展专项应急演练。7月、9月，开展应急联动专项拉练2次。11月，代表绍兴市参加全省森林防灭火队伍技能比武竞赛，诸暨市获得开设隔离带项目第一名，水泵串联出水项目第二名的好成绩。

【建设十五分钟应急救援圈】诸暨市十五分钟应急救援圈建设严格按照“有独立营房、有人员编制、有车辆装备、有执法职责、有执勤制度、有保障措施”的“六有”标准，建立基层综合性应急救援队伍，提升“救早、救小”能力，解决基层基础能力薄弱问题，扎实推进全市综合性应急救援力量布点规划。全市共布设站点14个，2019年年底完成枫桥站、大唐站、浬浦站建设工作，同时申报完成2020年度6个应急救援站新建改建政府建设项目（新建陈宅应急救援站，改建店口、次坞、牌头、姚江、五泄5个应急救援站）。

（郑菲芸）

人事管理

【概述】2019年，机构改革后共完成18个部门300名涉改人员的转隶手续和系统内容人员转隶工作。完成全市4265名公务员、16582名事业人员的统计上报工作。

【机关事业单位人事调动】2019年，全市市外调入事业单位工作人员21名，市内调出10名，市内调动45名。

【机关事业单位年度考核】2019年，完成27个镇乡（街道）、79个部门的公务员、事业单位工作人员的年度考核结果审批，对受处分人员的年度考核等次进行严格核查，对评定等次不规范的情况进行纠正。

【机关事业单位工资福利管理】2019年，完成机关工作人员2018年度年终一次性奖金和全市事业单位人员统发工资的审核工作。做好全市事业单位人员工资正常晋升工作，以及转正定级、调动、岗位聘任后工资变动审批工作，做好卫健系统130多名、广播电视台18名、教育系统221名新进工作人员工资、工龄核定工作，完成12名事业人员更改工龄的审批工作。

【机关事业单位工作人员招聘】2019年，全市事业单位工作人员统招工作，共推出57个岗位（部门42个，镇乡街道15个）。配合组织部做好2019年公务员招录工作，完成3179人笔试工作。

【技师学院标准化考场建设】年底基本完成技师学院标准化试场升级改造项目，提前完成政府性投资项目的进度要求。

（何夏萍）

外事工作

【概况】2019年，全市共申报各类因公出国（境）团组21批46人次。全年共审核各类企业邀请外国人来华材料87批111人次，主要涉及巴基斯坦、斯里兰卡、土耳其、伊朗等国客商到诸暨从事经贸活动。结合“一带一路”建设工作要求，摸排全市各领域对外合作项目，共汇总涉外项目45个，主要涉及产能升级、人才引进、三外经济（外经、外资、外贸）招商合作等。

【市委外事工作委员会成立】贯彻中央“党管外事”原则，4月8日，成立市委外事工作委员会，强化市委对全市外事工作的集中统一领导。同日，召开首次工作会议，审议通过《中共诸暨市委外事工作委员会工作规则》和《中共诸暨市委外事工作委员会办公室工作细则》。会议对全市外事工作作出重要部署和指示，强调外事工作要紧紧围绕“一带一路”建设，深化在经贸、科技、人才、教育等多领域的合作，构建全方位外交布局。

【7人获诸暨市荣誉市民称号】12月21日，在诸暨发展大会的“游子归巢圆梦暨阳”——乡贤回归主题活动中，7人被授予诸暨市荣誉市民称号，以表彰其对本

市经济社会发展、对外交流与合作、提升本市国内外形象和影响力等方面做出的突出贡献。

【诸暨市与芬兰波里市签订《经贸合作协议》】7月1日，诸暨市副市长何鸿成率团访问友好城市芬兰波里市，代表市政府与波里市市长Aino-MaijaLuukkonen（艾诺麦加）女士签订《经贸合作协议书》。两市将进一步建立信息共享平台、拓展产业及行业合作，深化经贸合作。

【诸暨市代表团赴乌克兰参加“苏梅日”庆典活动】9月7日，诸暨市副市长陈仁坚率代表团访问乌克兰苏梅市参加“苏梅日”庆典活动，并推进两市教育和企业合作项目。

【美国驻沪总领馆政治处调研“枫桥经验”】4月24日至25日，美国驻沪总领馆政治处长林凯和法律顾问顾运女士二人到诸暨调研“枫桥经验”，走访了枫桥镇枫源村和为民服务中心，并参观城市馆，交流了基层治理工作。

【英国贝茨勋爵夫妇“为友谊行走”慈善徒步】8月22日至25日，英国麦克·贝茨勋爵及其夫人李雪琳“为友谊行走”慈善徒步活动到达诸暨，途经店口镇、姚江镇、暨阳街道、暨南街道、牌头镇等镇乡街道，全长约75公里。勋爵夫妇在休息日访问华东国际珠宝城，观赏越剧并与诸暨市民开展友好篮球赛。长生鸟集团有限公司为此次慈善徒步活动捐赠人民币10万元。勋爵夫妇对诸暨市繁荣的经济、美丽整洁的环境和平安幸福的人民生活给予高度评价。

8月22日，英国麦克·贝茨勋爵与夫人李雪琳女士“为友谊行走”慈善徒步活动来到诸暨，图为夫妇二人在浣江桥头戏曲角观看戏曲演唱　（徐可良　摄）

【美国大休斯顿合作委员会及锡利市代表团访问诸暨】10月30日至31日，美国大休斯顿合作委员会及锡利市代表团一行8人访问诸暨市，召开“绍兴诸暨和休斯敦商业与投资机会洽谈会”。代表团考察了海亮教育园和中国大唐袜业城，并洽谈诸暨市与锡利市结为友好交流关系城市事宜。　（杨丹映）

台湾事务

【概况】2019年，对台工作突出以巩固深化诸台交流联络为主线，以做好台湾“青年一代、基层一线”工作为重点，以确保涉台安全稳定为目标，抓好对台各项工作任务的落实。

【对台经济工作】2019年，市台办主动当好“店小二”，支持台胞创业创新。帮助台资企业梓高文具和暨阳街道上江东社区开展社区共创文化家园建设。宣传国台办惠台31条及《浙江省关于促进两岸经济文化交流合作的若干措施》《浙江省台湾同胞投资保障条例》等惠台经济政策，并印制《各级惠台政策汇编》向台胞台属宣传发放。

【对台交流】2019年，市台办按照对台工作“基层一线”的要求，组织开展诸台基层交流互访活动。分别于3月、4月、5月、8月、10月、12月接待了台北金鹰扶轮社社长林育恒一行、台湾夏氏宗亲会夏瀛洲一行、中华两岸经贸交流协会、台北诸暨同乡会、台湾南投县政界人士张维华一行、台湾南投草屯镇简景贤镇长一行87人考察团等。2019年，市台办先后邀请、接待台湾到诸暨交流团体9个，台胞323人。8月，组织开展“赴台湾送乡情”经贸考察团赴台交流活动，与台北诸暨同乡会、高雄南部联谊会开展交流联谊，向台胞赠送《中国诸暨》、诸暨乡贤书籍，多视角介绍诸暨经济、社会、发展情况。

【台联会交流】11月15日，组织台联理事赴江苏昆山考察台资企业，交流对台工作。　（骆春玲）

机关后勤保障

【概况】2019年2月28日，诸暨市机关事务管理局更名为诸暨市机关事务服务中心，为市政府直属事业单位，管理体制、机构规格不变。诸暨市机关事务服务中心荣获2019年度绍兴市系统考核优秀；2019年2月2日，诸暨市政府大院被国家机关事务管理局、国家发展和改革委员会、财政部评为2017—2018年节约型公共机构示范单位。

【姚江镇、暨南街道办公用房安置工作】2019年5月，市机关事务服务中心负责姚江镇、暨南街道办公用房安置工作。姚江镇办公用房采用竞争性谈判方式选定租赁单位，廉价租下办公场所。2019年7月初，完成暨南街道办公室装修改造、新建钢结构房前期工作以及姚江镇8000多平方米的装修任务。

【规范管理小额工班】2019年1月，对年度小额工班（小额工班是指50万元以下的维修工程施工工班）、工程代理咨询、工程审计及工程监理公司进行招标选择。所有单位零星维修及小额工程做到程序规范、质量保证。严格按照政府采购、网超采购程序进行采购；自行采购的，确保公平公正公开。小额工程结算资料，按照市财政投资预决算审核中心的要求规范审计；单位零星维修的结算，参照市财政投资预决算审核中心要求严把质量和材料关。

【公共机构节能】2019年6月17日至23日，全国公共机构节能宣传周发起“绿色发展节能先行”倡议；6月17日，市机关服务中心参加承诺签名；6月19日，“全国低碳日”市机关服务中心倡导机关工作人员低碳生活、低碳办公、低碳出行，体验能源紧缺，支持节能降耗。2016年7月26日并网至2019年12月31日，市府大院光伏电站累计发电54.59万千瓦时。2019年6月6日，选定浙江农林大学暨阳学院、诸暨市中医院申请创建省级节约型公共机构；11月13日，市人力资源和社会保障局、市科学技术局、诸暨中学等15家单位成功创建市级节水型单位；12月16日，诸暨市第四人民医院、诸暨市牌头中学成功创建绍兴市级节约型公共机构。2019年12月，完成市人民法院和市中心医院的能源审计任务、公共服务中心三星级绿色数据中心的认证项目工作。

【会务及重要活动服务保障】2019年，完成市“两会”、绍兴市“两会”诸暨代表团，市委十六届五次、八次、九次全体（扩大）会议，全市经济工作会议，上级领导诸暨调研，省环保督察，杭州绍兴周诸暨专场活动，全市处置化解信访矛盾工作专项巡察，第十四届中国大唐国际袜业博览会，2019诸暨发展大会，中共绍兴市委“不忘初心、牢记使命”主题教育初心之行，绍兴市纪委巡察，考试录用公务员面试，义务植树活动等重大会议活动的服务保障工作。全年完成会展中心517场30300余人次的会务服务工作和市府大楼的市委常委会、市政府全会的会务服务工作。

【机关事业单位垃圾分类工作】2019年，全市294个党政机关和企事业单位达成100%覆盖分类工作。96个单位设置可回收物回收点，完成率为32.65%。党政机关、国有企事业单位创建生活垃圾分类示范机关单位已完成44个，完成率14.97%。

【消防智能防控】2019年8—10月，在公共服务中心、会展中心、建设大厦安装智慧消防远程监控系统，提升消防预警能力。

【公务用车保障】2019年，理顺管理机制、明确管理责任，健全日常管理制度，加强监督检查，推动改革成果落地扎根。推进公务用车平台化、标识化、信息化管理，加强公车管理信息数据动态管理水平。及时校核报送公务用车信息化管理系统车辆信息，确保车改后车辆实际数与系统录入数相符，已安装车载定位设备的车辆轨迹在系统内正常显示。（徐李阳）

对口合作支援

【东西部扶贫协作】2019年，助力金川县实现脱贫攻坚整县“摘帽”，贫困发生率下降至0.3%以下。全年财政划拨资金2230万元，其中上缴资金2130万元，增幅30%；计划外资金100万元，与上年持平；全年社会援助资金1179万元，增幅85%；选派技术人才11人次，开展党政、专技人才培训1705人次。金川县累计实施浙川援建产业项目5个，带动1736名建档立卡贫困人员受益；新增3家SC认证雪梨膏企业，实现零的突破；新增高标准花椒示范基地2000亩，规模扩大到4.5万亩，年收入达到6720万元；茂阳集团芥菜种植规模突破200亩，亩均年产量达2500公斤，按收购价0.35元/公斤计算，亩均增收3500元；通过单位直销、企业购销、专柜营销、活动展销的“四轮驱动”实现消费扶贫905万元。

【对口支援】2019年，继续做好援疆援藏工作和涪陵三峡水库移民安置工作。全年拨付援建资金3007万元，其中援疆2488万元，援藏499万元，援助涪陵20万元；开展高层互访5次，其中与新疆阿瓦提县党政代表团互访2次、与重庆涪陵党政代表团互访2次、西藏比如县党政代表团考察诸暨1次；选派党政干部和专技人员15名，其中援藏干部1名、援藏教师1名、援疆干部2名、援疆教师10名、援疆医生1名。

【山海协作】2019年，遂昌—诸暨山海协作产业园实现工业产值150.98亿元，同比增7.4%，完成全年工业产值150亿元的目标；新增投产企业11家，新增规模企业10家，新增销售产值2亿元以上企业1家，新增销售产值1亿元以上企业3家，新增销售5000万元以上企业6家；新签入园项目8个，总投资12.26亿元，新出让土地7宗，累计出让土地246亩，全年落实援建资金500万元。 （袁伟娟）

数字政府

【概况】2019年，全面深化“最多跑一次”改革推进政府数字化转型工作，“掌上办事”更加便捷，“掌上办公”实现市、镇、村三级应用全覆盖。打通上级数据共享平台。完成政府网站升级改造。全年采用电子政务预审67个单位184个项目，累计节约政府资金5680.68万元。创新建设上市企业网站集约化平台，为企业每年减少设备更新维护、网络安全保护等各类费用。

【掌上办事】2019年，全市实现“一证通办”民生事项数为253项，实现率为99.6%；电脑端和移动端实现率为100%。45个部门3085项政务服务事项“网上办”实现率99.71%，“跑零次”实现率99.71%，“掌上办”实现率99.09%，即办率达93.03%，承诺期限与法定期限压缩比为98.56%。开发“诸事通办”微信小程序，集成社保查询、公积金查询、图书借阅、红十字志愿者服务、红十字救护培训报名、实时公交、委员履职、不动产登记预约、阳光招生、财政补助查询、高速免费通行申请等11个应用，为群众提供数字化便捷服务。

【掌上办公】2019年，全面运行新版协同办公系统，开发公文办理、会议管理、值班管理、领导批示、人大建议、政协提案、信息管理等七大模块。创新开发诸暨晾晒台系统，直观展示“政府数字化转型”等市级重点工作进展情况。改造“日志管理”系统，实现机关工作人员任意工作地点签到签退和日志编写。深入开展全市政务微信公众号、政务APP整治，统一下架自建政务APP，升级改造“诸暨发布”微信公众号，实现市、镇乡和部门政务信息统一渠道发布。

【数据归集共享】2019年，打通绍兴数据共享平台接口47个，完成公安、财政、社保、民政、市场监管等43个部门数据接入，建成户籍、社保、市场主体、不动产、医疗、医保、民政、气象、财政补贴、水务燃气等18个分类数据仓，归集数据20亿余条，日均查询量达1万余次。优化政务服务网，整合交通、建设、人社、卫生健康等9个部门专网，实现部门专网与政务网互联互通。 （王　成）

政协诸暨市委员会

重要会议

【概况】2019 年，市政协召开全体会议 1 次，先后召开常委会议 4 次，党组会议 15 次，主席会议 13 次。

【政协诸暨市第十四届委员会第三次会议】1 月 10 日至 12 日，政协诸暨市第十四届委员会第三次会议举行。会议审议通过了郭浩良主席所作的常委会工作报告和徐可以副主席所作的提案工作情况报告。其间，与会人员听取了中共绍兴市委常委、诸暨市委书记徐良平在开幕式上的重要讲话，列席市第十七届人民代表大会第三次会议，听取并协商讨论了王芬祥市长所作的政府工作报告和其他报告。会议认为，过去一年，面对错综复杂的外部环境和艰巨繁重的发展任务，市委、市政府团结带领全市人民，认真贯彻落实习近平总书记对浙江工作的重要指示精神，紧扣"'八八战略'再深化、改革开放再出发"主线，以"大调研大走访大服务"专项活动为抓手，全力打好六大硬仗，实打实促转型，硬碰硬抓落实，经济社会发展呈现稳中有进、稳中显好的态势。政府工作报告总结工作全面客观，分析形势深刻清醒，提出目标催人奋进，部署工作务实有力。委员们建议，在新的一年里，要牢牢把握稳中求进工作总基调，按照市委十六届五次全会"一、四、十"的决策部署，坚持高质量发展，全力推进接沪融杭同城化、产业转型数字化、美丽建设全域化、社会治理现代化，扎实开展数字经济、改革创新、项目招商等十大专项行动，努力实现诸暨经济社会高质量发展走在前列。政协各参加单位和广大政协委员要坚定自觉把习近平新时代中国特色社会主义思想作为统揽各项工作的总纲，在中共诸暨市委坚强领导下，始终坚持正确的政治方向，牢牢把握团结民主两大主题，坚持以发展为中心、以人民为中心、以履职为中心，充分发挥协商民主重要渠道和专门协商机构的作用，努力推动政协工作高质量发展，为"两个高水平"建设贡献智慧和力量，迎接新中国和人民政协成立 70 周年。

【政协常委会议】1 月 11 日，市政协召开十四届八次常委会议，听取各小组对"两会"报告及大会决议（草案）等讨论情况的汇报；讨论通过提案受理情况报告（草案）和大会决议（草案）。市政协主席郭浩良，副主席袁岳军、王培光、沈吉明、王祖勇、何平光、徐可以和秘书长钟力群等出席会议。

2 月 28 日，市政协召开十四届九次常委会议，就全市乡镇行政区划调整实施方案进行专题协商。市政协主席郭浩良，副主席袁岳军、王培光、沈吉明、王祖勇、何平光、徐可以及秘书长钟力群等出席会议；市委常委、常务副市长宣方乐应邀参加会议；市府办有关负责人、市民政局主要负责人列席会议。

7月29日，市政协召开十四届十次常委会议，学习全国地方政协工作经验交流会精神及葛慧君主席在省政协“新时代人民政协的新样子”专题讨论动员会部署上的讲话精神；听取市政府关于半年度全市社会经济运行情况的通报；审议重大设施专项行动推进情况调研视察报告；审议《诸暨市政协“新时代人民政协的新样子”专题讨论活动实施方案》；审议通报市政协专门委员会设置调整和有关人事事项。市政协主席郭浩良，副主席袁岳军、王培光、王祖勇、何平光、徐可以和秘书长钟力群等出席会议。

11月8日，市政协召开十四届十一次常委会议，传达学习中共十九届四中全会精神；传达学习中央及省委政协工作会议精神；就《关于新时代加强和改进人民政协工作的实施意见》征求意见建议；审议有关人事事项。

12月19日，市政协召开十四届十二次常委会议，听取市政府关于市政协十四届三次会议提案办理落实情况的通报；通报市政协十四届四次会议筹备工作情况；审议市政协常委会工作报告（草案）和提案工作报告（草案），并确定报告人；审议市政协2020年工作要点（草案）；审议市政协十四届四次会议有关事项；协商决定本届政协参加单位的变更；审议有关人事事项。市政协主席郭浩良，副主席袁岳军、王培光、王祖勇、何平光、徐可以和秘书长钟力群等出席会议，市委常委、常务副市长钱勇军应邀参加会议，市府办有关负责人列席会议。

【政协党组会议】1月3日，市政协召开党组（扩大）会议暨理论学习中心组专题学习会议，传达学习中共诸暨市委十六届五次全体（扩大）会议精神。

1月18日，市政协召开党组（扩大）会议暨理论学习中心组专题学习会议，传达学习习近平总书记、汪洋主席有关讲话精神，传达学习绍兴“两会”精神，听取市纪委工作通报暨纪检知识辅导，传达学习全市机构改革工作会议精神。

1月31日，市政协召开党组（扩大）会议暨理论学习中心组专题学习会议，传达学习省“两会”精神。

1月31日，市政协党组召开民主生活会，集中学习习近平总书记在政治局民主生活会上的讲话精神，通报上年度民主生活会整改措施落实情况和本次民主生活会征求意见建议，郭浩良主席代表党组作对照检查，党组成员开展批评和自我批评。

2月11日，市政协召开党组（扩大）会议暨理论学习中心组专题学习会议，专题学习贯彻全市经济工作会议精神。

3月6日，市政协召开党组（扩大）会议暨理论学习中心组专题学习会议，专题学习《中共中央关于加强党的政治建设的意见》。

3月29日，市政协召开党组（扩大）会议暨理论学习中心组专题学习会议，专题学习《中国共产党重大事项请示报告条例》。

4月8日，市政协召开党组（扩大）会议暨理论学习中心组专题学习会议，专题传达学习全省县（市区）政协“请你来协商”平台建设工作推进会精神。

6月5日，市政协召开党组（扩大）会议暨理论学习中心组专题学习会议，专题传达学习习近平在“不忘初心、牢记使命”主题教育工作会议上的讲话精神。

7月2日，市政协召开党组（扩大）会议暨理论学习中心组专题学习会议，专题学习习近平总书记在中央政治局第十五次集体学习时的讲话精神。

7月30日，市政协召开党组（扩大）会议暨理论学习中心组专题学习会议，专题学习《中国共产党党员教育管理工作条例》。

8月6日，市政协召开党组（扩大）会议暨理论学习中心组专题学习会议，专题传达学习市委十六届八次全体（扩大）会议精神。

9月23日，市政协召开党组（扩大）会议暨理论学习中心组专题学习会议，专题学习中央政协工作会议暨庆祝人民政协成立70周年大会精神。

10月21日，市政协召开党组（扩大）会议暨理论学习中心组专题学习会议，传达学习省委政协工作会议精神。

11月4日，市政协召开党组（扩大）会议暨理论学习中心组专题学习会议，传达学习中共十九届四中全会精神。

12月9日，市政协召开党组（扩大）会议暨理论学习中心组专题学习会议，传达学习市委十六届九次全体（扩大）会议精神。

【政协主席会议】1月31日，市政协召开十四届第二十六次主席会议，听取市政协办公室、研究室及专委会工作汇报；部署下阶段重点工作。会议由市政协副主席王培光主持。

3月6日，市政协召开十四届第二十七次主席会议，审议通过《政协诸暨市委员会重点提案遴选与督办办法（试行）》；听取市政协办公室、研究室及专委会工作汇报；部署下阶段重点工作；专题部署“十大行动”民主协商和监督活动。会议由市政协副主席王培光主持。

3月29日，市政协召开十四届第二十八次主席会议，听取市政协办公室、研究室及专委会工作汇报；部署下阶段重点工作。会议由市政协副主席王培光主持。

4月30日，市政协召开十四届第二十九次主席会议，审议通过市政协重点提案；听取市政协办公室、研究室及专委会工作汇报；部署下阶段重点工作。会议由市政协副主席王培光主持。

6月5日，市政协召开十四届第三十次主席会议，听取市政协办公室、研究室及专委会工作汇报；交流总结“请你来协商”首次活动；部署下阶段重点工作。会议由市政协副主席王培光主持。

7月2日，市政协召开十四届第三十一次主席会议，听取市政协办公室、研究室及专委会工作汇报；部署下阶段重点工作。会议由市政协副主席王培光主持。

7月30日，市政协召开十四届第三十二次主席会议，审议《诸暨市政协关于庆祝人民政协成立70周年系列活动方案》；审议市政协界别活动组组长、镇乡（街道）工委主任、专委会组成人员名单等；听取市政协办公室、研究室及专委会工作汇报；部署下阶段重点工作。会议由市政协主席郭浩良主持。

8月20日，市政协召开十四届第三十三次主席会议，专题学习全省政协主席暑期读书会暨市、县（市、区）政协工作经验交流会精神。会议由市政协主席郭浩良主持。

9月3日，市政协召开十四届第三十四次主席会议，听取市政协办公室、研究室及专委会工作汇报；部署下阶段重点工作。会议由市政协副主席王培光主持。

9月23日，市政协召开十四届第三十五次主席会议，听取市政协办公室、研究室及专委会工作汇报；部署下阶段重点工作。会议由市政协副主席王培光主持。

11月4日，市政协召开十四届第三十六次主席会议，听取市政协办公室、研究室及专委会工作汇报；部署下阶段重点工作。会议由市政协副主席王培光主持。

11月28日，市政协召开十四届第三十七次主席会议，专题部署政协十四届四次全会筹备工作。会议由市政协副主席王培光主持。

12月19日，市政协召开十四届第三十八次主席会议，听取各专委会新一年工作思路汇报；讨论常委会工作报告（征求意见稿）、提案工作报告（征求意见稿）；审议2019年度重点议题安排；审议大会发言安排；审议确定2018年度市政协优秀提案、优秀承办件和社情民意信息工作先进个人；审议确定大会其他有关事项；审议通过本届政协参加单位的变更。会议由市政协副主席王培光主持。

重要活动

【专题调研和视察】3月19日，市政协文化文史和学习委员会就“书香暨阳”建设开展专项视察活动。视察组一行先后到浣江书房·暨阳小学馆、浣江书房·东福社区馆、草塔镇图书分馆实地了解情况。在随后召开的座谈会，市文广旅游局汇报了“书香暨阳”建设情况，与会人员从注重宣传推广、注重服务提档、注重建用保障等三个维度提出了意见建议。

市政协副主席袁岳军参加。

3月下旬，市政协就公铁水物流基地项目推进情况开展专项调研。调研组先后赴店口港、新亭埠码头、铁路物流港等基地进行实地调研，听取建设情况、存在的困难问题以及意见建设，并形成专项调研视察报告。市政协副主席王培光参加。

4月上旬，市政协专题视察村级组织阵地规范化建设情况。视察组先后赴浣东街道、阮市镇、山下湖镇、王家井镇、次坞镇、东白湖镇等镇街实地视察建设布局、功能设置、标识标牌等为主要内容的村级阵地规范化建设情况，委员们就严格审批、强化集中统筹，科学设置、确保规范有序，常态监督、加强长效管理等方面提出了意见建议，并形成专题视察报告。市政协副主席王祖勇参加。

4月上旬，市政协围绕村级集体经济发展开展专题调研。调研组先后赴浣东、牌头、山下湖、安华、五泄、东和等镇乡（街道）的30多个村和市农业农村局开展实地走访、座谈交流，就全市村级集体经济现状、存在的主要问题广泛听取意见，并在深入研究的基础上提出对策建议，形成专题调研报告。市政协副主席何平光参加。

4月下旬，市政协围绕全市"五星达标、3A争创"工作开展专题调研，调研组先后赴陶朱、草塔、璜山、街亭、应店街、次坞等镇街的20多个村开展调研，通过座谈交流、实地走访等方式，深入了解工作进展情况、广泛听取意见建议，并提出对策建议，形成专题调研报告。市政协副主席何平光参加。

5月29日上午，市政协组织部分政协委员视察全市"五星达标、3A争创"和村级组织阵地规范化建设情况。视察组一行先后到枫桥镇杜黄新村、山下湖镇枫江村、阮市镇檀溪村详细了实情，并提了多途径拓展农民增收渠道、打造村庄精品工程、提升百姓的获得感、幸福感等意见建议。市政协主席郭浩良，副主席袁岳军、王培光、沈吉明、何平光、徐可以和秘书长钟力群等参加。

6月下旬，市政协专题视察"与杭同城"重大交通项目推进情况。视察组先后赴杭州都市高速公路诸暨段建设工程、绍诸高速浣东互通改扩建工程等开展实地视察，就项目审批、政策处理、项目推进等方面提出意见建议，并形成专题视察报告。市政协副主席王祖勇参加。

6月27日上午，市政协组织部分委员视察产业平台及项目推进情况。视察组一行先后到友地·金属智造产业园、华都国际纺织产业城、浙江帕瓦新能源股份有限公司、浙江老鹰半导体技术有限公司实地了解建设、生产情况。在视察中，委员建议企业要抓紧产业项目生产进度，不断增强持续发展后劲；平台要立足"搭平台、定标准、优服务"，通过细化各项措施，努力为入驻企业提供各类软硬件服务。市政协主席郭浩良，市委常委、统战部部长孟国锋，市政协副主席王培光、秘书长钟力群等参加。

7月，市政协围绕高层次人才引进与服务情况开展调研。调研组先后赴大唐、店口、科技局、侨联等镇街（部门）和浙江纺织袜业研究院、万安集团等企业调研，通过实地走访、座谈交流等方式，深入了解诸暨市近年来高层次人才引进与服务工作情况、存在的问题，广泛听取意见建议，形成专题调研报告。市政协副主席何平光参加。

7月中旬至8月上旬，市政协开展公共安全领域专项视察。调研组先后赴市应急管理局、政法委、建设局、供电公司、发改局、公安局、交通局、市场监管局及大唐街道、璜山镇、枫桥镇等部门（镇街），通过走访调研、实地查看、座谈交流等方式，对诸暨市公共安全领域情况开展视察调研，详细了解存在的困难和问题，广泛听取意见建议，并形成专题视察报告。市政协副主席沈吉明参加。

8月中旬，市政协围绕美丽经济发展开展调研。调研组先后赴市农业和农村局、文广旅游局、文旅集团等部门和店口、暨南、同山等8个镇乡（街道）20多个行政村及一批旅游项目调研，通过实地走访、座谈交流等方式，深入了解诸暨市美丽经济发展情况、存在问题，广泛听取意见建议，形成专题调研报告。市政协副主席何平光参加。

8月15日上午，市政协视察基层治理平台建设情况。视察组先后赴市政法委、编办、政务服务办、综合行政执法局、浣东街道、枫桥镇等部门（镇街），通过问卷调查、实地查看、座谈交流等方式，对基层治理平台建设情况开展视察调研，详细了解存在的困难和问题，广泛听取意见建议，并形成专题视察报告。市政协副主席沈吉明参加。

8月下旬，市政协专题视察全域性环境综合整治情况。视察组先后赴市建设局、综合执法局、生态环保局等部门和大唐街道、牌头镇、同山镇、璜山镇等镇街，实地视察项目建设、工作推进情况，广泛听取意见，研究提出对策建议，并形成专题视察报告。市政协副主席王祖勇参加。

【民主监督】4月下旬至5月底，市政协开展枫桥学院建设专项调研。调研组先后赴国资公司、党校、枫桥镇、展诚建设集团、浙江大学建筑设计研究院等单位，通过现场踏看、走访了解、座谈交流等方式，对枫桥学院项目建设的推进情况开展调研监督，深入了解存在的困难与问题，广泛听取意见建议，并形成专题监督报告。市政协副主席沈吉明参加。

5月中下旬，市政协组织开展村级公共服务水平提升情况专项民主监督。监督小组重点选择了“村村通公交”深化工程、优质教育均衡发展、农村饮用水达标提标、县域医共体建设等重点民生基础工程进行了深入监督。监督小组通过实地踏看现场、座谈交流等方式，听取各项工作推进情况及面临问题，并在此基础上提出了对策建议，并形成了民主监督报告。市政协副主席袁岳军参加。

6月17日下午，市政协开展老小区改造推进情况民主监督活动。民主监督小组先后赴体育路10号、东安一区、乐园一区、蠡湖新村等社区，就污水管网、“三线”迁移、环境整治等工作开展民主监督，在充分肯定成效、分析存在不足的基础上，委员们分别就科学施工加快进度、强化监管保证质量、理顺体制长效管理等方面提出了意见建议，并形成民主监督报告。市政协副主席王祖勇参加。

6月20日上午，市政协开展“四好农村路”建设情况民主监督活动。民主监督小组赴王家井镇、街亭镇、暨阳街道等镇街，实地踏看道路建设、绿化养护、路面保洁等情况，专题听取市交通运输局关于全市“四好农村路”整体建设推进情况的汇报，深入探讨关于进一步做好“四好农村路”建设工作的意见建议，并形成民主监督报告。市政协副主席王祖勇参加。

6月24日，市政协社法委会同绍兴市政协社法委对诸暨市打造“活力城”推进情况开展民主监督，委员们就我市落实绍兴市委、市政府人才引进培养、创业扶持、服务保障和促进高校毕业生就业创业等政策，贯彻实施“科创新政20条”，以及“与杭同城”等情况开展协商监督，并提出针对性意见和建议。市政协副主席沈吉明参加。

6月27日，市政协开展产业平台与产业项目推进情况专项视察活动。视察组先后赴友地金属智造产业园、华都国家产业城、帕瓦新能源、老鹰半导体技术有限公司等园区和公司开展视察。市政协主席郭浩良，市委常委、统战部部长孟国锋，市政协副主席王培光和部分政协委员参加。

7月中旬，市政协组织开展质量民生工程推进情况专项民主监督。监督小组通过实地踏看现场、座谈交流等方式，就诸暨市中小学校空调安装、城西教育综合体建设、城东初中新建、妇幼保健院异地新建等重点民生工程进行了深入监督，听取各项工作推进情况及面临问题，并在此基础上提出了对策建议，并形成了民主监督报告。市政协副主席袁岳军参加。

8月15日下午，市政协开展扫黑除恶专项斗争民主监督。监督小组先后赴市扫黑办、法院、检察院、纪委监委、组织部、宣传部、公安局、司法局等部门调研，通过实地走访、座谈交流，详细了解诸暨市扫黑除恶工作中存在的困难和问题，广泛听取意见建议，并形成了专题民主监督报告。市政协副主席沈吉明参加。

8月中旬，市政协开展防范化解重大风险攻坚战民主监督。监督小组先后赴市金融办、暨阳街道、店口、枫桥等部门和镇街，菲达环保、海越能源、元集新材料等企业，中国银行、建设银行等金融机构开展调研，并赴余姚学习考察，通过实地走访、座谈交流等方式，详细了解诸暨市企业金融风险防范化解工作的推进情况，广泛听取意见建议，并形成了专题民主监督报告。市政协副主席沈吉明参加。

8月27日上午，市政协组织开展平安建设专项行动推进情况集体民主监督活动。委员们实地察看了绍兴枫桥学院项目建设现场、枫桥镇基层治理平台、市公共法律服务中心，仔细听取了情况介绍，深入了解我市平安建设专项行动的基本情况以及存在问题。在随后的座谈会上，政协委员充分肯定了各部门单位前期所做的工作，提出了针对性的意见建议，为进一步推进平安建设积极献计献策。市政协副主席沈吉明参加，副市长陈仁坚应邀参加。

9 月 25 日上午，市政协检查诸暨市深化全国文明城市建设工作。检查组一行先后到朱公湖农贸市场、上海城、凤山小区实地检查。检查组指出，在深化全国文明城市建设过程中，各单位部门要强化合力，细化管理，久久为功，持续推进长效管理机制建设。同时呼吁广大市民积极参与其中，共同呵护文明成果，为建设美丽幸福诸暨贡献自己的力量。市政协主席郭浩良，市委常委、宣传部部长王孔羽，市政协副主席袁岳军、王培光、徐可以及部分政协委员参加。

9 月 29 日，市政协开展产业服务平台建设专项视察活动。视察组先后杭州滨江区“诸暨岛”、诸暨 2025 创意产业园开展视察。市政协副主席王培光参加。

10 月 18 日，市政协就我市校外培训机构发展情况开展了专项民主监督。监督组实地察看了我市部分校外培训机构，详细了解办学情况，并召集教体局、市场监管局及部分政协委员、政协智库成员开展座谈，听取意见建议，形成了民主监督报告。市政协副主席袁岳军参加。

【协商议政】4 月 28 日，市政协召开促进民营医院健康发展专题议政会。会上，市政协教科卫体委首先介绍了前期调研总体情况；政协委员、民营医院代表及市民代表从优化顶层设计、完善政策保障、加强监督管理、重视行业自律等角度积极建言献策；市卫健局、市人社局、市医保局立足各自职能，认真回应了委员和代表们的提问和建议。市政协副主席袁岳军参加，副市长俞越应邀参加。

5 月 30 日下午，市政协“请你来协商”平台正式启动，并召开“基层基础建设”专题协商会。在启动仪式上，绍兴市委常委、诸暨市委书记徐良平、市政协主席郭浩良共同为“请你来协商”平台揭牌，市政协副主席徐可以介绍平台前期建设情况。在基层基础建设专题协商会上，政协委员、政协智库成员、基层代表等围绕村级集体经济发展、村级组织阵地规范化建设、村级公共服务水平提升、“五星达标、3A 争创”等，谈感受、揭短板、提建议，相关部门一一回应。徐良平就“请你来协商”平台建设提出了要求。市政协副主席袁岳军、王培光、沈吉明、何平光、徐可以参加。

7 月 8 日下午，市政协“请你来协商”分平台开展首场活动，就深化发展养老健康产业进行专题协商。会上，提案人何国霞介绍了关于“深化发展养老健康产业”提案的相关内容，并提出了配齐护士岗位和专业护工人员、扩大绍兴护士学校培训规模、鼓励民间资本创办更多居家养老机构等建议。提案承办单位卫健局和民政局就提案办理情况进行了积极回应。此次“请你来协商”活动还邀请政协智库成员和市民代表参与协商。同时，在原来常规“一问一答”的基础上，首次运用网络直播形式进行了线上线下交流。

7 月中旬，市政协开展高湖建设与城市功能项目推进情况协商监督活动。协商监督小组分别赴成都、杭州、萧山、桐乡等地，考察学习湿地公园建设、景区管理、配套开发等方面的先进经验和成功做法，广泛听取文史委特邀代表对高湖文化建设方面的意见建议，并形成专项协商监督报告。市政协副主席王祖勇参加。

8 月 27 日，市政协“请你来协商”分平台就城市交通设施进行专题协商。会上，提案人赵旦丹等首先介绍了提案《关于城区交通调理的建议》的相关内容，建议市级部门组织实地勘察，拆除不合理的硬隔离，制订断头路打通计划，优化调整公交站点及红绿灯、标识标牌设置等。随后，公安局、建设局、交通运输局、自然资源和规划局、开发委等提案承办单位积极回应，对提案办理情况进行了面对面协商。协商会现场还播放了有关我市交通设施短板的专题片，智库成员、市民代表和网民代表也积极为优化城市交通建言献策。

8月29日，市政协"请你来协商"共青团界别分平台就中小学生放学托管和智慧旅游进行专题协商。会上，提案领衔人马亚平、陈煜桦分别介绍了提案的基本情况，与会的政协委员、市民代表、部门负责人围绕两大主题热烈讨论，并提出了一系列意见建议。市政协副主席袁岳军参加，市政府田国栋副市长应邀参加。

9月上旬，市政协开展提升集镇管理水平情况协商监督活动。协商监督小组分别大唐街道、璜山镇、牌头镇、同山镇等镇街，详细了解集镇环境长效管理落实情况，分析存在问题，提出意见建议，并形成专项协商监督报告。市政协副主席王祖勇参加。

9月26日上午，市政协就美丽城镇专项行动推进情况开展专题协商。会上，市政协相关专委会负责人首先介绍了全域性环境综合整治、集镇管理水平提升、美丽经济发展、传统特色文化传承保护等四个子课题的调研视察情况。随后，委员们聚焦主题、积极建言，提出针对性意见和建议。

9月26日下午，市政协"请你来协商"分平台就发展数字经济及工业互联网进行专题协商。会上，提案领衔人姚勇琪、赵蓓蓓分别介绍了提案的基本情况，与会的政协委员、市民代表、部门负责人围绕两大主题协商交流，并提出了一系列意见建议。

9月27日上午，"请你来协商"平台就"坚持和发展'枫桥经验'，构建矛盾多元化解新格局"重点提案开展对口协商。会前，政协委员、智库成员及市民代表和相关部门负责人先后到市人民法院、市公共法律服务中心，实地了解协商提案的办理落实情况。在协商会上，提案承办单位汇报了提案办理情况。在一致肯定提案办理情况的同时，与会的委员、智库成员及市民代表就进一步做深做细矛盾多元化解工作提出了意见建议。

10月23日下午，市政协"请你来协商"总平台就"补齐创新短板，加快先进制造业科技成果转化"开展专题协商。会上，提案组成员首先介绍了提案基本情况，建议强化人才招引政策支持、健全科技成果转化机制、拓宽协同创新渠道，助推诸暨经济社会高质量发展。市发改局汇报了诸暨市先进制造业发展及科技成果转化有关情况。市委副书记、市长王芬祥，市政协主席郭浩良出席会议并讲话。市政协副主席王培光、徐可以参加本次专题协商。

12月2日下午，市政协召开专题协商会议，就市委十六届九次全会报告进行专题政治协商。会上，市委十六届九次全会报告起草组负责人汇报了全会报告有关情况。民主党派、工商联、无党派人士代表，政协有关专委会负责人、委员代表分别就全会报告展开协商。大家围绕"与杭同城"、数字诸暨、坚持发展新时代"枫桥经验"等内容结合自身工作实际、调查研究情况畅所欲言、献计献策。绍兴市委常委、诸暨市委书记徐良平出席并讲话，市政协主席郭浩良主持，市政协副主席袁岳军、王培光、沈吉明、王祖勇、何平光参加。

【市政协企业家之友社活动】1月6日，市政协企业家之友社向璜山镇双凤山村捐赠了15万元自来水改造提升工程专项建设资金，用于解决村民饮水难问题。

5月31日，市政协企业家之友社赴马剑镇开展"爱心助学"活动。市政协主席郭浩良、副市长俞越、政协副主席王培光参加。

9月6日下午，市政协企业家之友社到岭北镇小开展"爱心助学"活动。市政协领导和委员企业家详细了解了岭北镇小办学情况，孩子们的学习和生活情况，并向学生代表发放了"爱心助学金"，鼓励他们安心学习。

【教育培训】7月5日下午，市举行政协智库成员及开放式议政市民代表培训会。会上，市政协领导宣读了市政协智库成员及开放式议政市民代表名单，并现场颁发了聘书。在培训会上，应邀的绍兴市政协社情民意信息中心副主任冯国伟、浙江农林大学暨阳学院教授周伯煌分别作了专题辅导讲座。市政协主席郭浩良，副主席王培光、王祖勇及秘书长钟力群参加。

10月21日下午，市政协机关举办"不忘初心、牢记使命"主题教育专题党课。市政协主席郭浩良围绕"人民政协的新样子"作专题党课。市委第十一巡回指导组参加。

11月25日下午，全市政协系统专题培训会在市委党校举行。原中国人民政协理论研究会秘书长原冬平围绕中共十九届四中全会精神、中央政协工作会议精神和习近平总书记关于新时代加强和改进人民政协工作的系列重要讲话精神作了深入解读。会后，市政协有关负责人还就新一年提案工作作了部署和辅导。在诸的绍兴市政协委员以及市政协委员、智库成员和市民代表等参加。

【"五下乡"服务活动】11月8日下午，市政协到赵家镇开展教育、医疗、科技、法律、文化"五下乡"服务活动。70多位医疗专家、农技专家、科技专家、书画家、园艺师和律师，开展现场查病治病、农技帮扶、现代舞授课、指导插花和书画创作。市政协主席郭浩良，副主席袁岳军、王培光、沈吉明、王祖勇、何平光、徐可以及秘书长钟力群参加。

【70周年座谈会】9月16日下午，诸暨市举行各界人士庆祝人民政协成立70周年座谈会。来自全市各界人士代表齐聚一堂，共同庆祝人民政协成立70周年。会上，市政协老领导俞关华、车珊珠，市民盟主委金顺新，团市委书记寿浙翔，市政协常委陈建飞，往届政协委员韩祖耀等作了发言。统计局、发改局和交通运输局等部门通报了中华人民共和国成立70周年以来市经济社会主要发展变化情况。绍兴市委常委、诸暨市委书记徐良平讲话。市政协主席郭浩良主持。市领导潘超英、孟国锋、钱勇军、袁岳军、王培光、沈吉明、王祖勇、何平光、徐可以和各界代表参加。

【市委政协工作会议】11月20日上午，市委政协工作会议在城区召开。绍兴市委常委、诸暨市委书记徐良平在会议上强调，要突出主责主业、干在一线火线，推动新时代诸暨政协工作走在前列。会上，大唐街道、交通局、工商联、经济界政协委员代表分别作了交流发言。市人大常委会主任姚汉松、市政协主席郭浩良、市委副书记潘超英等参加。

提案办理

【概况】市政协十四届三次会议期间，共收到以提案形式提出的意见建议228件，比上年减少近21.1%。经提案审查委员会审查，立案159件，其中委员个人或联名提案139件，各民主党派、工商联、人民团体、政协专委会提出的集体提案20件，有40件意见建议作为来信转送有关部门处理。经分类统计，有关经济建设方面的提案51件，占总数的32.1%；有关文化建设方面的提案28件，占总数的17.6%；有关社会建设方面的提案60件，占总数的37.7%；有关生态文明方面的提案20件，占总数的12.6%。

【重点部门走访】6月19日至20日，市政协提案委对民政局、自然资源和规划局、建设局和卫健局等提案办理重点部门开展走访活动。市政协副主席徐可以参加。

【实地督查】7月6日，市政协举行提案办理情况督查活动。委员们对"农业面源污染防治""城镇公交站场建设""饮用水源地保护""历史文化传承"等方面提案的办理落实情况进行实地督查。市政协主席郭浩良，副主席袁岳军、王培光、沈吉明、王祖勇、何平光、徐可以及秘书长钟力群等参加督查，市委常委、常务副市长宣方乐，副市长何鸿成、郦小飞应邀参加。

【提案办理"回头看"】10月9日，市政协举行提案办理落实工作情况"回头看"活动。委员们对"老旧住宅外墙脱落修缮""西施文化及相关的旅游业发展"等往年提案的办理落实情况进行实地察看和座谈交流。市政协副主席徐可以参加活动，市委常委、副市长陈仁坚应邀参加。

【提案办理成果专项视察】11月21日，市政协对2019年提案办理成果进行专项视察。委员们对"文化传承""交通安全""职工疗休养""与杭同城""城市管理"等方面提案的办理落实情况进行实地视察。市政协主席郭浩良，副主席袁岳军、王培光、王祖勇、何平光、徐可以及秘书长钟力群等参加视察，市委常委、常务副市长钱勇军陪同。（鲁才铭）

民主党派

综述

2019年新成立民建诸暨市基层委员会与民进诸暨市基层委员会，截至12月31日，全市共有民主党派市级组织5个，其中市委会1个，基层委4个，总成员人数529人。2019年两会期间，各民主党派共提交集体提案19个，个人提案37个。其中3个提案被列为2019年市政协重点提案，占总数的1/2。5个提案被评为2019年度市政协优秀提案，占总数的1/3。

（俞钢阳）

民革诸暨市基层委

【概况】至2019年年底，民革诸暨市基层委下设2个支部，共有党员60名，新发展党员1名。有省人大代表1名、绍兴市人大代表3名、绍兴市政协委员1名，诸暨市人大代表1名，诸暨市政协委员8名。

2019年，基层委获得民革全省祖统工作先进集体称号；所属两个支部分别被评为绍兴市委会先进支部一等奖和三等奖，12名党员分别被评为优秀党员和各类先进个人。3月，诸暨电视台《浣江纪事》专题介绍民革党员骆东和他的裕昌号。民革党员孟琼晖主编出版《南孟文化》。民革党员宣利清获得2019年度浙江省百名女红巧手、诸暨市首届诸暨工匠，创办的诸暨市七彩剪纸艺术馆获批成为诸暨市第五批非物质文化遗产传承基地，作品“孔子游学图”“九龙图”分别获得第八届中国（浙江）工艺美术精品博览会银奖和绍兴市庆祝建国70周年精品展金奖。

【参政议政】2019年，基层委14位人大代表、政协委员分别参加省、绍兴、诸暨人大、政协会议，共提交集体提案4件，个人提案19件。民革党员汤谊在市政协十四届三次会议上代表民革基层委作题为《推动刺绣机产业升级，提升产业核心竞争力》大会发言；张哲代表市政协人口资源环境委员会作题为《关于完善我市职工疗休养政策的建议》大会发言。汤谊被评为2018年度政协社情民意先进个人。俞岚在参加省十三届人大二次会议期间提交《关于发展“枫桥经验”优化纠纷化解机制的建议》《关于创新政府主导型中小企业融资模式的建议》《关于优化社保费用征收办法、平衡不同类型劳动密集型企业间社保费用缴纳的建议》《关于加强商业秘密保护，助力浙江企业创新发展的建议》《加快地方立法、完善市场主体信用修复机制的建议》5条建议，并接受浙江卫视《今日评说》节目以及中国新闻网采访。戚俏新在绍兴八届人大四次会议提交《关于法院要切实加强依法执行文明执行工作的建议》。

【调研活动和民主监督】2019年，基层委领导、党员代表委员等积极参加省、绍兴及市委市政府组织的各类专题协商座谈调研活动、党外人士通报会，列席政府全体会议、常务会议进行参政议政，出谋划策。5月11日，基层委所属一、二支部联合绍兴市直七支部赴斯宅村考察乡村振兴和民俗文化。8月17日，诸暨基层委副主委吴少东陪同民革湖州市委会副主委、调研员周少翌调研诸暨市斯宅村乡村振兴战略中传统文化的保护与传承。针对有效加强企业风险防范，推动经济高质量发展，基层委开展走访调研，形成调研报告《加速流转风险企业土地资源要素，着力推进诸暨经济高质量发展》。俞岚等民革党员受聘担任人社局单位的政风行风监督员，积极履行民主监督职能。

【民革组织建设和活动】6月，民革党员参加绍兴市委会组织的新党员培训。7月，诸暨民革党员之家举行《历史的逻辑——四十人口述诸暨四十年》首发式，该书由孟琼晖主编。7月10日至13日，基层委党员吴少东等参加统战部组织的赴延安党外代表人士培训班。8月，俞岚参加全国人大北戴河基地学习。9月，民革党员汤谊参加省委会组织的骨干培训。10月，发动民革党员参加民革省委会开展的"同心同行70年"主题征文活动和绍兴市委会组织的"不忘合作初心，继续携手前进"主题教育读书征文活动。基层委选送《丹心向党》诗歌朗诵节目在绍兴市委会庆祝新中国成立70周年大会上表演。11月，所属两个支部联合组织参观"当西子相遇西子"蔡云超、于广明书法摄影暨桐荫堂文房清供联展。同月，开展"书法与人文修养"讲座活动。

【祖统联谊】基层委党员积极参加祖统联谊活动，加强新形势下的两岸民间交流。全年共接待台胞130余人，节日问候台胞、旅美台胞、侨胞130余次。1月，副主委吴少东参加诸暨市留学生家属联谊会，并担任副会长。11月，民革党员钟俭以市台联会会长的身份率领台联会成员考察江苏昆山台资企业和妈祖庙慧聚寺；接待美国加州航空学院行政总经理旅美台胞吴柏纬一行。

【社会服务】2019年，继续把法律援助服务作为社会服务的重要工作。民革党员、律师楼旭东、俞岚利用自身工作及专业优势，开展法律援助进社区、进企业、进医院活动。全年共接受法律咨询750人次，法治宣传20余次，法律进乡村20余次，法律进社区15次，进企业16次；共办理援助案件70余例，受益群众400多人次。号召民革党员参加民革中央办公厅消费扶贫行动倡议，加入消费扶贫队列。民革党员们积极参与所在单位送医下乡志愿者服务、税法宣传、结对扶贫等各类社会服务活动。（许　蓉）

民盟诸暨市基层委

【概况】2019年，民盟诸暨市基层委员会共有盟员93名，分布在教育、文化、科技、医卫、行政事业单位及新社会阶层。盟员中有绍兴市人大代表3名、政协委员3名，诸暨市政协副主席1名、政协委员11名。当年新发展盟员4人，其中公务员2人，教育界1人，科技界1人。

【参政议政】2019年，民盟共向政协诸暨市第十四届四次会议提交提案15件，其中集体提案5件，联名提案10件。基层委提交的《关于深化健康养老产业，健全养老服务体系的建议》集体提案被诸暨市政协评为2019年度市政协优秀提案，盟员叶礼代表民盟在政协诸暨市十四届四次会议上作大会发言《关于深化垃圾分类处理的建议》。盟员何国霞被诸暨市政协评为2019年度诸暨市社情民意信息先进个人。7月8日，民盟诸暨市基层委"金顺新委员工作室"作为"请你来协商"2019年度协商计划分平台，承担第一次专题协商工作，采用网络直播的形式，议题为《深化发展健康养老产业》。

【组织建设和活动】2019年8月13日，"盟员之家"揭牌使用。诸暨市首个"省政协委员会客厅"落户"盟员之家"；诸暨市政协"金顺新委员工作室"落户"盟员之家"；浙江省政协参政议政和社情民意诸暨联络点设在“盟员之家”；基层委成功创建“省示范基层组织”；教育二支部成功创建绍兴盟市委“规范支部”；设立在东白湖中心学校的民盟诸暨市基层委“教育实践基地”所有设施设备完善，助推“同心助力·民盟在行动”社会服务活动开展；2019 年 4 月“陈元良社会服务工作室”挂牌工作。9 月 15 日，在盟员之家召开专题会议，部署诸暨民盟庆祝中华人民共和国成立七十周年相关活动；9 月 19 日，组织看望 1949 年前参加革命工作的周贞所和斯翱两位老盟员，并代表盟省委颁发“庆祝中华人民共和国成立 70 周年纪念章”；9 月 20 日，文卫支部在诸暨文化艺术中心开展“书画门诊”志愿服务活动，诸暨市书法家协会主席许绍满盟员等书画家对基层书画院的 100 多件书画作品逐一点评和指导；9 月 21 日上午，科技支部开展纪念革命烈士，走访参观中共诸暨一大会址红色基地等活动；9 月 21 日下午，基层委邀请杨健（原民盟绍兴市委会专职副主委，现民盟中央参政党理论研究中心特约研究员、绍兴市档案局副局长）到盟员之家主讲《从民盟历史看党盟合作的初心和使命》专题讲座；9 月 22 日下午，机关支部、文卫支部在盟员之家联合开展微视频歌曲《我和我的祖国》录制以及座谈交流活动；9 月 26 日上午，教育一、二支部在民盟诸暨市基层委教育实践基地（东白湖镇中内）开展“我爱祖国”主题社会服务活动，盟员赵福英带领团队为八年级学生授课，并与该校英语教师研讨教学，盟员石丹凤向七年级全体学生作题为《建国七十周年》主题报告。

【对外交流】8 月 5 日，盟省委专职副主委徐燕峰、盟市委主委徐青松、副主委陈国芬到诸参加“盟员之家”揭牌仪式暨盟务工作交流会；11 月 26 日，省政协委员工作委员会主任朱伟、绍兴市政协副主席倪善贵到诸暨调研“弘扬‘枫桥经验’委员会客厅”；12 月 5 日，浙江省政协副主席陈铁雄到诸暨“盟员之家”调研；12 月 6 日，民盟浙江树人大学支部到诸暨民盟盟员之家考察交流；12 月 7 日，民盟上海市静安区委会、民盟浙江省树人大学支部、民盟上虞文卫支部来诸暨考察交流；12 月 11 日，民盟浙江省委会原专职副主委徐向东到“盟员之家”调研。12 月 18 日，民盟诸暨市基层委到民盟浙江省委会学习交流。7 月 31 日，基层委副主委杨曙等 8 人赴上虞基层委交流考察。

【专题调研】2019 年，民盟诸暨市基层委共组织盟员代表委员开展 7 次集中调研。调研主题分别是诸暨市块状经济活动，促进民营经济高质量发展专题调研，“深化发展养老健康产业”“乡村振兴中产业发展问题”，义教阶段和谐教育有关问题，诸暨市财政应急周转资金致企业信用评级下调有关问题，诸暨市不良贷款（资产）处置有关情况。通过座谈、实地勘察等形式开展的集中调研，形成 6 个调研报告，其中 3 个转化为社情民意，《使用财政应急转贷资金致企业信用评级下调，建议“政银企”协同破解“转贷难”》被省政协录用，2 个转化为诸暨市政协 2020 年政协大会发言或集体提案，1 个为绍兴盟市委重点调研课题。

【信息宣传】2019 年，民盟诸暨市基层委上报的信息被盟省委录用 17 篇，绍兴盟市委录用 21 篇，诸暨市委统战部录用 15 篇。开通微信公众号“诸暨盟讯”，定期推送盟务信息。递交社情民意 12 则，其中被民盟省委会录用 5 则。

【社会服务】2019 年，继续开展“同心助力·民盟在行动”主题教育实践活动。2019 年共开展社会服务活动近百场。其中，以“盟员之家”为平台开展 6 次社会服务活动：盟员陈元良作题为《饮茶与健康》的主题讲座、盟员陈丽丹医生和钱江医生做牙齿健康咨询、盟员何杨伟医生做中医养生咨询、邀请拓和安全团队开设日常安全防范技术公开课、盟员赵志扬和诸暨市心理协会做心理健康咨询。盟员向东白湖镇中捐款 8500 元用于书籍购买，两次捐书共计 800 余册；组织教师结对活动 4 次，送文艺下乡 1 次，文化下乡 3 次，送教下乡 4 次；“陈元良社会服务工作室”全年共开展各类社会服务 30 余次，累计服务群众达 6000 余人；孙丽燕、陈丽丹、陈元良等盟员参加科技宣讲团讲课共计 21 次；基层委书法小分队成员，分别赴诸暨东白湖镇、店口镇等镇乡开展“文化下乡”活动 7 次；盟员许绍满定期到社会服务基地斯民小学开展书法讲座及点评活动。（郦海燕）

民建诸暨市基层委

【概况】2018 年 8 月 15 日成立民建绍兴市直暨阳支部，2019 年 9 月 28 日成立民建诸暨市基层委员会，吕寒平担任第一届基层委员会主委。共设两个支部，共有会员 20 名，其中市政协专职常委 1 名、常委 1 名、委员 1 名，人大代表 1 名。会员来自各行各业，经济界人士占多数，其中政府经济工作部门工作人员 2 名、企业家 10 名、工程师 2 名、经济师 2 名、律师 2 名、医生 1 名，教师 1 名。本科以上学历 16 名，占总人数的 80%。

【参政议政】2019 年，民建诸暨市基层委共报送社情民意信息 12 篇，其中 2 篇获民建中央录用、6 篇被省委会录用。上报的理论研究课题《浅析民建基层组织凝聚力建设》，获民建浙江省委会 2019 年度理论研究优秀课题三等奖。在 1 月的诸暨市人大及政协会议上，共上报提案 8 篇，楼建纬提交《关于合并王家井、街亭镇、国际商贸城、成立“城南街道”》的提案被市委市政府采用。

【社会服务】民建诸暨市基层委副主委黄震为诸暨“孝文化”赵家支会会长，2019 年 1 月 6 日在赵家镇文化活动中心开展“贺新年、写春联、送祝福”活动，6 月 6 日在赵家农贸市场开展“情系端午送孝德、志愿服务暖人心”活动，8 月 29 日组织志愿者慰问杜贵凤、何燕相 2 位百岁老人，9 月 9 日慰问赵家镇 90 岁以上抗战老兵 25 人，10 月 5 日慰问赵家镇空巢老人 30 人。会员楼建纬为诸暨“孝文化”王家井支会会长，自 2011 年起，连续九年赞助王家井镇（今暨南街道）进行消防比武活动，累计出资 100 万余元。2019 年 12 月 15 日，民建诸暨市基层委赴赵家镇敬老院开展“志愿敬老行，关爱传真情”走访慰问活动。慰问组详细了解每一位老人的生活状况，陪伴老人们一起观看浙江省非物质文化遗产赵家拳棒表演，并送上慰问物资，总价值 4000 元。（傅黄莺）

民进诸暨市基层委

【概况】2019 年 3 月 8 日，民进诸暨市综合支部成立。2019 年 11 月 6 日，民进诸暨市基层委员会成立大会暨第一次会员大会在诸暨市会展中心召开。大会选举产生第一届民进诸暨市基层委员会班子，吴国强任主委，方泉、葛勇军任副主委。民进诸暨市基层委员会下设 3 个支部，分别为综合支部、机关支部、教育支部，共有会员 28 名，其中新发展会员 21 名。会员主要分布在教育、行政事业单位及新的社会阶层。会员中有诸暨市政协委员 1 名。周雪丹被民进绍兴市委会评为先进会员。2019 年 12 月 30 日，制定《民进诸暨市基层委员会全体委员会议议事决策制度（试行）》等 8 项工作制度。

【教育学习】2019 年，组织会员开展习近平新时代中国特色社会主义思想、中共十九大和十九届四中全会精神、党史党章以及中国民主促进会会史会章等各类学习活动 6 次。组织开展“不忘合作初心，继续携手前进”主题教育活动。11 月 10 日，综合支部与民进绍兴市直医卫支部赴俞秀松烈士陵园联合开展一次主题教育活动。12 月 5 日，邀请民进绍兴市委会对全体会员开展一次民进会史知识讲座以及会务和履职工作辅导。（王霞露）

农工党诸暨市委会

【概况】2019 年，中国农工民主党诸暨市委员会（简称市委会）下辖 1 个总支、14 个支部，共有党员 326 人，其中，医卫界党员占 29%，教育界占 29%，人口资源与环境占 1%，政府机关占 17%，新的社会阶层占 13%；具有中、高级职称的党员占 90%，具有大专以上学历的党员占 94%，女党员占 41%，离退休占 21%，平均年龄 49 岁。党员中任人民政府副市长一名；担任绍兴市人大常委会委员 1 名、绍兴市人大代表 1 名，诸暨市人大代表 4 名；担任绍兴市政协委员 4 名，诸暨市政协副主席 1 名、常委 4 名、委员 19 名。

2019 年 2 月，农工党浙江革命活动史料陈列馆被列为浙江省首个农工党中央党史教育基地，3 月市委会举办揭牌活动，8 月诸暨市农工党党史研究会成立。

2019 年农林支部、诸暨中学支部获评农工党浙江省委会先进基层组织，枫桥总支获评全省社会服务工作先进集体。毛伟洪被国家卫健委评为 2019 年全国“优质服务基层行”优秀实践者。刘畅、舒恒兴、阮逊、钟志萍获评全省宣传工作先进个人。骆志炎、蔡月军获评全省社会服务工作先进个人。毛建萍获评浙江省优秀党员。吴镇呈、周海波获评浙江省优秀党务工作者。陈胜利被浙江省律师协会评为浙江省优秀律师。冯永才被浙江省总工会评为浙江工匠。楼焕泽被浙江省人民政府评为森林保护先进个人。舒恒兴创作的小品《吉他声声》获浙江省戏剧小品邀请赛银奖。周益彪荣获第三届全国职业院校教师能力大赛二等奖，总成绩浙江省第一。

【农工党党员培养教育】2019 年，选派党员参加各级各类培训班 10 次，受训 65 人，其中参加省级及以上培训班 4 期，受训 5 人。9 月，宋益大、金婷婷参加农工党中央首次党史宣讲员培训。11 月 22 日，市委会首次举办新党员和年轻党员培训班。

【参政议政】全年上报社情民意 32 篇，被省级以上组织录用 3 篇，其中冯永才撰写的《关于解决诸暨市农业融资担保有限公司整合重组担保问题的建议》获绍兴市委常委、诸暨市委书记徐良平批示。枫桥一支部撰写的《关于诸暨市融资环境的调研情况与建议》被选为民主党派“直通车”素材上报诸暨市委、市政府。2019 年“两会”上，市委会共向大会提交集体提案 7 件，委员个人提案 19 件，代表建议 5 件。市委会提交的集体提案《关于将西施大剧院打造成为诸暨文化客厅》《关于强化三级联动，全面推进“最多跑一次”惠企便民工程》、农工党党员蔡月军等人提交的《关于把“全国文明城市”这块金字招牌擦得更亮》、农工党党员赵月皎等人提交的《关于推动旧住宅加装电梯的提案》被评为优秀提案。绍兴市人大代表、农工党诸暨市中心医院支部党员蒋巧红提出的《关于促进我市民间救援组织健康发展的建议》，被评为绍兴市人大优秀建议。在绍兴市人大会议上，蒋巧红做题为《提好建议意见，增强履职底气》的履职发言。支部主委、市第十七届人大代表孟瑜清提交的《对我市发展养老服务业的建议》，获诸暨市人大十大建议之一，所提的 6 点建议全部为诸暨市人民政府采用并行文诸政办发〔2019〕27 号文件下发。

【促进民营经济优质健康发展头脑风暴会】6 月 5 日下午，为进一步推进民营经济优质健康发展，农工党诸暨市委会首次组织“头脑风暴会”，来自农业、工业、建筑业、商贸服务业的企业家代表和金融、法律界的专家们围绕诸暨市民营经济发展情况积极探讨瓶颈问题、提出对策建议。讨论结果由越兴中学支部副主委陈胜利作为代表，在 6 月 19 日统战部举办的“促进民营经济高质量发展专题协商活动”上予以提交。

【社会服务】2019 年，市委会共组织开展义诊、送医下乡、结对助学等各类社会服务 42 次，受益人数 2000 余人；全年各类捐助金额共计 8.2 万元。“青少年职业生涯规划”和“农工党·医讲堂”两个社会服务品牌有序推进。6 月，农工党员志愿服务队在市委党校举办 2019 年高考志愿填报公益讲座，并全程网络直播。讲座由宋益大老师主讲，陶朱支部党员金婷婷主持，直播当日在线观看人数达 7.9 万人。

【五泄镇贫困生帮扶协会成立】5 月 11 日上午，五泄镇贫困生帮扶协会成立仪式在诸暨市五泄镇政府新四楼会议室举行。诸暨市五泄镇贫困生帮扶协会由中国农工民主党诸暨文教一支部和浙江杭明律师事务所共同发起，是诸暨农工党与五泄镇政府的共建平台。通过设立帮扶教育金、贫困生结对互助及提供毕业实习、工作岗位等帮扶方式，致力于引导贫困大学生自强自立，建立战胜困难、摆脱困扰的信心，树立学习成才的决心。市委会主委俞越，副主委宣海平出席。

【农工党党史教育基地揭牌】3 月 22 日下午，农工党中央党史教育基地揭牌仪式在农工党浙江革命活动史料陈列馆前举行。全国政协副主席、农工党中央常务副主席何维，农工党浙江省委会主委、浙江大学副校长罗建红共同为教育基地揭牌。绍兴市政协副主席黄文泽及诸暨市领导徐良平、俞越参加。2019 年度，党史教育基地共接待各类参观团队 43 支，合计 917 人，其中省外团队 4 支，最远的来自黑龙江省哈尔滨市。3 月，市委会出台《农工党浙江革命活动史料陈列馆管理细则》并上报农工党中央党史研究室，为运营工作提供制度保障。（刘　畅）

群众团体

市总工会

【概况】2019年年底，全市共有17个镇乡（街道）总工会，6个乡镇工会，2个产业工会，9个系统工会，14个直属工会。基层工会1222家，其中单建工会993家，联合工会229家。工会会员20.7万人。

【职工经济技术活动】全年以企业为主体、镇乡为重点、行业为补充，全市共组织开展各类劳动竞赛1000余场次，参加技能培训近8000人。由市总工会牵头、镇乡街道（产业、系统）工会承办，组织开展10个项目的技能比赛。重点工程立功竞赛活动，海亮有色智造园（一期）项目和萧山—义乌天然气管道工程诸暨段项目被列为2019—2020年绍兴市立功竞赛示范项目。企业安全生产和职工劳动保护工作，提出合理化建议80余条，组织开展高温慰问，市总本级慰问重点企业和重点行业职工300名。参与工矿企业伤亡事故调查6起。

【劳动模范评选与管理】2019年，以诸暨市级劳动模范评选为重点，做好各级劳动模范、工匠和"五一"劳动奖状、奖章的评选工作。评选出诸暨市级劳模86人，联合市人社局、市供销合作社评定"诸暨工匠"25名；获全国工人先锋号2个（诸暨市公共交通有限公司15路车队、万安科技技术（检测）中心），省工人先锋号1个（诸暨市大唐袜业科技创新服务有限公司接待组）、省劳模8人（朱张泉、陈照米、周鸿义、王鸽、陈琼、黄新龙、石国成、骆燕琼）、省五一劳动奖章1人（赵坚），绍兴市五一劳动奖状2个、奖章8人，浙江工匠3人、绍兴工匠3人。组织开展劳模疗休养和免费体检活动，慰问各级劳模247人，支出金额30余万元。"五一"前夕，在《诸暨日报》开辟专栏，宣传劳模精神、工匠精神。

【职工维权机制建设】2019年，开展工资集体协商规范化培育，宣传《浙江省集体合同条例》，规范协商程序，提高集体协商工作质量，做好第六批诸暨市劳动关系和谐企业创建活动，协助开展劳动法律法规实施情况的监督检查工作，共督查60余家单位。处理好职工咨询投诉，累计受理职工来电来访32件，办结32件。

【职工困难帮扶活动】2019年，深化和推进职工互助医疗保障活动，全年报销和慰问的支付金489.93万元，共2235人次受益，支付金和受益职工分别比上年增加28.23%和28.94%；全市618家企事业单位9.04万名职工参保，参保单位比上年增加11.15%，参保数居绍兴市第一位。元旦、春节期间，开展“送温暖”活动共慰问困难职工 562 人，发放慰问金 73.06 万元。开展深度困难职工救助工作，帮扶慰问困难职工 46 人，发放帮扶金 37.22 万元。

【职工培训教育与文体活动】2019 年，以市总工会职校和企业学院为阵地组织各类技能、文化艺术培训 1400 余人，新招大专、本科学生 800 余人。开展全市职工文化活动阵地创建，完成山下湖、枫桥、应店街、赵家等 12 个镇乡的创建任务。举办“庆五一”劳模表彰会和“羽球争霸谁与争锋”全市职工羽毛球比赛。代表绍兴市总工会组织参加中国梦·劳动美“爱祖国爱家乡爱岗位”全国职工诗歌大赛，组织职工参加绍兴市全市职工摄影比赛、全市职工书画比赛、红色经典诗篇朗诵活动、绍兴市首届“职工大舞台”才艺大赛等活动。开展女职工心理健康培训。

【工会基层基础建设】全年实现工会经费总收入 1538.62 万元(其中拨缴经费收入 984.41 万元)，总资产 2909.13 万元，净资产 2552.42 万元，完善税务代征管理，全年代征工会经费 1477.48 万元。实行委托会计师事务所第三方审计方式，实现对全市 27 个镇乡(街道)工会财务收支情况全覆盖实地审计。贯彻落实中央“八项规定”精神，参与“1+X”(由纪委牵头的，落实中央“八项规定”精神的专项督查工作制度)专项督查 50 家机关事业单位。（钱玉莲）

共青团诸暨市委

【概况】2019 年，诸暨市 14 周岁至 35 周岁青年有 15.4 万人，团员 51272 人，团青比例为 33.29%；基层团委 87 个，团工委 5 个，团总支 18 个，团支部 2228 个。共青团诸暨市委创建成为诸暨市第二批党建示范点。

【团组织队伍建设】2019 年，以群团改革为契机，定期组织团干部培训，常态化开展“1+100”“周末访”等团干部联系青年工作，强化团组织队伍建设；制定《诸暨市中学共青团改革》方案，严格控制团员发展，确保初高中毕业班团学比例在 30%、60% 以下，并通过“三会两制一课”工作的深化，重点推进“学社衔接”工作，提高团员先进性；做好全市团员、团组织的摸底排查和信息入库工作，全市召回团员人数超过 1 万人，新增基层团组织 300 余个，位列全国县(市、区)团委 7 月以后基层团组织增长数量第 48 名，获团中央表扬。

【团员思想建设】2019 年，全网联动引领青少年思想，线下开展“青春心向党 · 建功新时代”青春快闪以及纪念五四运动 100 周年特别主题团日活动，共吸引 5.6 万余人参与；线上依托团属新媒体平台引导 3.46 万名团员参与“青年大学习”；发布“向上向善好青年”先进事迹、相关政策、活动等内容，坚定青年理想信念；结合主题教育举办“红船杯”党团知识竞赛，引导团员青年坚定信念跟党走；承办“名士乡 · 中国梦”青年大学习活动暨绍兴市大中学生团校第一课，并组织 460 余名大中学校、新兴领域、非公企业等团员青年聆听青年讲师讲名人故事；结合中华人民共和国成立 70 周年、“五四运动”100 周年、建队 70 周年等重要节点开展“14 岁集体生日”“重温入团誓词”“重挂红领巾”等充满“仪式感”的主题团、队日活动，提高团员青年的荣誉感和归属感。

【人才引育助力】2019 年，全面推开“家燕归巢 · 引凤筑巢”大学生暑期实习品牌活动，先后在同济大学、暨阳学院开展专场活动，聘请招才引才大使；设立在杭青年联络站，开展线下引才活动，促进人才回归；扩大诸暨籍青年人才培育，开展“青企面对面”活动，组织

2019 年 4 月 26 日下午，“青春心向党 · 建功新时代”纪念“五四运动”100 周年特别主题团日活动在诸暨市次坞镇俞秀松烈士陵园举行。图为新团员庄严宣誓(团市委提供)

青年企业家积极参与杭绍青年发展论坛、甬绍青年发展论坛、绍兴在京青年发展论坛，开阔视野，提升整体素质；举办“缘聚你我·智汇暨阳”诸暨市高层次人才联谊交友活动和“青春启航·焕彩暨阳”诸暨市优秀毕业生欢送仪式；与农商银行合作开发“暨 Young 易贷”人才专项金融服务系列产品，为高层次引进人才、本地创业创新人才和助农涉农人才提供比同类产品低 10—30% 优惠的信贷政策；同时，招募组建一支 100 人左右的青年人才政策宣讲员团，进校园、企业、协会等精准、高效宣传推广最新人才政策。

【乡村振兴助力】2019 年，强化银团惠农，通过“青年创业卡”为乡村青年提供创业贷款，全年累计发放创业卡 9 张，授信额度 170 万元，解决乡村青年资金紧张问题；打造乡村振兴青字号品牌，开展“新青年下乡”活动，积极争创 2 家省级青创农场；在美丽乡村建设中注入青春活力，组织全市青年志愿服务队推进“河小二”护水志愿服务、“绿袖套”垃圾分类志愿服务等，有 3200 余人次青年志愿者开展集中活动 97 次；引导大学生社会实践走进乡村，提供设计规划、节点打造等智力保障。

【对口助学扶贫】2019 年，强化对口扶贫工作，为阿坝州金川县 27 所中小学募集 3 万元资金用于购买音响等设备；重点打造金川研学游项目，通过四川省青少年基金会等平台筹集到 9 万元，用于组织部分金川地区的中小学生赴成都、上海、诸暨等地研学；9 月开始实施贫困学子助学项目，为金川县 50 名成绩优异的贫困学生，每年提供一对一帮扶助学金 1800 元每人次。

【文明实践】2019 年，精准开展“莲动青春·荷中寻觅”简婚倡议活动，引导全市广大青年树立文明、健康、理性的婚恋观；参与山下湖“珍珠第一村”青年创客诚信爱心联盟成立工作，引导直播网红青年助力文明实践，发动网络直播青年从业者为村级互助关爱基金捐助 32 万余元；打造“青春团小二·接棒新风尚”志愿服务项目品牌，开展“青春暖流”、高考爱心车队等各类服务 370 余场，主动对接为环卫工人送早餐爱心募捐活动；参与浙江省青年志愿服务大赛，分别荣获金奖和铜奖；围绕市委市政府开展的重点赛事、重点工作提供志愿服务保障，为环法自行车挑战赛提供 2000 余人次的志愿服务；在 2019 年西施马拉松志愿服务保障工作上主动加码，设置 12 个赛前志愿服务岗位和赛前志愿宣传车辆，深化志愿者“微笑”服务，共提供 2300 余人次的志愿服务；参与诸暨市庆祝中华人民共和国成立 70 周年文艺晚会、“辉煌诸暨”大型发展成就展志愿服务工作。

【青少年帮教服务】2019 年，“检馨”司法社工队伍为 42 名符合条件不起诉的未成年人提供帮扶；开展“青鸟守护·爱在暨阳——新居民子女关爱行动”，矫正新居民子女行为偏差、改善亲子关系；“亲青帮”平台 190 名专家，为青少年权益维护提供专业帮扶；举办“聚智杯”反诈经精英主题大赛；瞄准企业需求，将“亲青恋”与“三服务”活动相结合，帮助企业留住人；提升青少年宫服务能力，通过实地走访、座谈交流等方式深入学校、社区、农村、红色基地调研，开展公益讲堂、流动少年宫、迷你马拉松、少年足球邀请赛等公益活动，利用农村文化礼堂等配套设施拓展服务阵地，打通服务青少年“最后一公里”；引导团属社会组织参与社会治理。

（许馨心）

市妇女联合会

【概述】2019 年，诸暨市妇联配合中心开展美丽庭院创建、女性创业创新、建设家事工作室等工作，成功创建 20 个市级“美丽庭院”示范村，2000 多名城乡妇女通过技能培训，15 个家事工作室运行，“七彩玫瑰”有序开展活动，家庭教育工作深入城乡家庭。

【市第十六次妇代会】诸暨市第十六次妇女代表大会于 11 月 5 日在诸暨市委党校召开，来自全市各条战线的 260 名妇女代表、93 名特邀代表参加大会。杨军燕代表市妇联第十五届执委会作题为《不忘初心担使命，砥砺奋进新时代，为诸暨“两个高水平”建设贡献巾帼力量》的工作报告。大会选举产生了 35 名市妇联第十六届执行委员会委员，在随后召开的市妇联第十六届执委会第一次全体会议上，选举产生了 15 名市妇联第十六届常务委员会委员和主席、副主席。会上还表彰了诸暨市“三八”红旗集体和

“三八”红旗手。大会播放《一瓣馨香满城芬芳》宣传片，宣传先进妇女典型。

【“三八”创业女性代表座谈会】3月8日，在同方豪生大酒店召开“激扬巾帼志逐梦新征程——庆三八创业女性代表座谈会”，绍兴市委常委、诸暨市委书记徐良平，市委常委、宣传部部长王孔羽，市政府副市长俞越，市政协副主席徐可以参加座谈。海亮集团党委书记冯亚丽、浙江上峰包装有限公司董事长俞巧萍、浙江蒂娜尔时装有限公司总经理顾国莉等25位优秀创业女性代表参加并发言。通过创业代表与书记、部门面对面交流，推动解决企业难题。

【妇儿活动中心建设完工】位于江东公园的过渡时期妇儿活动中心于10月招标施工，按照“5y”理念【益（公益）、艺（艺术）、育（培育）、阅（阅读）、娱（娱乐）】设计，总面积500多平方米，年底建设完工。

【美丽庭院创建】年初联合诸暨市乡村振兴暨“五星达标、3A争创”领导小组办公室下发《关于开展“共建美丽庭院，共助乡村振兴”主题活动的实施意见》，把创建工作列入镇乡（街道）年度目标责任制考核，争取200万元专项奖励资金。召开全市“共建美丽庭院，共助乡村振兴”主题活动部署会议，4月发布《关于开展“巾帼助力美丽庭院”集中攻坚月活动的通知》文件，在全市范围内开展面貌焕新攻坚行动、“五星3A”争创攻坚行动、庭院环境治理攻坚行动。多种载体并行。组织美丽庭院宣讲团、设计团成员开展下乡宣讲、设计指导，全年开展10场宣讲，12位设计师下乡参与设计指导。召开两个美丽庭院现场会，组织集中开展环境卫生整治、绿化美化行动、垃圾分类宣教等活动526次，助推“五星3A”工作。

【妇女技能培训】2019年，整合全市妇女就业培训资源，借资借力启动职业技能培训项目，开展各类培训项目“进镇街、进社区、进村庄”三进活动，通过摸排城乡妇女培训需求，精准设置培训课程内容，采用“点单”“自选”等方法，为农村妇女提供培训、考核、补助申请、就业推荐。对已取得育婴员职业资格证书或从事保洁家政工作的妇女，举办“金牌月嫂”“金牌保洁员”技能提升培训和擂台赛等活动。全年相继开展育婴师、保洁员、电子商务等技能培训25期，受益妇女共计3800余人。

【巾帼文明岗“优化营商环境集中检查年”活动】2019年，以各级“巾帼文明岗”为载体，加强“巾帼文明岗”动态管理和创建成效，注重优化岗位服务，提升服务效能。抽取全市30个巾帼文明岗开展“优化营商环境集中检查年”活动，通过单位自查、交叉互

美丽庭院创建——暨南街道宜联村一处民宅（市妇联提供）

查、随机抽查，提高巾帼文明岗的“含金量”。

【家庭教育宣传和服务】5月5日，市妇联、市家庭教育研究会联合发文《关于组织开展和美家园“家庭教育公益行”活动的通知》，组建和美家园“家庭教育公益行”讲师团队伍共18人，为诸暨首批18个在创社区带去主题为“与孩子共同成长”的现场讲座。5月26日，诸暨市家庭教育讲师团团长陈国杨主讲的大型公益讲座《小初衔接》在“和美家教”微信公众号平台进行直播，现场观众150人左右，在线观众达11.63万人。8月初，“越民生”义工团成功承办小浣熊成长营，开展每月一次的游学活动。10月，和美家教平台承办“共建和美家庭，书写最美家训”诸暨市硬笔书法大赛，共收到4132件参赛作品，评比产生20个一等奖、40个二等奖、80个三等奖和近60个优秀奖，根据参赛作品递交数产生了7个优秀组织奖，根据参赛学生的决赛成绩产生了50个优秀指导老师奖。10月，浣东初中、大侣小学完成绍兴市第二批“亲情家书”项目试点学校申报工作，强化父母对孩子的关爱，促进亲子沟通。

【“妇女微家”建设现场会】8月7日上午，全市“妇女微家”建设现场会在凤凰社区安平小区内文化家园举行。各镇乡（街道）妇联主席，11家授牌微家示范点和创建单位管理员参加（示范点：心灵手巧微家、江新比心微家、惠悦雅舍微家、益园微家、和平之珠微家、越溪学堂微家；创建单位：梧桐微家、琴瑟书房微家、永大律政微家、一点墨微家、伊路行微家）。会议对“妇女微家”建设进行业务指导，并部署下阶段工作。暨阳街道、浣东街道妇联主席交流妇女微家建设经验。

【诸暨市“越好家”家庭建设行动计划启动仪式暨第三届“村嫂”创乐汇活动】12月28日，诸暨市“越好家”家庭建设行动计划启动仪式暨第三届“村嫂”创乐汇活动在陶朱街道王家湖公园举行。诸暨市政法委、诸暨市教体局、诸暨市文广旅游局、诸暨市农业农村局、诸暨市文明办、诸暨市妇联、陶朱街道办事处分管领导，各镇乡（街道）妇联主席、展销人员、先进表彰人员参加。全市23个镇乡（街道）均选出了具有代表性的妇女创业品牌参加第三届“村嫂”创乐汇成果展示活动，一镇一品，每一个品牌都蕴含妇女巾帼建功乡村振兴的美丽故事。

【好家风信用贷活动】3月，与建设银行签约开展“好家风信用贷”活动，对市镇村级的文明家庭、绿色家庭、创业女性等开展信用贷款，积极倡导“有德也有得”的风气，共发放信用贷款150万元。

【家事调解组织建设】2019年，市家调委接受咨询364起，调解纠纷51起，成功46起，调解成功率达90%以上。继续贯彻实施《关于社会化家事工作室建设的实施意见》文件精神，打通家事工作“最后一公里”，在有条件的村（社区）指导建立家事工作室，培育家事调解队伍，巩固已有的家事工作室建设。全市家事工作室接收来电、来访600余起，调解案件73起，成功64件，网上调解4起。健全完善家事工作室定期会商研判制度，每季度召开一次例会，及时分析各区域家事动态，构筑起婚姻家庭纠纷化解的第一道防线。

【“平安家庭”建设】7月，发布《2019年诸暨市“平安家庭”建设“十百千”行动实施意见》，与市家缘婚姻家庭服务中心签订《奏响平安音符——“平安家庭”创建活动项目》，通过搭建典型的村（社区）宣教载体、构建村（社区）宣传点、在法律服务中心升级家事调解室等形式，扩大“平安家庭”创建宣传面。组织开展7场“家庭说法”大讲堂活动，镇街妇联、机关妇委会根据实际需要点单邀请“家庭说法”宣讲团成员宣讲。利用“三八”维权周、反家暴日等节点组织系列普法宣传活动。3月5日，联合浣东街道妇联开展婚姻家庭法律实务培训讲座。11月25日，联合暨阳、浣东街道开展反家暴日等宣传活动，进一步增强广大妇女的法律意识和维权意识。共举办法制讲座35期，受训人数7000人次，开展法律咨询16场，参与妇女5800人次，举办文艺会演15场。

【关爱儿童健康成长】“六一”节当天，市领导徐良平、王芬祥等分别到小学、幼儿园看望慰问少年儿童及教职工。“六一”期间，市共捐资43.53万元，结对贫困儿童1563名。开展“童阅计划”公益项目，向20户贫困儿童家庭免费提供书桌椅一套，联合市慈善总会招募社会组织，开展为期一年的“伴读导读”志愿服务；在浣东街道东盛社区设立省级“儿童之家”，关爱社区儿童特别是留守儿童。马剑、东和、岭北 3 支留守儿童志愿者队伍常态化开展活动，在 3 个镇乡设立 16 个“阳光乐园”留守儿童之家，拥有注册志愿者 187 人，服务留守儿童 220 多人，累计服务时间达 19000 小时以上。

【关爱困难妇女】春节前慰问妇联线上工作 15 年以上、生活较困难的村级妇代会老主任 24 名；制定诸暨市低保患病女性关爱机制，拿出 10 万元专项资金慰问 129 名低保患病女性，开展 25 场低保女性健康讲座。（郭珈冰）

市科学技术协会

【院士专家工作站建设】2019 年，完善院士专家工作站激励政策，完成华才检测等 9 家院士专家工作站新建工作，新建数量位居绍兴市第一位，累计建站总量上升到绍兴市第二位。伊思灵双第弹簧院士工作站开展的“离合器支承环制造”项目研发合作取得阶段性成果，直接为企业增加 1200 万元经济效益。院士专家工作站管理重点在“建站、用站”上发力，2019 年 4 月 19 日，在申发轴瓦组织召开推进现场会，比规范、强制度，提升建站质量。2019 年 6 月 25 日，大唐纺织袜业研究院获得中国合格评定国家认可委员会(CNAS)认定资格。

【科普工作】2019 年，全民科学素质纲要实施方案制定，明确成员单位工作职责和任务清单，结合自身职能分头组织实施，并将全民科学素质工作纳入市级机关和镇乡街道工作目标责任考核内容。

提升科普服务能力水平，拓宽科技文化传播手段。以青少年为重点，集中开展 18 场中科院科学家科普报告会、校园科学达人大赛、青少年科技创新大赛等系列科普活动。以主题日为重点，先后开展“科技回眸七十载”微信 H5 展示、公民科学素质知识竞赛、科普大篷车巡展、大型科普情景剧《加油！科学+》巡演等活动，打好科普宣传的组合拳。另外，2019 年 9 月 14 日至 20 日在全国科普日期间，全市有 30 多家机关单位联合开展科普活动，宣传受益群众 10 万人以上，发放科普宣传资料 5 万份以上，科普宣传视频播放 500 台设备以上。以助力乡村振兴为重点，实现科普讲师团进镇街农村文化礼堂全覆盖，全年完成科普讲师团进农村文化礼堂活动 130 场次，进社区活动 20 场次，受众人数达到 2 万人次以上，科普讲师已经达到 60 人，助推新时代文明实践中心试点。

科普教育功能不断强化。做好科技馆前期准备工作，引导和鼓励社会力量兴办科普事业，拓展科普教育功能。对 16 个科普场馆、科普 E 站、科普示范单位重点扶持，加强“科学解码”“科学 60 秒”、科普画廊、科普 E 站宣传阵地建设，提高“易理解、可接受、能参与”的科普力度。拓展科普宣传渠道，在科普讲座活动中开通直播频道，3 场科普讲座直播单场在线点击率达到十万人次以上。科普信息员队伍专兼职相结合，2019 年年底全市注册登记 987 名科普信息员，注册量活跃度和传播活跃度在绍兴市各区县市排第一位，推广科普中国 APP。

【农村实用人才培育】2019 年，培育农村科技示范户、农民技术人才和民间人才，做好农民技术职称评审工作。全年评定和晋升农民技术职称 2276 人，其中农民技术员 2269 人，农民助理技师 7 人，推荐 10 人参评浙江省农民高级技师，推荐 3 人参评绍兴市五星级民间人才。实施“浙薯 13 号新品引种”等 13 个“金桥工程”项目，助推科技富农。

【学会工作和学术交流活动】2019 年，加强学会项目实施管理。充分发挥学(协、研究)会在助力创新驱动、服务学科发展、服务经济社会发展中的作用，组织实施 6 个创新驱动助力工程项目。开展星级学会创建工作。加强星级学会建设，重点建设优秀学会，整改落后学会、淘汰沉默学会、扩展新建学会，2019 年注销鞋业科技协会。鼓励学会组织发挥特长优势开展活动，承担政府购买服务职能，市心理协会助力乡村治理进讲堂、美食营养研究会助力乡村振兴。

依托国家级、省级学会组织开展学术交流活动，推动技术示范、成长成才，拓宽合作领域，加大合作力度，主动对接承办学会重大学术交流活动。围绕数字经济一号工程，会同省计算机学会邀请阿里巴巴 CTO 等到诸暨参加高峰论坛，为产业发展把脉会诊，助推经济高质量发展，2019年8月6日，举办“工业设计+数字经济”与杭同城产业对接会，成立诸暨市工业互联网产业链协作平台，做好“融杭”文章。2019年11月18日，联合国家纺织工程学会举办袜业新材料发展研讨会，推动新材料、新工艺研发等技改创新，助力我市袜企转型升级。加强与浙江农林大学暨阳学院互动合作，发挥高校人才等资源优势，推动院地合作。

【优秀科技工作者培育举荐表彰】2019年，举荐科技人才参评优秀科技工作者、青年科技英才、科技先锋岗等重要奖项，其中富润印染王益峰获2019年绍兴市优秀科技工作者先进典型称号。3月1日，组织开展2017—2018年度市优秀学术论文评选活动，5月7日，评出诸暨市优秀学术论文59篇，一等奖5篇，二等奖12篇，三等奖42篇，推荐其中38篇评选绍兴市级优秀论文。

【科技咨询建言献策】依托院士咨询委员会、国家级学会服务站等资源，以主旨报告、专题指导等形式，为全市发展建言献策。围绕磁性材料和生物医药技术交流合作，邀请咨询委员会委员—中科院院士沈保根等20多名专家为安特磁材、意创磁性等企业建言献策，充分利用院士专家人才项目资源，为诸暨招才引智提供新的渠道和平台。同时组织发动科协界政协委员就科技创新、乡村振兴、青少年心理健康等社会热点难点问题建言献策，积极做好社意民意和提案工作。（王建锋）

市归国华侨联合会

【概况】2019年3月，市侨联完成机构改革，确定三定方案。市侨联机关行政编制4名。设主席1名，驻会副主席2名；股级领导职数1名。后勤服务人员编制1名。内设机构1个（侨联综合科）。全年市侨联共接待侨界群众来访37人次，帮助解决侨界人士就学、就业、出国留学、经济纠纷等问题。全年上门慰问走访侨界重点代表人士、困难和老年侨眷以及困难群众130余人次，发放慰问金及慰问品共计4万余元。

【接待省侨联调研侨企】3月27日，浙江省侨联副主席张维仁到诸暨参观调研浙江农林大学暨阳学院和诸暨市佳荣电器有限公司，绍兴市侨联主席张小华、诸暨市政协副主席、侨联主席王祖勇等陪同调研。

【中加联合大健康营养师中方培训教学基地签约仪式】10月25日，在诸暨侨联的牵线下，加拿大华侨石贤权博士和回国创业的方宣钧博士携手合作，在诸暨市翠溪生物技术研究院举办中加联合大健康营养师中方培训教学基地签约仪式。该教学基地由诸暨市翠溪生物技术研究院联合国际注册执业营养师公会、杭州美澳德教育科技有限公司发起。

【寻根之旅夏令营】7月7至9日，市侨联开办寻根之旅夏令营，夏令营成员为美国新泽西理工学院终身教授、新泽西大数据中心主任吴奇石博士带领的美国新泽西州青少年武术队，共50余人。活动内容包括亲子DIY活动，八度琴行中美联欢晚会，东白湖千柱屋游览，斯民小学耕读体验，“越红工夫”传统制茶技艺体验和山下湖米果果小镇一日游。

【陶朱街道侨联成立】10月28日，陶朱街道第一届归侨侨眷代表大会暨陶朱街道侨联成立大会在陶朱街道办事处召开。这是诸暨市第五个基层侨联组织。

【海亮侨联成立】12月5日，海亮教育管理集团归国华侨联合会成立大会在海亮教育园召开。这是诸暨市第六个基层侨联组织。

【留联会活动】全年组织出国留学人员和家属联谊会开展“休闲课堂”系列活动，开展特色讲座10次，参加人员共200余人次。（张　楚）

市工商业联合会

【概况】2019年市工商联紧扣“两个健康”（非公经济人士健康成长和非公经济健康发展）工作主题和高质量发展主线，积极发挥工商联桥梁纽带和助手作用。连续四年成功创建“全国‘五好’县级工商联”，荣获2019年度全省工商联系统先进单位称号。

【诸暨市工商联八届五次执委会】10月11日，诸暨市工商联八届五次执委会议在会展中心举行，会议增补赵林中为市工商联（总商会）主席（会长），姚江海、章国平、丁仁元为市工商联(总商会)副主席(副会长)。本届执委会共有执委127名,其中主席(会长)1名,副主席(副会长)30名,副会长9名,常委51名,执委36名,秘书长1名(兼)。

【参政议政】1月9至12日,政协诸暨市第十四届委员会第三次会议上,俞国人委员代表工商联在大会上作发言。会议期间,政协工商联界别委员共向大会提交提案15件,其中集体提案2件,委员单独或联名提案13件,其中列为重点提案1件。7月5日,组织工商联界别政协委员开展半年集中履职并召开座谈会。12月17日上午,市工商联在富润集团组织工商联界别政协委员开展"进村入企、服务基层"活动。

【企业调研】根据全国工商联统一部署,4月开展第21次上规模民营企业调研的组织和申报工作,海亮集团、祥生实业集团、海越能源集团、天洁集团4家企业入选"2019中国民营企业500强"。3家企业入选2019中国民营企业制造业500强。完成2019年社会责任调研、2019年科技综合服务调研、第九次民营企业军民两用高新技术及产品研发生产情况调研、"优化营商环境促进绍兴高质量发展"主题调研和全国工商联四次民企运行状况调查等专项调研活动。完成涉政府产权纠纷问题等专项排查活动。4月,完成"与杭同城互通共融"暨三年行动计划发布活动、绍兴市知名越商祭禹回乡行活动中诸暨工商界企业家摸排、推荐、邀请和会晤工作。10月,完成绍兴工商联、绍兴新企联(新生代企业家联谊会)换届人选推荐工作。

【公益活动】2019年,动员和组织全市民营企业和非公有制经济人士以实际行动积极参与精准脱贫和乡村振兴。落实开化县结对帮扶资金405万元,实现浙江省"千企结千村、消灭薄弱村"、绍兴市"百企结百村、消灭薄弱村"专项行动"三年任务两年完成"。主动参与市内"村企结对助消薄"工作,配合完成市第一批32个薄弱村的村企结对工作,牵头组织3家企业结对项目建设。开展东西部扶贫协作专项工作,超额完成产业合作、劳务协作板块任务。组织赴贵州省、吉林省、福建省等进行扶贫、招商工作考察。5月24日,诸暨市江西商会在诸暨市街亭镇蓝田完小开展"爱心传递,情满蓝田完小"主题活动。5月28日,诸暨市装修业协会向岭北幼儿园和岭北镇中心小学捐赠图书。诸暨市新生代企业家联谊会连续第三年向斯民小学提供艺术支教、开展公益送清凉服务。温州商会党支部同朱公湖社区结对为共建社区,为美好社区建设捐资1万元。

【专题教育宣传】4月25日,会同人民法院在"1963法润"直播平台进行《"黑洞"背后的知识产权保护》专题宣讲,现场和网络同步直播。9月16—21日,联合市委组织部、市委统战部举办诸暨市新生代企业家"常青藤培育计划"第六期研修班。9—12月,联合市司法局、绍兴律师协会诸暨分会开展各类法律培训20余场。

【商(协)会规范化建设指导】2019年,加强商(协)会规范化建设,制定《诸暨市工商业联合会商(协)会规范化建设办法(试行)》和《诸暨市工商业联合会商(协)会规范化基础工作标准(试行)》,充分发挥直属商(协)会的重要作用。5月13日,诸暨市装修业协会成功举办二届三次会员代表大会。11月8日,诸暨市徽商企业家联合会成立。加强直属商(协)会党建工作,不断扩大党的统战工作向非公经济领域的有效覆盖,指导诸暨市温州商会、诸暨市装修业协会成立党支部,直属商(协)会党的组织和党的工作"双覆盖"率达66.67%。

【企业金融服务】10月17日,联合人行诸暨市支行在市委党校开展"百家民企评银行"活动,全市153家企业参加现场评议会,涉被评银行数20家。11月12日下午,联合市中信银行举办金融服务中小企业座谈会,各直属商(协)会会长、常务副会长、秘书长等20余人参加。12月,联合人行诸暨市支行、诸暨市银监办共建"银企合作共同推进经济高质量发展战略协作机制",构建银企矛盾调解、产品对接、政策推介、解保贷推广、银企互评五大机制,以进一步增进银企互信,促进银企对接,推动全市金融生态修复。

【"律所+镇街+园区+商会"法律服务网络建设】4月,联合诸暨市人民法院、检察院、司法局成立诸暨市知识产权司法保护工作室。构建"律所+镇街+园区+商会"法律服务网络,8月,联合诸暨市司法局、绍兴市律师协会诸暨分会启动“打造一流营商环境，促进民营企业高质量发展”法律服务专项行动，以10个重点镇街、3个园区为平台，依托基层商会、行业协会，初步形成“律所 + 镇街 + 园区 + 商会”法律服务网络。

【“商事纠纷找商会”调解品牌】创新提升“枫桥经验”，进一步打响总商会调解委员会(简称商调委)“商事纠纷找商会”的调解品牌，在商会调解组织中全面开展乡情、行业调解模式，加强与人民法院的诉调对接机制，提升“在线矛盾纠纷多元化解”平台工作效能。2019年，商调委共受理各类民商事纠纷案件91件，成功调解91件，调解成功率为100%。商调委调解员被评为诸暨市首届“金牌调解员”。诸暨市江西商会入选浙江省第三批非公有制企业、商(协)会劳动争议预防调解示范单位。

【新生代企业家联谊会】2019年，诸暨市新企联共有理事109名。7月11日，召开新生代企业家座谈会。市委副书记、市长王芬祥强调，新生代企业家要拓宽眼界，把握准则，行稳致远，坚定信心做强主业，推动诸暨经济高质量发展。7—8月，组织新生代企业家赴上海市、内蒙古呼和浩特市开展走访调研和学习考察活动。与浙江省新企联、浙商、创业公社等单位开展走访交流、篮球友谊赛、线下主题学习会等活动。

(沈　彬)

市文学艺术界联合会

【概况】市文学艺术界联合会有8个直属协会：作家协会、书法家协会、美术家协会、摄影家协会、民间文艺家协会、诗词楹联学会、音乐舞蹈家协会、戏剧协会；7个管理协会：浣纱文学读书会、油画家协会、诸暨印社、王冕研究会、五泄诗画研究会、濂溪文化研究会、望烟书画院。2019年，市文联在市委、市政府的正确领导下，市文联和所属各文艺团体协会深入学习贯彻习近平新时代中国特色社会主义思想，牢牢把握新时代文艺工作方向、原则和要求，以创作为中心，改革为动力，队伍为根本，拓展视野顺应新时代，激活机制营造新空间，务实创新谋求新作为，繁荣文艺事业，推动文化诸暨建设。

2019年6月5日，《上海诗人》主编孙思走进诸暨人文大讲堂(市文联提供)

【打造全省首个“乡村艺站”】新时代文明实践活动是近年来文联系统的创新工作，诸暨作为全国五十个试点县市之一，在绍兴地区率先启动该项活动，建设了“艺美诸暨”新时代文明实践中心，制定了相关制度，组建了第一批19支文艺志愿队伍，制作了队旗和队徽，开展常态化志愿活动，并做好志愿活动的宣传工作。2019年5月15日至17日，全省文联新时代文明实践活动现场会在诸暨召开，市文联以“文艺复兴助力乡村振兴”为主题，积极打造全省首个“乡村艺站”，选取枫桥镇枫源村和栎桥村作为志愿活动参观点，十多支文艺志愿队伍、十五组文创产品展示，200多名文艺志愿者参加志愿活动，现场活动精彩纷呈，取得了良好效果，获得上级领导高度肯定赞赏，并收获了良好的社会效应。2019年，已累计开展新时代文明实践志愿服务100余场，服务群众1万人次。

【推出全国首个网上艺术馆】2019年，为实现文联工作“互联网 +”，推出了全国首家网上艺术馆。这是市文联用AR为基础的互联网前沿技术打造的3D云艺术馆，开设有西施厅、王冕厅、老莲厅、铁崖厅。通过图文、视频、声音等方式，把各类专题展览办成3D云展。

网上艺术馆是“网上文联”的一部分。除此之外，还在“在诸暨”微信公众号菜单设立“网上文联”，融合《浣纱》目录推送、读者见面会直播，云展览链接。在“本地头条”设立“诸暨艺站”专栏，用于发布文联动态及各协会开展的文艺志愿服务活动。

12月8日,《浣纱》读者见面会暨2019年度浣纱文学奖颁奖仪式进行直播,观看人数近7万人次。

"今日头条"APP"诸暨艺站"板块每条信息阅读量都达三万多。

【青年书法王冕奖、青年美术老莲奖】2019年出台了《诸暨市青年书法王冕奖、美术老莲奖实施办法》,每年从青年书画作者中评选出10名书法王冕奖和10名美术老莲奖。坚持以作品说话,集中资源推动精品创作,推出青年艺术人才。坚持以人为本,着眼长远,在抓创作中培养人才,在人才培养中推动创作。

【小说散文和诗歌笔会】6月28–30日,10月11–13日,分别在诸暨大酒店举办2019年度"西施故里—诸暨"小说散文和诗歌笔会2场,邀请了《诗刊》《诗选刊》《上海诗人》《诗林》《星河》《湖南文学》《清明》《浙江作家》《当代小说》主编或编辑,共有60余位作者带作品参加。

【文艺创作成果】文学1人选入浙江省"新荷计划"人才库,摄影5人加入国家级会员,获地市级以上奖项、入展入选、发表共计185件。其中,获国家级奖项、入展入选、发表作品7件,获省级奖项、入展入选、发表作品113件,获地市级奖项、入展入选、发表作品65件。

【征文比赛和书画摄影展】3月1日至10月30日,市文联、市作协举办"我和我的祖国"征文比赛,收到参赛作品50多件;6月30日,"画莲说廉"清廉诸暨主题书画作品展(平面展)开展,展出作品60余件,参观人次达2.4万。9月26日,诸暨网上艺术馆建成首展推出"庆祝新中国成立70周年诗书画主题展",展出作品40余件,参观人次达到1.2万。10月31日网上艺术馆推出"不忘初心、牢记使命"主题展,共展出作品70余件,参观人次5000多。12月8日,首届青年书法美术作品展开展,展出了首届获得书法王冕奖和美术老莲奖的作品及入围入展作品共100余件。

【送展、送书下基层活动】全年开展送春联、送展、送书、送戏、送讲座进村、进社区等各类活动共计70余场次,送春联1万余对、书籍400余册;开展书法美术"专家义诊"10次。10月29日,组织下属作协、书协、美协、摄协参加"诸暨市网络文化季红色地标爱心捐"活动走进璜山镇黄家店村,将前期书画作品拍卖所得5000元捐给村关爱基金并现场创作赠送书画作品30多幅,捐赠图书300余册。

【《浣纱》杂志编印】2019年,共编印《浣纱》6期。2019年度"浣纱文学奖"共评出10件优秀文学作品。12月8日,举办《浣纱》读者见面会暨2019年度"浣纱文学奖"颁奖仪式,会上还颁发了两年一度的"浣纱文学特别奖"和"我和我的祖国"征文奖项。

【诸暨人文大讲堂】2019年,邀请孙思、徐海蛟、赵挺、朱建平等文艺名家到诸暨讲学,共举办文学、书法、美术、摄影、戏剧等各类讲座10期,听讲人次达500。

【西施文化研究】3月,召开《西施史证》编辑工作会议,改进前期工作的不足,决定对唐宋部分资料重新下载和梳理,确定第一卷内容为先秦至唐代部分。5月,参加宣传部组织的"美若西施"词曲讨论会。6月,确立《西施史证》外聘人员合同制,规范报酬支付。7月,启动《西施史证》(第二卷)资料整理。8月31日,邀请浙师大黄灵庚教授、绍兴文理学院孟文镛教授等,召开《西施史证》编纂工作研讨会,改书名为《西施文献汇辑》,决定调整原稿的编排模式。12月,完成《西施文献汇辑》(第一卷)的编排调整,由浙江古籍出版社聘请中山大学黄仕忠教授作校审。完成《西施文献汇辑》(第二卷)的下载和初步点校。(楼海霞)

市社会科学界联合会

【概况】2019年,市社科联发挥社科研究、社科普及等方面的职能作用,增设社科联秘书科岗位并落实人员编制,成立社科志愿者队伍。全年召开全国性研讨会1场,策划组织大型电视访谈1期,与高校联合开展研究项目3个;推动1家基地晋升为省级社科普及基地;以社科之家为阵地,开展"浣江雅集"系列社科普及活动21场。在2019年度全省社科工作测评中,诸暨市社科联再获优秀等次,实现省级社科测评优秀单位三连冠。

【电视访谈节目《丰碑永恒》】7月1日,由中共诸暨市委、诸暨市委宣传部主办,市社科联具体负责策划实施的庆祝中国共产党建党98周年大型红色电视访谈节目——《丰碑永恒》在电视台演播大厅制作。节目重点选取诸暨早期革命英烈俞秀松、宣侠父、张秋人、宣中华、汪寿华、郑复他等人的革命事迹，邀请烈士后人和专家学者到现场访谈，通过重念家书、展示遗物、制作VCR视频等形式，展现革命者艰苦卓绝的经历，追忆他们用青春与生命书写的大义担当。节目经诸暨电视台播出后，在全市各级党组织中掀起收看热潮。《学习强国》平台分3期发布。访谈节目受到绍兴领导点名表扬。

【纪念俞秀松120周年研讨会】10月17日，组织开展"纪念俞秀松120周年诞辰"研讨会，邀请上海市中共党史学会、浙江省党史和文献研究室、共青团浙江省委、团中央机关旧址纪念馆等单位的领导、专家、学者，以及烈士家属代表和次坞镇干部群众代表参加，共同探讨如何更好地继承和弘扬俞秀松烈士的革命精神和崇高品质。研讨会发布一批新的研究成果，会议现场举行《俞秀松画传》首发赠书仪式。文汇网、网易、凤凰网、人民论坛网、民生网、中国网、中国报道网等13家媒体刊发相关报道。

【"浣江雅集"社科普及品牌】"浣江雅集"是市社科联依托社科之家，重点打造的社科普及品牌，内容涵盖社科讲堂、新书分享、专题悦读、艺术鉴赏、学术沙龙等多个子项目。2019年，先后邀请浙江古籍出版社总编辑寿勤泽、华东师范大学哲学系教授郦全民等专家学者，开展《浙江珍稀古籍的刊刻与传播》《谈古典哲学》等系列讲座，同时不定期举办音乐、阅读、剪纸、新书首发等文化活动。全年，"浣江雅集"共举办活动21期。11月，在浙江省"发现图书馆阅读推广特色人文空间"活动评选中，"浣江雅集"项目荣获三等奖。

【《2018诸暨社科集粹》出版】《诸暨社科集粹》是市社科联定期编撰的社科研究文集，每年出版一辑，已出版5辑。主要梳理诸暨本土历史文化方面的研究成果。《2018诸暨社科集粹》分"三贤研究""史海钩沉""浣溪文踪""人物春秋""暨邑故实""风物民情"等6个栏目，共计24.8万字，2019年8月由浙江古籍出版社出版。

【社科课题研究】一是继续开展中国社会治理智库的全国"百村社会治理调查"子项目研究。2019年诸暨市社科联递交了第一批子项目——庄余霞村项目的结题报告，并转入第二批子项目——枫源村项目的研究。二是启动《清华简越国历史研究》项目。借力华东师范大学历史学科的研究力量，合作开展古越国历史研究，探寻古诸暨的源头历史。三是完成《长三角一体化战略与诸暨经济地理重构》项目研究。

【《西施故里诸暨有话说》第二辑编印】以诸暨市社科联为主编印的《西施故里诸暨有话说》系列丛书，2019年完成第二辑。该辑内容分学界观点和史料选编两部分。其中学界观点部分重点收录自民国年间以来的代表性学者文章17篇，文章大多公开发表于学术刊物或其他报纸杂志；史料选编部分收录54条西施出诸暨的史料。

【"枫桥经验"陈列馆社科基地通过省级验收】"枫桥经验"陈列馆社科基地是展示"枫桥经验"诸暨金名片的重要窗口。2019年，在市社科联的推动下，该基地通过系列考核验收，成功晋升为浙江省社科普及基地。至年底，诸暨市拥有省级社科普及基地2家，绍兴市级社科普及基地9家，诸暨市级社科普及基地38家。

（孟建阳）

市残疾人联合会

【概况】2019年，全市有各类持证残疾人25747人，其中视力残疾2607人，听力残疾2475人，言语残疾1287人，肢体残疾12154人，智力残疾2891人，精神残疾3574人，多重残疾759人。

残疾人两项补贴（困难生活补贴、重度护理补贴）发放4314.2万元，受惠的困难和重度残疾人共计19330名。残疾儿童康复救助89人次，残障人士康复训练救助261人次，共发放救助金228.6万元；残疾人社会保险补贴惠及25490人，其中大病医疗和意外伤害保险受理索赔37件，赔付38.96万元。

全年组织评残活动31次，其中对166名重度肢体残障人士实行上门评残活动，共计核发残疾人证2090本，补发、换发5379本，对200名持证残疾人的残疾等级进行上门复核。推进完成23个镇级残疾人专职委员公益性岗位的招录工作，12月底，通过省政府残工委对陶朱街道友谊社区创建浙江省无障碍社区的验收。支持盲协参加“你我同行，传递爱心”盲人微心愿圆梦公益活动；帮助聋协做好第62届国际聋人节相关活动；举行全市镇乡街道残联理事长和专职委员业务培训；完成全市25362名残疾人的基本服务状况和需求信息数据动态更新工作，278个残疾人样本的家庭收入状况监测工作。海亮集团被评为全国助残先进集体；上峰集团董事长俞建虎被评为浙江省助残先进个人；店口镇残联理事长何水祥被评为浙江省首届“最美残疾人工作者”，为绍兴市唯一；诸暨特殊教育学校被评为全国残疾人体育先进集体。

【残疾人就业创业】2019年，全市580家用人单位安置残疾人就业，审核认定按比例就业残疾人1535名，其中分散安置残疾人就业935人，新增就业45人，13家企业集中安置残疾人就业600人，对未达到安置残疾人比例要求的用人单位，依法征收残保金8000余万元；规范化建设运行残疾人之家23家，为精神、智力和其他重度残疾人提供庇护服务431名；2家省级庇护中心接纳精神智力残疾人40多名，扶持资金近80万元；把23个乡镇(街道)残疾人专职委员全部纳入政府开发的公益性岗位，完成招录并上岗；卫健局招录1名事业编制的残疾人大学生就业；3月，500多名残疾人及亲属在店口人力资源市场参加专场招聘会，76人与企业达成初步就业意向。在智慧残联大数据管理平台和残疾人手机APP“助残云”上，常年刊登企业招聘信息，实现了线下专场招聘会和线上全时段招聘的紧密结合。立足区域特点，支持镇乡街道举行各类针对残疾人的技能培训421人次，组织残疾人参加省市两级培训19人次，组织残疾人之家管护人员培训20多人次，10名低收入残疾人获得残疾人创业补助约5万元。

【残疾人康复服务】全年提供残疾人基本康复服务30801人次，其中为残疾人发放移动终端18483只，守护宝6222只；配发辅助器具303件，包括轮椅70辆，盲杖4根，四角拐35根，拐杖40付，矫治鞋19双，人工耳蜗3只，假肢装配34只、维修9只，助听器验配84只、维修5只；残疾人家庭无障碍设施改造165户；康复体育用品进困难残疾人家庭137户；医疗救助精神残疾人免费服药惠及5491人。在2018年7个基层康复中心省级试点的基础上，再新建并运行暨南街道、店口镇、山下湖镇、安华镇、浬浦镇、东白湖镇、五泄镇、岭北镇、东和乡、赵家镇10个基层康复中心，共计投入康复器材补助118.7万元，形成1个市级17个基层的康复中心救助网络，为基层残障人士提供康复训练救助261人次，发放救助金88.2万元。培训康复师28名，建设一支基层精准康复服务的志愿者队伍，开展残疾预防、政策宣传、业务培训等活动，普及早期康复理念，推进康复知识和技术的传播。

【全国残疾人工作培训观摩教学活动】8月9日，市残联承办由中国残联组织的全国信访业务培训，学习“枫桥经验”和残疾人法律援助站建设工作。9月11日，市残联在枫桥镇举办由中国残联组织的全国残疾人社区康复现场观摩教学活动。枫桥镇残疾人康复中心、枫源村残疾人社区康复站在观摩会上介绍创建经验做法。新华网、《人民日报》等国家级媒体刊登题为《浙江诸暨：精准康复助力精准扶贫》的文章，高度评价诸暨康复工作开启了乡镇社区精准康复助力精准扶贫的新模式，为全国提供了基层康复工作发展的新样板。

【文化助残】2019年，残疾儿童少年义务教育入学率100%，残疾幼儿学前入园率100%，帮扶残疾学生及困难残疾人家庭子女95人，发放助学金41万余元，其中高中阶段7人，大学阶段88人。举行国际性特需儿童康复高峰公益论坛，网络视频直播在线观看人数超过4.5万。在枫桥镇枫源村举行文化助残“五个一”活动受益450人，残疾人社区文体活动参与率达到89.4%。5月18日，在店口镇举行“自强筑梦助残共享”为主题的助残日启动仪式，为店口的100多名残疾人送上文化大餐，认识禅绕画内观艺术，举行中医健康讲座，开展插花、电商学习培训等。2019年，各镇乡(街道)残联和各部门单位在全国助残日、聋人节、盲人节等节日针对残疾人开展康复服务3500人、走访慰问332人、爱心捐赠200多万元、教育培训290人、结对帮扶106人。

【各级特奥会参赛成绩】5月17日，诸暨市特殊教育学校举行诸暨市第六届特奥会；11月8日，诸暨市特殊教育学校学生参加绍兴市第三届特奥会夺得金牌29枚，荣获团体总分第一名；8月25日，2名特殊学生代表浙江省参加在天津市举行的全国第七届特奥会，取得乒乓球项目3银3铜的成绩。

【海亮融爱学园扶持】5月19日，全省首个关注特需儿童（以自闭症患儿为主）康复、“医教一体”的海亮融爱学园开园。市残联做好相关惠残政策咨询、上级业务部门会议培训等对接、宣传服务工作，探索实践以自闭症患儿为主体的儿童康复工作，联合打造康复与教育一体化、普教和特教相融合、全国一流的残疾儿童抢救性康复航母。

2019年5月19日，全省首个关注特需儿童（以自闭症患儿为主）康复、“医教一体”的海亮融爱学园开园，图为融爱学园正门（市残联提供）

【“残疾人之家”和“爱心家园”建设】按照省政府民生实事项目“巩固提升规范农村残疾人庇护机构21家，庇护照料残疾人390名”的目标任务，市残联调研并撰写报告《关于全市残疾人庇护中心规范化建设调研情况的报告》得到市长王芬祥批示支持。8月15日，市残联承办绍兴市政府残疾人之家建设现场会。同时，联系有关部门指导服务创办“残疾人之家”，并联合7个部门制定《关于推进“残疾人之家”规范化建设的意见》文件，规范残疾人之家的运营管理和可持续发展。至年底，21家庇护机构建设任务完成，超额建设运行2家，共计23家，其中企业办5家，民间办2家，公办16家，超额庇护照料41人，共计431人。

残疾人康复服务工程之“爱心家园”建设是市政府2018年的十大民生实事项目，列资1000多万元，2018年年底建成平台运行和残疾人服务终端发放，2019年年初经专家组验收通过。“爱心家园”平台是用“互联网+助残”的模式，为残疾人提供惠残政策宣传、政策咨询、应急救助、教育就业、智障和精残人士定位等服务，同时，利用信息化、智能化软件分析数据，为各级政府提供科学决策依据。依托该项目的落地，市残联深入推进建设智慧残联大数据管理平台，建设全市残联综合业务管理体系，提升残联信息化工作环境，实现全市残疾人数据精准化、管理高效化、服务精细化、平台一体化。

【扶残助残“一件事”】2019年，市残联紧盯残疾群众关心的热点难点，先后进行评残办证“零跑腿”、惠残宣传“入万家”等服务活动；全面梳理助残服务事项，以残疾人证为突破口，编制“1+X”助残服务事项办理清单及流程图，推出“扶残助残一件事”，实行“一窗受理、内部流转、事项联办”的办理模式，实现涉残事项一站式办理、一体化服务。

【市残联与金川县残联签订扶贫协作协议】4月17日，与金川县残联签订扶贫协作协议，落实扶贫资金30万元，购置残疾人辅助器具和无障碍设施，为金川的残疾人发放需求辅助器具，同时开展残疾人农村实用技能培训2期，培训315人次。（袁小平）

市红十字会

【概况】2019年，市红十字会坚持“人道、博爱、奉献”的红十字精神，围绕“三救”（救灾、救助、救护培训）“三献”【无偿献血、造血干细胞捐献以及器官遗体、（组织）捐献】核心工作，发挥党和政府在人道领域的助手作用。全年共收到捐赠资金480.01万元、物资252.63万元，发放捐赠资金199.72万元、物资260.96万元。

【应急救护体系建设】2019年，继续做好AED（自动体外除颤器）配置工作，在全市文体活动中心、便民服务中心、大型商场超市、养老服务中心、学校、车站等公共场所配置 AED40 台，并同步开展救护员取证培训。推进富民强省十大行动和健康浙江建设，提高民众自我急救意识和自救互救能力，全年共在 105 个文化礼堂开展应急救护知识培训 6700 余人次。在全市 26 个 3A 示范村开展救护员取证培训和应急救护知识普及培训，取证率和普及率分别达到 0.39% 和 4.3%；在东和、赵家两个乡镇开展整镇整村培训，取证率和培训率分别达 0.32% 和 3.85%。加强总会项目体验教室建设，2019 年 9 月，在诸暨市工业职校建设高标准红十字应急救护培训基地，申报国家级红十字救护培训示范基地。加强青少年自救互救意识，结合世界急救日活动，在全市 57 个中小学校组织培训，共 32000 余名学生参加。截至 2019 年 12 月，共完成救护员培训发证 5022 人，普及 46636 人次。

【志愿服务体系建设】志愿服务品牌项目有：留守儿童情感依恋关怀、关爱生命“救”在身边、应急救援进景区、美丽乡村博爱行、养老服务等。延伸触角拓展领域，2019 年 5 月 4 日，派遣应急救援队的 6 名队员赴浙江景宁参加国际搜救教练联盟 IRIA 举办的 R1–2 急流救援技术培训和考证，提升水上救援能力。推动志愿服务常态化，定期召开红十字会志愿服务队长会议，利用“5·8”世界红十字日“6·14”世界献血者日、世界急救日、各传统节日等持续深入开展志愿服务。2019 年度，累计志愿服务 713 场次。

【赈济救助体系建设】2019 年，加强与西部结对县市的合作，与上级红会和兄弟县市红会一同前往四川省阿坝州，调研慰问诸暨市对口支援的金川县、马鞭县、马尔康市等地，共捐赠 3 批价值约 256 万元的物资。加强与爱心企事业的交流与合作，在“博爱送万家、惠民助医、阳光助学”等公益项目基础上，扶持已建立的村级“博爱基金”，村级博爱基金本年度新增 10.68 万元。加强与兄弟县市的合作，在 8 月临海古城遭受台风袭击时，出动专业水救队员 10 名、冲锋舟 3 艘，成功搜救受困群众 17 人，应急救援队支援临海成功解救 1 名孕妇的事迹登上央视《新闻联播》。

【“三献”工作】2019 年，利用自媒体微信公众号开展“清明 · 网上祭奠器官遗体组织捐献者”活动，缅怀大爱之人，鼓励更多人支持器官遗体组织捐献事业的发

2019 年 5 月 10 日，富润集团职工钟舒展完成造血干细胞捐献（市红十字会提供）

展，至 12 月共登记器官遗体组织 127 人次，实现器官捐献 4 例、角膜捐献 4 例，遗体捐献 2 例。“五四”青年节期间，向高校学生宣传无偿献血与造血干细胞捐献，在暨阳学院开展为期两天的“热血致青春 · 奉献新时代”活动，其间无偿献血 240 人次，献血量达 68300 毫升，加入造血干细胞捐献资料库的登记志愿者 28 人。2019 年 5 月 10 日，富润集团职工钟舒展成功捐献造血干细胞，成为诸暨市第四例造血干细胞捐献者，更是医护人员之外的首位社会捐献者。2019 年造血干细胞登记捐献人数达 160 人。

【基层组织体系建设】《诸暨市红十字会改革实施计划》制定。4 月 30 日，召开四届五次理事会（扩大）会议，向全体理事及社会监督委员会作 2018 年度工作报告，并通报 2018 年度捐赠款物接受和使用情况。开展成人会员队伍整建工作，2019 年 5 月，开启会员网上登记系统，规范入会手续，清理不合格会员，发展吸收新会员，壮大成人会员队伍，并建立动态管理机制，至 2019 年年底有成人会员 8800 余人。规

范志愿者管理,开发网络服务管理平台,实现志愿者申请、注册、登记、服务内容、服务时长统计信息化管理,至2019年年底有网上登记志愿者214名。

【特色项目建设】制定充分发挥"博爱展示带"的示范引领作用,全面升级东和十里坪村博爱家园,增加软硬件配备,使其成为各镇村建设"博爱家园"的"样板房"。与教体局合作共建集知识展示与学习、情景模拟与体验等多功能于一体,寓教于乐的诸暨市生命安全教育体验中心,投资210万元,选址诸暨市工业职业技术学校,2019年建成并通过验收。改造提升诸暨市富润老年康乐中心"银龄驿站",融入红十字元素,开展救护培训,建成红十字参与养老服务示范基地。 (俞玉颖)

市慈善总会

【概况】2019年,诸暨市慈善总会全年收入合计5445.6万元,其中市本级捐赠收入3784.2万元(冠名基金收入2785.2万元,日常和定向捐赠收入999万元),镇乡街道、系统基金捐赠收入639.7万元(含"中华慈善日献爱心"捐款),本金保值收入1021.7万元。全年慈善公益服务支出总额4392万元,其中市本级支出3769.3万元(冠名基金支出1693.1万元,定向支出1090.7万元,慈善政策救助、慈善项目活动支出985.5万元),镇乡街道、系统基金支出622.4万元。共惠及群众约11万人次(不含省外援救助人数)。

【慈善募集】慈善募集主要包括慈善基金、定向捐赠和慈善项目。2019年,共新建立冠名基金24个,其中18个为社区公益基金,收入2785.2万元,共有系统互助基金17个规范运作;引导社会性捐助走慈善定向捐助渠道,重点做好东西部扶贫诸暨对口金川地区的定向捐赠工作,全年社会资金款物捐赠总额达1179万元,超出年初计划,做好诸暨省内对口遂昌、开化的定向捐赠工作,共收到各类资金669万元;借助慈善总会平台,市文明办联合多个部门策划推出"爱心早餐"公益项目,截至12月底共收到各类爱心资金280万元,"我愿益"公益性社会组织培育计划,共吸引社会资金400多万元。

【慈善政策救助】2019年,共有助学、助医、助困慈善救助政策(办法)18个,助医支出661.9万元,人数1182人;助困支出133.5万元,人数113人次;助学支出297.9万元,人数891人。

【慈善活动】春节"慈善春暖"系列行动:腊八节前,携手10个社会组织开展"情暖腊八,善行暨阳"慈善施粥活动;春节前各镇乡街道公益基金、系统互助基金开展年终帮扶慰问活动。儿童节"阳光下的童年"活动:六一节前在诸暨市特殊教育学校开展"从头到脚的爱"慈善项目,关爱残障儿童;对全市四所外来建设者子女集中就读的学校予以资金援助,用于购买学生文具、课外书籍,发展校园足球队等。暑期"圆梦计划":7月28日为98名历届大学生发放爱心助学款49万元;8月28日为55名大学新生办理助学手续,并在祥生春风十里小镇开展助学仪式;九月初向全市738名困境儿童发放人均3000元的慈善助学金。"清凉一夏""温暖一冬"慰问活动:7月上旬,11个义工团队给3174名环卫工人和452名公交司乘人员送去价值45元的消暑慰问包;12月份为3011名环卫工人送去价值50元的温暖礼包。"中华慈善日"系列活动:9月5日中华慈善日前后,开展"困境儿童公益行""开放日公益行""心灵花园公益行"等活动。"我和老兵有个约会"活动:重阳节前,走访慰问全市60名"三老人员"及无固定收入的农村抗战老兵,送上每人5000元的慰问金。

【爱心驿站建设】全年新建18个社区爱心驿站,对已建成的7家爱心驿站进行评估验收,每个站点给予1万元的资金援建,其中壹加壹爱心驿站和一米阳光爱心驿站被列为绍兴市示范型爱心驿站。

【慈善基地建设】2019年,在诸暨市特殊教育学校开展关爱残障儿童项目;诸暨市第五人民医院开展关爱精神疾患"心灵花园"系列活动,共支出金额约75万元;大唐镇第二中心小学,培育发展校园足球队,为球队队员购买队服、足球;东白湖镇斯民小学培育建设书香校园;诸暨市社会组织服务中心和枫桥镇社会组织服务中心,充分利用"我愿益"公益基金,实施开展"我愿益"项目,该项目获得浙江省第六届慈善奖"慈善项目奖"。 (赵珈瑜)

法 治

法治政府建设

【概况】2019年，诸暨市以习近平新时代中国特色社会主义思想为指导，深入贯彻中共十九大及十九届二中、三中全会精神，以《中共中央关于全面推进依法治国若干重大问题的决定》《法治政府建设实施纲要(2015—2020年)》为主线，统筹推进法治政府建设各项工作。

诸暨市在市委全面依法治市委员会内设机构(协调小组)中，创新设立“法治政府建设”协调小组，成立市法治政府(依法行政)建设工作领导小组，市政府主要负责人担任组长，印发《2019年诸暨市法治政府建设工作要点及任务清单》，明确2019年法治政府建设各项任务完成时限和责任单位，上报2018年度诸暨市法治政府建设年度报告至绍兴市政府，上报并公开镇乡(街道)、部门法治政府建设年度报告。

【政府职能履行】2019年，围绕“放管服”改革要求，加快政府职能转变，完成党政机构与综合行政执法体制改革，市政府工作部门减至26个，市场监管、生态环境保护、文化市场、交通运输、农业5个领域综合行政执法改革基本完成，执法队组建、挂牌、人员转隶及“三定”规定制定等工作有序推进；抓实事业单位清理规范，共减少事业单位38个，完成相关事业单位259名事业人员交流调整工作。

推进行政区划调整，调整后全市镇乡(街道)由27个减少到23个，街道办事处由3个增加到5个，并在此基础上开展了行政村规模调整，目前全市按行政村模式运行管理的村一级单位由调整前的503个减少到476个(不包括50个城镇型社区)。

深入推进“最多跑一次”改革，动态调整18个市级部门102项事项，新增事项639项，“最多跑一次”事项调整至2265项，并在浙江政务服务网公布，除“最多跑一次”改革例外事项，“最多跑一次”实现率100%。创新开展企业投资项目“标准地＋承诺制”改革，完善“承诺制”管理平台系统功能，承诺制项目从土地摘牌至施工许可最多30天实现率91%，新增工业项目承诺制实现率100%，一般企业投资项目从赋码备案到竣工验收“最多80天”实现率100%。落实部门间“最多跑一次”改革，全面梳理公布部门间“最多跑一次”事项119项。开展全市证明事项清理工作，共取消证明事项260项，取消证明材料518项。

【行政决策程序】2019 年，将诸暨市市场主体住所(经营场所)登记管理办法等 6 项决策列为 2019 年诸暨市重大行政决策事项在《诸暨市 2019 年重大行政决策事项目录清单》予以公布。

推进信用诸暨建设，稳步开展信用平台建设，汇集来自市场监管局、税务局等 33 个部门，3076891 个信用主体，共 12375434 条信用信息，并接入接口 73 个，实现信息自动交换，于 6 月 10 日试运行；制定《企业投资项目承诺制信用评价实施意见(试行)》，至年底，共有 75 个项目进入承诺制，均未出现重大失信和严重违反承诺的行为；完成绍兴首例信用修复，共完成办理信用修复 13 例。

优化调整市政府法律顾问队伍，浙江大学光华法学院章剑生教授、浙江社科院法学研究所唐明良博士被聘为市政府法律顾问，政府法律顾问队伍能力提升。

严格落实规范性文件“三统一”和定期清理制度，向绍兴市政府报备规范性文件 12 件，备案部门规范性文件 15 件。全年开展规范性文件专项清理、定期清理三次，共清理各类规范性文件 66 件；完成市政府文件及重大行政机关合同合法性审查 149 件。强化公平竞争审查制度，在全省政务环境评价中，诸暨市政务环境总指数位居全省第二。发布《诸暨市鼓励改革创新支持履职担当免责办法(试行)》，鼓励党员干部改革创新、支持履职担当。

【行政执法体制改革】2019 年，新聘特邀行政执法监督员 6 名。稳步推进行政执法监管平台应用，全市 30 个部门基本实现“首发响应、一次检查、协同监管”。行政执法全过程记录、行政执法公示、重大执法决定法制审核三项制度实现全覆盖。2019 年，开展专项执法督查 4 次，累计评查案件 40 余件。完成机构改革后行政执法主体的首批确认公告工作。组织行政执法证综合法律考试一次，参考人数 213 人，至年底，全市行政执法人员行政执法证持证率为 91.2%。

【监督制约机制】自觉接受党内监督、人大监督、政协民主监督、司法监督，完善社会监督和舆论监督机制。健全长效化行政监督机制，财政预决算信息、环境监测和项目环评信息等热点领域政府信息实现全公开，2019 年公开政府信息和行政处罚结果信息 2.1 万余条。

【社会矛盾化解】2019 年，进一步健全人民调解组织网络，在全国率先成立县市级调解总会，组建全省首家市级联合调解中心，全年以来各级人民调解组织共调解案件 14202 件，调解成功 14111 件，调解成功率达 99.4%，涉及协议金额 4.31 亿元，排查及预防纠纷 2473 件。

依法分类处理信访投诉事项，完善涉法涉诉信访依法终结制度，2019 年度办理信访件 53830 件，其中来访 863 件、来信 3179 件、网上投诉 11697 件、来电 38091 件，初信信访 100% 办理到位，群众满意率达 97.92%。深度融合“12345”平台，实现群众诉求集成化、流程化、精准化办理，工单办结率、群众满意率均为 100%。

行政复议规范化建设，2019 年诸暨市行政复议局新收行政复议申请 155 件，其中受理 148 件，办结行政复议案件 169 件，纠错 35 件，纠错率 20.7%，办案数量居绍兴市第一位。绍兴全市法院累计新收以诸暨市行政机关为被告的行政诉讼案件 258 件，较上年同期(331 件)下降 29.3%，共审结以诸暨市行政机关为被告的一审行政诉讼案件 307 件，其中败诉 59 件，败诉率为 19.2%，2019 年全市行政机关负责人出庭应诉率为 65%。深化府院良性互动，2019 年召开府院联席会议 2 次，市政府主要负责人出庭应诉一次。

全省首家市级联合调解中心(市司法局提供)

【干部依法行政教育培训】坚持政府常务会议学法制度，组织领导干部集体学法10次。加强依法行政和岗位职能培训，2019年开展专题法治培训2次，培训人员170余人次。严格落实领导干部任前法律知识测试制度，制定出台《市管领导干部任前法律知识考试办法（试行）》，着力增强领导干部选拔任用和法治考核的导向性。依托"1963"法润直播宣讲平台直播普法活动52期，深化"谁执法谁普法"工作机制。

（陈红军）

公安

【概况】2019年，诸暨市公安局以坚持和发展新时代"枫桥经验"为己任，以深入践行"七大警务"策略为抓手，开展"践行新使命、忠诚保大庆"主题实践活动，推进扫黑除恶专项斗争，规范公正文明执法，深化公安改革，建设清廉公安，完成各项工作任务。

【重大活动安保】2019年，树立主动警务、协作警务理念，全面落实维稳安保各项措施，圆满完成中华人民共和国成立70周年大庆、"一带一路"国际合作高峰论坛、公安部"7·10"会议、环法自行车挑战赛、西施马拉松赛、CBA篮球赛等75次重大活动安保工作任务。

【政治安全维护】2019年，开展涉恐基础大排查大整治专项行动。紧盯"全能神"、"法轮功"等邪教组织，共查处"全能神"、"呼喊派"等邪教地下窝点1处，邪教人员9名。

【社会稳定维护】2019年，常态化开展涉稳风险隐患排查化解行动，力争把各类风险隐患防范在源头、化解在基层、消除在萌芽。先后成功处置"6·13"人质劫持事件、建华医院"10·18"等群体性、突发性事件13起。针对非访、缠访突出问题，组织专案经营、专项攻坚，依法打击非访人员23名。

【经济发展护航】2019年，升级打造"警企直通车"，在市场监督管理局、昆明市诸暨商会总部及28家本地企业单位设立警务联络室，累计解决企业发展问题34个，经验做法在全绍兴推广。开展"进百企联千村访万户"走访活动，推动警力下沉、保障下倾，浬浦派出所解决企业困难得到省委书记车俊批示肯定。建立"企业网站集群"，为全市8家上市公司官方网站提供网络安全保护。开展打击涉众型犯罪、恶意逃废债、"猎狐2019"、"云端2019"四大专项行动，抓获各类犯罪嫌疑人171名，境外逃犯11名。

【违法犯罪打击】2019年，推进"雷霆行动"，刑事打击2992人，治安处罚7791人，现发命案、两抢、五类案件全破。扫黑除恶专项斗争，打击黑社会性质组织4个，恶势力犯罪团伙27个，对1430名十类涉黑涉恶人员采取刑事强制措施。推广"小捕快"理念，全年传统侵财案件破案率同比上升38.5%，群众安全感、满意率分别达99.57%、99.01%，均为绍兴地区最高。

【为民服务】2019年8月，在全省首创户籍业务全留痕无纸化服务，实现政务服务采集电子化、确认电子化、审批电子化的"一条龙"线上极速流转。推动代办服务，2019年5月，成立省内首个村级户籍室，19项户籍业务立等可取，让老百姓办事不出村。推进"一件事"改革，打通公安内外网数据壁垒、优化业务办理流程，出生事助产机构立等可取，身后事村级直办。

【"枫桥经验"创新发展】开展创建"枫桥式公安派出所"活动，2019年11月28日，枫桥派出所被评为全国首批"枫桥式公安派出所"。工业新城派出所获评全省首批"枫桥式公安派出所"。推动枫桥警务模式向警种延伸，以枫桥中队为试点成功探索出"党建引领、民意主导、主动勤务、协同共治、源头防控"为内容的枫桥交管警务模式，得到省厅充分肯定，2019年8月以现场会形式在全省部署开展创建"枫桥交警中队"活动。探索监管场所"法理兼容式"矛盾化解

2019年8月14日，全省公安交警忠诚保大庆暨创建"枫桥式交警中队"工作推进会在诸暨召开（市公安局提供）

新模式,强化社会风险源头防范,拘留所被评为全国拘留所化解矛盾突出贡献集体。加大交流推广力度,设立全省首个县级公安机关"枫桥经验"交流推广中心,2019年累计接待考察团875批次,15414人次。拓展"枫桥经验"海外交流渠道,被公安部国际合作局明确为"平安中国之珠"国际执法交流合作窗口重点建设单位。

【情指行一体化改革和刑侦体制改革】2019年,推进情指行一体化改革,实体化运行侦查(反诈)中心、维稳防控中心、舆情中心、督查中心、反恐情报组6个分中心,配套建立相关运行模式、工作机制。在18个派出所高标准建设综合指挥室,初步搭建了"1+6+X"情指行合成作战体系架构。开展刑侦体制改革,建强专业打击力量,在全市科学设置城东、城中、大唐、店口4个责任区刑侦队,初步构建了刑侦大队、责任区刑侦队、派出所侦查组三级打击架构,全市刑事案件破案数同比上升47.8%。

【智慧警务建设】2019年,制定《数字公安·智慧警务建设三年规划》,清单式、项目化推进信息化建设。2019年8月,市公安局自主研发的《视频网运维检测工具功能的拓展》,荣获公安部"智慧公安我先行"公安基层技术革新三等奖。推进以"雪亮工程"为核心的智能感知体系建设,布建视频监控点位16864个,安装MAC探针2000套、RFID采集器2000套,全面增强信息数据非接触采集能力。全市命案数同比下降33.3%,"两抢"(抢劫、抢夺)案件同比下降37.5%,入户盗窃案件同比下降14.5%。

【执法规范化建设】2019年,推行繁简分流快办案机制,推进轻刑快办、刑拘直诉、行政快办,全年行政案件24小时裁决占比65%以上,居绍兴第一,刑事10天快诉占比7%以上。建立受立案四级审核审批等工作机制,推进执法管理体系规范化运行、制度化管理,从源头上解决执法不作为、乱作为等问题。强化执法监督,常态开展网上督察、执法音视频回溯倒查,促进民警规范现场执法行为,累计发现并整改问题3000余个。

【公安列管单位和行业主体管理】2019年,加强对旅馆、网吧等公安列管单位的全方位、全流程管控,常态开展暗访检查,处罚违规旅馆、网吧285家次,并开出了旅馆反恐罚单1张。压实行业主体责任,督促落实寄递物流等行业实名制管理,抄告相关单位限期整改45处。

【交通事故和违法行为处理】2019年,常态化推行市、镇、村三级路长制、亡人事故领导到场制和安全隐患交办单制度等综合措施,全年全口径事故死亡119人,较前三年平均数减少40人,降幅达25%目标。严查各类交通违法行为,全年现场查处交通违法行为26.6万余起,与2018年同比增长52%。借鉴"刑侦工作思维",通过主动勤务策略,贯穿全年开展非法改装类"飙车"高精度围剿行动,4月24日成功查破绍兴首例追逐竞驶型危险驾驶刑事案件,将两名涉嫌危险驾驶罪依法严处。按照"户籍化""标准化""规范化"管理要求,对全市875辆工程运输车和3109辆中重型货车强制安装"三件套""五小件",实现重点车辆驾驶人100%的管理要求。严管营运市场,确保全市营运市场秩序平稳。2019年共现场查处"两客一危一重"交通违法行为20587起,移交运管局违法客运车辆63辆,"四类重点车"违法查处同比均上升120%以上。依托省、市、县、道安办四级交通事故多发点(段)挂牌治理机制和2019年度民生实事工程,共排查治理各类安全隐患1678处,投入整治资金超5000余万元,并推动安装中间隔离护栏28.7千米、封闭非法路口214个、安装反光道钉10万个。

【户籍人口管理】2019年,共办理出生申报8589人、死亡注销7617人,年内人口迁入10393人、迁出12312人,办理居民身份证62168人。全市年底有户籍人口1084321人,其中男性为541320人,女性为543001人,城镇人口为440975人,乡村人口为643346人。

【出入境及往来港澳台人员管理】全年共受理、审批出国出境材料70225件,同比增加26.9%,其中护照31926件,同比增加25%;内地居民往来港澳通行证20808件,同比增加14.5%;大陆居民往来台湾通行证6319件,同比增加58.1%。受理并制作再次港澳签注15243件,同比增加56%;报备各类法定不准出境人员2851人。清理报备国家工作人员15467人。

【机动车与驾驶员管理】至2019年年底，全市机动车保有量394690辆，其中汽车362894辆，同比分别上升8.4%、10.3%；摩托车31796辆，同比下降8.4%。全市机动车驾驶人534549人，同比上升6.1%，其中汽车驾驶人509731人，同比上升6.3%。

【特种行业许可办理】2019年，共办理旅馆业特种行业许可证38本、危险物品运输759起(民用爆炸物品和烟花爆炸)，备案单位和机构刻制公章20814枚。完成63家金融机构安全防范审核验收工作，发放互联网上网服务营业场所安全审核意见书8本。

【民警队伍建设】2019年，落实队伍风险隐患大排查、大整改、大落实活动要求，全面排查队伍风险，发现并整改各类隐患447个。树立精细化管理导向，严格落实“四小”（以小处着眼，从小节严起，小事情做起，小问题改起）标准，围绕“五容五貌”落实常态化督导检查，实现“三治一提升”（治脏、治乱、治差，提升队伍精气神）。推广大唐派出所精细化督察全覆盖模式，推动公安业务工作和队伍管理督察全覆盖，实现问题隐患超前自查、提早自纠、及时消除。制定《从优待警措施30条》《减负增效十五条措施》，新建民警驿站、医务室以及心理辅导室，落实爱警惠警举措。自主研发智慧党建平台，减轻民警工作负担。推进基层营房建设三年规划，2019年，共投资2.37亿元，新建、扩建大唐所、城中所等基层所队6个，改善基层民警工作生活环境。 （赵恩辉）

【消防救援】2019年，诸暨市消防救援大队(简称“大队”)共接处警1619起(其中火警954起)，发生火灾224起，出动车辆2471辆，出动警力15840次，抢救被困人员138人，疏散被困人员73人，保护财产价值3.89亿元。同比，接警数持平，火警数下降5.2%，火灾数下降20.6%。全年，大队圆满完成诸暨西施马拉松赛、环法自行车赛、CBA全国篮球职业联赛等国内、国际比赛的安保。承办绍兴市消防救援支队(简称“支队”)“小火快跑，浓烟关门”火灾实验、支队新“枫桥经验”理论学习会暨防范化解重大风险理论研讨会、支队警示教育廉政基地参观活动等。坚持“练为战”的指导思想，开展实地实战演练237次，熟悉425次，每月实地指导拉动辖区多种形式消防队伍，提升乡镇专职队和微型消防站“灭早灭小灭初期”能力。大队获得公安部消防救援局“改革教育转制先进集体”荣誉称号；城东中队荣获全省“先进基层党支部”称号，史燕琼被公安部消防救援局评为“巾帼建功标兵”，申苗闪在首届全国火焰蓝比武竞赛中荣获枪炮协调进攻操第一名，方霁获得全省火灾事故调查实操比武第一名，方钦乐获得绍兴团市委青年岗位能手称号。

火灾防控。2019年，大队共检查单位2954家次，督促整改隐患3309处，下发《行政处罚决定书》212份，临时查封75家，责令“三停”（停产、停业、停止使用）65家，罚款150.4万元。全市各派出所共检查单位3461家，督促整改隐患247处，行政处罚21家、个人204人，罚款7.6万元，行政拘留90人。大队坚持重大火灾隐患挂牌和党政领导牵头督办机制，挂牌绍兴市级重大火灾隐患单位12家(其中区域4处，单位8家)、诸暨市本级挂牌单位15家，并由市党政领导牵头督改。全力推进消防安全三年翻身仗行动，提升高层建筑设施完好率、远程监控系统联网率，全面普及登高场地设置和微型消防站建设，推进居住出租房屋复查和“旅馆式”管理工作，复查3人以上居住出租房1.7万户，增配改造8个老旧小区消防设施。抓牢“511电气火灾防范建设”工程，全年电气火灾占比同比下降10.18%。市消防安全委员会办公室，共督察检查单位619家，发现隐患1054处，下发督办单75份，制发消防安全简报7期，市主要领导2次批示指示。

消防宣传。2019年3月14日，大队专题策划在陶朱街道某闲置建筑内开展“小火快逃，浓烟关门”火灾实验，23个镇乡(街道)分管领导、消防安全工作站人员、重点单位负责人现场观摩学习。定期邀请全市各单位负责人走进红门，学习消防知识，体验“消防员”风采。发挥枫桥、大唐等乡镇(街道)消防体验馆、社区消防体验室的作用，全年各消防体验馆累计对外开放370余次，接待参观人员3万余人。全年共发放消防宣传资料3万余份，制作2万余份消防宣传海报，利用全市楼宇电视、LED显示屏、公交车车载电视等“固定式”载体，每天滚动播出消防知识及消防公益广告。

队伍建设。2019年8月，大队完成营区环境提升建设项目和城北保障大楼项目，10月完成大唐消防救援站营房建设并投入使用，12月完成浬消防救援站营房建设。全年更新购置器材装备2420件，采购招标78米登高车1辆、远程供水系统1套、折叠式高喷车1辆、全进口高层供水车1辆、灭火救援指挥车1辆。

灭火救援案例。2019年2月15日20时16分，大队指挥中心接到报警称位于暨阳街道望江三路与滨江路交叉口房子着火后，立刻调派城东中队4车22人，城中中队2车13人，城西中队3车18人前往处置，20时39分火势得到控制，21时10分处置完毕，此次火灾过火面积20平方米，共计疏散营救群众23人。2019年5月15日17时51分，大队指挥中心接到报警称位于陶朱街道鸿远路10号的诸暨恒宏实业有限公司2号厂房起火。大队立即调派全市4个中队、4支政府专职队共计16车93人，并申请绍兴市消防救援支队调派特勤、迪荡、柯桥、柯南、上虞、东浦等6个中队12车62人（含2套远程供水系统）赶赴现场处置。当日20时05分，火势基本控制，20时56分，开始清理零星残火，21时50分，大火全部扑灭。起火建筑为三层砖混结构厂房，主要用途为仓库，火灾过火面积约800平方米。2019年11月05日03时36分，大队指挥中心接到报警称诸暨市浬浦镇上周坞村村内危房倒塌，有人被困。大队指挥中心立即调派城东、城中、城北、城西中队6车44人，浬浦镇专职队1车6人前往现场处置，04时14分各中队相继到场，倒塌建筑为上下两层砖混结构民房，经过3个半小时救援，成功营救4人并移交120进行救治。

全省首个县级市消防关爱公益基金。2019年4月2日，诸暨市举行“119”消防关爱公益基金成立仪式。这是浙江省消防队伍改革转隶后，首个县级市消防关爱公益基金，其主要目的是褒奖为消防事业发展和人民群众生命财产安全作出重大贡献的消防工作者和见义勇为者。基金主要来源是消防队员捐赠和企事业单位、个人定向捐赠等，由慈善总会实行专户管理，做到专款专用。资助对象为诸暨市消防救援大队在编和在职消防指战员、合同制消防队员、消防文员及社会专职消防员、志愿消防员和见义勇为主动参与灭火救援且作出重大贡献的社会群众。为因公因战殉职、因公受伤致残、家庭重大变故的消防员、见义勇为者的家庭提供援助，以提升消防指战员的士气，激励社会专职消防队员、志愿消防员和社会群众参与消防工作的积极性。推动全社会关心爱护消防救援人员。2019年，共支出1万元慰问金。

（孙晨超）

检察

【概况】2019年，诸暨市检察院全力服务保障中心工作，推进刑事、民事、行政、公益诉讼“四大检察”全面协调充分发展，各项工作继续走在全省前列，被绍兴市委授予集体二等功，有29个集体和个人被党委和上级检察院记功和表彰，有干警获“浙江省担当作为好干部”“全省政法系统先进个人”荣誉称号。完成省级重大课题3项，8篇论文在省级以上期刊发表，5项微课程在国家检察官学院评比获奖。队伍“四化”建设工作经验被省委政法委推广。

【扫黑除恶】全年依法批捕黑恶势力犯罪94人、起诉139人，追加漏捕漏诉9人，通过串联研判、并案分析深挖涉黑涉恶及保护伞线索17件。2019年上半年，挖出以柏某某为首10余名成员的黑社会性质组织，并积极引导侦查，成功解救6名被拐卖并强迫卖淫的未成年少女。坚守法治底线，依法纠正4件19人。平安护航新中国成立70周年等重要节庆，依法严惩故意杀人等暴力犯罪200人，严厉打击有损社会风气的“黄赌毒”犯罪451人。上半年，提前介入并有力打击开设“园丁丁”网络论坛宣传大麻文化、传播大麻种植经验、线上贩卖大麻黑产链案犯罪嫌疑人21人，该案获评“浙江省互联网十大检察案例”。

【民营经济发展保障】2019年，实施优化营商环境十六项检察保障措施。聚焦危害民营经济高质量发展的重点领域开展整治，严惩侵犯企业权益犯罪43

人，帮助企业挽回经济损失870余万元。依法实行涉企轻罪人员宽缓化处理，对70名企业人员作出不起诉决定，通过羁押必要性审查建议公安机关对7人变更强制措施为取保候审，切实维护企业正常生产经营和声誉形象。深化民营企业经营风险提示制度，帮助15家企业管控物资采购、财务管理等重点环节法律风险，2019年10月全省首创企业风险管理法律智库，通过会商案件、座谈论证等形式，为民营企业提供风险防范对策。

【"三大攻坚战"服务】2019年，打好"重大风险攻坚战、污染防治攻坚战、精准脱贫攻坚战"。用心护好群众"钱袋子"，联合公安、银行形成防范金融风险合力，严厉打击以假项目、高收益诱骗群众投资的涉众型金融犯罪13件139人，妥善办理上海新兰德公司荐股诈骗案、四川明德商务咨询公司期权诈骗案等一批重大金融诈骗案件。守护碧水蓝天净土，2015年4月联合环保等部门出台环境污染惩治与预防意见，打击污染环境、非法采矿等破坏环境资源犯罪71人，深化生态损害赔偿制度和替代性司法修复机制，督促缴纳生态损害赔偿金498万元。通过欠薪清零行动，帮助37名务工人员全额讨回拖欠工资；通过刑事司法救助，帮助9名被害人家属申领救助金23.7万元，努力缓解被害人家庭因案致困等问题。

【刑事检察】2019年，实行"捕诉一体"办案监督机制，审查逮捕各类刑事犯罪878件1327人、审查起诉1800件2838人，简案快办、难案精办，办理效率提升18%。全面落实认罪认罚从宽制度，优化办案流程，推进精准量刑，促使1278名犯罪嫌疑人认罪服法。持续加强侦查监督，督促立案12件15人、撤案2件2人，追加漏捕漏诉32人，其中4人被判处十年以上有期徒刑。通过派驻公安检察官办公室，源头促进侦查规范化。强化落实检察长列席同级法院审判委员会制度，对刑事裁判提出抗诉5件，审判监督进一步加强。深化刑事执行监督，监督21名违规社区矫正人员收监执行，督促118名判刑人员履行财产刑255.6万元，2019年4月指定居所监视居住专项监督工作获省检察院检察长批示肯定。深入推进反腐工作，强化与监察委员会衔接配合，审查职务犯罪案件11件12人，沈正南受贿等案件得到有力公诉；司法工作人员14类侵权渎职犯罪侦查权授予检察机关后，依法协助查处司法人员利用职权侵害公民权利、损害司法公正犯罪2件2人。

【民事检察】2019年，加强民事生效裁判监督，充分运用民事裁判智慧监督系统深挖线索，办案量大幅上升。将治理虚假诉讼作为民事检察工作重点，深挖"套路贷"等犯罪背后的虚假诉讼，建议纠正民事虚假诉讼裁判14件。加大自行调查核实力度，发现并查实吕某某案等多起利用司法调解、公证等确认程序转移财产、逃避债务案件，移送侦查机关打击虚假诉讼犯罪7件，涉案金额511万元。围绕群众反映强烈的民事诉讼问题，依法开展审判程序监督和执行监督共16件次，协助法院化解民事执行信访矛盾4件，合力促使被拖欠五年的执行款执行到位。

【行政检察】2019年，聚焦行政诉讼监督，依当事人申请，依法审查生效行政裁判案件7件，积极维护行政诉讼案件审判公正。2019年10月积极开展行政非诉执行专项监督，梳理102件行政处罚执行案件中的不规范问题发出专项检察建议2份，督促法院依法、尽职执行；督促一起违规占用土地当事人清退土地，上缴地上建筑物拍卖款15万余元，努力促进行政强制行为纳入法治化轨道，防止行政处罚"白条化"。探索推进行政争议实质性化解，积极开展行政纠纷调处工作，做好释法说理，引导当事人服判息诉。

【公益诉讼检察】2019年，主动调查核实损害国家和社会公益问题，发出行政公益诉讼诉前检察建议43件，提起民事公益诉讼26件，督促清运工业和生活垃圾1100余吨，整治受污河道100余公里；督促追缴国有土地使用权出让金及滞纳金、欠缴税款以及违规发放的养老金、最低生活保障金等1500余万元。2019年5月，通过开展"限塑令"执行专项监督，督促市场监督管理部门掀起"白色污染"集中整治。2019年1月，针对房产销售公司非法泄露消费者个人信息，装修装饰公司非法获取个人信息进行广告推销、电话扰民问题，深入调查，督促对责任企业予以行政处罚，联合行业协会开展系列治理，努力保护公民个人信息安全，该案获评全国检察公益诉讼典型案例，该问题形成的调研报告获省委书记车俊批示。

【一体化检察服务体系建设】办理案件与追赃挽损并重，联合公安、法院健全司法追赃挽损机制，帮助332件侵犯财产类案件被害人挽回损失，促成141件侵犯人身权利类案件嫌疑人给付赔偿。深化检察环节信访“最多跑一次”，畅通“12309”公益损害与诉讼违法举报热线、网络举报平台、视频接访、来信来访“四位一体”诉求渠道，建立信访举报一体化办理机制和信访代办制度，对受理的545件来信来访，实现7日内程序回复、3个月内办理过程或者结果答复。优化检察服务大厅便民窗口建设，提供线上线下“一站式”检察服务，主动为律师推送案件程序性信息1312次，提供电子卷宗920份。

【刑事领域诉源治理】坚持“捕人少、治安好”的治理理念，深入推进“少捕慎诉”工作，对犯罪情节轻微的186人不批捕、434人不起诉，源头治理网络型犯罪“长臂管辖”“远洋捕捞”等问题，有效减少诉讼增量。深化基层犯罪预防，依托刑事犯罪源头防治中心向3万余名镇乡村民普及法律知识，对100多个村级工程开展违法犯罪同步预防。针对多发性犯罪、犯罪多发环节，以及办案中发现的普遍性、倾向性、苗头性问题，及时分析报告，为重大社会风险防控提供检察预警7件次，推动全市珍珠加工行业甲醇使用及废液处置安全隐患问题得到全面治理。加快推进矛盾纠纷多元化解机制，协调镇乡村预防和化解矛盾56件次，深化“一室三制”检调对接工作品牌，促成和解129件次，通过检调对接与认罪认罚同步机制，有效化解了唐某因故意伤害与邻居长达17年积怨等一批案件矛盾。

【未成年人司法保护体系建设】依法严惩性侵、欺凌未成年人等犯罪103人，严格落实高检院“一号检察建议”，切实推动健全校园侵害防治体系。积极探索惩防并举机制，不让“未成年”成为任意犯罪的“护身符”，批捕性质恶劣的未成年犯罪25人，对未成年人聚众斗殴致人死亡的4名主犯监督立案；通过开展临界预防，帮助25名深夜流浪盗窃的未成年人回归家庭、重返校园；积极推进“法治星火”活动，依托2017年5月成立的馨志愿者服务队，进校园开展法治宣讲20余次，2019年6月1日建成青少年法治教育基地，每周两天向全市中小学生开放开展法治教育和自护教育。（郦方家）

法院

【概况】2019年，诸暨市人民法院坚持以“降收案、提质效、防风险、强素质”为主线，扎实开展思想建设年、质量建设年、作风建设年“三个建设年”活动，深化“四项建设”（政治建设、规范化建设、智能化建设、基层基础建设）。全年共受理各类案件41828件，办结42587件，同比分别上升2.95%和6.98%，收结案数均居全省法院第三位，一线法官人均结案509件，主要办案质效指标持续向好。并涌现出绍兴市级以上先进集体和个人19个。

【刑事审判】2019年，审结各类刑事案件1539件，同比上升18.1%，判处罪犯2438人。深入推进扫黑除恶专项斗争，审结黑社会性质组织案件3件12人、恶势力犯罪集团案件27件118人、恶势力犯罪团伙案件1件3人，发现并移送10条恶势力犯罪线索、3条“保护伞”线索。浙江省扫黑办督办的以刘某园为首的黑社会性质组织系列案件，被告人最高被判处有期徒刑20年。审结其他各类妨害社会治安、侵害公民人身权利和财产权利的犯罪案件1128件，助推平安诸暨建设。坚持宽严相济刑事政策，决定逮捕240人，改变案件事实认定、增减法定情节37件；全面推行刑事案件认罪认罚从宽制度，审结认罪认罚案件488件，适用缓刑982人，单处罚金18人。

【民事审判】2019年，受理各类民事案件19138件，同比下降6.25%，审结20441件，同比上升7.05%。其中通过简易程序、小额诉讼程序审结案件16228件，民事调撤率达54.6%。高度关注民生领域新诉求，利用道路交通事故纠纷“网上数据一体化处理”系统高效化解交通事故纠纷506件。审结婚姻家庭、继承、赡养、抚养等案件1363件，着力修护家庭关系。审理劳动争议、医疗纠纷、侵权损害等案件3736件，缓和劳资纠纷、医患矛盾，畅通维权通道。审结买卖、承揽、租赁等合同纠纷16446件，维护诚实守信的社会环境。审结知识产权民事案件 186 件，优化创新驱动发展。

【行政审判】2019 年，新收行政诉讼案件 248 件，同比下降 35.4%。监督、支持行政机关依法行政，判决行政机关败诉 54 件，依法裁定不予立案或驳回起诉 122 件。审查行政非诉案件 188 件，裁定准予执行 170 件，准执率达 90.4%。行政争议调解中心协调促成原告撤诉、调解结案 87 件。加强司法与行政的良性互动，推动召开府院联席会议，邀请行政机关工作人员旁听庭审，派员为行政机关开展培训讲座，发布行政审判白皮书 1 份、发送司法建议书 17 份，促进依法行政。

【破产审判】2019 年，以破产审判为抓手，依法处置“僵尸企业”，完善市场主体退出机制。审结破产案件 52 件，审查“执转破”案件 22 件，12 家破产企业完成工商注销，4 家企业完成税务核销，推动全市成为绍兴市最早实现破产企业完全出清的地区；累计处置土地面积 311 亩、房产面积 23 万平方米，变现金额 15.8 亿元，清偿职工债权 1290 万元，实现欠税债权 1.2 亿元。发布《关于推进企业破产案件简易审理的实施方案（试行）》，实现破产案件繁简分流，提高破产回收率。出台《破产案件管理人工作规程（试行）》，督促、指导管理人及时规范开展工作。审慎处理涉重大民生破产案件，推动成立浙江八达置业有限公司、东宸系列案件工作组，通过浙江大东南集团有限公司重整计划，化解债务危机。

【执行工作】全年共办结各类执行案件 16156 件。建立民商事案件督促、催告履行机制，源头减少执行案件，民事调解自动履行率 63.6%，同比上升 8.8%。严格执行《省高院〈关于进一步强化强制执行措施的若干意见（试行）〉》，落实财产报告制度，加大财产查控、处置力度，持续开展涉民生案件、特殊主体、强制腾房以及重要节日、夜间凌晨等时间点的专项执行行动，全年腾退房屋 61 万平方米，网拍变现 22 亿元，为当事人节省佣金 6665 万元。

【涉企服务】2019 年，制定《服务保障民营经济健康发展若干意见》，通过实地走访、现场答疑、发放企业法律风险提示书等方式帮助解决涉企法律问题。主动参与企业解困、帮扶工作，审理涉公司股权争议等案件 43 件。强化金融债权保护，推进银行不良资产处置，审结金融借款、实现担保物权案件 977 件，执结 886 件，标的额达 29 亿元。主动协调银行、金融办等部门，依法为企业临时解封 50 余次，帮助解决转贷难困境。规范和引导民间融资健康发展，审结民间借贷纠纷案件 5009 件，标的额达 23 亿元。4 月，成立知识产权司法保护工作室，审结知识产权民事案件 186 件、刑事案件 5 件，优化创新驱动发展。

【基层社会治理参与】2019 年，主动融入基层社会治理大格局，分析报告镇乡街道万人成讼率情况，完善诉调对接机制，助推全市诉源治理工作，诉前引导调解成功 4520 件，办理司法确认 3574 件，诉前纠纷化解率 23.3%。推进民间借贷协同治理，公布职业放贷人 42 名，审结涉套路贷犯罪案件 30 件 116 人，民间借贷收案同比下降 22.6%。全力护航全国“两会”及中华人民共和国成立 70 周年纪念活动等重要节会期间的信访维稳工作，全面排查化解矛盾纠纷，依法打击非访人员 4 人次，信访积案化解率同比增加 12.3%。认真落实“谁执法谁普法”责任制，微信公众号全年推送信息 133 期 177 篇，荣获“浙江政法微信排行榜 200 期十强”法院系统第二名。创新网络直播普法形式，先后通过中央政法委“长安网”、浙江法制报、“1963 法润”等平台开展各类直播 15 期。

【虚假诉讼打击】2019 年，严厉惩处不诚信诉讼行为，开展打击虚假诉讼专项行动，发布《关于防范、打击虚假诉讼的若干规定》，建立虚假诉讼失信人名录，向公安移送虚假诉讼线索 7 件 8 人，判处刑罚 6 件 9 人，依法对 2 名情节较轻的虚假诉讼行为人予以罚款、拘留。加大对失信被执行人的惩戒力度，及时发布失信被执行人名单信息，拘留 1132 人次，罚款 3471 人次。重拳打击拒执犯罪，保持对拒执行为的“零容忍”，全年向公安移送拒执犯罪 40 件 44 人，判决 13 件 15 人。

【诉讼便民服务】2019 年，扎实推进“两个一站式”建设，严格落实立案登记制，积极推广新型便民立案方式，办理网上立案 13352 件、跨域立案 15 件，接收其他法院跨域立案案件 18 件。深化智慧法院建设，具体时间 2019 年 10 月建成并启用“24 小时自助法院”，通过"在线矛盾纠纷多元化解平台"调解案件2247件,利用"网上数据一体化处理"系统高效化解交通事故纠纷506件,通过"浙江移动微法院"平台完成节点流转8万余次,其中在线调解118次、网上开庭和质证474次。优化法庭诉讼服务中心,启动巡回审判站点建设,完善司法服务网络,推进"最多跑一次"改革在司法服务领域的全覆盖。

【司法公开】2019年,向市人大及其常委会主动报告全面工作和重要事项。全年提请任命各类法律职务人员27名、人民陪审员276名。坚持向市政协、民主党派、工商联、无党派人士通报法院工作情况,听取意见建议。主动邀请代表委员等视察法院、旁听庭审、见证执行等,全方位加强沟通、接受监督。按期办结代表建议6件、委员提案1件。依法接受检察机关法律监督,认真办理检察建议,邀请检察长列席审委会6次。深化司法公开,全年共开展庭审直播6553次,上网公布裁判文书38571份,举行公众开放日活动15次,保障人民陪审员依法参与审理案件5772件,陪审率达96.6%,广泛接受公众监督。

(黄淑娜)

司法行政

【概况】2019年,诸暨市司法局围绕司法部"一个统筹、四大职能"(统筹全面依法治市工作,承担行政立法、行政执法、刑罚执行和公共法律服务职能任务)工作总体布局,以"服务企业、服务群众、服务基层"为导向,提升法治政府、法律服务、人民调解等司法行政工作,为诸暨高质量发展提供法律服务和保障。诸暨市司法局按照市委关于机构改革的决策部署,理顺并明确11个职能科室的职能,完成原市政府法制办等人员转隶和内部人员调配。

4月3日,司法部党组书记、副部长袁曙宏一行到诸暨市调研基层司法行政工作。浙江省司法厅厅长马柏伟、绍兴市委书记马卫光、诸暨市委书记徐良平等陪同调研。

10月11日,中共十九届中央委员、全国政协副主席汪永清一行到诸暨市公共法律服务中心视察"一站式"公共法律服务情况,绍兴市政协主席魏伟、绍兴市政协副主席陈国阳、诸暨市委书记徐良平等陪同调研。

【法治宣传】2019年度,诸暨市司法局开展专项法治宣传活动166场次,送法下乡活动68次,普法讲师团宣讲102场次。2月和5月,在全市法律服务行业开展2次为期一个月的专项警示教育活动。

《诸暨市2019年普法依法治理工作要点》印发。3月20日,中共诸暨市委全面依法治市委员会办公室印发《诸暨市2019年普法依法治理工作要点》(诸委法办发〔2020〕2号),明确37家普法成员单位责任清单,并将普法工作纳入镇乡(街道)、市级机关工作目标责任制考核,并把领导干部和公务员学法用法工作列入共性责任清单加以明确,落实党委(党组)中心组学法、会前(会议)集体学法、市委党校法治培训三大主要学法措施。

组建青年律师志愿宣讲团。5月10日,吸收20名青年律师,公布28个普法课题,2019年完成100场送法进文化礼堂活动。

完成公务员学法用法三年轮训行动。6月12日,诸暨市司法局联合市委组织部、市委党校等完成本年度公务员轮训工作,共有2期轮训班共计1440人参训,顺利完成三年内全市公务员全员参训目标,完成人大任命领导干部任前法律知识考试5次40人。

全市法治诸暨建设专题培训会。11月14日,召开全市法治诸暨建设专题培训会,全市45个重点执法普法单位、23个镇乡(街道)法治工作分管领导及联络员共计120余人参加。

建立领导干部和公务员年度法律知识考试网上平台系统。11月27日,诸暨市建立领导干部和公务员年度法律知识考试网上平台系统,完成学法用法无纸化参考率和通过率100%。

建立普法重点工作提示函制度。对普法成员单位每月普法重点进行梳理,明确部门内部学法任务,2019年下发工作提示函6次,梳理普法重点工作50余条。

全市中小学校实现100%聘请法治副校长或者法治教育辅导员。加强校内系统学法,2019年全市中小学校全部聘请法治副校长或者法治教育辅导员。

开展“法律明白人”“尊法学法守法用法示范户”评选活动。根据《绍兴市普法办关于开展2019年“法律明白人”评选活动的通知》(绍市普法办〔2019〕2号)、《绍兴市普法办关于开展“尊法学法守法用法示范户”评选活动的通知》(绍市普法办〔2018〕14号)文件要求,在全市范围内开展“法律明白人”、“尊法学法守法用法示范户”评选活动,共评选951名、950户。

开展“法润诸暨”法治文化作品征集评选活动。组织全市中小学校学生参与作品征集评选活动,收录相关作品60余个。

诚信守法企业和民主法治村(社区)建设。持续推进“诚信守法企业”和各级“民主法治村(社区)”创建,2019年新命名4家诸暨市级“民主法治村(社区)”,全市现有全国民主法治示范村2个,省级19个,绍兴市级110个;联合市信用办开展诸暨市“诚信守法示范企业”公布工作,2019年公布诸暨市级53家,并推荐申报绍兴市级“诚信守法示范企业”9家。全市现有省级“诚信守法示范企业”1家,绍兴市级20家,诸暨市级307家。

2019年12月4日,《创新发展网上“枫桥经验”普法读本》首发仪式(市司法局提供)

普法宣传。以《中华人民共和国宪法》学习为重点,开展各类法治宣传活动158场次,制作发放宣传折页52000余份,完成《创新发展网上“枫桥经验”普法读本》《2018年度普法活动掠影》的汇编工作。开展法律进民企、扫黑除恶等专项法治宣传行动,制作宣传资料1万余份,宣传展板10余块到各村(社区)文化礼堂进行展示。

【社区矫正和安置帮教】2019年全市累计接收社区服刑人员746人,期满解矫664人,受到司法局警告处罚155人、治安处罚18人、收监27人;在册809人,重新犯罪5名,重新犯罪率0.3%;接受法院审前社会调查601件,监狱假释前调查96件,保外就医前调查3件。12月,全市新增刑满释放人员120名,当年累计1245名,截至2019年12月31日在册5716名,当年刑释人员重新犯罪累计0人,当年刑释人员重新犯罪率0‰。安置帮教率99.6%。

加强基层社区矫正工作队伍建设。根据浙江省司法厅下发的《关于贯彻落实〈进一步加强社区矫正社会工作者队伍建设的指导意见〉的通知》(浙司[2018]115号),7月31日,完成诸暨市49名社工招录工作。

社区矫正中心建成启用。根据浙江省司法厅《关于进一步加强县(市、区)社区矫正中心建设的指导性意见》文件精神及绍兴市司法局对社区矫正中心建设的要求,按照“执法、教育、管理三位一体”建设布局,10月1日,社区矫正中心(位于诸暨市城东路9号)正式启用。

【法律服务】法律服务实体平台建设。2019年,诸暨市公共法律服务中心不断推动以服务中心为核心,镇乡(街道)公共法律服务站为中枢,村居(社区)公共法律服务点为基础的“市—镇—村”三级公共法律服务实体平台,构建“全时空、全业务”的体系平台。不断强化中心内人民调解、法律援助、法律咨询、公证、仲裁、鉴定等职能发挥,为广大群众提供“一站式”式服务,推进信访超市进驻。镇乡(街道)法律服务站点按全市镇乡(街道)、村(居)社区区划调整情况调整,确保公共法律服务“不断电”,持续发挥公共法律服务站点在基层的“第一阵地”作用。热线平台建设。打造法律服务“e平台”,集“12348”中国法网、矛盾纠纷在线化解、“1963法润”直播平台等功能,并设置“法治体验馆”“智能机器人”“无人律所”,搭建“线上+线下”一体化公共法律服务智能平台。服务咨询“有人接、及时接、热情接、专业接”，同时，加强和“110”“12345”等热线的联动。2019年，累计接听来电4560个。网络平台建设。整合市司法行政门户网、公共法律服务网、“诸暨司法”微博、“诸暨普法”微信公众号、微信塔群等资源，构建覆盖城乡的公共法律服务电子网络平台。2019年，通过网络平台，进行以案说法124次，法律法规政策解读78次，播放法治微电影3场，开设普法微课堂21场，为群众提供法律咨询4600余次，解答群众具体问题600余个。

公证服务。2019年，市公证处共办理各类公证案件5455件，其中办理内地公证3737件，涉外公证1718件，涉港澳公证16件，涉台公证28件，收费477.8万元，较上年同期增长36.2%。服务政府中心工作。2019年，市公证处为农村房屋登记发证换证涉及的公证事项提供法律服务，共办结该类公证事项1050件。参加信访联席会议，解决老百姓反映强烈的历史遗留问题，解决了先办产证还是先落户的问题，办理析产分户协议9件。在试点的五泄镇参与农村危旧房权益保全工作，共办理保全证据公证164件。小额遗产继承公证。2019年办理小额遗产继承公证75件，为体现公证服务的公益性，2019年5月之后将小额遗产继承公证事项改变为继承资格及遗产保管资格公证，共办理该类公证329件。网上公证。2019年8月，开通“公证云”在线公证平台和支付宝城市服务等线上办证通道，2019全年共线上办证办结41件。

法律援助。2019年，诸暨市法律援助中心累计接待来访群众3301批5038人次，接听来电4588个，解答法律咨询7889次。受理法律援助案件2092件，同比增加32.3%，其中刑事案件928件，同比增加55.4%；民事案件1161件，同比增加18.6%；行政案件3件。受援人数2125人，挽回经济损失2308.51万元。试行法律援助审批主办责任制。1月7日，诸暨市法律援助中心试行法律援助审批主办责任制（法律援助案件的审批权限下放至主办责任人员，相关工作人员具有审核权限，待申报资料齐全后，可当场指派援助律师，缩短申请人的等待时间）。重新组建援助工作站值班律师团队。5月，重新组建公、检、法援助工作站值班律师团队，工作站值班采取固定值班和预约服务相结合的模式，除固定值班时间，办案机关根据工作需要可提前1天预约律师提供法律帮助。2019年，工作站值班律师共参与见证签署认罪认罚具结书160多件。刑事案件审判阶段律师辩护全覆盖。全市80%的律师参与了刑事案件的办理。2019年，共受理刑事案件923件，因刑事法律援助全覆盖扩大辩护的案件589件。法律援助“全容缺全代办”制度完善。在容缺代办过程中注重发挥基层法律援助工作站、农村法律顾问的作用，帮助当事人进行材料的代办。2019年，容缺受理法律援助案件120件。专项法律援助服务。2019年，针对民工、残疾人、老年人、军人军属、妇女等特殊群体开展法律援助专项行动6次。继续落实绿色通道、上门服务等惠民举措，其中，市法律援助中心共受理民工讨薪法律援助案件723件，涉及欠薪金额1023万余元。

律师队伍。至2019年12月31日，全市共有28家律师事务所，13家基层法律服务所，在册法律服务备案人员385人，其中律师271人、实习律师36人；基层法律服务工作者79人，实习5人。律师队伍中现有省人大代表1名，绍兴、诸暨两级党代表、人大代表、政协委员9名。全市律师事务所共办15685件，业务总量17922.38万元，同比增长15.80%；基层法律服务所办理各类案件4131件，业务总量2044.47万元，同比增加12.13%；累计受理投诉11件，调查回复11件。3月1日，诸暨市司法局、绍兴市律师协会诸暨分会举办全市律师行业职业道德执业纪律教育培训会，全市240多名执业律师、实习律师参会。4月22日，由诸暨市人民法院、诸暨市人民检察院、诸暨市司法局联合组建的知识产权司法保护工作室在诸暨市人民法院举行揭牌成立仪式，23名志愿律师参与工作室值班工作。2月和5月，在全市法律服务行业开展2次为期一个月的专项警示教育活动。围绕举行一次集中警示教育活动、一次规范执业讨论活动、一次执业风险查摆活动、一次违规违纪集中督查行动、一次“驻在式”调研活动、一次专项检查督导活动等“六个一”活动，规范法律服务行业执业秩序。5 月 12 日，召开诸暨市第五次基层法律服务工作者代表大会，完成市法律服务行业协会换届选举工作。7 月，浙江浣纱律师事务所成功通过绍兴市“五星双强”【以党建星 + 实力星、人才星、文化星、和谐星，以党建强推动发展强（服务强）】创建验收。7 月 11 日，在市会展中心举行市委、市政府法律顾问聘任仪式。翁国民、周伯煌、李旺荣、何建红、陈寅被聘为市委法律顾问；章剑生、唐明良、金顺新、宣卫忠、李乐敏、俞岚被聘为市政府法律顾问。8 月 21 日，诸暨市在会展中心举行“打造一流营商环境，促进民营企业高质量发展”启动仪式，十个重点镇乡（街道）探索开展“一律所一镇街一园区”结对法律服务，由律所、律师组建法律服务团一对一结对提供精准法律服务。（何可晨）

【人民调解】2019 年，全市建有各类人民调解组织 808 个，专兼职人民调解员 3041 名。行政调解组织成员 25 家，行政调解人员 200 多名。每个镇乡街道均配备 2 名以上专职人民调解员，市级专业人民调解组织均配备 3 名以上专职人民调解员。全年新建立企业调委会 212 家，全市 20% 以上的规模企业建立人民调解组织。全年受理矛盾纠纷 14202 件，调处成功 14111 件，调处成功率 99.36%。利用人民调解大数据平台录入纠纷案件 1312 件，录入数量居绍兴市首位，信息录入率达 95% 以上，在线评定 10627 件，初步实现人民调解的信息化。2019 年，市司法局次坞司法所所长余晶被司法部评为“坚持发展‘枫桥经验’实现矛盾不上交试点工作表现突出个人”。

4 月 11 日，诸暨市司法局举办 2019 年度人民调解骨干培训班，全市 27 个镇乡（街道）调委会、13 家行业性调委会、21 家品牌调解室以及社会调解组织的 210 名人民调解骨干参加培训。指导各镇乡街道开展人民调解员培训 10 余次，组织开展人民调解大讲堂培训 8 次。6 月 12 日，开展诸暨市开展第一届“金牌调解员”评选活动，评选出 10 位金牌调解员。9 月 12 日，诸暨市在融杭产业园区新建园区人民调解委员会。11 月 5 日，诸暨市在原有 13 家市级行业性、专业性人民调解委员会的基础上新建了拘留人员人民调解委员会。

2019 年 11 月 5 日，诸暨市拘留人员矛盾纠纷人民调解委员会成立（市司法局提供）

【仲裁工作】2019 年，绍兴仲裁委诸暨分会共受理案件 54 件，涉案标的 3.66 亿元，涉案类型多样化，有建设工程施工合同、股权转让、商品房买卖合同、民间借贷、买卖合同、保险合同、租赁合同、其他合同等等，共办结案件 47 件，其中裁决 21 件、调解 15 件、和解撤诉 11 件，和解调解率为 55.32%，裁决率为 44.68%。已审结案件中，没有被法院撤销或者不予执行的案件。（何可晨）

军 事

政治工作

【党管武装】2019 年，将省委《关于构建完善新时代浙江国防动员体系的意见》文件精神纳入诸暨市委学习内容，协调提升镇乡街道党管武装考核分值，党管武装考核分值由 2018 年的 3 分调整为 4 分。3 月，组织镇乡(街道)党管武装工作述职。5 月 7 日，协调召开全市武装工作暨国防动员委员第二十次会议，总结经验，明确任务。12 月 24 日，组织市四套班子领导过“军事日”活动和协调召开市委议军会，着力解决主题教育调研时发现的问题，把党管武装制度落实、专武干部兼职规范和队伍建设、职工编制和社保缴纳、双拥工作提质增效等问题摆上市委议军会，获得诸暨市委认同。人武部职工编制问题由组织部牵头推进，市级武装工作表彰纳入市委市政府表彰体系。

【专项专题学习教育整顿】2019 年上半年，市人武部先后组织开展学习贯彻军委主席负责制、重大决策贯彻落实情况专项检查、清网行动、“坚决刹住违规喝酒之风、牢牢守住纪律规矩底线”等专项专题学习教育整顿，分别开展政治考核、信教排查、枪弹零持有清查、参加社团清查、个别人排查等活动。5 月，组织肃清工作“回头看”，深层起底思想沉疴积弊、组织功能弱化、作风顽症痼疾、面上信息资料清查四类问题。六月份，组织战备专项整治教育，深刻剖析日常战备工作中的矛盾问题，合力推进战备工作提升。下半年，以军委巡视和国防动员部巡察反馈问题整改为牵引，扎实开展“不忘初心、牢记使命”主题教育，严格落实干部自学制度，发现问题解决问题，查改 6 大类 23 个问题，制定 35 条整改措施。

【基层武装部规范化建设】2019 年，市人武部按照党管武装要求，围绕市场和战场的双重需要，把抓专武干部队伍建设与应急应战“两应”能力结合起来，提升 5 名参加上级比武考核的副部长，全市专武干部调整交流面达 60% 以上。以绍兴地区基层武装部样板建设为契机，推进基层评星挂牌建设，陶朱街道、大唐街道、枫桥镇武装部被绍兴军分区评为“五星级”基层武装部。陶朱街道武装部规范化试点建设成效突出，受到军分区司令员肯定。

征兵工作

【征兵“五率”考评】2019 年，深化征兵“五率”(报名率、上站率、合格率、择优率、退兵率）考评，带动征兵全程管控和精确评估，加大征兵质量指标在“五率”考评中的权值比重，在年度政府目标责任制考评中加大武装工作对征兵工作的考评力度，层层传达压力。在广泛宣传基础上，狠抓基础工作，深挖资源潜力，逐个上门宣讲政策并精准发动。征兵“五率”考评位列绍兴市第三，被评为绍兴市征兵工作成绩突出单位。

【大学生新兵征集】2019 年，严格执行上级征兵命令，紧盯大学生特别是大学毕业生征集，建立大学生征集进展情况每天通报、每周讲评制度。入伍新兵中，大学生占 86%，大学毕业生占 15%。

【征兵宣传方式】2019 年，发放《征兵宣传手册》2 万册，在诸暨电视台黄金时段播放征兵宣传片，同步在全市公交系统和重要点位 LED 显示屏等 160 多个滚动屏播放，宣传标语遍及城区及镇乡（街道）主要道路、高速路口。

国防教育和国防动员

【国防教育】2019 年，持续开展诸暨特色国防教育活动。二季度，会同暨阳学院组织大学生“爱我国防”主题演讲比赛，组织专武干部、民兵、青少年学生三类人员参加绍兴市国防教育主题演讲比赛，获得 5 个奖项。下半年，遴选 3 家申报绍兴市国防教育基地（点位）通过初审。9 月 15 日，第十九个“全民国防教育日”和省第八个“国防教育宣传周”，诸暨市国防教育委员会主办国防教育“五进”巡展活动，结合诸暨技师学院新入学的大学生军训，专项安排参观学习国防教育系列主题展示，走进社区，走进企业，走进农村。结合征兵宣传、役前训练、学生军训等，充分利用地方媒体资源立体推送国防知识宣传，完成学校和文化礼堂、宣传栏军人荣誉墙和军人军功榜更新工作，大范围开展国防教育宣传活动。

【国防动员】2019 年，完善国防动员体系，按照“党委抓统揽、政府抓落实、国动委搞协调”工作思路，健全国防动员组织机构，组织国防动员业务培训，开展国防动员潜力调查，充实完善国防潜力数据库。围绕提高组织指挥能力、快速动员能力，探索应急应战“两应”能力建设。严密学生军训工作，安全完成全市 11 所高中以上学校 10800 余名学生军训任务。

民兵

【民兵整组】2019 年，按照“编为用、建为战”的原则，狠抓筹划准备、组织实施、检查督导等环节落实。全市民兵结构布局得到进一步优化，建设转型稳步推进，属地编兵、行业编兵、高新产业领域编兵等模式逐步推开。5 月 9 日，军分区司令员蒋明球带工作组到牌头片整组点验现场检查指导，6 月 17 日，省军区动员局局长武春辉带工作组到诸暨市进行整组工作现地拉动点验，全市整组工作成效受到省市两级领导肯定，并被省军区推荐为重点迎检单位备战国防动员部检查。

【军事训练】全年共完成专武干部、民兵干部、民兵尖子、民间应急力量、民兵分队等训练任务；保障小组参加军分区组织的岗位练兵大比武名列第一，专武干部参加军分区第 21 期专武干部集训综合成绩名列绍兴第二，应急应战能力在参加全省第二届民兵岗位练兵比武暨应急救援能力检验评估、市防汛应急演练、抗击第 9 号台风“利奇马”及跨区支援临海抢险救灾任务中得到检验和提升，人武部连续两年被省军区评为战备训练先进单位。（杨　新）

双拥工作

【新老兵迎送活动】8 月底，全市各镇乡（街道）举行老兵欢送新兵入伍活动。11 月初，全市统一组织退役士兵欢迎仪式暨就业推介会，为退役士兵返乡创（就）业提供平台，34 家企业参加。

【走访慰问和英烈祭扫】春节、“八一”期间，走访慰问驻诸部队和退役军人，慰问金额 1040.29 万元。9 月 30 日，举行烈士纪念日敬献花篮仪式，市四套班子以及全市各界代表共 200 余人参与。

【双拥宣传】2019 年，继续落实上门悬挂荣誉“光荣牌”工作；发放中华人民共和国 70 周年纪念奖章 200 余人；通过官方媒体刊发 2019 年诸暨市“八一光

2019年十大优秀退役军人（市退役军人事务局提供）

荣榜”，每名立功官兵家庭赠送一份《中国国防报》；7月30日，举行诸暨“最美退役军人”评选，共评选出10名“优秀退役军人”和20名“最美退役军人”，其中获评绍兴市级6人，省级1人，追认1人；8月1日，在《诸暨日报》刊载“最美退役军人”专栏，报道诸暨市“最美退役军人”的先进事迹，并表彰通报年度70名荣立三等功及4名荣立二等功人员。（蒋 超）

人民防空

【概况】2019年，诸暨市人民防空办公室按照“长期准备、重点建设、平战结合”的人防建设方针，有效履行战时防空、平时服务、应急支援职能使命，进一步加强人防宣传教育、人防教育基地建设、人防工程建设和指挥通信设施、人防工程审批监管、警报设备维护管理等方面工作。

【人防宣传教育】2019年，人防教育基地建设取得新进展，学生实践活动增加人防宣传内容，2019年诸暨城区初中、规模乡镇共18所学校235个班级11683位学生参加了25期人防实践活动；每班每学期出两次人防专题黑板报；人防逃生演练共6次。抓重要节点开展宣传活动，在“3·1”国际民防日、“5·12”防灾减灾日、“9·18”防空警报试鸣等人防节日节点，开展丰富多样的主题宣传活动。

【人防指挥通信与演练】全年整编全市人防抢险抢修合成专业大队、人防伪装防护分队、心理防护分队、信息防护分队人员，集中组织业务培训。完成市级人民防空方案和重点经济目标防空袭方案的修订，完成人防重点镇的防空袭方案。完成人防指挥部常态化工作机制征求意见稿，建立各人防重点镇的人防指挥部，完善镇人防指挥制度。参加人防准军事化培训，每周组织人员进行电台和视频会议系统联调。

【防空警报器管理与试鸣】2019年，完成“浙江金盾—19”演习和应急指挥车跨区域拉练；完成防空警报器数字化改造工作。全年新增3台固定防空警报器和1台多媒体警报器。组织全市警报器管理员专题培训，检查维修全市所有防空警报器，保障警报设备正常运转。组织实施“5·12”防灾警报和“9·18”防空警报试鸣活动，警报器完好率和鸣响率均达100%。

【避暑纳凉管理】2019年，按照“平战结合，造福于民”人防工作方针，做好避暑纳凉管理工作。利用人防资源，免费开放避暑纳凉中心，从7月10日中午12时开始到9月10日22时正式关闭，历时2个月，共接待纳凉市民约4万人次。（黄海龙）

武警诸暨中队

【概况】中国人民武装警察部队绍兴支队执勤大队诸暨中队主要负责诸暨市看守所的外围武装警戒任务，逮捕、押解犯罪嫌疑人，追捕逃犯，处置突发事件和抢险救灾等。2019年，中队圆满完成上级赋予的各项任务，连续24年执勤无事故。

【思想政治建设】2019年，突出“四个意识”（政治意识、大局意识、核心意识、看齐意识），围绕学习贯彻中共十九大和习近平主席授旗训词讲话精神，开展“传承红色基因，担当强军重任”主题教育。严格落实重要岗位、要害部位人员每月一次政治考核，确保部队纯洁巩固。扎实开展形势政策教育，引导官兵严守政治纪律。加强外出人员教育管理，规范官兵手机使用和上网行为，杜绝手机、网络失泄密。探索网上政工建设，纯净官兵朋友圈、公众号、微博自媒体；强固舆论阵地，培养具备初步舆情监测、分析、引导能力的中队级网评员5名；用活微博、微信群、微信朋友圈、微信公众号、微动漫等“五微”载体，开展“微教育”。加强线上线下互动，组织开展座谈讨论、主题实践活动;推出“士兵讲堂”,开展“红肩章宣讲员”活动,每周二、四政治教育课前安排官兵轮流上台谈时事政治、学习体会,变被动听课为主动讲课。重视做好一人一事思想工作,落实“日提示、周预警、月巡查”等制度,坚持利用每日晚碰头,对需要重点关注的人员进行逐个分析排查,区分重点人员、不同岗位、不同情况进行帮教。干部严格落实驻班排等制度,做到“四个一”(每天到班里转一转,经常同战士聊一聊,周末节日与战士玩一玩,家属来队聊一聊),拉近官兵之间心理距离,确保部队安全稳定。

【实战训练】2019 年,加强编携配装和能力建设,落实混编分训,突出抓好反恐处突课题训练、实打实投爆训练和夜间训练,强化应急班建设。每周组织 2—3 次人装结合、紧急出动训练。坚持每周 1 个训练日的“勤务专项训练”、每月 1 个训练日的“勤务专项考核”,年内每名警官完成一个课题研究,提升干部“六会”、哨兵“三能”、分队“五快”能力。组织开展“群众性大练兵”和“军人运动会”活动,抓军事体育、专项技能训练。以经常性军事训练为落点,详细制订月、周训练计划,按时间、节点完成训练内容。引进地方教学、装备资源,不定时开展实兵实装拉动训练,抓住重大会议安保、敏感时段备勤等大项任务,提升应急班保到位、保打赢的能力。重点抓好执勤设施使用、情况处置等内容的训练,坚持把时间带足、把时段带全、把哨位带遍、把程序带清、把情况带熟。

【后勤保障】2019 年,坚持双主官共同签字制度,落实经委会每月审查账目制度,实行经费使用公开,定期公布帐目。落实“1126”(早上要有 1 个鸡蛋,1 杯牛奶,2 种主食,6 个小菜)、“6211”(中午和晚上要有 6 个菜,2 个主食,1 种汤,1 种水果)和分餐制度,确保官兵吃饱、吃好。后勤炊事人员每周征求官兵伙食意见并加以整改。加强装备科学化、制度化、经常化管理,落实对物资管理使用的周检查制度,及时维修损坏物资,延长使用寿命。 (宣勋树强)

预备役修理营

【概况】2019 年,浙江陆军预备役步兵师某修理营按照“改革稳思想、整组优结构、训练强基础、整体促提升”的基本工作思路,落实上级指示,抓好整组点验、入队和应急、成建制训练,不断强化“预备队”职能,营队的综合保障能力进一步提升,年底营被师评为“全面建设先进营”。

【营政治工作】2019 年,将思想政治建设摆在首位,常态化开展“习主席思想引领我成长”集体读书学习活动,强化不忘初心、担当强军重任意识。发挥营连预任干部作用,组织预任干部与官兵见面,听取预备役战士对单位建设的意见,改进工作方法。结合各类训练展开创先争优活动,提升预任官兵参训热情。

【军事工作】2019 年,聚集军事训练工作的中心地位,落实东部战区陆军和师军事工作指示,采取目标推动、任务牵引的方法,结合修理营实际,推进军事工作落实。严密组织整组。3 月中旬至 4 月底,按照调查摸底、制定方案、组织实施三个阶段开展组织整顿工作。严格组织应急训练。针对可能担负反恐维稳、防汛抗洪和森林扑火任务,7 月 5 日至 15 日,组织 30 人应急力量训练,优秀率 100%;周密组织成建制训练。12 月 9 日至 22 日,组织修理二连(牌头镇、安华镇),完成快速动员演练、共同基础训练、专业训练、分队训练等 4 个阶段训练,提高遂行保障任务能力。

【保障工作】2019 年,坚持保障先行的理念,严格按标准要求管理好物资装备,确保随时能动、能保。加强应急作战物资器材储备,做到专物专用,集中存放,每月定期清点,及时补充更换。 (胡 健)

科学技术

综述

2019年，全市实现高新技术产业投资67.52亿元，同比增长42.8%，高于全市固定资产投资增速35.5个百分点；实现战略性新兴产业增加值89.5亿元，同比增长0.6%；规上工业企业高新技术产业产值441.71亿元，同比减少0.4%；高新技术产业增加值101.6亿元，同比增长3.9%。

实现技术市场交易额9.4亿元，实现高新技术产业增加值101.6亿元，发放科技创新券2244万元，兑现科技奖补经费5847.73万元，引进可产业化项目36项，发布科技成果300多项，新增科技型中小企业271家，获批浙江省高成长科技型中小企业28家，新增浙江省高新技术企业研发中心6家。

诸暨市位列全国科技创新百强县第16位，全省第5位、绍兴第1位。

科技管理与服务

【科技管理】实施科技创新大协同行动，2019年9月与上海市教委科技发展中心签署战略合作协议。谋划建设G60诸暨创新转化港，发布《G60诸暨创新转化港建设规划编制计划书》，参与绍兴科创大走廊建设，围绕“一平台(G60诸暨创新转化港)、二点位(山下湖珍珠产业创新服务综合体，山下湖铜材制造创新服务综合体)、十三重点项(2019年在诸暨科创大走廊内实施的13个项目)”谋划推进诸暨区块建设。2019年8月推动成立暨阳科技支行，发布《关于设立暨阳科技支行支持科技型企业和人才创业企业发展的若干意见(试行)》。贯彻落实省、绍兴“科技新政”，组织创新政策培训班。配合发布《诸暨市关于促进实体经济高质量发展政策三十条》，鼓励企业加大研发投入、承担市级重大科技攻关专项。

【科技服务机制改革】2019年，全面梳理科技“最多跑一次”改革向公共服务领域延伸工作，“浙里办”“网上办”相关工作，做好一般企业投资项目审批“最多90天”改革和全面推进区域评估有关工作。

科技创新主体培育与产业升级

【科技创新主体培育】2019年，深入实施科技企业“双倍增”和“春苗培育”计划，持续扩容“高企培育库”，共获批国家高新技术企业 98 家(其中新认定 81 家,重新认定 17 家),省科技型中小企业 278 家,全兴精工集团入围省“高企创新能力百强”57 位。

【科技产业升级】2019 年,全面推进“一个产业 + 一个创新服务综合体”建设,全市分别在在浙江省、绍兴市产业创新服务综合体现场会上作建设经验交流。袜业创新服务综合体实施“五大中心”提升工程,珍珠创新服务综合体列入省第三批创建名单,珍珠研究院按规划启动建设,建成店口铜材精密制造创新服务综合体。

科技研发机构和成果

【科技研发机构】2019 年,积极提升创新主体自主研发能力,完善多层次企业研发体系,新认定省级企业研究院 2 家,省级高新技术企业研究开发中心 6 家,绍兴市级企业研发中心 34 家。新增省级众创空间 3

2019 年诸暨市新增浙江高新技术省企业研究院一览表

表 17

研究院名称	依托单位
浙江省恒森自控阀门研究院	浙江恒森实业集团有限公司
浙江省信胜刺绣机研究院	浙江信胜科技股份有限公司

2019 年诸暨市新增浙江省高新技术企业研究开发中心一览表

表 18

名称	依托单位
德广信小间距 LED 显示屏省级高新技术企业研究开发中心	浙江德广信电子科技股份有限公司
回音必齐齐制药省级高新技术企业研究开发中心	回音必集团浙江齐齐制药有限公司
元集新型复合材料省级高新技术企业研究开发中心	浙江元集新材料科技股份有限公司
杭机铸造新材料省级高新技术企业研究开发中心	浙江杭机铸造有限公司
圣翔直升机停机坪省级高新技术企业研究开发中心	浙江圣翔航空科技有限公司
丰球克瑞节能型污水处理设备省级高新技术企业研发中心	浙江丰球克瑞泵业有限公司

2019 年诸暨市新增绍兴市级企业研发中心一览表

表 19

中心名称	承担单位
鼎艺差别化锦纶市级企业研究开发中心	浙江鼎艺新材料科技有限公司

续表 19

中心名称	承担单位
亿衡针织袜市级企业研究开发中心	浙江亿衡针纺科技有限公司
非线大数据市级企业研究开发中心	浙江非线数联科技有限公司
万青汽车轮毂轴承单元市级企业研究开发中心	浙江万青汽车零部件有限公司
骏达电除尘器市级企业研究开发中心	浙江诸暨骏达环保设备有限公司
安特磁性材料市级企业研究开发中心	浙江安特磁材有限公司
铭仕管件阀门市级企业研究开发中心	浙江铭仕兴新暖通科技有限公司
巨马摩天轮市级企业研究开发中心	浙江巨马游艺机有限公司
创格汽车零部件市级企业研究开发中心	浙江创格科技有限公司
力嘉软件系统市级企业研究开发中心	浙江力嘉电子科技有限公司
错美科智能刺绣设备市级企业研究开发中心	浙江错美科智能刺绣设备有限公司
康宇弹簧市级企业研究开发中心	诸暨市康宇弹簧有限公司
迅捷电磁离合器市级企业研究开发中心	诸暨市迅捷离合器有限公司
中科金绮 PBO 纤维市级企业研究开发中心	中科金绮新材料科技有限公司
天义恒纺织印染市级企业研究开发中心	诸暨天义恒染整有限公司
灿根铜合金及装备市级企业研究开发中心	浙江灿根智能科技有限公司
铁安汽车配件市级企业研究开发中心	绍兴铁安汽配制造有限公司
三 A 弹簧市级企业研究开发中心	浙江三 A 弹簧有限公司
鸿源滑动轴承市级企业研究开发中心	诸暨市鸿源电力机械有限公司
兴大豪缝制设备电控市级企业研究开发中心	诸暨兴大豪科技开发有限公司
富羽阀门市级企业研究开发中心	浙江富羽阀门制造有限公司
亨戈电脑袜机智能化市级企业研究开发中心	浙江亨戈机械股份有限公司
三可微通道换热器市级企业研究开发中心	浙江三可热交换系统有限公司
康洁丝功能性纤维市级企业研究开发中心	浙江康洁丝新材料科技有限公司
清湖水产养殖及治水技术市级企业研究开发中心	浙江清湖农业科技有限公司
东方缘针织新材料市级企业研究开发中心	浙江东方缘针织有限公司
诺雷智管理软件市级企业研究开发中心	绍兴诺雷智信息科技有限公司
乐业绣花机市级企业研究开发中心	诸暨市乐业机电有限公司

续表 19

中心名称	承担单位
如新汽车电子设备市级企业研究开发中心	浙江如新智能科技有限公司
快达消防器材市级企业研究开发中心	快达消防科技有限公司
东欣节能电机市级企业研究开发中心	浙江东欣节能科技有限公司
元鼎船用螺旋桨及阀门市级企业研究开发中心	浙江元鼎船舶设备有限公司
海纳特钢弹簧钢丝市级企业研究开发中心	诸暨市海纳特钢有限公司
晶达建筑防水材料市级企业研究开发中心	浙江晶达建材科技有限公司

2019 年诸暨市新增浙江省级众创空间一览表

表 20

众创空间名称	依托单位
幼发拉底	诸暨幼发拉底投资管理有限公司
联合农创	诸暨星络网络科技有限公司
山下湖珍珠众创空间	诸暨华东国际珠宝城有限公司

2019 年诸暨市新增绍兴市级众创空间一览表

表 21

众创空间名称	依托单位
ACME 众创空间(艾克米)	诸暨市艾克米科技孵化器有限公司
育才 1 号电子商务创业园	诸暨技师学院
造否	诸暨造否文化创意有限公司
志趣社	诸暨志趣相投科技有限公司
诸暨奇创	浙江诸暨奇创电子科技有限公司

家,省级星创天地 2 家,绍兴市级众创空间 5 家。

【主要科技研发成果】2019 年,诸暨市国伟禽业发展有限公司的“蛋鸭种质创新与产业化”项目获国家科技进步奖二等奖,正盛轴瓦公司、越隆缝制设备公司 2 个为主申报的项目获省科学技术进步奖三等奖;立项市级医卫科技计划项目共45项,市人民医院“基于人工智能算法的复杂关节内骨折桌面级三维诊断系统研发”项目入选绍兴市科技计划专项项目。

科技合作与交流

【产学研合作】2019 年,加强与院校平台的产学研合作。以“小规模、多频次、精准化”形式,组织参加 2019 绍兴中东欧高端外国专家对接会、“梦想中国·智汇暨阳”2019中东欧高端外国专家诸暨行活动、“杭州·绍兴周”诸暨专场活动、全国PE峰会等多场对接活动，启动“红星奖”创意设计大赛。

【国外智力引进与管理】2019年，浙江信胜科技股份有限公司等2家企业入选浙江省外国专家工作站；柔性引进海外工程师44人；6名外国专家入选浙江省海外工程师名单；2个项目入围2019年度浙江省“百村引智示范项目”，4家企业的5名外籍高层次人才获2019年度绍兴市“海外工程师”年薪资助立项。

（刘春燕）

知识产权

【概况】2019年，诸暨市知识产权工作以强化知识产权创造、保护、运用为核心。2019年，全市共申请国内专利6178件，其中发明专利1386件；共授权国内专利3859件，其中发明专利695件、实用新型专利2712件、外观设计专利452件；有效发明专利拥有量1917件，万人发明专利拥有量达到16.15件，同比增长14.86%；全年共申请PCT（专利合作协定）国外专利38件，通过“企业知识产权管理规范”国家标准认证的企业18家。

【知识产权创造】2019年，将知识产权三方面的政策写入“高质量发展三十条”中，通过知识产权保护构建产业集聚发展新优势。持续强化资金对创新的激励作用，重新修订专利奖补政策，鼓励专利申请和授权。2019年，全市共发放授权专利、贯标、PCT、维持费、省专利奖等各类奖励金2006.3万元。根据企业能力和需求，组织申报各级各类知识产权项目，以项目导向引导企业加强实施知识产权战略。5家企业通过国家专利示范（优势）企业复核，推荐2项专利参加中国专利奖评选，推荐2家企业参加省级专利导航项目认定。通过“企业知识产权管理规范”国家标准认证的企业11家，新增绍兴市专利示范企业5家。浙江盾安人工环境股份有限公司的发明专利“一种四通阀旁通除霜装置”获2019年度浙江省专利优秀奖。实施专利国际化战略，提升海外专利布局和保护能力，全年共申请PCT（专利合作协定）国际专利38件。挖掘地方特色农产品，指导浙江省何字食品有限公司、诸暨市云剑茶业有限公司等2家规模农业企业创建农产品企业品牌，实现农产品品牌品质提升；指导培育“诸暨同山烧”“次坞打面”“马剑馒头”等农产品集体商标公用品牌；规范“枫桥香榧”地理标志证明商标使用，鼓励创建省级商标品牌示范企业。

【知识产权运用】2019年，探索建立专利权质押融资信用体系，同多家金融机构开展多层次、有效化的合作，与诸暨农商银行签订战略合作协议，充分挖掘专利质押融资潜力，探索建立“银行贷款+企业知识产权质押+财政补贴”的融资模式，缓解科技企业“融资难”“融资贵”问题。建立健全知识产权质押融资沟通机制，为商业银行、无形资产评估机构及时提供专利法律信息和业务指导，强化质押登记、资产评估等流程性服务工作。全年完成专利权质押登记5项，涉及专利27件，质押金额达1.87亿元。

【知识产权保护】2019年，以流通领域专利假冒作为突破口进行重点检查，加强专利保护执法力度，开展“双随机一公开”专利真实性监督检查20余次。强化流通领域知识产权保护，切实加强大型商品市场知识产权保护和管理工作，诸暨华东国际珠宝城被列入省级知识产权保护规范化培育市场。向企业专利诉讼维权提供政策和资金帮扶，企业在国内通过司法途径进行专利维权胜诉的，给予司法判赔金额的20%资助，支持企业在国外提起或应对专利侵权诉讼。

【知识产权宣传服务】2019年，开展“4.26知识产权宣传周”宣传教育活动，组织企业参与“PCT高级巡回研讨会”“知识产权贯标企业内审员培训”等活动。加强业务培训、提升队伍专利素养，努力培养一批具有较强专利实务管理能力的综合型人才，组织开展知识产权业务培训会4场，培训200余人次。鼓励中小微企业引进、创造专利，助推发展壮大，在市场中占得一席之地，做好“百家代理机构服务千家企业”活动，以提升企业知识产权创造能力为重点，鼓励优质代理机构为我市企业提供高质量的服务，引导企业建立科学规范的知识产权管理制度。（常　昊）

气象·地震

【气象服务】气象业务基础建设。2019年,推进气象灾害监测预警全覆盖标杆县市、浦阳江气象防灾减灾预警中心项目建设,12月建成突发公共事件预警信息发布平台,完成2019年公共气象服务专项、中央山洪等项目,6月实施变更后的雨雪冰冻项目,夯实诸暨市气象业务基础。全市300辆城乡公交车载视频播放气象预报预警信息,气象信息融入微信、微博、钉钉、诸暨发布、今日头条等新媒体,推广使用"智慧气象"APP。

气象监测预报预警。气象监测站网优化,网格化建设各类自动气象观测站107个,站网空间分布密度6.1公里,实现镇乡街道全覆盖。开展监测数据联网共享和信息发布工作,6月与广电部门建立气象预警信息即插即播机制,启动重要天气"叫应"服务。在数字电视中增加"用电视"气象子模块功能。预报预警信息精细到镇乡,晴雨预报准确率85%,极端最低(≤5℃)预报准确率81%,极端最高(气温≥35℃)预报准确率77.1%,准确预报2次暴雨天气过程。全天候高频次监测灾害性强天气,预警信号发布59次,预警提前时效55.5分钟。全年开展城市内涝、洪水、地质灾害等气象灾害"影响预报"及合作开发污染物扩散条件预报。发布清新空气指数和空气质量预报,联合发布病虫害趋势预报、水雨情通报、重污染预警、气象地质灾害预报预警。全年为党委政府和部门、单位提供冷空气、入梅、强降水、台风等决策气象服务175期,短信服务518条350万人次。

气象平安建设。气象灾害防御工作纳入镇乡街道的考核。落实重大活动维稳安保气象工作。落实"双随机一公开"(随机抽取检查对象,随机选派执法检查人员,抽查情况及查处结果及时向社会公开),加强气象行政执法检查。行政执法监管平台"浙政钉·掌上执法系统"、防雷安全监管平台常态化运行。开展易燃易爆场所的防雷安全隐患整治,全年完成掌上执法单位134家,做到防雷安全重点单位全覆盖。账户开通率、掌上执法激活率、掌上执法应用率、人均检查数10户次、双随机问题检出率30%的指标等任务均全面完成。4月,启动"一县一品"(一个县市完成一项创新工作)创新工作,建立健全"在建工地"气象灾害防御机制。做好4个省级以上园区(诸暨经济开发区、诸暨珍珠产业园区、诸暨环保小镇、诸暨袜业小镇)区域雷电灾害风险评估。

农业气象服务。全年实施优势农产品月度精细化气象服务,更新新型农业经营主体数据库并开展直通式服务。制作发布春耕春播、夏收夏种、秋收冬种、春茶、杨梅、樱桃及病虫害防治、农气旬月报、一周天气等专题服务46期,为农服务短信295余条124万人次。梳理诸暨气候观景点、气象赏花、气候休闲养生点信息,落实十大气候观景指数等三个十大指数相关工作,7月23日东白湖生态旅游区入选首批100个"浙江避暑气候胜地"。7月,组织赵家镇东溪村和五泄镇十四都村参评浙江省"气候宜居村落"。"气象+旅游"纳入诸暨市创建浙江省全域旅游示范县(市、区)方案。6月,参与完成香榧高温干旱气象指数保险条款评审,同时启动民宿气象保险相关工作。10月30日,在牌头镇新五村安装为保障茶叶保险需求的自动气象站。诸暨市生态气象服务创新团队获得绍兴市"共产党员先锋岗"称号。

防灾减灾和气象知识普及。利用网站、微博、微信等载体和气象日、防灾减灾日、气象科技活动周、安全生产月等节点,开展气象科普宣传"六进"(进乡村、进社区、进学校、进企业、进机关、进单位)活动,发放科普宣传资料3000余份,在22个镇乡街道62个村播放气象科普电影260余场,接受群众咨询3000余人次。气象宣传科普作品"我们的一天"入围"华云杯"全国气象短视频创作大赛并获三等奖。农民素质培训"新民讲堂"开展气象科普讲座4次,接待中小学生参观5批次约240人。接受媒体采访200余次,在气象系统、党委政府及各种媒体平台发布报道96条。 (许金凤)

【地震测报】2019年,实施东和地震台的三化改造,省地震监测预报工作质量统评地壳形变学科水管倾斜观测第一名。6月,浬浦中学被认定为省级防震减灾科普教育基地。 (刘春燕)

教　育

综述

2019年年末，全市有各级各类学校292所，其中普通高中15所、中职学校4所、初中34所、小学102所、幼儿园136所、特殊教育学校1所。共有在校中小学生153649人、在园幼儿29270人，教职工15985人，其中专任教师13520人。

2019年1月25日，由市教育局和市体育局合并组建市教育体育局。市教育体育局以打造“全省教育体育现代化标杆县(市)”为目标，聚焦“质量、安全”两大要务，坚持“重改革、重创新、重突破、重实效”总基调，大力推进教体高质量发展，全面加快教体现代化进程。县域教育现代化达成度84.41分，位列全省第一方阵，为绍兴市唯一一个达成度超过80%的县(市、区)，获评2019年度全省市县职业教育发展考核优秀单位。

2019年，诸暨新创绍兴市“五星”达标学校46所(共有85所)、“五星三名”学校33所(共35所)、“五星三名”党建示范学校9所(共24所)、“五星三名”党建示范带4条，“学校党组织书记思政课微视频展播”入选2019年诸暨市组织工作“微改革”“微创新”十佳项目。高标准开展“不忘初心、牢记使命”主题教育活动，专题开展“狠抓教学、提升质量”大讨论活动。不断推进“清廉教育”建设，确认第一批市级“清廉学校”25所，建成全市首个中小学“清廉教育馆”。

制订实施教育体育“与杭同城”三年行动计划。与杭州拱墅区建立教育全面合作机制，杭诸两地共建学校达到20所。实施“复旦—诸暨”校长高端培训项目，选派200余名校长、骨干教师赴沪杭等地挂职学习、6名教师参加海外研修深造，邀请80余名杭州名师名校长到诸暨开展教学交流。深度接轨杭州高校、名校资源，积极探索合作办学模式，共建学科基地、研学基地。加快推进中高职一体化办学，与杭州医学院、浙江经贸职业技术学院等6所高职院校联办相关专业。

加快优质教育资源扩充。19个学校建设项目列入2019年政府性投资项目计划，总投资7.98亿元。推进义务教育高水平均衡，完成14所绍兴市现代化学校创建(至年底全市共创成33所)。2019年6月，店口镇弘毅小学成为省首批现代化学校创建试点。建立首轮29所小学“互联网＋义务教育”结对帮扶关系。提升智慧教育水平，大力推进精准教学平台建设与应用，成为全省区域整体推进智慧教育综合试点单位。筑牢安全底线，深入实施学校安全管理网格化、标准化、信息化、精准化“四化”建设，积极开展扫黑除恶专项斗争和校园安保防恐“四联三防”建设试点，100%学校创成消防安全标准化建设达标（示范）学校和省级心理健康教育标准化项目学校，基本建成全市“生命教育体验中心”。

全面落实立德树人根本任务。抓好习近平新时代中国特色社会主义思想进教材进课堂进头脑工作，推动中小学思政课改革创新。2019年3月，东和乡中援疆教师竺建江参加全国学校思政课教师座谈会。全年新创省级绿色学校4所、绍兴市示范家长学校11所、绍兴市、诸暨市非遗教学传承基地14个。浣江幼教集团入选中国教育国际交流协会融合教育国际交流分会理事（全国唯一一个来自幼儿园的理事单位）、获评教育部全国幼儿园优秀游戏活动案例。高考核心指标继续保持领先，2019年上清华、北大共10人，职校单招单考上线率达99.2%、全省专业前100名占34人。2019年全国中学生“五大学科竞赛”（浙江赛区）获一等奖25人次、获全国级金牌2枚、银牌3枚、铜牌1枚，职业院校技能大赛16个项目进入省赛、4个项目进入国赛并获金牌1枚、银牌3枚，实现职业技能国赛金牌零的突破。体艺等素质教育全面开花，新创全国足球特色幼儿园2所、全国青少年篮球特色学校9所、全国柔道特色学校1所，囊括2019年省中学生篮球联赛初中男子总决赛（超级组）冠亚军，勇夺全国青年运动会橄榄球赛亚军、省第十届校园足球联赛绍兴赛区3个一等奖及绍兴市青少年柔道锦标赛团体总分第一名。

打好教师队伍建设“管育爱”组合拳。扎实师德师风专题教育，发布《关于进一步加强学校干部管理的实施意见》《高层次教育人才奖励补助意见》，建立校长主题述职制度，开展学校干部分线业务培训，举办全市首个高中青年干部综合素养提升班。抓好教师专业提升，组织1691名45周岁以下普通高中专任教师专业素养“大练兵大比武大提升”活动，全面推进124个名师、名校长、名班主任工作室建设。2019年，新增全国优秀教师1名、正高级教师1名、省教坛新秀4名、绍兴名师19名、绍兴市学科带头人19名、教坛新秀17名，3位教师入选省基教课改专业指导委员会成员，6位教师入选浙派名师名校长和长三角中小学名校长联合培养对象，4人获全省中小学班主任基本功大赛一、二等奖。

优化局机关（直属单位）干部联系学校制度，建立151个学校项目专项服务组。完成全市公办学校5344台空调安装任务，实现全市公办中小学（幼儿园）主要教学、生活室内场所空调全覆盖。按照省定标准完成90所中小学校卫生室建设，成为绍兴市学校卫生室配备数量最多、配备率最高的县（市、区），得到绍兴市盛阅春市长批示肯定。37个教体事项实现一体化在线政务服务，城区三街道实施义务教育段新生网上报名录取，城区小学“学后校内托管服务”实现全覆盖。职教中心与27家农林企业建立合作关系，技师学院联手陶朱街道开设“陶朱工匠班”、与华东珠宝城合作电商网络直播平台，职教中心、技师学院入选第一批省级现代学徒制试点单位。加强对留守儿童、贫困学子的关心关爱，2019年累计资助家庭经济困难学生8570人次、资助金额689.6万元，取消外来建设者随迁子女入学“计生、暂住证”条件，提升区域全纳教育水平。（姚伟均）

2019年，完成市政府民生实事项目——全市中小学（幼儿园）公办学校空调安装工程。图为工人正在某学校教室安装空调（市教体局提供）

学前教育

【概况】2019年，全市有各级各类在册幼儿园136所

（公办99所，民办37所；省一级园13所，省二级园53所，省三级园70所），另有教学点31个。全市在园幼儿29270人，3—6岁幼儿毛入园率为103.69%。全市幼儿园教职工共计3780名，其中专任教师有2288名（含园长），持证率为100%，事业编制占比19.89%，高学历比例为99.61%，职称评定率达91.08%，获绍兴市级及以上荣誉称号教师共172人次。另有托儿所31家（均为民办），20个早教基地（民办4个），接纳婴幼儿15883个，从业人员366名，其中初级及以上育婴师766名。

【学前教育布局调整专项规划】2019年，综合考虑区域内"全面二孩政策"带来的出生人口数量变化、户籍制度改革等因素，在深入调研、摸清底数、精准测算的基础上，进一步明晰规划目标、重难点问题及实施路径。专门邀请第三方杭州浙经建筑规划设计有限公司专业编制2018—2035年学前教育布局调整专项规划编制，不断优化近期（2018-2025年）及远期（2016-2035年）城镇园点布局，科学适度保障公益、普惠学前教育资源的供给量。

【公办教育资源扩充】2019年，充分发挥公办园保基本、兜底线、引领方向、平抑物价的主渠道作用，继续扩大公办园总量。利用小区配套园财政专户资金按省一级配置标准组团配建暨阳街道东望、苎萝、陶朱街道跨湖三所公办幼儿园，并投入使用，总投资1.36亿元，新增1710个公办学位。利用学前教育专项建设经费扩建幼儿园1所（行知幼儿园），总投资3000万元。2019年，全市公办园占比和儿童覆盖面分别达72.79%和65.91%。

【多元化办学机制完善】积极探索集团化公办托管办学试点工作，2019年年初，将东湖和青少年宫两所部门办幼儿园办学主体由妇联、团市委变更为教体局，由教育发展中心名下的教育投资有限公司举办，同步委托市域内2个优质公办幼教集团，教体局直属的浣江和实验幼教集团以托管方式，采用"一体化"管理体制和"全面介入、示范带动"的托管模式来保障后续办园，该举措有效保障2所幼儿园的降价提质。

【"名园+"集团办学模式探索】2019年，在全市5个由省一级幼儿园领衔组建幼教集团的基础上，采取"名园+新园"模式，新组建暨阳街道行知幼儿园教育集团和陶朱街道锦城幼教集团，并将苎萝幼儿园纳入暨阳街道浣纱幼儿园集团。新增一级园分园6所。至2019年年底，七大集团（公办5个，民办2个）共27个园区，可提供优质学位9000余个。满足社会对优质学前教育资源的合理需求，也缩短新办园的成长周期。

【普惠性幼儿园扶持】2019年12月18日，修订印发《诸暨市普惠性民办幼儿园认定和管理办法》，实现"一扩一降四提"目标（"一扩"是依据省定标准和办园成本测算，将普惠性民办幼儿园收费认定标准确定为不超参照公办园的2倍，依法依规扩增普惠性幼儿园的数量和覆盖面；"一降"是凡在普惠性民办幼儿园入园的孩子，每学期收费可降100—2000元不等；"四提"是提高了普惠园准入等级、生均公用经费补助系数、编外教师专项补助额度和培训经费补助额度，真正让"普惠+优质"的学前教育惠及更多家庭）。

【城镇小区配套园治理】2019年7月，根据中央、省对城镇小区配套幼儿园治理要求，市人民政府办公室印发《关于推进城镇小区配套幼儿园专项治理整改工作的通知》。一方面，严格依标"扩增量"，敦促新建小区配套幼儿园严格按照"五同步"要求建设并及时移交，2019年起，店口江南大院、暨阳南山郡、浣东白马郡三个小区配套园立项动工建造。另一方面，依据实情"转存量"，按照"一事一议""一园一策"的要求，通过政府购买服务等政策性激励方式着力引导小区配套园办成普惠园。至年底，按期完成浣东（应山小区）、爱尚凤凰城（凤凰城小区）、弘德（阳光花园）3个小区幼儿园收费治理工作。

【幼儿园编制备案制管理机制】创新人才聘用机制，探索公办幼儿园编制备案制管理，为学前教育事业发展注入新动能。2019年，公开招聘40名报备员额制幼儿教师，吸引省内外名优教师、优秀毕业生到诸任职任教。至年底，公办事业编制和报备员额制幼儿教师共有455名，占比达19.89%以上。

【幼儿园升等创优】2019年，新创省二级幼儿园3所

（东和中幼、陶朱街道景瑞、和泰），省三级幼儿园4所（浣东街道和济、朝阳、梓豪、枫桥二幼），绍兴市标准化幼儿园5所（暨阳街道苎萝、东望、凤凰城、梓豪、陶朱街道跨湖），新认定国家级足球试点单位2所（浣江城西、次坞中幼），绍兴市级优秀特殊教育资源教室3个（浣江城西、东白湖中幼、枫桥二幼）；新认定诸暨市优秀早教机构5家，早教基地5个。

2019年新建幼儿园之一——暨阳街道浣纱幼教集团苎萝幼儿园外景（市教体局提供）

【**学前教育普惠优质发展出亮点**】5月9日被省政府授予“2018年全省实施学前教育补短提升工程措施有力、成效明显的县（市、区）”称号，并获500万元专项资金奖补；12月6日，《浙江教育报》联合《江苏教育报》《山东教育报》等全国八大教育报记者深入采访市城乡学前教育，专门发文《推进学前教育普惠优质发展的“诸暨经验”》宣传经验。

【**幼儿教师专项奖补落实**】2019年，通过财政预算拨款年人均6.05万元、人员专项补助年人均1万元，全力保障全市公办幼儿园劳动合同制编外幼儿教师平均年收入达到人均7.05万元。继续落实学历提升专项奖补和自聘幼儿教师专项补助政策。学历提升奖补对象80名，奖补金额23.5万元；自聘幼儿教师经审核补助1123人，补助总额1121.5万元。

【**学前教育拔尖人才孵化计划**】2019年度，全面推进“三名”工作室、“复旦卓越校长高级研修班”以及“京、沪、杭—诸暨教育合作”等工作，引领助推园长、教师专业成长。组织70余名园长、骨干教师分赴南京、上海、杭州、宁波等地学习培训。

【**“品质生活”课程建设**】2019年，依托市、片、镇三级教研与指导网络及“课程建设发展共同体”，分步、分层推进具有“诸暨特质”的幼儿园“品质生活”课程建设。精心组织“园本化课程建设专题调研”、“园本教研特色项目”专场研讨、“品质生活·润美童年”幼儿园环境创评、素质比武等活动，重塑教师儿童观。

【**学前“普·特”融合教育试点**】2019年，积极营造良好的教育生态，进一步推动诸暨市学前融合教育事业的发展，提高融合教育专业化水平，提升融合教育的有效性，1月，专题组织诸暨市学前融合教育试点工作启动仪式暨专题培训活动。

【**学前教育宣传月活动**】2019年5月，制定并下发《诸暨市2019年全国学前教育宣传月活动方案》，开展“幼儿亲子绘本制作和演绎”、案例研讨、论坛交流等活动，多视角、多形式做好面向教职工、家长、社会三个层面的宣传，正面引导社会各类人群了解“科学做好入学准备”的重要性和具体方法。

【**竞赛获奖**】2019年，全市保教业务教科研先进、教坛新秀等先进个人省级2人，绍兴市级10人；绍兴市课堂教学比武一等奖1人；省级论文获奖3人，绍兴市级10人；省级案例获奖1人，绍兴市级4人；绍兴市级课题获奖3人；故事征集、演讲、微课等其他奖项8人。　　　　（孟飞跃）

义务教育

【**概况**】2019年，全市共有小学102所，初中34所（其中九年一贯制学校5所），在校小学生68796人，在校初中生39531人。义务教育学龄儿童少年入学率和巩固率均为100%，初中毕业生升入高中段各类学校比例为99.52%。全年贯彻落实市政府关于外来建设者随迁子女入学的相关政策，切实保障符合条件的外来建设者随迁子女享受公平教育权利，全力挖掘公办学位资源，尽力解决随迁子女入学问题。

【**教学质量**】义务教育加快均衡优质发展和现代化步伐，入学率、巩固率和“三残儿童”（视力、智力、听力残疾）入学率均为100%。全市省义务教育标准化学校继续保持100%,居全省前列,21个镇乡(街道)创成绍兴市教育优质均衡示范乡镇,创建率为91.3%。店口镇弘毅小学成为省首批现代化学校创建试点,店口镇明诚小学、暨阳街道暨阳小学、陶朱街道陶朱小学、大唐街道盛唐小学、山下湖镇小、应店街镇中、东白湖镇中、牌头镇中、次坞镇秀松初中、店口镇阮市初中、同山镇九年一贯制学校、五泄镇九年一贯制学校、浣东初中、海亮小学等14所学校创成绍兴市现代化学校。继续实施"阳光招生",暨阳街道、陶朱街道和浣东街道小学及城区初中实行网上招生录取。义务教育段教育质量监测工作不断深化。

【实事工程】2019年,投入692万元,按照省定标准完成90所中小学校卫生室建设,实现学校卫生室硬件设施建设和卫生技术人员配备两个100%,成为绍兴市学校卫生室配备数量最多、配备率最高的县(市、区),受绍兴市盛阅春市长批示肯定。投入2184.3万余元,安装公办学校空调5344台,实现全市公办中小学(幼儿园)主要教学、生活室内场所空调全覆盖。实施小学生放学后托管服务扩面工作,涉及暨阳街道、陶朱街道、浣东街道19所学校,参与晚托学生共计4501人,人均托管170天,放学后校内托管解决了小学"放学早、接送难"矛盾,增强教育服务能力。全年建立首轮30所小学"互联网+义务教育"结对帮扶关系,其中1所为遂昌县黄沙腰镇小。(王先均)

普通高中教育

【概况】全市共有普通高中15所,其中公办普通高中8所,民办普通高中7所(含十二年一贯制学校2所),在校学生34632人。

【学科竞赛】2019年,参加全国级中学生数学、物理、化学、生物、信息技术等竞赛获一等奖5人次、二等奖12人次,三等奖17人次,省级竞赛中获一等奖18人次,二等奖69人次,三等奖48人次。诸暨中学、海亮高中获高中数学、生物全国联赛浙江赛区团体优胜奖,诸暨中学还获得高中物理、化学全国联赛浙江赛区团体优胜奖。

【高考成绩】2019年为新高考实施的第三年,全市普通类第一段(包括提前批)录取1425人,继续保持全省领先,其中北大、清华录取10人,上海交大、复旦大学录取12人。

【高中招生】2019年,全市共录取高中新生7712人,其中普通高中录取5184人、职业学校录取2528人。继续规范开展优质重点普通高中定向招生工作,将诸暨中学并轨生招生计划50%的名额定向分配到各初中学校。

(王先均)

中等职业技术教育

【概况】2019年,全市共有中职学校4所,其中国家重点中职学校3所,省中职改革发展示范学校3所,省中职名校1所。拥有中央财政扶持实训基地2个、省示范实训基地7个,省示范专业10个、省骨干专业3个、省品牌专业2个、省优势特色专业2个。在校生10339人,在编教职工658名,专任教师602名,其中专业教师338名,"双师型"(具有教师资格证、专业技术资格证书)专业教师313名,"双师型"教师比例为92.60%,具有技师及以上资格证专业教师230名,占"双师型"教师比例达73.48%。

【创建成果】诸暨市荣获2019年度市县职业教育发展考核优秀市县。创成省级中职项目2个:省中职校企合作共同体1个(职教中心的汽车后市场行业人才培养校企合作共同体),省中职德育品牌1个(绍兴护校的"尚·格"德育建设项目)。创成绍兴市级

2019年5月26日,市职教中心边子洋同学勇夺全国职业院校技能大赛中职组农机维修项目金牌,右一为某辅导教师丁发平(市教体局提供)

中职项目8个:绍兴市级名牌专业群1个(职教中心的汽车维修专业群);绍兴市级示范职教集团1个(技师学院的诸暨市烹饪职业教育集团);绍兴市级校内教学实训示范工厂1个(职教中心富润汽修实训工场);绍兴市级校外实训示范基地1个(绍兴护校合作单位诸暨市人民医院);绍兴市级中职德育品牌2个(技师学院的"行为在线树人班核心素养提升工程"、工业职校的"栽培五自之花耕耘最美的希望"德育项目);绍兴市级创新实验室2个(技师学院的启点创新实验室、职教中心的3D园林创新实验室)。

【改革创新】2019年,深入推进中职课改,开设选修课程324门,当年获评市级优秀选修课教材8本(职教中心5本、技师学院1本、工业职校2种);积极推行"1+X"证书制度试点,3所中职学校4个专业入选国家"1+X"证书制度试点(职教中心的汽车运用与维修、技师学院的电子商务、绍兴护校的老年照护、母婴护理等4个专业)。深化产教融合,召开绍兴市农林职教集团会议、举办企业座谈会,开设"陶朱工匠班""海亮金蓝领班""申发工匠班",与华东珠宝城合作电商网络直播平台项目等,着力构建职校、企业、高校产学研一体化发展体系。技师学院在2019年度绍兴市职业院校产教融合评价中荣获中职学校组第一名。

【教学质量】全年通过校园招聘、人才引进等方式招录优质专业教师7名。教师获省级以上奖项27人次、黄炎培职业教育奖杰出教师奖1名,取得技师证书6人、高级技师2人。学生技能竞赛,16个项目进入省赛,4个项目(农机维修、护理技术、机器人技术应用、电气安装与维修)代表省参加全国职业院校技能大赛,其中农机维修项目摘取金牌,护理技术、机器人技术应用、电气安装与维修等三个项目分别夺得银牌;中职高考,上专科线947人,其中上本科线120人,建筑、机械、电子电工、护理等四大类上本科人数进入全省前10位。（徐志洪）

浙江农林大学暨阳学院

【概况】浙江农林大学暨阳学院位于诸暨市城北教育园区,占地面积542.54公顷,校舍建筑总面积26.7万平方米,总投资13亿元。其中暨阳体育中心总建筑面积3.8万平方米,集篮球馆、游泳馆、网球馆为一体,能承担国际性体育赛事,实验教学大楼面积1.9万平方米,拥有完善的教学平台。暨阳学院设有本科专业32个,面向全国13个省(自治区)招生,2019年有全日制本科生6794人。学院有省级一流学科(B类)2个(农业工程、风景园林学),绍兴市重点学科3个(机械电子工程、园林植物与观赏园艺、宪法学与行政法学);省级重点专业1个(工商管理)、省级新兴特色专业3个(机械制造及其自动化、中药学、计算机科学与技术)、省"十三五"特色专业2个(园林、会计学)。建有3900平方米的产学研中心,拥有中国香榧研究院暨国家林业局香榧工程技术研究中心、生态环境发展研究中心、浙江农林大学诸暨创新发展研究院、陶朱商学院、大唐产学研基地等产学研机构。有专兼职教师472人,专任教师352人;专任教师中博士学位105人,占29.83%,硕士以上学位比例达92.33%,高级职称比例达40.06%。学院拥有共享院士1人,全国优秀教师1人,浙江省高等学校教学名师1人,浙江省优秀辅导员3人,浙江省万名好党员1人,浙江省"三育人"先进个人1人,浙江省教育系统"事业家庭兼顾型"先进个人1人,浙江省"151人才工程"(浙江151人才工程第三层次培养人员)入选者5人,浙江省中青年学科带头人3人,绍兴市最美教师1人,绍兴市拔尖人才1人,绍兴市"330海外英才计划"2人,诸暨市暨阳"533英才计划"5人。

2019年12月21日,在暨阳学院召开的"汇聚乡贤力量,建设高水平大学"为主题的发展咨询大会(暨阳学院提供)

【教育教学工作】2019年，获批浙江省应用型建设试点示范院校建设单位；机械设计制造及其自动化、园林、会计学3个专业入选省级一流本科专业建设点专业，中药学、环境设计两个专业入选绍兴市重点专业；“大数据分析与应用实验教学示范中心”入选浙江省“十三五”省级重点建设实验教学示范中心立项建设名单；“浙江大唐袜业城有限公司网络营销、艺术设计人才培养实践教育基地”获浙江省大学生校外实践教育基地立项建设项目；获批浙江省“十三五”教学改革研究项目5项；获批浙江省“十三五”高校虚拟仿真实验教学项目2项，协同育人项目1项；获浙江省青年教师教学技能比赛二等奖；浙江省本科院校“互联网+教学”优秀案例特等奖1项，二等奖2项，示范课堂4例；浙江省2019年微课比赛二等奖1项；获绍兴市教学成果奖二等奖2项。2019年学院省级一类学科竞赛获省级以上奖项60余项，其中国家二等奖1项，国家优秀奖2项，省级一等奖3项、二等奖12项。全国大学生广告艺术设计竞赛获国家级二等奖1项，浙江省第七届大学生中华经典诵读竞赛、浙江省第十届大学生物理科技创新竞赛、浙江第六届大学生工程综合能力竞赛获省级一等奖，浙江省大学生化学竞赛获得省级奖项5项(位列浙江省独立学院第一)。学生获国家级大学生创新创业训练计划项目15项，以第一作者发表论文40余篇，申报专利30余项。

【教师创新能力综合排名及科研成果】2019年，完成省学科信息采集平台数据采集工作，风景园林学和农业工程两个省一流学科通过中期评估，3个绍兴市重点学科顺利通过验收，积极组织绍兴市重点学科申报，计算机科学与技术新增为绍兴市新一轮重点学科。2019年，学院在“武书连中国独立学院教师创新能力排行榜”综合排名第五名，其中农学学科门类排名获第一名。2019年共获得各类科研成果奖励10项。教师共发表学术论文128篇，其中SCI一区Top论文1篇，二区论文10篇，一级期刊6篇，核心期刊23篇；出版学术著作3部；授权专利17项；软件著作权2项；咨询报告获批1项。

【师资队伍建设】2019年，制定学院《教职工考勤请假规定》《教职工离职管理办法》《“双师双能型”教师管理办法》《教师挂职锻炼管理办法》《人员公开招聘暂行办法》《教职工进修学习管理办法》《高层次人才管理办法》等多项管理制度。2019年度全院共引进教师57人，其中博士14人，硕士33人；招聘辅导员3人、管理人员7人。全年共聘请外聘教授9人，入选“暨阳533英才计划”2人；获绍兴市高层次人才进修深造资助3人；获国家公派出国留学面上项目3人。支持5名教师到美国、加拿大、澳大利亚等国外知名高校进修访学；支持9名教师参加“浙师大—上外”业余班英语培训；支持2名教师到国内高校进修访学；支持3名教师到北京、杭州等企事业单位挂职锻炼。选拔培养学院“领军人才”3人、“暨阳学者”4人。

【学生社区管理】2019年，共完成523间新生寝室配备、1758名毕业生离校工作及6963在校生的学生住宿管理与服务。2019年，7个寝室被评为绍兴市大学生“最美寝室”。热水供应总计扩容45吨，更换1583台寝室空调，设立社区服务邮箱、意见箱等畅通学生意见反馈渠道，提高学生社区体验感；完善“我是校园”宿舍管理系统，完成人脸识别系统项目建设并试运行。

【辅导员职业素质提升工程】2019年，推进辅导员职业素质提升工程，共开展2期辅导员思享会，12月16日举办第二届辅导员素质能力大赛、案例分析大赛，推荐辅导员参加十九届四中全会精神宣讲培训、独立学院学生工作研讨会、共青团工作研讨会、辅导员科研能力提升专题培训、高校就业指导教师培训、“大学生心理危机干预实务工作坊”培训、心理咨询培训、辅导员“思想政治与学生党建”等业务培训与交流22人次。2019年，辅导员课题立项2项，发表论文13篇，获绍兴市谈心谈话技能比赛、微团课比赛等院级以上表彰36项。

【心理教育】2019年，完善三级网络心理健康工作体系。开展全年段心理危机排查工作并召开研讨会。使用瑞格心理测评系统，独立开展2019级2100多名本科新生和成教学生的心理健康状况普查及建档，完成2019级新生《大学生心理健康教育》课程和 2016 级学生《心理测评》课程教学；运行"暨阳心苑"公众号。开展特色活动，加强校园心理文化建设，组织开展"心灵港湾"系列活动共计 10 项。加强对外交流，提高专兼职心理队伍专业技能。全年与诸暨市第五人民医院交流学生心理健康教育工作 2 次，心理中心专兼职老师外出培训 3 次。

【校园内外文化活动】全年开展文明寝室评比、最美寝室评比、最美室友演讲比赛等校园文化活动。2019 年 4 月 28 日学院师生自编自导自演的纪念"枫桥经验"55 周年大型话剧《春"枫"化雨》在浙江农林大学东湖校区影剧院演出获得成功。11 月，《春"枫"化雨》获浙江省大学生艺术节优秀表演奖戏剧组二等奖。办好文化艺术节、学生节和社团文化节三大品牌活动，形成"一院一品"校园文化活动体系。持续开展大学文化进诸暨"五个一"（一辆文化直通车、一个暨阳红论坛、一支高水平篮球队、一批地域特色文化精品、一套志愿服务体系）工程，"文化直通车"开进诸暨市全部镇乡（街道）及周边县市 60 余个社区、乡村广场和文化礼堂。

【招生和毕业生就业情况】2019 年共招录新生 2213 人，较 2018 年增加 105 人，新生总报到率为 94.04%，较去年提升 1.83%。浙江省普通类投档最低分为 527 分，位次号排名在同类院校中上升 4 位，实现历史性突破，汽车服务工程专业全部转到专升本招生，机械设计制造及其自动化、会计学、园林等专业计划数有较大调整，优化计划结构。开办校园开放日，承办专场高招咨询会、广西新生恳谈会等活动，受到《南宁日报》中新网等媒体关注报道。先后与桐乡凤鸣高级中学、嘉兴第三中学、海宁第一中学等建立合作关系，加强生源基地建设。2019 年 11 月 15 日，联合诸暨市委组织部、市人社局共同举办 2020 年就业、实习招聘会，学院 2019 届毕业生 1626 人，就业率为 96.68%，诸暨就业率为 6.46%，其中 113 名毕业生考取国内外研究生，考研录取率达到 6.95%，考取公务员 11 人、事业单位 5 人，参军 5 人，自主创业 23 人（创业率 1.41%）。

【社会合作和国际化交流】2019 年制定并实施校地合作工作要点、重点项目和一般项目清单，从共建产业学院、乡村振兴助推战略、产业数字化助研项目、智慧资本助智服务、文化兴盛服务工程、人才培养提智行动等方面予以实施，编印校地合作简报 4 期。持续推进"1+N"乡镇合作模式，2019 年 5 月 22 日与枫桥镇签订合作协议，7 月 31 日与山下湖镇签订合作协议，11 月 8 日与暨南街道签订合作协议。校企合作工作稳步进行，同诸暨市装修业协会、绍兴律师协会诸暨分会、浙江东大环境工程有限公司、华东国际珠宝城等行业企业签订合作协议。产学研合作平台建设有新突破，2019 年 1 月 5 日成立中国大唐袜艺学院，聘任 30 名袜艺企业家为师资库成员，企业捐赠袜机 6 台，98 名学生报名参加袜艺产业班。2019 年，开展第二期乌克兰苏梅国立农业大学"中国文化体验与专业实践"短期研学项目，全年共 16 名学生被录取为该校硕士研究生。组织学院代表团到乌克兰、英国、澳大利亚等高校访问交流，引进 4 所优质海外合作院校，同美国代顿大学、英国考文垂大学、澳大利亚莫道克大学、马来西亚沙捞越大学 4 所海外院校签订谅解备忘录。修订学院学生出国（境）学习交流资助办法，2019 年学生出国（境）交流人数 61 人，资助各类交流学生 43 名。2019 年 10 月，开展学院第二届国际教育宣传月系列活动，举办各类讲座、现场咨询会 25 场。

【后勤和安全保障】2019 年，加强师生安全知识教育，重视消防安全管理和校园综合治理，推进平安校园建设。共采购安装 182 台教室空调和教学实验楼 13 台免费开水器。组织选购教师专用房车位，教师专用房顺利交付。开展美丽校园建设，完成智能报告厅方案设计和施工招标；完成新征 42.25 亩用地规划方案的变更、路灯升级改造招标采购和校园零星维修改造工作，改造项目 10 余项。做好食堂大宗物资招标采购，深入推进食堂二、三楼改革，餐饮服务质量进一步提升。完成商业街营业房、自动售货机、自助咖啡机招标方案制定和招租工作。修改完善《暨阳学院固定资产管理办法》等三项制度。深入推进校园水电管理、公共卫生管理、医疗卫生服务和其他服务保障工作，学院获批浙江省节水型单位。

【创业学院（陶朱商学院）创业和培训情况】2019 年

10月30日，创业学院（陶朱商学院）被浙江省科技厅批准为“2019年度省级星创天地”。2019年8月27日，被绍兴市人力资源和社会保障局公布为“2019年绍兴市大学生创业园”；11月25日，经过听取汇报、查看佐证材料、现场答辩、评委老师现场打分、现场统分，新增创业团队7支，蓝芯TV等4支创业团队继续入驻创业街开展创业活动。2019年，陶朱商学院立足诸暨当地、影响力辐射周边，与诸暨市人社局、农业农村局、公安局等34家单位合作，开展政府项目、人力资源服务等项目43项，服务人数达10359人次。开展夏令营、日语培训等企业项目8项，服务人数801人次。依托国家职业技能鉴定所，开展初级管理会计师培训、学生普通话水平测试、8MO+X大学生创新创业等工作，服务学生达人1132次。现有高技能在校生259人，业余专升本学生39人，新录取116人。

【晨晓艺术与设计学院第一届色彩艺术节】2019年3月28日，晨晓艺术与设计学院第一届“色彩艺术节”开幕，以“青春建功新时代争做艺术追梦人”为主题，围绕“色彩暨阳艺术殿堂”“艺术大咖价值引领”“色彩世界阳光育人”“‘小彩旗’阳光服务”四个方面开展一系列艺术文化活动。2019年12月22日举办第一届色彩艺术节闭幕式暨“守正创新，再出发”师生联欢会。

【中国大唐袜艺学院成立】2019年1月4日，中国大唐袜艺学院成立。中国大唐袜艺学院为浙江农林大学暨阳学院与诸暨市人民政府共建的产业学院，旨在整合校内外人才、科研、硬件资源，围绕诸暨“袜艺小镇”建设和袜业产业转型升级的切实需求，重点培养袜艺产业应用型人才。

【中国珍珠学院筹备工作】2019年3月至5月，学院邀请多名珍珠行业企业家，与校内师生座谈，研讨中国珍珠学院建设思路，完成中国珍珠学院建设方案初稿。广泛听取校内师生对于珍珠学院筹建的具体建设意见，尤其是人才培养方面的教学大纲和计划的制订意见，对接国外高校，不断完善中国珍珠学院筹建方案。筹建工作得到各级领导的重视和支持。6月，市委常委、副市长陈仁坚赴学院专题调研珍珠学院筹备建设情况，听取具体汇报之后，陈市长要求学院进一步走访调研，把脉社会和企业现状，寻找产业发展需求点，聚焦方向、谋求作为。7—12月，成立中国珍珠学院筹建工作领导小组，并组织召开珍珠学院筹建研讨会，收集整理诸暨市委市政府、山下湖镇、珍珠行业企业等各方意见，确定筹建方案。

【“汇聚乡贤力量建设高水平大学”发展咨询大会】2019年12月21日，学院召开以“汇聚乡贤力量，建设高水平大学”为主题的发展咨询大会。十二届全国政协文史和学习委员会副主任、浙江省政协原主席、暨阳学院发展咨询委员会主任周国富，绍兴市委常委、诸暨市委书记、暨阳学院发展咨询委员会副主任徐良平，浙江农林大学校长、暨阳学院董事长应义斌等出席会议。（蒋漾漾　褚朱丹）

成人教育

【概况】2019年，全市拥有市级成教中心1个，社区学院1所，镇乡（街道）成人文化技术学校23所（部分区划调整后），村级成人培训教学点400余个，社区教育学校23所，老年开放大学镇乡（街道）分院23所。有设置成人学历教育教学点的中职学校3所。

【成人教育和社区教育内涵提升工程】2019年，继续深入实施诸暨市成人教育和社区教育内涵提升工程，巩固和扩大近三年成人学校建设成果，充分利用好镇乡文化中心资源，加强校舍建设，落实校园文化，完善设施设备，务实推进省市两级的现代化成校建设工作；不断加强与人社等部门的合作，有2所成校被列入市级高技能培训基地，10所成校被列入市级农民素质培训基地，承接部门培训任务的能力不断提升；制订《诸暨市关于推进社区教育进农村文化礼堂三年行动计划（2019—2021年）实施方案》，下达任务目标，着力做好社区教育进农村文化礼堂工作；根据镇乡（街道）经济特色与现有中职专业布局，做好职业成人教育学校技能培训的对接与融合，构建并完善市级层面的成人（社区）教育师资库；制订《诸暨市2019年度成人教育和社区教育工作考核细则》，修订《中职学校、成校社会培训项目日常监管办法》

《成教月结月报制度》等措施,不断完善工作长效机制,确保成人(社区)教育工作扎实开展。

【线上线下平台建设】2019年,积极开展诸暨市成人(社区)教育内涵提升工程有关项目评审、诸暨市“百姓学习之星”“终身学习品牌项目”“学习型单位、社团和家庭”评选等活动,精心组织诸暨市全民终身学习活动周,积极推进社区教育进农村文化礼堂工作,全面开展老年教育。同时充分利用“诸暨社区教育网”和微信公众号、“浣江讲堂”等构建终身学习平台,自主创建和提供在线学习资源,市民知晓率和学习率逐年提升。

【社会培训】2019年,不断完善《中职学校、成校社会培训项目日常监管办法》,通过事前备案、事中监管、事后上报,明确程序,落实监管,提升服务,提高成效。中职学校主动做好服务企业培训活动,围绕需求,创新载体,开拓新路,全年开展企业职工技能培训4885人次,开展企业新型学徒制培养198名,开设“陶朱工匠班”,创建“珍珠行业淘宝直播基地”等,同时利用“名师、大师”资源,为企业提供技术服务和竞赛指导;全市各级各类成校和社区教育学校的培训达222482人次,开展家政服务、电子商务、农家乐、茶艺师、次坞打面等特色项目培训,合计培训12224人次,占常住人口的比例分别为18.9%、1.04%;扎实推进老年教育进文化礼堂工作,全年开展老年教育100973人次,占比达36.06%;实施“成教服务工程”,召开省学分银行录入工作部署会和培训会,下发《诸暨市教体局关于做好成人学校社会培训成果信息录入学分银行的通知》,至年底,学分银行录入培训成果291725条,占比24.73%。

【教育科研】2019年,加强成人(社区)教育科学研究,解决工作难题,探索有效路径。开展立项课题结题评审与优秀成果评比、优秀论文评比等活动,共收到56篇成人(社区)教育论文,其中4篇论文送省参评;省社区教育重点课题结题1个,课题成果在省社区教育内部刊物《社区教育研究》发表,成果主题论文在《老年教育》杂志发表。

【社区教育进农村文化礼堂】2019年,组建诸暨市社区教育进农村文化礼堂文艺演出联盟、讲师联盟,吸收成员80人(团队),征集菜单式活动项目21个,极大满足各镇乡(街道)社区教育进农村文化礼堂的教育资源需求。

【创建成果】2019年,成功创建省级成教项目4个:陶朱街道成校、暨南街道成校、五泄镇成校创建为省现代化成校,大唐街道成校的“大唐成校袜艺小镇企业安全培训工程”项目被评定为省成教品牌项目。同时,陶朱街道成校、暨南街道成校和五泄镇成校创建为绍兴市级现代化成校;枫桥镇成校的“枫桥大妈素质提升培训工程”,同山镇成校的“红高粱酒嫂创客培训”项目被评为绍兴市成教品牌项目。　(方爱君)

民办教育

【民办教育规模】2019年,坚持抓增量、活存量,实行“多条腿”走路。新增民办教育培训机构42家,民办幼儿园2家。至2019年年底,全市共有民办全日制中小学16家,民办幼儿园39家,民办托儿所34家,民办早教机构2家,民办非学历教育培训机构216家(其中选择登记为营利性的机构205家,非营利性的机构10家),在校生总数超过4.6万人,约占全市基础教育在校生总数的32.9%。

【民办教育培训机构监管】2019年,《诸暨市校外培训机构“十不准”》相关规定的制定,进一步规范校外培训机构办学行为,提高机构办学水平;实行网格化管理,依法开展执法检查,坚决取缔非法培训机构。建立校外培训机构“黑白名单”公开制度,加强公告宣传力度,将年检结论向社会公开,并上墙公示,坚持舆论正面导向。将机构日常监管贯穿到年检工作中、日常检查发现问题在信用评价体系加以体现。实施部门联动机制,通过“浙江省行政执法监管(互联网+监管)平台”对监管对象开展抽查巡查工作,督促校外培训机构及时整改存在问题。畅通举报渠道,发动社会力量共同参与监管工作,提升校外培训机构办学质量和档次。

特殊教育

【规模】2019年，全市有特殊教育学校1所，专任教师52名，在校学生133名，其中小学段68名，初中段50人，高中15人。

【所获荣誉】2019年，王登高、金成两位运动员在全国第七届特奥会乒乓球比赛中荣获三银三铜的好成绩。学校被评为2015—2018年全国残疾人体育工作先进单位、诸暨市德育工作先进集体。

【特殊教育延伸】2019年，继续做好特殊教育向两端延伸工程，深化特殊教育学校与浣江幼教集团城西幼儿园、陶朱街道城西小学、暨阳初中和诸暨技师学院的融合教育。新建店口镇弘毅小学资源教室1个，确保招收残疾学生5人以上的普通学校建有资源教室。

（宣奇琴）

师资队伍建设与管理

【概况】2019年年底，全市中小学在职教职工15985人（专任教师13520人），其中普通高中3312人，中职学校658人，初级中学3496人，小学4680人，幼儿园3780人，特殊教育学校59人。由教体局任命的学校干部共228名，其中正职51人、副职177人，女性66人，占28.9%，本科以上学历占99.12%，高级职称占60.52%。

全市中小学专任教师的学历结构为：幼儿园教师专科以上学历比例为99.58%；小学专科以上学历比例为99.69%，其中本科以上学历比例达91.48%；初中教师专科以上学历达100%，其中本科以上学历比例97.49%；高中教师本科以上学历达100%，其中研究生学历（含硕士学位）比例13.25%；中职教师本科以上学历比例为98.5%，其中研究生学历比例5.65%。

【学校干部队伍建设】2019年，始终坚持把党风廉政建设作为“一把手”工程，不断落实《教育系统党风廉政建设责任制考核办法》，量化细化五大类24项职责，开展季度报告制度、“1+X”专项督查，“一票否决”考核等，压紧压实主体责任。2019年，开展干部任前谈话58人次，对新提拔的局任命干部任前集体谈话4次，四种形态警示谈话21人次，诫勉谈话2人次，给予党政纪处分16人次。

坚持“培训和培养、分层与分类”相结合的培养原则，突出骨干校长培养，全面提升干部队伍实力，努力打造学习型干部队伍。2019年2月，举办“走向卓越·诸暨校长”领航发展计划项目结业仪式，36位中小学校长完成三年培训课程顺利结业。2019年10月26日，在复旦大学新闻学院举办“诸暨－复旦”高层次教育人才骨干校长培训班结业仪式，40位校（园）长完成为期一年的“理论、跟岗、工作坊”三位一体培训课程顺利结业。关注高中学校干部成长，组织开展高中青年干部综合素养提升培训，精选32名高中青年干部（其中副校长17名，中层干部15名），在诸暨市委党校开展为期10天的高强度定制培训，通过“听、说、写”全方位考核，全面锻炼学员能力素养。着力加强优秀年轻干部队伍建设，创新开展教体系统“源头工程”培训，精选47名中小学、幼儿园优秀中层干部和年轻教师，开展为期一周的理论培训和实践锻炼。以三年为周期，开展局任学校干部教学、德育、后勤“三线”全员轮训活动，截至年底已完成231人次业务培训，为打造专业型、全面型学校干部奠定基础。将党务干部培训纳入省师训平台，组织开展2019年诸暨市教体系统党务干部培训活动，切实加强“五星三名”和“清廉学校”创建指导，持续提升学校党组织书记和党务干部的业务素养。选派26名学校党组织书记参加全国、绍兴市示范培训。

【教师队伍建设】师德教育。2019年，落实师德建设长效机制，开展以“践行准则、立德树人”为主题的师德专题教育活动，引导全体教师以德立身、以德立学、以德施教、以德育德，形成践行师德规范的思想自觉和行动自觉。选取六位优秀教师代表，拍摄“我们的一天”短视频庆祝第35个教师节，全面弘扬“朴素、奉献、真诚”的教育精神。全面贯彻落实习近平总书记在全国思想政治理论课教师座谈会上的讲话精神，开展“中小学党组织书记思政课微视频展播活动”，实现“让有信仰的人讲信仰”，壮大学校思政教育队伍，提升学校教师政治意识、党性修养和理论水平。强化师德考核，严格执纪问责，从严查处教职工参与有偿家教、酒驾、赌博等违纪违法行为。

业务培训。坚持分层分类、应用导向、重点突破、协同创新、质量立校培训总基调，严格贯彻落实《诸暨市中小学教师培训"十三五"规划》，开展扎实调研，及时了解中小学教育教学情况和教师培训需求，构建多层次的培训目标体系，建立明晰、系统的教师分层培训策略和机制。2019年，分学科规划了95个不同层次的教师培训项目，100多个培训班期。其中，90学分培训项目26个，24学分及其他短期培训69个。2019年，全市平台教师注册数为12785人（包括民办学校），完成培训总学时超过102.97万，其中，自主选课72.52万多学时，占培训总学分的比例为70.42%，90学分培训人数2890人次，90学分培训匹配率93.7%以上，教师自主选课后实际参训率99.68%，"教评学"完成率100%，"学评教"满意率99.31%，各培训项目的满意度评价均在98%以上。2019年，教体系统被评为浙江省2017—2018年度师干训工作先进集体。

人才培育。提升教师专业发展素养，加大高层次教育人才培育力度，持续推进124个"三名"（名校长、名师、名班主任）工作室建设，坚持过程考核和成果考核相结合，对7个"名校长工作室"、55个"名班主任工作室"、62个"名师工作室"以及125名导师、1074名研修员开展综合考评，合计评选出优秀工作室23个，发放考核奖23万元。湄池初中卢朝霞、暨阳分校孙田宇、荣怀学校张霞平、开放双语周贤丰、湄池中学朱银智等5位教师被确立为2019年"浙派名师"培养对象；实验小学教育集团荷花小学许惠参加2019年长三角名校长培训；29位中小学、职教优秀教师参加省培项目；选派40名正高（特级）教师培养对象或学科名师参加与复旦大学联合开展的高层次教育人才名师培训项目。教体局普教科陈建军、幼教办黄凌岚、浣江教育集团张海铭、技师学院王铁江、钱巨锋赴海外研修；诸暨二中徐建林、浣江幼教集团陈莉莉分别赴英国和日本参加2019年绍兴市高层次人才赴国（境）内外进修深造项目；实验小学教育集团庆同小学章腊梅参加浙江省小学骨干校长全球教育视野提升专题研修班学习；教育研究中心方桂琴、浣纱初中杨叶、马剑镇小郦丹参加2019年"国培计划"示范项目培训；浣东街道中心幼儿园郭丽、浣纱小学陈子栋、暨阳初中杨铭霞参加2019年教育部—乐高"创新人才培养计划"培训。2019年，发放高层次人才奖励补助资金243人次219.65万元。

交流合作。加快推进教育"与杭同城"三年行动计划，搭建好与拱墅区教育局的友好合作平台，共享杭州优质教育资源，实现与杭城名校在办学理念、学校管理、队伍建设、教育科研、课程改革、教育信息化等方面的全面接轨。纵深推进诸暨市与遂昌县第四轮教育对口支援暨山海协作工程，联合启动"点亮名师"工程，精选10位中小学、幼儿园特级、正高、学科名师担任导师，为21名遂昌骨干教师提供教学业务指导，切实打造山海协作"升级版"。继续开展与"弘毅教育研究院"的合作交流，共享共建海亮、荣怀等民办学校的师训资源，利用这些平台或学校开放的办学格局和灵活的经费保障机制，深化公民办学校教师培训联动共享机制，为全市教师专业发展开辟更多渠道。

教师整体素质提升。拓宽人才招录渠道，面向全国知名高校开展校园直聘，近两年共招录高校优秀应届毕业生106名，其中硕士学历毕业生和"双一流"大学毕业生各28名，"211"院校毕业生4名。切实加大人才引进力度，近三年共引进特级、正高、副高及硕士学历教师149名。深化教师素质"大比武大练兵大提升"和青年教师教学技能竞赛活动，2019年，义务教育段3672名和高中段1691名共计5363名教师参加了学科专业知识考试，有效促进了全年龄段教师专业发展。海亮教育集团金百炼老师被评为中小学正高级教师。

【**所获绍兴市级以上荣誉**】2019年，系统新增全国优秀教师1名、正高级教师1名、省教坛新秀4名、绍兴名师19名、绍兴市学科带头人19名、教坛新秀17名，3名教师入选省基教课改专业指导委员会成员，4人获全省中小学班主任基本功大赛一、二等奖。在2019年中职学校各级各类教学技能大赛中，获省级

以上奖项27人次、黄炎培职业教育奖杰出教师奖1名，取得技师证书6人、高级技师2人。（李建儿）

教育教学研究

【概况】2019年，诸暨市教育研究中心组织教研活动160余次，承办上级教研活动20多场。在2019年上级教研部门组织的评优中，诸暨市获省优秀教科研先进集体1个、先进个人3人，省教科规划课题立项13个，省中小学教研组建设和研修案例入选2篇，省"一师一优课"5节并获部级5节，省优质课2门学科获一等奖、1门学科获二等奖；绍兴市"我的教学主张"入围8篇（绍兴市23篇），绍兴市教育科研工作先进集体3个、先进个人4人，绍兴市中小学生研究性学习成果一等奖11篇、二等奖13篇、三等奖20篇，绍兴市优质课5门学科获一等奖、2门学科获二等奖，绍兴市品质课堂深化项目15个（绍兴市59个）；五大学科竞赛中，生物获省级赛区一等奖5人、全国决赛金牌1人，物理获省级赛区一等奖2人，化学获省级赛区一等奖2人，数学获省级赛区一等奖4人、海亮高中3人进入省队，信息技术获省级赛区一等奖11人。

【教育研究】2019年，加强对课程、教学、作业和考试评价等育人关键环节研究，健全立德树人落实机制，围绕如何突出德育实效、提升智育水平、强化体育锻炼、增强美育熏陶、加强劳动教育等方面重点问题，强化学科整体育人功能。如加强对课程整体实施的调研力度，对课时保证、师资配备、基础设施等采集第一手资料，为行政决策提供依据；加强德育课程的监测力度，把作为德育主渠道的道德与法治学科列为监测科目；加强学科素养的监测力度，2019年组织初中美术、小学音乐、小学科学实验综合素养监测，以评价促课程育人的有效落实。

【教学研究】研究课堂教学的提质。注重启发式、互动式、探究式教学的研究；融合运用传统与现代技术手段，重视情境教学的研究；探索基于学科的课程综合化教学，开展研究型、项目化、合作式学习；精准分析学情，重视差异化教学和个别化指导。研究作业设计的改进。提高作业设计质量，精心设计基础性作业，适当增加探究性、实践性、综合性作业；统筹调控不同年级、不同学科作业数量和时间；强化基础性作业、实践性作业、过程性作业、探究性作业、综合性作业，探索弹性作业；强调作业质量提升和校本作业设计的路径；探索作业与信息技术的深度融合等。研究教学评价的实施。进一步转变评价方式、改进评价内容和革新评价技术，2019年组织以"学科核心素养研究"为主题的系列活动，围绕这一主题开展课程实施、课堂教学、课题研究、命题改进等研讨，努力改变课堂中存在的有形无实、目标不准、本质不明等现象，重点审视学科特点，分析学科本质，深化"学为中心"，促使教师研究课程标准，落实学科核心素养，推进课堂教学改革，提升学科教学质量，初中英语、科学等学科还组织开展市域范围内的作业设计研究。（俞立永）

教育装备

【概况】2019年，全市普通中小学教育装备技术经费总投入9606.38万元，其中教育技术装备财政经费投入5786.27万元，生均教育技术装备经费投入672.22元。新增计算机2142台，至2019年年底拥有计算机36790台，使用7年以上的计算机11224台。新增班级多媒体520套，班级多媒体总数6695套，多媒体进普通班级的配套率达到100%，100%的中小学拥有校园网，100%学校校园骨干网带宽和校园网出口带宽千兆以上，100%学校理科教学仪器达标。净增图书342873册，投入经费722.60万元，总藏书量为7567697册（不含电子图书），生均藏书量52.96册。全市各校图书、仪器实现数字化管理。全市建有中小学图书馆（室）藏书室187个，面积17908平方米，资料室128个，配备常规阅览室364个，面积40393平方米。学校当年建有创新实验室135个，有55所学校配有移动学习终端，建成可管、可控、高速的无线网络和诸暨教育"空间云"平台。

【浙江省中小学生创客大赛】诸暨市浣东街道城新小学于2019年12月19日至21日承办浙江省第二十

届全省中小学生电脑制作活动创客竞赛暨2019年全省中小学生创客大赛。来自全省11个地市，小学、初中、高中共57支队伍的192名选手参赛。诸暨一共有9名学生参加比赛，获得创意智造项目一等奖2个，三等奖2个，任务挑战赛三等奖1个。

（张镇湖）

学校后勤保障服务

【概况】诸暨市教育发展中心为全市学校和师生提供后勤保障服务。主要负责学校食堂大宗物品配送、学生伙食质量与卫生、校园店规范经营等校园食品安全的管理。监管学校校服和床上用品的质量和采购程序。健全以校（园）方责任险为重点的校园风险管理服务体系。负责纸张、簿本等学校后勤大宗物品采供工作，指导全市劳动教育实践基地的建设工作。

【校园食品安全管理】2019年，遵循“安全重于泰山、平安高于一切”的食品安全管理理念，规范学校食堂经营管理的模式和程序，以学生伙食质量提升工程为抓手，确保学生在校安全、营养、健康用餐。

抓好校园超市食品销售质量认证，及时调整完善校园超市经营管理制度，杜绝“三高”、伪劣、不洁食品进校园。全市学校开设校园连锁超市53家，全年连锁超市经营“零投诉”。

全面完成全市各校直饮水工程，督促服务机构及时有效维护好机器设备的正常运转，监督学校安全和规范使用直饮水，确保全市学生饮水健康。

【校（园）方责任保险】2019年校（园）方责任险继续实行“责任险8元＋无过失险2元”方案，责任险保障个人最高额度130万，附加无过失险保障个人最高额度25万元。全市参保学校（园）276所，参保学生总数174640人（其中校方责任保险学生数173726人，职校学生实习保险学生数914人，无过失责任保险173726人），共投入保险资金（以学年计）177.6万元，参保面覆盖全市所有公民办学校，参保率达100%。2019年，共计报赔案件62件，合计理赔金额为228.8万元。

【注资办学及人才服务】根据《浙江省人民政府关于诸暨市扩大民间资本进入社会领域改革试点总体方案的批复》精神，教育发展投资有限公司着力推动民办教育试点工作，探索多元化办学路子，吸引更多社会资本投资教育。2019年为东湖幼儿园、青少年宫幼儿园提供全勤保障服务。

2019年，教育投资公司出资400余万元重新装修的两幢共24套房子正式启用，共为15个单身青年教师解决住宿问题。

【学校后勤大宗物品采供】教育后勤配货中心实行“阳光操作、统配集送”，对全市学校的食用油、簿本、纸张等大宗物品进行集中招标采购、统一配送供应。

2019年，重视学生校服和床上用品的质量与安全，根据《关于进一步规范全市中小学校服和床上用品管理的通知》精神，在学生及家长自愿的基础上，由各校家委会为主体的采购工作委员会，负责招投标相关工作，同时收缴各校采购的相关资料、合同、检测报告等。11月，邀请专业检测机构对7所学校的20个校服和床上用品样本进行质量检测，共涉及5个供货企业，检测结果全部合格。（杨均武）

语言文字工作

【主题活动】2019年，根据上级语委文件精神，结合中华人民共和国成立70周年，紧紧围绕“普通话诵七十华诞，规范字书爱国情怀”的主题，精心组织开展第22届全国推广普通话宣传周活动和第十届2019诸暨市第十届中小学阅读文化节。

【普通话普及情况调查】根据《关于做好2019年县域普通话普及情况调查工作的通知》（浙语办〔2019〕8号）精神，2019年9月，对陶朱街道、大唐街道、姚江镇、璜山镇开展普通话普及情况调查。（宣奇琴）

文 化

综述

2019 年，诸暨市深化基层公共文化服务体系建设，提升公共文化服务标准化、均衡化水平，加强文化遗产保护力度，推进公共文化惠民工程，繁荣文艺创作，开展文化工作，依法管理文化市场。诸暨市文化广电旅游局内设办公室、党建室（挂内部审计科牌子）、公共服务科、文化遗产保护科、行业管理与政策法规科（挂行政审批服务科牌子）、规划建设科、产业发展科（挂推广交流中心牌子）、生态资源科 8 个职能科室，有诸暨市文化市场综合行政执法队、诸暨市文化馆、诸暨市博物馆、诸暨市图书馆、诸暨剧院、诸暨市文化艺术中心、诸暨市影业有限公司、诸暨市东白湖生态保护工程技术管理站、诸暨市五泄风景区服务中心和诸暨市白塔湖湿地生态研究所 10 个直属单位，镇乡（街道）文化站 23 个。2019 年年末，有定编行政编制数 41 个，实有 39 人；事业编制数 149 个，实有 135 人（其中参公编制数 16 个，实有 15 人；不定编实有 36 人。具有高级技术职务资格 27 人，中级 58 人）。

诸暨根据《浙江省文化和旅游厅关于开展〈浙江省基本公共文化服务标准(2015—2020 年)〉完成情况认定工作的通知》，以公共文化服务体系示范区创建为契机，以“文化诸暨”建设为目标，解决个别乡镇综合文化站站舍挤占和设施不齐全的问题，各乡镇街道按要求成立乡村“三团三社”，全面达到省文旅厅提出的“五个百分百”要求，提高基本公共文化服务标准化水平。7 月，诸暨市通过浙江省基本公共文化服务标准化建设检查验收。

专业文艺

【概况】2019 年，市文化艺术中心完成演出 224 场次，收入 400 万元。市文化馆创排的小品《但愿人长久》获浙江省“群星奖”。在省、绍兴市主办的各类艺术展中，诸暨市有 49 件书画作品入展。

【越剧传人入沪展演】1 月 29 日，市文化艺术中心国家一级演员、小生何惠丽赴沪参加由上海越剧院主办的大型演唱会“恰是故人来——纪念越剧宗师陆锦花系列演出”。7 月 15 日，市文化艺术中心毕派小生、国家二级演员孟阳英和国家三级演员朱俊受邀赴沪，参加由上海市戏剧家协会、上海市非物质文化保护中心、上海市静安区文化局指导，上海戏曲广播电台、上海越剧院等主办，上海雅歌春韵越剧艺术传承中心承办的“雅歌春韵·春之歌”——纪念毕春芳先生舞台艺术80周年系列活动。

【专业演员参与《戏相逢》栏目录制】7月22日，市文化艺术中心国家二级演员徐琼、国家二级演员孟阳英、青年演员朱俊受邀参与浙江卫视影视娱乐频道《戏相逢》栏目的录制，分两期进行专题报道与播映。《戏相逢》栏目由浙江影视娱乐频道主办，浙江省戏剧家协会协办，是浙江电视台唯一的戏曲栏目。

【戏曲进校园】2019年，市文化艺术中心协助海亮教育·天马实验学校开展特色德育教学，两次进入校区演出传统越剧，将传统舞台艺术送入校园，在课堂中培养学生对传统艺术的兴趣。同时，参与天马实验学校戏曲教室的启用，协助学校将传统戏曲文化教育植入德育教学之中。

【“同唱一台戏”2019中国·绍兴第十七届越剧大展演】诸暨市文化艺术中心参与由浙江省文化和旅游厅、中共绍兴市委宣传部、绍兴市文化广电旅游局联合主办的国家艺术基金2018年度资助项目“同唱一台戏”2019中国·绍兴第十七届越剧大展演活动。7月5日、6日，市文化艺术中心在绍兴剧院演出传统越剧《珍珠塔》、越剧轻喜剧《王老虎抢亲》，国家二级演员孟阳英、青年演员朱俊7月7日参演闭幕晚会，孟阳英获金兰优秀演员奖。

【省、绍兴市书画展入展】1月，市文化馆研究馆员徐国萍创作的国画《枫叶红时秋已至》入展浙江省美术家协会主办的“振兴乡村田园松阳”浙江省美术作品展。3月8日，由浙江省美术家协会、浙江省中国画家协会、浙江省女花鸟画家协会共同主办的“丹青悦歌，文兴中华——浙江省女花鸟画家协会成立20周年暨第十九届浙江省女花鸟画家作品展”在杭州恒庐美术馆和杭州吴山书画院拉开帷幕，有8位诸暨籍女画家作品入展；由绍兴市妇女书法委员会主办的“巾帼心向党　建功新时代”——绍兴女书家纪念中华人民共和国成立70周年主题展开展，诸暨共有11位女书法家的作品入展；由绍兴市文化馆、绍兴市女画家协会主办的“丹青溢香”——绍兴市女画家美术作品展开展，诸暨选送的28位女画家作品全部入展。6月，市文化馆副研究馆员周剑成的美术作品《留住乡愁》入展浙江省文化和旅游厅主办的浙江省第六届群星视觉艺术综合大展。

【参赛及获奖情况】3月，2019年浙江省“群星奖”获奖作品名单公布，由诸暨市文化馆创排的小品《但愿人长久》获戏剧类奖项（“群星奖”是中华人民共和国文化和旅游部设立的全国性最高文艺奖项，浙江省“群星奖”则代表了全省文艺奖项的最高水准，每三年举办一届）。2019年6月至8月，市文化艺术中心7位青年演员受邀参演由浙江省戏剧家协会、上海戏剧家协会、江苏省戏剧家协会、福建省戏剧家协会共同指导，中国广播电视网络有限公司、东方卫视中心公益媒体中心、国广东方网络（北京）有限公司共同主办的“永联杯·越美中华·越剧青年演员大会演”。青年演员邵晓霞、孔利利分别获得越秀组“佳艺奖”“新艺奖”，市文化艺术中心获“优秀组织奖”。

群众文化

【概况】2019年，市文广旅游局以“我们的文化”系列群文活动为载体，围绕中华人民共和国成立70周年、新时代文明实践等主题，先后举办和承办一系列大型活动。深入实施文化惠民工程，完成文化下乡巡演100多场次、“好美诸暨”县域间文化走亲9次。组织“潮涌浣江”系列艺术展览20个、书画展览进礼堂50余场次、文化讲座20次、文艺专家门诊20期，市民学堂累计培训学员1万多人次，送电影下乡7296场次，周末剧场演出52场，送书下乡3.5万册。西施大剧院全年完成各类演出活动130场，接待观众62658人次。

【“我们的文化”系列群文活动】2019年，主要开展“我们的舞台”“我们的展厅”“我们的节日”“我们的课堂”等系列活动。3月和9月分两期举办市民学堂，5月举办第十一届群文作品创作大赛和诸暨市基层书画社团千人展系列活动，6月举办第七届“梦想诸暨”文化分馆艺术团队精品展演，7月举办第十届“舞动诸暨”排舞大赛、“潮涌浣江”系列展览20个，10

月举办"我和我的祖国"——诸暨市庆祝中华人民共和国成立70周年文艺晚会。

【书画展】"潮涌浣江"系列书画展览。"潮涌浣江"书画展览为诸暨市特色群文活动品牌。2019年举办了"三八"节诸暨女书画家作品展、"筑梦"七人西画展、青年书法沙龙作品展、暨阳书画院书画作品展、应店街镇书画作品展、望云书画社作品展等展览20个,参展作品达1206件,观众超出1万人次。

庆祝中华人民共和国成立70周年——诸暨市基层书画社团千人优秀作品展。市文广旅游局、市文学艺术界联合会主办的"庆祝中华人民共和国成立70周年"诸暨市基层书画社团千人优秀作品展活动于5月初拉开帷幕,由30个有特色的书画社团组成,历时4个月,通过送展览、做讲座、送点评、出作品集等形式,助力乡村振兴乡风文明,礼献祖国70周年华诞。

诸暨市优秀基层社团书画作品巡展。10月23日,庆祝中华人民共和国成立70周年——诸暨市优秀基层社团书画作品巡展在枫桥镇文化分馆首展,展出基层社团创作的优秀作品100余件。巡展由市文广旅游局主办,是庆祝中华人民共和国成立70周年的书画系列活动之一。展览现场,市文化馆书画院老师结合"三服务"活动,对广大基层书画爱好者进行业务辅导,并专题讲座花鸟画创作。巡展至11月5日结束,枫桥镇文化分馆、草塔镇文化分馆、市老年大学三个巡展共吸引观众4000人次。

"清廉诸暨"新时代文明实践文化志愿服务队书画作品进基层巡展。2019年,市文化馆以文明实践、清廉文化、美丽诸暨、乡村振兴为主题进行系列现场书画创作活动,并精选40件作品在全市27个文化礼堂进行巡展。5月7日,首场展览在街亭镇启动,至11月底结束巡展,观展人数达5000人次。

【赛事及获奖情况】《阳光花儿》获绍兴市第二届群众舞台舞蹈大赛一等奖。6月29日,由绍兴市文化广电旅游局主办,绍兴市文化馆承办的"绍兴有戏,盛世欢歌——绍兴市第二届群众舞台舞蹈大赛"在绍兴市文化中心开赛,来自全市文化馆选送的12个原创舞蹈作品中,诸暨市文化馆选送的《阳光花儿》获一等奖。10月,由浙江省文化和旅游厅主办,浙江省文化馆、平湖市人民政府承办,平湖市文化和广电旅游体育局执行承办的2019浙江省群众舞蹈大赛决赛在平湖市文化馆剧院举行,该作品获入围奖。

两作品在浙江省青少年声乐大赛中获奖。7月15日至16日,由浙江省文化馆、杭州市桐庐县文化和广电旅游体育局主办的2019第二届"追梦之声"浙江省青少年声乐大赛在桐庐剧院举行。来自全省各地的13支代表队选送的117个作品参与决赛,诸暨市文化馆选送的作品获金奖1项、银奖1项。

多人在绍兴市首届农民书法大赛中获奖。9月,由绍兴市委宣传部、绍兴市农业农村局联合主办,绍兴市书法家协会、绍兴市文化馆承办的首届农民书法大赛获奖名单公布,诸暨共32人获奖,其中获一等奖2人,二等奖6人,三等奖10人,优秀奖14人。

两人在绍兴市青年演员(演奏员)基本功大赛中获奖。9月17日晚,为期两天的"绍兴有戏"2019年绍兴市青年演员(演奏员)基本功大赛在浙江绍剧艺术中心落幕。此次比赛由绍兴市文化广电旅游局举办,来自全市6个专业院团的79名青年演员(演奏员)进行了展演,诸暨市文化艺术中心青年演奏员李银东、姚幸男获演奏员组铜奖。

多个作品在绍兴市群众文艺征文活动中获奖。9月,由绍兴市文化广电旅游局主办,绍兴市文化馆、嵊州市文化广电旅游局承办,嵊州市鹿山街道文化站执行承办的"壮丽70年奋进新时代"绍兴市群众文艺征文活动公布获奖名单,诸暨市文化馆选送的作品快板《五星达标,3A争创》、情景剧《袜子销售小插曲》、小品《补拍结婚照》、小戏《夫妻争功》获三等奖。

多个作品在绍兴市音乐新作演唱(演奏)大赛中获奖。7月21日,第二届绍兴市音乐新作演唱(演奏)大赛在绍兴市上虞区落幕,共组织选拔23个原创音乐作品参加比赛,经专家现场评审,共评出金奖5个、银奖6个、铜奖6个、优秀组织奖2个。诸暨市文化馆选送的歌曲《老灶台》《母亲的世界》获金奖,《春风领航》获银奖。

【演出和系列文化活动】第十届"舞动诸暨"排舞大赛。第十届诸暨市"舞动诸暨"排舞广场舞大赛于

6月3日启动，8月8日圆满落幕，全市68支队伍共1150人参加比赛。30支队伍经过初赛、复赛进入总决赛，最终产生广场舞组、表演舞组2个组别15个金奖、15个银奖，组织奖7个。

第七届“梦想诸暨”文化分馆艺术团队精品展演。8月9日，由市文广旅游局主办，市文化馆承办，各乡镇街道文化分馆协办的2019第七届“梦想诸暨”文化分馆艺术团队精品展演活动决赛在诸暨剧院举行。活动自4月开始报名，至6月中旬确定展演节目，按照节目类型，展演分戏曲曲艺专场、声乐器乐专场、语言类、舞蹈及其他类。共有来自全市27个镇乡街道的34支队伍参加，134个节目参演，参与人数近500人，其中29个戏曲曲艺节目、13个舞蹈及其他类节目、13个声乐节目、3个器乐节目、6个小品节目入选决赛，共决出一等奖9个，二等奖15个，三等奖16个；暨阳街道、大唐街道、浣东街道、暨南街道、店口镇、陶朱街道、安华镇获优秀组织奖。

“庆祝中华人民共和国70周年华诞”诸暨市第十一届群文创作大赛。9月4日，由市文广旅游局主办、市文化馆承办的“庆祝中华人民共和国70周年华诞”诸暨市第十一届群文创作大赛颁奖仪式在市文化馆举行。大赛以“庆祝中华人民共和国成立70周年”为创作主题，作品体裁以戏剧小品、曲艺、音乐、文学为主，自3月初启动以来，共征集到群文作品100余件，省市专家从中评选出一等奖2个、二等奖3个、三等奖5个、优秀奖10个，入选作品汇编成册并分送至各乡镇文化站。

“我和我的祖国”—诸暨市庆祝中华人民共和国成立70周年文艺晚会。9月27日晚，“我和我的祖国”—诸暨市庆祝中华人民共和国成立70周年文艺晚会在西施大剧院举行。晚会由“歌颂新中国”“礼赞新征程”“拥抱新时代”三个篇章组成，有歌曲演唱、诗朗诵、情景剧交响乐、器乐独奏等艺术形式。活动共有演职人员1000余人，诸暨籍明星、原创节目历年之最，如来自全国总工会的歌手晏菲独唱《亲亲的祖国》、诸暨籍古琴大师金蔚的古琴独奏《流水》、诸暨籍音乐家何占豪担任指挥的交响乐《不忘初心》和《梁祝》等。

【西施大剧院打造品牌演出季】4—7月，西施大剧院举办2019西施戏剧节暨悦来乐好音乐节，推出12场以名导、名剧、明星主打的演出，通过演出观摩加互动，选择一批戏剧表演团体、艺术家及专业演员走进校园。6—11月，推出2019保利华东·国粹戏曲名家名剧演出季，共引进8个项目8场演出，涵盖越剧、京剧、黄梅戏、昆曲等。

文化市场

【概况】至2019年年底，全市共有文化经营场所944家，其中网吧87家，歌舞娱乐场所72家，游艺娱乐场所13家，印刷企业297家，出版物零售商237家，广播电视节目制作单位31家，电影放映场所23家，文艺表演团体47家，演出经纪机构3家，演出场所6家，打字复印100家，新闻出版（企业报）17家，网络文化经营单位11家。全市全年日常巡查出动1362人次，检查经营场所2395家次，立案调查10件，当场处罚6家次，收缴非法音像制品906张（盒）、非法图书出版物2309册（张）。先后开展网吧、KTV等场所安全生产大排查大整治、“扫黄打非”专项行动和“护苗、固边、秋风、清源、净网”五大专项行动。此外，联合公安、教育等部门多次开展校园周边联合执法。

【“3·18”文化和旅游市场安全日宣传活动】3月，文化市场综合行政执法队在西施故里景区开展文化和旅游市场法制宣传活动。活动中，工作人员现场陈列

2019年1月，诸暨市文化广电旅游局开展旅行社旅游安全规范工作专项检查　（徐可良　摄）

文化和旅游市场法律法规宣传展板、开展现场法制教育，并向群众发放文化和旅游市场相关法规条例及普法宣传手册等资料1300余份，接受群众咨询和向群众进行文化市场安全相关知识讲解200余人次。

【歌舞娱乐场所、星级旅游饭店从业人员消防安全培训活动】3月，市文化市场综合行政执法队举办歌舞娱乐场所、星级旅游饭店从业人员消防安全培训活动，全市50余家歌舞娱乐场所、星级旅游饭店从业人员参加培训。培训活动分为消防理论知识学习和消防演练比武两部分，参加培训的场所负责人现场签订安全经营责任书。

【网吧从业人员法律法规暨安全生产培训】5月，市文化市场综合行政执法队举办网吧从业人员法律法规暨安全生产培训，全市60余家网吧负责人员参加培训。培训内容主要包括消防知识普及、消防设施使用与维护、消防工作标准和网吧经营相关法律法规教育等，参加培训的网吧负责人现场签订网吧安全经营责任书。

【"6·22"文化和自然遗产日法制宣传活动】6月，围绕"非遗保护，中国实践"的主题，市文化市场综合行政执法队在西施故里景区开展法制宣传活动。活动中，通过发放宣传手册、现场法制教育等形式，向群众宣传文物保护方面的法律知识。共计发放文物保护法律法规和普法教育宣传册600余份，接受群众咨询和向群众进行文物保护相关知识讲解300余人次。

【"12·4"国家宪法宣传日活动】12月，市文化市场综合行政执法队在西施故里景区开展法制宣传活动。活动中，通过悬挂宣传横幅、搭建宣传咨询台及执法工作成就图片展等形式开展宣传活动，并发放宪法及文化旅游市场法律法规、"扫黄打非"宣传手册等资料700份。通过介绍12318文化市场举报电话，告知群众如何使用举报电话维护自身的合法权益。

【广播电视安全播出保障】2019年，开展了全市非法卫星电视接收设施整治工作，共计拆除非法卫星电视接收设施375套，查处销售点2家；开展全市文化广电旅游市场网络安全风险隐患排查专项整治；开展全市文化广电旅游行业LED显示屏排查和安全防范工作；落实2019年度有线广播电视运营服务质量评价工作；完成庆祝中华人民共和国成立70周年活动期间的广播电视安全播出、网络安全和设施安全重要保障工作。

博物馆

【概况】2019年，市博物馆为发挥公共文化服务职能，坚持策引并举，全年举办临时展览25个。继续开展流动展览巡展活动，全年送展览到学校、农村文化礼堂、社区巡展达30场次，服务22300人次。完善、充实馆藏体系，全年新增文物3件，其中征集2件，接受捐赠1件。加强社会教育工作，利用浙江省爱国主义教育基地和浙江省科普教育基地阵地优势，积极开展第二课堂等宣教活动，全年接待观众16.5万人次，未成年人6.2万人次。全年通过"诸暨市博物馆"微信公众号平台推送展览活动类信息报道28期。

【展厅建设及安全防护】2019年，为更好地保障文物安全，市博物馆进一步提升了人防、物防、技防、消防四方面的软硬件。重点对消防方面软硬件进行改造升级，消控室做到24小时全天候双人持证值班，接入绍兴市远程智慧消防系统，对馆区消防安全进行全方位监控。8月至9月，市博物馆在临时展厅内厅建设65米沿墙展柜，并对展厅内部装修进行改造升级。11月，在临时展厅建设led显示屏及配套音响设施。

【陈列展览】越地雅韵——古代文房用具艺术展。5月14日，越地雅韵——古代文房用具艺术展在市博物馆开展，为期2个月。该展览为"5·18"国际博物馆日系列活动之一，整合市博物馆馆藏和民间收藏的历代文房珍品，共展出藏品100余件。展览分文房雅器·清供、场景模拟、现场互动三大板块，展品涵盖笔架、笔掭、墨盒、墨锭、镇纸、砚台、水丞、印章、花觚、香炉等实物，配合以场景模拟再现古代文房陈设，并邀请非遗传承人现场造纸、制笔，让观众和学生参与互动。

馆藏文物赴京展览。9月27日，由浙江省文物局、北京市文物局主办的“穿越——浙江历史文化展”在首都博物馆开展。该展览为首都博物馆为庆祝新中国成立70周年而举办的特展，展出文物时代跨度为史前直至明清时期，总数量近450件，其中一级文物100余件。诸暨市博物馆以南宋“碧玉子”铭随形端砚、南宋石雕龟钮水注、南宋石雕犀牛镇纸等镇馆之宝为代表的7件馆藏文物珍品参展，这是诸暨市博物馆作为县级博物馆首次在首都舞台呈现地区文物文化资源。

烽火暨阳革命文物展。9月28日，由中共诸暨市委、诸暨市人大常委会、诸暨市人民政府、诸暨市政协主办，中共诸暨市委宣传部、诸暨市融媒体中心承办的“辉煌诸暨”大型发展成就展开展。市博物馆承办的“红旗飘扬”版块“烽火暨阳革命文物展”展出红色藏品38件，集中向观众展示各个纪念场所收录的革命文物。除3件郑复他烈士生前使用过的遗物为馆藏三级文物，其余藏品皆来自民间，有市收藏协会提供的《奇袭孙家溪连画本》等书籍作品、黄家店金萧支队纪念馆提供的武器和生活用具、由“红色大唐·红色中兴”陈列馆提供的名片、煤油灯等藏品，以及由诸暨市革命烈士纪念馆提供的俞秀松烈士遗物等。

5月18日，非遗传承人为小学生现场展示造纸手工技艺（石飞　摄）

笔墨歌颂新时代——庆祝新中国成立70周年书画展。10月1日至10月18日，由市博物馆、市收藏协会主办，市网商联合会袜业协会书画院协办的“笔墨歌颂新时代——庆祝新中国成立70周年书画展”在市博物馆开展。展览集中展示诸暨民间书画家近作80余件。

【博物馆专题讲座】方志良作《我是文物代言人——“镇馆之宝”挖掘者讲述文物故事》沙龙。5月14日，为更好地宣传、普及文物文化知识，市博物馆邀请诸暨文物界老前辈、老专家、“镇馆之宝”发掘者方志良讲述文物考古发掘背后的故事。这套“镇馆之宝”文房用品共5件，分别为“碧玉子”铭随形端砚、石雕龟钮水注、石雕犀牛镇纸（一对）和石雕山形笔架，皆为国家一级文物，为20世纪80年代出土于诸暨市境内南宋庆元六年纪年墓的随葬品，用材独特，雕工精湛，保存完好，不仅具有很高的工艺价值，也有很高的历史研究价值。讲座围绕“镇馆之宝”的发掘始末与市民分享精彩的文物故事，讲解文物小知识。

周刃作《古代书画鉴赏与鉴定》讲座。11月12日，浙江省文物鉴定专家周刃应市博物馆邀请，走进诸暨文博讲坛，作《古代书画鉴赏与鉴定》专题讲座。文化系统干部职工以及文博爱好者参加讲座。

【“诸博伴我共成长”第二课堂活动】2019年，端午节期间，市博物馆推出了“诸博伴我共成长”第二课堂活动，为暨阳小学组织了一场端午节妙趣香包DIY活动，通过课堂教学、手工制作等让孩子们深入了解端午节习俗。

【蒋智由墓碑捐赠仪式及生平研讨会】8月19日，蒋智由墓碑捐赠仪式及生平研讨会在市博物馆举行。德清市收藏家程一峰向诸暨市博物馆捐赠了近代文学家、诗人蒋智由的墓碑，诸暨市文广电旅游局、德清县人大代表工作委员会、诸暨市店口镇镇政府相关领导及诸暨、德清两地的文物收藏家、研究者出席活动。此次研讨会就蒋智由墓碑发现经过及其生平经历进行了讨论。

【博物馆云——智慧导览系统】2019年，市博物馆启动智慧博物馆建设，与杭州博物文化传播有限公司合作，推出“博物馆云——智慧导览系统”，利用微信语音导览功能开展展厅讲解工作，对基本陈列展厅中的47件精品文物进行“一物一码”录制工作，前来参观的市民游客只需打开手机微信，扫一扫放在主展厅门口的台签，或者直接搜索“诸暨市博物馆语音导览”，便可进入应用程序。在页面上选择感兴趣的文物，或者直接扫描文物前的二维码，即可收听文物解说。该系统于2020年元旦正式上线。

非物质文化遗产

【概况】2019年，全年共举办2019年文化和自然遗产活动、2019年南孟文化节、“好美诸暨雄风天台”非遗走亲等非遗活动130余场，承办“走进非遗 品读绍兴——首批绍兴市非遗研学游活动”启动仪式。先后组织棕编、刀画、越红工夫茶制作技艺等20余个项目参加第十一届浙江·中国非物质文化遗产博览会、上海·绍兴周活动、浙江农信丰收驿站绍兴月“西施故里好美诸暨”专场活动。开展传承人培训、走访7期192人次。出版国遗丛书《草塔抖狮子》及《南孟文化》《目睹十里红妆忆旧梦》等专著。“西施传说”入选全国非遗记录工作与保护研究项目试点。中国文化报、文旅中国学习强国、浙江卫视、浙江日报等省级媒体报道达50余篇，总计147篇。2019年，浙江省非遗发展指数诸暨市排第13位。

【诸暨(己亥)南孟文化节】3月8日，诸暨(己亥)南孟文化节于在应店街镇十二都村举行。3000余人参加以南孟祭礼、非遗踩街、非遗集市、南孟文化研讨会为主要内容的文化节活动。南孟文化节上，来自衢州的南孔后裔与南孟后裔首次相聚诸暨，完成了一次跨越近千年的“握手”，并作两地文化交流，为双方进一步研究发展“南孟”“南孔”文化“开笔”。

西路乱弹《西施姑娘回来了》（徐可良 摄）

【两项商品入选首批浙江省优秀非遗旅游商品】3月，浙江省文化和旅游厅开展首批浙江省优秀非遗旅游商品评选活动。首批浙江省优秀非遗旅游商品共100项，涉及雕刻塑造、金属加工、器具制作、纺染织绣、漆器髹饰、剪纸刻绘、编织扎制、陶瓷烧造、文房制作、家具建筑、食品制作、制茶酿造、中药炮制等13类。诸暨市选送的棕编动物系列、勾践王酒入选其中。

【非遗传承人抢救性记录工程】2019年4月，市非遗中心启动绍兴市级非遗代表性传承人抢救记录工程，完成了70周岁以上黄珊卿、阮忠尧、寿南灿、周正海4位传承人的抢救性记录工作。

【“西施传说”入选全国非遗记录工作与保护研究项目试点】6月，文化和旅游部民族民间文艺发展中心立项启动全国非物质文化遗产记录与保护研究项目工程试点工作，诸暨的“西施传说”作为民间文学类试点，在完成资料收集、全面记录、建档保存和传播利用的基础上，完善记录体例，明确记录要素，形成以“非遗影像志”为主，《非遗志》(文本)和“非遗数据库”为辅，综合图、文、音、像等全媒体记录方式，为民间文学类国家级项目开展填平补齐式记录提供示范文本。

【“文化和自然遗产日”系列活动】6月22日，由市人民政府主办，市文广旅游局和市旅游集团有限公司承办的“文化和自然遗产日”系列活动在西施故里景区举行。启动仪式上，举行2018年各类优秀传承人和传承基地表彰、第七批市级非遗项目代表性传承人和第四批及第五批市级非遗传承基地授牌、《目睹十里红妆忆旧梦》赠书、非遗踩街表演、传统技艺展示、非遗大舞台展演、“保护革命文物，传承红色基因”——诸暨市革命文物图片展及文化遗产普法宣传等系列活动，共计30余个非遗项目参与其中，300余名表演人员现场展示，并邀请萧山的国家级非遗项目楼塔细十番进行现场展演，1万余名游客参与。

【《南孟文化》出版】9月22日，诸暨市文化系列丛书《南孟文化》首发式在应店街镇十二都村举行。该书由市文广旅游局、市文化文史和学习委员会编写，是对南孟史料一次较为全面的整理和编纂，是对“南孟祭礼”这项非遗项目较为全面的介绍和呈现，也是对南孟文化蕴含的人文精神、道德规范和思想观念较为系统的阐释和传播。同时，该书中阐述的一些南宋史实，对研究南宋历史也有着重要的佐证作用。

【《抖狮结义》获第二届绍兴市群众小戏、小品邀请赛金奖】10月13日，“绍兴有戏盛世欢歌”绍兴市第二届群众小戏、小品邀请赛在绍兴市文化馆百姓剧场举行。诸暨市非遗中心创排的原创西路乱弹小戏《抖狮结义》获金奖（绍兴市唯一）。《抖狮结义》联袂诸暨三大国遗项目（西施传说、诸暨西路乱弹、草塔抖狮子），以草塔抖狮子的诞生和发展为主线，通过诸暨西路乱弹的表演形式，融入西施传说、赵家拳棒元素及暗堰这一农业文化遗产，再现三百年前的村庄故事，讲述如何化解村落矛盾、促进社会稳定发展，是“枫桥经验”历史文脉的溯源。该节目于2019年6月创排完成，7月9日在诸暨电视台录制并首演。

【“线狮”获2019年浙江传统体育类非物质文化遗产大会创新奖】10月26日，由浙江省非物质文化遗产保护协会、天台县人民政府、台州市文化和广电旅游体育局共同主办的“诗路传薪”——2019年浙江传统体育类非物质文化遗产大会暨天台山文旅融合高峰论坛在天台举行，来自全省13个县、市的15支传统体育非物质文化遗产展演队伍，共300多人参加了展演。诸暨市国遗项目“线狮”（草塔抖狮子）获创新奖，诸暨市文化广电旅游局获优秀组织奖。

【两位非遗传承人入选绍兴市首批乡村振兴“领雁计划”人才名单】10月，绍兴市首批乡村振兴“领雁计划”人才名单公布，诸暨市非遗中心选送的非遗传承人俞福均、沈牡琴入选。

【两家单位入选首批绍兴市非遗研学游实践基地名单】7月4日，越红茶叶博物馆有限公司和诸暨市新灿棕编工艺品工作室入选首批绍兴市非遗研学游实践基地名单。

【非遗旅游景区建设】8月14日，同山镇、东和乡十里坪村等4个镇村获评首批绍兴市非物质文化遗产旅游景区，其中同山镇、东白湖镇、西施故里旅游区公布为非遗主题小镇，东和乡十里坪村为民俗文化村。12月22日，同山镇公布为第五批浙江省非物质文化遗产旅游景区，隶属非遗主题小镇，以“同山烧酒传统酿造技艺”为非遗活态主要展示。12月，公布诸暨市西施故里风景旅游区、越红茶叶博物馆、诸暨市新灿棕编工艺品工作室、浙江省诸暨市职业教育中心、浙江诸暨技师学院等5处为诸暨市第一批非物质文化遗产体验点。

广播电视台

【概况】2019年，市广播电视台围绕庆祝新中国成立70周年，努力营造“礼赞新中国、奋进新时代”的浓厚氛围这条主线，以“深度融合，实干创先，和谐发展，打造强台”为目标，推进“创新行动”，开展“质量提升年”活动，实施“卓越工程”计划，新闻宣传事业融合发展、智慧发展、创新发展。全年在中央电视台新闻联播播出单条2条，综合18条。全国新闻联播或报纸摘要播出单条3条，综合22条。浙江卫视浙江新闻联播播出头条11条，单条51条，浙江之声浙江新闻联播、浙广早新闻播出头条6条、单条49条。获得全省广播新闻协作一等奖、全省电视新闻协作一等奖、电视全省广播电视新闻融合传播协作一等奖、全省上送央视新闻前十强单位、“浙江乡村振兴带头人”优秀组织奖、绍兴市三八红旗集体等荣誉。7月18日，诸暨市融媒体中心揭牌仪式上午9时在诸暨日报社举行。9月30日，中共绍兴市委机构编制委员会发文《中共绍兴市委机构编制委员会关于同意组建诸暨市融媒体中心等事宜的批复》（绍市编〔2019〕57号），同意整合诸暨市广播电视台、诸暨日报社，组建诸暨市融媒体中心，为诸暨市委直属事业单位，机构规格为正科级。不再保留诸暨市广播电视台。

【广播电视主题报道】2019年，先后推出聚焦经济优化环境、与杭同城好美诸暨、找短板谋突破系列访谈、推进十大专项行动·学习贯彻市委全会精神、“不忘初心牢记使命”等近10个重点栏目，播出各类主题报道530条。开展“壮丽70年奋斗新时代”中华人民共和国成立70周年大型融媒体行动、《寻美乡村看振兴》记者践行“四力”（脚力、眼力、脑力、笔力）融媒体行动、“我们都是追梦人”系列短视频摄制等活动。策划推出异地采访活动“聚焦大湾区融入长三角——融杭接沪调研行”和“长三角·特色小镇1+1”对农广播融媒体大型跨地行动，通过展示特色，推进区域合作，传播好美诸暨。先后赴长三角区域兄弟县市和四川金川县开展“接沪融杭”和“对口援建”全媒体异地采访。推出《影像诸暨》系列短视频，通过对过去影像资料的翻录再现与现在的变化进行视觉对比，诠释70年来诸暨城镇建设、生活水平等方方面面发生的巨大蜕变，累计推出20余期。

【“壮丽70年奋斗新时代”融媒体新闻行动】4月28日，活动分“壮丽70年奋斗新时代——庆祝新中国成立70周年”综述报道和“壮丽70年奋斗新时代·我们都是追梦人”系列短视频两大版块展开。集中报道新中国成立以来全市政治、经济、社会、文化和党的建设取得的成就，特别是在城市建设、乡村振兴、生态文明、民生改善、文化旅游及经济发展等方面的生动实践和显著成效。《矿山复绿满目春》《共创森林城市拥抱绿色海洋》《高湖：从滞洪区到“诸暨西湖”的华美转身》等报道，回顾诸暨市生态建设里程，展示华美蜕变画卷。《大唐街道：从无导游“袜艺小镇”招牌更响亮》讲述大唐“袜艺小镇”是如何通过转型创新一步步从无到有，从地方走向全国的。《跨江东进越山西拓城市发展绘出“诸暨样本”》《从“赤脚医生”到三甲争创铺设百姓健康之路》《从诸暨剧院到西施大剧院》等主题报道，全方位、多角度展示立体、美丽、发展的诸暨。《用心用情“三服务”》专栏相继推出《暨南街道：以“三服务”促融合全力推动高质量发展》《岭北镇：深化三服务用心办实事》《山下湖镇：全员下沉全面摸排助推珍珠产业高质量发展》《我市打造创新服务综合体助推经济高质量发展》等多篇报道，报道部门、镇乡实打实解决发展难题的典型事例。

【“不忘初心牢记使命”专栏】专栏报道中央、省委、绍兴市委和诸暨市委部署安排、进展动态和实际成效。《诸暨新闻》暨阳党建栏目推出“学先进守初心”系列报道，《骆根土：从和谐到富裕致力打造最优村居》《丽坞底党总支：打铁还靠自身硬村美民富事业兴》等人物和集体典型，集中展示新时代优秀共产党员、优秀党务工作者和先进基层党组织的不凡业绩和良好风采。推出《聚焦高质量教育》系列报道，《深化机制体制改革让优质资源成为根本保障》《立德铸魂涵养勤劳奋斗精神》《本台评论：良好教育环境要靠全社会共同营造》等报道，从资源保障、立德树人等方面梳理近年来全市教育工作取得的成效，找出存在的问题和差距，共同探寻高质量教育之道。针对“与杭同城三年行动计划”这一战略举措，采访浙江省人民政府参事方泉尧、浙江省美术馆原馆长斯舜威、浙江省人民医院院长葛明华等诸暨籍在杭知名人士，制作H5（第5代HTML）作品进行广泛传播。推出大型异地采访活动“聚焦大湾区融入长三角——融杭接沪调研行”，接连赴海宁、柯桥、德清、安吉、余姚、慈溪等地，深度挖掘这些周遍县市在融杭接沪中的成功经验和典型做法，借他山之石壮实诸暨发展力量。

【新中国成立70周年报道】70周年国庆前夕，《诸暨新闻》开设《我和我的祖国》专栏，报道的主角既有亲身经历的抗战老兵，也有曾经参与阅兵的人员。《金锡华：几天几夜急行军解放全中国》《郭奎良：有幸参加国庆阅兵是我一辈子的骄傲》等报道，生动展现他们的家国情怀。《民情直播》特别策划推出三期海外采风，《祖国，我想对你说》《说说家乡新变化》《感受生活变迁你幸福吗？》分别以国家、城市、家庭的角度，通过普通市民谈亲身感受，反映中华人民共和国成立70年来的沧桑巨变。同时，栏目还重点关注社会各界庆祝中华人民共和国成立70周年而开展的系列活动，为祖国献礼。

【“重走初心路”大型融媒体新闻行动】2019年，紧扣市委“一四十”重大决策部署，聚焦一批重点建设、重大事件，《诸暨新闻》推出“重走初心路”大型融媒体新闻行动，通过回访亲历者、参与者，采访“十大专项行动”推进者、实践者，反映“四走”基层服务破难的成果成效，讲述“奋斗故事”、记录“初心体悟”、回答“使命担当”，大力弘扬诸暨“三种精神”，凝聚高质量发展的强大动力。

【广播融媒体大型跨地行动“长三角·特色小镇1＋1”】2019年年初开始，由诸暨人民广播电台牵头，联手沪苏皖三省兄弟台，联合推出的首季对农广播融媒体大型跨地行动“长三角·特色小镇1＋1”活动，在8月底圆满落下帷幕。此次活动，历时6个月，以沪苏浙皖三省一市开展6场微信视频直播活动为主要呈现形式，全网点击超1000万人次(含微信直播、Vlog视频小花絮、抖音小视频、朋友圈转发等)，视频直播点击超200万，在长三角区域开创了县级小媒体引领跨省大行动的先河。“长三角·特色小镇1＋1”活动，在参加2009年的省对农政府考评中荣获一等奖。与此同时，《田园人家》节目获三等奖，对农栏目考评再次获得优秀，实现九连冠。

【《民情直播》栏目】2019年，《民情直播》深入基层，聆听百姓呼声，解决民生实事。“兄妹帮忙团”先后播出《工资拖欠一年多连番承诺无下文》《别墅竟成“养狗场”多位业主有意见》《5万淘宝运营服务费换来的却是生意亏损》《新买冰柜门有高低兄妹帮忙最终换货》《女子肿瘤术后要求保险理赔医学证明引纠纷理赔遇麻烦》《种植葡萄连年滞销盼爱心人士伸援手》等百姓关心的民生事件，为百姓排忧解难。兄妹帮忙团还关注不幸罹患癌症决意捐献遗体的38岁母亲邓高美，帮助她和家人联系市红十字会，先后推出《邓高美：生命最后时刻捐献遗体精障母亲走出人生最大宽度》《邓高美：面对面确认遗体捐献渴望延续生命的意义》《邓高美：实现生前遗愿完成遗体捐献》等连续报道，通过宣传平凡母亲邓高美在人生终点做出不平凡决定的事迹，弘扬社会正能量。并联合手拉手爱心服务社，举行“千里寻亲让爱回家”大型公益寻亲活动，来自山东高唐的郭爱芬女士在栏目和志愿者团队的共同努力下找到了亲生父母，栏目推出《离别40年的牵绊你是我要找的人吗？》《跨越千里终团聚母女一朝久别重逢》等系列跟踪报道。在舆论监督方面，播出《绿地建设存滞缓民生工程盼落实》《漫步道积水影响出行民生小事不该小视》《“接驳车”难衔接村民出行遇麻烦》《犬伤高发文明养犬需更多自觉》《新国标出台两月老国标依旧在销售》《记者调查：暴雨过后三问城市排水设施》等报道深入挖掘现象背后的实质问题，对百姓关注的社会热点积极予以回应并及时跟进后续动态，主动做好反馈报道，曝光问题在短时间内得到解决。深入挖掘年仅35岁因病逝世的市公安局刑警大队副大队长、全省优秀人民警察詹文锴的感人事迹，推出《天妒英才！今天，全诸暨人都为他痛惜……》《市委追授詹文锴“诸暨市优秀共产党员”，今天千人含泪送别》等报道。

【“全媒体矩阵”立体宣传】年初的市委全会上，“视听诸暨”微信公众平台推出了《划重点！2018年诸暨取得了好成绩！2019年怎么干？徐良平书记说……》“两会”期间，连续推出《刚刚，王芬祥市长所作的〈政府工作报告〉带火了这些词》《今年，每个诸暨人都将收到这10个超级“大红包”》等网络作品。创新推出书记、市长重要讲话、代表委员访谈等H5，把两会亮点、精彩内容浓缩在短短的几十秒时间内，并引发朋友圈大量转发，总收看量达十余万人次。积极开展医保诈骗、交警整治、减税降费等多场精彩直播。2019环法挑战赛·西施故里诸暨站5月26日鸣枪开赛，在全媒体持续预热的基础上，推出了创意H5作品，将环法挑战赛沿途的经济社会发展情况，通过虚拟骑行的方式进行全程宣传，60多万人阅读转发。环法挑战赛当天，《视听诸暨》进行了全程直播，100多万人在线观看，留言达1万多条。在抗战第9号台风“利奇马”期间，时政新闻和视听诸暨显示出同频效应，诸暨新闻8月8日至8月15日期间，共播出《近百万群众安全转移》《多部门各司其职力保道路安全畅通》《新闻特写：逆风而行守平安》《新闻特写：抗台回来喜抱胖儿子》等近20篇抗击台风报道，内容涵盖了防台、抗台及灾后自救，还有抗台中的温情故事。同时推出报道《临海遭遇洪水围城我市多支救援队连夜驰援》，在临海第一现场发回救援画面。视听诸暨同步推出《迎战台风“利奇马”！一级应急响应启动，诸暨各部门、镇街已严阵以待！》《最新消息：台风“利奇马”过境诸暨！这些人彻夜未眠，背影超帅！》《临海古城被淹，诸暨驰援，50 多位勇士彻夜奋战，救援仍在继续……》详细报道诸暨远赴临海救援，《诸暨新闻》和《视听诸暨》微信平台同步推出报道 20 多篇。《视听诸暨》推出《长三角区域媒体诸暨大型采风》新闻行动和《最美奋斗者》系列主题栏目，推送报道 50 多篇。推出“西施眼”视频、城市快闪《我和我的祖国》。承办中央政法委中国长安网“中国政法七十年”系列直播浙江专场——平安小镇枫桥的直播活动，视频全网点击达到了 60 多万人次，展现了枫桥经验和谐与共的浙江精神。“壮丽 70 年奋斗新时代 · 我们都是追梦人”系列短视频还在学习强国、蓝媒号等平台同步推送。

【《西施眼》短视频节目】2019 年，以“带着情怀看诸暨”为宗旨，结合不同主题，巧妙运用微电影、人物纪实短视频、海采、快闪等多种形式，在《视听诸暨》微信平台开设专栏传播。结合传统民俗推出的《露天公米饭》，浓浓的乡情勾起大众共鸣。优秀民警詹文锴去世当天，推出的短视频《明天凌晨，文锴回到家！同事们刚刚录的这段视频看哭了所有人》，点击量突破 10 万 +。与市文明办联合推出的移风易俗公益微电影《最好的礼物》感人至深，点击量 3.8 万，评论 200 多条，在省网信办、省广电集团举办的“微力无穷”短视频大赛中荣获二等奖。在此基础上，加强与各级各部门的联动，与国税局合作推出虚构类短视频《我不是骗子》，与市文化局、图书馆联合推出《书香暨阳》，与市总工会联合推出《劳模工匠》系列短视频，与团市委合作推出《我和我的祖国》快闪短视频。

【广播电视线上线下活动】“春满浣江”2019 诸暨市春节联欢晚会为全市人民送上一道丰盛的除夕大餐。“‘丰碑永恒’不忘初心牢记使命——纪念新中国成立 98 周年大型红色访谈”节目，讲述先烈背后感人的故事，节目视频成为了全市党员学习教育的视频教材。广播“萤火虫悦读计划”成功推出金铁虎、章代炎、杨佩瑾等 25 位嘉宾的访谈节目，推出相关微信 150 多篇次，其中 80% 以上有朗读音频。举办第三季童声读书会大赛、“书香点亮生活”大型诗歌诵读晚会、“我们都是追梦人”诸暨市劳模、工匠颁奖典礼、“慧佳颐和”杯诸暨市越剧大赛、“好美诸暨”2019 诸暨市导游、讲解员大赛、诸暨市第五届“金荷花”微电影节等活动。

【“用电视”推广】2019 年，结合广播电视网络的资源优势，依托大数据、云计算技术，融合公民社保、医疗、养老等服务，发展“广电网络 + 政务服务”应用，完成基于数字电视的政务服务云平台主要功能建设，在浣东街道和同山镇的 3 个行政村继续试点推广。“用电视”模块中，完成智慧交通、美丽乡镇、智慧医疗、诸暨气象系统等模块建设。《基于数字电视的政务服务云平台》入选 2019 年度国家广播电视和网络视听产业发展项目库，同时荣获浙江省广播电视科技创新项目“金潮奖”基层优秀科技创新类一等奖。开发网上移动营业厅和网格营销系统，将网上营业厅并入“视听诸暨”公众号，基本业务可直接在网上营业厅办理。开发调试诸暨版 4k 超高清机顶盒，以浣东街道和部分酒店为试点，推广应用 4K 超高清机顶盒。

【“智慧城市”系列建设】2019 年完成的投资项目涉及 37 个子系统，按照统筹规划、分步实施的原则，打造全市范围内的智慧化、信息化平台，包括智慧交通、智慧医疗、智慧公安、雪亮工程、智慧电梯、智慧国土、智慧广电、智慧应急、智慧城管、智慧政务等在内的综合化城市管理服务系统和大数据平台，形成信息安全、运营保障两大体系。智慧城市建设产生的大量数据和信息，通过广电“用电视”项目和传统的用电视终端等结合，确保充分发挥智慧城市建设的综合效益的同时，巩固发展传统广电产业市场。

【广电网络双向化改造】2019 年，制定《诸暨广电双向网改实施方案》和《诸暨广电双向网改工作清单》，明确技术方案，从 11 月初起启动培训等相关工作。结合老小区改造推进智能化网络改造，完成城区一环线以内 128 个老小区的整体改造工作，涉及广电用户近 2 万户。完成由市广播电视台牵头的浣东街道等 8 个乡镇第二批“五星达标、3A 争创”余下 11 个行政村弱电线路整理工作，并对 2018 年实施的工程质量进行全面排查整改提升。牵头完成马剑镇石门精品村、王家井沿江新村、牌头新升村精品村建设工程，全面完成店口社区、渔村村广电线路“上改下”

等重点工程，以工程带动网络的提质升级。

【环网链路保障建设】2019 年完成春节、各级“两会”和国庆 70 周年等重大安保期间的广电线路安全保障工作，协助做好诸暨自行车赛、马拉松等重大赛事沿线路段架空线路整改、老小区改造、新小区配套等市政土建线路整治工作。截至 12 月中旬，省地县三级环网维护 52 次，2019 年环网故障次数较 2018 年减约 59%，主干业务零中断。

【广电数据中心建设】2019 年上半年，诸暨广电第三代数据中心收尾工作有序推进，配套 UPS（不间断电源）机房、缆线机房建设完成，制冷、电源和消防等动环设备顺利接入原有动力环境监测系统，第三代数据机房与十二楼中心机房互联互通，实现核心业务逐步下沉及智慧业务设备扩容，大大拓展了广电信息项目承建能力。

【安全播出体系建设】2019 年，对前端播出平台进行全面、系统性整理维护，如对卫星天线加装防 5G 干扰设备、对重要信源部署云切系统和扩容多画面监测系统等，2019 年前端维护工作量约是 2018 年的 5 倍，前端安全性有明显的提高；制定周二巡检制度（代号:金盾行动），对机房设备系统进行全面深度“体检”，改变了以往“巡而不检”或浅层“走场式”巡检现象，主动消除多起潜藏隐患，重点研判故障原因，提出诸多切实可行的机房运行建议，保障安全播出可靠、稳定运行。

【对外报道主要成果】元旦当天，枫桥镇杜黄新村的麻糍节在中央电视台《新闻联播》、浙江卫视《浙江新闻联播》、绍兴电视台《绍兴新闻联播》三级主流媒体权威栏目同时刊播。4 月 18 日，中央电视台《新闻联播》一季度经济观察播出《制造业转型升级加速》，以 2 分多钟的时长，报道诸暨市的传统产业数字化转型。5 月 18 日，中央电视台播出《中国企业:无惧风雨沉着应对》，报道诸暨市袜业企业沉着应对中美贸易战，积极开拓新兴市场。8 月 11 日，中央电视台《新闻联播》栏目播出《“利奇马”北上沿线全力应对》，报道诸暨市红十字救援队赶赴临海灾区驰援的故事。

央视专题播出。5月1日，在央视7套《农广天地》专题播出《丰收中国》（上、下）。5 月 10 日，央视专题播出《慧眼识珠》。6 月 18 日，央视专题播出聚集三农《柬埔寨孩子在中国开启求学之路》。

12 月 3 日，央视专题播出《珍珠价格连涨三年，珠宝行业不景气，珍珠为何变珍贵》。12 月 23 日，央视新闻法治在线专题播出《小所大治看“枫桥”》。12 月 23 日，央视二套生财有道专题播出《次坞打面岁月传承中的诸暨味道》。12 月 27 日央视二套生财有道专题播出《小香榧，做成大产业》。（傅伟江）

诸暨日报社

【概况】2019 年，诸暨日报社抓好传统媒体和新兴媒体两大阵地，以推进媒体深度融合建设新型主流媒

2019 年诸暨广电省级获奖新闻作品一览表

表 22

评奖单位	获奖作品	作者
中国记协	《诸暨:请来的“洋专家”又走了“退出机制”动真格》中国新闻奖三等奖	康　伟　胡正涛
浙江省广播电视局	《诸暨:请来的“洋专家”又走了“退出机制”动真格》获省政府奖电视消息一等奖	康　伟　胡正涛
浙江省广播电视局	《“黑囡”出嫁》荣获省政府奖广播专题二等奖	康　伟　周芝兰　章怀锋　殷　杰　陈笑飞

续表 22

评奖单位	获奖作品	作者
浙江省广播电视局	《"老赖"别跑！》荣获省政府奖新媒体直播二等奖	康　伟　周芝兰 周　滨　叶京取 钱旭锋　闫　帅 边鲁平
浙江省广播电视局	《"最美"西施马拉松，我们一起跑起来》 荣获省政府奖新媒体创意互动三等奖	蒋　巍
浙江省广播电视局	《大唐：因袜而名》荣获省政府奖金鸽奖三等奖	康伟胡正涛叶京取
浙江省广播电视局	浙江省广播电视对农节目服务工程建设考核电视类中 《乡村道地》获对农节目鼓励奖	《乡村道地》栏目
浙江省广播电视局	浙江省广播电视对农节目服务工程建设考核电视类中 《老胡的夏天》获对农节目二等奖	王冬牛、朱坚定等
浙江省广播电视局	《"潮爷爷"诞生记》获第三届省纪录片短纪录片丹桂奖	王冬牛、陈　言
浙江省广播电视局	浙江省广播电视系统网络安全对抗赛优秀选手奖	王开义
浙江省广播电视局	省广电技术类"金鼎奖"评选中《诸暨新闻》0712 获省电视节目技术质量高清新闻类三等奖。	王开义等
浙江省广播电视局	省广电技术类"金鼎奖"评选中《基于双活 NAS 高性能存储 制作系统》获省电视节目科技创新项目三等奖。	王开义、刘　会
浙江省广播电视局	《高清卫星新闻直播车功效的选择》 获绍兴市金潮奖科技论文类三等奖	刘　会

体，全力回答好媒体融合发展这一时代课题。全年经营总收入达 6400 万元、利润达 1900 万元。

诸暨日报全年共完成外宣报道 242 篇，其中浙江日报 55 篇（头版 13 篇、头版头条 2 篇）；绍兴日报头版 35 篇（头版头条 5 篇）；中央媒体头版 2 篇（7 月 14 日经济日报头版、10 月 31 日新华每日电讯头版）；绍兴市级以上新闻网站发稿 90 条，全国主流新闻网站发稿 13 条；报送市级内参 18 则，获领导批示 17 次；2019 年获评 2018 年浙江新闻奖 4 件、2018 年度中国县市区域报新闻奖 29 件、2018 年度浙江省县市区域报新闻奖 12 件。2019 年发行《诸暨日报》4.7 万份，发行费突破 1300 万元。电子报订阅数量从 2018 年的 5000 份增加到 2019 年的 7000 份。

至 2019 年 12 月底，诸暨日报社共有从业人员 102 人，班子成员 10 人。全媒体采编人员 64 人，从事经营 13 人，从事管理、后勤 25 人；高级职称（副高）6 人，中级职称 30 人；本科及以上学历 78 人；事业编制人员 31 人。诸暨日报社共设置 10 个部室，分别为办公室、新闻部、政务部、技术部、出版部、财务部、策划部、诸暨好停车事业发展中心、发行部、物管部。

诸暨日报社有媒体产品包括纸媒、网站、微信公众号、客户端、抖音、户外媒体。诸暨日报有限公司控股诸暨最大的门户网站诸暨在线。《诸暨日报》下设子报 7 张，网站 3 个。爱诸暨微信公众号订阅数近 30 万，诸暨日报抖音号粉丝 12 万。有 3 个 APP，其中浙江新闻客户端诸暨频道用户数 64 万，掌上诸暨APP用户数11万，好停车APP用户数5.5万；新媒体总用户数超200万。在城区共设置户外阅报栏146个。2月11日，浙江发布推送《2018年浙江省政务新媒体发展指数报告》，诸暨发布荣登县（市、区）级政务新媒体榜首。

【重大主题报道】2019年，诸暨日报相继开设“用心用情三服务”“聚焦经济优化环境”“文明实践美好暨阳”“与杭同城好美诸暨”“推进十大专项行动”“不忘初心　牢记使命”等一系列栏目，凝聚全市一心一意抓项目促发展的舆论氛围。紧扣中华人民共和国成立70周年的主题，2019年4月11日，开设“壮丽70年奋斗新时代”做强鼓与呼。6月，“红色的力量”系列，聚焦诸暨先烈的革命奉献精神，为改革开放再出发提供精神营养，连续9个版面，以系列形式提取诸暨精神，同时推出“推动高质量发展”系列力量篇、改革篇、成就篇，呼应红色力量。紧扣“与杭同城”这一高质量发展的牛鼻子，2019年4月推出“寻找与杭同城的密码”——诸暨日报“与杭同城好美诸暨”大型新闻采访行动，为诸暨接沪融杭营造良好的舆论氛围。

【重要专题性报道】9月初在《诸暨日报》开设“学先进　守初心”专栏，制定“专项整治阶段”宣传方案，及时报道“两优一先”先进事迹和“红色基地”，为主题教育起头。全市主题教育正式启动后，要闻版开设“不忘初心、牢记使命”专题专栏，及时报道全市部署会议、市委专题学习会、初心之行等重要会议和活动，刊发《初心使命呼唤斗争精神》等评论言论。同时，突出“红色资源”优势，推出《共走“初心”路》红色专版，图文并茂介绍基地情况。在此基础上，积极对外宣传，组建讲师团赴金川传播开展主题教育的做法，获人民网、今日头条等平台刊发，9月13日绍兴日报刊发《诸暨确保主题教育高位起步高标推进高质量落实》报道。

【全媒体融合发展改革和全媒体联动】全媒体一体化采编平台建设和全媒体融合策划机制建设，完善全媒体采编流程。在2018年软硬件建设和前期融合的基础上，2019年1月开始，实施第三期改革，实施PM序列(P序列为技术岗，M序列为管理岗）改革，调整部室，实现新闻采编的全媒体考核。2019年2月2日，诸暨市委副书记、市长王芬祥到诸暨日报社融媒体指挥中心参观，并调研媒体融合推进情况。他指出：“要高度重视传播手段速度和创新，努力实现媒体深度融合和内容精品生产‘两个高水平’，不断提高新闻舆论传播力、引导力、影响力、公信力”。2019年，诸暨日报社以全媒体报道为主阵地，报纸头版、要闻相互补充，纸媒、客户端、微信端、诸暨网、抖音、微博多端口联动，在报道中，多运用视频、H5、动图，和传统的图标、照片、记者手记、评论互为补充，丰富主题报道的内容，也让主题报道更加亲民与易于传播。

【融媒体产品数据创新高】诸暨日报社各新媒体平台不断加大个性化内容生产，许多数据创新高。浙江新闻客户端诸暨频道阅读量10万人次以上的文章近200篇，其中30万以上文章19篇。新媒体产品213个（其中抖音产品《网络主播乞丐哥被捕》点击量超2900万人次）2019年，“诸暨日报爱诸暨”微信共发布364天，推送微信2083条，阅读总量达到2269万人次，每篇的平均阅读量为1.1万人次，微信新榜指数924。诸暨日报爱诸暨微信公众号在浙报集团微信矩阵周报TOP20账号中，多次位居九家县市报第一名。

【短视频和直播】《追梦七十年》获近150万人次阅读量，市委宣传部长高度评价：“以普通人的追梦路反映70年的时代发展路，宏大主题讲述，融媒体手段呈现，鲜活生动，真实感人。希望以后的主题报道中多探索这样有创意、接地气的策划”。三则视频同时在“辉煌诸暨”大型发展成就展播放。《我们都是与杭同城的受益者》短视频成为杭州·绍兴周会议现场暖场片，与杭同城系列新媒体产品获总量50万的阅读量。《恋恋暨阳路》微纪录片，在诸暨日报爱诸暨上获10万阅读量。《未来已来》短片，运用航拍、C4D建模等技术第一时间关注诸暨行政区划调整这一重大事件。诸暨在线借力“1963法润”直播平台，推出《学先辈　悟初心——诸暨籍共产党人与初创时期的中国共产党》《跟着镜头看“辉煌诸暨”的发展成就》两场直播活动，均有10万多人次收看。

【智慧停车收费管理项目运行稳定】诸暨智慧停车收

费管理项目，为全国县市报当中首个参与政府公共资源管理的经营性项目和县市区域报首个真正意义上的智慧生活服务平台。2019年，覆盖面进一步扩大，道路收费泊位达2200个。诸暨好停车APP实现支付宝、微信等智能化收缴费。用户可通过该APP绑定车牌，实现自助缴费、停车位数量查询、停车引导等功能，缓解部分区域"停车难"现象，推动诸暨智慧城市建设。

【诸暨日报"越视频"上线】1月，诸暨日报社成立短视频团队，上线"越视频"短视频。并推出"两会我@你"越视频系列产品。2019年，推出了休闲旅游、城市管理、二孩与教育、乡村振兴、养老等专题。

【"辉煌诸暨"大型发展成就展】9月28日至11月10日，为庆祝中华人民共和国成立70周年，"辉煌诸暨"大型发展成就展在诸暨市体育馆向公众开放。成就展由中共诸暨市委、诸暨市人大常委会、诸暨市人民政府、诸暨市政协主办，中共诸暨市委宣传部、诸暨日报社承办。成就展以时间为主线，对诸暨发展历史进行挖掘和总结，通过图片、文字、视频、实物等形式，展示中华人民共和国成立70年来诸暨建设发展的光辉历程、伟大成就和宝贵经验。4月开始筹备工作，诸暨日报社组建专门团队发动全市镇乡街道、部门局办，以及摄影爱好者，收集了13000多张照片，最终筛选近千张照片。观展人数突破20万人次。

【所获集体和个人荣誉】2019年，诸暨日报社获得的绍兴市级以上集体荣誉有"十强报"（浙江省记协县市区域报工作委员会2019年5月颁发），"十佳新媒"（浙江省记协县市区域报工作委员会颁发），2019年度效率奖（浙江日报报业集团2020年1月颁发）。

报社员工所获得的绍兴市级以上个人荣誉有：郭斌获评2018年度浙江省县市区域报十佳创新人物（浙江省记协县市区域报工作委员会2019年5月颁发）；吴作浩获评2019年"浙报先锋"——好党员（浙江日报报业集团2019年6月颁发）；翁均飞获评2018年度浙报集团优秀人物（浙江日报报业集团2019年1月颁发）；王益均获评2019年度"优秀通讯员"（浙江日报报业集团2020年1月颁发）。

【获奖新闻作品】2019年颁发的2018年度诸暨日报社获奖新闻作品详见下表。

图书

【概况】2019年，诸暨市图书馆图书总藏量达89.96万册，总服务人次118.2万人次，图书流通76.99万

2019年诸暨日报社获奖新闻作品一览表

表23

2018年度浙江新闻奖（浙江省新闻工作者协会2019年6月颁发）		
二等奖1件	《"枫桥经验"中的人和事》	郭斌 骆少华 倪钰
三等奖3件	《新美容轶事》	翁菽涌 郭斌
	《"汶"姑娘，"浙"十年》	应柳漪 郭斌 周升蓉 杨勤业
	《村民"曲线回家"症结何在？》	胡子昂 王益均 倪钰 马青华
"微力无穷—在·身边爱·回家"2019春节网络文化活动（2019年3月浙江省委网信办等颁发）		
三等奖1件	《我们的年》微电影	诸暨日报越视频团队

续表 23

“我爱我的祖国”微视频、摄影作品大赛(2019 年 12 月学习强国学习平台颁发)		
三等奖 1 件	追梦 70 年	诸暨日报社
“人间有善才温暖”纪实摄影大赛(浙江省记协 2019 年 12 月颁发)		
银奖 1 件	《独腿老人郦礼元,三年捡十万废弃农药瓶》	郭　斌
2018 年度中国县市区域新闻奖(中国县市报研究会 2019 年 5 月颁发)		
一等奖 11 件	《解析诸暨产业经济半年报系列报道》	马青华
	《最诸暨最感动,2018 诸暨好人故事在这里等你》	集体
	《今天这个诸暨囡出嫁！所有到场的人,都幸福地哭了	应柳漪　费晓笑
	《诸暨要火！市长亲自拍短视频！央视首播！快来打 CALL！》	费晓笑
	《〈六十条〉助推富润高质量发展》	宣浩军　斯海燕　黄柳苞
	《总书记的话记心上》	陈泽燕　周飞腾
	2018 年 6 月 22 日头版	石坚钢　黄柳苞
	《“汶”姑娘,“浙”十年》	郭　斌　应柳漪
	《新美容轶事》	翁莼涌　郭　斌
	《主流媒体轻娱乐型产品的创新设计与传播手法》	费晓笑
	《“大调研大走访大服务”系列时评〈解释再好不如解决好〉〈明天再快也是慢〉〈不能因错过而过错〉》	吕　岚　斯海燕　王益均
二等奖 14 件	《视频面谈打破时空掣肘“互联网 +”广招高层次人才》	钟勤奋　宋琳琦　黄柳苞
	《诸暨创新在线调解“一次都不跑”》	倪夏子
	《八校四路段有了“爱心绿波”》	陈伯渠　张　菲　黄柳苞
	《幸福是这样奋斗出来的——对话·改革开放 40 年》	集体
	《永宁百年古桥　今朝终于圆梦》	何珠华
	《文明实践　美好暨阳》	集体
	《“幸福是这样奋斗出来的——对话·改革开放 40 年”》融媒体系列报道	集体
	《全浙江为这 9 个诸暨男孩鼓掌！他们却哭了 :这也许是最后一次……》	费晓笑　郭　斌

续表 23

二等奖 14 件	《村民“曲线回家”症结何在？》	胡子昂　王益均　马青华
	《厂停了 11 年，大唐杨老板说：情意还在！》	何珠华　费晓笑
	《91 岁的岭北爷爷，是诸暨年龄最大的“义工”》	骆少华　倪夏子
	《土命》	黄利明
	《“枫桥经验”中的人和事》	郭　斌　骆少华　倪　钰
	《拒绝比接受更动人》	陈伯渠　毕竹韵
三等奖 4 件	《紫草坞“旅馆式”出租房算好三本账》	王益均　吴　帆　马青华
	《放映员的家庭史志馆》	杨迪尔　陈　军
	《56 岁“海爸”直播剖蚌成网红》	郭　斌
	《起哄也是杀人刀》	费晓笑　杨凌燕
浙江省县市区域报新闻奖（浙江省县市区域报 2019 年 5 月颁发）		
一等奖 5 件	《“大调研大走访大服务”系列评论》	吕　岚　斯海燕　王益均　黄柳苞
一等奖 5 件	《为什么说诸暨是最牛县级市？看完这个视频就懂了！》	蔡东森　费晓笑
	《“枫桥经验”中的人和事》	郭　斌　骆少华　倪　钰
	《“汶”姑娘，“浙”十年》	郭　斌　应柳漪　周升蓉　杨勤业
	《县市报如何破解全媒体深度融合之困——以<诸暨日报>为例》	石坚钢
二等奖 3 件	《幸福是这样奋斗出来的——对话·改革开放 40 周年》	集体
	《二十年前招的工人全成了亲人》	何珠华　费晓笑
	《56 岁的“海爸”直播剖蚌成网红》	郭　斌　杨勤业
三等奖 4 件	《总书记的话放心上》	陈泽燕　周飞腾　倪　钰　黄柳苞
	《全浙江为了这 9 个诸暨男孩鼓掌！他们却哭了：这也许是最后一次……》	费晓笑　郭　斌
	《心灵法门是个什么鬼》	宣栋翰　杨凌燕　刁卓璐
	《主流媒体轻娱乐型产品的创新设计与传播手法》	费晓笑

册次，共办理借阅证37747张。作为“书香暨阳”的重要品牌，暨阳朗诵团和暨阳阅读联盟开展各类阅读推广活动，先后走进凤凰社区、越书房、越读·布谷书店、市武警中队等地联合开展各类公益朗诵活动。世界读书日(4月23日)期间，市图书馆牵头举办了全民读书节启动仪式暨“书香点亮生活”大型诗歌朗诵晚会、图书馆之夜、浙江省公共图书馆2019长三角地区阅读马拉松大赛等全民阅读系列活动。全年开展阅读推广活动116场，组织各类讲座68场，举办展览33场。拓展阅读阵地，新建浙江蒂娜尔时装公司、诸暨市烟草公司、诸暨市中医医院3个馆外图书流通站，新建杨家楼、客运中心和瑞温德姆大酒店3家浣江书吧，新建梦想小城馆、东旺大厦馆、浣纱小学馆、八一社区馆、融媒体馆5家浣江书房。截至12月底，13家浣江书房已累计接待到场读者56.8万余人次，图书借阅31.3万册次。

【地方文献征集利用】2019年，新增地方文献217种636册，并形成完整目录。共参加8场地方圆谱活动，征得家谱23种347册，其中《暨阳南屏杨氏宗谱》167册，《藏绿周氏宗谱》65册。主办发行《诸暨谱牒文化》《越读》等期刊，2019年在全国发行《诸暨谱牒文化》2期，发行量为3000本，发行《越读》3期，发行量为3000本。依托“诸暨市宗谱研究会”、“诸暨市浣纱读书会”等群众团体，建立地方文献联系网络。征集一批志书，包括《江藻镇志》《诸暨市工商行政管理志(1988–2013)》《诸暨市国土资源志(1988—2017)》《诸暨市质量技术监督志(1976—2012)》《藏绿周氏志》《诸暨徐氏志》等。

【图书捐赠】10月，诸暨市新四军历史研究会向市图书馆捐赠《劲旅英杰——人民军队中诸暨籍名人选编》一书，该书以131名诸暨籍革命军人的事迹为主要内容。

11月29日，陈大平向市图书馆赠送6册《拾遗——陈大平生态书法作品集》。该书是陈大平取材自然界的树叶、树皮以及日常生活废旧绢布、纸板、残砖等作为书写材料，顺应其自然形态写就的书法作品。

12月12日，陈先波新著《旅游业发展之探索》首发暨座谈会在市社科联之家举行。会上，陈先波向市图书馆赠送新书。该书为诸暨全域旅游提供了有益的理论探索。

【书香暨阳“悦读”系列活动】2019年，市图书馆通过“线上+线下”的形式，举办了书香暨阳“悦读”系列活动。统筹越书房读书会、浣纱文学读书会、樊登书店读书会等阅读联盟成员单位，每月推荐阅读书目，通过读书讲座、阅读分享等方式结合开展活动。与诸暨日报合作开设《诸暨日报·文化周刊》“月读”专版，每月一期，在推荐阅读书目的同时，刊发读后感。

【新增5家浣江书房】2019年，新建梦想小城馆、东旺大厦馆、浣纱小学馆、八一社区馆、融媒体馆5家浣江书房并投入使用，共计增加书房面积730平方米，藏书87970册，涵盖少儿读物、绘本、成人历史、文学等领域。至12月底，全市浣江书房开放已达13家。

【市图书馆为“两会”提供信息服务】1月9日至10日，市图书馆在市“两会”代表委员驻地同方豪生大酒店和开元名都大酒店设立信息服务点，为代表委

2019年诸暨市浣江书房分布情况表

表24

馆名	地址
西施大剧院馆	诸暨市浣东街道东旺路67号
越书房馆	诸暨市东一路18号(市政府对面)
樊登书店馆	诸暨市人民中路198号3栋1层
心旅书苑馆	诸暨市友谊路118号22-23

续表 24

馆名	地址
暨阳小学馆	诸暨市暨阳街道江东新村暨阳小学门口
社科之家馆	诸暨市滨江南路 19 号
友谊社区馆	诸暨市陶朱街道王家湖东路 12 号友谊社区内
东福社区馆	浣东街道东福社区旁(人口文化公园内)
梦想小城馆	诸暨市暨阳街道江新路 1 号(城南国际商贸城东侧)
东旺大厦馆	诸暨市暨阳街道东旺路 28 号
浣纱小学馆	诸暨市暨阳街道南庠路 3 号(浣纱小学门口)
融媒体馆	诸暨市滨江中路 24 号
八一社区馆	诸暨市荷花路(荷花小学对面)

员提供现场办证、数字移动图书、电子阅读下载等多方位信息服务。会议现场设立了电子图书借阅机，内含浙江省各地依法治国、改革开放 40 年创新成果等多个专题信息，可现场点读，也可扫描二维码下载到手机上阅读。此外，借阅机还提供 3000 多种电子图书的下载服务。

【诸暨市首家外企图书流通站建成】3 月，在浙江蒂娜尔时装有限公司，建成诸暨市首家外企图书流通站——琴瑟书房，并为该企业配送图书 3000 册，现场办理通用读者卡 56 张。

【绍兴市社联调研评估小组考察市图书馆社科普及基地】3 月 29 日，由绍兴市社科院副院长李建兴、绍兴市社联科普处处长章燕等人组成的绍兴市社联调研评估小组，对诸暨市图书馆社科普及基地进行了实地考核，并予肯定。

【“图书馆之夜”活动】4 月 21 日晚“图书馆之夜”，由市图书馆、八个浣江书房及各镇乡(街道)图书分馆，分别举办朗诵会、公益讲座、阅读分享、图片展等各类阅读推广活动，全市 1500 余名书友参加活动。

【公共图书馆 2019 长三角地区阅读马拉松挑战赛】4 月 22 日，市图书馆组织开展 2019 长三角地区阅读马拉松大赛(浙江赛区诸暨市图书馆赛场)。全省共有 7000 名选手参加，诸暨市图书馆赛场共有十组团队 50 位选手进行阅读挑战。选手们在 6 个小时内，阅读由上海出版社出版的《寻找宜居行星》一书，阅读结束后用手机扫码计算阅读时间，进入阅马专用答题系统答题并完成一份 200 字左右的读后感，最终决出一、二、三等奖共 6 名。

【全民读书节启动仪式暨“书香点亮生活”大型诗歌朗诵晚会】4 月 22 日，由中共诸暨市委宣传部、诸暨市教育体育局、诸暨市文化广电旅游局、诸暨市广播电视台联合主办的全民读书节启动仪式暨“书香点亮生活”大型诗歌朗诵晚会在诸暨电视台演播大厅

4 月 22 日，书全民读书节启动仪式暨“书香点亮生活”大型诗歌朗诵晚会在诸暨电视台演播大厅举行 (杨炜泽 摄)

举行，主要内容有诗歌朗诵、歌舞表演及阅读达人、优秀阅读推广人、诸暨市书香家庭等书香暨阳建设成果表彰会等。

【绍兴首个红色主题馆——“晓松书屋”建成】5月11日，绍兴首个红色主题馆—“晓松书屋”建成开放。该书屋是以诸暨籍少将寿晓松名字命名的军事文献专题阅览室，藏有1200余册军事专题图书，馆内书籍以及军事纪念品是寿晓松以个人名义捐赠的。

【2019“全国助残日”活动】5月21日，市图书馆联合市残联、暨阳街道，举办“自强脱贫助残共享”爱心助残活动。市图书馆工作人员为来自暨阳街道的20余名残障人士办理听书器和读者证服务。

【暨阳朗诵团走进军营晚会】8月1日晚，市图书馆暨阳朗诵团将朗诵文化送进军营，共同庆祝中国人民解放军建军92周年。这是暨阳朗诵团继走进农村文化礼堂、走进社区等系列公益活动之后的又一次活动。

8月1日，暨阳朗诵团走进军营晚会 （杨炜泽 摄）

【“时代新人说——我和祖国共成长”主题朗诵活动】为庆祝中华人民共和国成立70周年，10月19日下午，市图书馆选送节目前往绍兴市图书馆参加“时代新人说——我和祖国共成长”主题朗诵活动。该活动以“时代新人说——我和祖国共成长”为主题，围绕祖国发展历程，抒发热爱之情。

【市图书馆少儿读者服务活动】11月8日上午，市图书馆联合市浣纱幼教集团开展幼儿书香体验活动，400多名幼儿园小朋友在老师的带领下参观市图书馆。

影视

【概况】2019年，全市有电影放映单位19家，其中民营电影院（城）18家。诸暨市影业有限公司为国有电影放映单位，至2019年年底，共有干部职工23人，电影放映队15支，有26名电影放映员，拥有数字放映机器30套。公司所属苎萝影城全年放映电影3175场，组织观众3.2万人次，票房收入92万元；公司放映队在全市398个行政村和社区、企业、学校、养老院、机关企事业单位进行数字电影公益放映，全年完成农村电影放映7296场，向社区、敬老院、武警、消防大队、市特殊学校免费送电影200场，放映学生电影604场，观众总人数168万人次。此外，放映“全国文明城市”“枫桥经验”“平安诸暨”“垃圾分类”等专项活动宣传片200场次，观众3万余人次。

【“百花放映情系基层”大型公益电影惠民系列活动】6月底，市影业有限公司承办了由中国文联、中国电影家协会、诸暨市委宣传部、诸暨市文化广电旅游局主办的“百花放映情系基层”大型公益电影惠民系列活动，在枫桥镇杜黄新村举办启动仪式，10月底完成诸暨市电影专场70场和公益宣传片140场的放映，观众人数达到1.5万余人。

【中华人民共和国成立70周年国产优秀电影展映】为庆祝中华人民共和国成立70周年，配合“我和我的祖国”群众性主题宣传教育活动，7月，国家电影局下发《国家电影局关于开展庆祝中华人民共和国成立70周年优秀电影展映展播活动的通知》。至11月底，诸暨展映新中国成立70周年国产优秀电影1417场。

著作书目提要

【《诸暨南社人》】名人生平事迹，陈大年主编，余德餘著。南社是中国近代史上产生过重大影响的革命文化团体。本书从生平和作品两个角度出发，挖掘了15名诸暨籍南社社员的生平史料及其诗文遗作，展现了他们为民族复兴不懈努力的“南社精神”。全书142千字，开本880mm×1230mm，1/32平装本，2019

年12月第一版，浙江古籍出版社出版，定价50元。

【《蚕桑资源药用研究》】中药资源研究，魏克民主编。全书按照蚕沙、蚕蛹、蚕丝分为三个部分书，每个部分按照原料、制备工艺、药效学研究、产品、临床应用归类，将魏克民教授对蚕桑资源的研究开发利用和相关产品的临床应用的先关论文和在血液病治疗的经验进行整理，详细记录和回顾了魏克民教授为中医药事业做出的卓越贡献。全书387千字，开本：710mm×1000mm，1/16平装本，2019年10月第一版，浙江大学出版社出版，定价89元。

【《夏燕》】长篇小说，吴海军著。全书以80年代——至今为背景，从主人公夏燕的幼年时期着笔，描述了她的成长过程中所伴随着的世事遭遇、情感生活，从辍学学习裁缝技术却被骗入“黑工厂”，到最后独立开办裁缝店，种种经历中展现了夏燕身上自尊自强、坚忍独立的人格魅力。全书230千字，开本710mm×1000mm，1/16平装本，2019年11月第一版，华文国际出版社出版，定价30元。

【《曦光自述》】自传，汪曦光著。本书作者以自述的方式，梳理了自己从一个农民的儿子到浙江省人民政府秘书长，又从浙江省人民政府秘书长到民营企业董事长的70多年的所见所闻和经历感悟，作者自身的大起大落也从某个方面反映了一个时代的变迁和发展。全书215千字，开本710mm×1000mm，1/16精装本，2019年1月第一版，浙江人民出版社出版，定价80元。

【《诸暨年鉴(2018)》】年鉴，诸暨市地方志编纂委员会编。全书从自然、政治、经济、文化、社会等方方面面出发，系统地辑录了诸暨市在2017年的基本面貌和发展状况，为社会各界了解诸暨、开发建设诸暨提供信息资料。印张34.75，1/16精装本，2019年1月第一版，上海文化出版社出版，定价180元。

【《白米湾耕读记》】回忆录，王文浩著。本书详尽地记载了白米湾诸暨县枫桥农业技术学校在当时特殊的社会背景下，筹备、建校、发展的全过程，展现了它在诸暨乃至省内教育改革过程中的独特性，颂扬了“白米湾人”在半农半读中所展现的不计个人得失、不畏艰难困苦、勤奋好学的品德精神，也展现了枫桥农校在诸暨乃至浙江省内教育改革过程的独特地位。1/16平装本，2019年4月第一版，中国文化艺术出版社出版，定价36元。

【《目睹红妆忆旧梦》】民间风俗，骆建松著。全书详尽地讲述了十里红妆的来历、绍兴与诸暨旧时的婚姻习俗、鲁迅笔下的绍兴婚俗、诸暨婚姻家庭方面的民谚歌谣等内容，为研究当地旧时家庭和婚姻习俗提供了大量史料。全书68.8千字，开本710mm×1000mm，1/16平装本，2019年3月第一版，华夏文学出版社出版，定价88元。

【《诸暨市工商行政管理志(1988—2013)》】部门志，诸暨市工商行政管理志编纂委员会编。全书主要记述了1988年以来诸暨市(县)工商行政管理部门在机构设置、职能变化等方面的重大变革，以及在市场主体准入、市场经济监督管理和服务地方经济等方面所做的主要工作，比较系统地勾画了诸暨市(县)工商行政管理部门工作的客观发展过程。全书607千字，开本889mm×1194mm，1/16精装本，2019年2月第一版，方志出版社出版，定价280元。

【《历史的逻辑：四十人讲述诸暨四十年》】口述历史，赵卫明、孟琼晖主编。全书选取了四十位具有代表性的诸暨市民作为口述者，从小处出发，记录了他们改革开放四十年中的所见所闻、所思所为。以个人的心灵史、发展史、成就史为入口，从平民最普通的视角去观察、认识、思考诸暨人民在改革开放的年代砥砺奋进的特殊历程，从而来总结诸暨改革开放四十年来的成就与经验。全书229千字，开本880mm×1092mm，1/32平装本，2019年1月第一版，光明日报出版社出版，定价58元。

【《宣侠父》】人物传记，石乾惕编著。本书主要记述了中国共产党早期党员、诸暨籍革命烈士宣侠父的生平历程，从宣侠父的家乡轶事、与其有关的革命同志和其他人物、战斗足迹以及部分著作等方面入手，展现了宣侠父烈士可歌可泣的革命经历和杰出光荣的事迹。全书150千字，开本880mm×1230mm，1/32平装本，2019年1月第一版，浙江古籍出版社出版，定价39元。

【《村叟杂俎》】社会科学文集，蒋逸人著。本书辑录了诸暨籍乡贤蒋逸人先生的52篇文稿。文稿共分为有关历史学研究探索与摘谬、摘谬之续、关于热爱祖国、追溯先父和可敬的师友、店口镇及其所属黄家埠村的若干轶事、杂录六个部分。全书210千字，开本：880mm×1230mm，1/32平装本，2019年6月第一版，浙江古籍出版社出版，定价60元。

【《大观堂文集》】为“乡贤文丛”之一，古典文集，点校本，余文军点校。全书收录了诸暨高湖地区历史名人的文集，有余懋棅的《萝村诗选》，余文仪的《嘉树楼诗钞》，余坤的《寓庸室诗稿》，余重耀的《遁行小稿》。同时，对于诗文中难以理解的词以及典故等加以注释。全书400千字，1/16平装本，2019年5月第一版，辽海出版社出版，定价98元。

【《学勉情怀:学勉中学一百二十周年志庆》】纪念文集，钱吉虎、《学勉情怀》编纂委员会主编。本书辑录了诸暨学勉中学校友的文集，一方面记录了学勉中学发展壮大的历程，展现了它百年树人的伟业，另一方面页抒发了校友们在漫长岁月中对母校、师友的怀念，显现了学勉学子的精神风貌和人生追求。全书366千字，开本710mm×1000mm，1/16平装本，2019年8月第一版，北京理工大学出版社出版，定价98元。

【《诸暨市国土资源志1988—2017》】部门志，诸暨市国土资源局编。全书共18个章节，111个小节，从土地资源、耕地资源、建设用地、集体土地、矿产资源、地质环境、部门执法与监察等多个方面入手，翔实地记述了1988—2017年期间诸暨市国土资源管理改革和发展的轨迹。全书822千字，开本889mm×1194mm，1/16精装本，2019年3月第一版，浙江人民出版社出版，定价160元。

【《劲旅英杰:人民军队中诸暨籍名人选编》】人物列传，诸暨市新四军历史研究会编。全书汇集了诸暨籍优秀革命军人，包括红军时期参加革命的军事才俊和抗日战争、解放战争时期副团职以上指挥员；中华人民共和国成立后被授予少将军衔以上军官和职级相当而未能于1988年授衔的人员；副军级以上及专业技术5级以上的专技军官和专技文职干部；获军(省、部)级以上领导机关授予荣誉称号及记个人一等功以上的人物。全书318千字，开本：710mm×1000mm，1/16精装本，2019年10月第一版，浙江古籍出版社出版，定价128元。

【《茶花树》】散文集，李娄民著。全书辑录了35篇文章，汇集了作者多年的所见所闻，所思所感，有对家人、朋友的回忆，有对生活琐事的见解，以及一些游记和杂文，带给读者一种感动和思考。全书130千字，开本880mm×1230mm，1/32平装本，2019年6月第一版，中国文艺出版社出版，定价48元。

【《旅游业发展之探索》】旅游业发展研究集，陈仙波著。全书共分为14个大章，围绕可持续旅游、生态旅游、海洋旅游、乡村旅游等多种旅游热点话题进行系统讨论，并以浙江省内不同地区的旅游业发展案例为切入口，提出针对发展浙江旅游产业的意见和建议。全书345千字，开本710mm×1000mm，1/16平装本，2019年10月第一版，浙江工商大学出版社出版，定价69元。

【《道地乱话》】民间故事集，周煦凤著。本书作者以文字的形式辑录了诸暨民间的口头创作故事。这些口头相传的民间故事内容广泛，既有神仙鬼怪的传说，才子佳人的美谈，也有邻里相处的琐事，茶余饭后的趣话。故事内容既充满乡土生活气息，反映群众生活百态，有富含人文精神和现实主义，弘扬了真善美的品德。全书196千字，开本889mm×1194mm，1/16平装本，2019年9月第一版，团结出版社出版，定价42元。

【《诗书印心:陈民作品选》】艺术作品集，陈民著。全书汇集了诸暨籍书法家、篆刻家陈民先生的艺术作品，包括书法、绘画、篆刻、诗文著作以及亲友对他的评价。全书2.7千字，开本889mm×1194mm，1/16精装本，2019年8月第一版，西泠印社出版社出版，定价298元。

【《法定药用植物志·华东篇(第三册)》】药用植物介绍，赵维良主编。本书共收载了我国历版国家标准、各省(自治区、直辖市)地方标准及其附录收载药材饮片的基源植物，即法定药用植物在华东地区有分布或栽培的共1230种(含种下分类群)。科属按植物分类系统排列。内容有科形态特征、科属特征成分和主要活性成分、属形态特征、分属分钟检索表。每种法定药用植物记载中文名、拉丁学名、别名、形态、分布与生境、原植物彩照、药名与部位、药材性状、质量要求、药用标准等内容。全书1250千字，开本:889mm×1194mm，1/16精装本，2019年6月第一版，科学出版社出版，定价418元。

【《俞秀松画传》】人物传记，李瑊主编，王娟、余敏副主编。本书以画传的形式介绍了中国共产党和中国共青团的创始人之一、第一任团中央书记、诸暨籍革命先烈俞秀松烈士的生平与思想，汇集了他的日记、信函、文稿以及工作生活等各个方面的照片与图片，特别展示了他从家乡的小山村到杭州、上海、北京、苏俄，直至1939年2月惨死异国的人生经历。全书180千字，开本720mm×1000mm，1/16平装本，2019年6月第一版，上海学林出版社出版，定价80元。

【《南孟文化》】为诸暨市文化系列丛书之一。文集，诸暨市文化广电旅游局、诸暨市政协文化文史和学习委编。本书分为鲁山浙水、南礼暨阳、遗墨摭英三大篇章，从南孟文化溯源、历史地理环境、历史文献、南孟风教、南孟祭礼五个方面系统梳理了南孟文化的历史和发展，同时还收录了521篇传世诗作，旨在挖掘整理南孟文化中的思想观念、人文精神、道德规范，从而弘扬优秀传统文化。全书350千字，开本787mm×1092mm，1/16精装本，2019年7月第一版，浙江人民美术出版社出版，定价160元。

（以上由市文广旅游局石飞提供）

【《生命中的99个她》】散文集。梅芷(周介眉)著。共收集散文99篇。记述了作者与99个“她”的交往经历，以平实的笔触，向读者展示了一种独特而又平凡的人生。坐在轮椅上，疾病几乎葬送了他的一切，包括婚恋，但上天是公正的，始终为他敞开着享受人间真情的大门。全书270千字，开本24开平装本，辽海出版社2019年4月第一版，定价48元。

【《枫桥经验调出和谐》】民间故事集。蔡娟、刘俊江著。全书由五部分组成，即枫桥经验发源地娟子工作室的调解故事、枫桥经验在天津宁河、全国品牌调解室的故事、调解员们的故事及附编。作者与兄弟省市政法专线的领导及同事们齐心协力，收罗、征集各地材料，将实践枫桥经验案例及有关经验体会分门别类，汇编成书以飨读者。全书开本32开，平装，页码264。浙江工商大学出版社2019年12月第一版，定价42元。

【《布衣传录》】散文集。周煦凤著。共分二辑，第一辑“布衣传录”共18篇文章，主要纪录作者父母亲及本邑文化人士之生活艺术经历。第二辑“苦酸人生”主要回忆作者坎坷的农村生活和对人生哲理的理解。全书150千字。开本880mm×1230mm，1/32开平装本，团结出版社2019年6月第1版，定价35元。

【《道地乱话》】民间故事集。周煦凤著。共分三辑，第一辑《道地乱话》，主要是诸暨市乡间流传的各种民间故事。第二辑《笑话奇谈》纪录了民间的一些短小诙谐的笑话和奇闻。第三辑《山水故事》，把诸暨风景区五泄的山水传说收集整理，集中展示宣传五泄的人文历史。全书196千字，开本889mm×1194mm，1/32开平装本，团结出版社2019年9月第1版，定价42元。

【《天候·秋》】长篇小说。周生祥、周喆鸣著。本书通过故事—诗歌—童话“三位一体”式创作手法，描写一年四季中的秋季六个节气，以季节轮换为主线，把浪漫主义的幻想色彩推向高潮。以立秋、处暑、白露、秋分、寒露、霜降六个神话人物为代表的正义一方，与以酷暑、秋老虎为代表的非正义一方进行的激烈较量，将神话故事与现实生活中的风土人情相结合，具有很强的画面感，树立了众多个性鲜明的人物形象。作品同时揭示了中华民族传统文化的源远流长，歌颂了祖国的美好河山，点赞了中国改革开放的伟大成就。全书160千字，开本700mm×1000m，1/16平装本。江西高校出版社2019年11月第一版，定价38元。

【《小学生必背经典古诗词》】小学生必背经典古诗词(赠朗诵视频)。陈可英著。根据教育部《义务教育新课程标准》《全日制小学语文教学大纲》指定篇目，精选85首适合小学生背诵的经典古诗词，每首古诗词包括朗诵音频、精美插图、重难点字词注释等栏目，这些栏目的设置能更好地帮助小学生理解诗词内容、体会诗词的魅力。书中附赠的朗诵音频，由专业人员朗诵，可帮助学生读准字音，快速背会古诗词。全书219千字，开本710mm×1000m，1/16平装本。华东理工大学出版社2019年5月第1版，定价29.8元。

（以上由市文联楼海霞提供）

档案

【概况】2019年，市档案馆成功创建为“国家级数字档案馆”，并成为全省首批通过省级业务测评的五个国家综合档案馆之一。

2019年3月，市档案局（市档案馆）的行政职能划转给市委办公室，对外保留市档案局牌子，市档案馆为市委直属事业单位。机构改革后，市档案局（馆）印发《市级涉改部门档案管理与处置工作方案》及《关于做好机构改革涉及的部门单位2018年度各类档案收集、整理和数字化等工作的通知》，完成全市所有涉改单位档案整理和交接工作。配合做好全市镇乡街道行政区划调整相关档案工作，涉及乡镇的档案已全部移交进馆，其中印章档案移交2186枚。继续做好“最多跑一次”和部门间“最多跑一次”事项具体内容完善，材料电子化精简化，按照要求在浙江政务服务网上展示。配合大数据管理局做好数据归集工作，共提交婚姻数据和出生医学证明数据合计约60万条。全年接待来馆查阅10738人次，利用卷数13925次，复印档案资料6660页，打印22123张。

【“国际档案日”宣传展览】为纪念建党98周年和庆祝中华人民共和国成立70周年，6月3至30日，举办“秀松长青——纪念俞秀松烈士诞辰120周年”主题展览，精选100张俞秀松生平照片进行展出。

【“数读诸暨70年”系列丛书】2019年，为展现新中国成立70年来诸暨各项社会事业的蓬勃发展，编研“数读诸暨70年”系列丛书，全书包括政法64篇、时事69篇、农业79篇、经济73篇、文教73篇。五个主题内容甄选自《人民日报》《解放日报》《文汇报》《浙江日报》等省级以上媒体刊登的关于诸暨的358篇报道。

【馆藏档案数字化加工（九期）项目】5月份，组织实施馆藏档案数字化加工（九期）项目，对馆藏纸质档案、照片以及声像档案进行数字化加工，共完成档案扫描1665855页，条目著录204823条。

【馆藏档案管理系统升级】8月份，更新升级馆藏档案管理系统版本，优化界面展示、数据梳理、查阅速度、查阅利用登记、统计等功能模块，提升查阅利用效率。

【档案接收】2019年，接收机关单位全宗23个、清点上架210177卷、160181件档案、照片54卷、特种载体档案660件。其中包括安华镇、浬浦镇、璜山镇、东和乡、五泄镇、店口镇等12个乡镇全宗；财政局、档案局、政协3个机关单位全宗。接收民生档案3类，包括2017—2018年婚姻登记处的婚姻档案21572件、农办农权档案190487卷、2017年出生医学证明档案134卷。

【档案征集】2019年，共接受社会各界捐赠8次，包括陈氏宗谱、张氏宗谱、余氏宗谱24卷；工商行政管理志、直埠校史、南孟文化、俞秀松画传等书籍15本；诸暨籍中央红军女战士钱希均和钱之光等名人档案1798件，包括文史稿件、信件、书籍、报纸、笔记、字画、音视频、证书、实物、照片、徽章等多种。

【档案利用服务】2019年，配合做好全省“一网查档、百馆联动”，拓展与周边省份档案共享利用。2019年，通过浙江档案服务网、电话等方式接待异地查档300余人次，范围涉及工作查考、社会保障、落实政策等方面。

【民国档案抢救保护（二期）项目】2019年5月，组织实施民国档案抢救保护（二期）项目，完成21131页馆藏民国档案装订裱糊及破损修复。

【馆藏档案质量整改】2019年8月，完成66600卷馆藏档案质量整改工作。 （祝媛媛）

医疗卫生

综述

2019年1月，诸暨市卫生健康局组建，整合市卫生和计划生育局、市深化医药卫生体制改革领导小组办公室的职责，市老龄工作委员会办公室职责以及市安全生产监督管理局的职业安全健康监督管理职责等。市卫生健康局下辖卫生监督所、疾病预防控制中心、卫生健康宣传教育中心、计划生育协会秘书处、预算会计核算中心卫生健康分中心、中心血库、急救中心、流动人口计划生育管理服务中心和绍兴护士学校各1家。全市有市级医院8家，其中三级乙等综合医院1家、三级甲等中医医院1家、二级甲等综合医院2家、二级甲等妇保院1家、二级乙等综合医院3家；草塔镇中心卫生院、阮市镇卫生院分别并入市第六人民医院和市第四人民医院。全年新增中医药综合服务区3家，镇乡(街道)社区卫生服务中心中医科、中药房设置率100%。全市有中医门诊科室113个、中药房38个。

2019年，卫生健康系统在职人员7782人，其中在编4786人。卫技人员6946人，其中在编4406人。中高级职称3260人，其中卫技高级职称1108人，中级职称2002人。全年招聘医学类硕士研究生40人、应届本科生108人，面向社会公开招聘医务人员64人，其他人员13人。

医共体组建。3月，组建诸暨市人民医院医共体(医疗卫生服务共同体，由人民医院与应店街、次坞、山下湖、马剑、五泄、同山、安华7家乡镇卫生院组建)、诸暨市中医医院医共体(中医医院与璜山、浬浦、赵家、东和、东白湖、陈宅、岭北7家乡镇卫生院组建)、诸暨市中心医院医共体(中心医院与姚江镇、暨南街道2家乡镇卫生院组建)。

5G远程智慧病房建设。6月，电信部门在诸暨市中心医院医共体和江藻分院布设5G基站。中心医院医共体与江藻分院接通5G信号，实现移动图像、语音实时高清动态交流。6月6日，全省首家县域医共体5G远程智慧病房投入使用。

(楼明朗　张赟华)

疾病预防控制

【概况】2019年，全市报告发病乙、丙类传染病21种15267例，报告发病率1291.73/10万，与上年同期相

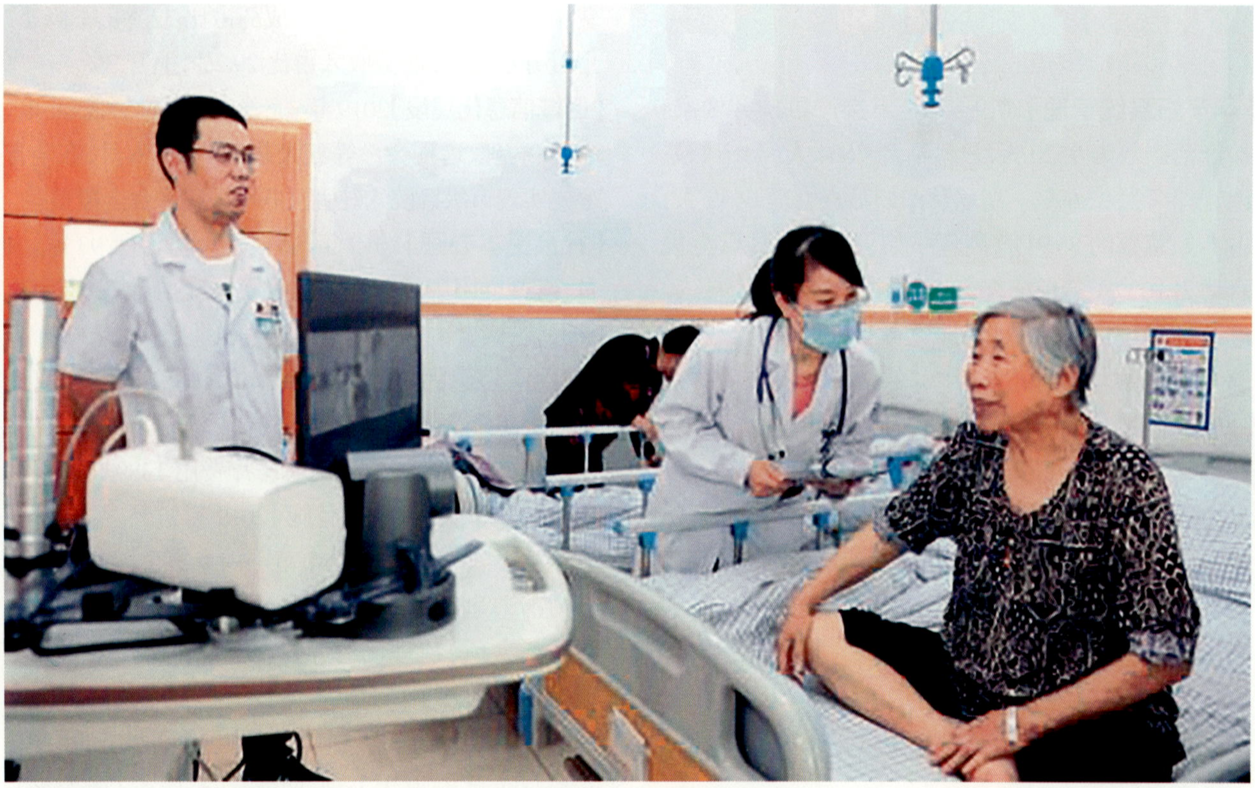

2019 年 6 月 6 日，全省首家县域医共体 5G 远程智慧病房在诸暨市中心医院医共体投入使用。图为医生实施远程诊疗。（市卫生健康局提供）

比下降 8.80%。其中乙类 15 种 1387 例，报告发病率 117.35/10 万，与上年相比下降 4.15%；丙类传染病 6 种 13880 例，报告发病率 1174.37/10 万，与上年同期下降 9.24%。无甲类传染病报告，无乙、丙类传染病暴发疫情。

【登革热防控】2019 年 4 至 10 月，共报告境外输入性登革热病例 19 例，患者经市人民医院隔离治疗后均痊愈出院。共同暴露者、密切接触者经 15 天医学观察，其间未出现发热、肌肉酸痛等症状，未发生二代登革热病例。

【免疫规划疫苗接种】2019 年，完成 257228 剂次国家免疫规划疫苗接种，以镇乡（街道）为单位国家免疫规划单苗接种率 95% 以上。

【高血压糖尿病综合防治】2019 年，全市登记建档高血压患者 159081 例，管理 135471 人，规范管理 101156 人，血压控制 99925 人。登记建档糖尿病患者 52101 例，管理 38539 人，规范管理 27635 人，空腹血糖控制 24071 人。

【窝沟封闭】2019 年，学校、学生覆盖率 100%；9878 名学生接受口腔检查，有窝沟封闭适应证 4095 人，实际封闭 4080 人，封闭率 99.63%。

【死因及慢性病监测】2019 年，全市估算死亡率为 7.21‰，居民期望寿命 81.93 岁，其中男性 80.18 岁，女性 83.83 岁。糖尿病、冠心病急性事件、脑卒中和恶性肿瘤报告发病率分别为 525.59/10 万、85.59/10 万、455.51/10 万和 480.41/10 万。前五位死亡病因顺位依次为恶性肿瘤（29.12%）、脑血管疾病（16.92%）、损伤与中毒（14.00%）、心脏病（12.91%）、呼吸系统疾病（10.00%）。

【严重精神障碍患者管理】2019 年，全市发现登记严重精神障碍患者 6236 人，检出率为 5.75‰。全部纳入社区管理，规范管理 6211 人，落实患者医疗补助 633.3 万元。

（王东海）

妇幼保健

【孕产妇系统管理】2019年，全市接产机构共8家。接产活产数为9520人，户籍活产7604人，孕产妇系统管理率为95.69%。高危孕产妇筛查管理6449人，占产妇总数的85.91%，高危孕妇管理率和住院分娩率均为100%。产前筛查率94.88%，产前诊断294人。继续开展孕产妇免费建册，免费艾滋病、梅毒、乙肝筛查检测率为100%。

【助产机构“一窗受理窗口”】2019年，开展优生促进和母婴健康促进工程工作。6月，在助产机构内部设立“一窗受理窗口”，为群众办理出生医学证明、预防接种、公安户籍申报，新生儿医疗保险，生育保险待遇核准、零星医疗费用报销等6项公共服务。

（金挺美）

计划生育

【概况】全年共出生8486人，出生率和自然增长率分别为7.82‰和0.8‰，计划生育率96.35%，出生人口性别比106.91。办理生育登记服务6499例，再生育审批248例；完成33个公共场所母婴设施建设。发放各类扶助金5867余万元。（赵国萍）

【计生协会活动】2019年，承接中计协“暖心家园”项目，开展“健康关怀・圆梦微心愿”活动。获得全省生育关怀摄影大赛和幸福家庭摄影大赛一等奖，“幸福家庭.才艺大赛”活动二等奖。（黄婉红）

【流动人口计生管理】2019年，全市流入人口317286人，其中育龄妇女109503人，流动育龄妇女登记管理率大于95%；流出人口为100822人，其中育龄妇女36343人、已婚育龄妇女26533人，流出已婚育龄妇女信息接收反馈率100%。（张雪梅）

医政管理

【概况】2019年，全市公立医院门急诊人次同比（下同）增长2.6%，出院人次增长6.0%；总医疗收入增长6.0%；门诊均次费用227元，增长3.3%；出院均次费用8086元，下降0.1%；西成药占比32.3%，下降1.2个百分点；医疗服务收入占比29.2%，上升3%。

【区域信息化建设】2019年，完善市域医学影像、心电、超声、病理、远程会诊等五大共享中心。6月，在全省率先实现市级医院入驻省互联网医院平台全覆盖。

【社会资本办医】2019年，新核发个体诊所93家。1月，诸暨暨阳康复医院批准设置。11月，诸暨宏宇康复医院、诸暨颐和康复医院通过执业验收。

【惠民医院惠民医疗】2019年，有16881人持有惠民医疗优惠证。惠民医院共收治门诊病人31070人次，住院病人5913人次，减免总医疗费用1389.75万元。

【卫生医疗服务便民措施】2019年，“新生儿一件事”“六证联办”实现全市范围内专窗全覆盖。开展权力清单事项清理和机构改革后部门权力事项（公共服务事项）梳理比对调整规范工作。政务服务事项100%实现“网上办”“掌上办”“跑零次”，即办比例99.33%。医疗机构、医师、护士电子证照全面应用，实现一网通办、掌上办理、两证合一。（张赟华）

卫生监督

【概况】全年监督检查1.5万余家次，承办卫生行政处罚案件825起，其中，一般程序433起（大要案24起），简易程序392起，罚没款共计163万余元。移送司法机关处理3起。

【卫生监督双随机抽查】2019年，开展双随机（随机抽取检查对象、随机选派执法检查人员）抽查899项，其中国家级553项、省级346项，监督监测信息全部通过移动执法终端录入。

【医疗机构卫生监管】2019年，查处非法行医50起，罚款41万余元，没收违法所得7万余元，移送司法机关2起。

【公共场所卫生监管】2019年，全年共评定卫生信誉度A级单位5家、B级69家、C级2037家。对31家经营性游泳场所进行二次水质抽检，检测合格率94.51%，针对水质不合格的游泳场所，作出行政处罚20起，其中警告14起、罚款6起。

【学校卫生监管】2019年，对城区7个高考考点和6

个中考考点学校开展以传染病防控和生活饮用水为重点的卫生监督检查。委托第三方专业检测公司对16所学校开展教学环境检测，对存在问题的15所学校给予警告并责令限期改正。

【生活饮用水和涉水产品卫生监管】2019年，对全市9家集中式供水单位及部分二次供水设备每季度实施监督监测，合格率100%。检查涉水产品生产企业180家，对8家生产企业和1家经营单位进行立案处罚。

（王东海）

医教科研

【科技成果和论文】2019年，在省卫生健康委科研立项12项，发表SCI论文36篇、中华系列论文13篇。

【医学继续教育】2019年，举办高层次学术会议3场；完成各级继续教育班87期（其中国家级1项、省级16项）。举办中医知识培训班和适宜技术推广培训班各1期。

【重点学科建设】2019年，新增名医工作室26家，4月，市中医医院"临床药学"列入浙江省"十三五"中医药重点专科建设项目。

（张赟华）

2019年11月21日，黄煌经方诸暨工作室揭牌成立（张赟华提供）

2019年9月16日，卓同年（加拿大）名医工作室在市中医医院揭牌成立（张赟华提供）

爱国卫生

【城区病媒生物密度控制水平评估】12月，城区病媒生物密度控制水平评估工作，通过省爱卫办C级评估。

【卫生村镇创建】2019年，134个村创建成浙江省卫生村。13个镇乡通过国家卫生乡镇考核，国家卫生乡镇覆盖率为72%。

（阮维彬）

城乡社区卫生服务

【概况】2019年，全市每个镇乡（街道）均有一家政府办的卫生院（社区卫生服务中心），下辖社区卫生服务站256家，紧密型管理村卫生室100家。

【镇乡卫生院标准化建设】2019年，实现镇乡卫生院住院病房、中医药综合服务区全覆盖；开展国家"优质服务基层行"活动，应店街镇中心卫生院达到"推荐标准"，璜山镇中心卫生院等12家单位达到"基本标准"。

【专科医生个性化签约服务】2019年，全市共125名牵头医院专科医生加入签约服务团队。开展出诊、家庭病床等个性化签约服务，全市规范签约率41.29%，十类重点人群签约覆盖率83.76%，其中特困人群和计划生育特殊家庭规范签约服务覆盖率100%。

【乡村医生管理】2019年，开展乡村医生5年一次的再注册工作和2年一次的定期考核工作，对472名乡村医生办理再注册，69人办理注销手续。

【基本公共卫生服务】2019年，继续实施新版基本公共卫生服务规范，人均基本公共卫生服务项目经费60元。全市65岁以上老年人健康管理率72.06%，全人群规范化电子健康档案建档率89.95%，65岁以上老年人中医健康管理率51.38%，0—3岁儿童中医药健康管理率49.85%。

（金挺美）

体 育

综述

2019年，市教体局围绕切实提高体育综合竞争力和体育国际化水平，全面提升全市综合发展水平目标，以满足人民群众对美好生活的向往和日益增长的体育需求为出发点，不断推动精品体育赛事和全民健身运动的协调发展，不断完善全市体育基础设施，彰显城市活力与魅力，进一步推动运动休闲城市品牌建设。大力发展体育彩票、体育运动休闲项目、体育产业生产经营和体育旅游业，鼓励建设体育旅游精品项目，实现“体育＋旅游”双丰收。

体育设施建设。以赛事促转型，拓展多元建设渠道，持续推进公共体育设施建设，逐步实现资源共享。不断增加人均体育场地面积、提高便民体育设施覆盖率，进一步改善体育健身条件，督促镇乡街道做好公共体育场的日常维护管理，并开展定期检修工作，确保场地设施完好安全。完成体育场地统计调查工作，为建设全民健身公共服务平台提供体育场地数据支持。持续推进2019年度体育场地建设，促进体育健身硬件环境提升。2019年，完成中心村全民健身广场1个、笼式足球场3个、社区多功能运动场5个、拆装式游泳池4个和小康体育村升级工程18个。

体育组织建设。充分发挥各部门组织协调作用、各类体育群众团体的纽带作用和社区、乡镇、学校、企业的阵地作用，“1+5”体育组织网络覆盖全市各镇乡街道。全市每万人拥有体育社团组织3.6个，共有篮球、乒乓球、足球等各类体育协会25个。以“重在基层，面向全体”的原则，定期开展教练员、社会体育指导员培训，着力提高教练员、社会体育指导员的执教水平、指导能力，不断壮大体育骨干队伍建设，定期开展体育下乡服务，扩大社区和农村等基层群众体育活动的指导范围，增加指导密度，引导体育人群科学锻炼、有效锻炼，促进市群众身体素质提升。

体育文化建设。11月17日圆满完成祥生·2019诸暨西施马拉松赛，全球12个国家的14378名跑马爱好者参赛。赛事从“美人、美景、美声、美食”等方面全方位展示诸暨美丽元素，提升“好美诸暨”美誉度。开展2019—2020赛季CBA联赛广厦主场赛事，促进“融杭接沪”战略的实施，巩固和充实了“篮球城市”这张金名片，大大提升了诸暨的知名度。高质量举办2019环法挑战赛·西施故里诸暨站比赛，成为该赛事在全国首个落户的县级市,32 个国家和地区的 2077 名自行车爱好者参赛。在扩大国际知名度、吸引大量游客的同时,也推动了乡村休闲旅游、农家乐、民宿等产业的发展。赛事期间,诸暨迎来了一个旅游旺季。5 月 24 日市区各大酒店入住率接近 90%,5 月 25 日入住率达 100%。同时,各景区游客数量显著增加,西施故里 5 月 24 日至 26 日三天累计游客量达 3 万人次。与环法挑战赛的深度合作,使诸暨成为长三角地区骑行爱好者的首选骑游地,在原有马拉松和 CBA 赛事的基础上,进一步深化了诸暨"体育 + 旅游"的资源复合型产业融合,打造诸暨城市新名片。

全民健身推进。坚持政府主导、社会参与,积极倡导"社会体育社会兴办,全民健身全民参与",采用政府购买服务方式,充分调动全市各社会体育组织积极性,丰富开展全市本级赛事活动的同时,积极承办、参加绍兴市级以上赛事活动,加强体育社团管理,注重体育骨干队伍建设。完成浙江省"四提升四覆盖"全民健身工程创建。全年共开展送体育下乡、全市篮球联赛等各类赛事活动近百场次。承办绍兴市市级以上专项比赛 10 余场。加强体育社团管理,分类分级开展社会体育指导员培训,邀请省级专家进行专题辅导,提升承办赛事活动能力水平。举办健身气功、太极拳等各类培训班 21 次,合计培训 2000 余人次,覆盖 300 余名体育骨干。

社会力量融合。社会力量是竞技体育后备人才培养的重要组成部分。引导和支持社会力量参与竞技体育后备人才培养工作,充分利用浙江海亮教育集团的优势和资源,通过协作设立青少年业余体育训练点,拓展体育项目发展规模和路径。同时进一步拓宽政府购买服务途径,充分利用社会力量,通过社团、俱乐部等社会力量开展协作,使体育运动项目在整体上全面发展。（寿杨桂）

学校体育

【学生体质健康抽测】2019 年中小学生体质健康抽测工作,全市共检测普职高 17 所、初中 35 个单位、小学 33 个单位,每所学校(单位)采用电脑随机整群抽取学生 70 人(男女生各 35 人),实测 60 人。采集有效样本数据 4906 人,其中普职高 1020 人,初中 2029 人;小学 1857 人。统计结果为,高中总成绩平均分 79.43 分,合格率 98.33%;初中总成绩平均分 82.13 分,合格率 98.12% ;小学总成绩平均分 95.05 分,合格率 99.78%。与 2018 年相比,各学段成绩有较大幅度提高。

【阳光体育四大联赛】2019 年,举办诸暨市第十四届中小学生体育节,游泳、乒乓球、田径、篮球、足球等各项赛事活动精彩纷呈。积极参加绍兴市军体运动会、初高中篮球赛、田径运动会。省阳光体育四大联赛成绩优异,篮球、乒乓球项目进入省总决赛。组队参加 2019 年浙江省青少年篮球冠军赛,男子乙组获冠军,草塔中学男篮以全省冠军身份挺进 2019 肯德基中国中学生 3×3 篮球联赛全国总决赛。浙江省教育厅青少年校园足球最佳阵容遴选中,全市 4 名球员入选参加 2019 年全国青少年夏令营分营活动。

【传统学校体育发展】2019 年,充分利用全市教体结合的新优势,以培养学生体育意识和体育兴趣为重点,以增进学生体育技能和体质达标为抓手,加强体育课和课外体育锻炼。坚持以校园足球、篮球为引领,积极推进"田径 +"建设。开展多层次、多形式的学生体育竞赛活动,共同营造校园体育文化氛围。充分发挥体育传统项目学校在促进校园体育普及、推动学校运动队和校园体育文化建设等方面的示范作用,提升竞技体育后备人才输送数量和质量。

（俞旭平）

群众体育

【概况】2019 年,市教育体育局围绕政府中心工作,以"健康诸暨"建设为主题,全面开展全民健身活动,全年举办各类全民健身活动 210 余场,参与人数达 15 万人次。承办和参加全国和省市级比赛活动,开展体育骨干队伍培训、国民体质抽测,认真实施浙江省"四提升四覆盖"全民健身工程,全面开展全市体育场地调查统计和基层场地设施建设和维护管理。

【2019 西施马拉松赛】11 月 17 日，诸暨西施马拉松赛开跑，赛事设全程马拉松、半程马拉松、微型马拉松(5.2 千米）三个项目；参赛规模 15000 人，其中全程马拉松 3000 人，半程马拉松 6000 人，微型马拉松 6000 人，荣获浙江省“银标马拉松赛事”。

2019 年 11 月 17 日，2019 诸暨西施马拉松赛赛前舞狮表演（市委宣传部提供）

【2019 环法挑战赛·西施故里诸暨站活动】2019 年 5 月 25 日至 26 日，2019 环法挑战赛·西施故里诸暨站在诸暨市举行。环法自行车赛是全球第三大体育品牌赛事，是世界最高级别自行车赛，环法挑战赛是环法自行车赛旗下全球最知名的大众骑行赛事，诸暨市是该赛事在中国首个落户的县级市。比赛当天，腾讯体育、新浪体育、爱奇艺、今日头条、百度、浙江新闻客户端、中国蓝新闻、视听诸暨等 20 多个平台同步直播。2077 名自行车爱好者相约诸暨、体验激情，全程组 1569 人、短程组 508 人，其中有 180 人来自国外 31 个国家和地区。

2019 年 5 月 26 日，2019 环法挑战赛·西施故里诸暨站鸣金（市教体局提供）

【全民健身活动与培训】3 月 3 日，为庆祝“三·八”国际劳动妇女节，推动妇女同胞积极参加门球活动，加强相互交流和增进友谊，市老年门球协会在体育中心门球场举行庆“三八”妇女节门球友谊赛。全市各镇乡 41 支妇女门球代表队，357 人参加本次比赛。

3 月 16 日，诸暨市长跑协会与赵家镇联合举办第二届樱花长跑，本届樱花长跑节在赵家镇综合文化活动中心开赛，设置 11 千米赛程，沿途既有浪漫樱花海，也有九曲榧乡路。来自全市及绍兴其他地区、杭州等地的近 500 名跑友，在一路芬芳中完成浪漫长跑之旅。

3 月 24 日，2019 环浙自行车嘉年华首发站在诸暨同山拉开帷幕，比赛由诸暨市自行车协会协办，比赛吸引浙江、上海、江苏、江西、福建、安徽等省的几十支车队、近 500 名骑友参与。

3 月 15 日至 17 日，市老年门球协会举办 2019 年第一次全市门球联赛，4 月 17 日至 19 日举办 2019 年第二次全市门球联赛。两次全市性的门球联赛吸引超 1500 名门球爱好者参加。

6 月 6 日，市老年人体育协会组织 120 余人，开展送体育下乡活动。老年体协结合阮市镇何家山头村地形地貌和自然人文环境，通过腰鼓、广场舞、健身球、皮划艇等项目的展示，在宣传老年体育的同时也宣传何家山头“五星三 A”创建成果。

4 月 2 日始，市武术协会对全市机关、企事业单位职工开展陈氏太极拳培训工作。培训班有近100人参加，每周二、四、六晚上开课。

4月至5月，诸暨市气排球比赛分六个片区举行，全市120支气排球队参加。比赛共分四个年龄段八个男女组别进行。6月19日至23日，在市体育公园举行诸暨市气排球总决赛暨绍兴市第九届运动会气排球选拔赛。

5月17日，诸暨市教育体育局与诸暨市残疾人联合会共同举办诸暨市第六届特殊奥林匹克运动会，全市102名运动员参加8个单项和1个集体项目的比赛。

7月8日，诸暨市第十五届篮球联赛拉开序幕，本次篮球联赛共有来自乡镇、企事业单位的参赛球队58支，球员近900人参加，比赛历时46天。

8月16日，诸暨市第十二届全民健身节"迎亚运，健康诸暨，全民健身，与我同行"健身展示活动在诸暨市体育中心田径场举行，来自全市各地500余名文体爱好者参加。

11月24日，诸暨市《国家体育锻炼标准》达标比赛在市体育发展中心田径场顺利收官。本次达标比赛吸引全市各体育社团不同年龄层的体育爱好者200余人报名参加，为《国家体育锻炼标准》的推广实施奠定基础。

12月28日，诸暨市"健康诸暨你我共建"迎新登高活动在陶朱山公园举行，全市550名登山爱好者参加。

12月28日至29日，诸暨市第二十五届少儿棋类比赛举办，比赛设置围棋、中国象棋、国际象棋、国际跳棋4个项目的比赛，全市共46支代表队近500名运动员参赛。

7月至11月，绍兴市"全民健身进基层"活动，在社区、农村、企业开展以"全民参与，快乐健身"为主题的趣味运动会，4个企业、3个社区和9个行政村共举办16场基层运动会。

【承办全国和省市级体育赛事活动】4月18日–19日，绍兴市老年人男子气排球交流活动在陈宅镇老年人体育健身基地举行，本次比赛由诸暨市老年人体育协会承办，吸引绍兴市各地气排球代表8支队伍130余名运动员参加，最后暨阳街道队和陶朱街道队包揽第一和第二名。

5月25日至26日，2019浙江省五人制足球冠军联赛绍兴赛区在市体育中心足球场举行。绍兴地区各县市区共16支足球队参赛，经过紧张角逐，市华謦园足球队和远扬足球队分获冠亚军，代表绍兴市参加浙江省浙东片区总决赛。10月18日至20日在体育中心足球场承办2019浙江省五人制足球冠军联赛浙东大区赛，宁波、绍兴、舟山共12支球队200余名运动员参赛。

7月12日至14日，第二十九届"浣纱杯"浙江省桥牌邀请赛在诸暨市举行，全省44支代表队210名运动员参加比赛。

10月13日，2019浙江省钓鱼会员联赛"渔一佰"杯绍兴分站赛在诸暨市钓协枫桥阳春竞技钓基地隆重举行，全国200名钓手齐聚一堂，有多位国家级垂钓大师参赛，参赛人数为历届之最。

12月13日至15日，2019年"丰邦建设杯"全国乒乓球精英赛在暨阳体育中心举行，全国23支代表队115名运动员参赛。

【组队参加全国和省市级比赛】4月24日，诸暨老年气排球队在浙江省第三届老年气排球精英赛中荣获一等奖。

6月13日至14日，诸暨市健身气功队到宁波参加2019年浙江省健身气功站点联赛总决赛，获团体总分第六名。

5月至10月，组队参加绍兴市第九届运动会(17个大项，参加16项比赛）钓鱼、足球、气排球、篮球比赛获团体总分第一，工间操、乒乓球、太极获团体总分第二，健身气功、围棋、羽毛球获团体总分第三。

10月12日，第十届"光威钓王杯"国际钓鱼巡回赛浙江赛区预选赛在枫桥阳春诸暨钓鱼基地举行，诸暨市选手边奇锋以2.5分的绝对优势斩获本届浙江赛区预选赛冠军，成功晋级钓王杯总决赛。

【社会体育指导员培训】2019年，借助各体育社团力量，培训（再培训）社会体育指导员260余名，举行各类全民健身公益培训21次，开展科学健身讲座系列活动，到学校、机关、老年大学等基层单位讲座，全年共举办 6 场次。

【**全民健身工程**】2019 年诸暨市实施浙江省“四提升四覆盖”全民健身工程建设，结合本市现状，对标找差距，制订工作方案、分解落实工作任务，全面开展建设和资料收集等工作，省局 12 月到诸暨终期评估，并成功通过。

【**健身素养进农村文化礼堂活动**】2019 年开展健身素养进农村文化礼堂活动，对全市 78 个文化礼堂开展送体育器材大礼包活动，包含乒乓球桌、豪华动感单车、篮球等 10 余件体育器材，充实农村文化礼堂体育健身功能。

【**体育场地统计调查**】2019 年，开展第四次全国经济普查及体育场地统计调查和 2019 年“健康浙江”考核体育场地统计调查工作，全面掌握全市人均体育场地面积情况。全市各镇乡（街道）、各中小学近 150 余名场地调查员分头对全市所有体育场地进行实地走访、统计调查，于 5 月 28 日顺利完成全市 4200 余处场地的地理定位、照片拍摄、数据填报，并上传省数据库。全市共有体育场地 4240 个，体育场地面积 335.07 万平方米。本次体育场地调查对全市体育场地建设和使用实施管理，调整体育场地建设投资方向和建设结构以及制定体育场地发展规划提供客观依据，并为建设全民健身公共服务平台提供体育场地数据支持。（魏福灿）

【**国民体质测试**】12 月初，开展 2019 年度国民体质测试，根据绍兴下发的分组样本指标，共抽测 700 余个有效样本，同时为市民提供体质测试报告，并针对个人定制科学运动处方，2019 年度国民体质测试抽测合格率 93.4%。（张建琴）

竞技体育

【**概况**】2019 年，全市业余训练布局项目共 13 项（田径、游泳、射击、乒乓球、跆拳道、柔道、摔跤、篮球、排球、足球、击剑、空手道、技巧），共有教练员 41 人，其中，专职教练 15 名（新招 2 名校园招聘应届毕业生作为专职教练员）、聘用教练 12 名、兼职教练 14 名，在训运动员共 720 余人。

【**绍兴市青少年锦标赛**】2019 年，组织参加绍兴市青少年柔道、散打、沙排、击剑、棋类、皮划赛艇等 6 个项目，获金牌 19 枚。

【**绍兴市第九届运动会**】2019 年 5 月至 10 月，在上虞区举行的绍兴市第九届运动会中，诸暨市 450 名运动员参加本次全运会的田径、乒乓球、排球、游泳、跆拳道、拳击、足球、射击、篮球、皮划赛艇、武术套路、羽毛球等 12 个大项，共获金牌 82.25 枚、银牌 21 枚、铜牌 48 枚。

【**2019 浙江省锦标赛**】2019 年，组织参加浙江省锦标赛田径、篮球、乒乓球、柔道、摔跤、跆拳道、水上项目、射击、排球、游泳、拳击、空手道、沙排、马术、击剑、套路、散打等 17 个项目的比赛，共获金牌 8.5 枚、银牌 18.5 枚、铜牌 19.5 枚。

【**全国第二届青年运动会**】2019 年，游泳、田径、乒乓球项目在该次全国大赛中取得可喜成绩。乒乓球：许诺女子团体第二名，楼金凯男子团体第一名；游泳：吕东泽自由泳接力第一名；田径：陈依婷 400 米接力第二名、200 米接力第三名。（魏福灿）

体育产业

【**概况**】2019 年，依托诸暨的自然资源和区域优势，坚持“宜融则融，能融尽融”的工作思路，推动“体育 + 旅游 + 文化”三者的有机融合，不断扩展体育旅游融合发展内涵，带动诸暨全域体育旅游产业的互动发展。其中，马剑金沙江丛林漂流被评为省级运动休闲旅游优秀项目。

【**体育产业发展专项引导资金**】2019 年全市体育产业发展专项引导资金 287.7 万元，其中省级产业发展资金项目库入库项目四家，共获补助 182 万元；体育服务业补助 55.7 万元；品牌赛事补助 50 万元。

【**体育彩票**】2019 年，全年销售体育彩票 2.5 亿元，销售门店 157 家，市场份额 48.75%，获得体育彩票公益金 914.5 万元。（斯培岳）

人力资源·社会保障

人才引育

【概述】诸暨市紧扣打造“人才生态最优县市”目标，树立问题导向、需求导向和人才满意度导向，做好政策服务、平台建设、招才引智等各项工作。全年新增就业大学生20538名。

【高校引才活动】2019年，全市开启招才引智“春秋专列”，在全国30多个城市的300多所高校举办招聘活动66次，参会企业1199家次，提供岗位18544个，初步达成就业意向6605人次，聘选21名研究生到事业单位工作。新增省级博士后工作站2家，新增4个引才联络点，与杭州15所高校建立见习实习合作关系。组织开展“青春启航·智汇暨阳”优秀大学生诸暨行活动，来自全国各地高校的400余名优秀大学生代表与全市50家优质企业现场洽谈，举办“与杭同城·智汇暨阳”在杭高校大学生来诸见习实习推介会，现场发布见习实习岗位1235个。

【人才政策及奖励兑现】制定《诸暨市人才积分制服务管理办法》《关于支持和鼓励高校毕业生来诸就业见习实习的实施意见》等政策文件，为加快集聚创新创业人才提供政策保障。2019年，完成审核兑现人才奖励资金5964.76万元，办理人才绿卡17本；完成人才公寓申请受理195人，其中海内外高层次人才33人，其他人才162人，按月审核发放暨阳学院特殊津贴434.8万元，认定大学生就业见习实习基地34家。

【人事档案管理】2019年，接收高校毕业生及流动人员人事档案6547本，转出档案1592本；启用绍兴人社一体化平台，实现流动人员人事档案业务网上办；根据机构改革人员转隶工作有关政策要求，除教体、卫健两家单位外，其他管档单位的事业人员档案统一由市人社局负责保管。

【企事业人员档案专项审核全覆盖】2019年8月起，启动全市企事业人员档案专项审核“全覆盖”工作，截至12月底，完成78家企事业单位2218份档案的专项审核阅档工作。

【高技能人才培养】全年培育高技能人才6763名，组织评定首届诸暨工匠15名，直接命名诸暨工匠62名，入库技能人才200名。推进民间人才计划，评选四星级民间人才20名；组织高技能人才申报，入选1名省首席技师。

人力资源市场

【市场分布】诸暨市人力资源市场主要从事就业政策咨询、人力资源交流、职业介绍、职业指导及公共就业信息发布等相关就业服务，是市区内实现人力资源供需双向交流的主要场所，2019年，全市主要人力资源市场有诸暨市人力资源市场、店口镇智杰人力资源市场、大唐街道云众人力资源市场、永新人力资源市场等。

【市场活动】每年举办各类人力资源交流活动，努力为本地就业困难人员、大中专毕业生、外来务工人员提供就业机会。2019年，全市举办各类人力资源招聘会28场，参会企业721家，提供岗位9112个，达成意向2434人。

专业技术与职业资格管理

【职业技能培训机构】2019年开展职业技能培训工作的在册定点培训机构共9家，其中1家高校，4家中职院校，4家民办职业技能培训机构。可承担育婴员、茶艺师、电工、钳工、车工、管工、冷作钣金工、汽车维修工、中式烹饪师、消防设施操作员等多个工种的职业技能培训。

【职业技能培训】实施现代数字工匠队伍培训行动，开展数字化专项培训，全市数字化专项培训累计覆盖3000人次以上。在就业技能培训、岗位技能培训、创业培训、劳动预备制培训、企业新型学徒制培训、项目制培训等方面共开展各类培训1.5万余人次。

【专业技术岗位人才聘用】2019年，全市纳入岗位设置管理的事业单位共307个，共设置专业技术岗位19181个，共聘用专业技术人才15608人，其中正高级岗位聘用386人，副高级岗位聘用2997人，中级岗位聘用7056人，初级岗位聘用5169人。

【企业新型学徒制推行】2019年，按照政府引导、企业为主、院校参与的原则，推行以“招工即招生、入企即入校、企校双师联合培养”为主要内容的企业新型学徒制，通过企校合作、工学交替方式，组织企业技能岗位新招用和转岗等人员参加企业新型学徒培训。全年新增企业新型学徒制培训学员140名。

【全电脑提花袜机操作专项职业能力考核规范开发】2019年，由陶朱商学院为主，自主开发全电脑提花袜机操作专项职业能力考核规范，规范全市袜业企业一线员工的职业能力认定工作。

【技能比武】2019年，组员参加绍兴市焊工、茶艺师、数控、小吃等技能大赛。主办或协办茶艺师茶席设计、电工、焊工等诸暨市级一类职业技能比武活动共3次，评茶员绍兴市级2类竞赛1次。 （边建义）

就业创业

【概况】秉承“大众创业、万众创新”的就业宗旨，通过政策扶持、市场招聘、职业培训、广泛宣传、提升服务等系列措施，初步形成了运行规范、竞争有序、调控有力的创业就业促进机制。2019年新增城镇就业人员24023人，城镇失业人员再就业13041人，其中就业困难人员实现再就业962人；城镇登记失业率控制在2%以内。

【创业就业扶持】2019年，根据《诸暨市人民政府关于支持大众创业促进就业的实施意见》精神，研究制定《创业带动就业有关补贴申领的实施办法》《网络创业认定办法》《失业保险支持稳定岗位工作的实施办法》《创业担保贷款实施办法（试行）》等一系列相关配套政策，并落实岗位补贴、社保补贴、稳岗补贴、培训补贴等相关扶持政策。惠及企业2635家次，人员20100人次，累计发放各类补贴3465余万元。

【东西部扶贫劳务协作及技能培训】2019年，与四川省阿坝州金川县交流合作，采取多种措施帮助金川县贫困劳动力实现就业，增加收入。研究拟定《诸暨市精准就业扶贫三年行动计划》（2018—2020年），会同发改、财政研究拟定《关于进一步加大东西部扶贫劳务协作政策支持力度的通知》《诸暨市东西部扶贫劳务协作政策性补贴兑现的实施办法》。根据用工供需情况，联系企业和对口支援县，了解掌握企业用工需求和当地的就业意愿，为金川县输送50多家本市企业用工岗位800余个。2019年吸纳西部22个省贫困人口到诸暨市就业，共核实3480人，总体完成目标任务的 563%，其中结对帮扶 4 省核实 849 人，其他 18 省核实 2631 人。

在金川县和遂昌县采用委托培训方式开展东西部扶贫“家畜饲养 +（种养殖）”培训 2 期共 100 人。山海协作“专兼职消防员安全知识和技能”培训 180 人，鉴定合格 175 人；粽子制作创业技能培训 36 人，鉴定合格 34 人。（宋琳琦　陈少华）

【创业担保贷款】2019 年，会同市财政局、中国人民银行诸暨支行研究制定《诸暨市创业担保贷款实施办法（试行）》，并利用诸暨日报、微信、微博，多次宣传相关政策。全年累计发放贷款 410 万元。

【农民工创业就业扶持】2019 年，加大农民工创业就业扶持力度，鼓励用人单位招收本市户籍农民工，按规定给予符合条件的农民工社会保险补贴和岗位补贴；搭建农民工就业创业供需平台，组织开展农民工专场招聘会；组织“农民工专家服务团”下乡，鼓励和引导农民多渠道就业、多种经营；消除各类影响平等就业的制度障碍和就业歧视，开展农民工职业技能培训和失业人员转业转岗培训。推进本市高质量就业社区（村）建设工作，至 2019 年年底，成功创建 3 个省级、37 个绍兴市级高质量就业社区（村）。

（宋琳琦）

工资福利

【2018 年全省在岗职工年平均工资】根据《浙江省人力资源和社会保障厅关于发布 2018 年全省在岗职工年平均工资的通知》（浙人社发〔2019〕24 号），确认 2018 年浙江省在岗职工年平均工资为 66432 元。

【2018 年绍兴市在岗职工年平均工资】根据《绍兴市人力资源和社会保障局关于公布 2018 年浙江省和绍兴市在岗职工年平均工资的通知》（绍市人社发〔2019〕37 号），确认 2018 年绍兴市在岗职工（含劳务派遣）年平均工资为 64296 元。

【2018 年诸暨市在岗职工年平均工资】根据诸暨市统计局 2018 年劳动工资统计结果，确认 2018 年诸暨市在岗职工（含劳务派遣）年平均工资为 62909 元。

劳动保障监察

【概况】2019 年，全市两级劳动保障监察机构共处理各类劳资纠纷案件 1830 起，为 3430 名劳动者追发工资 3520.42 万元，基层工资案件化解率达 97.38%。市劳动保障监察大队共立案查处行政处罚案件 14 起，罚款金额 17.57 万元，其中涉及非法使用童工案件 10 起、违法延长劳动者工作时间 1 起、骗取社会保险待遇 1 起、拒不履行限期改正指令 1 起、娱乐场所招用未成年人 1 起。2019 年，诸暨市被评为浙江省“无欠薪先进单位”。

【“无欠薪”县（市、区）创建】2019 年 5 月，诸暨市通过省防欠办考核验收，创建成功“无欠薪”县（市、区）。全年加强在建工程项目动态管理，建立健全在建工程项目数据库，落实“六项制度”（在建工程项目实名管理、分账管理、工资支付保证金、银行代发工资、按月足额支付工资、施工现场维权信息公开）全覆盖，推进制造业企业欠薪治理工作，重点关注租赁厂房设备从事生产经营的小微企业、受中美贸易摩擦影响的加工制造业企业以及发生过拖欠劳动者工资问题的企业的工资支付情况。2019 年，全市工资案件发生数、涉及劳动者人数和工资金额三项指标继续呈现“三下降”态势，分别下降 4.19%、29.73%、2.78%，基层工资案件化解率达 97.38%。2019 年度平安建设过程性指标“绍兴无欠薪”考核中，诸暨市排名绍兴第一。

【清理整顿人力资源市场秩序专项行动】2019 年 3 月 11 日至 2019 年 3 月 31 日，组织开展全市清理整顿人力资源市场秩序专项行动，结合用人单位劳动合同签订、书面审查工作，监督检查全市审批登记的职业中介机构和劳务派遣公司及重点镇乡街道、重点行业的劳动用工情况。专项行动期间，共检查用人单位 1465 家次，其中职业中介机构 3 家，劳务派遣机构 60 家。

【劳动合同和集体合同签订】2019 年度全市共有 18.8 万名劳动者与用人单位签订劳动合同，合同签订率为 99.14%；有 820 家单建工会企业签订集体合同，涉及职工 7.4 万人。

【和谐劳动关系创建】2019年度，诸暨市企业薪酬调查工作，共调查统计36家抽样企业人工成本情况和184家企业在岗职工工资数据。

【清薪维稳专项行动】按照国务院、省根治欠薪工作领导小组开展2019年度根治欠薪冬季攻坚行动相关要求，自11月下旬起至春节在全市范围内开展2019年度根治欠薪冬季攻坚行动。多次摸底排查全市用人单位工资支付情况，加强预警监测，及时发现和化解欠薪隐患，集中力量清理化解历史存量欠薪问题，坚决防止发生新欠。重点实施政府投资工程项目和国企项目欠薪清零攻坚行动，建立健全工作台账，实时掌握欠薪企业、欠薪人数、欠薪金额，坚决做到欠薪问题不解决不销账。对查实的欠薪违法行为，实现“两清零”目标，全市未发生因欠薪引发的涉稳事件。根治欠薪冬季攻坚行动期间，全市共排查用人单位8925家，涉及劳动者12.33万人次，对全市23个镇乡（街道）进行专项督查。共计处理工资纠纷案件327起，为2471名劳动者追讨工资3669.65万元。

【劳动保障书面审查】2019年度用人单位劳动保障书面审查工作，全市共审查各类用人单位7515家，超额完成上级部门下达的书审任务，涉及劳动者18.34万人，51家用人单位被评选为AAAAA级诚信示范企业。

劳动人事争议仲裁

【劳动人事争议仲裁案件】2019年，诸暨市劳动人事争议仲裁委员会共受理劳动人事争议仲裁案件1045件，比上年度1104件降低5.34%，案件涉及劳动者1514人；其中集体案件23件，比上年度13件增加76.92%，集体案件涉及劳动者人数475人。全年办结案件1051件（含结转案件65件），结案率为95.05%，其中调解752件、裁决185件、决定114件，调解撤诉率为82.40%。已审结案件经济标的额为3903.7万元。

【工资争议速裁机制首创】2019年8月26日，市仲裁委首创工资争议速裁机制，打破依序排期的办案常规，开设劳动仲裁的“超车道”，实现工资争议简易案件最快在立案当天办结，一般案件在3个工作日内办结，保证答辩期案件不超过15日办结。该做法得到浙江省副省长王文序批示肯定。2019年，市仲裁委通过“工资争议速裁庭”处结案件73起，涉及劳动者149人，立案标的额为245.22万元，平均结案时间不到5天。（何夏萍）

某工资争议案件通过速裁机制开庭审理（市人力资源和社会保障局提供）

社会保险

【医疗保险和生育保险参保情况】2019年，全市医疗保险参保108.24万人，参保率为99.14%。城乡居民医疗保险参保71.28万人，基金累计结余33905万元。职工基本医疗保险参保36.96万人，基金累计结余21.67亿元。生育保险参保21.3万人，基金累计结余1931万元。

【医保监管】2019年度，共查处违法违规定点医药机构47家，终止7家定点零售药店医保服务资格，暂停7家定点零售药店医保服务资格，处理参保人员33人，处理执业医师3人，追回违规医保基金支出759.53万元。（医保局邱金国）

【养老保险参保情况】2019年，企业职工基本养老保险参保45.58万人，基金累计结余639958万元；机关事业养老保险参保3.46万人，基金累计结余13427万元；城乡居民基本养老保险参保37.28万人，基金累计结余41060万元。

【被征地农民基本生活保障参保情况】2019年，被征地农民基本生活保障参保 7.51 万人，基金累计结余 95040 万元。

【失业保险和工伤保险参保情况】2019 年，失业保险参保 21.09 万人，基金累计结余 50566 万元。工伤保险参保 21.95 万人，基金累计结余 25868 万元。

【养老保险和工伤保险待遇审核落实】至 2019 年底，全市享受企业职工基本养老保险待遇 16.17 万人，发放养老金 458439 万元；享受机关事业养老保险待遇 1.15 万人，发放养老金 98517 万元；享受城乡居民基本养老保险待遇 15.48 万人，发放养老金 42091 万元；工伤保险待遇支付 5435 万元。

【养老保险基金安全保障】2019 年，加强养老保险基金稽核工作，通过数据比对，共查处服刑期间违规领取养老保险待遇 195 起，追回待遇 204.67 万元。构建以信息、大数据为主，社会化服务与远程服务相结合的认证服务新模式，启用“看看社保”App 进行人体生物信息（人脸识别）认证，“让数据多跑路、群众少跑腿”。

【退休人员社会化管理】至 2019 年年底，共有 16.17 万企业退休人员纳入社会化管理。新增退休人员养老保险待遇核准 12766 人，新增城乡居民基本养老待遇核准 9832 人，新增被征地农民基本养老待遇核定 165 人。落实机关企事业单位退休人员及遗属、精简等人员的增资工作，其中企业退休职工人均每月提高 125.72 元。

【社会保障・市民卡工程】2019 年，协同全市 8 家社会保障・市民卡合作单位负责社会保障・市民卡制卡补卡工作。除公共服务中心外，全市有 39 个社会保障・市民卡服务网点可直接办理社会保障・市民卡业务，每一个镇乡（街道）至少有一个服务网点，市民可就近办理社会保障・市民卡。全年签发电子市民卡 18 万张。养老金等社会保险待遇通过社会保障・市民卡发放。

【便民服务】2019 年，城乡居民基本养老保险费和灵活就业人员社保费由税务征缴。2019 年 9 月，绍兴市统一的社会保险信息管理系统上线运行。创新社保业务“社银联办”，全市 53 个银行网点可办理高频社保事项。2019 年，加强“互联网 + 人社”建设，推广企服宝网上申报，通过政务服务网、“浙里办”手机 App 等端口，实现群众掌上办。将“最多跑一次”改革阵地向群众家门口延伸，在事项下沉至镇街的基础上，把灵活就业人员参保登记、养老金领取资格认证等与百姓息息相关的高频民生事项下放至村（社区），全市 23 个镇乡街道、526 个行政村（居）、社区可办理社保综合业务。同时在镇一级探索实行“集中 + 分片”“上挂 + 下派”的全覆盖培训模式，在村（社区）落实“1+X”（1 个镇业务骨干 +X 个工作人员）培训机制，提升基层承接能力，实现群众就近办。2019 年 9 月 17 日，绍兴市人社系统深化“就近办”工作现场推进和培训会在本市召开。

（何夏萍）

住房保障

【概况】2020 年，全市住房保障工作平稳推进，加快推进公租房政府购买运营管理服务模式推广，提升公租房管理服务能力。公共租赁住房、经济适用住房、危旧房治理改造等项目按计划落实，完成上级相关考核。

【公共租赁住房】2019 年，全市公租房统一实行政府购买服务的运行管理模式，实施公租房智能化改造，实现保障对象动态监管，加大公租房轮候对象租赁补贴发放力度，完成 118 套新增公租房装修。

【经济适用住房】2019 年，经济适用住房上市交易工作正常运行，全年批准经适房上市交易 18 户。

【危旧房治理改造】2019 年，完成城镇危旧房改造和监控管理，其中改造 D 级危房 5 处，动态监控管理 C 级危房 282 处，实现不间断在线监测、分析和预警；完成年度农村危旧房治理改造工作任务，其中 D 级危房 449 户 4.85 万平方米，C 级危房 90 户 1.05 万平方米。开展新一轮危旧房排查，新增丙类住宅 142 户。至 12 月底，全市累计完成 D 级危房拆除 4212 户，修缮加固 509 户，完成涉及公共安全的 C 级危房治理改造 376 户，完成 C 级危房治理改造 2324 户。安排农村困难群众危房改造 138 户，落实补助资金 150 万元。

（黄海龙）

社会·民生

社区和基层政权建设

【城市社区建设】2019 年 1 月起落实《关于加强专职社区工作者队伍建设的实施意见》,对暨阳街道、浣东街道、陶朱街道 3 个街道的专职社区工作者“三岗十八级”薪酬保障制度作出统一标准,加强城市社区“五星达标,和美家园”创建验收和社区业务培训。

【农村自治组织建设】全年加强“村级五件事”“五清村居”等创建工作的督查指导,进一步健全村规民约、居民公约,规范村务公开程序。完善城乡社区民主协商、三上三下民主决策等 10 项村民自治机制,深化基层群众自治。加大村级便民服务中心督查力度,做好一站式中心创建工作。

【行政村规模调整】2019 年,通过村村合并、集镇撤村建社区和城市建成区内改居村撤建社区等三种形式,9 月初完成行政村规模调整,由原来 469 个行政村,50 个社区,34 个居委会调整为 398 个行政村(撤减率为 14.51%),106 个社区,22 个居委会。(俞狄勇)

民族·宗教

【少数民族概况】2019 年,全市共有少数民族 34 个,属于少数民族散杂居地区;现有少数民族常住人口 4734 人,女性占比约 85%,比例高于男性;有外来少数民族人口 64660 人,约占全市总外来人口数的 17.6%,主要为务工人群。诸暨市少数民族联谊会于 2019 年 4 月 3 日举行第二届代表大会并顺利完成换届工作。

【宗教概况】2019 年,全市有佛教、道教、天主教、基督教四大教派;有宗教团体 4 个:诸暨市佛教协会、诸暨市基督教三自爱国运动委员会、诸暨市基督教协会、诸暨市道教协会;已登记宗教活动场所 132 处,其中佛教 75 处,道教 4 处,天主教 1 处,基督教 52 处,另有穆斯林临时聚会点 1 处;确定登记编号的民间宗教场所 296 处;经备案宗教教职人员 210 人,其中佛教 142 人,道教 46 人,基督教 22 名(牧师 3 名,教师 4 名,长老 15 名),天主教无;各类信徒超 2 万人。2019 年,全面落实“1+9”创建指标,将宗教和民间信仰事务纳入全科网格管理,积极开展普法教育与民间信仰活动场所编号登记管理等

工作。 （俞钢阳）

社会事务

【殡葬管理】2019 年，推行节地生态安葬，健全节地生态葬奖补政策。至 2019 年年底，新建 1 处市级生态公益型示范公墓（选址浬浦镇陶姚村）、26 处节地生态公墓，新增墓穴 6609 穴。组织赴舟山市普陀区莲花洋实施集体海葬 13 例，璜山镇实施生态树葬 1 例。全年治理“青山白化”（葬坟导致植被毁坏），完成公墓绿化改造 2 个，治理率 100%。11 月至 12 月，开展殡葬专项整治，加强骨灰跟踪管理，全市骨灰公墓入葬率达 79.00%，较上年提升 2.63%。全市享受惠民殡葬人数共 5667 人，政府补助金额达 441.41 万元。

【婚姻登记】2019 年全市累计结婚登记 5875 对，同比略有下降，25—29 岁结婚的人最多，占结婚总人数的 42.5%。离婚登记 2459 对，聘请 10 名婚姻家庭辅导员为有离婚意向的夫妻提供专业婚姻辅导，有效控制离婚率。

【地名管理】3—9 月，联合公安局、自然资源和规划局、住房和城乡建设局、交通局、市场监管局、行政执法局制定《诸暨市进一步清理整治不规范地名工作实施方案》，向绍兴市民政局上报 9 条不规范地名清单，并整改。5 月，组织召开“绍金线”联合检查工作会议，牵头做好有关界桩的联检工作。全市共依法命名住宅小区 26 个、广场 1 个、公园 1 个、桥梁 1 座、隧道 1 个、城市道路 2 条、其他建筑物 5 个，同时批复命名次坞镇 3 条、安华镇 2 条道路。新装城区路名牌 84 块、门楼牌 2745 块（不包括更新的农村门牌）。为企业、群众编制门牌号 820 个，出具地址证明 180 多个。在“国家地名信息库”更新完善 2015 年至 2018 年共 213 条地名信息，诸暨市地名信息条数增加到 6769 条。

【收养登记】2019 年，做好收养评估调查，依法开展收养登记工作，共办理收养登记 20 起，解除收养 4 起，撤销收养 1 起。

【福利彩票公益金支出】2019 年，累计公益金支出 2865.98 万元，其中中央公益金 29 万元、省级公益金 1630.20 万元、绍兴市公益金 290 万元、诸暨市级公益金 916.78 万元。公益金主要用于养老机构升级改造、社会组织公益项目、困难对象补助等。（张伟恩）

社会福利与救助

【儿童福利】2019 年 4 月，上调孤儿基本生活费标准，机构养育孤儿 1865 元 / 月，社会散居孤儿年基本生活费 1492 元 / 月。全年累计为 755 名孤儿和困境儿童发放补助 758.63 万元。加大节日慰问和助学补助力度。2019 年“六一”儿童节累计发放节日慰问 23.1 万元；实施“福彩圆梦—孤儿助学”活动，对全市符合条件的 14 名孤儿和困境儿童发放 1 万元 / 人的助学金；加大孤儿、困境儿童家庭危房改造力度，与省妇女儿童基金会、杭州诸商慈善基金会合作，支持诸暨当地社会组织积极承接开展以改善 6 至 16 周岁低保家庭孩子居住环境为目的的“焕新乐园”项目，与 5 家社会组织共帮助 117 名困境儿童“焕新”家庭环境。联合社会组织走近困境和留守儿童开展“牵手行动”，帮助全市 758 名孤儿和困境儿童解决成长教育、心灵关怀等问题。组织每月一次的孤儿和困境儿童游学活动，全年开展诸暨乡土行、绍兴圣贤访活动 6 期，举办集体生日会 11 次，为 112 名孤儿和困境儿童庆生；实施“乐善鸟”认购计划，认购善款为 160 名困境儿童购买大病保险。 （周 滔）

【最低生活保障】8 月，制定出台《做好低收入农户社会救助兜底保障的实施意见》把单身成年重病人员纳入低保，提高 70 周岁以上及残疾人单独施保人员的救助标准。2019 年，全市城乡低保共 8297 户、10851 人，低保边缘共 860 户、2076 人，发放低保救助金 9285.01 万元。

【特困人员救助】2019 年，深入实施特困人员救助工程，提高生活不能自理特困人员集中供养水平，全市共有特困人员 330 名，265 人入住敬老院，入院率达 80.3%，其余特困人员全部实行户院挂钩供养，集中供养率达 100%，发放资金 555.02 万元。

【居民家庭经济核对】全年全市核对城乡低保对象 25457 户、34089 人次，低保边缘对象 4434 户、11902

人次，公租房核对 3777 人次，教育救助 1592 人次。

【临时救助】1 月，重新修订拟制临时救助实施细则，针对不同救助类型优化审批程序。急难型临时救助着重提高救助时效性，积极开展“先行救助”；支出型临时救助严格执行办理程序。全年临时救助 198 户 399 人，累计发放救助资金 87.5 万元。（周 滔）

社会组织

【社会组织规模】2019 年年底，全市登记在册社会组织 1042 家，其中群众团体 302 家，民办非企业单位 738 家，基金会 2 家，全市备案的社区社会组织 3299 家。

【公益创投和资金扶持机制完善】全年全市相继出台社会组织发展专项资金管理办法、公益创投项目管理办法等。每年财政保障 300 万元的社会组织公益创投资金和 150 万元的社会组织扶持资金，市慈善总会设立 100 万元社会组织发展基金，用于扶持初创期的公益慈善类、城乡服务类社会组织，以及奖励优秀社会组织及从业人员。8 月 13 日，首次面向绍兴市及省内各类具有公益性的社会组织举办公益创投大赛，其中有来自杭州、宁波的两个项目参加并入围。全年社会组织公益创投项目立项 110 个，项目涉及助老、助困、助残、助学等多个方面。11 月，社会组织党建云系统获评全省组织系统“软件长廊”优秀成果三等奖，成为全省首批获奖的唯一一个社会组织党建系统。（宣 超）

移民安置

【移民规模】2019 年，充分利用民政数字信息平台，实时复核移民身份信息，实行动态化管理。全市共有大中型水库后扶移民 34724 人，其中，直补移民 26354 人，项目扶持移民 8370 人（含历年已实际核减直补移民 3405 人）。

【移民扶持救助】2019 年度，共发放移民直补资金 1575 万元。精准优质落实移民扶持项目，做好移民创业致富工作。2019 年，共计下达水库移民后扶项目 52 个，补助资金共计 3037 万元。2019 年，通过慈善总会救助平台开展水库移民大病救助 66 人，共 97 万元；移民临时困难救助 36 人（户），共 9.9 万元。共计发放救助资金 106.9 万元。（杨雪苗）

老年人生活

【老年人规模】2019 年，全市 60 周岁以上老年人口 280775 人，其中，65 周岁以上 197656，80 周岁以上 38455 人，百岁以上 67 人，最长寿老人 105 周岁。2019 年 10 月全国敬老月期间，全市开展以“孝老爱亲向上向善”为主题的敬老活动，落实“五个一”百岁寿星健康服务保障工程。江新社区被列为国家卫健委“老年人心理关爱”项目点。（倪晓咏）

【老干部工作】2019 年年底，诸暨市有离休干部 130 人，其中易地安置 10 人（省外来诸 5 人，市外来诸 5 人），平均年龄 89 周岁，年龄最大的 102 岁、最小的 84 岁。由老干部局服务管理的实职副处以上老领导 46 人。

老干部政治待遇和生活待遇保障。2019 年，老干部局共走访离休干部 320 余次，其中陪同看望易地安置离休干部 9 人次；市领导慰问离休干部、副处老领导 46 人次。借助走访等机会，老干部局向离休干部、副处老领导先后发放政治读物近 500 册，发放体检卡 126 张，组织 46 名实职副处以上老领导体检，共计投入资金 20 余万元。老干部局多次协同卫生健康局保健科对绿色通道的实施情况进行抽查，并对老同志反应的问题及时进行处理或调整。

“微改革”“微创新”工作。2019 年以创建枫桥镇“银耀红枫”老党员驿站为抓手，探索镇乡街道老干部工作新思路。至 11 月底，“银耀红枫”老党员驿站日均活动达 70 人次，组织涉老团体、离退休党支部党建活动 10 次。下属单位关工委指导中心发挥老专家等“五老”力量，依托赵家镇“榧趣园”青少年学生实践基地，助力学校，加强对学生的教育。三位赵家学子在老师的带领下参加诸暨市第五届校园科技达人大赛，获得了诸暨市“十优选手”，并在绍兴市科技馆举办的总决赛中取得优异成绩。

老年大学建设。2019 年，老年大学与浣东街道联合办学，理顺教育网络，扩大教学点规模。2019年，在暨阳、陶朱、浣东街道3个街道设立分校，学校规模总体达到1总校3个分校、11个教学点125个班级。学校招生报名改革，采用网上报名的方式，让学员"最多跑一次"，所有分校教学点与总校同步进行网上报名工作，同步开学，总校对教学点进行业务指导，不定期对教学点运作情况进行检查，对于存在的问题及时整改，对于硬件设施完备课程开设合理学员反响较好的教学点进行重点培育。

离退休干部系列活动。2019年，组织老领导赴象山县、遂昌县、温州市等地实地考察参观。结合重大节日，组织涉老社团开展系列活动，全年组织"桑榆情"志愿者服务队组织各类志愿活动11次，老年钓鱼协会举办"迎建国70周年"钓鱼联赛，老干部门球协会举办全市门球邀请赛、参加绍兴市智力运动会等。（石天申）

老专家在榧趣园传授知识（赵家镇胡孝加提供）

关心下一代工作

【概况】2019年8月29日，市关心下一代工作委员会办公室改名为"关心下一代工作指导中心"，正股级，经费由财政全额拨款，定编2名，领导职数正职1名。中心坚持"大关工"理念（动员全社会力量来关心下一代，关爱青少年健康成长）推进工作。市关工委获全省关心下一代工作先进集体称号，7位担任关工委主任（名誉主任）10年以上的老同志获省关心下一代特殊贡献奖；岭北镇青少年阳光基地被中国关工委表彰为全国优秀儿童之家，科技团帮带的陈赢荣为"双带"农村致富青年先进个人。

【主题教育】2019年，各镇乡街道关工委五老（老干部、老战士、老专家、老教师、老模范）中的党员以新中国成立70周年为契机，开展"辉煌70年 · 我心中的祖国"主题教育活动，全年宣讲462场，收看国庆大典等活动的青少年达2万余人次。

【"大关工"育人】全年召开大学助学等成员单位联席会议6次，联合市教体局举行"国旗下讲话"、"我的家训"征文评比活动，评出各类奖项133个。联合团市委等评比第六届少年英才奖，授予29位同学少年英才称号。联合市"心起点"婚姻家庭指导服务中心关爱21名父母服刑未成年子女和21名社区矫正青少年，联同"越民生"义工协会开展"童阅计划"公益项目，给20名困境儿童送去书桌并开展陪伴阅读活动。

【青少年健康成长项目】2019年，制订实施方案，在暨阳小学、江新社区、职教中心等地开展试点工作。5月14日，召开全市镇、校关工委副主任会议，统一思想明确实施要求。成立关爱青少年健康成长基金，共筹集资金33万元，拟定基金管理办法加强基金管理。对有自杀抑郁倾向的学生开展个案辅导。10月23日，联同宣传部、掌上诸暨推送《用智慧的爱做一名合格的家长》网络直播，逾17万人次收看，2200余条互动留言。

【助学助困】2019年，暑期共资助贫困及困难家庭大学生440人，发放助学金272.26万元。为152名学生发放炉峰慈联奖学金26.8万元，为革命老区（诸暨市各镇乡街道）447名困难学生发放爱心营养餐费35.76万元。为33名边缘困境儿童送上4.29万元爱心款。为19名家庭困难的特殊学校送教上门学生送上3.8万元助学金，"六一"前夕为市特殊学校136名残疾学生送上节日礼物。为马剑镇小等三所学校学子送上价值7.5万元的微心愿礼物。"福彩助力·点亮梦想"公益活动资助诸暨籍困难学生61人，共计

12.2 万元。新一轮摸排初中毕业未升入高中的闲散青少年，做好 25 名对象的结对帮扶工作。中秋节前赴省未管所，借助惠悦青少年指导中心开展心理学专业帮教。协同公检法司参与陪审 468 次。

【关心下一代教育基地建设】6 月 4 日，市关工委在湖州长兴召开的全省关心下一代教育基地建设推进会上作典型发言，市青少年乡村体验教育基地被省关工委命名为首批关心下一代教育基地。7 月 17 日，诸暨市召开关心下一代教育基地建设部署会，下发基地建设文件，部署市关心下一代教育基地建设工作，各镇乡（街道）、成员单位开展市级基地申报工作。11 月 22 日，在东白湖镇召开以基地建设为重点的基层组织建设现场会。

【关心下一代工作组织建设】经市民政局审批，3 月 13 日成立诸暨市惠悦青少年服务中心，关工委为业务主管单位。4 月 22 日成立帮扶团，出资为 54 名宣讲团等五老骨干成员投保。全市“五好”先进村（社、居）和学校关工委创建率分别超 80% 和 70%。

（何建国）

志愿服务

【志愿服务项目】2019 年底，全市公益类社会组织共有 14 家。团市委重点抓好“团小二”、“公益联盟”等两只志愿服务队工作，全年开展“青春团小二、接棒新风尚”“新时代文明实践中心”系列志愿服务活动。引导全市少先队员、团员青年、志愿者先后开展文明礼仪、文明事迹等主题宣传活动 50 余场次；开展礼让斑马线、文明出行、“绿袖套”垃圾分类等文明劝导活动 170 余次；留守儿童等青春关怀志愿服务 50 余场；在全市基层团干中集体签订移风易俗承诺书，倡导简婚新风尚。整合各项社会资源，提供多样化服务，引导 93 帮帮团、一米阳光等社会组织多层面开展后备厢逃生、免费量血压，维修小家电、等公益志愿活动 20 余场；指导爱之光成立“慈善超市”，为社会弱势群体每月提供 40 元的免费生活物资，丰富公共服务内容，满足多样化社会需求；成立简婚志愿者联盟，为简婚践行者提供只收取成本费的婚车、婚庆等志愿服务（婚车每辆每日收费不超过 300 元，婚庆主持不超过 500 元一场），服务简婚新人 5 对；依托志愿汇等平台，完善奖励机制，根据志愿服务实际小时数累计积分，并结合积分情况引导志愿者到指定位置领取洗车、餐饮、纪念物等服务，有 200 余人次兑换志愿激励物资。阮市、店口、枫桥等镇乡先后开展“青春团小二、接棒新风尚”青春文艺下乡志愿活动；先后在璜山等镇开展“破陋习、传新风”主题讲座，重点对健康坐月子、健康生活等内容进行志愿宣讲。创新活动载体，开展“别样致青春，追寻诗和远方”——简婚倡议志愿活动，倡导移风易俗、婚事简办，从而引导全市广大青年树立文明、健康、理性的婚恋消费观，以实际行动践行婚事新办；开展“舞动青春、文明实践”街舞慈善公演，引导群众参与文明实践知识竞答，并通过义卖方式为四川金川县贫困学生募捐爱心善款；根据青少年创业创新需求，开展农村青年电商、农产品销售等志愿培训展示活动 10 余场；同时，充分组合社会力量组建诸暨青年发展中心，统筹推荐各类青少年服务项目的推进和落实。

【志愿服务宣传】2019 年，在全市范围内评选出 9 名“热心公益、遵守公德、诚实守礼、自尊自强、勤俭节约、热爱工作（学习）”的“最美文明实践少年”，并通过媒体重点报道，强化氛围营造。将开展的各项志愿活动通过微信、报纸、电视等媒体进行重点宣传，提高志愿服务的影响力。小手拉大手，发挥学校团组织、少先队作用，通过寓教于乐的方式将移风易俗、文明礼仪、文明习惯等知识传授给中小学生。

（许馨心）

镇乡街道

暨阳街道

【概况】暨阳街道地处诸暨市中心，浙赣铁路、绍大线、诸东线、浦阳江穿境而过，是全市政治、经济、商贸、文化、交通中心。街道办事处驻地红旗路26号。2019年年底，辖区总面积74.9平方千米，户籍人口16.1万人，常住人口27.4万人，下辖21个行政村，22个居委会，3个居民小组，20个社区。

全年财政收入25.96亿元，同比增速13.1%，实到内资15.4亿元，实际利用外资1665万美元，民间投资24.2亿元。规上工业增加值11.6亿元，同比增长12%。高新技术产业产值22亿元，同比增长

暨阳街道远景（暨阳街道提供）

18%。战略性新兴产业产值 12.18 亿元，同比增长 15.8%。完成限上批发业销售额 146 亿元，约占全市总额的 1/3。

【双招双引】全年组织 30 家次企业参加“杭州·绍兴周”诸暨专场活动、“与杭同城”产融驱动高峰论坛，组织 10 家企业参加都市区各类产品博览会、展览会。申报绍兴“330 海外英才计划”和暨阳“533 英才计划”各 2 名。引进诸暨市外财政收入 2.2 亿元，共 15 个纳税主体；引进 5 亿元以上项目 1 个，“接沪融杭”项目 7 个；新增生产性服务业企业 18 家，“与杭同城”实际到位资金 14 亿元。2019 年 7 月，江龙工业园区成功入选首批省级小微园区。

【项目推进】2019 年，超驰物流智能仓储项目通过竣工验收，希尔顿酒店项目顺利推进，詹氏中医骨伤医院、仁泽康复医院、爱尔眼科医院等亿元以上投资项目建成投运。全年，街道入库在报工业项目 46 个、其他服务业项目 25 个。

【企业培育升级】2019 年，完成“个转企”（个体工商户变更成公司）102 家，“小升规”（小微企业规范升级为规模以上企业）26 家，“下升上”（规模以下工业企业升为规模以上工业企业）62 家，“产转法”（产业活动单位变更为法人单位）45 家；摸排股改上市培育企业 21 家，新设立股份制企业 4 家，完成股改并在浙江省股交中心挂牌 4 家。完成科技成果转化 4 只，培育高新技术企业 14 家，成功申报科技型中小企业 28 家，技术市场交易额 6569 万元，企业上云 1350 家。

【全兴精工入选 2019 年浙江省国家高新技术企业创新能力百强企业】2019 年，全兴精工成为全市唯一一家入选 2019 年浙江省国家高新技术企业创新能力百强企业。企业打造全兴精工汽车零部件数字化车间 1 个，新增工业机器人 48 台。

【城乡环境综合整治】2019 年，完成辖区内所有村的农村生活污水治理工程；完成外马岭下山塘整治等水利实事工程建设；完成同乐上村、邱村、马村、宜东村、郭叶柏村、孙家村等 6 个村的浙江省新时代美丽乡村达标创建工作；完成金三角村、宜南村、宜东村等 3 个村的高标准农田建设项目。创成省级高标准生活垃圾分类处理示范村 1 个，创建省级高标准生活垃圾分类示范小区 5 个并通过绍兴市级验收，高标准建成垃圾分类宣教中心 2 个。实施垃圾分类、投放收集、运输处理一体化管理，实现垃圾投放有源可溯。完成土地“双保”598.29 亩，“三改”195.45 万平方米，拆除违法建筑 11.65 万平方米，绿化美化城区闲置用地 150 亩。投资 335 万元实施“下石家—清水潭”和“邱平线—南山”两条道路提升工程，实现“白改黑”（水泥路面改为沥青路面）1.8 万平方米。10 个村（社区）党群服务中心完成新建改建，258 个楼道完成刷白整治。

【社会治理】2019 年，制订《暨阳街道行政审批事项下放工作方案》，实现工商个体营业执照办理、验照、就业人员“4050”补贴申领等事项下放全覆盖。街道便民服务中心成功通过绍兴市第二批示范型乡镇（街道）便民服务中心创建，10 个村通过诸暨市“一站式办理”村级便民服务示范平台创建，村级便民事项办理总量占全市四分之一。投资近 1.2 亿元的东望幼儿园、苎萝幼儿园和行知幼儿园如期开学。全年创成示范型居家养老中心 6 家，欢乐之家托养中心、鸬鹚湾居老年协会被评为第三届绍兴市“敬老文明号”单位。新建文化礼堂 3 家、社区文化家园 2 家、家宴中心 4 家。2019 年 9 月，开展首届街道“最美志愿者”评选活动。2019 年 5 月，建立村（居）关爱基金，筹集资金 186 万余元，惠及人数 151 人。积极开展矛盾调处，全年共调解矛盾纠纷 2730 余件。

（王千亦）

暨阳街道长弄堂商业街（暨阳街道提供）

陶朱街道

【概况】陶朱街道位于浦阳江西侧，东邻暨阳街道、南连大唐街道，西接应店街镇，北靠姚江镇。区域面积94.98平方千米，街道办事处驻环城北路368号。三条环线贯穿东西、高铁高速穿境而过、浦阳江（西江）流经境东，境内有诸暨火车站、杭金衢高速互通口和新亭埠码头，形成“三环两纵一港口”的交通格局。2019年，街道实现生产总值97.57亿元，规上工业总产值137.98亿元，规上工业增加值29.19亿元，财政税收收入12.13亿元。完成民间投资29.93亿元；引入境外资金2330万美元，市外境内资金13.6亿元。全体居民人均可支配收入59347元。

2019年8月30日，街道行政村由21个调整为16个，社区由6个调整为10个。撤销汪家桥村、上下阁村及其村民委员会，以其区域合并设立汪阁村及其村民委员会，驻地设在原上下阁村587号；撤销红联新村及其村民委员会，设立红联社区及其居民委员会，驻地设在和泰路17-16号；撤销三都村及其村民委员会，设立三都社区及其居民委员会，驻地设在凤翔路85号；撤销开元村及其村民委员会，设立城山社区及其居民委员会，驻地设在健民路12-10号；撤销张乐村及其村民委员会，设立张乐社区及其居民委员会，驻地设在众泰路26-4号。总人口6.28万人。

【双招双引】2019年，以“招大引新”为导向，主动招引优质项目，全年成功引进5亿元项目1个，生产性服务业项目15个，科技招商项目1个；以“招才引智”为目标，申报入选暨阳533英才计划6名，申报入选绍兴市海内外英才计划11名。

【企业培育升级】2019年，利用规上企业信息管理系统，监测税收产值、能耗排放、用工研发等企业动态数据。推进“数字经济”一号工程，全年上云企业共735家，完成数字化车间改造5间、数字化示范车间2家，新增工业机器人48台。

全年新增“小升规”工业企业51家，“下升上”服务业企业29家，新设股份公司5家，股改企业4家。完成高新技术企业认定9家，科技型中小企业27家，促进科技成果转化2个，发明专利申请数70件。发展柱状经济，21幢总部楼宇内新注册企业达259家。

【民生实事】2019年，跨湖幼儿园、5所社区老年大学建成，明德小学、崇真初中建设中。因地施策攻坚消薄，通过留置用地置换商铺、建立村级服务队、激活闲置农房等方式壮大村级集体经济，城山、唐山、龙山、张乐、刘家山5个村（居）年经营性收入破百万。完成金菊路延伸段、绿荷路建设及十诸线—前山、下新—石家等6条农村公路大中修工程。通过整治小区秩序、改善小区环境，选优严管物业服务，不断提高安置小区管理水平。以景城嘉苑小区为试点，建设“智安小区”；以跨湖家园为试点，打造“智慧小区”，探索构建智慧物业、共建共享、安全管家、社区服务于一体的小区自治模式。就地生态化治理农村生活污水，涉及宋家畈村、联合村，建设终端处理池22个，铺设污水主管5554米，铺设支管、接户管约5.4万米，受益农户1343户。完成白门上村里方自然村规模化供水工程，新建加压泵站2座，铺设自来水主管道1398米，受益农户249户。使用科技手段重点提升友谊渠上海城区域水质，保持水质在Ⅲ类及以上。

【社会治理平安建设】2019年，完善“三位一体”基层治理体系，推动网格员发现问题、干部解决问题、合力化解难题，努力将矛盾化解于萌芽、解决在源头。专职网格员全年累计上报安全、稳定、秩序、环境、社情等五大类信息21767条，有效处置率达100%。推出重点企业星级管理机制，推动安全生产监管方式从被动防范向源头管理转变，累计开展星级评定459家，其中二星级95家，一星级260家，无星（不予评级）104家。深入排查企业，共巡（复）查企业（店面）27869家次，排查整改隐患34526条。推行信访维稳班子包案制、会商制和稳控小组化解制，建立初信初访班子即交即办制，实施积案专案经营制，全面构建信访维稳工作机制体系。梳理完善信访档案，建立“一人一档”，做到溯源有档案，化解有根据，复核有凭证。

【文化建设】2019年，发挥村规民约、红黑榜两级备案制度作用，培育村级爱心基金。全年21个行政村累计简办婚丧酒席600余场，节约资金1600余万元，捐献爱心基金197万元。组建陶朱“老同志”志愿服务队，引导2000余名老年大学学员加入社区志愿服务。拍摄制作人文历史纪录片《伢陶朱》，用以记录故乡、留住乡愁。至2019年底，共推出《话说三都》《白门义塾》《三都农民画》《三都农民篮球》《红色上下阁》《刘氏族祭》《“小莫斯科”：红色金村》《新亭埠今昔》九期。（赵楼妃）

浣东街道

【概况】浣东街道东邻枫桥镇、东和乡，南至暨南街道，西接暨阳街道，北连姚江镇、山下湖镇，31省道绍大线贯穿全境，诸永高速、绍诸高速交汇于此。街道区域面积115平方千米，街道办事处位于暨东路95号。2019年年底，总人口5万人，辖21个行政村、4个社区。2019年，街道全年实现财政收入9.1亿元，同比增长6.4%；实现工业生产总值112亿元，同比增长19%；实现自营出口24亿元，同比增长24%；实到外资1100万美元；工业规上企业实现销售收入73.7亿元，利润总额7.6亿元，同比分别增长23%、15.6%。

【项目推进及招商引资】2019年，共有在建工业项目17个，在建商贸服务业项目8个，其中亿元以上10个，完成工业性技改投入5.77亿元，商贸投入3.11亿元。继续以“打造中国刺绣机产业基地”为目标，推进项目建设，2019年省重大产业项目“诸暨市刺绣机智能制造产业基地”竣工验收，2019年二期雨濠、润杰绣花机项目开工建设。以“楼均论英雄”为导向，重点发展楼宇经济，提升楼宇服务水平，建立“1+2+X”（1名班子领导包楼，2名年轻干部联系，职能站办所上门服务）楼宇服务模式，2019年引入浙江工业大学开发的信息化系统，成功引进健康体检项目1个、快捷酒店、牙科医院项目各2个，生产性服务业企业5家，10余家银行聚集城东，全年楼均税收突破2000万元。

【城乡建设】2019年，完成新一轮行政村规模调整，丁严王等5个村（居）撤村并居。超额完成土地双保任务，其中土地开发152亩、土地复垦125亩。农村公路大中修、古里桥进村道路建设、浣东大道白改黑等建设项目基本完成。配合城东新城建管委和高湖建管办开展清障拔钉行动，6月，完成高湖进村道路建设并通车，9月，完成高湖主体隔堤建设。

【民生实事】2019年，推进农村耕地流转和早稻示范方建设，实施赵马岭溪修缮等水利工程。加强政策性农村住房保险、农村低保专项整治等社会兜底性保障。2019年投资60万元建成街道首个残疾人之家，投资350万元建设文化礼堂3个。持续推进移风易俗工作，红白喜事不铺张。铺开村级关爱互助基金倡议工作，街道26个行政村（社区）募捐金额突破255万元。

【便民服务模式创新】2019年，“最多跑一次”改革不断深化，新建“一站式办理”村级便民服务示范平台5个，在全市率先推行出生“一件事”（新生儿户口登记，医保参保，生育保险报销等）业务，身后“一件事”、社保等专项业务向各村（社区）全面延伸，创新完善“用电视”广电云平台建设，实现群众办事不出村。推行以项目代办员为主、部门协助、中心协调、上下互动的代办模式，推动企业投资项目“最多90天”承诺落实落地，协助50家企业做好工程设计、立项、环评、施工准备等工作，全程代办项目42个，办结率达100%。“一证通办”业务办件量达16569件，实现率达100%。

【社会治理平安建设】2019年，街道综合信息指挥室共采集各式问题类信息15526条，其中综合执法8586条、市场监管482条、便民服务102条、综治工作6356条，均已按照流程办结。街道定期组织矛盾纠纷摸排，街道、村两级共调解成功矛盾纠纷459件，重大矛盾纠纷化解率达100%，涉案金额达1472.85万元。

街道以“四个平台”（市场监管，综治工作，便民服务，综合执法）建设为载体，共设立各类网格81个，其中村（居）网格49个，社区网格25个，企业网格7个；配备网格长42名，专职网格员74名，兼职网格员74名，常规开展平安创建、禁毒、反邪教等各类宣传工作，加强各类特殊人员的管控。围绕互联网金融类企业开展风险摸排，会同市金融办、公安、市场监管部门对196家企业入户评估，向市金融办备案

39 家关注企业，并建立重点企业回访制度。(唐　祥)

大唐街道

【概况】大唐街道于 2019 年 6 月 24 日由大唐、草塔两镇合并组建。东接陶朱街道，南毗暨阳街道、牌头镇和同山镇，西邻五泄镇和浦江县，北连应店街镇。街道区域面积 138 平方千米，下辖 11 个社区、20 个行政村和 5 个居委会，户籍人口 7.66 万人，外来人口 10 万余人。2019 年，大唐街道实现国内生产总值 171.41 亿元，可比增速为 6.3%；实现财政收入 10.8 亿元，同比增长 31%；实现生产总值 171.41 亿元，同比增长 4.9%；累计完成工业投资 4.81 亿元、服务业投资 2.20 亿元；自营出口 85.33 亿元。

大唐街道块状经济拥有袜业、弹簧两大主导产业，其中以大唐街道为中心的袜业是全球最大的袜子生产基地和浙江省 21 世纪最具成长性的产业之一，已形成包括袜业机械、原料研发、袜业智造、营销物流等一整套完整产业链，有“国际袜都”之美誉。2019 年，大唐袜艺小镇荣膺全国最美特色小镇 50 强第 5 位。2019 年，袜业区域品牌价值估值达 1100 亿元。街道拥有各类市场主体 2.7 万余家，规上企业 214 家。全年新增规上企业 39 家、高新技术企业 13 家、省科技型中小企业 31 家，在册电子商务市场主体达到 3000 余家。

境内有古越遗迹司马庙、省级文保单位七级浮屠天元塔、全国最长的青石平撑桥溪缘桥、明代青石拱桥宝珠桥及巽离亭、西天寺、南屏山、马家坞十二档、五大门老宅、金岳霖祖居等。草塔抖狮为国家级非物质文化遗产。

【项目建设】2019 年，推进袜艺小镇 PPP 项目、草塔文化小镇等重点项目建设。2019 年 11 月，引进注册资本达 2 亿元的“新零售”服务中心项目落地。2019 年 12 月，中邮浙江速递物流现代电子商务供应链项目投入运营。

【城乡建设】2019 年，以“一分两清三化”(农村生活垃圾分类，清理乱堆乱放、清理空倒房，公厕洁化、“三线”序化、庭院美化)为重点，推进农村人居环境

草塔老街夜景(大唐街道提供)

集中攻坚“百日行动”，8 个“五星达标、3A 示范”村通过第二批创建验收，第三批 9 个创建村稳步推进，创建“一村万树”推进村 5 个，2019 年 12 月，上下文村获批省级生态文化基地。推进“五水共治”，严格落实河(湖)长制，加强山塘水库整治，五泄江、渎溪江、冠山溪水毁修复及流域整治工程实施，完成农村饮用水提标提质工程 6 个。落实土地开发复垦，新建高标准农田 1000 亩，龙珠里村危旧房整治试点工作推进。完成三环线、冠山溪景观改造，深化农村联网公路建设，大地障村、冠山等一批游步道建成投用，2019 年 2 月 18 日，大唐至义乌快速公交系统开通运行。

【民生实事】至 2019 年年底，街道有农村家宴放心厨房 23 家、村级居家养老服务中心 36 个、文化礼堂总数 20 个。城乡居民基本医疗保险资金配套达 1600 万元，户籍参保率达 99% 以上，实现 31 个行政村“关爱互助金”全覆盖。强化窗口“无差别”受理，“最多跑一次”满意率、实现率、进驻率均达 100%。

【平安建设】2019 年，探索“党建 +”社会治理创新，推行流动人口“老乡党员带老乡”管理服务模式，12 月，设立“平安基金”，开展“2019 温暖回家路”活动。深化全科网格建设，加大矛盾纠纷调处化解力度，“四个平台”信息处置反馈率达 100%，解决各类矛盾纠纷 1600 余件。开展扫黑除恶专项斗争，平安创建安全感满意率达 98.57%。打击非访缠访闹访以及反

复越级上访行为，有效打击无理信访对象 2 人、治安拘留 2 人、法制谈话 11 人、刑事拘留 2 人，成功化解积案督查件 11 件，越级访同比下降 25.6%。2019 年 9 月，全市首个消防小型站在大唐街道揭牌成立，构建起 15 分钟灭火救援圈。

【**袜艺小镇建设**】2019 年，袜艺小镇规划面积 2.96 平方千米，重点建设“智造硅谷、时尚市集、众创空间”三大区域。“智造硅谷”是小镇的智能制造集聚区，主要包括海讯两创园、圣凯科技园、天顺精品园三大园区；“时尚市集”是小镇的智慧中枢和文化艺术旅游区，主要包括“袜业智库、滨水休闲文化长廊、艺术村落”等功能区；“众创空间”是小镇的电商群落生态区，主要有电商园、大学生创业园、中国针织原料市场、物流园区等项目。2019 年，小镇完成税收收入 2.8 亿元，规上工业总产值 22.87 亿元，完成特色产业投资 8464 万元；预计完成亩均税收 13.42 万元 / 亩；亩均产出 564.65 万元 / 亩；单位从业人员产出 50.89 万元 / 人；单位能耗 15.54 万元 / 吨标准煤；高端要素集聚度 0.67；亩均特色产业投资 535.2 万元 / 亩。

【**第十四届中国 · 大唐国际袜业博览会**】2019 年 11 月 18 日至 20 日，大唐街道举办第十四届中国 · 大唐国际袜业博览会。本届袜博会以“聚变”为主题，其间举行开幕式、项目签约仪式、袜业新材料应用发展论坛、2019 首届“大唐杯”国际袜业机械装备大赛、境内外客商贸易洽谈暨第三届网上袜博会、第三届中国 · 诸暨科技金融暨与杭同城产融驱动高峰论坛等活动。开幕式上，举行了世界级产业集群先行区授牌仪式、2019 胡润百富大唐袜业区域品牌价值暨胡润全球袜业企业创新榜发布仪式、中国红星奖 · 中国大唐世界袜艺创意设计大赛冠名暨启动仪式、诸暨袜业产业带启动仪式等活动，大唐街道创成世界级袜业产业集群先行区。

【**首届“大唐杯”国际袜业机械装备大赛**】2019 年 11 月 18 日，大赛采用统一操作时间、统一原料、统一花样、统一针数的方式，由专家评委组根据参赛袜机的稳定性、创新性、工艺精良度、外形美观度以及袜品质量、操作能耗、专利证书和应用前景等方面逐一打分评选，决出最佳研发奖、最具匠心奖、最富潜力奖等奖项。大赛结果：浙江海润精工有限公司、浙江叶晓针织机械有限公司荣获最佳研发奖，诸暨科军机械有限公司、浙江嘉志利智能科技有限公司、新昌县振兴纺织机械有限公司荣获最具匠心奖，浙江伟焕机械科技有限公司、诸暨市锋速机械有限公司荣获最富潜力奖。

大唐街道俯瞰（郦以念　摄）

【杨家楼村文体中心建成投用】2019 年 5 月 12 日，草塔镇杨家楼村文体中心建成并投入使用。该项目是诸暨市已建成的投资规模最大的村级文化项目，总投资 1.5 亿元，占地 30 公顷，包含体育馆、图书馆、文化记忆馆、文化礼堂等配套设施，除前期土地费用外，项目建设所需的 6000 万元，全部由杨家楼村乡贤杨洪康个人捐助。

【蓝莓新品种“蓝美 1 号”通过国家级主要林木品种认定】2019 年 5 月，国家林业和草原局发布 2018 年度国家级主要林木品种认定公告，浙江蓝美科技股份有限公司申报的蓝莓果品新品种“蓝美 1 号”通过“国家级主要林木品种”认定。良种具有产量大、适应性强等特点。“蓝美 1 号”抗性好、易管理，其生长周期具备“(开花)躲晚霜、(挂果)避梅雨”的天然优势，相比一般品种约 500 公斤的亩产量，其最低亩产为 1000 公斤，最高可达 2500 公斤。

【五泄江草塔段入选 2019 年“浙江省美丽河湖”建设计划】2019 年 7 月，浙江省水利厅、浙江省治水办公布《浙江省美丽河湖建设行动方案(2019—2022 年)》及 2019 年建设计划，大唐街道五泄江草塔段入选 2019 年建设计划。五泄江 2018 年完成生态修复工程，总投资 4806 万元，起点为五泄镇和大唐街道交界的双金线桥，终点为草塔溪圆桥，治理河道全长 5.16 千米。按照“水岸同步、治美同步”的原则，对沿岸绿化重新布局，宽 3 米、长 5.9 千米的游步道串联起 8 条不同风格的堰坝。（魏永杭）

暨南街道

【概况】2019 年 6 月，暨南街道由王家井镇和街亭镇以及暨阳街道开化江以南部分区域(三江新村、城新村、新光村、暨南村)合并组建而成。东临东和乡、浬浦镇、东南接璜山镇，西南交牌头镇，西靠大唐街道，北依暨阳街道、浣东街道。街道面积 140.9 平方千米，辖 5 个社区和 34 个行政村，户籍人口 6.91 万，街道办事处驻暨南路 7 号。2019 年，国内生产总值 29.6 亿元，财政总收入 1.68 亿元。

【双招双引和企业培育】全年新增工业项目 10 个、服务业项目 1 个，完成有效投资 5.3 亿元。新增数字车间 1 个、工业机器人 16 台、企业上云 234 家，培育“产转法”(产业活动单位转为独立注册的法人单位)8 家、跨境电商 15 家、国家级高新技术企业 4 家、省级科技型企业 11 家。招引项目 11 个、市外资金 1.78 亿元、外资 950 万美元，引进生产性服务企业 6 家、5 亿元以上产业项目 1 个，完成税源经济 4133 万元。加大人才引进力度，入选暨阳“533”人才 2 名、绍兴“330”人才 1 名。

【“三农”服务】全年走访村企 159 家、农户 3977 户，就地解决问题 83 个。喜盈天猕猴桃基地、沿余家庭农场建成省级农业科技示范基地，2019 年 12 月，国伟禽业建成全省唯一水禽基因库并获得国家科技进步二等奖。

【城乡环境综合整治】2019 年，全域开展农村人居环境整治提升集中攻坚“百日行动”，完成第二批 11 个“五星达标村”创建，周村、新旭村成功创建“3A 示范村”，新南村被评为省级美丽田园。深化小城镇环境综合整治，开展“五乱”问题集中整治 108 次。持续推进“两路两侧”“四边三化”整治，强化土地管理，拆除违建 4.6 万平方米，完成“三改”任务 10.8 万平方米。

【民生实事】2019 年，投资 2200 万元完成村村通公交线路提升工程、道路大中修提升工程、街新线自来水管铺设工程等 15 只民生实事工程。投资 3100 万元完成浦阳江排涝站宣家湖分站改造工程、洪浦江道坛堰新建工程、山塘水库除险加固工程等 6 只水利基础设施项目。推进土地双保工作，完成土地复垦 113 亩、高标准农田建设 2030 亩。全年发放各类补贴补助救助金 1150 万元。投入 1500 万元完成城乡居民医疗参保工作。开设“医养康住院病房”，开展“智慧医疗”试点。成立暨南街道中心学校，整合提升暨南教学水平。深入推进移风易俗，节俭办酒 159 场，节约开支 584.5 万元。“街亭慈善”基金发放救助金 50 万元，新设“展诚助学助困”基金，募集“星火关爱”互助基金 168 万元。全年开展文化节庆活动 286 场，3 个村完成小康体育村升级工程。新建文化礼堂 6 家，新胜村成功举办绍兴市文化礼堂建设现场会。

【社会治理】全年调处各类信访矛盾 293 起，成功化解重大积案 35 件。深入开展扫黑除恶专项斗争，依法打击非访缠访闹访 1 名。整治重点企业 40 家，确保全年无较大以上事故发生。 （赵 秀）

店口镇

【概况】2019 年 6 月，撤销店口镇和阮市镇建制，合并设立新的店口镇，人民政府驻中央路 388 号。8 月 15 日依法产生新一届店口镇人大、政府机关。9 月 5 日，5 个行政村规模调整完成。店口镇位于诸暨市北部，东邻枫桥镇，南接山下湖镇、姚江镇，西靠次坞镇，北与杭州萧山区、绍兴柯桥区相连，距市中心 33 千米。全镇区域面积 176.43 平方千米，辖 19 个行政村、11 个社区、3 个城市社区居委会，户籍人口 10.23 万，常住人口约 18 万。2019 年，全镇实现国内生产总值 234.2 万元，实现财政收入 22.18 亿元，实现税收总收入 16.33 亿元，规上工业总产值 329 亿元，完成全社会固定资产投资 34.9 亿元(不含房地产)，完成自营出口 71.8269 亿元，农村常住居民人均可支配收入超 6 万元。

店口镇是“五金之乡”，全国综合实力千强镇，平均每月有 30 多亿元的工业产品发往世界各地。全镇拥有 1 家世界 500 强企业、2 家中国 500 强企业、7 家上市企业、8 家年销售 10 亿元以上企业和 224 家规上企业。2019 年 9 月 11 日，店口镇入选“2018 中国乡镇综合竞争力 100 强”，2019 年 10 月 8 日，店口镇全国综合实力千强镇排名升至第 50 位。

【特色产业发展】2019 年，结合店口产业实际，着力建设以“政产学研金介用”为主的铜材精密智造赋能中心和打造以“6+1”产业(铜材精密制造、制冷配件、水暖管业、汽车配件、特色农产品加工、纺织服装等六大行业加数字经济)“北斗七星阵”为核心的制造业基地，持续提高产业发展质量和效益。3 月，65 家企业全部入驻友地金属加工生态园一期；4 月 2 日，召开全市首届铜加工行业数字化改造提升推广现场会。鼓励本土企业“走出去”拓展新兴市场，组建店口水暖产业联盟，参加东盟博览会等 6 场全国性展会；7 月 22 日，海亮集团成为绍兴首家世界 500 强企业；9 月，全面启动铜材精密智造赋能中心建设。全年新上工业机器人 211 台，“企业上云”(企业以互联网为基础进行信息化基础设施、管理、业务等方面应用，并通过互联网与云计算手段连接社会化资源、共享服务及能力的过程)1224 家，申报科技型中小企业 43 家，净增高新技术企业 18 家，“小升规”(规模以下企业转型升级为规模以上企业)全年新增 51 家，“下升上”(限额以下商贸企业升级为限额以上企业)全年新增 24 家，“产转法”(产业活动单位转法人)全年新增 20 家，“个转企”(个体工商户转企业制)全年新增 75 家，新设股份制公司 4 家，完成股份制改造 6 家；12 月 9 日，投资 9.55 亿元的海亮有色智造工业园一期项目土建全部完成。

【集镇建设】2019 年，以“市域副城”的科学定位，依托嘉凯城、商业老街、阮市社区商业区等商贸集聚区，构建集居住、购物、休闲于一体的综合服务体，提升城市形象、城市功能、城市品位。6 月底，启动编制《店口镇空间发展概念规划》，12 月底，完成联托运市场整体迁移和牛皋社区拆迁地块前期工作、原湄池火车站区域改造提升规划设计，初步达成原电镀园区改造提升工程意向。6 月 14 日，“生态环境损害赔偿替代性修复模式”项目获首届“中国城市治理创新奖”入围奖。12 月，完成店口高速公路前期工作；投资 1.3 亿元推进湄池小学、明诚小学、阮市幼儿园等校区新建扩建工程；2019 年 12 月，投资 800 万元的市第四人民医院行政综合楼改造全部完成。以国土空间总体利用规划为契机。

【乡村建设】2019 年，以“生态美、百姓富、治理优”为目标，建设现代乡村发展升级版。开展“五星达标、3A 争创”(党建星、富裕星、美丽星、和谐星、文明星等五星达标，达到国家 AAA 级景区的创建标准)，全年 24 个村(社区)五星达标，侠父村、何家山头村建成 AAA 级景区村，全镇 40 个行政村(社区)垃圾分类全覆盖，342 座农村公共厕所完成提档升级。40 个行政村(社区)全部高标准完成“消薄”任务。5 月 9 日，占地 3000 余平方米的杨梅桥社区农贸市场正式开业。5 月 25 日，采用代建回购模式，在碧桂园小区推出 199 套农村保障性住房。9 月 19 日，侠父村宣侠父故居成为市级主题教育北线教育基地，全年接待省内外访客 5000 余人次。

【“生态环境损害赔偿替代性修复模式”项目获首届“中国城市治理创新奖”入围奖】“生态环境损害赔偿替代性修复模式”项目于 2017 年 8 月由诸暨市店口镇人民政府启动，2019 年 6 月 14 日获首届“中国城市治理创新奖”入围奖。“生态环境损害赔偿替代性修复模式”主要是指在发生环境污染造成财产损失三十万元以上、其他严重破坏生态环境资源应当修复的犯罪行为等涉及生态环境损害的刑事案件，对不符合现场修复条件，且有替代性修复必要的，由损害地镇（乡）、街道部门通过引导督促犯罪嫌疑人、被告人与负有监督管理职责的行政主管部门签订“生态环境赔偿修复协议”，负责实施替代性修复。犯罪嫌疑人、被告人应当在赔偿修复协议签订后七个工作日内，将替代项目的出资划入镇（乡）、街道的指定账户。犯罪嫌疑人、被告人可以参与工程的实施并进行监督。对积极修复生态环境的犯罪嫌疑人、被告人依法酌情从轻处罚。该项目具有专家专修、集中实施的优势，启动后从源头上解决环境治理工作的难点。通过替代性修复破解生态修复效果难以衡量、修复率低等突出问题。（朱　燕）

枫桥镇

【概况】枫桥镇位于会稽山西麓，诸暨市东北部，毗邻绍兴市柯桥区，南连赵家镇、东和乡，西至浣东街道，北邻店口镇，距市中心约 20 千米。31 省道、诸嵊公路、枫店线穿镇而过，绍诸高速贯穿全境，设有南、北两个互通口。枫溪江、孝泉江、栎江三江汇流成的枫桥江穿境而过。镇域面积 165 平方千米，镇人民政府驻中兴路 1 号。全镇辖 23 个行政村、8 个社区，

枫桥镇枫源村油菜花田俯瞰（郦以念　摄）

户籍人口 7.2 万。陈家村、楼家村、枫一村、钟山村、海角村和永安新村 6 个行政村"撤村建社区"。2019 年，全镇实现国内生产总值 23.23 亿元，同比增比 9%；财政收入 5.6 亿元，同比增比 15%；工业总产值 46 亿元，同比增比 10%；固定资产投资 16 亿元，同比增比 10%；自营出口 13 亿元，同比增 12%；全体居民人均可支配收入 43232 元，同比增比 8.5%。

枫桥镇为全国重点镇、全国文明镇、中国历史文化名镇，是诸暨的人口地域大镇、经济政治重镇。以"枫桥经验""枫桥衬衫""枫桥香榧"闻名全国，连续三次捧得全国综治最高荣誉"长安杯"。2019 年，枫桥镇获得农业农村部评定的"全国乡村治理示范乡镇"称号，同年通过"无违建"镇和国家卫生镇创建复评，小城市培育试点获评全省优秀，省级园林城镇创建成功，"枫桥式公安派出所"在全国范围内示范推广。

【产业集聚和转型升级】2019 年，块状经济向产业园集聚的模式初步形成，位于枫桥高速北出口，占地 1500 亩的两创智造集聚区（两创智造集聚区是枫桥中小企业集聚成长、创新发展的平台）内的服装、纺织、汽配三大产业园均已建成，其中东三汽配产业园于 2019 年年底启用运营。新上亿元以上项目 5 个，意法杭派服饰产业基地被列入省服务业重大项目计划。全镇实施数字经济"一号工程"，高铁配套、空调配件、绣花机、藤器电商等产业兴起，"机器换人"技术改造全面推进，"企业上云"突破 400 家。新增高新技术企业 6 家、省科技型中小企业 13 家。新设股份制公司 4 家，引进台州银行枫桥支行。

【文旅产业培育】2019 年，打好"枫桥古镇""枫桥经验""枫桥文化"三张牌。与光大金控合作成立总金额 18 亿元的枫桥古镇文旅产业基金，撬动文旅产业破题开篇。投资 2 亿元开发紫薇山文化休闲区，"三贤文化馆"完成初步设计，枫桥学院周边景观提升、王冕故居及隐居地改造启动，全域旅游面貌进一步

2019 年 10 月，枫桥文旅品牌推广活动 （任光法 摄）

展现。借力“与杭同城”打响枫桥文旅品牌，举办“长三角特色小镇1+1”“和美之旅”“台阁市”等活动。“枫桥经验”考察接待引入市场机制，5月，枫桥镇与市文旅集团合作成立枫溪文化旅游开发公司，至年底共接待参观团队近1300批次、5万人次，辐射带动相关旅游收入超500万元，红色研学线路基本形成，探索“经验”驱动经济初步成功。

【古镇改造】2019年，古镇改造二期工程完成，主要实施古镇北出口改造提升工程并优化古镇商业业态布局，青年街越中书局、旗袍馆开馆。以古镇三期建设为龙头，统筹小城镇风貌、产业等核心内容，实施兴业路、尚义路、天洋路道路改造提升和枫溪路景观工程，高速北出口、青龙畈、湖头畈全域亮化。

【基础设施和民生工程建设】2019年，枫桥镇中易地新建工程全面开工。农村基础设施持续完善，完成3条低等级道路升级和2条道路大中修、2条联网公路建设。9个自然村新开通公交线路，11个行政村饮用水完成提标达标，5条低等级道路完成提升改造，屠家坞村基础设施提升工程被列入省公共投资计划。开展农村危旧房改造，推广“红枫居”出租房旅馆式管理新模式。深化文体惠民服务，新建农村文化礼堂5个，村级关爱基金募资总额超过236万元。镇级敬老院和居家养老中心建成投用，城乡居民医保参保率超过99%。

【美丽乡村建设】2019年，“五星达标、3A争创”全域达标，开展农村人居环境整治提升“百日攻坚”行动，枫源村、栎桥村入选全省首批农村引领型社区。抓好垃圾分类常态长效运行，三江村创建为省级垃圾分类示范村，三江村、乐山村创建为省A级景区村庄。杜黄新村设立绍兴市首个国家级“三区四情”耕地质量监测点。

【生态环境】2019年，高标准推进中央环保督察反馈问题整改，废气污染整治，污水零直排行动，严格落实“河湖长制”，征天水库上游汽配企业整体外迁入园。高标准完成“四边绿化”，建成梓坞山森林公园游步道。

【社会综合治理】2019年，深化“雪亮工程”，实现高清探头全域监控，综治视联系统全天候联动指挥，蓝天卫士、智慧烟感等新手段投入应用，“枫桥交管模式”获全省示范推广。创建“食安城市”示范镇，开展消防隐患集中整治，全年火灾事故数下降27%。深入扫黑除恶攻坚年行动，全镇刑事警情持续下降。初信初访满意率有效提升，信访积案化解率达到86%。区域内投资经营风险进一步化解，8家镇域银行的存贷款比率提升，不良贷款率稳定在1%左右。

【社会组织标准化建设】2019年，升级开展村级社会组织“1+5+X”（“1”是负责培育孵化、统筹管理社会组织的邻舍家服务中心，“5”是乡贤参事、平安巡防、乡风文明、志愿服务、纠纷调解等五大类村级社会组织，“X”是因村而异成立的若干个性化社会组织）标准化建设，落实“六同步、两覆盖”（社会组织登记与党组织设立同步审批、社会组织成立与党建工作指导员派驻同步落实、社会组织党建督查与年检同步进行、社会组织星级评定与等级评估同步开展、社会组织党建活动与公益服务项目同步整合、社会组织党建业务和专业同步培训；实现党的组织和工作全覆盖）确保社会组织正确政治方向，加强社会组织党建工作。

【清廉建设】2019年，以市委巡察组入驻巡察为契机，在全市率先完成巡察整改，着力解决政治建设、思想建设、组织建设、作风建设、纪律建设等五方面14个

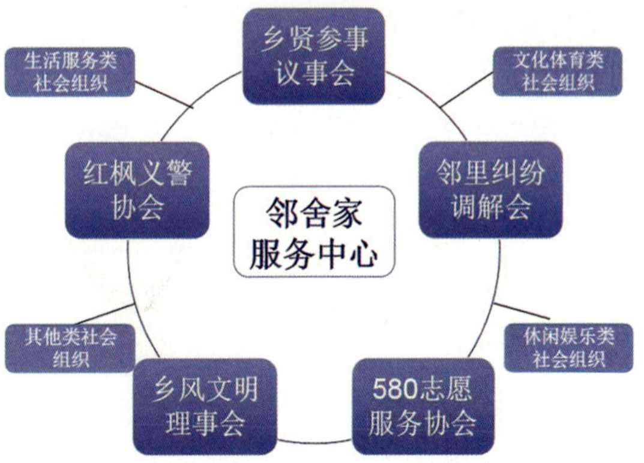

村级社会组织“1+5+X”标准化建设示意图

问题，进一步健全机关运行机制。开展省级纪检监察规范化建设试点，新增6个“五清”（党风清正、作风清新、权力清源、干部清廉、乡风清朗）村居，打造

规范化建设展厅。全面落实中央“八项规定”精神，严格执行廉洁从政规定，全年查处违纪案件28起，“三公”经费下降6.3%。

【“枫桥经验”被写入中共十九届四中全会《决定》】 2019年1月15日，习近平总书记出席中央政法工作会议时指出，“枫桥经验”发展到今天，最重要的成果、最鲜明的特色，就是实现自律与他律、刚性与柔性、治身与治心、人力与科技相统一，要总结推广这一成果。2019年以来，“枫桥经验”先后被写入中央1号文件、国务院《政府工作报告》《中国共产党农村基层组织工作条例》《新中国人权事业发展70年》白皮书、十九届四中全会《决定》等党和国家重要文件，标志着新时代“枫桥经验”已经成为习近平新时代中国特色社会主义思想的有机组成部分，上升为治国理政的基本经验。

【“枫桥式”信访代办制】 4月26日，绍兴市信访代办制现场推进会在枫桥镇举行，标志着“枫桥式”信访代办制正式全面推广。枫桥镇紧紧围绕群众信访三个100%（100%受理、100%有效办结、100%满意）工作目标，设置镇村两级信访代办站，依靠和发动镇村干部、社会组织、全科网格员三支队伍，实施“枫桥式”信访代办制。全年共受理信访代办430件，已办结416件，满意率持续保持100%，事项尚在办理中的信访人亦未出现自行上访情况，全镇初次到县以上信访总量同比下降15.5%，19件信访积案中12件承诺息访，将人民信访“最多跑一次”工作落到实处。

【职工维权“四方协商”机制入选全省工会创新项目库】 枫桥镇总工会在职工维权方面探索建立以工会、企业、职工、司法为代表的“四方协商”机制，形成齐抓共管的一站式劳动争议化解格局。全年通过“四方协商”受理窗口共接待职工92人次，立案56起，成功调解劳动纠纷48起，为职工追回直接经济损失60余万元。2019年3月，机制入选全省工会创新项目库，将在全省范围内重点培育推广。（吴　堃）

牌头镇

【概况】 牌头镇位于诸暨市西南，距市中心14.5千米，杭金衢高速公路在牌头设有互通口，沪昆铁路、杭长高铁、03省道、诸安快速通道等纵贯全境，浦阳江由西南向东北流经。镇域面积87.8平方千米，镇人民政府驻站前路197号。辖27个行政村，1个社区，总人口46963人。2019年全镇人均可支配收入46213元，增幅9.3%；农业总产值1.74亿元；工业总产值110.91亿元，比上年增11.8%；生产总值49.22亿元，比上年增7.9%；乡镇财政总收入23738万元，总支出23738万元，税收33935万元。

牌头镇为诸暨市三大古镇之一，境内有国家级风景名胜区斗岩风景区，有浙江省重点文物保护单位张秋人烈士陵园，是浙江省中心镇、浙江省百强镇、浙江省卫生镇、浙江省特色小镇培育优秀小镇、绍兴市小城市培育试点镇。

【工业投资和企业培育升级】 全年完成“个转企”55家、“小升规”12家、“下升上”10家，“产转法”9家；完成股改1家，新设立股份制企业4家，省股交中心创新板挂牌4家。推进“互联网+”“机器人+”。认定国家高新技术企业4家，省级科技型中小企业15家，新授权发明专利24项；深化工业园区“退转改聚”，完成数字化车间改造2家，购置工业机器人20台；整治“低小散”企业9家，完成淘汰落后产能项目3个，倒逼企业转型升级；浙商回归项目投入3.5亿元。

【双招双引】 全年引进5亿元以上招商项目1个、3亿元数字经济工业项目1个、1亿元以上工业项目1个、5000万元以上服务业项目1个、生产性服务业项目9个，引进税源9148万元，通过“余缺对接”引进项目11个。重视招才引智工作，与国家节能中心、浙江大学、浙江农林大学、环保协会等科研机构和院校积极探索合作方式，引进绍兴“330”人才3名、暨阳“533”人才4名。

【镇村环境综合整治】 2019年，投资1700万元完成越兴路改造工程，投资2300万元完成牌头老街立面改造，投资300万元完成农村保障房基础配套建设工作。推进交通隐患点整治工作，投资90万元完善交通信号灯和电子警察系统。结合小城镇环境综合整治，做好“三改一拆”工作，完成三改34570平方米，完成总任务数的115.23%,6户农村危旧房改造,各类集中拆违行动60余次,拆后利用率达87.8%。做好“污水零直排”建设前期工作;做好集镇和行政村人居环境整治提升工作,开展环境卫生、垃圾分类、公厕长效管理及爱国卫生运动。完成环保立案10件。完成全年消薄工作,制定“一村一策”工作清单,24个行政村经营性收入达到30万元以上。

【民生实事】2019年,以乡村振兴战略为依托,开展3个行政村的农村大中修工程和6个行政村的道路提升工程,完成3个大中型水库移民工程和18个村级避灾中心建设,新建2处残疾人之家和村级避灾安置场所。发放20余万元资金,补贴262户殡葬基本项目。共计调换17953只农村漏电保护器。完成新五村、新乐一村小康体育村提升工程。越国古迹二期游步道工程建设顺利完工。开展校园食品安全风险隐患排查、“防风险消隐患保食安”专项整治行动和食品安全宣传周等活动,加强监管执法,全年食药案件立案34件。做好民政、残联工作,新增低保40户49人,低保边缘户6户17人,因病致贫13人,发放各类困难救助金和春节慰问金共计75余万元。完成4个村级示范型居家养老服务照料中心升级工程,养老服务上门评估100余人次。做好各项计生奖励优惠政策工作,新增奖励扶助210人,特别扶助10人。开展全国“助残日”活动,完成全国残疾人需求与服务状况调查、收入情况调查,入户率达99%以上;及时发放各类优抚费203余万元。推进小砚石等5个村“一站式”便民服务中心建设。全年完成农村闲置农房激活3000万元投资额任务,完成土地开发50亩,建设用地复垦64亩,其中实施地票置换地块15亩;投资5000万元实施秋实白茶基地项目,申报省级美丽牧场1个。

【乡风文明建设】2019年,全镇建成13个文化礼堂,开展“文化、文艺、文明”下乡活动,全年累计开展各类文化服务活动300余场;共开展“我们的节日”活动40余场。首届“最美牌头人”的选树活动,集中表彰12户文明家庭,其中同文村村民张海平入选第六届浙江省道德模范。成立“越之行”便民服务志愿者联盟,开展便民服务活动近100场,其中大型志愿服务活动70场,共计服务4000余人次。全面推进村级关爱基金募捐,全镇募集317万元,实现3万元以上行政村全覆盖。移风易俗,全年共举办红白事405场,通过喜事新办、白事简办,共节约资金635余万元。

【环保小镇建设】全年完成环保小镇投资9.9亿元,其中环保产业投资5.2亿元。在省级特色小镇创建对象年度考核中被评为良好。在市环保小镇创建工作领导小组协调下,委托上海德勤咨询和同济设计院分别完成了环保小镇产业规划和空间规划的重新制订。同时确定市国资公司作为环保小镇基础设施及配套项目的投资主体。新增“小升规”企业12家,“下升上”7家;认定国家高新技术企业4家,省级科技型中小企业15家;实现发明专利技术24件,可产业化项目2个,完成技术市场交易额4450万元。2019年9月,被评为“2019年度绍兴市服务小微企业优秀平台”。

【各项创建】2019年,牌头镇被评为浙江省美丽乡村示范镇、诸暨市社会治理工作成绩突出集体、诸暨市信访工作先进集体、诸暨市民政工作先进集体。2019年12月牌头村被评为浙江省民主法治村。2019年12月,新五村、长潭街村、新乐一村、双高村、下岭脚村被评为绍兴市民主法治村。2019年12月牌头镇文化站被评为绍兴市群文工作先进集体。2019年4月新五村成功创建诸暨市“一村万树”示范村。2019年1月斗岩村被评为绍兴市文明村、市级农村生活垃圾源头减量水平村。（宣品晶）

次坞镇

【概况】次坞镇位于诸暨市西北部,东邻店口镇,南接应店街镇,西毗富阳区,北连萧山区,为诸暨、萧山、富阳交界之所,距市中心21千米。镇域面积97.2平方千米,共设行政村20个、社区2个,镇人民政府驻育才路1号。2019年,全镇实现生产总值47.9亿元;财政总收入3.48亿元;规上工业增加值10.5亿元;民间投资10亿元;自营出口12.3亿元。

【交通建设】2019年,配合做好“杭二绕”后期安置工作和G235国道拓宽改造工程前期各项准备，凰桐村与萧山河上镇双向运行的585路城际公交运营平稳。

【双招双引】全年洽谈落地智能装备制造、金属新材料等优质项目13个，其中亿元以上工业项目5个，总投资达35亿元。新入选绍兴“海内外英才计划”人才、暨阳“533英才计划”人才共4名。

【临杭产业园区建设】2019年，临杭产业园区一期17个项目全部投产、二期10个项目完成主体建设，园区有规模以上企业8家，年总产值达到6亿元。通过“腾笼换鸟”、鼓励流转、等价置换、合作经营、协商收回等方式，累计盘活闲置土地284亩、空闲厂房11万平方米，引进余缺对接项目6个。投入3000余万元，基本完成临杭产业园区水、电、路、管网等相关基础设施配套工程。

【企业升级】全年完成“企业上云”209家，新增工业机器人15台，上峰包装、高德机械2家传统企业开展智能化改造提升，外贸“订单+清单”监测系统全部上线。全年实现高新技术产业投资3亿元，完成高新技术产值7亿元，授权发明专利25个，新增省级科技型中小企业13家、高新技术企业3家。全年新增“小升规”企业18家、“下升上”企业9家、“产转法”企业6家。

【小城镇建设】2019年，空间资源配置不断优化。启动全域土地综合整治试点工作，完成土地利用现状和潜力资源摸排调查。同时，扎实推进土地双保，立项开工建设用地复垦30亩、土地开发65亩，通过废弃矿山复垦评审56.5亩。基础设施建设不断夯实。以整治交通事故黑点路段为抓手，打好交通安全综合治理大会战。投资150余万元，完成杭金线、集镇、高速出口等重点区域路灯养护，新建凰桐村公交首末站，加装警示桩2000根、隔离护栏3000米，道路交通事故率明显下降。小城镇管理更加精细。获评浙江省小城镇环境综合整治行动突出贡献集体。生态环境更加优美。开展污水“零直排”和“生态杭坞山”建设，完成杭金线小区雨污分流改造工程，凰桐江等主要河道断面水质保持在地表水质Ⅲ类以上，建成“一村万树”示范村1个。

【乡村建设】农业打实发展基础。高质量推动粮食生产，预计全年完成粮食播种面积3.79万亩，建成高标准基本农田1050亩，红旗粮食专业合作社成为绍兴市农业绿色发展示范区。整治提升农村环境。以“五星达标、3A争创”为主抓手，完成“五星达标”创建基础工程类项目160个，发现整改问题点位5000余处，评选“美丽内当家”106户。同时，推进省级卫生村创建工作，大儒村等10个行政村新获评省级卫生村称号。全力推动消薄增收。组织开展“村企结对、消除薄弱村”专项活动，签订9个薄弱村的“村企消薄”协议，通过村企结对，新增经营性收入总计72万元。实施大桥农贸市场、临杭职工服务中心2个联建类项目，预计项目建成后每年新增经营性收入110万元。全镇18个行政村完成“消薄”任务，部分年经营性收入突破50万元。

【民生实事】2019年，次坞镇中心小学新建教学楼年底前投入使用；横坑水库除险加固工程推进顺利；农村漏电保护器完成全面更换；俞秀松纪念馆9月揭幕开馆，成为绍兴市委理论学习中心组“不忘初心、牢记使命”主题教育“初心之行”第一站；“五星达标3A争创”新增7个“五星达标”村；新徐坞杨村、上连村村民喝上由水务集团提供的自来水；完成红柴线、茅湄线、楼家桥、百步街等3.8公里乡村道大中修工程建设。教育现代化程度提高，实施“均衡发展、内涵提升”战略，秀松中学创建成为绍兴市现代化学校，全镇义务教育入学率、巩固率均为100%，初中升高中比例达到96.8%。开展家庭医生签约服务，累计签约1.58万人。移风易俗“小棉袄”爱心基金实现行政村全覆盖。新建大桥村、红旗村2处文化礼堂，里亭村连续两年全市文化礼堂活动开展排名第一。持续推广次坞打面品牌建设，次坞打面位列“2019年浙江省十大农家特色小吃”榜首。（黄璐瑗）

山下湖镇

【概况】山下湖镇位于诸暨市东北部，东接枫桥镇，南邻浣东街道，西至姚江镇，北连店口镇，距市中心30千米，镇政府驻地诸暨市山下湖镇宝兴路63号。毗邻杭金衢高速、诸永高速，03省道东复线、诸湄公路

山下湖镇新桔城村一带俯瞰(市农业农村局提供)

穿镇而过,浦阳江支流江横穿东西。区域面积 42.56 平方千米,人口 2.88 万人。辖 9 个行政村、3 个社区居委会。2019 年,实现国内生产总值 41.6 亿元,同比增长 8.5%;财政总收入 2.8 亿元,同比增长 18%;规上工业产值 33.9 亿元,同比增长 23%;新产品产值 8.5 亿元,同比增长 15%;高新技术产值 11.2 亿元,同比增长 24.5%。2019 年,全镇居民人均可支配收入 59902 元,同比增长 8%。

山下湖镇先后获得全国文明镇、全国千强镇、浙江省百强镇乡、绍兴市五强镇乡、"全国小城镇经济综合开发示范镇" 等荣誉,是省级高新特色产业基地、省级服务业集聚示范区、"美丽浙江 · 强镇榜样" 产业聚集示范镇。

【珍珠小镇创建】2019 年,山下湖镇按照 "宜业、宜游、宜居" 要求,着重谋划基础设施、产业转型、全域旅游开发等项目,投资 15 亿元启动 30 个重点项目建设。推进珍珠客厅(博物馆)及珍珠文化街区、珍珠湖、珍珠创意工坊、珍珠产业创新服务综合体等重点项目建设,搭建集生命健康产业、数字经济产业、时尚文化产业为核心的平台体系。邀请色彩大师晨晓领衔打造色彩山下湖,为 "色彩小镇" 提供高水平咨询保障。

【珍珠产业转型升级】2019 年 6 月,出台《珍珠产业转型扶持政策》,高质量推进产业转型。2019 年 7 月召开珍珠小镇推介及《珍珠粉》和《珍珠粉鉴别方法 X 射线衍射分析法》国家标准出台新闻发布会,并宣布正式实施这两项国家标准。2019 年完成珍珠产业创新服务综合体建设,并于 7 月成功举办绍兴市级创新服务综合体现场推进会,12 月被列入第三批省级创新服务综合体培育名单。2019 年新增工业机器人 3 台,创建清湖农业、海天生珍珠 2 家数字车间,完成企业上云 232 家,11 月建成珍珠产业数字经济基地并投入运营,推动互联网、大数据、人工智能和珍珠产业深度融合。投资 2000 万元,推进琥珀玉石产业园建设,华东国际珠宝城成功入驻国内外高端珠宝旗舰店 11 家,珠宝业态不断丰富。投资 4000 万元完成国家现代农业产业园核心板块建设,打造 9 个 4200 余亩珍珠养殖规范化基地,完成园区基础设施及配套项目、道路白改黑建设项目及园区亮化工程三项建设任务,并于 12 月通过农业农村部和财政部第二批国家现代农业产业园认定。

【镇村建设】2019 年 7 月,成立山下湖镇农村集体资产经营公司,实行各村集体资金委托投资,参与项目建设、物业管理、卫生保洁等项目,确定珍珠小镇放心市场投资方案。探索村级信誉银行,以枫江村为试点,由村党组织牵头,定期对农户房前屋后整治、垃圾分类、移风易俗及村务工作支持度开展综合考评,实行信用积分制管理。实施 "五星 3A" 长效管理 "五小招",全民动员抓长效,持续优化全域生态旅游配套,新长乐村和枫江村创成绍兴市 3A 示范村,米果果小镇获评 "五星双强" 两新组织。投资 350 万元,完成农村道路大中修工程(桔城—冷水、横埂—桥南、赐新线—桐子山),修复道路 6.5 公里。新建一处公交车首末站,完成绍兴市 "四好农村路" 示范乡镇创建。投资 2000 万元完成省级 "污水零直排区" 试点创建工作,新建管道 2300 多米,实现雨污分流,整改六小行业 68 家、工业企业 19 家、生活小区 15 个,并于 2019 年 9 月成功举办绍兴市级 "污水零直排" 现场推进会。

【水稻育秧现场会】配合完成国家及省级现场会的部署落实工作,2019 年 3 月 15 日召开全市早稻生产现场会,推广改良的育秧技术;创建省级粮食绿色高产示范方一个;市级农作物病虫害绿色防控建设基地二个;早稻 "叠盘暗出苗" 育秧技术保持领先,供秧范围涉及店口、枫桥、姚江以及市外萧山、浦江等地。

(赵叶叶)

璜山镇

【概况】璜山镇位于诸暨东南部，省道诸东公路、诸永高速穿镇而过，与义乌、东阳接壤贯通。璜山镇辖16个行政村（社区），镇域面积131平方千米，户数14432户，人口37943人。2019年，全镇实现生产总值23.16亿元，其中第一产业生产总值1.9亿元，第二产业生产总值8.39亿元，第三产业生产总值12.87亿元，人均生产总值6.08万元；财政收入1.9亿元；实现自营出口5.81亿元。居民人均纯收入4.47万元。

璜山镇先后获得国家生态镇、省百强镇、省生态镇、省卫生镇、省教育强镇、省体育强镇、省级森林城镇、绍兴市重点培育中心镇等荣誉称号，入选2019年度全国综合实力千强镇。

【招商引资招才引智】2019年，实到内资2.8亿元；引进投资5亿元德富输配电设备制造、3亿元晓居有机康养、1亿元捷速尔高精准穿棕机基地建设、1亿元超市货架生产线等项目，招引税源7868万元；致力高精尖人才招引，培育绍兴“海内外英才计划”人才1名、“暨阳533”英才2名，并配套引入5000万元机器人制造项目。

【特色产业集聚升级】2019年，推进轴承轴瓦产业数字化转型，先后完成数字化改造企业2家，新上工业机器人6台，“企业上云”198家，引进可产业化科技项目1个，实现高新技术产业产值11.17亿元。申科滑动轴承、祥生正创新材料2个数字化车间通过评审认定，申发舰艇用燃气轮机和核电轴承成功申报省重点高新技术产品，申科滑动轴瓦合金层激光熔覆3D打印技术项目入选省重点研发项目，精展机械高速滑动轴承生产线项目投运。规划建设特色产业小微企业集聚园区；摸排收集用地需求企业16家、闲置厂房18处，招引促成余缺对接项目16个。

【集镇建设】2019年，打造诸暨东南中心区，以“谋长远、拓空间，重集聚、强服务”为指导，完成璜山镇总体规划和控制性规划的编制工作，洽谈招引商贸综合体项目，规划保障性住房项目，提升医疗、教育、文化、交通服务东南区域的能力。推进美丽城镇建设，启动“污水零直排区”建设，完成诸东线污水总管和五灶工业园区污水管网等改造工程；制定落实“日常管理+街长监管”长效机制，设立执法岗亭，安装公益性宣传大屏幕，开展建新路精品示范街区创建，新增集镇停车位70余个，全年完成“三改”15万平方米、拆违2.7万平方米，整改工程类、乱堆乱放等问题580个，2019年9月，国家卫生镇创建通过省级验收。

【乡村建设】2019年，全域整治、全民参与，开展农村人居环境百日整治行动，完成“三线”整治全覆盖，打造“美丽庭院”市级示范村1个、示范带20条、示范户5000余户，成功创建“五星达标村”10个，桐巢村成为“绍兴市农村人居环境整治现场会”观摩点。坚持全域旅游方向，编制完成发展规划，发布政策意见，谋划打造“诗境——溪北古建”“纯境——晓居竹海”“鲜境—大门蓝莓”“秘境—姚王矿洞”“圣境—红色黄家店”“画境—萃溪花谷”等“六境”主题休闲度假生活；启动和平大门康养旅游带、萃溪休闲景观带和晓居乡村度假综合体建设，引进乡村度假项目3个，开业高端康养项目1个，大门、寺下、黄家店等村连片试种“观赏性+经济性”作物；牵手浙旅集团、市旅行社协会等开展战略合作，2019年4月19日举办璜山“三月半”民俗文化节、2019年5月17日第三届大门蓝莓节等节会，溪北等村旅游人气升温。激活闲置农房，完成土地流转1400余亩，引导新办民宿、农家乐4家。完成9个行政村规模调整工作。

【便民服务】2019年，落实“一窗受理、集成服务”机制，梳理审批服务事项401项，实现无差别受理；创新无证明办理，梳理高频事项67项，省去证明材料82项；全市首个“身后一件事”业务办理，累计办理“身后一件事”业务30余件；创建9个村级一站式便民服务中心，推动“最多跑一次”向村一级延伸覆盖。

【民生实事】2019年，完成璜山镇中心卫生院改建工程，实施医疗惠民工程，补助住院病人570人次，享受增加体检项目4984人次；新建农村家宴厨房1家，提升4家，检查食品药品各类生产经营性单位和场所2042处次。社会保障扩面，完成镇级敬老院建设，完善镇村两级居家养老服务体系，684名独居老人建档管理，9名特困人员、884名残疾人、518户低保及低保边缘家庭落实补贴发放，城乡居民养老保险和医疗保险参保率分别达到96.2%和99.4%。

【行政村社区关爱基金全覆盖】2019年，完善移风易俗长效机制，实现全镇16个行政村社区关爱基金全覆盖，广泛发动党员干部带头捐、乡贤爱心捐、企业慈善捐、村民互助捐、结对单位定向捐、移风易俗农户公益捐，不断拓展筹资渠道筹措各村关爱基金128.8万元。

【平安建设】2019年，化解多起历年积案，化解率居全市第一，越级访量较去年同比下降；深入开展扫黑除恶专项斗争，通过LED显示屏、海报、折页、横幅等宣传宣讲3000轮次；开展安全生产大排查大整治行动，完成重点隐患整治任务，投入300余万元设置诸东线穿镇段隔离带，安装读山段路灯；设置交通安全劝导站23个，电动车戴头盔率达95%以上。

【首届璜山发展大会】2019年9月13日，农历八月十五，璜山镇召开首届璜山发展大会，邀请73名在外知名乡贤，成立乡贤参事会、发展基金会、决策咨询委员会，以人为媒，以智兴镇。（周佳林）

应店街镇

【概况】应店街镇位于诸暨市西北部，与富阳市接壤，东至陶朱街道，南至五泄镇，西至次坞，北至店口，距诸暨市中心16公里，临近次坞高速出口，03省道及复线穿镇而过，杭州第二绕城高速将在应店街设立互通口。镇域面积117.97平方千米，下辖1个社区，26个行政村和1个居委会，总人口近46964人，是全国环境优美乡镇、浙江省生态镇、省文明镇、省体育强镇、省卫生镇。

2019年，实现地区生产总值39.67亿元，同比增长8.3%；工业增加值17.83亿元，同比增长13.1%，其中规上7.04亿元，同比增长15.2%。500万元以上固定资产投资5.15亿元，同比增长9%。实现财政总收入2.57亿元；自营出口10.66亿元，农民人均纯收入32248元。

【双招双引】全年新开工项目13个，其中3个亿元以上项目，余缺对接项目3个，总用地270公顷，总投资近17亿元。项目审批加速，新供地11个项目全部实现30天内从土地摘牌到完成施工许可证办理，项目承诺制实现率100%。完成上云企业145家，完成“下升上”9家，“小升规”10家，个转企61家，培育科技型中小企业6家，新增“暨阳533”英才计划人才1名，绍兴“海内外英才计划”人才1名。

【镇村建设】2019年，灵山坞、紫阆两个AAA级景区村创建工作启动，三应村“旧村改造”工作推进，仕坂坞地票政策试点工作顺利开展。全年创建“五星达标”村8个，全镇22个村年经营性收入达到30万元。完成土地复垦159亩，高标准农田建设1059亩，人居环境整治提升攻坚百日行动成效明显。累计拆除违章建筑27849.5平方米，开展大棚房问题专项清理整治，打击乱开采乱倾倒行为60余起，实施成品油市场专项整治，捣毁“黑油站”3个，整治非法流动加油点3个。

【民生实事】2019年，幸福溪小流域治理、农村公路低等级路提升、园区配套设施、地质文化村一期开发等重大建设项目完成；镇级避灾中心、居家养老服务中心改造提升。全年办理大病救助132户涉及资金88.07万元，审批丧葬补贴148人，惠民金额达12.69万元，公益性岗位安置16人，补助城乡居民医疗保险资金近1000万元。投入120万元完成十二都孟庙提升工程。新增7个“一站式办理”村级便民服务示范平台，推进“出生一件事”“身后一件事”全流程“最多跑一次”，全年窗口办件量达2.6万件；推进信访代办服务，全年代办信访25只。

【文化建设】2019年3月8日，举办第三届“南孟文化节”，《南孟文化》新书首发；移风易俗深入开展，募集关爱基金81万元；累计开展各类文化活动近300场。

【平安建设】2019年，建立健全网格员队伍管理机制，制定《网格员考核细则》，全年累计化解信访积案25件，调解矛盾纠纷181起，处理来信来访案件66起，96345来电来访258起，“12345”来电来访637起。筑牢安全防护墙，通过第三方排查，共整改企业、个体经营户安全生产隐患4763处，火情接警数下降；严防食品安全，落实全国食安城市创建和浙江省食品安全市创建有关工作，开展食品安全专项整治40

余次；完成上游村突发地质灾害隐患点整治。

（俞　聪）

姚江镇

【**概况**】2019 年 6 月 24 日，完成行政区划调整，江藻镇和直埠镇合并设立姚江镇（两镇历史上同属姚江乡，因而得名）。区域面积 105 平方千米，镇政府驻地为学院路 200 号。2019 年 8 月，按照行政村规模调整要求对部分人口规模较小的村予以合并，完成 2 个村的合并及 2 个村的“村改社区”工作。调整后，下辖 21 个行政村、2 个农村社区、1 个城市社区，总户籍人口 5.55 万人，流动人口 0.93 万人。2019 年实现财政总收入 2.69 亿元，同比增长 10.59%。实到内资 3.58 亿元，完成全年任务的 149.2%；完成工业投资 4.79 亿元，其中高新产业投资 2.87 亿元，完成全年任务的 151%；引进税源 6242 万元，完成全年任务的 173.4%。引进外资 1100 万美元，完成自营出口 5.26 亿元，农业投资 6530 万元，基础设施投资 1306 万元，其他服务业投资 1.47 亿元。居民人均收入 33413 元。

【**双招双引和企业培育升级**】全年引进亿元以上工业项目 6 个，其中 3 亿元以上项目 1 个，10 亿元以上项目 1 个。健全班子领导重大项目现场办公制度，预征土地 2000 亩确保海亮有色智造工业园及星空通用航空基地等重要项目有序推进。紧扣数字经济主线，完成数字化车间改造 2 家，企业上云 234 家。深化高端人才技术引育，引进高层次人才 2 名，可产业化科技成果 2 件。落实千万元以上技改项目 6 个，新增省科技型中小企业 6 家，国家级高新技术企业 2 家。积极推进市场主体培育，净增“个转企”36 家、“产转法”3 家，完成“小升规”12 家、“下升上”9 家。

【**特色农业发展**】2019 年，聚焦特色农业发展，投资 5020 万元推进国家现代农业园区建设，入围省级特色农业强镇创建计划。依托现代农业综合公共服务中心，以山汀村中日草莓基地为主体，以高端精品农业及旅游采摘为主题，推进休闲农业发展。

【**镇村建设**】2019 年，巩固小城镇环境综合整治成果，重点开展镇容秩序集中整治行动 32 次，清理“五乱”点位 1810 处，常态化保持整治成效。全方位开展“污水零直排区”建设，大力推进“美丽城镇”专项行动，顺利通过国家卫生镇创建省级复验。开展乡村振兴行动，借力农村人居环境整治及“五星 3A”创建，持续深化“三大革命”（污水革命、厕所革命、垃圾革命）。投资 900 余万元完成直埠村截污纳管工程，新设可回收物和有害垃圾投放点 24 处，创建垃圾分类源头减量村 3 个，创成第二批“五星达标”村 7 个。开展村级“消薄”工作，依托村级公司、村企结对、劳务经营等方式，推进村级经济“造血式”发展，完成 19 个村的消薄任务。做好防汛工作，投资 446.6 万元完成应坞水库除险加固，投资 174.3 万元完成石子横埂提升加固，推进浦阳江二期堤防加固工程。强化控违拆违力度，完成拆违 4.2 万平方米，整治赵源村 24.9 亩连片危旧房。推进“土地双保”工作，落实土地复垦 99 亩，土地开发 161 亩，建设高标准农田 1100 亩，完成“旱改水”400 亩。

【**民生实事**】2019 年，投资 800 万元实施道路大中修工程，完善镇域联网公路建设，完成官庄至弦腔公路直埠段征迁。推进农村保障性住房建设，姚公埠村全省首例装配式农村保障房项目获省领导批示肯定，同步推进巨堂村等 4 个村保障房建设。开展农村饮用水达标提质工程，完成祝谢村、墨城坞村等村“一户一表”改造工作。完成镇级居家养老服务中心建设，村级居家养老中心实现全覆盖。坚持民生优抚为先，发放各类救助资金 869.63 万元；结合村级关爱互助基金，累计募集资金 191.3 万元，发放关爱救助款 83.9 万元。构建公共文化服务体系，新建文化

姚江镇江藻村美丽乡村建设一角（市农业农村局提供）

礼堂3个;推进“移风易俗”工作,简办红白事985场。深化“最多跑一次”改革,办理行政审批事项16623件,办结率及满意率均达100%。坚持教育优先,投资185万元提升教育设施;实施卫生体系“三改善”,投资168.59万元提高农村医疗保障水平。

【平安建设】2019年,压实信访积案化解责任,全年累计化解诸暨市级积案14件,绍兴市级积案14件,积案化解率达93.3%。依托多元化调解联动工作机制及信访代办制,累计办理来信来访1350件,按时办结率100%,有效办结率99.5%。抓实“四个平台”和全科网格的融合提升工作,优化网格设置、选优配强专职网格员,累计收集上报并处理各类信息8405条。提升村级调解员队伍建设,累计调处各类纠纷292起,涉及金额700余万元。以新中国成立70周年纪念活动为契机,实施平安建设“三个一”(调一只,劝一次,巡一夜)专项活动升级版,动员志愿者16790人次开展文明劝导、日常巡管。推进交通安全综合大整治行动,强化道路日常维护,新增临水护栏2500米,消除安全隐患点32处。建立综合执法24小时值班巡查制,查处违规倾倒车辆125辆次。多频次、全方位开展安全隐患排查整治工作,累计检查企业、场所850家(次),摸排整治消防安全等隐患1353处。

(张楹琛)

安华镇

【概况】安华镇地处浙江诸暨、义乌、浦江三县(市)交界,为诸暨南大门。杭长高铁、杭金公路、绍诸高速和杭金衢高速公路横贯全镇,浦阳江、大陈江交汇境内,有杭金衢高速和绍诸高速互通口。37省道复线18分钟直通义乌国际商贸城。全镇面积61.83平方千米,下辖16个行政村、3个社区,户籍人口33840人,镇政府驻华南路109号。2019年,全镇实现国内生产总值26.6亿元、工业总产值45.7亿元;完成自营出口10.8亿元,实到市外境内资金4.9亿元。实现财政收入1.65亿元,同比增长37.4%,创新高;实现农民人均可支配收入达4.04万元,同比增长9%。

【项目建设】2019年,总投资6亿元的朗臻创业创新园一期项目年内投产,二期项目完成建设;总投资5亿元的吉成创业园开工建设并于年底一期竣工;总投资6亿元的文化创意园基本投产;总投资10亿元占地160公顷的万科智慧物流园项目开工建设,并于年底完成工程建设的70%;总投资1.2亿元的文华教育培训项目主体已结顶;总投资1.5亿元的悦朗广场项目为安华及辐射周边镇乡首座一站式大型商贸综合体,已正式启动招商入驻。

【双招双引】全年引进项目46个(工业项目15个、商业项目1个、生产性服务业项目30个),其中总投资3亿元的鸿康生物科技有限公司新上口腔护理生产线项目、总投资5000万元的水益多食品有限公司新上矿泉水生产线项目,年内投产。打好“引、用、留”人才工作组合拳,引进高层次人才4人。

【企业培育升级】2019年,加大数字化改造,加强“亩均论英雄”机制,推动传统产业升级。开展现代包装园区整治提升行动,推动园区提质增效。引进科技型中小企业7家,完成率145%;引进可产业化成果1个,完成技术市场交易额3880万元;完成“个转企”34家;完成“产转法”5家;新设股份有限公司3家。

【集体经济发展】2019年,抓好村级集体经济消薄工作,完成14个村经营性收入超30万元的年度任务。完成勾乘山村土地流转和投资入股开发工作,逐步培育农业种植、乡村休闲为一体的田园综合体。投资90万元的珠峰村红色观光旅游开发项目基本完工。投资180万元实施700亩高标准农田建设项目,投资200万元实施56亩土地开发项目,投资140万元实施85亩旱改水项目,发展壮大现代农业。

【镇村环境综合整治】2019年,开展污水零直排区建设,现代包装园区已实现500亩工业园区雨污全部分流;蔡家畈依仁自然村雨污分流改造工程、蔡家畈企业雨污分流工程、湖头建材园企业污水管网新建工程全面完工。全年全镇累计拆除各类违建112起,总建筑面积37571.5平方米,完成全年任务数的113.85%,拆后利用率达86.66%。投资100万元智能化改造垃圾分类清运处理,其中安华社区、河杨社区、蔡家畈村垃圾分类厌氧沼气池建设工程完成,勾乘山村垃圾分类清运处理智能化改造工程完成并投入运行。建成三联村农田氮磷生态拦截沟渠系统，控制农田面源污染、美化田园景观。

【乡村建设】2019年，“五星”创建以党建为引领，因村施策、分类整治，突出常态长效管理，确保全域提升。落实党员和联系户结对引导制度、创成村与创建村结对帮扶制度，设置环境卫生“曝光台”、创建成效“监测站”，巩固第一、二批“五星达标”创建村成果，推进第三批“五三”创建工作。全年共下发督查通报10期，督办单67期，整改各类问题2530余处。其中霞丽村、长林村、三联村通过第二批“五星达标”村验收。推进省级试点项目安华社区“一事一议”助推美丽乡村建设，争取省级财政补助资金400万元，年底完成建设计划的85%。投资额约1255万元的勾乘山村精品村建设项目，共7个工程，基本完工。

【文化建设】2019年，构建健康和谐的文化氛围，投资180万元建设4个文化礼堂，已全部通过验收。全面推开新时代文明传习爱心基金，18个村（社区）捐助资金均达3万元以上，球山村、蔡家畈村、新州村关爱捐助资金达20万元以上。

【民生实事】2019年，持续增进养老服务供给，投资200万元新建镇级居家养老服务中心，为诸暨市首家绍兴市五星级居家养老服务中心；投资40万元在球山村、五指山村、三联村、丰江周村新建示范型村级居家养老服务中心，打造幸福养老安华样本。全力推进“健康安华”建设，新一村全民休闲中心及卫生院多功能运动场地均通过市级验收。不断提升中小学校软硬环境，完成105台学校空调安装工程建设。投资206万元的大陈江堤（安华大桥上游段）生态提升工程、投资160万元的生态游步道建设工程、投资125万元的宣何村历史文化村一般村建设工程均完工并通过验收。

【平安建设】全年共受理群众来信来访1495件，办结1495件，办结率100%。积极开展“三服务”积案化解专项行动、“两减一创”行动、“双提升、双下降”百日攻坚行动，积案化解成效明显。完成“两减一创”任务数18只，完成率100%；化解市级信访积案任务36只，完成率97.3%；化解镇级信访积案任务25只，完成率100%。越级上访大幅下降，去京登记总数同比下降84.6%，赴省登记总数同比下降65.3%。调解矛盾纠纷153起，提供法律援助6例，调解率达99.3%。完善信访代办制建设，建立18个村级代办站和2个镇级代办点，确定43名信访代办员，并完成轮流培训。

包装园区集中整治行动，循环排查各类问题268个，下发整改通知书16家，断电处理8家，限期搬离2家，拆除违规广告牌、烟囱等37处，面积共计800平方米。开展危化品行业、有限空间作业场所、涉尘涉爆场所专项整治，限期整改18家，停业整顿6家，立案处罚4家。开展蔡家畈区域性消防安全专项整治，排查并整改问题隐患645处。加强出租房管理，累计排查三人以上出租房1032家次，合计发现隐患145处，整改隐患145处，停租6家，断电3家，搬离3家。实施智慧消防站建设，镇全域建总站1个，分站2个。投入200万元用于交通基础设施建设，新增交通信号灯、隔离护栏、减速带、路口警示桩等设施保障群众出行安全。（傅腾超）

浬浦镇

【概况】浬浦镇位于诸暨市东南，距市中心18千米。镇域面积55.6平方千米。镇人民政府驻地书院路210号。2019年8月30日浬浦镇行政村规模调整后，下辖11个行政村，2个社区，人口2.03万。2019年全镇实现国内生产总值75478万元，财政收入5333.22万元；规上工业总产值17708.1万元；限上零售企业销售额16982.7万元；居民人均可支配收入达28548元。

【招商引资】全年全镇完成500万元以上固定资产投资19419万元，新开工500万元以上工业项目3个，其中亿元以上项目1个；在建亿元以上服务业项目1个。引进内资7288万元，高新技术产业投资2088万元。强化“双招双引”工作，通过乡贤牵线、媒体宣传、项目推介等多种形式，主动承接杭州溢出效应腾笼换鸟，诸暨三峰环保能源有限公司投资3亿的生物质发电项目、浙江心仙食品有限公司的年产300

吨高档炒货干货生产项目落地开工。

【"农旅文"产业融合发展】2019年,以"农旅文"融合为发展新途径,做强做优水果、中草药等浬浦特色农业,扶持一产提质增效,《2019年度扶持推进第一产业发展补助政策》累计发放补助40余万元。新增益母草种植基地300余亩,引进"新奇特"高附加值水果品种10多个。8月8日,与市内优质电商平台合作,举办"浬浦溪"网上水果节活动,以线上"流量"带动线下销量。引入"浙八味"道地药材和霍山石斛名贵药材种植项目,与浙江省中医药健康产业集团有限公司合作,致力于构建涵盖种植、加工、研发、康养、文化产业等中医药全产业链发展体系。在市全域旅游开发的背景下,积极争取将盘山小学、浬浦中学等纳入市级"耕读传家"教育特色旅游线路。

【美丽乡村建设】2019年,深化农村装配式住宅试点,完成马郦村住宅工业化一期28户农户安置房完工验收,确定择房入围名单;开展五美村全域整治前期工作,编制完成《五美村整村整治项目实施方案》;完成陶姚自然村整村整治规划编制,第一期12户公寓房建设工程启动实施。推进农村人居环境整治提升"百日攻坚"行动,成功创建4个五星达标村(浬浦社区、盘山村、白杜坞村、廊下村)、2个省A级景区村(陶姚村、盘山村)。陶姚、廊下等村启动"一村万树"推进村创建工作。推进资源综合利用,落实土地复垦64亩、土地开发54亩,新建高标准农田550亩。所有行政村(社区)集体经济经营性收入达到30万元以上,完成消薄任务。

【镇村环境综合整治】2019年,完成垃圾中转站建造及垃圾站房改造提升,申报创建1个市级智能化垃圾分类处理示范村,2个市级垃圾分类处理示范村。推进"污水零直排区"建设,完成集镇雨污水立管分流及管道清淤等5项工程,对18家"六小"行业开展专项整治。全面深化河湖长制,2019年1月,陈蔡江浬浦集镇段创建为绍兴市最美河道,出境断面水质常年保持在Ⅱ类。

【民生实事】2019年,推进"四好农村路"建设,完成盘山—外浦,浬闹线—大兼溪大中修工程,马郦—小兼溪提升工程。文化惠民,完成3个村级文化礼堂建设,建成"1+4+4"文明实践示范带。完成小康体育提升工程1个。完成残疾人之家建设,投资1500万元的镇敬老院工程推进中。做好低保等社会救助工作,全镇2019年新增低保及低保边缘户23户,注销21户;大病救助39名,共发放救助资金41万余元,完成困难群众危旧房改造1户。关心关爱军人军属,慰问困难退伍军人和现役困难士兵家庭共计97户。"送温暖"活动持续扩面,发放慰问金57万元。

【平安建设】2019年,围绕70周年国庆、全国"两会"和互联网大会维稳安保、"扫黑除恶"、"清薪维稳"、西施故里马拉松赛、环法自行车诸暨站等重大节点任务,依法打击非法信访人员2人,绍兴市级和诸暨市级信访积案100%化解到位。发布《浬浦镇联合执法试点工作实施意见》,以基层治理"四个平台"为技术依托,配齐组织、实施、监管、应急等要素,建立"1+2"模式(行政执法+自然资源和规划、驻村业务骨干)执法体系。以"安全大巡查、护航国庆"为主题,日常联合执法队开展联合检查和整治3次,发现问题19起,通过联合执法落实解决5起。细化专职网格员工作考核制度,加强对网格员的业务培训,累计开展巡查276余批次,上报各类信息事件5738件,开展宣传活动28场次。开展交通安全综合大整治,道路安全设施累计投入50余万元。在12个行政村(社区)、集镇建成区设电瓶车安全劝导点。(沈雅萍)

东白湖镇

【概况】东白湖镇地处诸暨市东南部,东靠嵊州市竹溪乡、雅璜乡、通源乡和长乐镇,东南接东阳市虎鹿镇,西临陈宅镇、璜山镇,西北毗浬浦镇、赵家镇和东和乡,距市中心20千米。镇域面积198.38平方千米,镇政府驻新建路97号,下辖18个行政村,1个社区,共13269户。全年实现国内生产总值13.32亿元,完成财政收入1247.44万元,实现居民人均收入25735元。实现全镇村级集体经济总收入增加11%。

东白湖镇是全国环境优美乡镇、浙江省旅游强镇、浙江省首批"风情小镇"。2019年1月,陈蔡社区成功创建浙江省"一村万树"示范村。8月中旬,东白湖镇入选首批绍兴市非物质文化遗产旅游景区。9月，创建成浙江省茶叶、香榧特色农业强镇。境内有诸暨最高峰东白山太白尖、省级大型水库陈蔡水库及东白湖生态旅游区；有国家级文物保护单位斯氏古民居千柱屋发祥居、华国公别墅；有省级文物保护单位上新居和新谭家古民居。

【招商引资】2019年，完成市外境内到位资金7680万元，工业投资1207万元，服务业投资6805万元，自营出口13051万元。

【旅游产业建设】2019年，实施古建保护工程，总计投资450余万元，稳步推进斯氏古民居建筑群内的古建筑修缮工程。完善旅游基础设施建设，投资100余万元，新建"香榧文化"游步道，规范千柱屋等景区旅游标识标牌系统。千柱屋景区于2019年9月重启，至12月实现门票收入33.1万元。

【镇村环境综合整治】2019年，以"五星3A"和农村人居环境综合整治"百日行动"为抓手，按照"一分两清三化"要求，开展以乱堆乱放、乱搭乱建、家禽散养、旱厕整治、三线整治为主的农村环境卫生大整治，擦亮乡村振兴"底色"。成功创建第二批五星达标村2个，3A示范村1个。全域推进垃圾分类收集运输车辆、投放点提档升级，建成镇级垃圾中转站1个并投入使用。

【文化建设】2019年，深化文化惠民工程，新建文化礼堂5个，开展文化宣讲活动60场，开展"我们的村晚"等各类文化活动300余次，参与群众达2万余人次。深入推进新时代文明实践中心试点工作，发挥村级关爱互助基金作用，全年累计筹集资金100余万元。3月，成功举办第九届东白湖茶文化节暨首批"东白湖工匠（制茶）"评定大会。11月，开展首届"最美东白湖人"评比活动，培育选树先进典型。依托"同心圆"便民志愿者联盟开展各类志愿活动，持续推进"移风易俗"工作，简办酒席237场，节约开支260万元。11月，与诸暨农商银行签约共建文化金融生态示范镇，获得授信2.5亿元。

【民生实事】2019年4月底至7月底，统筹全镇资源，完成涉及6个行政村，1000多人，6.6万平方米房屋面积的陈蔡水库加固改造工程征迁安置工作。深化民生事项大服务，推进"互联网＋政务服务"，实现月均办件量同比增长164.5%，审批时间缩短50%。探索实施"书法＋梅花"教育工程，完成镇中"绍兴市现代化学校"创建。完成镇级卫生院康复病房改造工作，推进"健康东白湖"建设。全年新增低保户38户，低保边缘户9户，共注销62户，累计慰问和救助困难群众2105人次101万元。完成14个自然村农村饮用水达标提标工程。完成农村拆翻建、拆旧建新审批67户。完成19个村社农村生活污水运维、道路养护工作。全年新装漏电保护器、漏电保护箱各4800只。全面落实农村公路大中修、"村村通公交"、道路边坡崩塌治理、屋后崩塌治理等民生实事工程建设。

【平安建设】2019年，定期巡查森林防火、消防安全、食品药品安全、道路交通安全等领域，全年没有发生安全生产责任事故。强化矛盾会商协调化解联动机制，全年化解积案、重点督查件14件，各类信访矛盾纠纷化解率达96%以上，完成新中国成立70周年等重大节会时期的维稳安保任务。配齐22个网格成员，推进"全科网格"建设。通过微信公众号、宣讲会等途径，宣传发动扫黑除恶专项斗争。（田　禹）

五泄镇

【概况】五泄镇位于诸暨西部，距市中心15千米。镇域面积39.38平方千米，镇人民政府驻五泄镇五泄路136号。辖7个行政村、1个社区，常住人口1.55万人。2019年，全镇实现国内生产总值9.92亿元，财政收入6069.8万元，税源经济2600万元。完成固定资产投资25668万元，自营出口额2.85亿元。全镇居民人均可支配收入30380元，2019年荣获绍兴市闲置农房激活工作先进镇。

五泄镇是绍兴市组群中心镇，镇内有省级文物保护单位藏绿马鞍山古建筑群、藏绿周氏宗祠，省级非物质文化遗产青口皮纸。

【项目引进和企业升级】全年引进乡贤牵线或回归产业项目4个，基本建成"树女学堂"。引进内资7200万元，完成民间投资1.4亿元。实现"个转企"12家、

"小升规"3家、"下升上"4家。完成外贸出口3.8亿元，增长33.3%。培育跨境电商企业10家、"企业上云"96家，新增科技型中小企业3家，发明专利授权15项，完成科学技术交易额1080万元，实现高新技术产业产值6091万元。

【镇村建设】2019年，制定"一区、一江、一带"全域提升发展总体策划，设立省农科院专家站，建成栖墅高端民宿，探索农村危旧房权益保全试点，"零补偿"代价拆除危旧房132户。西皇村被列入市级AAA示范村创建名录。6月，十四都村获得省历史文化村落三年绩效验收优秀。12月，五泄社区被评为省AAA级景区村庄。

【民生实事】2019年，启动五泄江五泄段河道治理二期工程建设，完成青口、泄溪农村饮用水达标提标工程。新建镇级示范型居家养老服务中心、"残疾人之家"，建成五泄社区文化礼堂，完成"双金线"安置公寓房择房工作。开通道坞、前泄、溪右"村村通"公交线路，新建联网公路2条，提升低等级公路5条，完成农村公路大中修1.92公里。消除集体经济薄弱村6个。深化"最多跑一次"改革，服务事项达327项，一证办、网上办、掌上办实现率达100%。

【平安建设】2019年，推进"四个平台"（综治工作、市场监管、综合执法、便民服务四个功能性工作平台）建设，信息处理反馈率100%。化解市县两级积案13件，初信初访办结率达100%。调处各类矛盾纠纷179起，初信初访100%处理到位。推进安全生产、消防安全常态整治，开展扫黑除恶专项斗争。

【乡贤共建项目】2019年，西皇村乡贤共建13个项目。6月，《诸暨市探索乡贤助力乡村振兴新模式——以五泄镇西皇村为例》得到省领导（副省长彭佳学）批示。2019年12月27日，"村两委+乡贤参事会"基层治理模式被评为市委组织工作"微改革""微创新"十佳项目。

【第二届荷花节】2019年6月29日，五泄镇第二届荷花节暨周敦颐像落成典礼在十四都村开幕。当天，举办特色美食进台门、"荷香满溢"厨艺大赛、荷塘渔趣体验、"荷"你在一起交友大会、旗袍秀等多个活动，吸引省内外5000多名游客、摄影爱好者。后续活动有荷花宝贝选拔大赛、欢乐打水仗等，荷花节为期一个半月。（沈维君）

2019年6月29日，五泄镇荷花节暨周敦颐像落成典礼（郦以念 摄）

岭北镇

【概况】岭北镇位于诸暨、东阳、义乌三市交界点，辖区面积66平方千米，耕地面积4420亩，山林面积73823亩，辖7个行政村，1个社区，总人口13117人，是浙江省最中心点，距离诸暨市区53千米，距诸永高速陈宅出口仅20分钟车程。岭北自然生态环境优越，森林覆盖率高达82.3%，是国家级生态乡镇，为二级饮用水源保护区。2019年，实现国内生产总值46324万元，财政收入4467万元，自营出口20318万元，规上工业增加值7854万元，人均可支配收入25426元，增速10.1%。

"苦竹鞭头出好笋，松明灯下出秀才，冷壳饼里有文章"，是岭北最好的写照，三市交界形成的文化交融让岭北散发着独特的人文魅力。岭北1967年由东阳市划归诸暨管辖，以东阳话为主，与诸暨方言差异明显。礼户棚灯、大莲花舞、舞龙民俗被列入省市级非遗名录。岭北美食远近闻名，除了盐焗鸡外，还有土鸡鉢、山海螺排骨鉢、咸肉春笋鉢等岭北八大鉢制美食，另有玉米饼、豆腐包、炒粉丝等生态美食。

岭北镇域有100多千米的登山休闲健身步道和24千米环石壁湖骑行道，登山休闲步道以石东线为分隔，形成西线和东线两条支线，每条支线内各有以寺基坪、下院、灵岩寺、岭北山庄和泥泊岭等为中心点的若干个小环线，是休闲健身骑行的绝佳场所。

【双招双引】2019年，通过重启乡贤大会，鼓励和引导岭北籍乡贤回乡投资。1月至12月，引进都市区项目5个，实到内资6117万元，完成税源经济3800万元；引进绍兴“海内外英才计划”人才项目3个，暨阳“533英才计划”人才项目1只。

【休闲旅游业】2019年，坚持旅游开发与本土元素的完美融合。不断完善旅游基础设施建设，持续推进万鼎漂流项目和花海项目建设。金山湖村成功创建浙江省AA级景区村庄，梅坞村成功创建浙江省A级景区村庄。

【水环境保护】2019年，扎实开展“污水零直排区”建设和长效运维管理，巩固“五水共治”成效，深化“河(湖)长制”管理，保持村(社区)断面和交界断面水质持续Ⅱ类及以上。积极开展农村饮用水标准化管理长效机制建设，完成农村饮用水提质升级，确保用水安全。

【农村环境综合整治】2019年，全面开展人居环境提升行动，举全镇之力争创国家卫生镇、落实小城镇环境综合整治和“五星达标”长效管理工作。全域推进农村生活垃圾智能化建设，积极推动大数据、云计算、人工智能在乡村治理中的发展。持续加强危旧房整治，推进违建拆除，累计拆除违章建筑面积7098.01平方米，完成任务数的118.3%。

【民生实事】推动石东线改扩建工程建设，2019年年底，石东线岭北段建成通车。继续深化道路大中修工程，村级联网公路大中修和低等级公路提升等5个工程全部完工。持续深化“爱心圆梦、阳光护苗”行动，“阳光基地”被评为“浙江省关心下一代教育基地”和“全国优秀儿童之家”。完成镇级居家养老示范中心和孚家湖村、梅坞村文化礼堂工程。不断深化移风易俗，逐步取消白事择日旧俗，实现8个村(社区)关爱基金全覆盖。完成6个村的村级公墓提升工程，成立镇村两级退役军人服务站。实施中医药服务惠民措施，全镇4000余人享受中医药惠民补助。发布《岭北镇村规民约十条》，开展“五好家庭”评选，激发村级自治的内生动力。

【“百事通”服务平台建设】2019年，以听百家言、办百家事、通百家心为服务宗旨，搭建服务平台，将百姓来电、上门咨询、发微信反映的所有“大事”“小事”都纳入百事通平台，由平台统一受理、职能科室第一时间上门办理、处理结果及时反馈，做到每件诉求都有效解决，减少初信初访量。2019年平台运行8个月，共受理各类诉求642件，办结率和回访满意率均达100%，初信初访从2018年度的349件减少到2019年的120件，同比下降65.6%。赴省越级访从2018年的23人次降到2019年的零人次。

【平安建设】2019年，做好消防安全隐患排查，督促落实重点隐患整改工作。开展扫黑除恶专项斗争和平安创建活动，无群体性事件、重大刑事案件发生。以创新“百事通”服务平台为抓手，深入开展信访工作“两减一创”活动，进一步扩展和延伸信访代办制，建立政民互动的良性平台。全年各级信访总量下降95.9%，5件信访积案全部化解。

【消薄增收】2019年，打造岭北镇“邻家大姐”品牌，成立诸暨首个家政实训基地，全年累计培训妇女400余人次，有60余人走上月嫂、护工等岗位。成立镇村联合的劳务公司，走出一条集体经济增收的新路子。2019年，实现8个行政村(社区)经营性收入都达到30万元以上。（周大江　薛　翔）

陈宅镇

【概况】陈宅镇地处诸暨市东南，省道诸东线、诸永高速公路穿镇而过。距市中心25千米，镇域面积78.93平方千米，镇人民政府驻地陈宅镇振兴路23号，下辖1个社区、10个行政村，户籍人口18702人。2019年，全镇实现国内生产总值64662万元，同比增长11.2%；财政收入2855.72万元，同比增长18.5%；完成固定资产投资13630万元，同比增长12.3%，其中民间有效投资1.25亿元，同比增长21%；规上工业产值7.73亿元，同比增长8.5%；自营出口2.4亿元。

陈宅镇境内有山林78128余亩，总库容量1.1亿方的国家大(2)型水库——石壁水库系全市饮用水源之一。

【招商引资和企业培育升级】全年完成招商引资项

目 5 个，其中都市圈项目 1 个，实到项目资金 6467 万元。持续发展小微企业，完成“个转企”16 家，“小升规”4 家、“下升上”5 家、“产转法”2 家、生产性服务企业 9 家。成功申报国家高新技术企业 1 家，省科技型中小企业 5 家，省高成长科技型中小企业 2 家，发明专利授权 4 个，引进可产业化先进科技成果 1 个，完成技术市场交易额 450 万元，完成全年任务的 118%。

【农林产业】2019 年，提标改造千亩粮食主产区，全年增加香榧种植 150 亩、中草药种植 100 亩、特色果蔬 120 亩。争取在外乡贤回乡投资现代农业，知乐谷农业开发项目一期完成投资 1000 余万元，促成诸暨市中草药全产业链建设项目（东蔡村基地）落户陈宅。邀请专业团队对陈宅特色农产品统一生产标准、设计包装、打造品牌，新注册陈宅、石壁湖等两个系列 10 个农副产品品牌，建立村一级集中购销平台，提升产品知名度，农产品销售与跨境电商年销售额达 150 万元以上。

2019 年 9 月，陈宅镇 600 亩猕猴桃迎来丰收（朱黎灵 摄）

【村级集体经济建设】2019 年，激活闲置农房再利用，探索农村集体地票竞价交易，累计发放地票 22 张，巽迪陈村拍出全省首例农村集体非住宅建设用地地票。合理规划村级分红，与农商银行等单位合作开展金融精准扶贫工作，为每村增加 12 万元以上年收益；指导各村根据实际制订完善农村消薄“一村一策”方案，全镇 90% 的村集体经营性收入达到 30 万元以上。

【小城镇环境综合整治】2019 年，坚持以“碧湖”党建为引领，以村干部划分网络、分片包干的方式，打好人居环境整治提升“百日行动”攻坚战，共计整理乱堆乱放 21620 余处。全年全镇日常保洁投入 70 万元，投入 80 多万元推进农户垃圾分类工作，投资 90 余万元建设“污水零直排区”项目，共涉及农户 123 户，涵盖农贸市场、卫生院、学校等区域。扩大植树种绿工作，完成绿化更新 200 亩，彩色森林 600 余亩。巩固“三改一拆”创建成果，完成三改 3.2 万平方米，拆违 1.2 万平方米。

【民生实事】2019 年，投资 500 余万元实施卫东水库除险加固和大坑岭山塘整治工程，投资 210 万元完成镇域公路大中修及危桥改造工程。投资 100 余万元完成 1400 平方米的陈宅镇公交首末站改造提升工程。完成三个村级便民服务“一站式办理”示范平台建设，升级改造全镇村级便民服务中心，完善硬件设施和办事条件，全年共受理各类办件 2500 余件。镇便民服务中心探索“微改革”“微创新”项目，建立“重点时段重点事项协同配合工作机制”，人流高峰期可缩短排队等待时间，全年群众办事满意率和“最多跑一次”实现率双 100%。建立扶贫帮扶数据库，将全镇 382 名低收入农户列入健康保险范围。投入近 110 万元完成镇级和两个村级居家养老中心建设。投入 300 余万元完成乡镇医疗基础设施改造和医疗器械升级。

2019 年 12 月 2 日，陈宅镇公交首末站启用（朱黎灵 摄）

【平安建设】全年受理信访267件。化解矛盾纠纷50件，化解率达98%以上，其中重大矛盾纠纷化解率100%。攻克11件信访矛盾积案。完善全镇安全生产责任体系，压实网格员责任，建立健全周末镇机关值班组检查安全生产工作制度，累计检查企业56家，发现隐患213个，设立安全生产专项经费，实现工矿企业零死亡，全年无较大安全生产事故发生，火灾警情数下降。

【文化建设】2019年12月31日，开展第三届“最美陈宅人”评选活动，弘扬传承优秀民风家风。聘请一批有特长的老同志担任“五星3A”宣讲员，以孝德文化建设助推乡村治理。发挥绍兴市老年人体育健身活动基地作用，发展老年人体育健康事业，承办“2019年度绍兴地区老年人气排球比赛”等多场大型体育活动。全年组织“文明实践，移风易俗”群众文化体育活动及各类培训45次，群众参与2500余人次。在全镇11个行政村全面铺开成立村级关爱互助协会，募集关爱资金89万余元，累计慰问420人次。（郑盈盈）

同山镇

【概况】同山镇位于诸暨市西南，东接牌头镇、安华镇，西南连浦江县，北邻大唐街道，距市中心22千米，距杭金衢高速公路郑家坞、牌头出口各15分钟车程。

2019年12月31日，第三届“最美陈宅人”表彰大会暨东蔡村文化礼堂落成典礼（朱黎灵 摄）

镇域面积55平方千米，总人口2.17万人，下辖13个行政村，1个社区，镇政府驻地为高城头社区。境内有国家级风景名胜区汤江岩风景区以及景区重要组成部分布谷湖、浙江省重点文物保护单位边氏宗祠，有诸暨市第一个农村党支部成立地丽坞底村，有省级非物质文化遗产——同山烧酿造技艺和棕编，绍兴市级非物质文化遗产——毛笔制作和板凳龙。

2019年，全镇实现国内生产总值7.4亿元，财政收入7834.84万元，同比增长9.5%；规上工业产值3.47亿元，同比增长16%；固定资产投资1.03亿元；完成自营出口9112万元，同比增长21.9%；人均可支配收入26906元，同比增长10%。

【同山烧酒业品牌建设】2019年，加强龙头酒企培育，建设酿酒科普馆，引进转焐流程优化技术1项，海半仙同山烧获中国旅游商品大赛铜奖。加快小作坊提档升级，7月，成立同山酿酒师联盟，完成同山烧酒业协会换届。利用千亩油菜高粱轮作基地、绿剑村美丽田园，发展休闲观光农业，吸引中外游客15万余人次，8月15日，承办省食品生产监管工作培训班暨小作坊治理现场推进会，推行“6S”模式，全年提升改造小作坊30家，创成浙江名特优小作坊1家。规范行业协会建设。

【项目双进】依托省农村综合改革集成示范区试点项目，加大环布谷湖基础设施配套，全年实施项目30个，累计投资6500余万元。至2019年底，布谷湖环湖景观绿道一期、同安公路樱花大道提升、“汤江岩·布谷湖”景区道路新建等25个项目已完工。完成原锅酒业白酒生产线扩建项目土地招拍挂。引进上海和孝养老、亲子家庭主题农场等2个5000万元以上项目，引进高层次人才2名。

【民生实事】2019年，新建“一站式办理”村级便民服务中心4个。简办红白喜事122场，节约资金142.1万元。实现关爱基金全覆盖，募集资金115万余元，慰问138人次。继续推行“公厕革命”，至2019年年底，建成19座旅游厕所，其中A级10座。投入90余万元推进污水零直排区建设。开展农村人居环境整治提升“百日攻坚”行动。召开座谈会10余次、走访企业113家、农户5565户，收集并解决平安和发展问题 125 个。

【"五星达标"村全域覆盖】2019 年，深化"对标浦江、全域创建"专项行动，建立首批、第二批创建村结对组团"五 3 共同体"，开展集中交叉互学互查 6 次，曝光"四乱"点位 1358 个，交流创建"金点子"54 个。实现"五星达标"村全域覆盖。

【"消薄"项目】2019 年，唐仁等 8 个村实施"村银合作""村企合作"项目，高城头等 3 个村(社)实施临杭高新区抱团联建项目，合同总价值超 5000 万元。

【首个同山烧非遗古法酿造体验酒庄建成】2019 年 8 月，唐仁村建成首个同山烧非遗古法酿造体验酒庄——越庄酒作坊，激活闲置房 1200 平方米，为村集体增收 120 余万元。

【己亥同山烧封坛节】11 月 23 日，己亥同山烧封坛节在同山镇举行，活动包括封坛仪式、同山烧之旅和"酒乡同山"主题采风三部分，共吸引媒体 50 多家、在外乡贤 20 余人、群众 5000 余人参加。

【"醉美同山"2019 生态游系列活动暨环浙自行车赛嘉年华同山首发站活动】3 月 24 日，同山镇作为"西子倾城　好美诸暨"春季旅游节的分会场，举行"醉美同山 2019"生态游系列活动的启动仪式和"2019 环浙自行车嘉年华"同山首发站活动，共有 500 余名自行车业余车手和骑行爱好者参与活动。

【同山镇入选第五批浙江省非物质文化遗产旅游景区非遗主题小镇】12 月，浙江省文化和旅游厅公布第五批浙江省非物质文化遗产旅游景区名单，共 50 个，其中非遗主题小镇 20 个，民俗文化村 30 个。同山镇凭借同山烧酒传统酿造技艺这一非遗活态展示方向，入选非遗主题小镇，为诸暨市唯一。（何欣谕）

赵家镇

【概况】赵家镇位于诸暨市东部，地处会稽山脉西麓，东连绍兴，南通嵊州，西邻枫桥，距绍诸高速枫桥南入口 6 千米，距绍兴市和诸暨市中心均为 25 千米，镇域面积 96 平方千米，镇人民政府驻地赵家镇镇南

2019 年 3 月 24 日，"2019 环浙自行车嘉年华"同山首发站活动（郦以念　摄）

路208号，下辖1个居委会、1个社区、12个行政村，总人口3.17万人。2019年，全镇实现国内生产总值12.6亿元；财政收入3820万元；500万以上固定资产投资1.27亿元；自营出口总额2.45亿元，引进市外境内资金1.02亿元，全镇居民人均年收入35500元。

赵家镇是“中国香榧之乡”，境内拥有世界农业文化遗产会稽山古香榧群及世界水利灌溉遗产古井桔槔灌溉工程。全年接待游客超50万人次，实现旅游产值超亿元。

赵家镇钟家岭雪景一角（市农业农村局提供）

【产业发展】2019年，度立足产业项目，重新启动皂溪度假庄园项目；新增年产500万件装饰灯具及配件生产线项目1个，年内浙江捷丰灯饰企业主体厂房基本完工；推进国家现代农业产业园项目，完成配套“3+3”创建工作。立足科技创新，完成科技产业化项目1个，申报科技型中小企业2家，个转企8家，完成技术市场交易额1100万元，高新技术产业投资1046万元。立足农林发展，推行榧王村香榧林土壤改良实验，于2019年4月试点宣家山高山番茄种植，加快新品种、新模式、新渠道的引育；试点农产品检测准出点工作，实施农产品生产业主二维码追溯共12家。立足文旅融合，10月24日组织乡贤、企业负责人、香榧种植户代表等专题召开香榧产业发展研讨会，12月11日成功与诸暨农商银行签约，获香榧产业整体授信3亿元，共建香榧文化金融示范点。

【镇村建设】2019年，继续推进“五星达标3A争创”工作，花明泉村、潘村2个村通过“五星达标”验收，泉畈村成功创建为“3A示范村”。投入农村人居环境综合治理经费500多万元，用于持续巩固小城镇环境综合整治成果，实施环境保洁常态化，全年组织集中整治行动53次。投入140万元完成集镇“污水零直排”建设，完成榧王、相泉、东溪、东庄4个村饮水达标提升工程。推进土地管理卫片执法，完成“三改”3万平方米。加快实施美丽公路工程，完成绛霞—丁家坞、钟家岭—袁家岭联网公路建设，配合完成环会稽山香榧森林公园道路诸暨段建设，完成上京王雷古道修复，逐步形成大交通、大区域景区格局。全力推进道路交通综合整治行动，投资63万元新建交通安全管理站，新安装道路语音提示系统10套、路灯35盏，整治道路开口隐患60处。

【民生实事】2019年，“三服务”累计走访企业20家，农户4800户，村（社区）14个，全年共收集来自企业、群众、基层的诉求95个，办结95个，办结率达100%。组织每月“送服务上门”活动，全年镇、村两级办件量达15300余件。投资100余万元新建镇级居家养老服务中心，新建潘村、宣家山村文化礼堂2个，新增健康素养进文化礼堂试点2个，完成保安新村小康体育提升村工程；完成幼儿园塑胶运动场改造、镇小食堂改建、镇中心学校教育基地建设；2019年1月新设立镇卫生院中医馆和省级专家工作室。新时代文明实践深入人心，全年组织村级文化活动、电影下乡、送戏下乡等活动共156场次；实现13个行政村（社区）村级关爱基金全覆盖，募集捐献基金总额达90.9万元；移风易俗节俭办酒336场，节约资金约660余万元。深化党员志愿服务工作，新建樱桃、香榧等产业类党员指导服务站3个，推动香榧小镇党员志愿服务常态化。

【平安建设】2019年，建立21人专职网格员队伍，发布《网格员考核细则》，累计采集各类信息3370条（次），办结率100%。发挥榧乡调解志愿者协会作用，成功调解各类矛盾纠纷431起。深入开展信访“两减一创”工作，累计化解信访积案14只，处理来信来访案件59起，96345来电来访175起，12345来电来访443起。全力守好安全底线，全年各类安全生产隐患排查1000家次，食品安全专项整治12次，处理各类举报投诉40件;完成低保户“危旧房”改造2户,整治地质灾害隐患点2个。

【创建成果】2019年12月17日由中国生态文化协会发文,中生协字〔2019〕20号《中国生态文化协会关于授予2019年度“全国生态文化村”称号的决定》,赵家镇宣家山村被评为“全国生态文化村”,为绍兴市唯一入选村庄。2019年8月东溪村被列入省级休闲乡村、省级农家乐集聚村实施名单,绍兴共有两个村入选省级休闲乡村实施名单。2019年泉畈村被评为省级AAA级景区村,赵家社区被评为绍兴市级特色精品村。

【第二届樱花长跑节】3月16日,举办第二届樱花长跑节。活动由赵家镇镇人民政府主办,诸暨市长跑协会承办,现场设置了11公里精英组、7.5公里大众组,来自杭州、金华、义乌等地以及市内长跑爱好者共300余人参加。

【赵家樱桃采摘季】4月24日,2019年赵家樱桃采摘季开幕式在赵家镇综合文化站广场举行,该活动由赵家镇樱桃协会主办,现场组织年度樱桃大PK,邀请市特产站专家评选出“最大”樱桃、最甜樱桃、最靓樱桃、三好樱桃,并举办吃樱桃大赛,当天市内外游客500余人。（丁宇君）

东和乡

【概况】东和乡位于诸暨市东南部,距市区中心19千米,东邻东白湖镇,西起浣东街道,南毗浬浦镇,北与枫桥镇、赵家镇相接,是诸暨市唯一的建制乡。乡域面积64.32平方千米,乡人民政府驻地王家宅村,下辖12个行政村,户籍人口21518人,先后获得国家级生态文明乡、浙江省首届“我心目中最美生态乡镇”、省卫生乡镇等荣誉。2019年全乡完成财政总收入2767.89万元,同比增长32.15%;引进税源1852.05万元;完成民间投资1.7亿元,其中服务业投资1.2亿元,农林投资3500万元,工业投资1500万元,完成目标任务的102.5%;完成自营出口1.7亿元,增长88%。

【招商引资和企业升级】2019年,推进招商选资工作,

东和乡一角(东和乡提供)

全年新引进都市区项目1个,总计引进市外资金1.2亿元,完成年度任务的240%。春风十里小镇新增有机茶园、采摘果园等农业休闲观光园开放迎客,全年共接待游客12余万人次。尧舜度假养心谷项目配套路网等基础设施建设稳步推进。东和加油站落地建设。总投资8000万元集苗木种植、水果采摘、旅游养生为一体的美圆湖现代农业产业园建设。诸暨市永欣竹业有限公司工业用地摘牌,投资1000多万的新建厂房破土动工。全年完成“产转法”企业2家,个转企10家,完成年度任务的200%。诸暨市级以上职工疗休养基地命名4家。

【乡村建设】2019年,盘活村级闲置资源。乡级层面出资成立诸暨市和美农业开发公司,统筹盘活土地、山林、河流、农房等闲置资源。全乡激活闲置农房18幢,建筑面积5750平方米,吸引社会资本投资1850万元,增加村集体经济收入25.4万元,十里坪村被评为绍兴市闲置农房激活示范村。激活全域旅游资源。依托春风十里小镇,联动开发十里坪、王家宅、友谊、姚卲畈等村旅游、文化资源,引入特色民宿、餐饮,策划旅游节会等宣传推荐活动。对接乡贤回归资源。举办东和乡第一届乡贤大会,200多名在外乡贤共谋东和乡村振兴。培育美丽乡村资源。“五星3A”创建第二批6个村通过绍兴验收,第三批4个村创建

工作有序推进。

【环境综合整治】2019年，在成功创建省级卫生乡镇的基础上对建成区进行多轮的提升整治，顺利通过国家卫生乡镇创建省级验收。十里坪村被评为浙江省AAA级景区村庄。联动推进治危拆违，全年完成拆违1万平方米，11处地质灾害隐患点全面整治。农村三线整治全面完成。总投资900万元的“国字号”左右溪小流域生态治理项目全线竣工，新建溪流护岸1.8公里，修建护岸0.75公里，疏浚河道3000立方米。完成平原绿化任务120亩。开展农村人居环境整治“百日攻坚”行动，在全市率先推行农村生活垃圾减量工作，实现农村生活垃圾连续两年负增长。结合五星3A创建，累计对800多户党员干部家庭房前屋后“四乱”问题进行整治，顺利通过绍兴检查。以永宁水库、新王线为主轴，改造提升沿线景观、建设标志性节点，种植藤本月季2000多株，致力打造网红旅游景点。

【民生实事】2019年，乡第十七届人民代表大会第五次会议票决确定的“左右溪小流域治理项目”等5项民生实事项目顺利完成。总投资147万元完成0.86千米大林至尚典公路大中修工程。大林村高山自然村农村饮用水安全提升工程顺利完工。投资310万对全乡四所学校的教室及乡中宿舍进行扩容改造，安装空调52台，东和体育艺术馆建成启用。冯蔡村成功创建省级历史文化村落。十里坪文化礼堂获得省五星级文化礼堂，总投资140万元的友谊村、冯蔡村农村文化礼堂项目顺利完工。开展重大设施专项行动，投资112.95万元，完成冯蔡村冯蔡至吉竹坑、施坞闸桥村里闸线至施坞、凤联村八字桥至梨树坞等3个自然村通公交工程。深化移风易俗，村级关爱基金实现全覆盖，博爱基金正常运转。城乡居民基本养老保险提标扩面，东和乡敬老院、残疾人之家建成启用。开展“互联网＋义务教育”行动，实现舞凤小学和诸暨新世纪小学共享教育资源，设立“阳光食堂”，切实保障学生食品安全。

【平安建设】2019年，因地制宜挖掘东和“和”文化内涵，以民为本、以和为贵，将“和”文化与社会治理紧密结合，统筹抓好信访维稳、应急管理等工作，基层治理“四个平台”高效运行。推进联合执法工作。成立联合执法工作领导小组，整合行政执法、国土、市场监管、环保、派出所等执法力量，成立东和乡综合行政执法大队，配备执法车辆，配强执法人员，形成多部门协同作战机制，提升日常巡查管理和突发事件应急处置能力。依托村级综治中心，建立“网格客厅”，将乡级协辅人员和村级协辅人员统一纳入全科网格管理，配齐配强“一员一长”，充分发挥网格管理作用。发挥社会组织力量。深化“三治”融合，推进“5+X”社会组织体系，充分发挥“和大姐”“和事佬”等社会组织力量，进一步扩大“和治理”品牌效应。积极创建“枫源式”行政村工作。以十里坪村和友谊村为创建村，全面提升综合治理工作。全年化解上级交办督查件及积案共9件，其中绍兴市级重点督查件7件，市级信访积案2件，化解率达100%。接受群众来信来电来访315件，信访办件率100%、满意率99.6%。发挥信访代办制功能，村级受理代办事项54件，乡级受理代办事项12件，调处率达100%。深入推进扫黑除恶专项行动，全年共接到市扫黑办移交黑恶犯罪线索7条，办结率达100%。（刘冠卿）

马剑镇

【概况】马剑镇位于诸暨市最西端，东接应店街、五泄两镇，南连浦江县，西至桐庐县，北邻富阳市，距市中心32千米。镇域面积118平方千米，驻地马剑村18号，下辖15个行政村，总人口19386人。2019年，财政收入2640.37万元，同比增长9.32%；固定资产投资9640万元，同比增长45.92%；农民人均收入26215元，同比增长10%。

【招商引资】2019年，引进素斋堂、秦缘阁等特色服务业项目6个，引进扬腾商务信息咨询公司、果华广告等生产性服务业8家。引进浙江盛亮建设有限公司、浙江达亮建设有限公司等市外企业2家，引进市外资金8756万元。新增省科技型中小企业1家，引进可产业化先进科技成果1项，申请发明专利5项。

【农业建设】在传统茶叶种植基础上，新开发油茶基地120余亩，完成幼苗种植，预计亩均效益超5000

元。引进稻蛙养殖80亩，扩大茄子、黄桃等传统经济作物种植规模，阳光玫瑰等特色品种出产。新引进老陈家农业开发有限公司，填补马剑镇无土栽培有机蔬菜空白。全年全镇各类经济作物种植面积超1000亩，实现收入超400万元。石斑鱼养殖项目入围2019年度市提升发展现代农林产业储备库，百岁堂公司被评为市农业龙头企业；申报成功蔬菜“三新”示范基地、示范性家庭农场各1家。

【**旅游业发展**】2019年，以五古一匠、红色之旅文化、小年民俗、美食特色等文化元素本地元素为抓手，以马剑社区、状元村、建辉村、石门村等精品美丽乡村建设为契机，加大完善旅游基础设施配套投入。投资1000万元建设马剑社区省级历史文化重点村；争取省补资金400万元启动状元村整体提升改造工程，打造研学基地；投资1400万元整合现有精品村状元村、建辉村旅游建设基础资源，成功申报状元—建辉游步道项目；投资130万元建设的石门红色游步道入围市十大民生实事典型工程。上和村成功申报A级景区村。完善开元芳草地乡村酒店配套水电及区域环境，同步串连高山蔬菜基地、水果基地等特色生态农业及现有民宿景点，实现资源共享。挖掘、修缮古驿道、古厅堂等特色历史文化资源，投资1000万元建设马剑镇历史文化重点村，助推马剑旅游发展品质提升。

马剑镇南入口秦皇古道碑(市农业农村局提供)

【**平安建设**】2019年，建立和完善安全生产隐患排查治理机制，精确划分管理网格，有效提升全镇安全监管统筹能力。全年共查处各类安全隐患86处，全部整改。组织抽查各类食品生产经营单位459家次，查处问题57处，全部整改，办结食品类案件4起，同时完成双江村家宴厨房C级改造提升工程。深化“四个平台”建设，落实重大决策社会稳定风险评估和重大不稳定问题清单制度。统筹整合行政执法力量，联合执法队伍，破解力量缺位和多头交叉等问题。加强矛盾排查化解和社会治安综合治理能力，调处各类矛盾纠纷103起。

【**民生实事**】2019年，投资70余万元完成近宝坞山塘整治工程；投资260万元完成状元村、马益村饮水达标提标工程，其中，状元村被省水利厅推荐为饮水示范点。投入243万元新建(改建)狮源村、马益村、相公殿村、庆丰和村等4个行政村的文化礼堂。投入1000余万元新建成镇级居家养老服务中心，增设助餐送餐、文化娱乐、就医养身等内容，创建建辉村、状元村、狮源村等3个市级居家照料示范村，全方位提升居家养老功能。投入330余万元完成上和—浦江、白仓—龙门山、庆丰和—上和等道路大中修工程。投入50万元深化“村村通公交”工程，进一步方便群众出行。全年发放各类救助金400余万元，保障低保户223户、低保边缘户59户。完成新一轮低保领域专项整治，全年新增低保户28户、低保边缘户6户、因病致贫人员9户。办理市级临时救济12户、医疗救助64人，总计涉及资金127万余元。完成城乡居民养老保险缴纳15527人，农村医保缴纳15527人，完成率分别为96.8%、99.6%。完成建辉村、状元村、狮源村3个行政村的市级居家照料示范村创建工作，进一步完善养老配套设施建设。发放教育基金10余万元，并投入177万元完成田径场、厕所、空调等校园基础设施提升。完成双江小康体育村改造提升工程，改造提升标准篮球场1个。(陆慧丽)

人 物

新任市领导

【胡华良】中共诸暨市委副书记，市人民政府市长、党组书记。绍兴人，汉族，省委党校研究生学历。1998年9月参加工作，1997年11月加入中国共产党。1996年9月入杭州大学汉语言文学（文秘）专业就学。1998年9月，任绍兴县华舍镇团委副书记。2000年8月，在绍兴县委办公室工作。2001年11月，任绍兴县委办公室信息科副科长(2000年9月至2002年12月浙江省委党校工商管理专业本科班学习）。2003年5月，任绍兴县委办公室综合三科科长。2006年9月，任绍兴县钱清镇党委副书记。2009年5月，任绍兴县钱清镇党委副书记、副镇长，兼县中国轻纺城建管委副主任。2010年11月，任绍兴县委办公室副主任。2011年12月，任绍兴县委、县政府信访局局长，12345市长公开电话绍兴县受理中心主任，县委办公室副主任。2013年11月，任绍兴市柯桥区鉴湖—柯岩旅游度假区管委会党工委书记、主任，兼区旅游发展有限公司董事长，兼区会稽山兜率净土开发有限公司董事长(2014年3月）。2014年5月，任绍兴市柯桥区鉴湖—柯岩旅游度假区管委会党工委书记、主任。2014年6月，任绍兴市柯桥区鉴湖—柯岩旅游度假区管委会党工委副书记、主任，兼湖塘街道党工委书记(2014年9月至2014年12月绍兴市委党校中青年干部培训班学习）。2015年1月，任绍兴市文化产业发展投资有限公司党委委员、副总经理。2017年5月，任绍兴市文化旅游集团有限公司党委副书记，2017年6月任公司董事、总经理(2015年9月至2018年5月浙江省委党校政治学理论专业在职研究生班学习）。2018年12月，绍兴市文化旅游集团有限公司党委书记、董事长、总经理。2019年11月，任绍兴市文化旅游集团有限公司党委书记、董事长。2019年12月，任中共诸暨市委副书记，市人民政府市长、党组书记。

【潘超英】中共诸暨市委副书记、兼市委政法委书记。新昌人，女，汉族，中央党校大学学历。1998年8月参加工作，2000年5月加入中国共产党。1996年9月入浙江广播电视大学绍兴分校财会专业就学。1998年8月，任新昌县澄潭镇团委书记(2000年1月至2000年5月借调新昌县委组织部工作）。2000年5月，新昌县委组织部工作，2002年1月任干部一科副科长(2000年9月至2002年12月中央党校成教学院政工专业本科班学习）。2007年1月，任新昌县委组织部部务会议成员、干部一科科长。2008年1月，任新昌县委组织部部务会议成员、副部级组织员、干部一科科长。2009年11月，任新昌县儒岙镇党委副书记，县委组织部部务会议成员、副部级组织员、干部一科科长。2010年5月，任新昌县儒岙镇党委副书记、镇长。2014年2月，任新昌县沙溪镇党委书记(2014年9月至2014年12月绍兴市委党校中青年干部培训班学习）。2016年7月，任绍兴市上虞区委常委，2016年12月组织部部长，2017年2月统战部部长。2019年1月，任中共诸暨市委副书记，兼市委政法委员会书记。

【潘海波】中共诸暨市委常委，市公安局党委书记、局长、督察长，兼市委政法委副书记。绍兴人，汉族，大学学历，法学学士。1995年8月参加工作，1994年6月加入中国共产党。1992年9月入浙江公安高等专科学校治安管理专业就学。1995年8月，在绍兴市公安局办公室指挥中心工作。1996年8月，在绍兴市公安局指挥中心工作(1996年1月至1996年10月绍兴市公安局特警支队挂职锻炼）。1997年7月，在绍兴市公安局办公室调研科工作。1997年12月，在绍兴市公安局刑侦支队秘书科工作(2001年12月浙江省高等教育自学考试公安管理专业本科毕业)。2001年12月，任绍兴市公安局袍江分局办公室主任。2004年1月，任绍兴市公安局办公室副主任(2007年7月至2009年7月挂职任诸暨市公安局副局长)。2009年9月，在绍兴市委督查室工作。2019年11月，任绍兴市委督查室主任。2012年5月，任绍兴市公安局交通警察支队政委。2013年10月，任绍兴市公安局交通警察支队政委(副局长级)，2013年12月兼市青联副主席。2015年6月，任中共新昌县委常委、公安局局长。2019年1月，任中共诸暨市委常委，市公安局党委书记、局长、督察长，兼市委政法委员会副书记。

【钱勇军】中共诸暨市委常委、市人民政府党组副书记、常务副市长，兼市委政法委员会副书记、市政务服务办公室主任。绍兴人，汉族，省委党校大学学历。1991年8月参加工作，1993年9月加入中国共产党。1989年9月入杭州大学体育系教育专业就学。1991年8月，1997年2月任绍兴县马鞍镇团委负责人、城建办主任、镇长助理。1999年1月，任绍兴县马鞍镇副镇长(2000年9月至2002年12月浙江省委党校工商管理专业本科班学习）。2000年11月，任绍兴县钱清镇党委副书记。2002年1月，任绍兴县钱清镇党委副书记、镇长。2004年12月，任绍兴县劳动和社会保障局党组成员、副局长。2007年5月，任绍兴县经济贸易局党组副书记、副局长。2008年12月，任绍兴县柯桥中心城建设管委会办公室党工委委员、副主任（正科长级)，兼县中国轻纺城建设管委会党工委副书记、2009年10月任副主任。2010年12月，任绍兴县住房和城乡建设局党工委书记、局长，兼县政府投资项目管理中心主任。2013年11月，任绍兴市柯桥区住房和城乡建设局党工委书记、局长，兼区政府投资项目管理中心主任。2014年8月，任绍兴市柯桥区人民政府党组成员、副区长。2018年10月，任绍兴市柯桥区委常委、市兰亭文化旅游度假区管委会党工委书记。2019年9月，任中共诸暨市委常委、市人民政府党组副书记、常务副市长，兼市委政法委员会副书记、市政务服务办公室主任。

【王　琤】中共诸暨市委常委、组织部部长，兼市委党校(行政学校、绍兴枫桥学院)校长(院长)、市委直属机关工作委员会书记。嵊州人，汉族，大学学历。1994年8月参加工作，1997年3月加入中国共产党。1992年9月入绍兴师范专科学校中文教育专业就学。1994年8月，在嵊州市(县)职业技术学校任教(1996年10月至1999年8月浙江师范大学中文教育专业本科班学习)。1999年8月，在嵊州市第二中学任教(2001年9月起借调嵊州市委组织部办公室工作)。2002年2月，在嵊州市委办公室工作(借调嵊州市委组织部办公室工作)。2002年2月，在嵊州市委组织部办公室、干部一科工作，2004年8月任干部一科副科长(2005年6月至2006年6月借调嵊州市委办公室综合一科工作)。2006年6月，任嵊州市委办公室综合一科科长。2007年5月，任嵊州市委办公室办公会议成员、综合一科科长。2009年6月，任绍兴市委组织部干部一处副处长。2012年12月，任绍兴市委组织部干部二处处长、干部一处副处长。2016年4月，任绍兴市委组织部干部一处处长、干部二处处长。2016年10月，任绍兴市委组织部部务会议成员（副局长级）、干部一处处长。2019年1月，任中共诸暨市委常委、组织部部长，2019年3月兼市委党校校长、绍兴枫桥学院院长。2019年10月，任中共诸暨市委常委、组织部部长，2019年11月兼市委党校（行政学校、绍兴枫桥学院）校长（院长）、市委直属机关工作委员会书记。

【楼　闯】诸暨市人民政府党组成员、副市长，暨阳街道党工委书记。诸暨人，汉族，中央党校大学学历。1990年8月参加工作，1997年4月加入中国共产党。1988年9月入绍兴师范专科学校英语专业就学。1990年8月，在诸暨市外贸公司工作。1995年6月，在诸暨市人民政府办公室工作，1996你那4月任经济科副科长(1996年8月至1998年12月中央党校函授学院经济管理专业本科班学习）。1997年9月，任诸暨市人民政府办公室涉外科科长。1998年4月，任诸暨市城关镇镇长助理。1998年11月，任诸暨市枫桥镇党委委员、副镇长。2001年12月，任诸暨市对外贸易经济合作局党组成员、局长助理、2002年4月办公室主任(2001年8月至2003年12月中央党校函授学院法律专业本科班学习）。2003年4月，任诸暨市对外贸易经济合作局党组成员、副局长，2005年5月兼市招商局副局长。2009年4月，任诸暨市人民政府办公室党组成员、副主任，兼市外事办公室副主任（主持工作）。2011年12月，任诸暨市街亭镇党委书记。2013年12月，任诸暨市阮市镇党委书记、人大主席，兼浙江诸暨珍珠产业园区管理委员会副主任。2015年2月，诸暨市暨阳街道党工委书记。2019年12月，诸暨市人民政府党组成员、副市长，暨阳街道党工委书记。（市委组织部提供）

享受政府特殊津贴人员简介

【梁焕木(1928—1996)】男，诸暨人，中共党员，高级工程师。1950年参加工作，毕生致力于农田水利建设与农村经济发展，先后完成青岭水库、郑宝山电站等十多项水利工程，兴建了征天水利机械厂等十余家企事业单位，成为全国水利系统的一面旗帜。梁焕木同志曾任征天集团名誉董事长、诸暨市水电局副局长等职；为全国第七届、八届人大代表，先后被评为全国水利战线特等、劳动模范、全国劳动模范、诸暨县社会主义建设功臣。著有水利专著《枫桥江的治理与开发》。享受1992年政府特殊津贴。

【胡薇珊】女，临安人，中共党员，副主任护师。1952年8月浙江省高医护士专业毕业，现已退休。长期从事护理工作，中共十一届三中全会后，任诸暨人民医院护理部主任，主持建立各项规章制度，提高护理队伍素质，护理部先后被评为“三八红旗”先进集体、省劳模集体，省“四项”护理操作比武总分第一。本人先后被评为省优秀护士，全国模范护士，“白求恩式医务工作者”。享受1991年政府特殊津贴。

【傅圣勇】男，诸暨人，1961年7月毕业于北京地质学院地质系。曾任诸暨市煤炭工业公司高级工程师。主持的“石煤、铅锌矿、铜矿尾矿烧制特种水泥”项目，获省政府颁发的科技进步一等奖，省科技开发一等奖，被列为国家重点科技成果推广项目和国家技术出口项目。“低热值石煤预热层燃技术和装置”科技成果(第二发明人)，获1990年国家发明四等奖。“立窑水烧成节能新技术”项目(第二完成者)，获能源部科技进步二等奖。主持开发“小料球快速烧技术”和“立窑水泥节能新工艺”，分别获国家专利。主持完成“低热值石煤，工业废渣，超低煤耗烧制特种水泥”国家级星火计划项目。享受1992年政府特殊津贴。

【刘孔达】男，湖南人，中共党员。1958年9月长沙工业高等专业学校毕业，曾任诸暨市黄金公司经理、高级工程师。现已退休。1991年主持的“氧化黄液直接电积提金新工艺”提高了黄金的回收率，获省政府颁发的科技成果二等奖；“向下分层进路胶结充填采矿法”获省科技成果集体三等奖。先后荣获“五一”劳动奖章和省劳动模范称号。享受1992年政府特殊津贴。

【郭承荫】男，诸暨人，中共党员，1952年浙江高级医士职业学校卫生管理专业毕业，曾任诸暨县卫生防疫站副站长，副主任医师。现已退休。从事卫生防疫工作40余年。1973年起主持“麻疹活疫苗免疫持久性研究”课题，历时15年，获得成功，各项指标达到国家和国内先进水平，1983年获卫生部甲级科技成果奖和省政府优秀科技成果二等奖，1992年又获卫生部科技进步二等奖。发表论文10余篇，其中有2篇在国外发表。享受1993年政府特殊津贴。

【石培根】男，诸暨人，中共党员，1970年毕业于浙江大学化工机械专业，任浙江电除尘器总厂总工程师，高级工程师。1979年以来，多次承担国家级重点工程电除尘器技术研究工作，为主研制的“天津军粮城电厂102M2电除尘器”获省科技进步二等奖，“450M2烧结系统大型电除尘器”获1993年机械部科技进步一等奖。担任国家重大技术装备“八五”科技攻关项目“除灰除渣系统关键设备研制”专题负责人，并研制、开发成功。主持电除尘器国家标准及行业标准的规划制订、修订、审查工作。享受1993年政府特殊津贴。

【郭凡林】男，中共党员，高级工程师，从事机械制造工艺和设备技术工作。历任诸暨水泥厂技术员、诸暨机床厂技术组长、主任工程师、研究所所长，1993年始任浙江凯达集团和诸暨机床厂总工程师。发表《谈数控车床的可靠性试验》、《数控车床总体布局的发展趋势》等多篇学术科研论文。主持的CJK6136数控车床的研究与开发项目获省科技进步奖二等奖。先后主持开发省优秀新产品和省优产品各一项，有7种产品获国家出口产品许可证，多次被评为绍兴市优秀专门人才，为绍兴市首批学术技术带头人。享受1996年政府特殊津贴。

【吴法理】男，诸暨人，中共党员，高级工程师。浙江菲达机电集团有限公司副总经理。1998年华中理工大学毕业，硕士学位，主要从事流体机械开发与研究。1989—1991年从事浓相气力输灰系统的科研开发及试制，任技术负责人；1992年—1996年任国家重大技术装备“八五”科技攻关项目(85—302—05)技术负责人，项目负责人；1995—1997年任国家火炬计划9423305018项目负责人；1998年起任国家技术创新“300MW机组气力”项目负责人。主持编制了机械工业部《正压浓相气力输送系统》行业标准；研制并取得ZL97Z429360实用新型专利一项。主持完成的正压浓相气力输灰系统及关键设备获省政府科技进步二等奖。享受1999年政府特殊津贴。

【赵林中】男，诸暨人，大学文化，中共党员，高级经济师、高级政工师、副研究员职称。富润控股集团公司党委书记、董事局主席，浙江富润股份有限公司董事长。富润共创有国家级新产品9个，其中3个为国家级重点新产品。富润集团累计获省部级科技进步奖21项，其中以赵林中同志为主开发、作为第一排名的有5项(二等奖1项，三等奖4项)。富润集团控股的浙江富润股份有限公司于1997年6月在上海证交所上市，是中国针织行业第一股。赵林中同志为全国劳动模范，“五一”劳动奖章获得者，浙江省优秀共产党员，浙江省突出贡献企业经营者，第九届、十届全国人大代表。享受2002年政府特殊津贴。

【舒英钢】男，金华人，大学文化，中共党员，教授级高工。菲达集团党委书记、董事长。1982年大学毕业后，在诸暨机床厂历任设计工程师、厂办主任、厂长助理、副厂长等职。1993年起任浙江电除尘器总厂(菲达集团前身)党委书记兼厂长。在科技成果方面，作为第一完成人荣获国家科技进步二等奖一次，省部级科技进步一等奖一次，中国机械工业科技进步奖二次。中共共产党浙江省第十届、十一届代表大会代表，浙江省劳动模范，2003年批准为省有突出贡献中青年专家。

（何夏萍提供）

附 录

文 存

强化行动担当　加快攻坚突破　奋力推动诸暨高质量发展走在前列

——在市委十六届五次全体(扩大)会议上的报告

(2019 年 1 月 2 日)

徐良平

这次会议的主要任务是:深入贯彻习近平新时代中国特色社会主义思想和党的十九大精神,全面落实中央庆祝改革开放 40 周年大会和中央、省委经济工作会议精神,回顾总结去年工作,研究部署今年任务,动员全市上下认清形势、坚定信心,鼓足干劲、实干担当,奋力推动诸暨经济社会高质量发展,向着"两个高水平"宏伟目标阔步迈进。

一、求真务实、稳中求进,我们有信心

去年以来,面对错综复杂的外部环境和艰巨繁重的发展任务,全市上下认真贯彻落实习近平总书记对浙江工作的重要指示精神,紧扣"'八八战略'再深化、改革开放再出发"主线,以"大调研大走访大服务"专项活动为抓手,全力打好六大硬仗,实打实促转型,硬碰硬抓落实,经济社会发展呈现稳中有进、稳中显好的态势。预计实现生产总值同比增长 6.5% 左右;财政总收入 138 亿元,增长 11.5%,其中一般公共预算收入 87.3 亿元,增长 13.3% ;城乡常住居民人均可支配收入分别达 62500 元和 35900 元,增长 8.0%、8.5%。

1. 我们聚力产业转型,强化创新、重抓项目,发展步伐更加稳健。紧扣数字经济这一方向,加快传统产业数字化改造提升,深入推进"互联网 +""机器人 +",新增工业互联网平台 4 个,"企业上云"突破 5800 家,"两化"融合走在全省前列,袜艺小镇正式命名,珍珠小镇列入省级创建名单。实施"亩均论英雄"综合评价,深化工业园区"退转改聚",整治提升"低散乱"企业 412 家,新建小微企业园区 4 个。工业经济加快转型,服务业提档升级,建筑业、房地产市场稳健发展。紧扣科技创新这一动力,打好平台建设、主体培育、成果转化、人才引育"组合拳",

科技协同创新中心揭牌成立，国际技术转移中心成功运营，珍珠产业创新服务综合体基本建成，技术市场交易额突破6亿元，高新技术产业增加值同比增长12%；新增绍兴“海内外英才计划”人才51名，南华大学长三角研究院和研究生分院签约落地。紧扣项目投入这一支撑，扎实推进高质量招商选资，成功举办2018诸暨发展系列周活动，实到市外注册资金100亿元，新引进各类重大项目43个、总投资177.9亿元，33个项目列入省级以上项目笼子，海亮有色智造工业园、宝龙商业广场等项目落地开工。

2. 我们聚力“与杭同城”，深化改革、开放融入，营商环境更加优化。坚持改革不松劲，把“最多跑一次”改革理念贯穿于各领域各方面，扎实推进“五个通办”，实现“最多跑一次”事项1612项、“一证通办”事项397项，市场主体突破17万家。率先实行全流程网上招投标，新增用地的工业项目从土地摘牌到开工建设最多30天，镇级“无差别受理”和“标准地+承诺制”分别得到省委、省政府主要领导批示肯定。深化投融资体制改革，打好防范化解重大风险攻坚战，水务、旅游等九大国有企业转型成立，创业投资改革试验区加快建设，新增全社会融资131亿元，不良率降至1.77%。坚持融入不动摇，主动对接全省“四大”建设，深入推进接沪融杭，杭州都市高速公路诸暨段工程有序实施，诸暨至北京始发高铁开通在即，诸暨至滨江城际客运专线全面运营，临杭产业园、“诸暨岛”集聚效应加速显现，累计引进都市区项目80个，实到资金71亿元。坚持开放不止步，积极应对中美贸易摩擦，加快拓展“一带一路”沿线国家新兴市场，海关监管场所(一期)建成，新亭埠码头实现首航，诸暨至宁波舟山港海铁联运国际专线正式开通，实现进出口总额403亿元，增长17.5%，其中出口346亿元，增长10%。

3. 我们聚力乡村振兴，五星齐抓、统筹推进，城乡环境更加宜居。全面开展“五星达标、3A争创”，创成235个“五星达标村”、14个“3A示范村”，首批创建通过率居绍兴市首位。扎实抓好国家现代农业产业园建设，加速推进云溪九里、颐和康养小镇等一批“坡地村镇”旅游项目，50%以上行政村年经营性收入超30万元。以新时代文明实践中心建设全国试点为契机，创新“红白理事会”做法，率先设立村级关爱基金，移风易俗工作实现全覆盖。修编新一轮市域总体规划(2015—2035)，全面实施城市基础设施三年建设行动计划，加快推进浦阳江治理二期和高湖建设工程，改造整治老小区75个，完成“三改”1352万平方米，拆除违建62.6万平方米，成为全省首个全域通过小城镇环境综合整治考核验收的县市。坚决打好污染防治攻坚战，联动推进“垃圾革命”“厕所革命”“污水革命”，水质考核保持优秀，空气优良率达85%，创成省生态文明建设示范市。

4. 我们聚力“枫桥经验”，三治融合、共建共享，百姓生活更加有感。以纪念毛泽东同志批示学习推广“枫桥经验”55周年暨习近平总书记指示坚持发展“枫桥经验”15周年为契机，深入实施“枫桥经验”推广提升“十大工程”，高标准抓好总结推广、环境整治、示范点建设等筹备工作，绍兴枫桥学院开工建设，新“枫桥经验”陈列馆、公共法律服务中心建成启用，有力地确保了纪念大会顺利圆满，党建统领基层治理、社会组织参与社会治理等做法得到了中央政法委、省委领导的高度肯定。持续深化平安诸暨、法治诸暨建设，全力抓好矛盾隐患大排查大化解大调处，全市五类恶性案件、刑事警情和命案发生数持续下降，全省流动人口管理服务、在线矛盾纠纷多元化解等现场会在我市成功召开。坚持从群众身边的“关键小事”抓起，持续推进农村危旧房治理改造、乡村道大中修、农村饮用水提升等民生实事，基本养老、医疗保障、最低生活保障再次提标扩面。繁荣发展各项社会事业，成功举办西施文化节、珍珠节和西施马拉松赛事，CBA联赛广厦主场落户诸暨，建成70家农村文化礼堂、4个社区文化家园、8个浣江书房，创成省教育基本现代化县市、省食品安全市，群众获得感、幸福感、安全感持续增强。

5. 我们聚力“三大活动”，服务基层、整转作风，党的建设更加强化。深入开展“大调研大走访大服务”专项活动，聚焦发展问题、平安问题、发展项目“三张清单”，分类处置、逐项销号，推动问题大起底、大梳理、大解决，累计办结问题1902个、办结率

95.9%，平安问题群众满意率达96%。深化“两学一做”学习教育常态化制度化，完善领导干部政治品质考察评价办法，出台关心关爱干部、从严管理干部、大力发现选拔优秀年轻干部等实施意见，“1+X”容错纠错做法全省推广。实施基层党建“五大引领”工程，深化“五星示范、双强争先”等“五星系列”创建，探索建立区域化党建联盟，基层党组织组织力全面提升。深入推进清廉诸暨建设，深化纪检监察体制改革试点工作，推动监察职能向乡镇延伸，打造“基层公权力监督平台”，层层压紧压实“两个责任”。大力弘扬清廉文化，建设“五清”村居，建成清廉教育基地。开展“集中整饬纪律、严厉整治四风”专项行动，扎实抓好巡视巡察、审计、环保、土地督察整改，从严整治群众身边的不正之风和腐败问题，有力推动中央八项规定实施细则精神落细落实，山清水秀的政治生态进一步形成。加强民主政治建设，人大、政协职能作用充分发挥，人武、统战、老干部、群团等工作取得新成效。

信心来自实绩，实干增进信心。这些成绩的取得，是以习近平同志为核心的党中央和省委、绍兴市委正确领导的结果，是全市广大党员干部真抓实干的结果，是全体诸暨人民共同奋斗的结果。在此，我代表市委常委会，向各位委员、向全市广大党员干部群众表示衷心的感谢！

二、站高立位、拥抱未来，我们有方向

2019年是新中国成立70周年，是决胜“两个高水平”的关键之年，也是完成“十三五”规划的攻坚之年，做好今年工作意义重大、影响深远。我们必须清醒理性、顺势而为，保持定力、稳扎稳打，牢牢把握工作主动权。

——唯有提高站位，才能锚定发展大方位。眼界决定境界，格局决定结局。我们要“立足大局发展诸暨，跳出诸暨发展诸暨”，放眼长三角一体化发展的大战略中去审视，放眼G60科创走廊的大合作中去考量，放眼全省“四大”建设、上海“四大品牌”建设的大格局中去谋划，进一步对表时代、站高立位，主动接轨、全面融入，坚定不移推进北承南接、开放创新，奋力开启“与杭同城”新时代。

——唯有突破惯性，才能实现发展大突围。思想“破冰”引领发展“破局”。当下的诸暨既有发展的机遇，也有“成长的烦恼”；既有成功的优势，也有转型的困惑，我们必须坚决摒弃“大诸暨”的自满、“差不多”的标准、“老套路”的惯例，坚决破除制约诸暨发展的传统做法、路径依赖、机制弊端，推动思想再解放、改革再出发、开放再突破，全力促进诸暨各项事业在变革中实现新提升。

——唯有转变方式，才能推动发展大转型。方式一转天地宽。我们必须始终树立“以亩均论英雄、以效益论英雄、以环境论英雄”的导向，既重优存量更重添增量，既重拓数量更重提质量，既重增电量更重扩流量，念好“两业经”、打好“组合拳”，大力发展新业态、新模式、新经济、新产业，在破立并举中换宽跑道，在创新驱动中换强动能，在市场改革中换增活力，奋力跑出高质量发展的“加速度”。

——唯有搏击风口，才能跨越发展大关口。当前，国际贸易冲突起伏更迭、经济下行压力加大，我们要准确识变、科学应变、主动求变，积极抢占互联网时代、高铁时代、消费升级时代的市场风口，乘上数字经济浪潮的产业风口，用好鼓励支持民营经济发展的政策风口，全力稳增长、促改革、调结构、惠民生、防风险，敢当站在风口浪尖的“弄潮儿”，勇闯高质量发展的重要关口。

新的一年，全市工作的指导思想是：高举习近平新时代中国特色社会主义思想伟大旗帜，深入贯彻党的十九大精神和习近平总书记赋予浙江的新期望，认真落实中央和省委、绍兴市委决策部署，牢牢把握稳中求进工作总基调，坚持新发展理念，坚持高质量发展，坚持深化改革、扩大开放，突出稳企业、增动能、保平安，扎实推进接沪融杭同城化、产业转型数字化、美丽建设全域化、社会治理现代化，进一步推动“八八战略”再深化、改革开放再出发，努力实现诸暨经济社会高质量发展走在前列，以优异成绩迎接新中国成立70周年。

根据中央、省委经济工作会议精神和我市经济发展实际，2019年的主要预期目标建议为：生产总值增长7%左右；一般公共预算收入增长8%；城乡居

民收入增长与经济增长基本同步，城乡居民收入比缩小；城镇新增就业2万人以上，城镇登记失业率控制在3%以内；外贸进出口与全省平均水平保持同步，稳定市场份额；R & D经费占比达到2.8%左右，投资结构优化、投资效益提高，单位生产总值能耗和污染排放量确保完成上级下达目标。

三、精准发力、攻坚突破，我们有行动

做好新一年工作，要重点围绕"一、四、十"展开：

——紧扣一条主线。

就是要始终紧扣高质量发展这一主线，全面落实五大发展理念，坚定"四个强市"工作导向，坚持变中谋稳、稳中求进、进中突破，推进供给侧结构性改革，重抓数字化转型，深化市场化改革，扩大高水平开放，推动民营经济振兴，加快构建具有诸暨特色的现代化经济体系，为"两个高水平"建设奠定坚实基础。

——突出四个重点。

一要推进接沪融杭同城化。始终瞄准"与杭同城"的战略目标，主动出击、融合发展，勇当桥头堡、甘为马前卒，全方位拥抱大湾区、接轨大上海、融入长三角，坚持交通先行、平台支撑、环境对标、绿色发展、共建共享，全面推动规划沟通、设施联通、要素畅通、产业互通、民生相通，加快"临杭城市"向"融杭城市"转变，着力打造大湾区重要节点城市。

二要推进产业转型数字化。强化"数字决定未来"的理念，牢牢聚焦数字产业化、产业数字化重点，高标准实施数字经济"一号工程"，全面推进装备自动化、生产智能化、管理信息化、市场网络化，创新推进智慧教育、智慧医疗、智慧物流、智慧城市、智慧政务建设，着力打造"数字诸暨"，争创全省数字经济发展示范市。

三要推进美丽建设全域化。深入践行"两山"重要思想，按照"大景区、大花园"建设的要求，树立产城人融合理念，把握绿色方向，顺应消费趋势，推进美丽城市、美丽城镇建设和乡村振兴，大力发展全域旅游，打响"好美诸暨"品牌，推动"盆景"向"风景""全景"转变，打造集生态、健康、休闲于一体的花园之城。

四要推进社会治理现代化。以"枫桥经验"纪念大会为新起点，坚持党建统领、人民主体、"三治融合"、"四防并举"、共建共享，全面推进基层治理社会化、法治化、智能化、专业化，切实提升基层治理体系和治理能力现代化水平，谱写坚持发展新时代"枫桥经验"新篇章，打造基层社会治理现代化标杆城市。

——开展十大行动。

一是数字经济专项行动。全面实施数字经济五年倍增计划，大力推进互联网、大数据、人工智能和实体经济深度融合，确保数字经济核心产业增加值增速达15%以上。重抓传统产业数字化转型，扎实抓好企业智能化改造、行业大数据应用、园区平台数字化改造等十方面工作，全面推进重点产业、规上企业、产业园区数字化改造提升，培育壮大网红经济、流量经济，建成珍珠大数据中心，创成有色金属和铜加工智能化改造省级试点。推进一批数字化平台、智能工厂和数字车间，建成1家以上省级工业互联网平台，"企业上云"超6500家，新增工业机器人320台，力争"两化"深度融合发展指数跻身全省第一梯队。加快建筑业转型，促进房地产市场平稳发展。大力推进数字产业化，引进培育电子信息、智慧物流、跨境电商和人工智能等新兴产业，超前布局云计算、物联网、5G产业等新业态，加快打造新的经济增长点。强化数字经济发展配套保障，出台袜业、珍珠和铜加工数字化改造专项扶持政策，加快建设以大数据应用为主的产业公共服务平台，大力培育多元化市场主体，引进一批专业数字化人才，建立数字化转型专家智库，积极构建数字化生态链，全力抢占数字经济发展新高地。

二是改革创新专项行动。坚持向改革要活力，坚定不移将"最多跑一次"改革进行到底，深入推进"一窗办""一证办""移动办"，深化企业投资项目承诺制改革，确保"最多100天"实现率始终保持100%。组建大数据发展管理中心，建立跨部门业务协同模式、数据共享模式，加快推进政务"掌上办公"。全面完成市级部门和镇乡（街道）机构改革，统筹抓好国资平台市场化转型、农村承包土地"三权"分置等改革事项，实施资源要素差别化配置，探索推行PPP、EPC建设模式,鼓励基层开展微改革微创新,切实发挥好有效市场和有为政府的作用。坚持向创新要动力,全面落实省科技创新50条,强化“产学研用金、才政介美云”十联动,启动实施科创中心二期、科技一条街建设,搭建公共服务产业研究平台,力争创成珍珠省级产业创新服务综合体。以科技协同创新中心为平台,加强与国科大、浙大等高校院所产学研合作,力争引进产业化项目35个。深入实施科技企业培育“双倍增”和“春苗培育”计划,新增科技型中小企业200家、国家高新技术企业50家、省级以上研发机构5家。坚持向开放要空间,以“一带一路”统领高水平开放,全力以赴稳外贸、稳外资,深化外贸优进优出工程,积极开拓东盟等新兴市场,鼓励建筑企业“联盟拓市”,切实提高外资利用水平,全力增创开放发展新优势。

三是项目招商专项行动。牢牢抓住项目投入“牛鼻子”,全力打好有效投资“翻身仗”,完成市外注册资金100亿元、实到外资3亿美元,实现有效投资增长10%以上。深入开展高质量招商,强化“招大、引新”工作导向,紧盯政策取向、转型趋向和区域方向,以央企、行业龙头和上市企业为重点,持续开展招商选资竞赛活动,全力招引一批投资强度高、科技含量高、税收贡献高的“三高”项目,积极引进军民融合产业项目,争取重大产业项目引进实现新突破。发挥开发区、高新区招商选资主平台作用,提速建设临杭产业园,扩大柔性“诸暨岛”建设,真正打造高端产业、优质项目的集聚地,引进都市区项目100个。要推动项目高效率落地,深入实施市长镇长局长工程,推行重大项目现场办公制度,切实提升项目落地率、达产率、贡献率。要强化招才引智,深入推进“千人计划”产业园建设,加快引进一批海内外高层次人才、领军型创业创新人才,注重高素质企业家队伍建设,培育一批“诸暨工匠”和“名师、名医、名家”,新增“千人计划”人才10名、绍兴“海内外英才计划”人才25名。要推动环境高水平提升,以世界银行标准推动营商环境再优化,特别是要认真贯彻落实习近平总书记在民营企业座谈会上的重要讲话精神,始终坚持“两个毫不动摇”,全面落实省促进民营经济高质量发展31条,不折不扣抓好减税降负政策“大礼包”落地,构建亲清新型政商关系,深入开展“走企连心”服务活动,送政策、送信心、送服务,切实帮助民营企业融化“市场的冰山”、削低“融资的高山”、跨越“转型的火山”,着力推动民营经济再造新优势、再创新辉煌。

四是重大设施专项行动。按照“聚焦重点、有保有压、科学合理”的原则,深入实施城市基础设施三年建设行动计划,全面提升城市功能和人居环境。加快推进一批“与杭同城”重大交通项目,提速建设杭州都市高速公路诸暨段,启动火车站综合交通枢纽、绍诸高速浣东枢纽改造,实施03省道东复线店口至金浦桥快速化改造,谋划G235国道拓改工程,争取开通诸暨至杭州城区铁路客运通勤列车。加快推进一批公铁水物流基地项目,谋划建设店口港、铁路物流港,抓好新亭埠码头运营,积极对接“义新欧”,促进诸暨至北仑铁海联运发展。加快推进一批平台建设项目,开发区要重抓“一核一廊五园区”建设,全力打造全省大湾区的智造高地、创新驱动的新引擎、“与杭同城”的桥头堡;高新区要加快园区规划建设和功能配套,全面增强承接上海、杭州溢出的能力,着力推动平台能级大提升。加快推进一批城市功能项目,统筹实施高湖建设、浦阳江治理二期、陈蔡水库加固改造及综合治理工程,启动城区路网延伸工程,打通三环线“断头路”和城市堵点,抓好5G网络与智慧城市基础设施建设,不断增强城市承载能级。加快推进一批质量民生工程,建设“四好农村路”,全面完成城区开放式老小区环境综合整治,有序实施普通高中校园改造提升和全市学校空调安装工程,新建城东初中、小学教育综合体和运动综合体,易地新建妇保医院,切实提升民生保障的软硬件水平。

五是乡村振兴专项行动。以争创省部合作共建乡村振兴示范县为目标,扎实抓好乡村振兴十大任务落实,加快推动工商资本和各类人才“上山下乡”,大力促进乡村全面振兴。坚持以国家现代农业产业园建设为引领,推动农业规模化种养、生态化发展、精深化加工,推广珍珠生态养殖模式,加快打造一批田园综合体、家庭农场。以“五星达标、3A争创”为抓手，加快美丽村庄、美丽田园、美丽庭院建设，加强历史文化村落保护，谋划实施一批“坡地村镇”项目，打造“一镇一花园”，全面推进乡村全域旅游大开发。扎实开展消薄攻坚战三年行动，深化“百企结百村、消灭薄弱村”专项活动，确保80%以上村年经营性收入达到30万元以上。推进城乡公共服务均等化，重视教育优质均衡发展，抓好就业创业工作，加快县域医共体建设，大力发展养老事业，加大社会救助力度，加强农村危旧房改造和保障性住房建设，开展文化下乡活动，关心关爱残疾人，办实办好农村饮用水达标提标、“村村通公交”、乡村配电网改造等“关键小事”，不断提升群众“三感”。

六是美丽城镇专项行动。深入实施美丽城镇提升新三年行动计划，坚持规划引领、分批推进，注重内涵、全面融合，打造一批产业特色小镇、旅游风情小镇、历史文化古镇。围绕“美”字抓产业提升，大力发展美丽经济，策划开发乡村旅游、健康养生、文化创意等农旅融合精品线，推出一批具有诸暨本土特色的拳头产品，着力构建一镇一品、特色鲜明、富有活力的美丽经济发展新格局。围绕“优”字抓环境整治，推进全域性整乡整镇环境整治试点工作，坚持把控违拆违与厕所、垃圾、污水三大革命结合起来，由表及里、整体提升，强化综合整治、背街整治、集中整治，确保整治一片、提升一片、靓化一片。围绕“保”字抓文化传承，突出品味内涵，留住美丽乡愁，有效激活闲置农房，切实打造一批有记忆的街区、有故事的小镇。围绕“创”字抓集镇管理，坚持以创促建、以创提质，推动文明城市创建进一步向集镇拓展延伸，着力提升管理精细化、智慧化水平。围绕“治”字抓集镇治理，突出强平台、强基础、强弱项，深化“枫桥式”平安镇街创建，全力抓好社会治安综合治理，真正实现“大事不出镇、小事不出村”。围绕“标”字抓公共服务，加快补齐短板，强化功能承载，高标准提升公共服务水平，努力使城镇生活更加便捷、舒适、宜居。

七是文明实践专项行动。以新时代文明实践中心建设全国试点为引领，突出“举旗帜、聚民心、育新人、兴文化、展形象”的要求，建强三级实践阵地，做实五大实践内容，以更接地气的方式深入推进理论传习、文化传承、文明传播，打造新时代文明实践全国示范区。更加突出价值引领，打好文明城市建设持久战，扎实推进群众性精神文明创建“七大工程”，推进“全城志愿”规模化、品牌化、常态化，拓展“1963法润”直播平台建设，开展最美典型评选、“家风润万家”活动，全力推动社会主义核心价值观落细落小落实，努力形成以德治促善治的良好局面。更加突出风尚引领，建立健全移风易俗长效机制，提炼推广“红白理事会”做法，完善提升“村规民约”，持续扩面村级关爱基金，不断推动文明新风成风化俗，让移风易俗成果惠及每一位市民。更加突出文化引领，讲好西施故事、弘扬西施文化，深入实施文化惠民工程，加强公共文化服务标准化体系建设，开展“我们的文化”系列群众文化活动，新建农村文化礼堂70家、社区文化家园3个、城市书房5个，切实提升百姓的“文化获得感”。

八是平安建设专项行动。认真贯彻落实“枫桥经验”纪念大会精神，坚持发展、全面推广新时代“枫桥经验”，切实提升基层社会治理现代化水平。推进绍兴枫桥学院建设，全面完善“基层治理四平台”，深化运用全科网格，推广提升“三上三下”民主议决事制度、市镇村三级公共法律服务平台、“5+X”社会组织标准化体系，健全完善“红心租”“红枫居”出租房管理模式，建立镇街联合执法机制，推进矛盾纠纷多元化解，全力打造共建共治共享的社会治理新格局。深化平安诸暨、法治诸暨建设，坚决打好防范化解重大风险攻坚战，保持扫黑除恶专项斗争高压态势，下大力气解决好信访维稳、社会治安、公共安全、安全生产、意识形态等领域的突出问题，坚决遏制重特大事故发生，保持社会大局和谐稳定，确保平安县市创建四连冠。

九是清廉建设专项行动。聚焦“两个维护”、压实“两个责任”，按照“七个高质量”要求，构建清廉共建责任履行、监督、考核、追究完整链条，不断推动全面从严治党向纵深发展、向基层延伸。进一步深化纪检监察体制改革，完成派驻机构改革，深入推进派驻和乡镇纪检监察工作规范化建设，持续开展市镇村三级联动巡察（巡查），健全落实小微权力清单，有效规范权力制度体系和廉洁风险防控机制，切实把权力关进制度的笼子里。巩固发展反腐败斗争压倒性胜利，精准实践监督执纪“四种形态”，坚决整治群众身边腐败和作风问题，有力削减存量、有效遏制增量。持之以恒落实中央八项规定精神，驰而不息深化正风肃纪，坚决整治形式主义、官僚主义新表现。全力培育清廉细胞、厚植清廉文化，统筹抓好“五清”村居、清廉机关、清廉学校、清廉企业等建设，努力打造政治生态风清气正、市场环境依法诚信、社会风尚崇廉向善的清廉诸暨。

十是基层基础专项行动。牢固树立一切工作到支部的鲜明导向，贯彻《中国共产党支部工作条例（试行）》，深入实施基层党建“五大引领”工程，形成全领域建强、全市域提升的新时代基层党建新格局。坚持“五星齐抓”，注重内涵提升，抓实抓好第二批、第三批“五星达标、3A 争创”村创建，统筹推进城市社区、学校、机关、两新组织、国企等各领域“五星系列”创建，推动基层党组织全面进步、全面过硬。持续抓好村级组织阵地规范化建设，全面落实“三会一课”制度和主题党日活动，开展村干部“履职体检”，发挥党员“五带头”作用，严格规范村民建房、农村“三资”、农村土地开发复垦及承包经营、村级工程建设和村务公开等村级管理“五件事”，不断夯实基层基础。践行新时期党的群众路线，深化“3+1”联系服务群众和包村驻村制度，推行“群众档案”工作法，全力打通联系服务群众“最后一公里”。牢固树立正确选人用人导向，健全完善“三考三亮”综合考评机制，深入实施专业化干部培养计划和年轻干部“成长 +”工程，深化“1+X”容错纠错制度体系，加快打造一支忠诚干净担当的高素质专业化干部队伍。

四、不忘使命、干在实处，我们有要求

一切行动听指挥，目标一致得胜利。要以党的建设为统领，全面提升思想引领力、队伍战斗力、担当执行力、作风保障力，为推动高质量发展走在前列提供坚强保证。

1. 要有讲政治、顾大局的定力。讲政治是最基本的要求。要始终把政治建设摆在首位，牢固树立“四个意识”，坚定“四个自信”，坚决做到“两个维护”，不断强化思想自觉、政治自觉和行动自觉，切实做到内化于心、外化于行。深入推进“两学一做”学习教育常态化制度化，扎实开展“不忘初心、牢记使命”主题教育，着力在学懂弄通做实习近平新时代中国特色社会主义思想上下功夫，严守政治纪律政治规矩，严肃党内政治生活，着力营造良好的政治生态。认真落实党委（党组）意识形态工作责任制，唱响主旋律、坚守主阵地、传播正能量，牢牢把握意识形态工作的领导权、话语权。

2. 要有讲创新、善谋划的本领。创新者强，善谋者成。要坚持用新理念谋发展，以五大理念为根本遵循，打破思维定式，突破经验局限，用改革思维破难题，用互联网思维抓转型，用法治思维求善治，统筹运作、精细经营、创新创造，确保各项工作体现规律性、富于创造性、增强实效性。坚持用新思路谋发展，强化目标导向、问题导向和效果导向，以“敢吃螃蟹”的精神，因地制宜抓贯彻，创新破难求突破，做到敢想敢干、善作善成，努力推动各项工作争一流、上水平。坚持用新办法谋发展，发扬“逢山开路、遇水架桥”精神，拿出打破常规的锦囊妙计，推出务实管用的高招妙招，大胆创新载体、举措、方式，以新招术破解老难题，以新机制打通旧瓶颈，全力开创工作新局面。

3. 要有讲执行、重实干的担当。担当重在实干、贵在执行。我们要围绕既定工作目标任务，以抓铁有痕、踏石留印的韧劲，撸起袖子加油干，心无旁骛抓落实。要在执行上动真格，雷厉风行、立说立行，坚决贯彻落实上级和市委、市政府各项决策部署，特别要把“十大行动”作为新一年工作的重中之重，按照“一套班子、一个意见、一张清单、一个考核办法”的“四个一”工作推进机制，一项一项抓执行、一件一件抓落实。要在破难上下真功，强化“解决才是真水平”的理念，主动走进矛盾、善于破解难题，不讲客观讲主观，不想退路想出路，勇当行动的“先锋官”、发展的“主攻手”。要在质量上见真效，突出精致精细，用足“绣花”功夫，抓重点、补短板、强弱项，以实

干家、排头兵、奋斗者的新姿态投入到每一个行动中，确保各项工作落到实处、抓出实效。

4. 要有讲规矩、聚合力的作风。作风关乎行动成败。要以深化“大调研大走访大服务”专项活动为抓手，全面加强干部队伍作风建设，努力为推动高质量发展提供坚强保证。要做纪律上的“规矩人”，坚持严管与厚爱结合、约束与激励并重，教育引导广大干部坚守道德高线、严守纪律底线、筑牢思想防线，做到心有所畏、言有所戒、行有所止。要做行动上的“带头人”，各级领导干部要身体力行、以上率下，带头定最高的标准、挑最重的担子、啃最硬的骨头，既当指挥员、又当战斗员，做到一级做给一级看、一级带着一级干。要做事业上的“合伙人”，坚持上下同欲、齐心发力，做到四套班子齐上一线，干部群众戮力同心，全市上下众志成城，全面掀起行动“大会战”热潮，形成“人人搭台、人人补台、人人上台”的强大合力。

同志们，行动是成功的开端，落实是工作的灵魂。让我们高举习近平新时代中国特色社会主义思想伟大旗帜，同心同德同向、合心合力合拍、尽心尽力尽责，奋力开创新时代高质量发展新局面，让诸暨百万父老乡亲过上更加幸福美好的生活！

（由市委办提供）

开放融合　守正创新
争当县域治理现代化排头兵

——在市委十六届九次全体（扩大）会议上的报告

（2019年12月9日）

徐良平

这次会议的主要任务是：以习近平新时代中国特色社会主义思想为指导，深入贯彻党的十九大和十九届四中全会精神，全面落实省委十四届六次全会和绍兴市委决策部署，回顾总结今年工作，研究部署明年任务，审议通过《中共诸暨市委关于认真学习贯彻党的十九届四中全会精神高水平推进县域治理现代化的决定》，动员全市上下认清形势、坚定信心，开放融合、守正创新，争当全国县域治理现代化排头兵，打造全省“‘八八战略’再深化、改革开放再出发”先行区，奋力开创诸暨“两个高水平”建设新局面。

一、聚焦大治理，争当排头兵

党的十九届四中全会是一次具有开创性、里程碑意义的重要会议。党中央第一次专门以全会的形式来研究部署国家制度和国家治理问题，充分体现了以习近平同志为核心的党中央高瞻远瞩的战略眼光和强烈的历史担当，是“中国之治”迈向更高境界的崭新起点。全会审议通过的《决定》深刻回答了中国特色社会主义制度和国家治理体系需要“坚持和巩固什么、完善和发展什么”这个重大问题，对坚持和完善中国特色社会主义制度、推进国家治理体系和治理能力现代化作出了科学的完备的顶层新设计。

最近召开的省委十四届六次全会也就认真学习贯彻党的十九届四中全会精神、高水平推进省域治理现代化作出了全面部署，并审议通过了相关《决定》，要求全省上下自觉扛起“三个地”的使命担当，以“八八战略”为统领，以“最多跑一次”改革为牵引，打好“省域治理现代化十招”，争当省域治理现代化排头兵，成为展现中国特色社会主义制度优越性的重要窗口。

我们要按照省委全会提出的“五个牢牢把握”的要求，认真学习贯彻党的十九届四中全会精神，学深悟透习近平总书记重要讲话精神，切实增强“四个意识”、坚定“四个自信”、做到“两个维护”，扎实推动党的十九届四中全会精神在诸暨落地生根、开花结果。特别是新时代“枫桥经验”首次被写入中央全会《决定》，标志着“枫桥经验”由基层社会治理的样本上升为党和国家制定政策、作出决策的重要依据和基本经验。作为“枫桥经验”发源地，我们要以更高的政治站位、更强的责任担当，聚焦关键处、打开突破口，努力在高水平推进县域治理现代化上走在前列。

这次全会将审议通过《中共诸暨市委关于认真学习贯彻党的十九届四中全会精神高水平推进县域治理现代化的决定》，对推进治理现代化的总体要求、基本原则、重大举措等作出全面部署。这里，我作三方面说明：

——强化一个理念

就是要强化"大治理"的理念，始终站在"五位一体"和"四个全面"战略布局的高度，以"八八战略"为统领，把"最多跑一次"改革和新时代"枫桥经验"的理念、方法、作风运用到县域治理各方面，坚持自律和他律、刚性和柔性、治身和治心、人力和科技"四个统一"，细化落实"省域治理现代化十招"，不断推进系统治理、依法治理、综合治理、源头治理，进一步健全完善党的领导制度体系、现代法治体系、高质量发展制度体系、市场化法治化国际化营商环境建设体系、新时代"枫桥经验"坚持发展制度体系、社会治理体系和治理能力保障体系，走出一条具有时代特征、诸暨特色的县域治理现代化路子。

——围绕一个目标

就是要固根基、扬优势、补短板、强弱项，争当全国县域治理现代化排头兵，打造全省"'八八战略'再深化、改革开放再出发"先行区。到建党一百周年时，"最多跑一次"牵引各领域改革全面突破、全面见效，新时代"枫桥经验"全面创新、全面提升，数字化变革全面推进、全面深化，积累形成一整套更加完善的县域治理制度体系，为高水平全面建成小康社会提供更有效能的坚实保障；到2035年，实现县域治理现代化，形成与现代化诸暨建设相适应的整体治理效能；到新中国成立一百年时，更高水平全面实现县域治理现代化，形成高水平全面建设社会主义现代化的强有力制度保障。

——提高五种能力

一要提高政治引领能力。始终把党建统领贯穿到治理现代化全过程，坚持全面从严治党，构建不忘初心、牢记使命长效机制，持续推进基层党建"五大引领"工程，深化清廉诸暨建设，常态化开展"三服务"活动，加强农村党员"五带头"和农村基层"四大员"建设，切实把党的政治优势、思想优势、组织优势和群众优势转化为治理效能。

二要提高法治保障能力。持续深化法治诸暨建设，高水平推进严格执法、公正司法、全民守法，进一步完善市、镇、村三级公共法律服务体系，提升"1963法润"矛盾纠纷预防定期网播平台，形成办事依法、遇事找法、解决问题用法、化解矛盾靠法的良好法治环境。持续深化平安诸暨建设，扎实推进社会治理领域"最多跑一地"，坚决打赢防范化解重大风险攻坚战，纵深推进扫黑除恶专项斗争，打造社会治理共同体。开展信用诸暨建设，健全企业信用修复机制，构建市场化法治化国际化的营商环境。

三要提高德治化育能力。坚持以新时代文明实践中心试点建设为引领，大力弘扬社会主义核心价值观，传承发扬优秀诸暨人文精神，注重发挥西施文化、乡贤文化、家训家风的引导作用，全面提升"全城志愿"能级，发挥"最美诸暨人"等道德典型示范作用，巩固文明城市创建成果，扎实推进群众性精神文明建设，健全现代公共文化服务体系，完善移风易俗长效机制，全面提升柔性治理的软实力。

四要提高自治强基能力。坚持把抓基层、打基础作为固本之举，健全"基层治理四平台"和全科网格，推广应用"5+X"社会组织标准化体系，做到民事民议、民事民办、民事民管。牢固树立"治理为了人民"的理念，更加突出共建共享，实施乡村振兴战略，全域推进美丽建设，深化为民办实事长效机制，加快打造社区生命体、治理共同体和生活综合体"三位一体"的共享社区，切实提升群众获得感、幸福感、安全感。

五要提高智治支撑能力。加快数字诸暨建设，推动经济数字化转型、社会数字化转型、政府数字化转型，全面构建立体化、智能化、全方位的智慧服务体系，努力让互联网这个"最大变量"成为县域治理现代化的"最大增量"。创新发展网上"枫桥经验"，深入推进"雪亮工程"，提升推广在线矛盾纠纷多元调解平台，以数字化手段打开治理通道。坚持以"最多跑一次"改革引领简政放权，全力打造"掌上办事、掌上办公"县市。

二、聚力大服务，交出新答卷

今年以来，面对外部环境的深刻变化，全市上下认真贯彻落实中央和上级党委决策部署，紧扣“一四十”，深化“三服务”，全力以赴稳企业、增动能、保平安，经济社会发展呈现稳中有进、稳中出新的良好态势。至11月，实现财政总收入130.4亿元，同比增长6.1%，其中一般公共预算收入79.6亿元，增长4.0%。预计完成固定资产投资333.3亿元，增长5%；规上工业增加值增长9.4%；限上社会消费品零售总额增长15%；外贸出口增长10%。

——坚持向稳进聚焦，抓项目、强主体，数字赋能有突破。我们瞄准数字经济突破口，全面实施数字经济五年倍增计划，分行业召开数字化改造现场会，成功举办中国铜加工产业年度大会、第十四届袜博会，与阿里巴巴开展袜业产业带数字战略合作，珍珠创新服务综合体成为省级培育对象，铜加工产业改造提升综合指数居全省试点首位。高质量推进特色小镇建设，袜艺小镇整体提升，珍珠小镇全面建设。引进培育数字化工程服务公司9家，与华为、海康威视等开展战略合作，新增工业机器人385台、数字车间30个，“企业上云”6678家，入围省制造业高质量发展示范县市创建名单，居全国科技创新百强县第16位。建筑业、房地产市场稳健发展，现代服务业扩量提质，“次坞打面”标准化推广取得突破。农业生产平稳运行，国家现代农业产业园通过验收。我们紧抓项目建设主攻点，一手抓招商选资，全力推动外贸回归、税源回流，新引进招商项目62个，总投资233.6亿元，其中10亿元以上项目11个，实到内资101.8亿元。一手抓招才引智，开展“诸暨工匠”评定工作，南华大学长三角研究院建成落地，新增“国千”“省千”人才19名、绍兴“海内外英才计划”人才23名。扎实推进市县长项目工程，26个项目进入省级以上项目笼子，“四个百项”技改项目数量位居全省第二。我们打好主体培育组合拳，扎实推进小微企业新三年成长计划，推动“小升规、下升上、产转法、创孵科、规上市”，制定出台激励政策，设立暨阳科技支行，建立市场规模主体培育库，到11月底完成“小升规”119家、“下升上”75家、“产转法”72家，新增高新技术企业80家、省科技型中小企业278家、IPO报会企业1家，市场主体超18万家，海亮集团成为绍兴首家世界500强。新建小微企业园5个，新认定省级小微企业园7个。

——坚持向融杭聚焦，主动融、精准接，全面开放有成效。加快推进一体化融入，坚持把交通作为“与杭同城”的“先手棋”，杭州都市高速公路诸暨段工程完成90%，启动建设03省道东复线店口至金浦桥快速化改造、绍诸高速浣东出口功能改建工程，创新实施诸暨至杭州高速双向通行免费政策，诸暨至北京始发高铁全面运营。“义新欧”班列诸暨专列成功加挂，诸暨港新亭埠码头—嘉兴乍浦港集装箱航线开航运行。加快推进多层次对接，实行“与杭同城”专班运作，加强与G60科创走廊办公室、杭州拱墅区、宁波鄞州区战略合作，布局建设G60（诸暨）创新转化港，选址落地上海签证诸暨分中心，成功举办“杭州·绍兴周”诸暨专场活动、“与杭同城”产融驱动高峰论坛，“与杭同城”被纳入省长三角一体化发展行动方案。加快推进全方位合作，坚持向产业承接要红利，进一步完善开发区、高新区发展规划，拓展平台空间，提升建设“诸暨岛”“高新岛”，新增杭州籍企业410家，引进都市区各类项目96个、总投资达48.3亿元。制订出台《全域旅游总体规划》，建立西湖—西施旅游长效合作机制。推动文化、教育、医疗等公共服务共建共享，加快长三角地区政务服务“一网通办”，与拱墅区开展职工疗休养双向合作，开放融合步伐进一步加快。东西部扶贫和山海协作取得新成效。

——坚持向服务聚焦，促改革、惠民生，营商环境有提升。深化服务提质，扎实开展“包乡入村深化‘三服务’”活动，聚焦问题清单、落实清单、责任清单，推进调查研究、政策服务、解决问题、防范风险“四走”基层，用好“三服务”小管家，乘势而上解决了一批企业、群众、基层反映强烈的突出问题，累计走访企业20868家、群众17万户、行政村（社区、居委会）526个，收集问题2814个，解决问题2696个，办结率达95.8%。深化改革驱动，纵深推进个人和企业全生命周期“一件事”全流程“最多跑一次”，加快推行网上自助办、掌上移动办、无证刷脸办，镇乡

（街道）"无差别全科受理"、网上全流程招投标均实现全覆盖。深化涉企事项便利化改革，新上工业项目承诺制实现率达100%。积极探索微改革微创新，深化部门间"最多跑一次"改革，创新实施综合执法"首发响应"机制。加快国资平台市场化转型，推进融媒体中心建设，圆满完成机构改革和部分行政区划、行政村规模调整工作。深化美丽建设，巩固文明城市创建成果，推进美丽城镇建设，加快实施高湖工程、浦阳江治理二期工程，城市功能品质不断提升。完成第二批116个"五星达标村"、12个"3A示范村"创建，80%行政村年经营性收入达30万元以上，成为省"四好农村路"示范县。完成"三改"715.4万平方米，通过省"无违建"县市复评。坚决打好污染防治攻坚战，实施"污水零直排区"和"无废城市"创建，基本完成中央、省生态环保督察整改，水质考核保持优秀，空气优良率达88.6%，成为国家生态园林城市。深化平安建设，持续推进平安诸暨、法治诸暨建设，扎实开展扫黑除恶专项斗争，五类恶性案件、刑事警情和命案发生数分别下降9.1%、11.7%、33.3%。统筹抓好经济金融、安全生产、消防安全，公共安全事故数和死亡数分别下降61.4%、41.4%。深入开展"枫桥式公安派出所"创建，全面推行信访代办制，建成市级社会矛盾纠纷调处化解中心，去京赴省上访分别下降54.8%、37.1%。深化民生保障，坚持从群众身边的"关键小事"抓起，全面小康指数居全国县级市第12位。农村危旧房改造、地质灾害"除险安居"、山塘水库整治持续推进，农村饮用水达标提标工程顺利完成，城乡居民基本养老保险、医保提标扩面。深化移风易俗，村级关爱基金实现全覆盖，成为省文化礼堂建设工作示范县市。持续推进公共服务均等化，扎实抓好学前教育资源补短工程，实施运行县域医共体，加快"书香暨阳"建设，成功举办环法挑战赛、西施马拉松和CBA篮球联赛。

——坚持向党建聚焦，守初心、担使命，政治生态有优化。突出主题教育这一统领，全面把握"守初心、担使命、找差距、抓落实"总要求，深入学习贯彻习近平新时代中国特色社会主义思想，开展初心之行、重温入党誓词，组织集中学习、进行主题研讨，深入调查研究、讲好专题党课，规定动作做到位、自选动作有特色，有力推动"四个意识""四个自信""两个维护"往深里走、往心里走、往实里走。突出总揽全局这一总责，市委常委会将主要精力放在把方向、议大事、作决策、管全局上，以委员会第一次会议形式先后部署全面依法治市、全面深化改革等工作，组织召开人大、政协、公安、教育等工作会议，加强和改进统战、武装、老干部和群团等各项工作，精心组织新中国成立70周年与撤县设市30周年庆祝活动，把各方面力量凝聚到干事创业上来，切实形成了心齐、气顺、劲足的良好局面。突出实干担当这一导向，深化实施"干部专业化能力提升计划"，制定出台《诸暨市领导班子政治建设日常管理办法》，开展"实干担当好干部"评选活动，健全完善年轻干部选育管用链条，落实公务员职务与职级并行制度，干部队伍精气神进一步提升。突出基层基础这一根本，加快推进基层组织标准化规范化建设，统筹抓好两新组织等各领域"五星"系列创建，全面落实基层党建"四精工作法"。扎实开展村级班子整固提升行动，严格规范村级管理"五件事"，深化推广非公企业党员组织生活"就便过一次"，推动基层党组织全面进步、全面过硬。突出清廉建设这一重点，深化纪检监察体制改革，推进乡镇纪检监察工作规范化建设，实现基层公权力监督平台全覆盖。深入开展"警示教育月"活动，全力推进"五清"村居建设，规范小微权力运行，打造"浣江清风"清廉文化品牌。力戒形式主义、官僚主义，持续抓好主题教育九大专项整治，强化"五张清单"管理，基层"八多"问题整治取得实效。坚定不移深化正风反腐，加强政治巡察，强化派驻监督，推进人防系统、扶贫领域腐败等专项治理，精准运用监督执纪"四种形态"，风清气正政治生态进一步巩固。

同志们，以上这些成绩的取得，是以习近平同志为核心的党中央和省委、绍兴市委坚强领导的结果，是全市上下真抓实干、锐意进取、克难攻坚的结果。在此，我代表市委常委会向大家表示衷心的感谢和崇高的敬意！

三、聚力大转变，谋求新突破

2020年是高水平全面建成小康社会决胜之年，也是“十三五”规划收官、“十四五”规划谋划之年，做好明年工作意义重大、影响深远。为此，我们必须自加压力、保持定力，奋发有为、实干作为，凝聚起“为发展尽心、为诸暨尽力”的强大合力。

明年的工作导向是——

顺应趋势，瞄准转型风口。找准风口才能突破关口。当今时代正处于爆炸式创新的前夜，新经济、新产业、新技术、新模式“四新经济”全面崛起，特别是以万物互链为核心的数字风口、以人工智能为代表的科技风口、以时尚个性为潮流的消费风口、以区域竞合为重点的战略风口势头正劲，我们必须把握新方位、适应新生态、树立新理念，下好创新“先手棋”，打开转型“大通道”，加快推动质量变革、效率变革、动力变革，奋力开启诸暨高质量发展新征程。

提升优势，突出营商环境。营商环境就是竞争力。要把营商环境作为当前县域治理的核心，以“三服务”活动为抓手，更加突出公平、透明、高效、便捷的导向，从作风改起，从短板补起，从细节抓起，突破利益藩篱，消除行业壁垒，重构信用体系，全面优化政务环境、市场环境、法治环境、人文环境，尤其要帮助企业破“三门”、越“三山”，当好“随叫随到、说到做到、服务周到”的“店小二”，努力让营商环境成为诸暨发展的金名片、新优势和原动力。

打破定势，转变方法理念。时代在变、形势在变、要求在变，我们的观念、手势、方法也要变。要牢固树立“过紧日子”的思想，进一步强化“家”的理念、下足“盘”的功夫、用好“新”的手段，做到“多找市场少找市长，多找办法少找理由”，全力破除思想惰性、方法惯性、作风任性，变“大水漫灌”为“精准滴灌”，变“大手大脚”为“精打细算”，努力做到政府有为、市场有效、企业有利、百姓受益。

明年工作的总体要求是——

以习近平新时代中国特色社会主义思想为指导，全面贯彻党的十九大、十九届四中全会精神和省委、绍兴市委决策部署，牢牢把握稳中求进工作总基调，坚持新发展理念，聚焦高质量发展，紧扣全面融、全力稳、全域美，加快打造开放诸暨、数字诸暨、活力诸暨、好美诸暨、幸福诸暨，高水平推进县域治理现代化，确保圆满完成“十三五”规划目标任务，奋力夺取高水平全面建成小康社会新胜利。

（一）紧扣“与杭同城”，增创开放诸暨新优势。“与杭同城”是发展理念、发展战略，也是发展路径，是未来诸暨高质量发展的总牵引。要深入实施“与杭同城”三年行动计划，加快推进融入一体化、对接精准化、服务共享化，以“不求所有、但求所在”的理念和心胸，创设诸暨“不在杭州、胜在杭州”的场景和感受。一要在规划融合上求突破。抢抓省、杭州和绍兴“十四五”规划编制契机，超前谋划、主动对接，最大限度纳入杭州都市区发展规划，争取成为长三角一体化、全省“四大”建设发展的重要元素，推动诸暨交通设施、产业布局、城乡形态与杭州紧密衔接。坚持“投其所好、供其所需、取其所长、补其所短、应其所变”，高水平推进“十四五”规划和县域总体规划修编工作，全面开启诸杭同城新时代。二要在交通建设上求突破。更加突出交通先行的龙头作用，尽最大努力把畅通诸杭发展的“血脉”连得更紧、“筋络”织得更密。建成通车杭州都市高速公路诸暨段，加快推进03省道东复线店口段快速化改造、绍诸高速浣东出口功能改建、G235国道诸暨段改建等工程，争取开通诸暨至杭州城际客运列车，扎实做好诸暨至萧山浦阳快速路、火车站枢纽扩容等重点工程研究，配合做好诸柯高速建设相关工作，全力跑出“与杭同城”加速度。三要在平台能级上求突破。充分发挥开发区和高新区融杭“桥头堡”作用，强化产业集聚、要素集约、功能集成、产城融合，与沪杭合作共建智能制造产业示范区、长三角G60工业互联网平台，建成投用上海柔性“诸暨岛”，争取杭州海创园、软件园在诸设立分园，打造高端要素溢出的承接地。四要在产业对接上求突破。全面启动诸杭“数字经济双城互动”计划，深度参与钱塘江金融港湾建设，谋划设立杭州—诸暨楼宇经济产业联盟，着力承接优质产业、引进创新要素，力争引进沪杭“大新”项目10个、沪杭科技型企业10家以上、总部企业5家以上、高端现代服务业企业20家以上。五要在服务互动上求突破。深化与杭州拱墅区、宁波鄞州区、上海松江区互动合作，争取承办杭州都市区重要会议，常态化推进干部交流挂职机制，努力在融合中强化治理、在互动中争取红利、在交流中加强合作。牢固树立"以大开放推动大提升"的观念，加快推进诸杭政务服务一体化、长三角政务服务一网办，深化教育、文化、医疗跨区域常态化合作，有序扩大诸暨至杭州高速双向通行免费政策范围，加强职工疗休养双向合作，探索杭州市民免费游诸暨，努力提升服务同城化、品质同城化待遇。

（二）紧扣创新赋能，增创数字诸暨新优势。强化"数字引导未来"的理念，把数字经济作为撬动诸暨新一轮发展的"支点"，推动数字功能、数字要素、数字模式贯穿到各领域，加快打造数字诸暨。一要坚持以数字引领转型。紧扣创成省制造业高质量发展示范县市目标，深入实施数字经济五年倍增计划，加快数字平台打造、数字企业培育、数字人才引进，大力推进产业基础高级化、产业链现代化，加快建设现代化经济体系。聚焦产业数字化，全面推进传统产业数字化改造，着力提升块状经济竞争力，努力形成产业、企业、产品、创新"四个新优势"。提升建设时尚袜艺、美丽珍珠和铜材精密制造大数据中心，打造一批无人工厂（车间）、未来工厂和创意工场，引进一批数字化工程服务公司，力争80%以上的规上工业企业实现"五化"应用，新增数字化车间50个、工业机器人360台以上，上云企业突破8000家。大力推进数字农业、数字贸易、数字商圈、数字建管，积极发展"治理经济"，深入实施跨境电商"十百千"计划，创新培育新零售业态，大力发展直播经济，努力抢占数字经济新高地。推动建筑业转型提升，促进房地产业健康发展。聚焦数字产业化，充分运用区块链、大数据、物联网等信息技术，扶持发展电子信息、智慧物流、人工智能等新兴产业，力争实现数字经济核心产业增加值增速达15%。二要坚持以数字驱动创新。把数字作为创新主攻方向，引培一批数字创新平台，高水平建设G60（诸暨）创新转化港，探索建设区域创新服务综合体，提升完善袜艺小镇，全面建设珍珠小镇，力争袜业创新服务综合体通过省级验收、珍珠创新服务综合体列入创建名单。转化一批数字创新成果，大力建设长三角中试基地，加大G60重要节点城市离岛式科创孵化器布局，加强与国科大、浙江大学和之江实验室、阿里达摩院等院校平台产学研合作，深化与暨阳学院、南华大学等高校校地合作，确保引进可产业化成果35项。引育一批数字创新人才，探索项目制、候鸟制、兼职制等人才柔性引进机制，引进绍兴"海内外英才计划"人才30名。重视加强企业家队伍建设，积极开展"诸暨工匠"评定，深入实施职业技能提升行动，建设市人力资源产业园，加快打造一批高技能、复合型人才队伍。三要坚持以数字助力治理。加快政府数字化转型，以"集成、整合、统筹"的理念，提升完善大数据应用平台，加快5G、物联网等数字基础设施建设，谋划建设"城市大脑"。将数字化变革性力量融入改革当中，深化"一件事"全流程"最多跑一次"改革，全面推广网上办、掌上办，扩大承诺制审批改革覆盖面，深化微改革微创新，做到"指尖上"办事、"网购式"体验，以"数字＋改革"提升治理现代化水平。

（三）紧扣稳增促新，增创活力诸暨新优势。把稳增长作为经济工作的重中之重，集中精力谋发展，全神贯注抓经济，着力夯实市场、信用、环境"三块基石"，做到以稳应变、以稳促进、稳中出新。一要突出项目投入扩增量。坚持把扩大有效投资作为稳增长的关键来抓，全力以赴谋项目、招项目、建项目，着力提升高质量发展的支撑力。项目招引要突出一个"准"字，深入开展招商选资竞赛，大力开展平台招商、专业招商、产业链招商，精准招引一批投资规模大、科技含量高、带动能力强的优质项目，力争引进50亿元以上重大产业项目2个、10亿元以上项目10个，实到内资100亿元。项目推进要突出一个"快"字，实行专班运作，强化协调督查，推行容缺办理，重点抓好签约项目落地、建设项目提速、竣工项目投产，加快智慧安防产业园、海亮智造工业园二期等重大项目建设，实现有效投资增长"四个10%"以上。二要突出主体培育优存量。全力打好"小升规、下升上、产转法、创孵科、规上市"组合拳，强化政策激励、服务支持、培训推动，促使小微企业放心升规升级，切实做大规模企业群体，全力夯实稳进基础，确保完成

"小升规" 200 家、"下升上" 100 家、"产转法" 100 家,新增高新技术企业 70 家、省科技型中小企业 300 家。实施上市企业质量提升工程,做强企业上市板块和梯队。千方百计稳企业,进一步优化金融生态,深化"解圈断链",加快重整重组,促进风险出清,切实保护好有效生产力。三要突出全域旅游增流量。围绕创成省全域旅游示范县目标,加快推进产业全领域、空间全区域、管理全覆盖、受众全民化、建设全链条"五全协同",打造长三角健康休闲文化旅游目的地。聚焦融合发展,坚持"旅游+"的理念,深入挖掘西施 IP、珍珠等核心旅游主题,有效激活文化、工业、农业、康养等旅游功能,形成一批网红景点、热门景区、精品线路,切实变"门票经济"为"综合产业"。聚焦设施建设,以"双十"工程为重点,统筹推进旅游集散中心、珍珠小镇、草塔文化小镇、"枫桥经验"文化旅游等重点旅游项目,成立市文化健康旅游发展委员会,推动全域旅游从"独角戏"向"大合唱"转变。推进"智慧旅游",推动旅游产品网络定制、旅游服务在线共享、旅游管理实时调度,做到"一部手机游诸暨"。聚焦市场导向,创新旅游开发营销模式,加强长三角旅游合作和宣传推介,办实办好第九届西施文化节和第十二届珍珠节,进一步打响"西施故里、好美诸暨"旅游品牌。

(四)紧扣全域美丽,增创好美诸暨新优势。坚定不移沿着"两山"路子走下去,联动推进美丽城市、美丽城镇、美丽乡村建设,打造处处皆景、人人共享的宜居大花园。一要提升城市品位。突出区块协同发展,坚持规划新建与存量提质相结合,加快推进城东高湖综合开发、城西"七大客厅"配置以及暨南街道、大唐街道规划建设,不断提升中心城区首位度。突出城市功能提升,深入实施城市基础设施建设三年行动计划,积极推进国土空间规划编制试点,加快建设浦阳江治理二期、陈蔡水库加固及综合治理工程,扎实抓好老旧小区综合改造和雨污分流工程,进一步打通城区"断头路"、治理交通拥堵点,完善教育、医疗、文体等公共设施配套,切实提高城市宜居品质。突出城市精细管理,强化城市安全发展,抓实抓好城管"关键小事",努力以治理提效推动品位提质。二要建设美丽城镇。按照产业繁荣美、环境优越美、人文历史美、生活宜居美、治理和谐美、功能完善美"六美"要求,以"百镇美丽、千镇样板"工程为抓手,突出规划引领、分类推进、注重内涵、全面融合,力争美丽城镇建设走在全省前列。创新有为政府和有效市场相结合的建设模式,重点推进山下湖镇、同山镇示范镇建设,注重由表及里,强化背街整治,促进美丽建设,着力推动设施宜居、环境提升、产业融合、治理有效。三要推进乡村振兴。围绕创成省部共建乡村振兴示范县目标,以第三批"五星达标、3A 争创"村建设为重点,巩固提升第一、第二批创建成果,补齐农村环境和设施短板,确保 50%以上村达到新时代美丽乡村标准。持续推进规模兴农、创新活农、融合强农、质量优农,推动现代农业高质量发展。深入推进农村集体产权改革试点,有效激活闲置农房,努力破解农民建房难题,加强土地保护和开发,大力推进工商资本和科技、人才"上山下乡",进一步提升农村发展活力。多措并举打好集体经济"消薄"攻坚战,确保全市行政村年经营性收入均达 30 万元以上。四要深化环境治理。深入开展"无废城市""污水零直排区"和"无违建县市"创建,统筹抓好治水治土治气工作,高质量推进垃圾、污水、厕所"三大革命",完善垃圾分类收运处体系,努力实现空气优良率持续提升,出境水质考核保持良好以上。全力打好污染防治攻坚战,扎实做好第二轮中央生态环保督察相关工作,深入开展环境监管执法专项行动,坚决守牢生态环境底线。

(五)紧扣百姓有感,增创幸福诸暨新优势。牢固树立"以人民为中心"的发展思想,坚持尽力而为、量力而行,全力保基本、重质量、广覆盖,全面提升公共服务均等化水平,切实提升群众获得感、幸福感、安全感。一要优化服务供给。深入实施文化强市战略,建设"三贤"文化馆和暨阳金石书画博物馆,建好用好农村文化礼堂,深化"书香暨阳"建设,提升完善公共文化设施,推动优质公共文化服务向基层倾斜、向全域覆盖、向公众开放。全面落实全市教育大会精神,积极创建"全国义务教育优质均衡发展县(市)",开工建设枫桥镇中等一批新建项目,完成城东初中等一批改扩建项目，加快城区幼儿园建设，再创“学在诸暨”新优势。深入实施医药卫生体制改革，持续深化县域医共体和智慧医疗平台建设，扩面提质居家与机构相结合的养老服务，真正让老百姓能看病、看好病。继续办好CBA联赛、西施马拉松、环法挑战赛三大精品赛事，加快打造“运动休闲城市”。二要办好惠民实事。坚持从“关键小事”“文明好事”入手，办好年度十大民生实事。稳步推进社保提标扩面，实行全市统筹的大病保险制度，深化社会保障卡全域应用，确保全市基本养老保险参保率达95%以上。扎实开展“四好农村路”国家级示范县创建，统筹抓好保障性住房和危旧房改造，基本完成全市农村饮用水达标提标工程。完善社会救助、社会福利、社会慈善制度，大力发展残疾人事业和红十字事业，切实保障弱势群体和困难群众生产生活。深入推进新时代文明实践中心试点工作，健全移风易俗和关爱基金长效机制，顺利通过全国文明城市复评。三要深化平安建设。坚持发展新时代“枫桥经验”，建好用好市社会矛盾纠纷调处化解中心，抓实抓好信访代办制，发挥“基层治理四平台”和全科网格作用，扎实推进社会治理领域“最多跑一地”，确保去京赴省信访明显下降。深化“三治融合”，扎实推进共享社区建设，提升完善“5+X”社会组织标准化体系，试点开展农村基层“四大员”工作，创新发展网上“枫桥经验”，力争建成绍兴枫桥学院。扎实推进信用诸暨建设，强化诚信意识、倡导契约精神，完善守信联合激励和失信联合惩戒机制，进一步引导企业重振精神、重拾信心、重塑信用，不断优化经济金融生态环境。深化平安诸暨、法治诸暨建设，全面打好防范化解重大风险攻坚战，持续深入开展扫黑除恶专项斗争，切实解决好社会治安、公共安全、安全生产、食品药品、清薪维稳、房产领域等方面突出问题，坚决遏制重特大事故发生，确保平安县市十六连冠。

四、聚力大党建，担好新使命

全面落实新时代党的建设总要求，推动全面从严治党向纵深发展、向基层延伸、向每个支部和每名党员覆盖，为推进县域治理现代化、实现诸暨高质量发展提供坚强保障。

一要强化政治引领，践行初心使命。坚持把政治建设摆在首位，学深悟透习近平新时代中国特色社会主义思想，严明党的政治纪律和政治规矩，切实增强“四个意识”，坚定“四个自信”，做到“两个维护”。巩固拓展“不忘初心、牢记使命”主题教育成果，始终保持只争朝夕、实干有为的奋斗姿态和越是艰险越向前的斗争精神，进一步践行初心、担当使命。全面落实党委（党组）意识形态主体责任，大力弘扬社会主义核心价值观，做强融媒体中心主阵地，牢牢掌握意识形态工作领导权管理权话语权。充分发挥市委总揽全局、协调各方的领导作用，加强和改进新时代人大和政协工作，发展壮大爱国统一战线，发挥工青妇等人民团体的桥梁纽带作用，广泛凝聚各方面智慧和力量，进一步形成思想同心、目标同向、行动同步的生动局面。

二要强化制度引领，激励实干担当。坚持把制度贯穿队伍建设始终，自觉尊崇制度、严格执行制度、坚决维护制度，切实提升干部担当力、执行力和到位率。贯彻落实新时期好干部标准，坚持“选准、用活、育强、培优、管好”多管齐下，推进大培训、大交流、大服务，加强干部思想淬炼、政治历练、实践锻炼、专业训练，切实提升干部抓治理、优环境、促发展的能力。完善“科学考核、客观评价”的综合考评机制，全面实施领导干部政治表现动态监督管理办法，扎实推进年轻干部“三服务”能力提升工程，开展干部跨条块跨领域交流，动真碰硬推动干部能上能下。牢固树立实干担当的鲜明导向，继续开展“担当作为好干部”评选，加大失实信访澄清保护力度，探索建立容错纠错备案机制，努力形成崇尚实干、善于担当、鼓励创新的干事氛围。

三要强化组织引领，夯实基层基础。坚持一切工作到支部，深入实施基层党建“五大引领”工程，强化支部标准化规范化建设，切实推动基层党建全领域建强、全市域提升。深入推进“组织力提升”工程，深化村党组织书记县级备案管理，提前谋划新一轮村级组织换届“一肩挑”，推广“村村联盟”“村企联盟”等区域化党建联盟，使基层党组织成为坚强战斗堡垒。统筹推进城市社区、“两新”组织等各领域

“五星”系列创建，深化街道“大工委”、社区“大党委”建设，切实提高基层党组织政治引领力、群众组织力、社会号召力，争创全国城市基层党建示范县市。

四要强化作风引领，涵养清廉生态。深入推进清廉诸暨建设，严格落实全面从严治党“两个责任”，着力打造基层清廉建设示范区。深化纪检监察体制改革，扎实推进乡镇纪检监察工作、派驻机构工作、巡察机构工作“三个规范化建设”，强化政治监督，推动纪律监督、监察监督、派驻监督、巡察监督协调衔接，确保权力监督不留死角。发挥巡察利剑作用，开展市镇村三级联动巡察。持之以恒正风肃纪，力戒形式主义、官僚主义，坚决防止“四风”问题反弹回潮。坚持无禁区、全覆盖、零容忍，常态化运用监督执纪“四种形态”，一体推进不敢腐、不能腐、不想腐，持续巩固发展反腐败斗争压倒性胜利。深入挖掘清廉基因，打造清廉文化品牌，推进“六位一体”清廉细胞培育，进一步营造绿水青山的良好政治生态。

同志们，初心如磐、使命在肩。让我们更加紧密地团结在以习近平同志为核心的党中央周围，在省委、绍兴市委的坚强领导下，以更加开放的理念、更加创新的举措、更加担当的行动，再创新业绩，再造新优势，奋力争当全国县域治理现代化排头兵，为诸暨“两个高水平”建设走在前列而不懈奋斗！

（由市委办提供）

诸暨市人民代表大会常务委员会工作报告

——在诸暨市第十七届人民代表大会第四次会议上

（2020年1月8日）

诸暨市人大常委会主任　姚汉松

2019年是新中国成立70周年，是地方人大设立常委会40周年。市人大常委会在市委的正确领导下，深入学习贯彻习近平总书记关于坚持和完善人民代表大会制度的重要思想，坚守根本政治制度的初心，担当国家权力机关的使命，围绕市委决策部署，凝心聚力谋发展，求真务实促落实，共召开常委会会议11次、主任会议20次，审议工作报告13个，听取专题汇报3个，作出决议决定18个，组织执法检查、集中视察5次，任免国家机关工作人员161人次，组织宪法宣誓53人次，补选出缺代表26人，全面完成了市十七届人大三次会议确定的各项任务，为推动诸暨经济社会高质量发展走在前列做出了贡献。

一、与党委同心，在政治方向上保持定力

党的领导是中国特色社会主义最本质的特征，是做好人大工作的根本保证。常委会注重理论武装，树牢“四个意识”，坚定“四个自信”，做到“两个维护”，自觉把市委的领导贯穿人大工作的各个方面，牢牢把握正确政治方向。

突出思想建设，对准人大工作的航标。坚持把学习贯彻习近平新时代中国特色社会主义思想和党的十九大精神作为首要政治任务，扎实推进“不忘初心、牢记使命”主题教育，准确把握“守初心、担使命，找差距、抓落实”的总要求，以加强学习为基础，深入调研为载体，检视问题为契机，整改落实为驱动，在学懂弄通做实上花力气，在消化深化转化上下功夫，推动主题教育往实里走、往深里走、往心里走，努力用科学理论武装头脑、指导实践，引领人大工作奋力前行。

强化政治建设，把好人大工作的方向。坚持重大事项党组会议研究决定，主动向市委请示报告，充分发挥党组把方向、抓重点、保落实的政治保障作用。全力支持全市机构改革，及时任命新组建政府组成部门负责人，积极配合乡镇行政区划调整，作出相关决议决定，确保市委决策在人大工作中贯彻落实。协助市委召开人大工作会议，做好调查研究、文件起草等工作，认真贯彻会议精神，合力推动人大工作高质量高水平发展。精心策划“辉煌诸暨”成就展人大展区，出版《走向法治》宣传册，以翔实的资料，生动的图文，回顾总结我市人民代表大会特别是设立常委会近40年来的光辉历程，大力宣传人民代表大会制度在暨阳

大地的生动实践，进一步增进干部群众的制度认同和制度自信。全国人大代表陈友堂、赵林中与“枫桥经验”的“两代人，一种情”故事，入选省人大《地方设立人大常委会四十周年创新案例专集》。

深化作风建设，做实人大工作的基础。坚持依法履职、主动作为的工作原则，定好位、不越位，弘扬脚踏实地、实事求是的工作作风，防止和克服形式主义、官僚主义。增强纪律规矩意识，切实落实中央八项规定及实施细则精神，支持派驻纪检监察组工作，自觉接受代表和群众的监督，巩固良好政治生态。定期举行镇乡（街道）人大联席会议，加强业务研讨和工作联动，不断提高新时代人大工作整体水平。按照市委统一部署，扎实开展“三服务”活动，走企进村入户，广泛听取意见，深入沟通协调，尽力解决企业、群众、基层反映的困难和问题，努力以作风转变推动服务提升、环境优化。

二、与时代同行，在服务大局上有力有为

围绕中心、服务大局是人大工作的职责所在、使命所系。常委会注重在事关全局的大事、要事上积极作为，着眼市委工作的重点、群众关注的热点、社会反映的难点，依法监督，用心履职，为诸暨高质量发展献计出力。

多层面依法监督，助推改革发展。按照市委监督推进“十大专项行动”的相关要求，常委会制订专门监督计划，建立六个监督小组，常态化开展监督，及时发现问题，定期专报建议，着力督准、督实、督深，促进专项行动取得实实在在的成效。面对稳企业、稳增长的繁重任务，广泛走访企业，深入座谈研讨，专题审议民营经济高质量发展，梳理分析企业发展的难点痛点堵点，就政策落地落实、企业降本减负、破解融资难题、保护合法权益等提出审议意见，得到市委主要领导批示肯定。针对复杂严峻的经济形势，审议国民经济和社会发展计划执行情况，视察城东新城建设，调研商贸城运行情况，支持政府抓住“与杭同城”战略机遇，在开放融合中把握发展主动权。听取和审议财政决算、预算执行和审计工作等报告，做到全口径审查与全过程监督相结合，强化对政府限额债务、重点支出、重大投资项目的审查监督和绩效评价，管好人民“钱袋子”。对审计发现问题开展跟踪监督，要求政府深入剖析问题根源，针对性完善政策制度。建立国有资产管理情况报告制度，首次审议国有资产管理情况报告，提高了认识，增强了意识，摸清了家底，健全了台账，促进国有资产规范管理。全力助推税源回流、外贸回归工作，形成的调研报告得到市委主要领导高度肯定。

多角度深入监督，维护公平正义。准确把握新时代“枫桥经验”的内涵特点，做好推动基层治理与创新发展“枫桥经验”的结合文章。审议扫黑除恶工作情况报告，督查公检法司工作，促进“扫黑除恶破伞”向纵深发展。听取法检两院年度工作汇报，监督支持公益诉讼，督促推动“基本解决执行难”向“切实解决执行难”转变，努力让人民群众在每一个司法案件中感受到公平正义。严格执行人大任命干部法律知识考试、宪法宣誓、法律职务任前资格审查等制度，专题听取清廉诸暨建设情况报告，依法开展规范性文件备案审查工作，推进依法治国重大方略在我市贯彻实施。认真做好责任镇信访接待和积案化解等工作，着力解决基层群众实际问题，不断夯实和谐稳定的社会基础。

多形式持续监督，助力乡村振兴。围绕农业增效、农民增收、农村美丽，开展系列监督活动。以农业供给侧结构性改革为监督主题，跟踪审议农业现代化工作，要求政府以提高效益为导向，绿色环保为基础，品牌建设为手段，走多产业融合发展道路。始终关注农民的生产生活，调研村级集体经济“消薄增收”、金融服务“三农”、农村饮用水达标提标、农合联等工作，为农村全面振兴、城乡均衡发展汇集智慧，凝聚力量。视察全域土地综合治理，跟踪监督农村危旧房整治、闲置农房激活等工作，促使土地整治向规划管控和空间治理转变，为全面推进整治工作探索了路径，积累了经验。

三、与人民同频，在顺应民心中践行初心

人民性是人民代表大会制度的根本属性。常委会注重发挥人大代表作用，倾听群众呼声，回应群众期盼，致力保障和改善民生，不断满足人民群众对美好生活的向往。

发挥代表作用，努力让人民“如意”。人大代表在反映民意诉求、保障民主权利、维护群众利益方面，具有不可替代的作用。常委会立足做实代表建议工作，总结历届人大代表建议工作经验，出台《代表建议、批评和意见工作办法》，致力于提升工作的规范性和实效性，引导代表以民情社意为出发点当好出题人，督促部门按法定任务要求做好答题人，促进代表建议“提”在点子上，“办”到关键处。市十七届人大三次会议提出的255件建议已全部办结，满意率达99.2%，一批群众关心的民生问题和发展问题得到有效解决。立足做好联络站建设，按照统筹规划、分步实施的原则，有重点改造提升镇乡（街道）代表联络站，不断拓展代表履职和群众建言的平台。全年累计开展联络站活动121次，参与代表750人次，接待群众1793人次，收集建议意见543条。浣东街道代表联络站工作得到《人民日报》宣传报道。立足做优履职服务，有计划开展代表培训工作，加强履职能力建设。组织1791人次各级代表开展专题调研、集中视察、执法检查等活动，邀请55名市代表列席人大常委会会议，畅通代表知情问政渠道。出台《人大代表履职经费管理办法》，规范代表经费使用管理。全面建立街道议政会制度，探索基层民主政治建设新途径，唱响民主议政“好声音”。

推动实事办实，努力让人民“满意”。实施民生实事项目人大代表票决制，是保障和改善民生的重要抓手。常委会从项目的征集、初定，到代表审议、票决，再到项目实施的监督，自始至终高度重视。尤其是对项目实施过程的监督，专门制订监督方案、组建监督小组、明确监督责任，落实全程跟踪和季度集中监督制度，紧扣年初启动、年中梳理、年末盘点的关键节点，组织发动镇乡（街道）人大和广大代表就近就便实时监督，统筹安排专题视察、听取专项报告、开展满意度测评，全过程关注、全方位监督，有力地促进了民生实事项目的落实见效，2019年代表票决确定的十大民生实事项目已按计划全面完成。

回应民生关切，努力让人民“合意”。推进群众最关心、最直接、最现实问题的解决，是人大工作的出发点和落脚点。常委会围绕学前教育发展，专题调研适龄儿童“入园难”，联动开展《浙江省学前教育条例》实施情况执法检查，针对普惠性、均等化不足的短板提出意见建议，市政府高度重视，着力解决幼儿园建设规划布局、公共财政保障、师资队伍建设等难题。围绕健康诸暨建设，重点关注医共体改革，推动基层医疗水平和服务能力全面提高。围绕打好污染防治攻坚战，专项审议环境状况和环境保护目标完成情况报告，生态环境状况报告制度在市镇两级全面落地，为打造绿水蓝天的宜居城市持续发力。围绕社会建设，督查居家养老服务能力提升工程，建议构建以居家为基础、社会为依托、机构为补充、医养相结合的养老服务体系。始终关注和动态监督食品安全、乡风文明、安全生产等工作，不断提升群众获得感、幸福感、安全感。

各位代表，一年来，常委会各项工作取得的成绩，是市委正确领导的结果，是“一府一委两院”配合支持的结果，是全体代表共同努力的结果。在此，我谨代表市人大常委会表示衷心感谢！

在看到成绩的同时，我们也清醒地认识到存在的问题和不足，主要是：履职水平与新时代新任务的要求还不相适应，能力素养有待提高；监督工作的着力点还不够精准，针对性、实效性有待增强；代表主体作用的发挥还不够充分，履职热情有待激发。对此，我们将在今后的工作中更加虚心地听取代表和各方面意见，努力加以改进。

各位代表，2020年是高水平全面建成小康社会的决胜之年，是实现“第一个百年”奋斗目标的冲刺之年。贯彻落实市委决策部署，不断满足人民对美好生活的新期待，人大工作重任在肩。常委会工作的总体要求是：以习近平新时代中国特色社会主义思想为指导，深入学习贯彻习近平总书记关于坚持和完善人民代表大会制度的重要思想，全面落实市委十六届九次全体会议和人大工作会议精神，把握稳中求进工作总基调，坚持新发展理念，聚焦高质量发展，紧扣县域治理现代化，团结全市人民，汇聚代表智慧，为推进诸暨“两个高水平”建设贡献人大的力量。

重点围绕“一条主线”、抓住“三个重点”、落实“三项措施”依法履职。

围绕“一条主线”。市委十六届九次全体会议作出了《高水平推进县域治理现代化的决定》，这是我市推进县域治理体系和治理能力现代化的纲领性文件，也是新一年人大工作必须牢牢把握、始终贯穿的一条主线。常委会要进一步提高政治站位，坚持把政治建设摆在首位，以新时代新思想为政治引领，巩固和深化主题教育成果，深入推进“三服务”常态化，充分发挥党组的领导作用，严明政治纪律和政治规矩，严格向市委请示报告制度，认真履行全面从严治党主体责任，为依法履职提供坚强保障。要不断强化大局意识，一切以大局为重，万事以民生为先，在“全面融、全力稳、全域美”，打造“五个诸暨”的征程中奏响人大最强音。要积极助推县域治理现代化，以“最多跑一次”改革为牵引，全力推进“枫桥经验”创新提升，切实把人民代表大会的制度优势转化为促进治理体系和治理能力现代化的工作动力。

抓住“三个重点”。着眼经济高质量发展，审议全市上半年经济社会发展、计划执行、国有资产管理和全域旅游情况，视察融杭接沪大通道建设、高新区建设、高湖湿地建设，调研“十四五”规划编制、数字经济、科技创新工作，督查预算执行、决算、审计工作，规范政府性债务管理，支持防范化解重大风险，推动经济行稳致远。着眼民生福祉改善，健全民生实事项目监督长效机制，开展《慈善法》《动物防疫法》执法检查，听取医疗保障工作、就业创业情况汇报，调研“智慧医疗”平台建设、农田水利基本建设，审议生态环境状况、村级集体经济“消薄增收”、食品药品安全等报告，跟踪监督城乡规划实施、学前教育发展、闲置农房激活等工作，推动民生改善跃上新台阶。着眼治理能力提升，听取和审议检察公益诉讼情况报告，根据上级人大和市委要求审议监委专项工作报告，听取行政审判、城市综合执法情况汇报，视察应急救援体系建设，举办相关法制讲座，调研社会组织参与社会治理、“枫桥式公安派出所”创建、困难青少年帮扶等工作，配合开展矛盾纠纷调处“最多跑一地”专项监督，推动社会和谐稳定。

落实“三项措施”。围绕激发代表“新动能”，全面推进代表联络站改造提升，完善代表履职线上线下平台运用，深化和拓展联络站功能。注重代表建议及其办理质量，推进建议和办理工作网上全程公开，拓展监督的广度，加大监督的力度，促进建议办理从答复满意向结果满意转变。加强代表履职服务保障，丰富培训内容，健全活动机制，完善考评办法，促进代表想为、能为、有为，更好地发挥代表察民情、集民智、聚民心的作用。围绕打好监督“组合拳”，坚持问题导向、目标导向、结果导向，把监督的重心放在贯彻落实市委重大决策部署上，选好角度、把握尺度、加大力度，改进作风、改进方法、改进服务，做到督任务与查作风相结合，督进度与查质量相结合，督问题与查责任相结合，既敢于监督，更善于监督，不断提升监督的刚性和实效。围绕奏响工作“大合唱”，增进与“一府一委两院”的沟通理解，坚持在监督中支持，在支持中监督，形成更加良性的互动格局。树立全市人大“一盘棋”思想，切实贯彻落实市委人大工作会议精神，加强对镇乡人大的联系指导，深化街道议政会建设，夯实人大工作基层基础，创设上下联动的载体，探索联合监督的机制，不断增强工作合力，促进市镇人大工作协调推进，共同提高。狠抓人大干部队伍建设，加强理论学习，推进“智慧人大”建设，进一步提高政治素质、专业素养和履职能力，大力提倡求真务实促发展的工作作风，不断激发合力共为的工作热情，着力构建风清气正的政治生态，促进人大工作更接地气、更有底气，树立地方国家权力机关的良好形象。

各位代表！初心不改，使命在肩。让我们高举习近平新时代中国特色社会主义思想伟大旗帜，在市委的坚强领导下，同心同德谋发展，砥砺前行再出发，为诸暨争当县域治理现代化排头兵，高水平全面建成小康社会而共同奋斗！

（由市人大办提供）

政府工作报告

——在诸暨市第十七届
人民代表大会第四次会议上
（2020年1月8日）

诸暨市代市长　胡华良

一、过去一年的回顾总结

2019年，市政府以习近平新时代中国特色社会主义思想为指导，深入贯彻落实党的十九大和十九届四中全会精神，在市委的坚强领导下，在市人大、市政协的监督支持下，紧扣高质量发展主线，突出接沪融杭同城化、产业转型数字化、美丽建设全域化、社会治理现代化四个重点，扎实推进“十大专项”行动，全力稳企业、增动能、保平安，经济社会保持稳健发展态势。生产总值预计同比增长7.0%左右；财政总收入142亿元，增长3.1%，其中一般公共预算收入89.8亿元，增长2.8%；城乡常住居民人均可支配收入预计分别达67600元、39400元，增长8.0%和9.4%。全面完成年初确定的农村公路大中修二期、生态健身游步道建设、公办学校教室空调安装等市政府十方面民生实事，全面小康指数排名居全国县级市第12位。

一年来，我们的主要工作和成效是：

致力于动能积蓄，经济发展稳中有为。实施数字经济五年倍增计划，分行业召开数字化改造现场会，新增工业机器人385台、数字化车间45个，企业上云数达6678家，“四个百项”技改项目数居全省第二。铜加工产业改造提升综合指数居全省分行业试点首位，入选浙江省制造业高质量发展示范县市创建名单。推进“双招双引”，招引项目63只，总投资309.6亿元，5只项目列入省重大产业项目计划。引进绍兴“海内外英才计划”人才23名，建成院士专家工作站9家。新增国家高新技术企业81家、省科技型中小企业278家，科技创新水平居全国百强县第16位。新认定省级小微企业园8个，新增“小升规”260家、“下升上”200家、“产转法”140家，IPO报会1家，海亮集团成为绍兴首家世界500强。组织企业参加“一带一路”市场展会90次，成功开通“义新欧”诸暨号中欧班列，新增珍珠、袜业跨境网店110家，外贸出口预计增长16.8%。新开工装配式建筑211万平方米，实现建筑业产值1050亿元。制订出台全域旅游总体规划，建立西湖—西施旅游长效合作机制，全年旅游人次和收入均增长10%以上。

致力于融合发展，接沪融杭深入推进。“与杭同城”纳入《浙江省推进长江三角洲区域一体化发展行动方案》，三年行动计划全面启动实施，加快打造省大湾区重要节点城市。举办“与杭同城”产融驱动高峰论坛、“杭州·绍兴周”诸暨专场等活动，与杭州拱墅区、宁波鄞州区签署友好区市合作协议，与上海松江区探索双向商事登记。引进杭州籍企业513家、都市区项目101只，总投资超过50亿元。布局建设G60诸暨创新转化港，“诸暨岛”“高新岛”入驻企业27家。主动接轨上海港、洋山港、舟山港，推进店口综合港区建设，开通诸暨至乍浦集装箱航线。杭州都市高速诸暨段建设快速推进，完成铁路物流货运基地项目前期准备，启动03省道东复线店口至金浦桥快速化改造、绍诸高速浣东出口综合改造等工程。选址落地上海签证诸暨分中心，试行诸暨至杭州高速双向通行免费政策，实现长三角（上海）异地就医门诊费用直接结算，新增名医专家工作室25家，结成诸杭教育共同体12家，民生领域互动进一步深化。

致力于品质提升，城乡面貌不断刷新。顺利完成部分行政区划和新一轮行政村规模调整，城乡空间布局、资源配置和发展形态得到优化。建成“多规合一”业务协同平台，开展市域国土空间总体规划编制工作。实施美丽城市基础设施建设三年行动，加快城区排涝体系建设，改造提升建成区绿地，新增城东区域停车位2539个，创成“污水零直排区”14个。完成“三改”715.4万平方米，通过省“无违建”县市复评，获评省小城镇环境综合整治优秀县市。加强危旧房监管改造，拆除D级危房4212户，改造C级危房2700户。实施陈蔡水库综合治理改造工程征迁安置，加快推进浦阳江治理二期、游步道三期等重点工程，完成高湖主体隔堤工程建设。03省道东复线江藻至王家井段、环会稽山国家森林公园美丽公路建成通车，官弦线、石东线、兰店线建设有序推进，创成省"四好农村路"示范县市。完成白毛尖垃圾填埋场一期封场、八方热电垃圾焚烧综合改造，试运行餐厨废弃物综合处理和资源化利用项目。成功举办环法自行车、CBA联赛、西施马拉松等精品赛事，运动休闲城市品牌进一步打响。抓好城管"十件小事"，打造6条精品美丽示范街，顺利通过全国文明城市年度复评验收。

致力于综合施策，发展环境持续优化。打好标准地、承诺制、流程优化等改革组合拳，优化市场主体住所（经营场所）登记管理办法，承诺制项目从土地摘牌至施工许可"最多30天"实现率达93%，实现企业开办全流程"一件事"一日办结，县域营商环境居全省第5位，市场主体突破18万家。深化"最多跑一次"改革，应用"浙政钉"系统，推进"互联网+政务服务"，一证办、网上办、掌上办实现率均达90%以上，"一证通办一生事"改革获评首批全国农村公共服务典型案例。全流程网上招投标实现镇街全覆盖。严格执行减税降费政策，全年共减免20亿元。试运行信用诸暨平台，完成绍兴市首例信用修复。开展"互联网+监管"省级试点，首创行政执法协同监管"首发响应"机制。出台支持鼓励大学生来诸就业见习实习政策，吸引大学生1.41万人。加大金融对实体经济的支持力度，设立农商银行暨阳科技支行，新增全社会融资200亿元。深化治气治水治土治废攻坚战，基本完成生态环境保护督察问题整改，通过国家节水型城市复评，创成国家生态园林城市。

致力于要素流动，乡村振兴展现成效。推进科技和资金进乡村、青年和乡贤回农村，引进乡贤回归项目23只，吸引农创客45名。发展休闲旅游、健康养生、文化创意等乡村经济，激活闲置农房949幢，吸引社会资本7亿元。用好增收"十法"，推进村级集体经济消薄攻坚战，全市村级集体经济总收入增长11%。探索市场化运行管理机制，完成国家农村集体产权改革试点，产权交易额达1.36亿元。加快农民物权资产化进度，推进农村宅基地及房屋确权登记发证工作，纯土地及房地一体入库数达23.4万本。推动特色农产品产业化发展，"诸暨次坞打面"品牌推广、"同山烧"酒作坊规范化改造取得实效。推进省部共建乡村振兴示范县创建，培育11个省级"五园一场"示范基地，创成国家现代农业产业园。深化美丽乡村建设，17个村列入省第一批传统村落建设名单，创成第二批五星达标村116个、3A示范村12个。

致力于民生改善，社会大局和谐稳定。全年财政民生支出86.2亿元，占公共预算支出的78%。新增城镇就业2.48万人，城镇登记失业率控制在2.04%以内。城乡居民基本养老保险、医疗保险提标扩面，健康诸暨工作获省考核优秀。建成镇级居家养老服务中心25家、示范型城乡社区照料中心80家，新建基层残疾人康复服务中心18家，实现村级关爱基金全覆盖。挂牌成立退役军人服务站568个。学前教育、义务教育补短工程深入推进，绍兴护士学校完成整体搬迁，南华大学长三角研究生分院正式开班。新建浣江书房5家，建成农村文化礼堂77家。推进住房保障体系建设，开展农村危旧房权益保全试点，实现农村保障房土地出让6.35万平方米，完成公租房政府购买服务国家级试点任务。开展风险隐患大排查大整治行动，生产安全亡人事故、火灾事故分别下降40%和10%。省食品安全市创建持续深化，食品安全群众满意度连续三年居绍兴第一。扫黑除恶专项斗争深入推进，枫桥警务模式全国推广，新时代"枫桥经验"被写入党的十九届四中全会《决定》，成为推进国家治理体系和治理能力现代化的有机组成部分。

一年来，我们扎实推进"不忘初心、牢记使命"主题教育，深入开展"三服务"活动，认真抓好"基层减负年"任务落实，办结问题2903个，办结率达97.3%，市政府发文数量下降37.5%。稳步推进政府系统机构改革，完成新部门组建、机构挂牌、职责划转和人员转隶等工作。全面运行新版协同办公系统，推行无纸化办公，打通数据共享平台接口47个，归集部门分类数据40亿条。加强府院联动，积极化解行政争议，行政诉讼案件数量下降30%。自觉接受各类监督，广泛听取各界意见建议，办理"两会"代表建议255件、委员提案159件。加强重点领域审计督察、财政预算绩效管理，"三公"经费支出预计下降7.5%。国防动员、拥军优属、慈善助残、红十字，以及民宗、统计、侨务、对台、气象、广电等工作取得新成绩。

各位代表，过去一年，外部环境发生深刻变化，风险挑战明显增多，我们在高质量发展道路上保持定力、迎难而上、坚定前行，取得的成绩来之不易。这是市委正确领导的结果，是市人大、市政协加强监督和大力支持的结果，是全市各级干部和人民群众奋力拼搏、攻坚克难的结果。在此，我谨代表市人民政府，向全市人民，向人大代表、政协委员，向所有关心支持诸暨建设发展的各界人士和海内外朋友们，表示崇高的敬意和衷心的感谢！

二、2020年工作的总体把握

2020年是高水平全面建成小康社会的决胜之年，是"十三五"规划收官、"十四五"规划谋划的关键之年。做好今年政府工作，意义重大、影响深远。我们必须清醒认识发展环境的深刻变化，准确把握当前经济稳中趋缓、进中承压的运行特征，始终聚焦县域治理现代化，不断增强忧患意识、使命意识，坚定信心、奋发有为，持续推动诸暨经济社会高质量发展。

新的一年，我们要坚持问题导向，找准当前存在的矛盾和短板：主要是产业投资、民间投资增长乏力，消费增长放缓，经济持续健康发展面临较大压力；国际贸易摩擦频发导致外需不振、出口受阻，外贸行业受到较大冲击；各发展平台在招引"大新"项目上亮点不多，创新资源集聚效应不够明显，科技支撑能力仍需提升；营商环境的市场化、法治化、国际化步伐还不够快，与市场主体需求还有差距；教育、医疗、养老等优质公共服务供给还要进一步加强，生态环境治理成效还要进一步巩固，风险防控和基层治理能力还需进一步提高，等等。对于这些问题，我们必须高度重视，采取切实有效措施加以解决。

今年政府工作的总体要求是：以习近平新时代中国特色社会主义思想为指导，全面贯彻党的十九大、十九届四中全会精神，坚决落实省、绍兴和市委决策部署，牢牢把握稳中求进工作总基调，坚持新发展理念，聚焦高质量发展，紧扣全面融、全力稳、全域美，加快打造开放诸暨、数字诸暨、活力诸暨、好美诸暨、幸福诸暨，高水平推进县域治理现代化，确保圆满完成"十三五"规划目标任务，奋力夺取高水平全面建成小康社会新胜利。

实现上述目标，要重点把握四个突出和一个强化：

——突出全面融，以更主动姿态融入杭州都市区。跳出诸暨发展诸暨，抢抓长三角、杭绍甬一体化发展和全省"四大"建设机遇，高质量推进"与杭同城"三年行动计划，在规划融合、交通建设、平台提升、产业对接、民生互动等多个领域寻求突破，加速推动诸暨从县域经济向都市区经济跨越发展。

——突出全力稳，以更精准拳法推动高质量发展。优化经济治理方式，应对困难风险挑战，聚焦数字经济、科技革命、消费升级，打好稳企业增信心、抓项目扩投资、三服务优环境等组合拳，推进产业基础高级化、产业链现代化，确保经济社会保持稳中有进、进中向好的发展态势。

——突出全域美，以更高层次深化美丽城市建设。着眼城乡融合发展，统筹推进美丽城市、美丽城镇、美丽乡村建设，持续提升生态环境治理成效，打造处处皆景、人人共享的美丽大花园，进一步畅通"绿水青山就是金山银山"的转换通道，奋力谱写乡村全面振兴新篇章。

——突出全局谋，以更有力举措做好承前启后文章。牢牢把握"十三五"规划收官要求，集中力量、加快补短，坚决打赢三大攻坚战，确保高水平全面建成小康社会；扎实做好"十四五"重大政策、重大改革、重大平台、重大项目的谋划编制，为抢占新一轮发展制高点打好坚实基础。

——强化制度保障，以更坚定决心推进政府治理现代化。致力于"最多跑一次"改革和政府数字化转型"双轮驱动"，处理好政府与市场的关系，打造市场化、法治化、国际化的营商环境，努力把制度优势转化为治理效能，构建市场有效、政府有为、企业有利、百姓受益的新格局。

三、2020年的主要工作

经综合分析，建议全市经济社会发展的主要预期目标为：生产总值增长7%左右；一般公共预算收入增长8%；外贸出口与全省平均水平保持同步，稳定市场份额；城乡居民收入增长与经济增长基本同步，城乡居民收入比持续缩小；全员劳动生产率稳步提高，研发经费支出占比增长10%以上；节能减排降碳指标完成上级下达的目标任务。

（一）坚持产业立市，增强区域经济新活力

打造高质量的优势产业。加速行业数字化改造，力争规上工业增加值增长8.8%，数字经济核心产业增加值增长15%以上。强化智造引领、两化融合，加快铜材精密制造、时尚袜艺等产业优化升级，确保工业技改投资增长10%，创建数字化车间50个、示范企业20家，新增工业机器人360台以上，企业上云数突破8000家。提升发展工业互联网平台，新增工程服务公司5家以上，力争80%以上的规上工业企业实现“五化”应用。布局半导体、智慧安防、生命健康等新兴产业，实施一批先进制造业项目，培育高质量发展新引擎。引导中小企业“专精特新”发展，整合工业园区2个，新建小微企业园4个。深化国家现代农业产业园、省级农村综合改革集成示范区建设，打造一批数字农业基地，开展粮食生产功能区提标改造，做强香榧、茶叶、水果等特色农产品区域公用品牌。推动建筑业转型升级，促进房地产业健康发展。大力发展全域旅游，加快推进“五全协同”，挖掘西施文化等九大核心资源，统筹建设生态绿道等十大重点基础设施项目，推进三环线休闲旅游带等十大重点旅游项目。办好第九届西施文化节，争取世界珍珠大会落户山下湖镇，争创省全域旅游示范县市。

培育高质量的市场主体。深入推进“凤凰行动”计划，实施上市公司质量提升工程，建立完善对拟上市企业投资的激励机制，鼓励开展兼并重组、战略合作，发挥强链延链补链作用，新增股份公司25家、IPO辅导报会企业2家、股交中心和新三板挂牌企业15家。实施市场规模主体培育激励政策，完善“小升规”三年培育库，新增“小升规”200家、“下升上”100家、“产转法”100家、“个转企”500家。打好新一轮小微企业三年成长计划收官战，力争培育专业化水平高、配套能力强的成长型小微企业2500家以上。提升国有企业经营管理能力，加强风险管控，拓展市场业务，实现稳健发展。大力弘扬诸商精神、工匠精神，深化“常青藤培育计划”，加快中生代、新生代企业家培养与传承，打造一支具有诸暨特质的优秀企业家队伍。

优化高质量的发展环境。清单式、项目化落实优化营商环境实施意见，建立健全“三服务”长效机制，努力建设营商环境最优城市。严格落实减税降费、降本减负政策，加强对中小微企业的普惠性扶持，提振实体经济发展信心。应用投资项目审批监管3.0平台，推进一般企业投资项目审批“最多80天”改革。深化“标准地＋承诺制”改革，全面实施工业企业亩均效益评价，优化资源配置，提高产出效率，确保规上工业亩均税收、亩均增加值均增长7%以上。开展土地全域综合整治试点，强化集约节约利用，完成土地开发600亩、建设用地复垦500亩、标准农田建设4000亩，实现用地报批4000亩以上。深化政银企合作，加大实体经济贷款投放力度，新增全社会融资100亿元，金融机构年末存贷款余额增长10%。打好防范化解风险攻坚战，加大企业帮扶纾困力度，打击恶意逃废债及其他非法金融行为，确保年末不良率控制在1.5%以内。

（二）坚持开放融合，构建“与杭同城”新格局

加快重大平台能级提升。开发区围绕“融杭新城、创新产城”定位，加强“一核一廊五园”建设，加快实施中科龙芯、承昊光缆等重点项目，争取杭州海创园、软件园设立分园，确保引进10亿元以上项目6只、50亿元以上项目1只。高新区加快总规拓展编制，推进“一核三廊五区”建设，落地实施海亮二期等重大项目，确保引进10亿元以上项目4只、50亿元以上项目1只，打造千亿产业区、高新集聚区、品质功能区。国际商贸城深度融合街道发展规划，完善道路、堤防、游步道等基础设施配套，加快公用型保税仓建设，争取天猫等知名品牌资源入驻，优化提升商贸综合体和专业市场，推动传统商业模式向新

型商业模式转变。城东新城谋划设立杭州—诸暨楼宇经济产业联盟，加快建设文博园、网易联合创新中心等优质项目，确保引进生产服务业项目20只，新增楼宇入驻面积8万平方米，打造“双创”集聚新高地。

紧盯重点项目开放招商。全面启动诸杭“数字经济双城互动”计划，大力招引投资强度高、科技含量高、税收贡献高的优质项目，力争引进沪杭“大新”项目10只、总部企业5家、科技型企业10家、高端现代服务业企业20家以上。全面提高项目开工率、竣工率、达产率，力争实到内资100亿元、外资3亿美元，10只以上项目进入中央投资、省重大产业等计划笼子。滚动实施、扎实推进县市长工程，实现结构性投资“四个10%”以上增长目标。发挥商会、乡贤桥梁纽带作用，倡导“走回来”反哺家乡，联手各地企业“走进来”投资家乡，为诸暨高质量发展助力赋能。强化“订单＋清单”监测预警系统应用，支持企业坚守欧美重要市场，大力拓展“一带一路”等新兴市场，确保出口增速不低于5%。深入实施跨境电商“十百千”计划，投运海关监管场所一期，推进大唐袜业、店口水暖管业等外贸转型升级基地建设。加强友城互动，深化东西部扶贫和对口合作，打造山海协作升级版。

促进重要领域互联互通。科学谋划编制“十四五”规划，主动融入省、杭州、绍兴新一轮发展规划，力争“与杭同城”上升为长三角一体化、全省大湾区跨区域协调发展的重点事项，争取承办杭州都市区重要会议。加快火车站枢纽扩容、诸暨至萧山浦阳快速路等重点工程前期，配合做好诸柯高速建设相关工作。加快开通诸暨至杭州城际客运列车，建成杭州都市高速诸暨段，推进03省道东复线店口段、G235国道诸暨段快速化改造。加快铁路物流货运基地、店口综合港区建设，打造多式联运交通枢纽。积极参与杭绍甬政务服务一体化改革，实现更多行政审批事项异地办理和结果互认，力争47个以上事项长三角地区通办，100个以上事项杭绍甬三地可办。深化与沪杭三甲医院协作办医，承接沪杭优质教体资源辐射带动，力争更多重大体育赛事落户诸暨。探索实施杭州市民免费游诸暨政策，扩大诸暨至杭州高速双向通行免费政策范围。承办西湖国际博览会等重大节会分会场活动，推动文化旅游深度融合发展。

（三）坚持科技引领，激发创新转化新动能

集聚一流科创资源。加快培育高新企业，推进科技型企业“双倍增”计划，实施“科孵高”培育工程，新增高新技术企业70家、省科技型中小企业300家。加快发展高新技术，加强与浙江大学、之江实验室、阿里达摩院等院校平台的产学研合作，促进与暨阳学院、南华大学等高校的校地合作，建设一批高水平企业研究院和研发中心，新增省级企业研发机构10家以上，制订发布“浙江制造”标准8项以上。加快集聚高层次人才，建设人力资源产业园，新建一批高质量海内外引才工作站，组织开展“人才科技周”，力争引进绍兴“海内外英才计划”人才30名，省领军型创新创业团队招引实现新突破。加大科研经费投入，确保高新技术产业投资增长15%以上，完成技术市场交易额6亿元以上。

打造多元科创平台。高水平编制G60诸暨创新转化港建设规划，加快G60重要节点城市离岛式科创孵化布局，主动参与G60科创走廊产业联盟、技术交流平台建设，打造长三角中试基地品牌。全力推进浦阳路科技一条街、科创园二期等重点项目建设，梯度推进袜业、珍珠、铜加工等产业创新服务综合体建设，确保袜业产业创新服务综合体通过省级创建验收，珍珠产业创新服务综合体进入省级创建名单。做大做强杭州“诸暨岛”“高新岛”，建设北上广柔性“诸暨岛”，努力集聚更多高端要素，打造创业创新试验区。抢抓钱塘江金融港湾建设机遇，深化新金融大厦创投改革试验区建设，做大科技金融规模，推进文化金融改革，建设集投融资服务、招商服务、中介配套服务于一体的高质量发展赋能平台。

加强有效政策供给。落实“省科技新政50条”“绍兴科技新政20条”，修订完善创新强市配套政策，优化“产学研用金、才政介美云”科创生态系统。强化科技服务支撑力，优化科技特派员、驻企服务员等工作机制，打通服务企业“最后一公里”。完善产业引导基金投资决策机制，发挥投资导向作用，主攻高端装备、前沿材料等高端制造业和高新技术产业，助推产业优化升级。推广应用科技创新券，提升国际技术转移中心、科技大市场的科技成果转化力，确保引进可产业化成果35项以上，建成省级众创空间1家、绍兴市级众创空间5家。加大知识产权保护力度，确保新增发明专利授权300件以上，发布科技成果200项以上，实现知识产权质押融资1亿元以上。实施高水平建设人才强市的政策意见，推行人才服务“最多跑一次”，提高人才政策兑现效率，确保人才引得进、留得住、用得好。

（四）坚持全域提升，丰富美美与共新内涵

建设美丽城市。推进城东高湖综合开发、城西“七大客厅”配置，加快暨南街道、大唐街道规划建设，推动各区块协同发展。开展老小区改造新三年行动，推进邻里中心建设、电梯加装、绿化提档等工程，加快城区有机更新。完善交通内网格局，优化水电气网配套，实施城区主干道与三环线联结工程，推进浦阳江治理二期、陈蔡水库综合改造等重点项目建设，投运诸北500千伏变二期，新建200个5G通信基站，提高城市承载能级。紧抓消费升级机遇，发展“新零售”经济、夜间经济，促进商贸流通企业转型升级，培育发展高端化、品牌化生活服务业，提高城市生活品质。启动建设城市运行管理中心，完善城市数字基础设施，加快打造“城市大脑”，提高智能化管理水平。深化新时代文明实践中心全国试点建设，抓实抓好城管“关键小事”，确保顺利通过全国文明城市、全国卫生城市“复评大考”，进一步提升城市软实力和美誉度。

提升美丽城镇。围绕“六美”目标，注重规划引领、因镇施策和差异化发展，实施美丽城镇提升新三年行动，争创8个省级美丽城镇，其中2个成为省级样板。培育壮大经典特色产业，加快推进袜艺、珍珠、环保等特色小镇建设，推动直埠鞋业、阮市炒货、璜山轴承轴瓦、安华现代包装、枫桥两创智造等块状经济高质量发展。巩固小城镇环境综合整治成效，强化背街小巷和文明秩序整治，提升治理长效化水平，擦亮美丽城镇底色。统筹推进城镇基础设施、公共服务迭代升级，重点建设“十个一”标志性工程，改造提升大唐、店口、姚江等片区配电网络，稳步推进农村保障房建设，扩大基础金融服务站建设覆盖面，打造生产生活生态有机融合的美丽集镇。继续深化店口、枫桥小城市培育试点工作。发挥市场机制作用，盘活资金资产资源，鼓励社会资本参与项目建设，形成多元可持续的投入保障机制。

打造美丽乡村。高起点实施新时代美丽乡村规划，利用国土空间规划编制试点机遇，放大美丽乡村建设格局。深化农村人居环境整治，推广危旧房权益保全试点经验，持续推进“三大革命”，提升一批美丽村庄、美丽庭院、美丽田园、美丽公路、美丽河湖，打造一村一品、一村一景、一村一韵。建成省级特色精品村3个、3A级景区村6个、五星达标村121个，确保50%以上行政村达到新时代美丽乡村标准。推广农村集体产权改革试点经验，大力发展民宿经济、网红打卡、创意农业等多种经营模式，激活闲置农房600幢以上。实施产业强村、经营强村等消薄行动，确保行政村年经营性收入均达到30万元以上，低收入农户年增收10%以上，增创经济兴、市场活、百姓富的新优势。提升乡村建设文化品位，加强历史文化遗产保护，加快建设一批省级传统村落、历史文化村落，建成投用农村文化礼堂67家，打造更多有乡愁、有记忆的乡村。

构建美丽生态。以创建国家生态文明建设示范市为总抓手，突出依法治污、精准治污，持续提升生态环境质量。打好治气硬仗，巩固工业废气治理成效，抓好机动车污染防治、扬尘治理管控，确保空气优良率持续提升。打好治水硬仗，加强饮用水水源地保护，基本完成农村饮用水达标提标工程，深化“污水零直排区”建设，确保出境水质考核保持良好以上。打好治土硬仗，推进重点行业、企业污染场地调查，抓好污染地块治理修复，完善土壤环境监测网络。打好治废硬仗，开展“无废城市”建设，推进一般工业固废、农业源固废、生活源固废、危险废物等资源化利用和处置项目建设，提高餐厨废弃物综合处置能力，力争全市生活垃圾总量实现零增长。建立全天候24小时生态环境监管机制，做好第二轮中央生态环境保护督察迎检工作，坚决保护好美丽生态本底。

（五）坚持共建共享，创造美好生活新福祉

健全社会保障体系。加大就业创业扶持力度，开展职业技能提升行动，确保新增就业2万人以上，城镇登记失业率控制在3%以内。抓好欠薪重点领域治理，打造"根治欠薪示范市"。加强"枫桥式"退役军人服务站建设，确保达标全覆盖。持续推进参保扩面，确保基本养老、基本医疗保险参保率分别达到95%、99%以上。深化医保支付方式改革，实现基本医疗保险、大病保险、医疗救助"3＋N"一站式结算，扩大长三角地区异地就医直接结算范围。扎牢社会救助安全网，完善特困人员、困境儿童、低保户社会救助和福利补贴政策，实现应救尽救、应补尽补。引育公益慈善组织，发展村级关爱基金，充分发挥扶危济困、助学奖优、关爱关怀作用。持续发展老龄、残疾人、红十字和双拥优抚事业，保障妇女、儿童和青少年的合法权益。

均衡发展社会事业。开展"教育质量提升年"行动，加大公办幼儿园补短力度，推进义务教育优质均衡发展，推动高中教育高质量发展，再创"学在诸暨"新优势。推进校园改造提升工程，加快建设枫桥镇中、城东初中等一批新（扩）建项目。深化县域医共体建设，提升基层医疗卫生服务能力，确保50%以上村卫生室达到省规范化要求，所有等级卫生院达到国家基本标准。深化"互联网＋医疗""互联网＋护理"模式，实现医学检验检查数据共享，为群众提供便捷高效的医疗服务。升级改造21家公办敬老院、20家民办养老机构，培育一批市场化、高端化养老服务品牌。深化"文化惠民"工程，加快青少年宫、"三贤"艺术馆、暨阳金石书画博物馆等重点项目建设，新建城市书房2家、社区文化家园3家，继续办好环法自行车、CBA联赛、西施马拉松三大精品赛事，推动优质公共文体服务向全域覆盖。认真办好2020年市政府十方面民生实事，着力解决群众普遍关心的突出问题。

促进社会和谐稳定。提高社会治理法治化、智能化、专业化水平，创新发展新时代"枫桥经验"，加快建设社会治理共同体。健全风险防范化解机制，完善重点领域专项应急预案，建成市级应急管理综合指挥平台，建设综合应急消防救援站6个，构建"15分钟应急救援圈"。提升社会组织专业化水平，激发创新活力，更好地承接社会服务。加强镇村两级公共法律服务站点规范化建设，提升"1963法润"网播平台，高质量完成"七五"普法任务。强化"基层治理四平台"运行管理，发挥全科网格作用，抓实抓好信访代办制，推进矛盾纠纷化解"最多跑一地"。探索共享社区建设，开展农村基层"四大员"试点，提升基层治理效能。深入推进"雪亮工程"，深化"枫桥式公安派出所"创建，坚决打赢扫黑除恶专项斗争攻坚战。完善隐患排查整治长效机制，严守社会治安、生产安全、食药安全、防汛防台等各领域安全底线，争创平安县市十六连冠，确保社会大局稳定。

（六）坚持制度保障，提升政府治理新效能

抓机制重规范。全面落实新时代党的建设总要求，全方位扎紧制度笼子，增强"四个意识"，坚定"四个自信"，坚决做到"两个维护"，把党的领导贯彻到政府部门履行职责全过程。深入做好机构改革"后半篇文章"，健全政务服务标准化长效工作机制，促进政府部门职责明晰、运行顺畅、履职到位。推动"最多跑一次"改革向纵深发展，集成优化"掌上办公""掌上办事"机制，实现政府办公数字化、综合执法数字化、城市建管数字化，努力提升数字政府管理水平。坚持实绩实效导向，建立健全抓落实的工作机制，严格把握"三个区分开来"，形成崇尚实干、勇于担当、鼓励创新的良好氛围。

讲法治重执行。加强政府法治体系建设，严格落实重大行政决策法定程序，提升政府工作人员尊法学法守法用法意识，建设权责法定、执法严明、公开公正的法治政府。加强源头治理、系统治理，完善府院联动工作机制，切实预防和化解行政争议。深化政府法律顾问工作，实现政府法律顾问从有形覆盖向有效覆盖转变。严格执行行政负责人出庭应诉制度，有效压降行政诉讼败诉率，提升行政机关依法行政水平。完善行政执法协同监管"首发响应"机制，构建"部门专业执法＋镇街联合执法"体系，不断提升综合执法效能。自觉接受人大依法监督、政协民主监督、监察监督、司法监督和社会监督,高质量办理建议提案。深化政务公开工作,做好政务舆情回应,推动行政权力公开透明运行。

守廉洁重规矩。坚持政府过“紧日子”,加强预算绩效管理,厉行节约、反对浪费,不断降低行政运行成本,一般性支出压减 5% 以上,“三公”经费压减 3% 以上,把更多的财政资金投向民生保障。加强权力运行监督制约,加大对政府采购、工程招投标等重点领域、关键环节的监督管理和风险防控力度,实现办事全过程公开透明、可追溯、可核查。深化“不忘初心、牢记使命”主题教育成果,巩固基层减负工作成效,坚决防止“四风”问题反弹回潮。深入推进“清廉诸暨”建设,始终把纪律和规矩挺在前面,高标准落实中央八项规定精神,强化监督执纪问责,合力营造风清气正的政治生态。

各位代表!使命重在担当,实干成就未来。新的一年,让我们更加紧密地团结在以习近平同志为核心的党中央周围,高举习近平新时代中国特色社会主义思想伟大旗帜,在中共诸暨市委的坚强领导下,不忘初心、牢记使命,保持定力、锐意进取,奋力争当全国县域治理现代化排头兵,为诸暨“两个高水平”建设作出新的更大贡献!

(由市府办提供)

中国人民政治协商会议诸暨市第十四届委员会常务委员会工作报告

——在政协诸暨市第十四届委员会第四次会议上

(2020 年 1 月 7 日)

郭浩良

各位委员:

我受政协诸暨市第十四届常务委员会委托,向大会报告工作,请予审议,并请列席同志提出意见。

2019 年的回顾与总结

过去的 2019 年,是人民政协在中央和国家层面深化顶层设计、实现制度定型的一年,政协的理论和实践发生了深刻的变化。

这一年,伴随着共和国 70 华诞,人民政协也走过了荣辱与共、肝胆相照的 70 年。在这个重要的历史节点上,中央以前所未有的规格和规模召开了纪念大会,首次举行了中央政协工作会议,习近平总书记发表了重要讲话,中央出台了《关于新时代加强和改进人民政协工作的意见》,历史性地明确了人民政协作为“社会主义协商民主的重要渠道和专门协商机构、国家治理体系的重要组成部分、具有中国特色的制度安排”这一性质定位;历史性地赋予了政协“把坚持和发展中国特色社会主义作为巩固共同思想政治基础的主轴,把服务实现‘两个一百年’奋斗目标作为工作主线,把加强思想政治引领、广泛凝聚共识作为中心环节,担负起把党中央决策部署和对人民政协工作要求落实下去、把海内外中华儿女智慧和力量凝聚起来的政治责任”和“努力成为坚持和加强党对各项工作领导的重要阵地、用党的创新理论团结教育引导各族各界代表人士的重要平台、在共同思想政治基础上化解矛盾和凝聚共识的重要渠道”的职责使命;历史性地回答了政协“是什么”“干什么”“怎么干”的问题,为人民政协事业发展指明了方向、提供了遵循。

过去的一年,是各级党委贯彻中央精神,有力有效促进政协履职的一年,政协的履职环境和要求发生了深刻的变化。

中央政协工作会议后,省、市、县三级党委相继召开了政协工作会议,配套出台了贯彻意见,从加强领导、规范制度、营造环境等各个方面为政协履职提供了重要保障和直接指导,开启了政协事业和协商民主的又一“春天”。

诸暨市委于一年当中,连续出台了《关于新时代加强和改进人民政协工作的实施意见》《“请你来协商”平台建设实施意见》;首次以“出题目、交任务”

的方式，将市委年度工作总抓手“十大专项行动”中的四项，交与政协协商监督、助推落实。同时，还将作为市委重大决策之一的“行政区划调整”和事关全市干部职工切身利益的“职工疗休养制度完善”等重大或敏感议题交与政协调研协商，提供决策参考。政协工作形成了在党委领导下主动负责、协调一致的良好格局。

在“请你来协商”实施意见中，市委还首次制度化地明确了党政领导参与平台协商的具体要求；在实施过程中，党政主要领导率先垂范、带头参与，书记、市长一年7次分别就市委全会报告、政府工作报告与各党派团体、界别委员开展政治协商，就“强化基层基础”等议题进行专题协商，还就2020年“稳增长、抓治理、促民生”等重点领域的工作专题听取意见；市委、市政府其他分管领导也会同有关部门就各自领域的工作参与平台协商。市委的重视、政府的支持以及各党派、团体、界别和委员的积极参与，共同营造了团结民主、共谋发展的生动局面。

过去的一年，是政协追求高效履职并实施有效探索的一年，政协的履职效能得到了充分的释放。

一是履职重点更加突出。根据市委年度中心工作安排，市政协围绕重大设施专项行动，分别就“‘与杭同城’重大交通项目”“公铁水物流基地项目”“产业平台与产业项目”“高湖建设与城市功能项目”“质量民生工程推进情况”等重点议题进行专项视察和协商监督；围绕美丽城镇专项行动，分别就“美丽经济发展”“全域性环境综合整治”“提升集镇管理水平”“特色传统文化传承保护”“发展智慧旅游”等重点议题开展专题调研和视察监督；围绕平安建设专项行动，分别就“枫桥学院建设”“基层治理平台建设”“构建矛盾多元化解新格局”“防范化解重大风险攻坚战”“扫黑除恶专项斗争”“公共安全领域”等内容开展专项视察和民主监督；围绕基层基础专项行动，分别就“五星达标、3A争创”“村级组织阵地规范化建设”“村级集体经济发展”“提升公共服务水平”等议题开展调研视察。这些履职活动，无论是协商、视察还是民主监督，都建立在深入调研、深度分析、深刻思考的基础上，都立足于建言献策、助力助推、凝聚共识，都形成了具有一定质量和参考价值的建言报告，得到了市委、市政府和相关部门的普遍肯定和积极回应。

二是民生领域更受关注。始终坚持“履职为民”的价值取向，通过建言资政回应民需，通过拓展渠道畅通民意，通过深入基层温暖民心。一是发挥专委会作用，分别就“‘四好农村路’建设”“老小区改造”“城乡生活垃圾分类处理”“‘书香暨阳’建设”“民营医院健康发展”“校外培训机构规范发展”“开设放学后托班”“深化发展养老健康产业”等议题开展对口协商、专项视察和民主监督。二是通过委员提案关切民生难点热点，全年受理交办159件提案，其中115件事关民生主题，“城区交通调理”“医共体建设”“食品安全监管”“中小学生心理健康教育”等一大批提案在相关部门的重视努力下，得到了解决落实或研究重视，委员对提案办理的满意率达99.4%。三是充分发挥社情民意信息“直通车”作用，一年来共受理社情民意信息108篇，被省、绍兴市政协录用21篇，起到了把党委政府的政策传递下去，把基层的诉求反映上来，把群众的共识凝聚起来的作用。四是通过“三服务”“送温暖”等活动，贴近民心办实事。集中开展“走进企业、走近群众、服务基层”主题界别月活动，把服务送到群众的心坎上、落到企业发展的需要处；制度性地开展“五下乡”活动，根据群众需求，拓展了服务领域，丰富了服务内容；组织引导委员积极参与公益事业，在村企结对、助学帮困、公益捐赠中奉献爱心、温暖民心。

三是履职平台实现创新。根据政协“主业是协商、主要是搭台”的要求和省委、市委的统一部署，创设了“请你来协商”主平台，与委员会客厅、掌上履职平台共同构成了“一主两副”专门协商平台格局，并实施常态化运作。同时，根据社会各界有序政治参与的需求，建立了应用型智库、开放式议政市民代表库，有效贯通了与社会各界、基层各级民主协商的渠道，搭建起了方便群众直接表达利益诉求的平台，为更好地集中民智、畅通民意、凝聚民心提供了必要的基础，也为政协职能和履职方式转变提供了有效支撑。

过去的一年，是政协顺时应势、接受挑战、直面问题、自我革新的一年，政协在队伍得到全面提升的同时，问题也进行了大起底。

这一年，政协系统与所有部门一道，在中央的集中领导和市委的统一部署下，以高度自觉、严肃认真的态度开展了“不忘初心、牢记使命”主题教育，参与了全省政协系统“新时代人民政协的新样子”专题讨论，思想、政治、能力、作风接受了全方位的洗礼，队伍得到了全面提升，工作得到了充分认可。市委重视政协工作、政协有效履行职责的经验和做法，先后在省委、绍兴市委政协工作会议上作了典型交流，在接受省委政协工作督查时也得到了高度肯定。这是市委领导、政府支持、各方协作、共同努力的结果。

也是在这一年，政协面对自身性质和职能的新定位、履职要求和任务的新变化，结合主题教育，对存在问题和差距不足进行了大检视、大起底。经过查摆剖析，需要直面的问题有以下五个方面：

一是中央指出的市县政协“两个薄弱”的问题，即基础工作薄弱、人员力量薄弱，在我市同样存在，尤其是基础工作方面存在专委会关键性作用、界别基础性作用、委员主体性作用发挥不够充分的问题，是当前政协履职、委员尽责的一大障碍，需要加强研究。

二是中央已经对政协的性质和职能作了非常清晰的界定和明确，但是政协系统内外依然存在“两个模糊”的现象，即对政协定性认识模糊、职能认识模糊；与之相对应的是思维中的定势和工作中的惯性依然存在，有时还非常强大、十分固执，“身处新时代，心在过去式”大有人在，“守正”与“创新”大有文章可做。

三是中央赋予政协“主业是协商、主要是搭台、主旨是双向发力”要求明确、系统全面；但我们在履职过程中存在厚此薄彼，短板明显，尤其是相较于建言资政，我们在凝聚共识、统一思想、调动方方面面积极性、形成强大正能量方面，所做的工作与职责赋予的要求相比，差距明显。

四是在履职态度上还存在“三种倾向”，即“自娱自乐搞程式化或走过场”“自行其是或自搞一套刷存在感”“事不关己高高挂起、多一事不如少一事”。

五是在履职质量和效果上，很多时候还未尽人意，离“说得对”“说得准”“说得深刻”“说得管用”有距离，究其原因还是日常学习、深入调研、用心思考、精准表达下的功夫不够，履职能力存在差距。

这些问题，既反映于思想、认识，也体现在能力、作风，既针对当下，也着眼于长远，必须以更高的标准和要求，严肃认真地加以对待、持续彻底地加以整改。

2020 年的工作与要求

一、工作基调

按照中央赋予政协的职责定位和使命责任，紧扣市委的既定思路和工作重点，顺应民生领域的所需所盼，发出政协声音，发挥政协作用。

二、工作框架

概述为“一二三四五”：

“一”就是坚守“一个灵魂”——即自觉接受党对政协工作的全面领导，紧紧围绕党政中心大局，协调一致地开展工作。

“二”就是突出“两条主线”——即发挥好政协作为专门协商机构的作用，体现出资政建言与凝聚共识双向发力的效果。

“三”就是面向“三大领域”、体现“三个为主”——即面向市委确定的“全面融、全力稳、全域美”的目标和方向，把协商作为主业，把“搭台”作为主责，把“双向发力”作为工作主旨。

“四”就是紧盯“四个抓手”、发挥“四个作用”——即盯牢协商的议题、委员的提案、平台的效能、深入的调研，发挥好界别的作用，专委会的作用，委员和市民代表、智库的作用，政协机关的作用。

“五”就是助力“五个诸暨”——即为打造“开放诸暨、数字诸暨、活力诸暨、好美诸暨、幸福诸暨”新优势，贡献政协智慧和力量。

三、工作安排

（一）协商计划

坚持党委会同政府、政协制定协商计划，制度性安排市委重大决策政治协商两次，政府工作大会协商和专题协商各一次。精准对接党政中心工作，以“出题目、交任务”的方式，围绕“开放诸暨”，对“与杭同城”规划融合、交通建设、产业对接、服务互动进行调研协商；围绕“活力诸暨”，对稳增促新、项目投入、市场主体培育、全域旅游进行协商监督；围绕“好美诸暨”，对城市品位提升、美丽城镇建设、乡村振兴推进、环境治理深化进行视察监督；围绕“聚焦大治理，争当排头兵”，对“应急管理运行机制”“社会治理领域‘最多跑一地’改革”“大数据应用平台提升完善”等议题进行民主监督。积极回应民生关切，对“义务教育优质均衡发展”“职业教育产教深度融合”“提升基层医疗服务水平”等议题进行对口协商。上述议题共同构成2020年政协履职的主体内容。

（二）提案工作

坚持把提案作为委员履职的“生命线”，更加注重“提质增效”的导向和“数量适中、质量提高、降低集中度”的要求。委员提案要在深入一线、深入调研、深度了解的基础上，进行理性思考，完成理性表达；倡导提案过程中的集思广益和群策群力，鼓励党派、团体、界别、专委会集体提案和委员联名提案。立案要严把关口、严把质量，加大同案合并的力度，实现提质基础上的减量，真正做到以提案数量的适中保证办理精力的集中，以提案质量的提高推动办理质量的提升。

（三）平台建设

按照省委、省政协“打造工作金名片”的要求，集中力量建好用好“请你来协商”主平台，重点抓好平台的延伸建设、充分运用和规范运作。延伸建设主要任务是依托界别、镇街工委建立分平台，逐步形成平台体系，成为基层协商民主的载体。充分运用主要是充实协商内容，增加协商频次，扩大协商对象，丰富协商方式。新一年政协的协商活动，除现场调研、视察与监督之外，原则上都在“请你来协商”平台上进行。规范运作重点是完善协商机制，对协商的参加范围、讨论原则、基本程序、交流方式、成果运用等加强研究、制定规范。通过平台效能的发挥，把政协的主业做得更“专”，把建言资政与凝聚共识统一得更好，使“有事好商量、众人的事情由众人商量”的协商民主理念逐步深入人心。

四、工作要求

一是坚持“质、效”导向。要把调研放在首位。政协抓履职，调研一大半。“调研要‘真’、了解要‘实’、思考要‘深’”“不调研不议政、不调研不协商、不调研不监督”，是本届政协不变的要求，也是全体委员必练的内功。唯有增加调查研究的“研值”，才能提高建言资政的“言值”，调查研究要成为每位委员思想和智慧的源泉，成为履职能力和作风的标志。要把效果作为检验。政协履职不在于“做了什么”“做了多少”，而在于“是否管用”“能否见效”。所以，要牢固树立履职活动的精品意识，追求议题少而精、精而准，建言短而精、精而确，力求“匠心出细活”，以议题的精准、建言的精确实现资政的有效。

二是注重一致性与多样性的统一。要强化思想政治引领，坚守共同思想政治基础的一致性；要注重体现政协特色，正视利益诉求和思想领域的多样性。在尊重多样性中寻求一致性，不搞“清一色”；在主动引领中广开言路，体现求同存异，实现聚同化异。努力做到增进一致而不强求一律、尊重差异而不扩大分歧，包容多样而不丧失主导，全力打造畅所欲言、理性有度、商以求同、协以成事的良好环境，使协商平台成为讲真话、讲道理的地方，成为接地气、扬正气的地方。

三是补齐“双向发力”短板。要健全两项机制：一是对民主党派以本党派名义在政协发表意见、提出建议作出机制性安排；并在实施过程中，加强政协协商与政党协商的有效对接，更好地发挥政协作为实行新型政党制度重要政治形式和组织形式的作用。二是健全同党外知识分子、非公有制经济人士、新的社会阶层人士的沟通联络机制，更好地发挥政协作为最广泛的统一战线组织的作用。要强化两方面工作：一是广泛联系和动员各界群众，协助党委政府做好协调关系、提振信心、增进共识的工作；二是深入基层、深入界别群众，做好反映群众诉求、宣传方针政策、服务中心大局的工作。进一步汇聚起发展诸暨、建设诸暨的强大力量。

四是强化委员责任担当。全体政协委员要饱含“为国履职、为民尽责”的情怀，坚定政治立场，增强履职本领，把事业放在心上，把责任扛在肩上，在界别群众中发挥好桥梁纽带作用和示范带动作用，多做雪中送炭、扶贫济困的工作，多做春风化雨、解疑释惑的工作，多做理顺情绪、化解矛盾的工作，自觉遵守宪法法律和政协章程，恪尽委员职守，展现时代风采。

各位委员、同志们，风雨同舟写春秋，肝胆相照谱新篇。新时代赋予人民政协的使命更加光荣，责任更加重大，让我们在中共诸暨市委的坚强领导下，不忘初心，牢记使命，努力奋进，以崭新的姿态树立起新时代人民政协的新样子！

（由市政协办提供）

2019年诸暨市国民经济和社会发展统计公报

诸暨市统计局

2019年，在市委市政府的坚强领导下，全市上下以习近平新时代中国特色社会主义思想为指导，深入贯彻党的十九大和十九届二中、三中、四中全会精神，紧扣高质量发展主线，突出接沪融杭同城化、产业转型数字化、美丽建设全域化、社会治理现代化四个重点，扎实推进“十大专项行动”，全力稳企业、增动能、保平安，经济社会保持稳健发展态势。

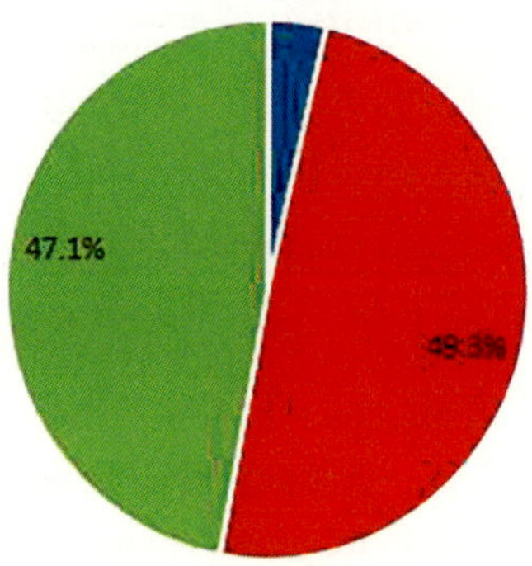

2019年GDP三产结构

一、综合

初步核算，2019年全市实现地区生产总值(GDP) 1312.36亿元，按可比价格计算，比上年(下同)增长7.5%。其中，第一产业增加值47.7亿元，增长2.4%；第二产业增加值646.85亿元，增长7.4%；第三产业增加值617.81亿元，增长8.2%。按户籍人口计算，全市人均生产总值为120973元，增长7.6%，按2019年平均汇率1 ： 6.8985折算为17536美元。三次产业增加值结构为3.6 ： 49.3 ： 47.1。

全年实现财政总收入142.03亿元，比上年增长3.1%，其中一般公共预算收入89.81亿元，增长2.8%，占财政总收入的63.2%；税收收入74.68亿元，增长1.5%，占一般公共预算收入的83.2%。全年一般公共预算支出110.5亿元，其中财政八项支出89.26亿元，民生支出86.24亿元，占预算支出的78%。教育、社会保障和就业、卫生健康等民生相关支出分别增长10.4%、28.5%和40%。全市城镇新增就业24023人，引导和帮助城镇失业人员再就业13041人，新增就业大学生20538人，城镇登记失业率控制在2.0%。

二、农业和农村建设

按可比价计算，全年农林牧渔业增加值增长2.5%。其中，农业、林业、牧业、渔业和农林牧渔服务业增加值分别增长2.2%、1.6%、7.2%、1.6%和10.5%。据粮食监测数据推算，全年粮食播种面积50.82万亩，粮食总产量22.32万吨。新建绿色防控示范基地10个，累计处置农药废弃包装物117.22吨，推广测土配方施肥面积88.9万亩。年末生猪存栏11.25万头，增长2.5%；出栏20.41万头，减少17.9%；年末家禽存栏172.07万只，增长11.4%；出栏460.01万只，减少8.6%；全年肉类产量2.45万吨，减少14.7%。

推进美丽乡村“四级联创”，创建绍兴市级美丽乡村示范镇3个、精品村7个、新时代美丽乡村达标村117个、美丽庭院示范户1.2万户。推出农村生活垃圾分类6个“+”工作模式，首创“线上预约、线下回收”的农村可回收品回收体系；完成集镇和城市规划区内生活污水就地生态化治理工程；建立“三线”整治“1+4+N”协作机制，完成全部行政村整治。发展壮大村级集体经济，全市村集体经济总收入10.4

亿元，增长11%。

三、工业和建筑业

按可比价计算，全年工业增加值增长9.1%，其中规上工业增加值236.94亿元，增长9.5%。规上工业实现利税增长4.8%。全市装备制造、高新技术、战略性新兴产业和数字经济增加值分别增长9.2%、3.9%、0.6%和2.1%，占规上工业增加值的比重分别为42.6%、42.9%、37.8%和3.2%。规上工业企业新产品产值536.02亿元，增长10%，新产品产值率达46.4%。

从工业主导行业看，我市环保新能源、智能装备制造、铜加工及新型材料、纺织服装、袜业和珍珠业等主导行业企业907家，合计产值增长1.9%，占全市规上工业企业总产值的76.9%，其中铜加工及新型材料业产值增长18.3%；六大主导行业合计利润增长15.4%，其中袜业利润增长31.7%。

全市实现建筑业增加值106.16亿元。完成建筑业省内产值463.5亿元，增长0.8%；上缴税收12.72亿元，增长16.1%。全市建筑业共创省级及以上优质工程16项，其中鲁班奖1项，国家优质工程奖2项，中国风景园林学会园林工程奖2项，华东地区优质工程奖1项，钱江杯1项；全市建筑业共获授权专利23项，省级工法4项，国家级QC成果1个，省级QC成果14个。全年新开工装配式建筑面积211万平方米，新开工住宅全装修面积129.64万平方米；全省首个装配式农村保障性住房—姚公埠村保障房完成交付。

四、固定资产投资和房地产业

全市固定资产投资增长7.3%，分三次产业看，第一产业投资增长20.3%，第二产业投资增长6.3%，第三产业投资增长7.5%；从重点领域看，其中民间投资增长13.9%，交通投资增长4.1%，生态环保和公共设施投资下降4.3%，高新技术投资增长42.8%。

全年实现房地产开发投资136.13亿元，增长6.6%，其中住宅投资108.8亿元，增长7.7%。全年实现商品房销售面积224.25万平方米，增长11.6%，其中住宅销售167.36万平方米，增长16%；商品房销售额197.84亿元，增长10.5%，其中住宅销售171.04亿元，增长17.9%。

五、商贸流通

全年实现社会消费品零售总额385.95亿元，增长10%。按经营地统计：城镇市场消费品零售额335.31亿元，增长9.6%；乡村市场消费品零售额50.64亿元，增长12.6%。从批零贸易和住宿餐饮看：批发业实现商品销售额1333.63亿元，增长14.1%；零售业实现商品销售额1583.80亿元，增长15.0%。住宿业营业额17.01亿元，增长16%；餐饮业营业额55.99亿元，增长17.9%。

全市网络零售额206.3亿元，增长16.9%，总量继续保持绍兴各区（县、市）第一。引进深圳通拓，对接执御平台，推进珍珠跨境电商产业集群建设，累计跨境网店186家。新增亚马逊、速卖通等袜业跨境网店82家，新拓展阿里国际站业务48家，新增海外商标6个。利用村村兔、笑眯眯、民升优鲜等电商平台，开展爱心助农活动。开展电商扶贫工作，与遂昌、东辽等地对接农产品电商销售。全市共36个村获“中国淘宝村”称号，占绍兴地区总量的80%。推进网络直播，山下湖珠宝行业淘宝直播基地共入驻商户账户110家。

六、对外经济

全市完成进出口总额488.08亿元，增长20.4%，其中出口416.86亿元，增长19.5%；进口71.22亿元，增长26.1%。从出口产品看，其中纺织服装及面料出口190.59亿元，增长10.5%，占45.7%；五金机电产品出口141.12亿元，增长11.8%，占33.9%；服装出口51.44亿元，增长21.5%，占12.3%。从出口市场看，进出口国家（地区）203个，比上年增加1个。出口超1亿元的国家（地区）63个，比上年增加8个。出口前三位的国家和地区是美国、韩国、印度，分别出口69.35、20.73和19.25亿元；在15个主要出口国家和地区中，增幅居前三位的分别是韩国、越南和泰国，分别增长142.6%、53.9%和46.3%。

举办第十四届中国·大唐国际袜业博览会，共20个项目签约，总投资额近110亿元；2019诸暨发展大会共10个项目签约，总投资额近66亿元。全市内资到位资金115亿元，实到外资3.1亿美元。充分发挥开发区、城东建管委、环保高新区、国际商贸城“四大平台”产业集聚优势，着力推进“四大平台”招商主力军作用，共引进50亿元以上项目1个、10亿元以上项目10个。

七、交通运输和旅游

全市拥有境内公路总里程2763公里，其中高速公路152公里；全年公路客运量378.3万人次，周转量53369万人公里；公路货运量2375.8万吨，周转量194567.3万吨公里；全年水运客运量37.5万人次，周转量317.5人公里；水运货运量530.3万吨，周转量112761.5万吨公里。全年累计快递业务量27438.1万件，增长14.2%。

杭州都市高速公路诸暨段已完成总投资的85.2%，总体形象的88%。03省道东复线江藻至王家井段建设工程建成通车。环会稽山国家森林公园美丽公路工程全面完工。完成农村公路大中修（二期）共计133公里。成功创建第三批全省"四好农村路"示范县，省万里美丽经济交通走廊示范县完成验收。持续推进"村村通公交"深化工程，完成75个较大自然村公交通达任务。新建候车亭190只，建设完成5个运输服务站。完成全市不规范公路开口封闭和整治工作214处；完成二级加宽公路中间增设隔离护栏30千米；完成临水道路增设安保护栏37.4千米。

全年接待国内外游客2722.92万人次，实现旅游总收入283.65亿元，分别增长10.01%和10.02%。同山镇入选第五批浙江省非物质文化遗产旅游景区，山下湖镇成功创建省级旅游风情小镇，东白湖镇正式列入第四批旅游风情小镇培育名单，天使之泪珍珠文化体验园通过AAA级景区创建。举办文旅新品（杭州）发布会、西施西湖快闪、旅游网红采风、自驾游网络产品售卖等活动为主的2019春季旅游节。举办"西施故里过大年诸事好美"春节旅游宣传系列活动、"5·19"中国旅游日公益惠民活动。根据清明、"五一"、中秋、国庆等假日特色推出赏花游、踏青游、亲子游、乡村游、红色游等主题游线，研发"跟着成语游诸暨"文旅新品，打造古韵红都地标之旅、敬缅忠魂感恩之旅、寻迹名人故居之旅、难忘金萧支队之旅等红色主题游线，打造棕编非遗研学游、"古越人文越红茶旅"等非遗研学游项目。

八、金融和证券

年末全市金融机构本外币存款余额1671.19亿元，比上年末增长13.5%，其中住户存款余额1002.57亿元，增长15.8%；贷款余额1394.79亿元，增长7.6%，其中住户贷款余额599.02亿元，增长13.6%。全年累计处置不良贷款37亿元，年末不良率为1.33%，比年初下降0.4个百分点。设立诸暨市农商银行暨阳科技支行，重点支持科技型企业和人才创业企业发展。新设银行业金融机构1家（宁波银行），助力地方经济金融发展。

深入实施"凤凰行动"计划，全年新增IPO辅导报会企业2家；新增股份制企业93家，其中完成股份制改造26家、新设股份制企业67家；新增省股交中心挂牌企业98家，其中创新板挂牌76家，成长板

2019年末金融机构本外币存贷款情况表

表25

指标	余额(亿元)	比上年末增长%
各项存款	1671.19	13.5
住户存款	1002.57	15.8
非金融企业存款	397.11	24.8
各项贷款	1394.79	7.6
住户贷款	599.02	13.6
非金融企业及机关团体贷款	795.68	4.1

22 家。深化政银企合作，开展银企结对活动三次；深化金融领域“三服务”，建立融资帮扶“三张名单”动态调整机制，实施金融三服务“白名单”企业推荐制；探索金融矛盾纠纷调解机制，开展发展“枫桥经验”调解金融矛盾增进银企互信试点工作，举办协调会三场，协调金额 4.4 亿元；举办 4 期以“与杭同城双轮驱动”为主题的资本与项目对接路演活动，共有 20 个项目与投资机构进行深入对接。

九、科学技术和教育

全市一般公共预算支出中用于科学技术支出 9.26 亿元，占一般公共预算支出的 8.4%。新认定省级众创空间 3 家、绍兴市级众创空间 5 家。浙江奇创高科技创业中心、诸暨市高科技创业中心的智能无人检测系统（人工智能）项目获全国火炬杯智能制造组浙江赛区行业总决赛优胜奖。全年共获批国家高新技术企业 98 家（其中新认定 81 家，重新认定 17 家），新增省科技型中小企业 277 家，获批浙江省高成长科技型中小企业 28 家。推进创新人才培育工程，柔性引进海外工程师 44 人。完善多层次企业研发体系，新增 34 家绍兴市级企业研究开发中心，组织申报省企业研究院 2 家、高企研发中心 6 家。全市共授权国内专利 3859 件，其中发明专利 695 件。有效发明专利数增至 1917 件，万人发明专利拥有量达 16.15 件。

年末全市共有各级各类中小学、幼儿园 292 所，其中普通高中 15 所、中职学校 4 所、初中 34 所、小学 102 所、幼儿园 136 所、特殊教育学校 1 所。在校中小学生 153649 人，在园幼儿 29270 人，在职教职工 15985 人。被省政府授予“全省实施学前教育补短提升工程措施有力、成效明显的县（市、区）”称号，教育现代化发展水平达成度超过 80%，位列全省第一方阵。城东初中等 19 只学校建设项目列入 2019 年政府性投资项目计划，总投资达 7.98 亿元，实施全市公办学校空调安装工程，安装空调 5344 台。29 所城乡小学建立“互联网 + 义务教育”结对帮扶制度。新增全国优秀教师 1 名、省教坛新秀 4 名、绍兴市学科带头人 19 名、绍兴市教坛新秀 17 名，6 名教师入选浙派名师名校长和长三角中小学名校长联合培养对象。深化教体领域“最多跑一次”改革，37 个教体事项实现一体化在线政务服务。

十、文化、卫生和体育

全市建成浣江书房 13 家，全年累计接待读者 56.7 万人次，图书借阅 32.7 万册次，开放浣江书吧 9 家。举办朗诵会、公益讲座、阅读分享、图片展等各类阅读推广活动 116 场，累计参与活动群众达 5000 多人次。举办庆祝中华人民共和国成立 70 周年——诸暨市第七届“梦想诸暨”团队秀活动、诸暨市基层书画社团千人优秀作品展、“我和我的祖国”——诸暨市庆祝中华人民共和国成立 70 周年文艺晚会、第十一届群文作品创作大赛等。完成文化惠民志愿服务队文化下乡巡演 100 余场、“好美诸暨”文化走亲 9 次，举办“潮涌浣江”系列展览 20 个，开展书画展览进礼堂巡展活动 27 场，“市民学堂”“流动课堂”“文艺专家门诊进基层”等活动培训学员 9000 多人次。送电影下乡 7296 场次。周末剧场演出 52 场。启动全省首个县级文化脉络系统梳理工程——诸暨市文化基因解码工程和民间文学类——西施传说记录工作与保护研究项目课题。西路乱弹小戏《抖狮结义》获第二届绍兴市群众小戏小品邀请赛金奖，“草塔抖狮子”节目获诗路传薪—2019 年浙江传统体育类非物质文化遗产大会优秀组织奖和创新奖。

年末全市有各类医疗卫生机构 850 家（所），其中，三级乙等综合性医院 1 家，三级甲等中医医院 1 家，二级甲等妇幼保健院 1 家，其他公立医院 5 家、民营医院 13 家，乡镇卫生院（社区卫生服务中心）18 家，社区卫生服务站及村卫生室 565 家，疾控中心、卫生监督所、中心血库、急救中心各 1 家，绍兴护士学校 1 所。建成院士工作站 2 家、名医工作室 59 家。实际开放病床 6602 张，有卫生专技人员 6898 人，建成 20 分钟卫生健康服务圈。全市医疗机构千人床位数为 5.56 张，增长 11.9%；千人医生数为 3.55 人，增长 11.1%；千人护士数为 3.42 人，增长 12.0%。组建县域医共体 3 家，分别为诸暨市人民医院医共体、诸暨市中医医院医共体和诸暨市中心医院医共体。实现乡镇卫生院住院病房建设、中医综合服务区建设和急诊抢救室标准化建设全覆盖。建成全省首家医共体 5G 智慧病房，5G 基础设施覆盖的基础上实现医共体5G远程医疗协作平台全覆盖。建立社会心理服务中心(站室)700多家,拥有专业心理人才300多人,形成纵向综治三级平台、横向重点区域、重点单位、特殊点位多点平台的社会心理服务网络,实现市镇村三级社会心理服务站室全覆盖。

成功举办2019环法挑战赛·西施故里诸暨站活动,吸引32个国家和地区2077名选手参赛。承办CBA广厦主场赛事,不断擦亮诸暨"篮球城市"金名片。圆满完成2019祥生·诸暨西施马拉松,吸引12个国家和地区的14378名选手参赛,浙江卫视、腾讯等13个平台直播,近2370万观众收看,网络平台累计点击量破1000万。完成小康体育村提升工程18个、社区多功能运动场5个、中心村全民健身广场1个、笼式足球场3个。广泛开展全民健身活动,组织全市篮球联赛等各类赛事活动75场次。获得绍兴市第九届运动会金牌82枚,新增全国足球特色幼儿园2所、全国青少年篮球特色学校9所、全国柔道特色学校1所。全年销售体育彩票2.5亿,新增体彩销售门店29家。

十一、城市建设、与杭同城、特色小镇

成功创建国家生态园林城市(全省首个且唯一获此荣誉县级城市)。完成全部34个老旧小区环境综合整治,八一新村、鼓山新村改造项目获全省2019年度老旧住宅区改造样板工程;结合老小区改造和利用闲置土地,新增公共停车位351个,新建智能便民电瓶车充电站161个、提供充电位1204个;新建城镇污水管网19.9公里,完成城镇污水管网改造10.83公里,完成10个省级城镇生活小区"污水零直排区"建设;完成老小区加装电梯16台。全面推进生活垃圾处置和分类工作,完成白毛尖垃圾填埋场一期封场;全市党政机关和企事业单位垃圾分类覆盖率达100%,全市城区社会组织、公共场所和相关企业实施强制分类覆盖面达90.36%,城区总覆盖率90.66%,农村总覆盖面100%,垃圾总量减少2.7%;成功创建9个省级高标准生活垃圾分类示范小区,完成数量和质量居绍兴首位。

编制出台并全面实施《诸暨市"与杭同城"三年行动计划(2019—2021)》。开通诸暨至乍浦集装箱航线。引进杭沪"大新"项目10只,累计引进都市区各类项目101只,总投资超50亿元。与杭钢集团签署战略合作协议。借助G60科创走廊产业链协同创新优势,杭州、上海等地各类高校累计在诸暨建立协同创新中心(技术转移中心)6个。诸暨岛入驻企业27家,引进绍兴"330"C类人才1位、江苏双创人才1位、"暨阳533"2位、博士(含博士生导师)31位、硕士63位。诸暨中学教育集团和中国美术学院联合举办艺术特长实验班;新增滨江初中与杭州大关实验中学等4对友好学校。引进专家名医工作室25家,实现市级医院入驻省互联网医院平台全覆盖;长三角地区(上海)异地就医门诊费用直接结算系统开通,市人民医院等6家医院纳入到联网结算范围;实施《关于诸暨—杭州高速公路双向通行免费的实施办法(试行)》;成功举办诸杭两地"市民体验日"和职工疗休养等活动。

构建"市域一张图、各镇有风貌"的诸暨特色小镇发展体系。大唐袜艺小镇严格按照"三位一体""三生融合""三化驱动""三方落实"的规划方案,注重完善基础设施、营造浓厚人文气息、加强生态环境建设。牌头环保小镇以带动镇域全产业发展和全景旅游为出发点,由国际国内著名公司编制环保产业发展规划和小镇建设规划,初步建立起集新环保产业体系及相应产业集群和产业生态链。山下湖珍珠小镇根据各项专题规划,总计投资40亿元31个的建设项目落实之中,制作清单、落实专人,全面开展建设工作。

十二、生态环境、社会稳定

全年空气优良率88.8%,上升4.4个百分点;PM2.5年平均浓度35微克/立方米;2个国控、3个省控、12个县控及以上断面水质均达到或优于Ⅲ类水,功能区达标率100%,全面剿灭Ⅴ类水;陈蔡水库饮用水水源地和9个乡镇饮用水水源地水质达标率保持100%。开展店口冷温镦行业、安华包装园区、城西经济开发区系列环保执法行动,全年立案调查184件,处罚金额1925余万元,受理各类环境信访619件,减少30.1%,发挥环境执法与司法联动优势,全年移送公安机关6件12人,其中行政拘留移送

2件2人，涉嫌环境犯罪刑事移送4件10人。推进生态环境制度改革，落实“黄红黑”环境违法亮牌管理，深化生态环境损害赔偿制度，开展环境污染强制责任险试点，完善区域生态环境监测网络建设，推进“智慧环保”信息化基础建设和行政执法监管数字化转型。全年规上工业增加值能耗下降8.4%，居绍兴各区(县、市)第一。

全市共发生各类生产安全事故25起，死亡20人，分别下降46%、35%。其中生产经营性道路交通事故23起、死亡17人，分别下降47%、39%；工矿商贸事故2起、死亡3人，事故数下降33%，死亡人数同比持平，未发生较大及以上生产安全事故。发生火灾224起，下降20.3%。无水上交通事故发生，无森林火灾、强降雨等自然灾害伤亡事故发生。开展全市各行业领域安全隐患大排查大整治行动，全市共排查各类生产经营单位29101家，发现整改隐患52666处，整改率98.9%。责令整改293家，停产停业80家次，行政处罚212家，罚款534.08万元。积极推进避灾场所建设，完成80个避灾场所的新改建验收，创建全国综合示范点一个，省级一个。

十三、人口、人民生活和社会保障

年末全市户籍人口108.43万人，其中男性人口54.13万人，女性人口54.30万人；城镇人口44.10万人，乡村人口64.33万人；人口出生率7.92‰，死亡率7.02‰，人口自然增长率0.9‰。

抽样调查显示：2019年我市全体居民人均可支配收入55793元，增长9.1%；城镇常住居民人均可支配收入67862元，增长8.4%，人均生活消费支出34416元，增长7.7%；农村常住居民人均可支配收入39380元，增长9.2%，人均生活消费支出24590元，增长8.3%。

全市参加养老保险人数95.36万人，其中参加企业职工基本养老保险45.95万人、城乡居民基本养老保险37.08万人、机关事业养老保险3.45万人、被征地农民基本生活保障7.53万人，基本养老保险参保率95.3%。不断深化“最多跑一次”改革，推进村社协办、社银联办、企业自办，实现全市480多个村(社区)、58家银行网点和1.8万家企业可办理人社业务，形成了联合镇街、村(社区)、企业、银行的人社业务办理大网格。全力推进电子社保卡推广开发，全市共签发电子社保卡17.72万张，开拓社保查询、人社业务线上身份验证等五项功能，实现社保信息掌上查，社保业务掌上办。

年末全市共有最低生活保障对象10851人，其中城镇334人，农村10517人；全年最低生活保障资金支出8665.16万元，其中城镇284.14万元，农村8381.02万元。全市共有养老机构41个，床位6189张，在院人数2180人。

注：1. 生产总值、各产业增加值均为年度快报数据，绝对数按现价计算，增长速度按可比价计算。

2. 所涉的行业内容分别由农业农村局、发改局、经信局、教育体育局、科技局、公安局、民政局、财政局、人力社保局、交通运输局、水利局、商务局、文广旅游局、卫生健康局、住建局、绍兴市生态环境局诸暨分局、市场监督管理局、统计局、金融办、国家统计局诸暨调查队、人民银行等相关部门提供。

2019年诸暨市环境状况公报

绍兴市生态环境局诸暨分局

综述

2019年，诸暨市生态环境保护工作准确把握高质量发展要求，以改善环境质量为核心，打好污染防治攻坚战，强化环境精细化治理，积极抢抓新机遇、主动适应新常态、沉着应对新挑战，努力使诸暨的天更蓝、水更清、土更净。全市空气优良率为88.8%，较去年同期上升4.4个百分点；PM2.5平均浓度为35微克/立方米，同比下降2.78%；浦阳江诸暨段出境水质连续46个月保持在Ⅲ类及以上水质，出境水质持续优于入境水质，交接断面考核结果优秀；17个绍兴市控及以上考核断面达标率为

100%；全市集中式饮用水源水质达标率持续保持100%。

水环境状况

地表水环境质量

（一）省控及以上重点断面水质状况

2019年街亭断面、浣纱桥断面、汤家村断面水质均为Ⅱ类水质，安华断面、湄池断面水质为Ⅲ类水质，安华断面水质由Ⅱ类下降为Ⅲ类，其他各断面水质均与2018年持平。2019年浦阳江水质主要污染因子为高锰酸盐指数、总磷、氨氮，与上年相比，氨氮年均值浓度、总磷年均值浓度有所上升，高锰酸盐指数年均值浓度有所降低。

浦阳江安华断面　Ⅲ类水质　　高锰酸盐指数年平均浓度为2.7毫克/升，总磷年平均浓度为0.11毫克/升，氨氮年平均浓度为0.32毫克/升。

浦阳江浣纱大桥断面　　Ⅱ类水质　　高锰酸盐指数年平均浓度为2.7毫克/升，总磷年平均浓度为0.07毫克/升，氨氮年平均浓度为0.23毫克/升。

浦阳江湄池断面　Ⅲ类水质　　高锰酸盐指数年平均浓度为3.9毫克/升，总磷年平均浓度为0.11毫克/升，氨氮年平均浓度为0.46毫克/升。

开化江街亭断面　Ⅱ类水质　　高锰酸盐指数年平均浓度为2.0毫克/升，总磷年平均浓度为0.04毫克/升，氨氮年平均浓度为0.11毫克/升。

壶源江汤家村断面　Ⅱ类水质高锰酸盐指数年平均浓度为1.5毫克/升，总磷年平均浓度为0.03毫克/升，氨氮年平均浓度为0.10毫克/升。

（二）水库水质状况

根据2019年陈蔡、石壁、五泄、安华、青山、征天等六大水库水质监测统计结果，陈蔡水库、石壁水库、五泄水库为Ⅱ类水质，青山水库、征天水库为Ⅲ类水质，安华水库为Ⅳ类水质，陈蔡水库、石壁水库、五泄水库水质达到相应的水功能区划要求，青山水库、安华水库、征天水库水质未达到相应的水功能区划要求，影响水库水质的主要污染因子为总磷。与上年相比，安华水库水质有所上升，其余水库水质均保持稳定。安华水库营养化状况为轻度富营养，陈蔡、石壁、

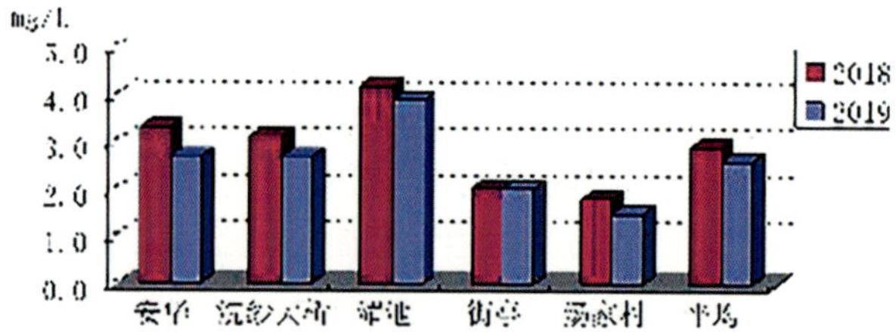

2018年与2019年浦阳江水系各水域水质高锰酸盐指数年平均浓度对比示意图

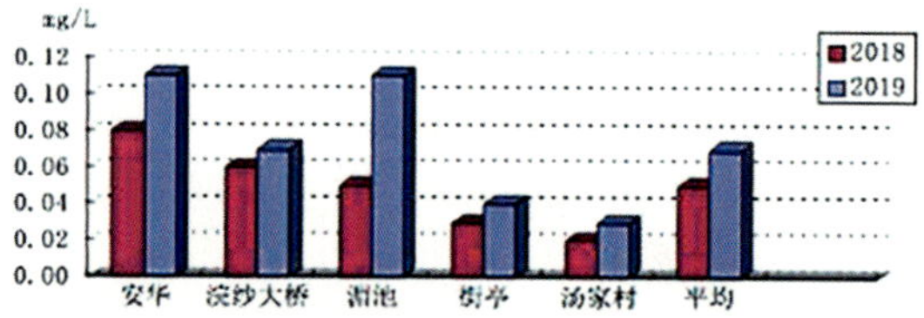

2018年与2019年浦阳江水系各水域水质总磷年平均浓度对比示意图

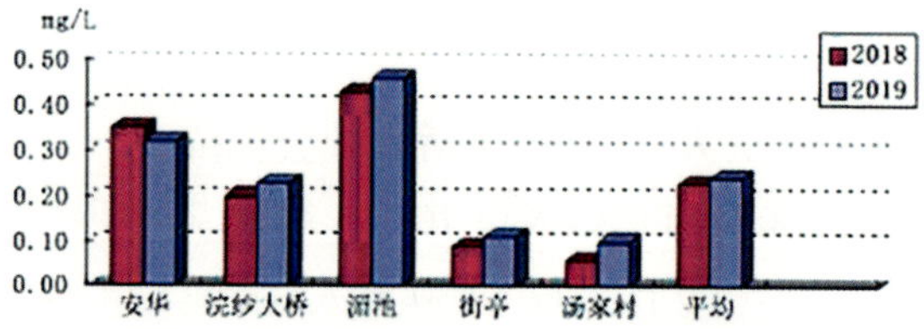

2018年与2019年浦阳江水系各水域水质氨氮年平均浓度对比示意图

五泄、征天、青山水库营养化状况均为中营养。

（三）饮用水源水质状况

根据对应店街镇（幸福水库）、应店街镇（上游水库）、岭北镇（岭脚水库）、五泄（里石坞水库）、东和乡（金家湾水库）、东和乡（卫星水库）、青山水库、石壁水库、征天水库、陈蔡水库等10个饮用水源地水质监测结果，2019年全市饮用水源地水质均满足地表水Ⅲ类水质要求。

措施与行动

严格执行国家新产业政策、环保项目审批要求，全年共审批备案建设项目533只，其中报告书26只，报告表507只；申请排污权质押贷款的企业6家次，

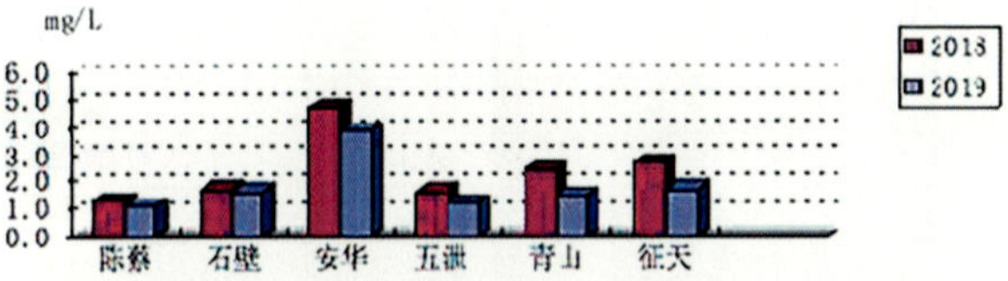

2018 年与 2019 年水库水质高锰酸盐指数年平均浓度对比示意图

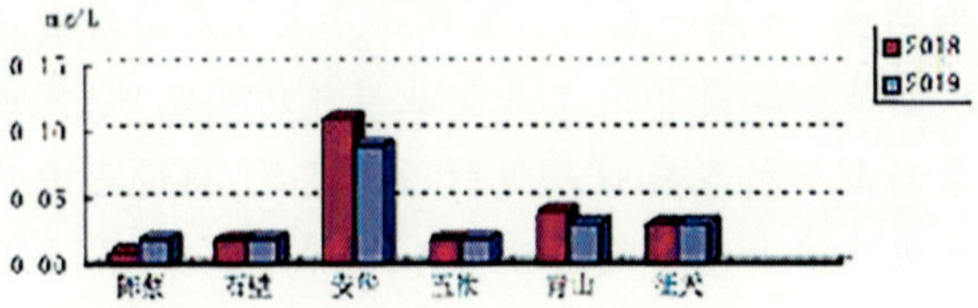

2018 年与 2019 年水库水质总磷年平均浓度对比示意图

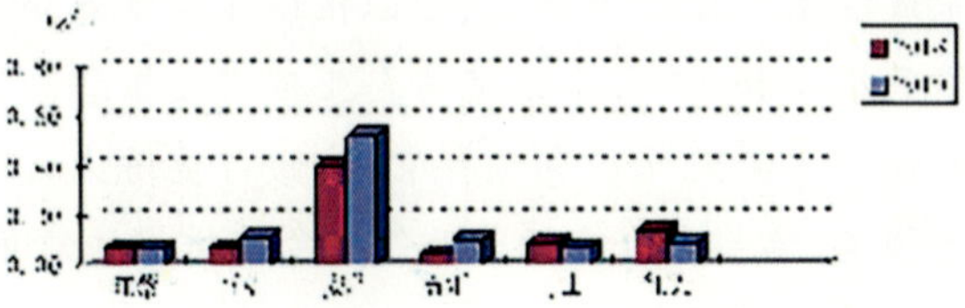

2018 年与 2019 年水库水质氨氮年平均浓度对比示意图

共涉及银行贷款 18239.64 万元。

以实施排污许可证管理为核心，深化涉水行业环境管理，共计完成特色行业污染整治 4 家，完成强制性企业清洁生产报告编制 21 家；全面推进工业园区（工业集聚区）“污水零直排区”建设，完成 4 个工业园区的建设工作；推进加油站地下双层罐防渗改造，完成防渗改造 12 家（油罐 46 个），完成率 100%；启动陈蔡水库生态安全调查与评估工作。

加快污水处理能力建设，完成诸暨宏宇污水处理厂项目可研批复，编制枫桥镇、店口镇、牌头镇污水处理厂项目可研报告，新建污水管网 19.9 公里，改造 10.8 公里。

大气环境状况

城市环境空气质量

（一）城市环境空气

2019 年，在城东杨树畈和城西运管所分别设有一个环境空气质量自动监测站，对城市环境空气质量进行 24 小时自动监测，监测项目为 SO_2、NO_2、PM2.5、PM10、CO、O_3。2019 年我市市区环境空气有效监测天数为 365 天，按照《环境空气质量标准》（GB3095—2012）评价，环境空气质量优良天数为 324 天（优 118 天、良 206 天），优良天数占 88.8%，较 2018 年提高 4.4 个百分点；轻度污染天数为 39 天，占 10.7%；中度污染天数为 2 天，占 0.5%；重度污染天数为 0 天。

（二）大气降尘

2019 年城区降尘月均值范围为 1.10—3.70 吨 / 平方公里・月，年平均值为 2.61 吨 / 平方公里・月，较上年上升 0.39 吨 / 平方公里・月，低于浙江省大气降尘控制标准（8 吨 / 平方公里・月）。

（三）大气降水

2019 年大气降水 pH 值范围为 5.69—6.23，降水 pH 年平均值为 5.87，比 2018 年下降 0.08pH 单位。全年酸雨频率为 0，较 2018 年下降了 1.9 个百分点。

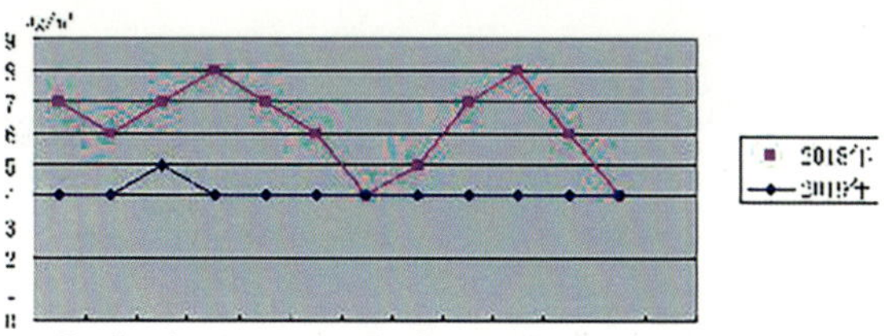

2018 年与 2019 年二氧化硫月均值变化图

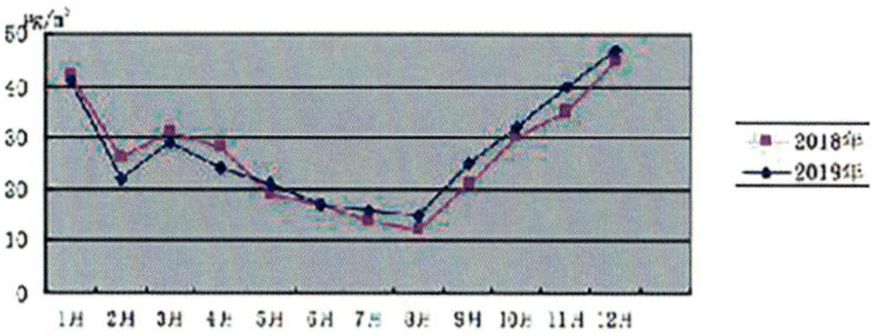

2018 年与 2019 年二氧化氮月均值变化图

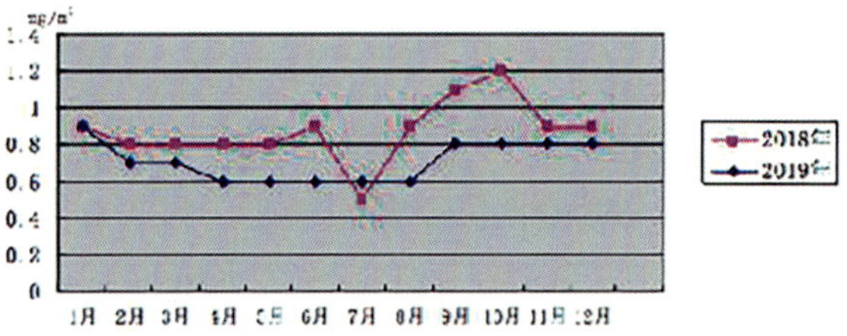

2018 年与 2019 年一氧化碳月均值变化图

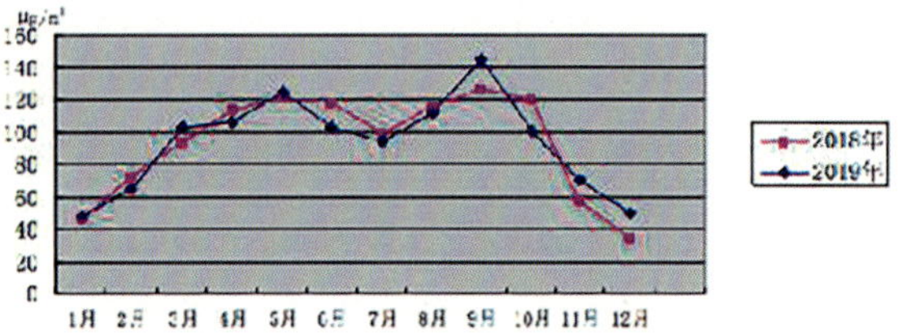

2018 年与 2019 年臭氧月均值变化图

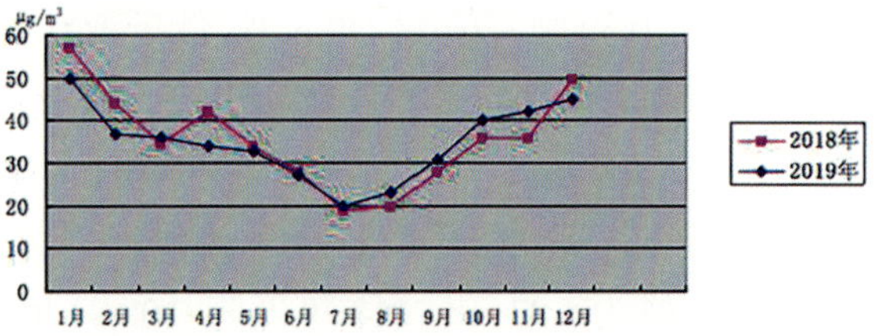

2018 年与 2019 年 PM2.5 月均值变化图

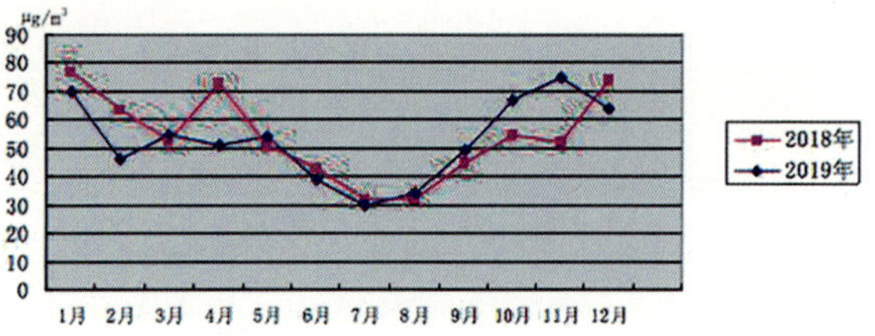

2018 年与 2019 年 PM10 月均值变化图

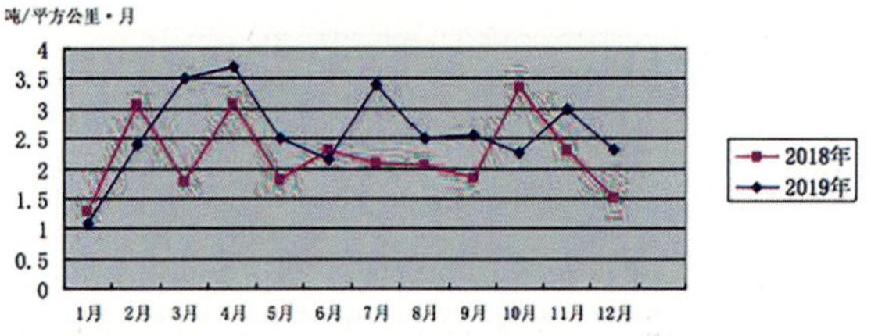

2018 年与 2019 年降尘月均值变化图

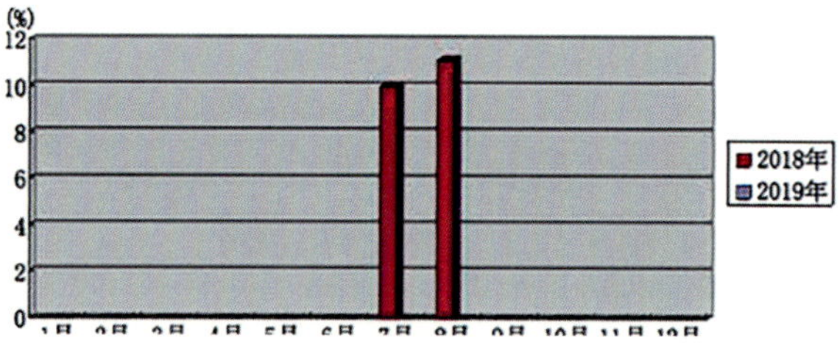

2018 年与 2019 年降水酸雨频率对比图

措施与行动：积极开展空气质量达标进位专项行动。一是制订专项行动实施方案，制订空气质量省控站点“一点一策”，打好秋冬季大气污染综合治理攻坚战。二是推进工业企业废气污染治理，完成大象新型材料脱硫脱硝脱白项目建设，推进八方热电垃圾库房大包臭气治理项目，完成“低散乱”企业整治 180 家，开展汽配铸造行业废气整治，完成提升改造 100 家。三是开展机动车排气污染防治，加强机动车检验机构监管，加大机动车排气道路联合执法频次，累计检测车辆近 19 万辆，完成国三以下柴油货车淘汰 172 辆。四是做好应对气候变化工作，完成温室气体清单编制，组织报送 4 家重点企业碳排放报告和 17 家非碳交易企业碳排放报告。五是加强重污染天气应急预警管理，修订重污染天气应急预案，编制出台重污染天气应急减排措施清单。

声环境质量

（一）城市功能区噪声

2019 年城区居民文教区、混合区、工业区、交通干线两侧昼夜等效声级分别为 56.4 分贝、56.2 分贝、57.3 分贝和 55.7 分贝。与 2018 年相比，居民文教区、混合区、工业区等效声级有所上升，交通干线两侧等效声级有所下降。

（二）城市道路交通噪声

2019 年交通噪声有效测点为 45 个，交通噪声等效声级平均值为 65.7 分贝，比 2018 年下降 0.6 分贝，2019 年道路交通噪声质量等级为好。主要超标道路为浣东北路、苎萝路、苎萝东路、东二环、人民路。

（三）城市区域环境噪声

2019 年诸暨市城市区域环境噪声（白天）等效声级为 53.3 分贝，较 2018 年上升了 0.4 个分贝，等级为较好。77.4.0% 的面积处于 50—60 分贝等效声级下，其中分布在 50 分贝等效声级以下的面积占 18.1%，分布在 60 分贝等效声级以上的面积占 4.4%。我市城区噪声源的构成状况和污染程度，五种声源中，影响测点最多，覆盖面积最广的是生活噪声，占,82.2%，其他依次为交通噪声、工业噪声、“其他”噪声和施工噪声。

措施与行动：严格执行排污申报和夜间施工许可制度，进一步巩固噪声达标区创建成果。多部门联动加强中高考期间的噪声专项整治；继续实施道路改造降噪工程；继续实行城区禁鸣喇叭和禁止拖拉机进城；划定烟花爆竹禁售禁放区域，春节期间开展多部门联合巡查工作。

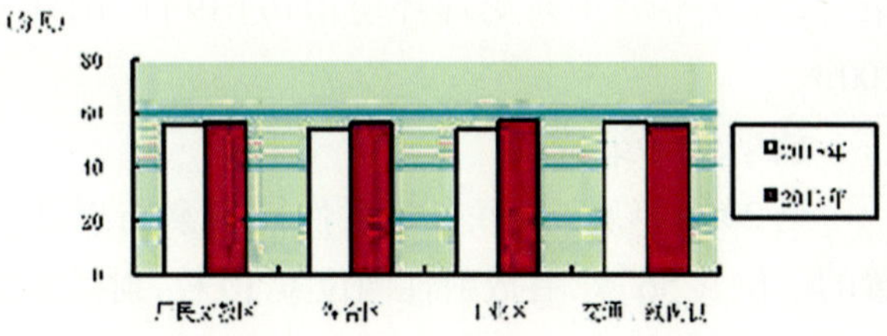

2018 年与 2019 年各功能区昼夜等效声级对比图

土壤污染防治情况

（一）工业固废污染防治情况

2019 年，我市工业固体废物产生量 28.91 万吨，其中危险废物产生量为 7.21 万吨。工业固体废物综合利用量为 20.84 万吨，处置量为 7.49 万吨，处置利用率为 98%。全市医疗废物产生量为 1259 吨，无害化处置率为 100%。

制定实施《诸暨市清废行动 2019 年工作计划》。32 家企业开展清洁生产审核，有效减少工业固体废物源头产生量。推进存量清零动态化，至 2019 年 12 月底，纳入土壤环境重点监管单位名单的企业实现危险废物规范清零，完成存量清零 520 吨。依托浙江省固体废物监管信息系统，强化固体废物网上申报登记、转移计划审批、管理计划备案等制度落实，322 家企业完成固废申报登记。开展危险废物经营单位整治提升，完成白毛尖卫生填埋场一期封场、诸暨天基环兴废弃物处置有限公司废气治理设施改造项目、浙江诸暨八方热电有限责任公司垃圾焚烧炉改造项目。

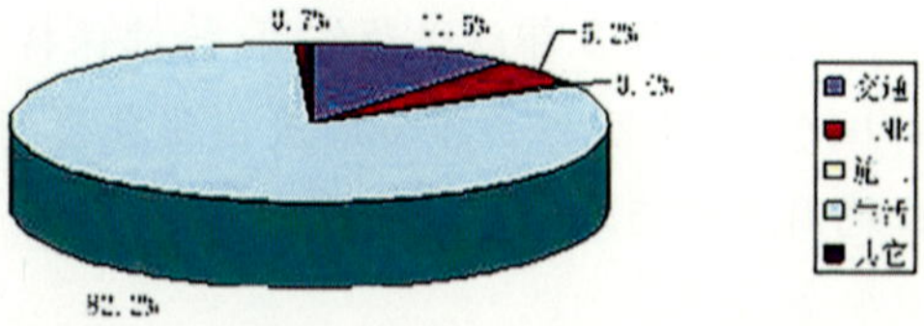

2019 年影响城区噪声主要声源构成图

（二）农业面源污染防治情况

化肥农药使用量控制情况。2019 年推广应用测土配方施肥技术 88.90 万亩。不合理施用化肥减量 330.30 吨，完成率 101.0%。推广病虫害统防统治 21.8 万亩，完成率 100.9%。减少农药 16.7 吨，完成率 101.2%。

畜禽养殖污染治理情况。深化畜禽养殖场排泄物治理，完成 28 个规模猪场集粪棚建设，27 个绍兴市级美丽牧场建设，21 个省级美丽牧场建设和 3 个绿色循环体建设。同时加强网上监控与线下巡查。第三方抽查养殖场污染治理运行合格率，无不合格的情况发生。

农药废弃包装物及废弃农膜回收处理进展情况。2019 年我市完成农药废弃包装物回收体系覆盖率 100%，全年已回收 222.31 吨，处置 222.31 吨，处置单位为绍兴华鑫与兆山固废处理中心。达到回收率 90% 以上，处置率 100% 的目标。

（三）土壤环境质量调查情况

制定实施《诸暨市土壤污染防治 2019 年工作计划》。推进土壤污染状况详查，完成重点行业企业用地风险筛查并确定采样调查清单。全市 23 家土壤重点监管企业完成土壤及地下水自行监测工作。开展农用地土壤超标点位“对账销号”行动，调查核实点位（区域）并销号 13 个。

措施与行动：进一步加强固废监督管理工作，对重点固废产生企业开展定期检查，促使相关企业做到规范储存、运输、处置；进一步完善污泥处置设施，提高我市污泥稳定处理水平。启动“无废城市”建设工作，完善固体废物污染防治体系，进一步加强我市农业废弃物、危险废物、工业固废、医疗废物监督管理力度，不断提升管理水平，杜绝“洋垃圾”进口。同时发挥多部门联动作用，持续保持环境执法高压态势，严厉打击各类固废违法犯罪行为，坚决杜绝固废污染环境事件发生，全力保障我市生态环境安全。

持续开展重点行业企业用地详查，不断完善污染地块（含疑似）名录和开发利用负面清单，加强对暂不开发利用污染地块风险管控，强化污染地块安全利用。做好宣传工作，组织《土壤污防防治法》宣传和培训，落实工矿用地、污染地块土壤环境管理的政策标准。

生态环境建设

2019年以来，坚持以习近平生态文明思想为指导，以“八八战略”、“两山”理念为引领，积极探索生态文明体制机制改革，深入推进美丽诸暨建设，继承和发展新时代“枫桥经验”，以善治为原则与群众有效互动，发动社会各方面力量参与共治，统筹改善生态环境质量和推动经济高质量发展。诸暨米果果小镇和祥生春风十里小镇成功入选“两美浙江特色体验地”，店口镇生态警示公园成功创成省级生态文明教育示范基地。

积极创建国家生态文明建设示范市，根据《诸暨市国家生态文明建设示范市创建工作实施方案》，按照创建指标体系，编制创建技术报告。根据《浦阳江流域环境补偿机制实施方案》，分别与萧山区、浦江县就交界断面水质达标情况、用水总量和用水效率等进行双方确认，落实浦阳江流域上下游水环境补偿机制，充分调动上下游生态保护的积极性。全面实施市、镇乡街道两级生态环境状况报告制度，依法落实属地政府生态环境保护职责。

推进绿色家庭、绿色学校、绿色矿山、美丽庭院等“绿色细胞”创建和生态文明教育示范基地建设，2019年创建国家绿色矿山4座、省级绿色家庭1家、绍兴市级绿色学校3家、绍兴市级绿色家庭20家、诸暨市绿色学校11家、美丽庭院创建示范户300户。

污染事故与经济损失

全年未发生重特大环境污染事故。

环境管理与信访调处

（一）环境监管

开展了店口冷温镦行业专项执法、安华包装园区专项执法、城西经济开发区专项执法等一系列检查行动。全年累计出动执法人员7252人次，检查企业3374家次，立案查处149件，处罚金额1925余万元；查封扣押等行政强制措施22家次，停产限产整治9家次。累计移送公安机关6件12人，其中行政拘留移送2件2人，涉嫌环境犯罪刑事移送4件10人；申请法院强制执行59件。

（二）环境信访

坚持信访处理与行政执法、专项整治工作有机结合，2019年全年共受理环境信访619件，调处率100%。

放射性污染管理

至2019年底，全市有放射性同位素与射线装置的单位共56家，有放射性同位素10枚，射线装置158台。对核技术利用单位实行辐射许可证管理，对辐射单位实施双随机监督管理，确保所有辐射工作单位安全、合法运营，有效遏制辐射事故的发生。

中共诸暨市委
诸暨市人民政府
关于印发
《诸暨市机构改革方案》的通知

各镇乡党委、人民政府，各街道党工委、办事处，市级机关各部门：《诸暨市机构改革方案》已报经省委、省政府批准，现印发给你们，请结合实际认真贯彻落实。

中共诸暨市委　诸暨市人民政府

2019年1月17日

诸暨市机构改革方案

根据《中共中央关于深化党和国家机构改革的决定》《深化党和国家机构改革方案》《关于地方机构改革有关问题的指导意见》和《中共浙江省委关于深化机构改革的实施意见》《浙江省机构改革方案》《中共浙江省委关于市县机构改革的总体意见》及《绍兴市机构改革方案》精神，结合实际，制定诸暨市机构改革方案。

一、机构改革的总体部署

深化机构改革，要以习近平新时代中国特色社会主义思想为指导，全面贯彻党的十九大和十九届二中、三中全会精神，贯彻落实习近平总书记关于深化党和国家机构改革的重要论述，牢固树立政治意识、大局意识、核心意识、看齐意识，坚持加强党的全面领导、坚持以人民为中心的发展思想、坚持社会主义市场经济改革方向、坚持优化协同高效、坚持以法治方式推进改革、坚持在中央统一领导下充分发挥地方积极性。

深化机构改革，要认真贯彻落实习近平总书记对浙江工作的重要指示精神，深入践行“干在实处永无止境，走在前列要谋新篇，勇立潮头方显担当”的新期望，按照省委、绍兴市委要求，从机构职能上把加强党的领导落实到各领域各方面各环节，主要机构设置同中央保持基本对应、与省市机构改革有效衔接；以深化“最多跑一次”改革为牵引，加快政府职能转变，使市场在资源配置中起决定性作用、更好发挥政府作用，强化社会管理和公共服务职能，切实解决人民群众最关心最直接最现实的利益问题；统筹市和乡镇（街道）各层级、党政群各领域改革，优化机构设置和职能配置，提高效率效能；充分发挥法治规范和保障改革作用，在改革中完善和强化法治，坚决维护国家法制统一、政令统一、市场统一；结合诸暨市实际，因地制宜，构建系统完备、科学规范、运行高效的机构职能体系，再创体制机制新优势，为推进“八八战略”再深化、改革开放再出发，开创诸暨高质量发展新局面提供坚强有力的体制机制保障。

深化机构改革，要在党中央集中统一领导和省委、绍兴市委具体部署下，由市委负总责，不折不扣落实好各项改革任务。

二、调整优化党政机构和职能

（一）对应省市机构改革，调整优化相应机构和职能

1．建立健全和优化市委对重要工作的领导体制机制

（1）组建市监察委员会。将市监察局的职责，市人民检察院查处贪污贿赂、失职渎职及预防职务犯罪等反腐败相关职责整合，组建市监察委员会，同市纪律检查委员会合署办公，履行纪检、监察两项职责，实行一套工作机构、两个机关名称。

不再保留市监察局。

（2）组建市委审计委员会，作为市委议事协调机构。市委审计委员会办公室设在市审计局。

（3）将市委全面深化改革领导小组改为市委全面深化改革委员会，作为市委议事协调机构。市委全面深化改革委员会办公室设在市委办公室。

（4）将市委建设法治诸暨工作领导小组改为市委全面依法治市委员会，作为市委议事协调机构。市委全面依法治市委员会办公室设在市司法局。

（5）将市委网络安全和信息化领导小组改为市委网络安全和信息化委员会，作为市委议事协调机构。市委网络安全和信息化委员会办公室设在市委宣传部。

（6）将市委财经工作领导小组改为市委财经委员会，作为市委议事协调机构。市委财经委员会办公室设在市委办公室（市委政策研究室）。

（7）将市国家安全领导小组改为市委国家安全委员会，作为市委议事协调机构。市委国家安全委员会办公室设在市委办公室。

（8）将市委外事工作领导小组改为市委外事工作委员会，作为市委议事协调机构。市委外事工作委员会办公室设在市政府办公室（市政府外事办公室）。

（9）组建市委教育工作领导小组，作为市委议事协调机构。市委教育工作领导小组秘书组设在市教育体育局。

2．加强市委职能部门的统一归口协调管理职能

(1)市委组织部统一管理市委机构编制委员会办公室。调整优化市委机构编制委员会领导体制。市委机构编制委员会办公室作为市委机构编制委员会的办事机构,承担市委机构编制委员会日常工作,作为市委工作机关,归口市委组织部管理。

(2)市委组织部统一管理公务员工作。将市人力资源和社会保障局的公务员录用调配、考核奖惩、培训和工资福利等职责划入市委组织部,对外加挂市公务员局牌子。

(3)市委宣传部统一管理新闻出版和电影工作。将市文化广电新闻出版局的新闻出版和电影管理职责划入市委宣传部,对外加挂市新闻出版局牌子。

(4)市委统战部统一管理民族宗教工作。将市民族宗教事务局的职责划入市委统战部,对外保留市民族宗教事务局牌子。

(5)市委统战部统一管理侨务工作。将市政府侨务办公室的职责划入市委统战部,对外保留市政府侨务办公室牌子。

将市政府侨务办公室的指导、开展对华人华侨及其社团的联系和服务工作等职责划归市侨联行使。

3. 新组建和优化职责的机构

(1)组建市自然资源和规划局。将市国土资源局的职责,市住房和城乡建设局(市测绘和地理信息局)的城乡规划管理、测绘和地理信息管理职责,市农林局的林业相关职责,市发展和改革局的组织编制并实施主体功能区规划职责,市水利水电局的水资源调查和确权登记职责,以及市住房和城乡建设局、市水利水电局、市环境保护局、市旅游局等部门的自然保护区、风景名胜区、自然遗产管理等职责整合,组建市自然资源和规划局,作为市政府工作部门,加挂市林业局牌子。

不再保留市国土资源局,不再保留市测绘和地理信息局牌子。

(2)组建市农业农村局。将市委市政府农业和农村工作办公室的职责,市农林局的农业相关职责,以及市发展和改革局的农业投资项目、市财政局的农业综合开发项目、市国土资源局的农田整治项目、市水利水电局的农田水利建设项目和渔业等管理职责整合,组建市农业农村局,作为市政府工作部门。市委市政府农业和农村工作领导小组办公室设在市农业农村局。市农业农村局承担扶贫开发相关工作。

不再保留市农林局、市委市政府农业和农村工作办公室。

(3)组建市文化广电旅游局。将市文化广电新闻出版局的文化、文物和广播电视管理职责,市旅游局的职责整合,组建市文化广电旅游局,作为市政府工作部门。

不再保留市文化广电新闻出版局、市旅游局。

(4)组建市卫生健康局。将市卫生和计划生育局、市深化医药卫生体制改革领导小组办公室的职责,以及市老龄工作委员会办公室职责,市安全生产监督管理局的职业安全健康监督管理职责等整合,组建市卫生健康局,作为市政府工作部门。

保留市老龄工作委员会,日常工作由市卫生健康局承担。

不再保留市卫生和计划生育局、市深化医药卫生体制改革领导小组办公室。

(5)组建市退役军人事务局。将市民政局的退役军人优抚安置职责,市人力资源和社会保障局的军官转业安置职责等整合,组建市退役军人事务局,作为市政府工作部门,按中央有关改革部署实施。

(6)组建市应急管理局。将市安全生产监督管理局的职责,市政府办公室的应急管理职责,市公安局的消防管理职责,市民政局的救灾减灾职责,市国土资源局的地质灾害防治相关职责,市水利水电局的水旱灾害防治相关职责,市农林局的森林防火相关职责,市防台防汛抗旱指挥部、市森林防火指挥部、市抗震救灾指挥部、市减灾委员会等有关职责整合,组建市应急管理局,作为市政府工作部门,按中央有关改革部署实施。

不再保留市安全生产监督管理局。

(7)重新组建市司法局。将市司法局、市政府法制办公室(市政府行政复议局)的职责整合,重新组建市司法局,作为市政府工作部门,加挂市行政复议局牌子。

不再保留与市政府办公室合署办公的市政府法

制办公室（市政府行政复议局）。

⑻优化市审计局职责。将市发展和改革局的重大项目稽察职责，市财政局的预算执行情况和其他财政收支情况的监督检查、相关经济责任审计和市属国有企业监事会等职责划入市审计局。

⑼重新组建市市场监督管理局。将市市场监督管理局（市工商行政管理局、市食品药品监督管理局）的职责，市质量技术监督局的职责，市发展和改革局（市物价局）的价格监督检查相关职责，市科学技术局的知识产权保护协调和专利行政执法相关职责，市政府办公室（市服务业发展办公室）的组织打击侵犯知识产权、假冒伪劣商品、商业欺诈职责，市商务局的参与打击侵犯知识产权以及反垄断等相关职责整合，重新组建市市场监督管理局，作为市政府工作部门。

保留市食品安全委员会，具体工作由市市场监督管理局承担。

不再保留市质量技术监督局，不再保留市工商行政管理局、市食品药品监督管理局牌子。

⑽组建市医疗保障局。将市人力资源和社会保障局的医疗保险、生育保险等职责，市卫生和计划生育局的药械集中采购和监督管理相关职责，市民政局的医疗救助职责，市发展和改革局（市物价局）的药品和医疗服务价格管理职责等整合，组建市医疗保障局，作为市政府工作部门。

⑾优化市科学技术局职责。将市人力资源和社会保障局的引进国外智力和外国专家管理职责划入市科学技术局。

4. 其他不再设立的机构

⑴不再设立市社会治安综合治理委员会及其办公室、市委维护稳定工作领导小组及其办公室，有关职责交由市委政法委员会承担。

⑵将市委防范和处理邪教问题领导小组及其办公室、市人民政府防范和处理邪教问题办公室职责交由市委政法委员会、市公安局承担。

（二）与省市机关机构基本对应的其他机构和因地制宜设置的机构

1. 与省市机关机构基本对应的其他机构

市委办公室、市委巡察工作领导小组办公室作为市委工作机关；市政府办公室、市发展和改革局、市经济和信息化局、市公安局、市民政局、市财政局、市人力资源和社会保障局、市住房和城乡建设局、市交通运输局、市商务局、市统计局、市综合行政执法局作为市政府工作部门。其中：

⑴优化市委办公室职责。将相关部门的督查考核职责、市发展和改革局的城乡和社会体制改革相关职责以及相关部门的行政审批制度改革牵头协调职责划入市委办公室。将市档案局（市档案馆）的行政职能划转给市委办公室，对外保留市档案局牌子，并加挂市最多跑一次改革办公室、市委机要局（市密码管理局）、市委保密委员会办公室（市国家保密局）牌子。

将与市委办公室合署办公的市委政策研究室调整为在市委办公室挂牌。

不再保留与市委办公室合署办公的市委市政府督查考核局。

市档案馆继续作为市委直属事业单位设置。

⑵优化市政府办公室职责。将市政府办公室（市服务业发展办公室）的内贸管理、服务业发展职责交由市商务局、市发展和改革局等相关部门承担。

不再保留市服务业发展办公室牌子。

⑶优化市发展和改革局职责。将市经济和信息化局的能源管理相关职责划入市发展和改革局。将市物价局的有关职责交由市发展和改革局承担。将市粮食局的职责，市民政局、市商务局等部门组织实施重要物资和应急储备物资的收储、轮换和日常管理职责，市政府办公室（市服务业发展办公室）的重要生活必需品储备等职责划入市发展和改革局，加挂市粮食和物资储备局牌子。

不再保留与市发展和改革局合署办公的市粮食局，不再保留市物价局牌子。

⑷优化市综合行政执法局职责。强化统筹协调和指导全市综合行政执法职责，以更大力度深化行政执法体制改革和推进跨部门跨领域综合行政执法。

⑸优化市住房和城乡建设局职责。将与市住房

和城乡建设局合署办公的市建筑业管理局的有关职责交由市住房和城乡建设局承担。

市住房和城乡建设局加挂市人民防空办公室(市民防局)牌子。

不再保留与市住房和城乡建设局合署办公的市建筑业管理局。

2. 因地制宜设置的机构

市委台湾工作办公室、市委市政府信访局、市委老干部局作为市委工作机关;市教育体育局、市水利局、市政府金融工作办公室作为市政府工作部门。其中:

(1)将市科技创新委员会更名为市委科技创新委员会,作为市委议事协调机构。市委科技创新委员会办公室设在市科学技术局。

(2)组建市教育体育局。将市教育局的职责,市体育总会的体育行政职责整合,组建市教育体育局,作为市政府工作部门。

不再保留市教育局、市体育总会。

(1)组建市政府金融工作办公室。将市政府办公室(市政府金融工作办公室、市服务业发展办公室)的金融管理服务、金融创新发展、典当管理和相关的风险处置职责,市经济和信息化局的融资担保管理职责等整合,组建市政府金融工作办公室,作为市政府工作部门。

不再保留市政府金融工作办公室牌子。

(2)调整市委老干部局管理体制。将市委老干部局由市委组织部管理的机关调整为市委工作机关,归口市委组织部管理。

(3)将市委市政府信访局由在市委办公室挂牌调整为单独设置,作为市委工作机关。

(4)将与市委台湾工作办公室合署办公的市政府台湾事务办公室调整为在市委台湾工作办公室挂牌。

(5)将市委直属机关工作委员会调整为在市委组织部挂牌。不再保留单独设置的市委直属机关工作委员会。

(6)将与市委组织部合署办公的市委新经济与新社会组织工作委员会调整为在市委组织部挂牌。

(7)市委宣传部对外加挂市精神文明建设委员会办公室、市政府新闻办公室、市互联网信息办公室牌子。

(8)市财政局加挂市政府国有资产监督管理办公室牌子。

(9)将市水利水电局承担的渔船检验和监督管理职责划入市交通运输局。

(10)将市水利水电局更名为市水利局,作为市政府工作部门。

(11)不再保留与市交通运输局合署办公的市铁路办公室。

(12)市发展和改革局不再保留市经济发展协作办公室牌子。

3. 优化市级部门派出机构设置

绍兴市生态环境局在诸暨市设立生态环境分局,作为绍兴市生态环境局的派出机构。将市环境保护局的职责,以及市发展和改革局的应对气候变化和减排职责,市水利水电局的编制水功能区划、排污口设置管理、流域水环境保护职责,市国土资源局的监督防止地下水污染职责,市农林局的监督指导农业面源污染治理等职责,划入绍兴市生态环境局诸暨分局。

不再保留市环境保护局。

机构改革后,共设置党政机构37个。党委机构11个,其中,纪检监察机关1个,工作机关10个。政府办公室和工作部门26个。绍兴市级部门派出机构1个,市生态环境局诸暨分局不计入机构限额。(详见附件)

三、统筹推进其他各项改革

(略)

四、组织实施

(略)

附件:1. 中共诸暨市委机构设置表

2. 诸暨市人民政府机构设置表

中共诸暨市委机构设置一览表

表 26

<table>
<tr><th colspan="2">中共诸暨市委机构设置表</th></tr>
<tr><td rowspan="21">工作部门</td><td>纪律检查委员会监察委员会机关</td></tr>
<tr><td>办公室</td></tr>
<tr><td>组织部</td></tr>
<tr><td>宣传部</td></tr>
<tr><td>统一战线工作部</td></tr>
<tr><td>政法委员会</td></tr>
<tr><td>全面深化改革委员会办公室(设在办公室)</td></tr>
<tr><td>全面依法治市委员会办公室(设在市司法局)</td></tr>
<tr><td>国家安全委员会办公室(设在办公室)</td></tr>
<tr><td>网络安全和信息化委员会办公室(设在宣传部)</td></tr>
<tr><td>财经委员会办公室(设在办公室)</td></tr>
<tr><td>外事工作委员会办公室(设在市政府办公室)</td></tr>
<tr><td>机构编制委员会办公室</td></tr>
<tr><td>审计委员会办公室(设在市审计局)</td></tr>
<tr><td>教育工作领导小组秘书组(设在市教育体育局)</td></tr>
<tr><td>市委市政府农业和农村工作领导小组办公室(设在市农业农村局)</td></tr>
<tr><td>科技创新委员会办公室(设在市科学技术局)</td></tr>
<tr><td>台湾工作办公室</td></tr>
<tr><td>巡察工作领导小组办公室</td></tr>
<tr><td>市委市政府信访局</td></tr>
<tr><td>老干部局</td></tr>
<tr><td>说明</td><td>诸暨市委设置纪检监察机关 1 个,计入机构限额的工作机关 10 个(设在相关部门的市委议事协调机构的办事机构不计入机构限额)。其中,纪律检查委员会与监察委员会合署办公,实行一套工作机构、两个机关名称;办公室挂政策研究室、市最多跑一次改革办公室、市档案局、机要局(市密码管理局)、保密委员会办公室(市国家保密局)牌子;组织部挂直属机关工作委员会、新经济与新社会组织工作委员会、市公务员局牌子;宣传部挂市精神文明建设委员会办公室、市政府新闻办公室、市新闻出版局、市互联网信息办公室牌子;统一战线工作部挂市民族宗教事务局、市政府侨务办公室牌子;台湾工作办公室挂市政府台湾事务办公室牌子;老干部局挂离退休干部工作委员会牌子。</td></tr>
</table>

诸暨市人民政府机构设置一览表

表 27

诸暨市人民政府机构设置表	
工作部门	办公室
	发展和改革局
	经济和信息化局
	教育体育局
	科学技术局
	公安局
	民政局
	司法局
	财政局
	人力资源和社会保障局
	自然资源和规划局
	住房和城乡建设局
	交通运输局
	水利局
	农业农村局
	商务局
	文化广电旅游局
	卫生健康局
	退役军人事务局
	应急管理局
	审计局
	市场监督管理局
	金融工作办公室
	统计局
工作部门	医疗保障局
	综合行政执法局
市级部门派出机构	市生态环境局诸暨分局
说明	诸暨市人民政府设置办公室和工作部门 26 个。办公室挂市政府外事办公室牌子；发展和改革局挂粮食和物资储备局牌子；经济和信息化局挂中小企业局牌子；司法局挂行政复议局牌子；财政局挂市政府国有资产监督管理办公室牌子；自然资源和规划局挂林业局牌子；住房和城乡建设局挂人民防空办公室(民防局)牌子。绍兴市级部门派出机构 1 个，绍兴市生态环境局诸暨分局不计入机构限额。

重要文件目录

2019年中共诸暨市委重要文件目录

1号　2019年市委市政府工作要点

2号　关于追授詹文锴同志“诸暨市优秀共产党员”称号的决定

3号　关于印发《诸暨市机构改革方案》的通知

4号　关于2018年镇乡（街道）工作目标责任制考核结果的通报

5号　关于2018年市级机关工作目标责任制考核结果的通报

6号　关于通报表彰2018年度诸暨市突出贡献奖的决定

7号　关于表扬2018年度诸暨市“乡村振兴”建设工作表现突出集体和个人的通报

8号　关于表扬2018年度诸暨市“四个强市”建设工作表现突出集体和个人的通报

9号　关于印发《诸暨市数字经济五年倍增计划》的通知

10号　关于重新明确市城西工业新城建设管理委员会及其党工委成员的通知

11号　关于表彰2018年度机关优秀共产党员的决定

12号　关于成立市委人才工作领导小组的通知

13号　关于市委财经委员会组成人员任职的通知

14号　关于市委全面深化改革委员会组成人员任职的通知

15号　关于开展乡镇行政区划调整工作的实施意见

16号　关于市委机构编制委员会组成人员任职的通知

17号　关于市委外事工作委员会组成人员任职的通知

18号　关于市委审计委员会组成人员任职的通知

19号　关于市委国家安全委员会组成人员任职的通知

20号　关于市委全面依法治市委员会组成人员任职的通知

21号　关于市委市政府农业和农村工作领导小组组成人员任职的通知

22号　关于市委教育工作领导小组组成人员任职的通知

23号　关于印发《中共诸暨市委全面深化改革委员会2019年工作要点》的通知

24号　关于市委科技创新委员会组成人员任职的通知

26号　关于调整市委对台工作领导小组成员的通知

27号　关于市委退役军人事务工作领导小组组成人员任职的通知

28号　关于市委网络安全和信息化委员会组成人员任职的通知

29号　关于庆祝中华人民共和国成立70周年系列活动的通知

30号　关于印发《中共诸暨市委法律顾问工作规则》的通知

31号　印发《关于加强和改进党的新闻舆论工作的实施办法》的通知

33号　关于2019年镇乡（街道）、市级机关工作目标责任制考核办法

34号　市委市政府关于申请对“枫桥经验”陈列馆进行改扩建的请示

35号　关于全面创建“枫桥式公安派出所”的实施意见

36号　《关于建立市人民政府向市人大常委会报告国有资产管理情况制度的实施意见》

37号　关于申报2019年度浙江省美丽乡村示范县的请示

38号　关于成立市委“不忘初心、牢记使命”主题教育领导小组的通知

39号　关于重新明确市委常委分工的通知

40号　关于印发《关于率先高水平实现教育现代化的实施意见》《关于深化新时代教师队伍建设的若干意见》的通知

41号　关于坚持发展新时代“枫桥经验”加快推进基层社会治理现代化的意见

43号　关于开展“不忘初心、牢记使命”主题教育的实施意见

44号　关于推进新时代人大工作高水平发展的意见

45号　关于重新明确市委常委分工的通知

46号　关于落实绍兴市委第四巡察组巡察反馈意见整改工作方案

47号　关于新时代加强和改进人民政协工作的实施意见

49号　关于追授张勇同志“诸暨市优秀共产党员”称号的决定

50号　关于认真学习贯彻党的十九届四中全会精神高水平推进县域治理现代化的决定

2019年诸暨市人民政府文件目录

诸政发〔2019〕1号　关于对浙江诸暨八方水泥责任有限公司等7家企业国有土地上房屋实施征收的决定

诸政发〔2019〕2号　关于提请任免方铭等同志职务的议案

诸政发〔2019〕3号　关于印发诸暨市临时救助实施办法的通知

诸政发〔2019〕4号　关于同意局部调整诸暨市林地保护利用规划的批复

诸政发〔2019〕5号　关于2019年市政府民生实事有关事项的报告

诸政发〔2019〕6号　关于提请审议《诸暨市乡镇行政区划调整方案》的议案

诸政发〔2019〕7号　关于提请任免潘海波等同志职务的议案

诸政发〔2019〕8号　关于同意诸暨市农村饮用水达标提标规划(2018—2019年)的批复

诸政发〔2019〕9号　关于同意暨阳街道等8个镇街95个村村庄规划的批复

诸政发〔2019〕10号　关于表彰诸暨市劳动模范的决定

诸政发〔2019〕11号　关于提请任命梁中同志职务的议案

诸政发〔2019〕12号　关于同意相关镇乡用地规划调整的批复

诸政发〔2019〕13号　关于对赵亦良等108名连续三年年度考核优秀公务员记三等功的决定

诸政发〔2019〕14号　关于聘请章剑生等六名同志为市政府法律顾问的通知

诸政发〔2019〕15号　关于部分行政区划调整的通知

诸政发〔2019〕16号　关于着力防范重大风险的通知

诸政发〔2019〕17号　关于对《诸暨市环境卫生管理处“4·11”中毒窒息事故调查报告》的批复

诸政发〔2019〕18号　关于提请任免陈国锋等同志职务的议案

诸政发〔2019〕19号　关于重新明确市政府领导分工的通知

诸政发〔2019〕20号　关于提请任免钱勇军等同志职务的议案

诸政发〔2019〕21号　诸暨市人民政府关于重新明确市政府领导分工的通知

诸政发〔2019〕22号　关于划定城区限制养犬区域的通告

诸政发〔2019〕23号　关于财政预算调查方案(草案)的议案

诸政发〔2019〕24号　关于对浙江洁丽雅毛巾有限公司等企业国有土地上房屋实施征收的决定

诸政发〔2019〕25号　关于提请授予张军等7人诸暨市荣誉市民称号的议案

诸政发〔2019〕26号　诸暨市人民政府关于提请任免楼闯等同志职务的议案

诸政发〔2019〕27号　诸暨市人民政府关于提

请任命胡华良同志职务的议案

诸政发〔2019〕28号　关于追记林宏伟、余维业两位同志个人三等功奖励的决定

诸政发〔2019〕29号　关于公布第一、二批历史建筑保护名录的通知

2019年中共诸暨市委办公室重要文件目录

3号　关于做好市级机构改革有关事项的通知

5号　印发《关于推进统计基层基础建设提高源头统质量的若干意见》的通知

7号　关于印发《诸暨市镇乡(街道)机构改革实施意见》的通知

9号　关于印发《中共诸暨市委诸暨市人民政府政协诸暨市委员会2019年度协商工作计划》的通知

10号　关于当前我市意识形态领域情况的通报

11号　关于深入开展"服务企业服务群众服务基层"活动的通知

13号　关于成立诸暨市"与杭同城"推进工作委员会的通知

14号　关于印发《开展"十大专项行动"实施方案》的通知

15号　关于在乡镇行政区划调整过程中切实做好档案(印章)管理和移交工作的通知

16号　关于公布第九批市级爱国主义教育基地的通知

17号　关于印发《中共诸暨市委财经委员会会议制度》的通知

18号　关于印发《推进诸暨市部门间"最多跑一次"改革行动方案》的通知

19号　《关于开展"微改革""微创新"活动的实施方案》的通知

20号　《诸暨市委全面深化改革委员会工作规则》《诸暨市委全面深化改革委员会专项小组工作规则》《诸暨市委全面深化改革委员会办公室工作细则》的通知

81号　关于印发《2019年市委理论学习中心组学习计划》的通知

82号　印发《关于深化诸暨市纪委市监委派驻机构改革的意见》的通知

83号　关于印发《市纪委市监委派驻机构改革方案》的通知

84号　关于高水平促进低收入农户全面小康行动的实施意见

85号　关于印发《2019年全市人才工作要点》的通知

86号　关于新时代诸暨产业工人队伍建设改革实施意见

87号　关于成立南华大学长三角(诸暨)研究院校地合作工作管理委员会的通知

88号　关于印发《2019年法治诸暨建设工作要点》的通知

89号　关于印发《诸暨市委全面依法治市委员会工作规则》《诸暨市委全面依法治市委员会协调小组工作规则》《诸暨市委全面依法治市委员会办公室工作细则》的通知

90号　关于坚持发展新时代"枫桥经验"全面推行信访代办制的通知

91号　关于印发《诸暨市村级工程项目实施管理规定》的通知

92号　关于印发《诸暨市政协"请你来协商"平台建设实施意见》的通知

93号　关于印发《中共诸暨市网络安全和信息化委员会工作规则》《中共诸暨市委网络安全和信息化委员会办公室工作细则》的通知

94号　关于印发《整治形式主义突出问题切实减轻基层负担八项措施》的通知

95号　印发《关于促进实体经济高质量发展政策三十条》的通知

96号　关于印发《2019年党风廉政建设和反腐败工作组织领导与责任分工》的通知

102号　关于印发《诸暨市领导班子政治建设日常管理办法(试行)》的通知

104号　关于印发《诸暨市荣誉市民称号授予办法》的通知

105 号　关于行政村规模调整工作的实施意见

106 号　关于进一步整治形式主义突出问题的通知

109 号　关于成立诸暨市重大活动维稳安保工作领导小组的通知

110 号　关于印发《关于进一步加快高新区建设的实施意见》的通知

111 号　关于印发《关于推进开发区高新区统筹协调发展的实施意见》的通知

112 号　关于印发《市委常委会带头深入开展“不忘初心、牢记使命”主题教育的实施方案》的通知

113 号　印发《中共诸暨市委关于加强新时代诸暨公安工作的实施意见》的通知

115 号　关于印发市场监管等五大领域综合行政执法改革实施方案的通知

116 号　关于开展“奋战六十天、冲刺全年红”专项行动方案

117 号　关于印发《诸暨市残疾人联合会改革实施计划》等的通知

119 号　印发《2019 年度市场规模主体培育的激励政策》的通知

120 号　关于防范化解地方政府性债务风险的实施意见

121 号　关于印发《关于促进全域旅游发展的实施意见》的通知

123 号　关于印发《诸暨市党的十九届四中全会精神学习宣传工作方案》的通知

124 号　关于印发《关于高水平推进美丽城镇建设的实施意见》的通知

125 号　关于印发《全市疑难信访积案“大起底、大化解”集中攻坚行动的实施方案》的通知

126 号　关于对 2019 年诸暨市人大代表建议和政协提案办理工作考核结果的通报

127 号　印发《关于落实绍兴市委第四巡察组巡察反馈意见整改工作方案》的通知

2019 年诸暨市人民政府办公室文件目录

诸政办发〔2019〕1 号　关于印发诸暨市人民政府重大行政决策执行情况第三方评估实施办法(试行)的通知

诸政办发〔2019〕2 号　关于印发诸暨市巩固城市黑臭水体治理成果实施方案的通知

诸政办发〔2019〕3 号　关于建立永久基本农田保护“田长制”的通知

诸政办发〔2019〕4 号　关于印发诸暨市 2019 年国土绿化建设实施方案的通知

诸政办发〔2019〕5 号　关于下达诸暨市 2019 年基础设施投资项目计划的通知

诸政办发〔2019〕6 号　关于印发 2019 年政府重点工作责任清单的通知

诸政办发〔2019〕7 号　关于印发《诸暨市农产品市场快速检测体系建设实施方案》的通知

诸政办发〔2019〕8 号　关于印发诸暨市创建国家生态园林城市实施方案的通知

诸政办发〔2019〕9 号　关于做好行政区划调整过程中财务和资产清查及划转工作的通知

诸政办发〔2019〕10 号　关于印发《诸暨市 2019–2020 年农村饮用水达标提标行动实施方案》的通知

诸政办发〔2019〕11 号　关于转发《浙江省财政厅关于公布 2019 年度政府集中采购目录及标准的通知》的通知

诸政办发〔2019〕12 号　关于推进农村保障性住房建设的补充意见

诸政办发〔2019〕13 号　关于印发《诸暨市老旧住宅外墙脱落修缮改造实施方案》的通知

诸政办发〔2019〕14 号　关于印发《诸暨产业发展引导基金设立定向股权投资基金工作指引》的通知

诸政办发〔2019〕15 号　关于调整义务教育段外来建设者随迁子女就学部分条件设置的通知

诸政办发〔2019〕16 号　关于印发 2019 年诸暨市生态健身游步道三期建设工程实施方案的通知

诸政办发〔2019〕17号　关于建立国家审计与内部审计协同机制的通知

诸政办发〔2019〕18号　关于印发《诸暨市2019年度民兵组织整顿工作实施方案》的通知

诸政办发〔2019〕19号　关于印发陈蔡水库加固改造工程集体土地上房屋征收补偿安置实施办法的通知

诸政办发〔2019〕20号　关于印发2019年诸暨市食品安全工作要点的通知

诸政办发〔2019〕21号　印发《关于2018年全市生态环境状况和环境保护目标任务完成情况报告的审议意见》反馈问题整改工作方案的通知

诸政办发〔2019〕22号　关于印发《诸暨市物业保修金管理实施办法》的通知

诸政办发〔2019〕23号　关于促进实体经济高质量发展政策三十条实施细则的通知

诸政办发〔2019〕24号　关于印发《诸暨市既有住宅加装电梯工作实施意见(试行)》的通知

诸政办发〔2019〕25号　关于抓好2019年粮食生产工作的意见

诸政办发〔2019〕26号　关于寿旺达等同志职务任免的通知

诸政办发〔2019〕27号　关于深化养老服务综合改革提升养老服务质量的实施意见

诸政办发〔2019〕28号　关于印发诸暨市2019年度金融支持经济发展考核办法的通知

诸政办发〔2019〕29号　关于印发《诸暨市融资担保有限公司整合重组实施方案》的通知

诸政办发〔2019〕30号　关于深入开展消费扶贫助力对口地区脱贫攻坚实施方案

诸政办发〔2019〕31号　关于印发《2019年诸暨市政务公开工作要点》的通知

诸政办发〔2019〕32号　关于公布市人民政府办公室行政规范性文件清理结果的通知

诸政办发〔2019〕33号　关于印发《市级财政奖补政策兑现工作实施细则》的通知

诸政办发〔2019〕34号　关于设立暨阳科技支行支持科技型企业和人才创业企业发展的若干意见(试行)

诸政办发〔2019〕35号　诸暨市人民政府办公室关于印发《诸暨市防汛防台抗旱应急预案》的通知

诸政办发〔2019〕36号　关于公布2019年度市政府重大行政决策事项目录的通知

诸政办发〔2019〕37号　诸暨市人民政府办公室关于陈淦等同志职务任免的通知

诸政办发〔2019〕38号　诸暨市人民政府办公室关于重新明确主任、副主任等分工的通知

诸政办发〔2019〕39号　关于印发《关于加快推进全域旅游发展的若干政策意见》的通知

诸政办发〔2019〕40号　关于调整2020年城乡居民基本医疗保险和大病保险筹资标准的通知

诸政办发〔2019〕41号　关于杨丹映等同志岗位聘用的通知

诸政办发〔2019〕42号　关于全面落实预算绩效管理的实施意见

诸政办发〔2019〕43号　关于进一步促进生猪产业高质量发展的意见

诸政办发〔2019〕44号　关于印发《诸暨市市场主体住所(经营场所)登记管理办法试行》的通知

诸政办发〔2019〕45号　诸暨市人民政府办公室关于印发《诸暨市食盐储备管理暂行办法的》的通知

诸政办发〔2019〕46号　诸暨市人民政府办公室，关于印发诸暨市农村饮用水工程运行管理办法的通知

陈蔡水库俯瞰(水利局提供)

索　引

索引说明

一、本索引有主题索引和图表索引两部分。

二、标目按首字汉语拼音排序，汉语拼音声母韵母声调均相同的，比较首字的总笔画数。

三、标目后的阿拉伯数字为索引地址标示，数字后的字母 a、b 表示栏别。

四、索引范围不包括目录、凡例、重要文件目录。

主题索引

A

B

C

D

E

F

G

H

J

K

L

M

N

P

Q

R

S

T

W

X

Y

Z

图表索引

C

D

E

F

G

H

J

L

M

Q

S

T

W

X

Y

Z